Deutschlands schönste Flussradwege

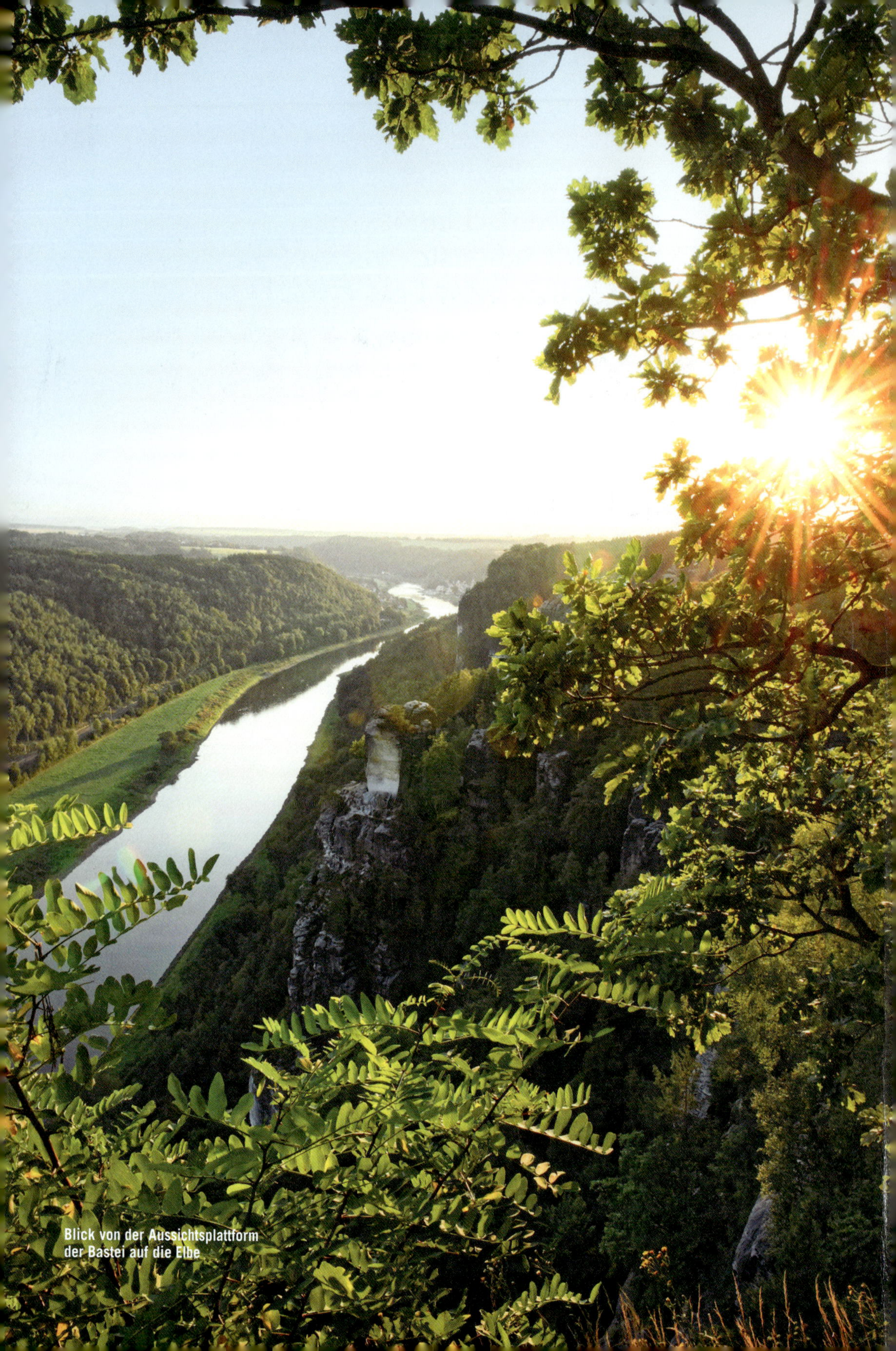

Blick von der Aussichtsplattform
der Bastei auf die Elbe

Thorsten Brönner

Deutschlands schönste FLUSSRADWEGE

15.000 traumhafte Flusskilometer
vom Alpenrand zum Nordseestrand

BRUCKMANN

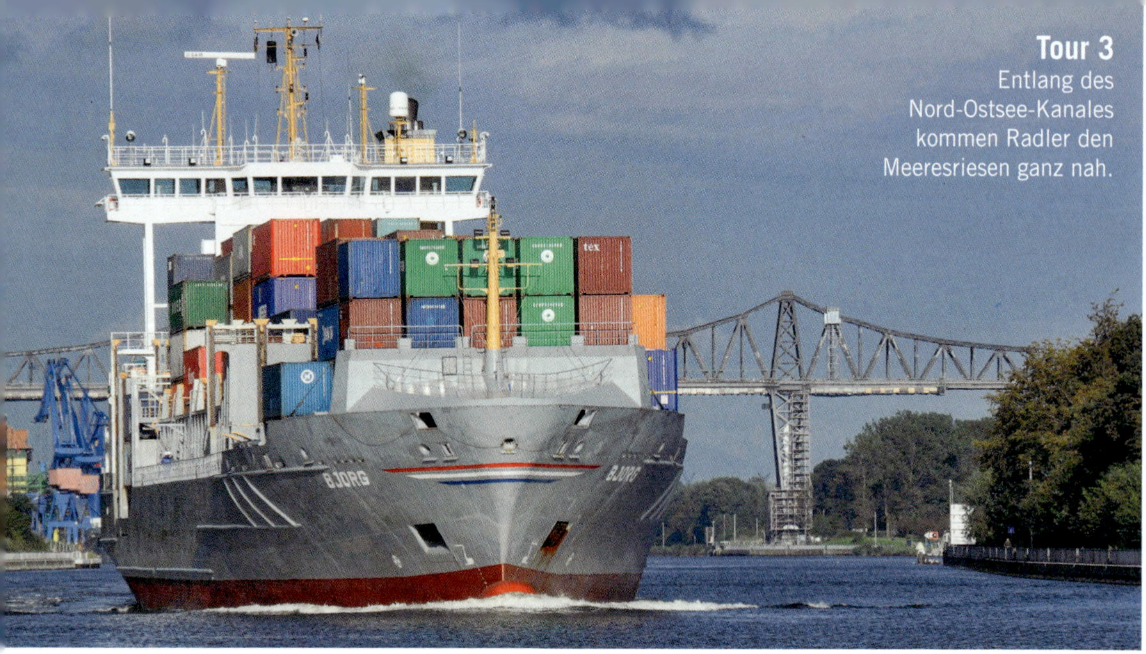

Tour 3
Entlang des Nord-Ostsee-Kanales kommen Radler den Meeresriesen ganz nah.

DEUTSCHLANDS SCHÖNSTE FLUSSRADWEGE

Tour 8
Der kreisförmig angelegte Heidegarten in Schneverdingen ist frei zugänglich und vermittelt einen Überblick zu den verschiedenen Heidearten.

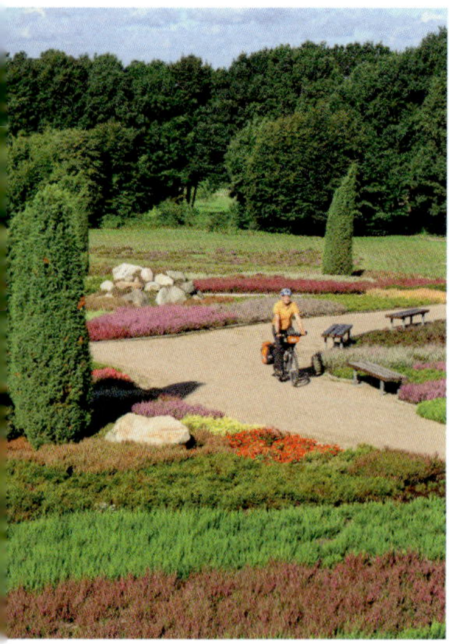

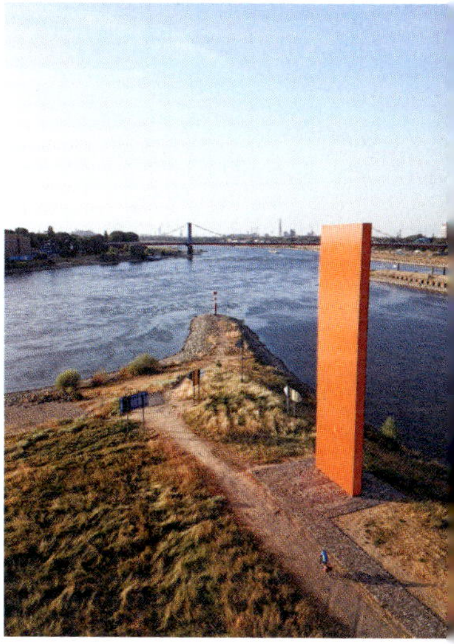

Tour 11 Geschafft! Die Statue Rheinorange markiert das Ende des Ruhrtalradweges.

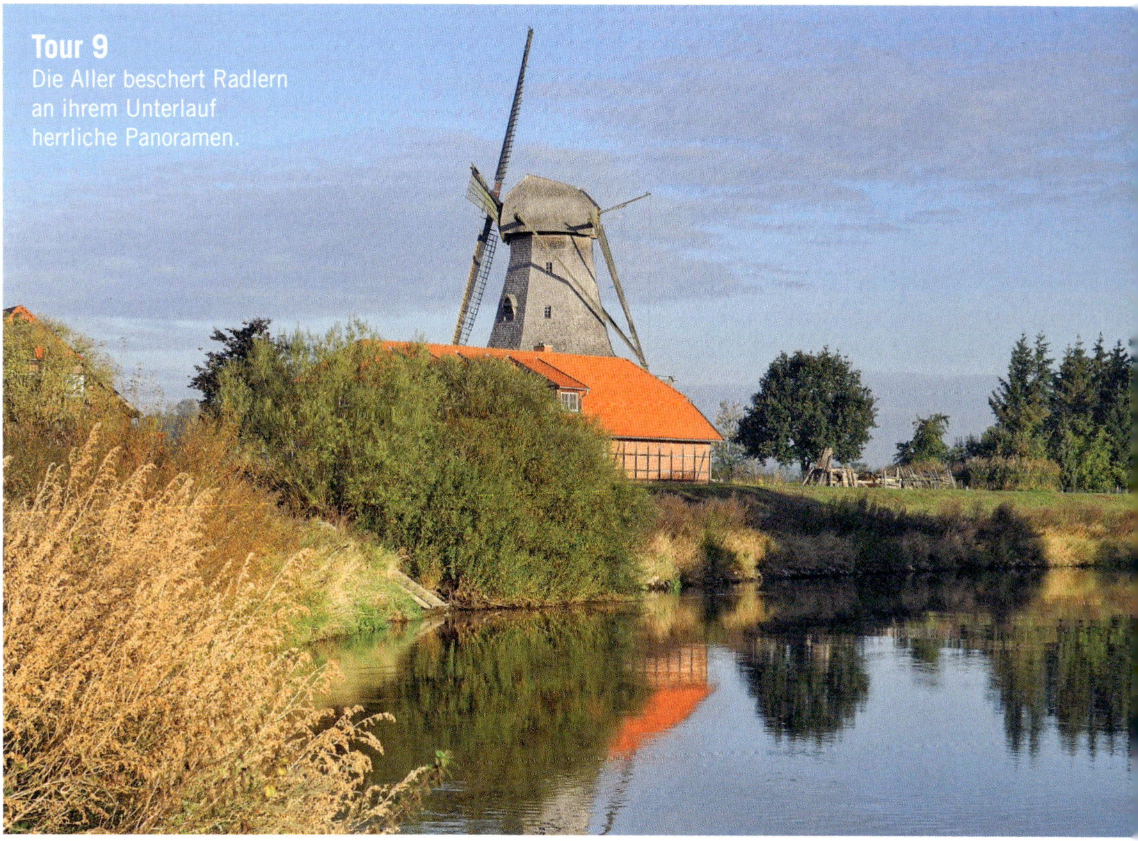

Tour 9
Die Aller beschert Radlern an ihrem Unterlauf herrliche Panoramen.

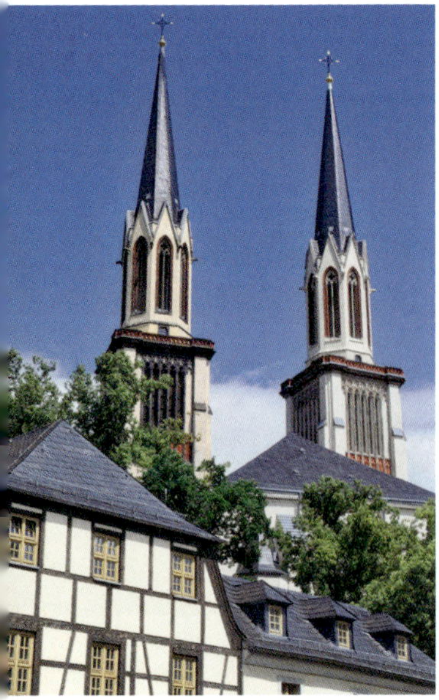

Tour 21 Das Zoephelsche Haus ziert zusammen mit der St.-Jakobi-Kirche das Zentrum von Oelsnitz.

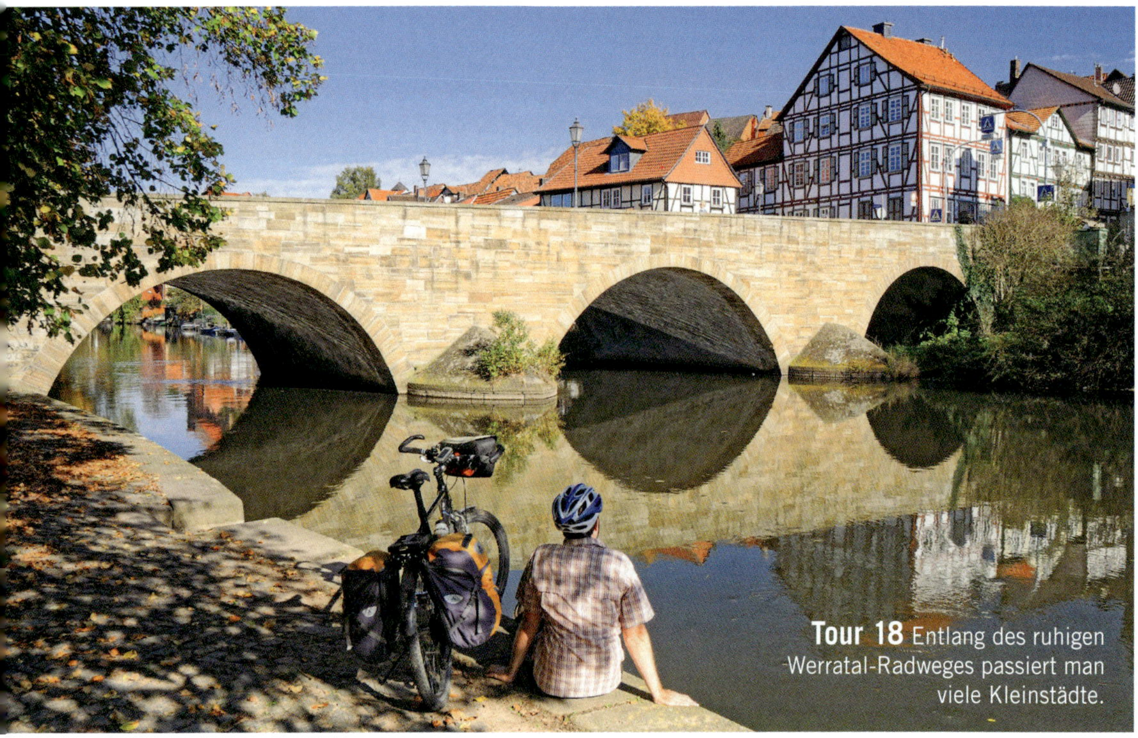

Tour 18 Entlang des ruhigen Werratal-Radweges passiert man viele Kleinstädte.

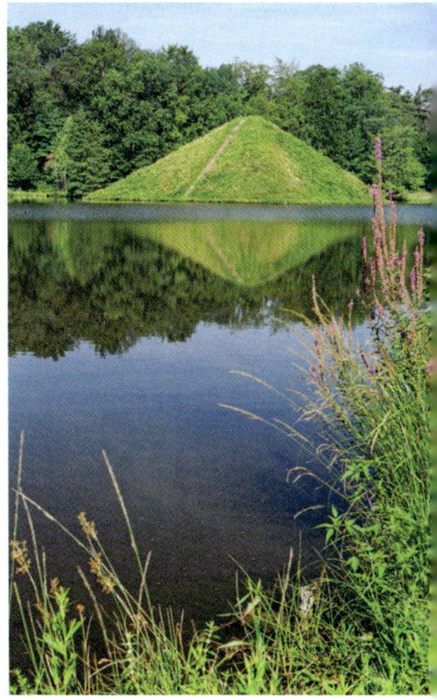

Tour 24 Fürst Hermann von Pückler-Muskau ließ sich im Branitzer Park in einer Pyramide mitten im Wasser bestatten.

Tour 35 Rothenburg ob der Tauber hat sich sein historisches Bild bewahrt.

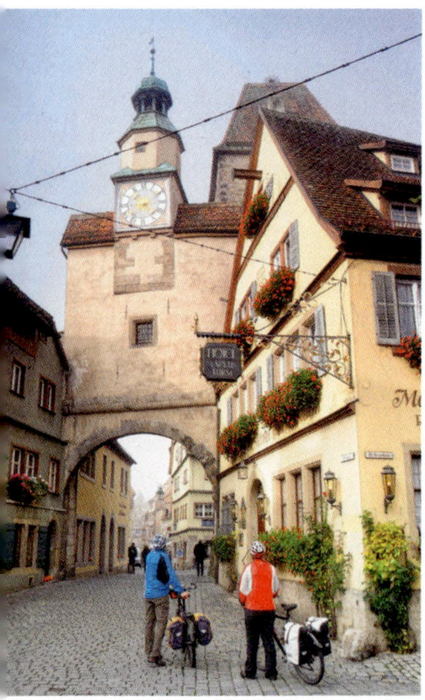

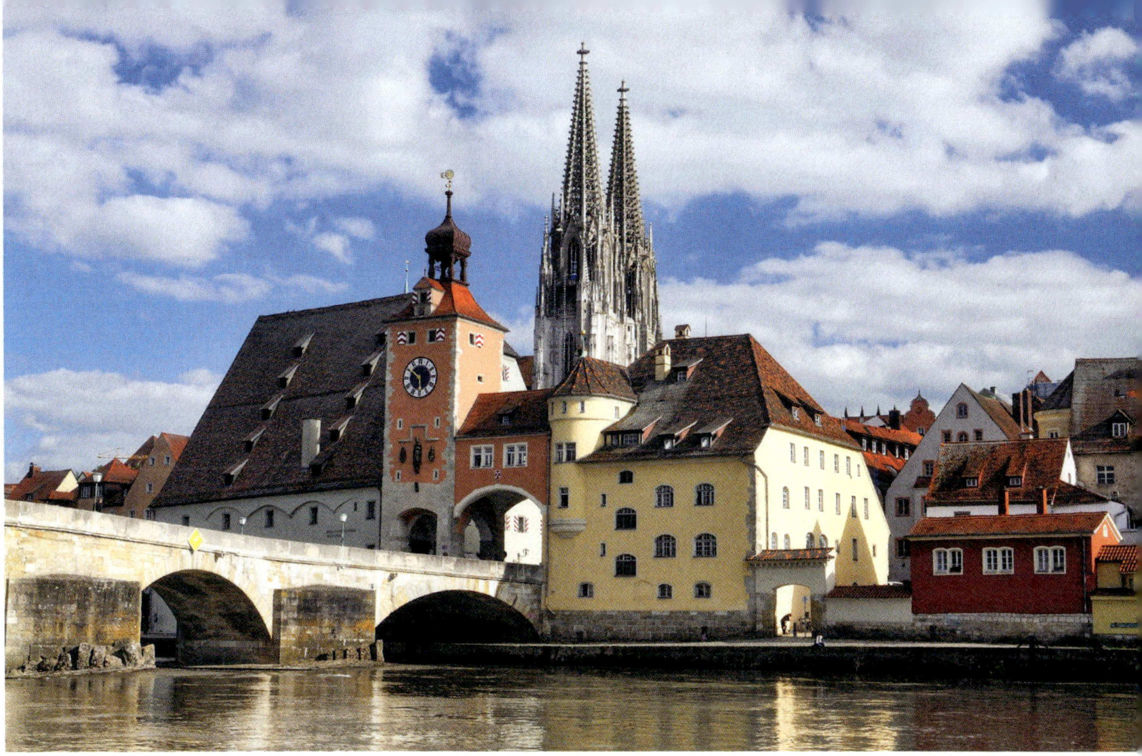

Tour 47 Die Altstadt von Regensburg gehört seit 2006 zum UNESCO-Welterbe.

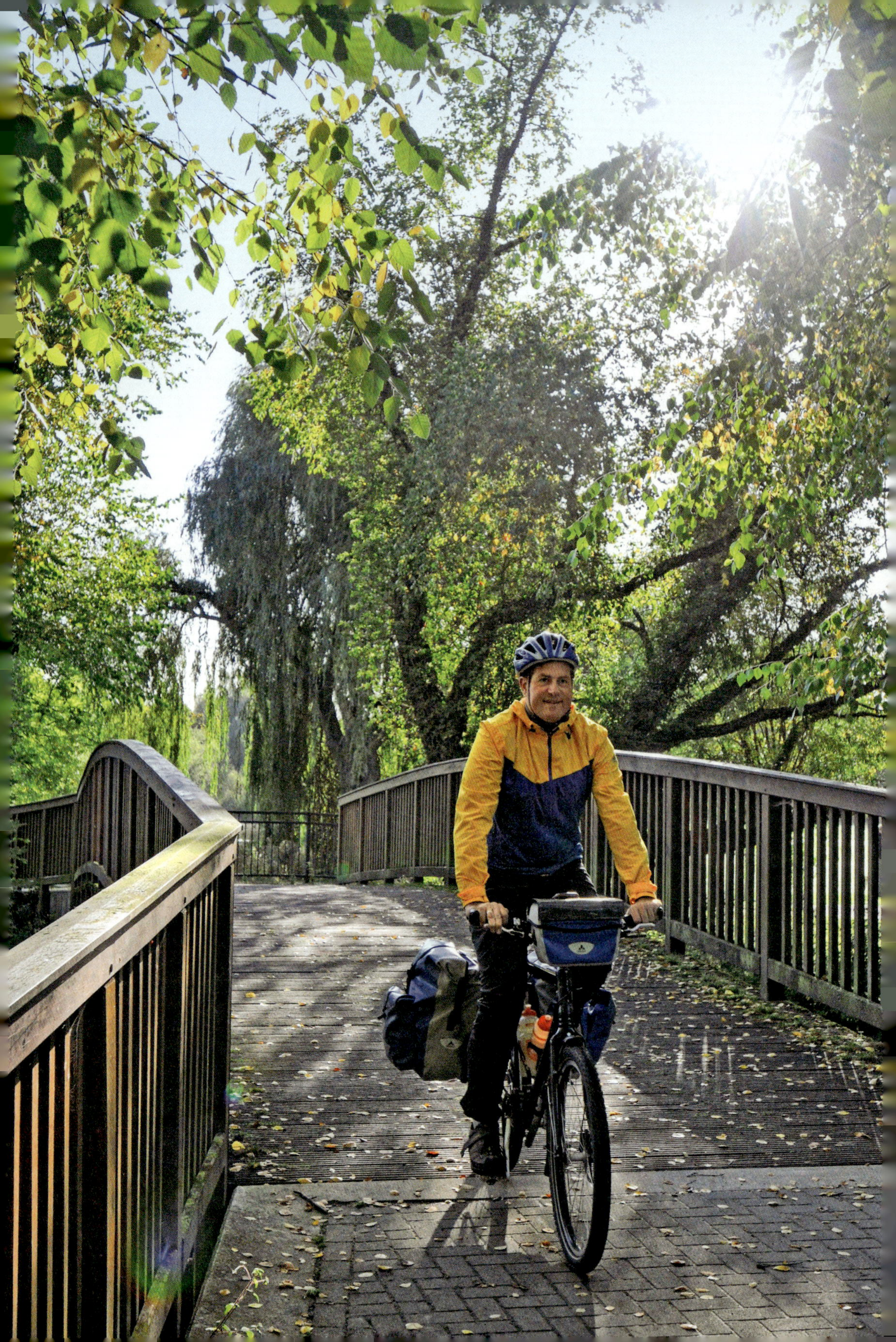

Vorwort

Genussvoll Radfahren in Deutschland

Es ist wie in einem Wettbewerb: Überall baut man die Radwege aus. Deutschland lässt sich in vier Teile skizzieren: Zunächst sind da die Küsten von Nord- und Ostsee, gefolgt vom Norddeutschen Tiefland. Hier wie dort radelt es sich leicht dahin. Es schließen sich die Mittelgebirge und die Alpen an. Hier geht es zur Sache, gibt es doch nur wenige einfache Mehrtagestouren für Radfahrer. Es sei denn, man folgt einem der Flüsse. Lautlos eilt der Bach zwischen Wiesen hindurch, wirft Schleifen, taucht in schattige Auwälder. Äste hängen auf das Wasser herab. Vögel zwitschern. Die Szene lässt sich in allen Mittelgebirgen Deutschlands erleben. Mit dem Fahrrad auf einem guten Weg in die Natur eintauchen – was will man mehr? Von der Quelle bis zur Mündung bieten die Flüsse ein spannendes Revier für Ausflüge. Was ist befreiender für den Kopf, als unbeschwert an einem gemächlich dahinströmenden Wasserlauf entlangzurollen, zu sehen, wie er Tag für Tag breiter wird und sich die Landschaft immerzu verändert? Den Läufen von Elbe, Weser, Main, Rhein und Donau sind viele nachgesteuert. Aber kennen sie auch die kleinen Perlen? Die Oste, die Rur, die Unstrut oder die Quellflüsse der Naab? Und die Geheimtipps? Etwa den Mulderadweg, den Ilmtal-Radweg oder die Tour Main zur Rhön? Alle sind eine Reise wert. Die Besiedlung Mitteleuropas breitete sich entlang der Flüsse aus. Als Lebensadern versorgten sie die Menschen mit Trinkwasser. Noch heute erleichtern sie den Handel und treiben Mühlen oder Kraftwerke an. So ist es kein Wunder, dass zahlreiche Städte eine Flussbezeichnung als Namenszusatz tragen. An den Ufern der Wasserläufe finden sich die ältesten Zentren Deutschlands, die ihre Besucher mit Kulturschätzen empfangen. In den letzten Jahren hat man viele Flussradrouten vorbildlich ausgebaut und in beide Fahrtrichtungen beschildert. Zu fast allen Strecken bieten die Tourismusverbände GPS-Daten an und das Netz der fahrradfreundlichen Übernachtungsbetriebe wächst stetig. Aber Vorsicht – Radeln an Deutschlands Flüssen kann zur Sucht werden, die Karte zu einem Puzzle, die sich nach und nach mit Farben, Eindrücken und Erinnerungen füllt. Welterbestätten, Museen, Klöster, Burgen, Schlösser – hinter der nächsten Flussschleife könnte ein weiterer Höhepunkt auftauchen. Manche Radler bummeln am Tag 30 Kilometer. Andere spulen über 100 Kilometer pro Etappe ab. Die im Tourensteckbrief angegebene Reisedauer ist daher nur ein Mittelwert. Er zielt auf jene Radler, die unterwegs gerne länger Pause machen und hier und da einen Stopp für Besichtigungen einlegen. Ich wünsche viel Spaß beim Nachfahren der Touren. Jede der 50 lohnt!

Thorsten Brönner

Linke Seite: Die Römer-Lippe-Route führt durch verschiedene Landschaften und ist gut ausgebaut.

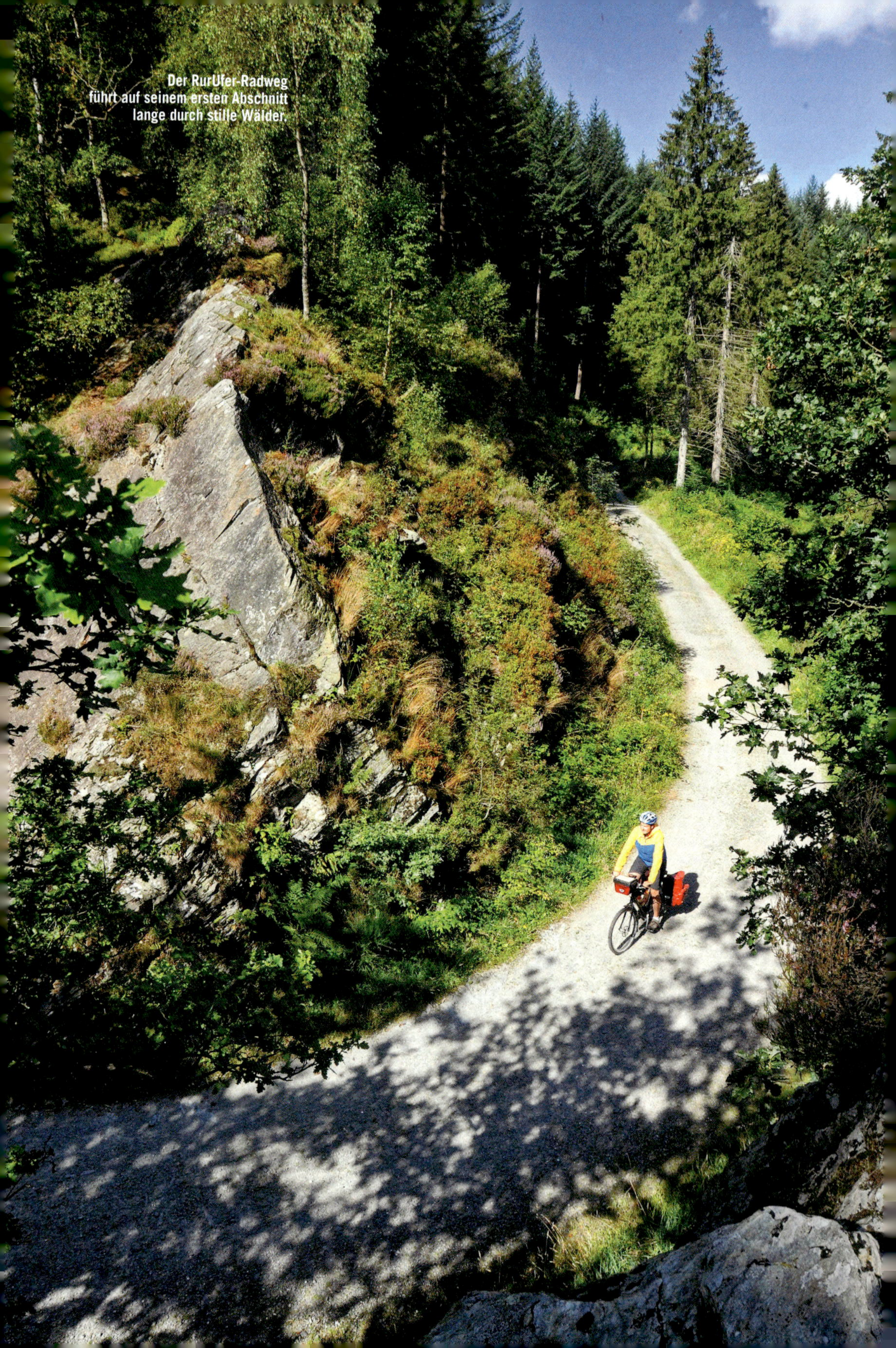

Der RurUfer-Radweg führt auf seinem ersten Abschnitt lange durch stille Wälder.

Einleitung

Das richtige Fahrrad

Ob Sie Spaß oder Frust auf einer Radreise erleben, hängt neben der Route und dem Wetter besonders mit der Wahl des Fahrrades zusammen. Für mehrtägige Fahrten auf wechselndem Untergrund empfiehlt sich ein Reise- oder Trekkingrad. Anstiege, Schotter, Pfützen – alles kein Problem. Wichtig ist nur eine Übersetzung mit 27 oder 30 Gängen. So meistern Sie selbst Steilstücke. Denn ein mit mehreren Packtaschen beladenes Fahrrad bergauf zu bewegen kostet Kraft. Zur Vorsorge von Defekten sollten eine kleine Luftpumpe, ein oder zwei Ersatzschläuche sowie zwei Reifenheber mit auf die Tour. Wer viele Anstiege mit Gepäck hochstrampelt, kann schon einmal die Kette zerreißen. Also einen Kettennieter einpacken, dazu Kettenöl. Im Fall der Fälle helfen Plastikhandschuhe und ein Putzlappen. Aber am besten ist es, wenn es erst gar nicht zu Defekten kommt. Lassen Sie vor jeder längeren Reise das Fahrrad vom Händler durchchecken! Bremsen, Reifen, Antrieb und Schrauben.

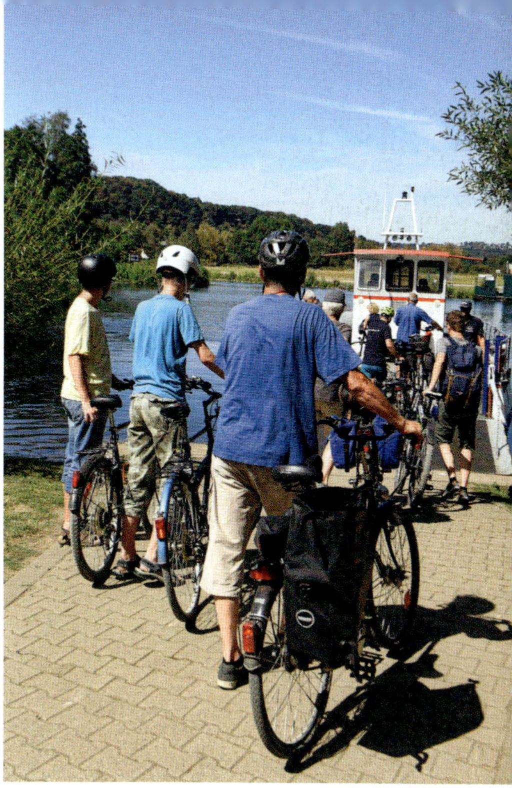

Fußgänger- und Radlerfähre am Unterlauf der Ruhr

Elektrorad, E-Bike, Pedelec

Seit Jahren erleichtern Elektroräder das Radreisen. Man sieht sie in den Städten, auf den Flussradwegen und vor allem in den Bergen. Dort spielen sie ihre Trümpfe aus. Als Radler schaltet man am Beginn der Steigung die Trittunterstützung zu und strampelt wie gewohnt voran. Je nach Fitness wählt man die entsprechende Stufe. So können unterschiedlich starke Radler gemeinsam ihre Ausfahrt genießen. Bei Pedelecs (Pedal Electric Cycle) hilft ein Elektromotor dem Fahrer mit bis zu 250 Watt Leistung. Ab einer Geschwindigkeit von 25 km/h ist eine Sperre eingebaut, sodass man nur per Muskelkraft weiterstrampelt. Für längere Reisen empfiehlt es sich, mit einem Pedelec mit herausnehmbarem Akku auf die Tour zu gehen. Diesen kann man leicht an einer Steckdose laden, im Hotelzimmer oder unterwegs bei einer Rast in einem Café. Unter dem Fachbegriff E-Bike versteht man ein Elektromofa, bei dem man nicht zwingend in die Pedale treten muss. Elektroräder haben durch den Motor und Akku ein hohes Gewicht. Dies spürt man vor allem bei der Anreise per Bahn oder Fernbus. Oft bieten Reiseveranstalter Räder mit Trittunterstützung vor Ort an.

Die erste Fahrradseilbahn Deutschlands überquert den Fluss Fulda.

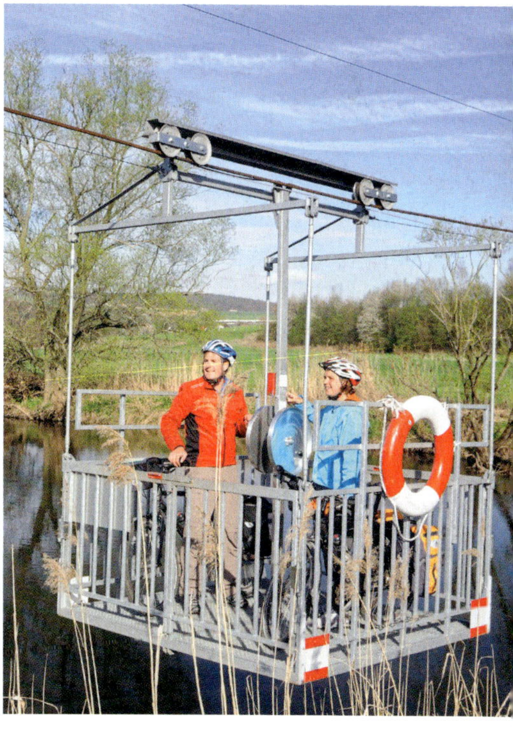

Die D-Netz-Routen

Radler, die lange Mehrtagesreisen lieben, sollten einen Blick auf die zwölf D-Routen und den dazugehörenden Radweg Deutsche Einheit werfen. Die einheitlich ausgeschilderten Fernrouten nutzen überwiegend bestehende Wege und sind gut an den roten Logos mit dem Schriftzug D-Route sowie der jeweiligen Streckennummer zu erkennen (www.radnetz-deutschland.de).

D-Route 1 – Nordseeküstenroute
D-Route 2 – Ostseeküstenroute
D-Route 3 – Europa-Radweg R1
D-Route 4 – Mittelland-Route
D-Route 5 – Saar-Mosel-Main
D-Route 6 – Donauroute
D-Route 7 – Pilgerroute
D-Route 8 – Rhein-Route
D-Route 9 – Weser–romantische Straße
D-Route 10 – Elberadweg
D-Route 11 – Ostsee–Oberbayern
D-Route 12 – Oder-Neiße-Radweg
Radweg Deutsche Einheit

An- und Abreise

Die umweltfreundlichste Art der Anreise erfolgt mit der Bahn. Zahlreiche Städte Deutschlands erreicht man bequem über Nacht mit dem ÖBB-Nightjet. Wer sein Fahrrad anmeldet, bekommt in einem speziellen Abteil einen Abstellplatz. Infos: ÖBB-Nightjet, www.nightjet.com. Leider wird nicht bei allen Bahnstrecken ein Radtransport angeboten. Man kann nur in den ICE-Zügen der Baureihe 4 Fahrräder mitnehmen. Es besteht jedoch die Möglichkeit, das Fahrrad an eine feste Adresse, z. B. die Hoteladresse oder einen Bahnhof liefern zu lassen. Den Dienst können Sie in DB-Reisezentren unter der Service-Hotline 0180/599 66 33 oder online auf www.bahn.de buchen. Für die Zweiradmitnahme in den Fernverkehrszügen IC und EC benötigen Sie eine Stellplatzreservierung. Im Nahverkehr braucht man diese nicht. Da die Fahrradabteile der meisten Züge an sonnigen Wochenenden oft überfüllt sind, empfiehlt es sich, die An- und Abreise auf einen Werktag zu legen.

Weitere Informationen zur Fahrradmitnahme mit der Bahn findet man unter www.bahn.de/bahnundbike. Eine günstige Alternative bieten Fernbusse, die häufig Fahrräder befördern. Auf der Webseite www.fernbusse.de kann man aus verschiedenen Fernbuslinien das passende Angebot auswählen. Hierbei klappt die Mitnahme von einem Fahrrad nach Anmeldung meist sehr gut.

Rechte Seite: Bei Gruna kann man die Mulde mit einer Fähre queren.

Der Havel-Radweg führt oft durch ruhige Felder und Wälder.

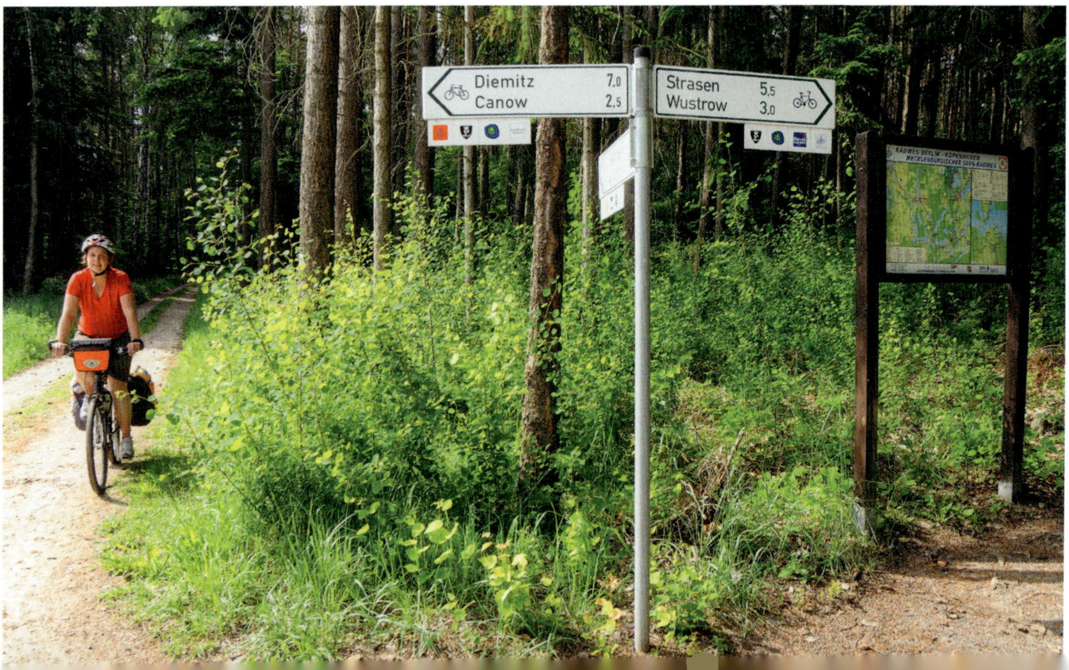

Navigation mit GPS

Verfahren hat sich wohl schon jeder. Zum Glück wird einem heutzutage das Navigieren leicht gemacht. Für den vorliegenden Radführer hat der Autor zu allen 50 Routen GPS-Tracks erstellt. Auf der Webseite http://gps.bruckmann.de können Interessierte die Touren herunterladen. Nach dem Aufspielen der Datei auf das GPS-Gerät oder Smartphone zeigt dieses die Strecke als farbige Linie an, der man einfach hinterhersteuert. Erstklassige Dienste leisten die handlichen Geräte auch bei der Suche von Hotels, Pensionen, Campingplätzen, Restaurants, Sehenswürdigkeiten und Supermärkten. Kostenfreie Fahrradkarten kann man von der Website www.velomap.org herunterladen, auf dem PC installieren und auf das Outdoorgerät übertragen. Streckenverläufe verschiedener Radwege weltweit gibt es auf cycling.waymarkedtrails.org. Für Smartphones ist die App OsmAnd die erste Wahl, denn die Karten decken alle Länder der Welt ab. Besonders zu empfehlen sind die Points of Interest des ADFC. Aktuell beinhalten sie über 5900 Bett-&-Bike-Gastbetriebe. Diese lädt man auf mobile GPS-Geräte (www.bettundbike.de).

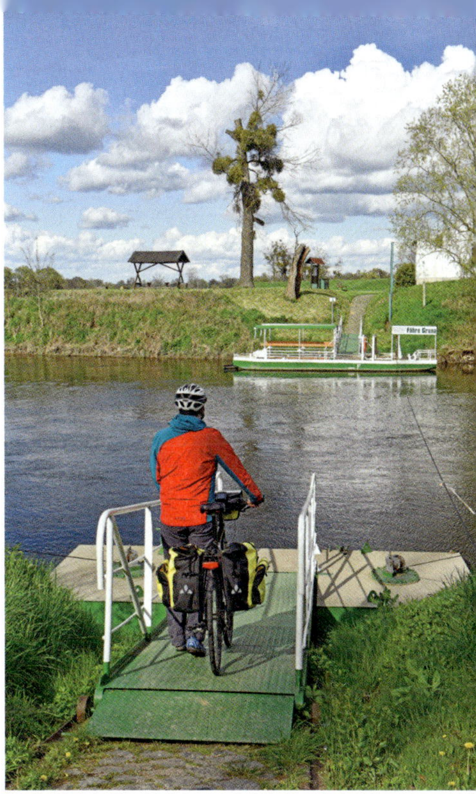

Die EuroVelo-Routen

EuroVelo ist ein Projekt des Europäischen Radfahrer-Verbandes (ECF). Das länderübergreifende Netz (42 Staaten) besteht derzeit aus 17 Strecken. Circa 90 000 Kilometer umfasst das Gesamtnetz. Infos gibt es bei ECF, Rue Franklin 28, B-1000 Brüssel, Tel. +32/2/880 92 74, www.ecf.com und www.eurovelo.com.

EV 1: Atlantikküsten-Route: Nordkap–Sagres (NO, GB, IE, FR, ES, PT)
EV 2: Hauptstadt-Route: Galway–Moskau (IE, GB, NL, DE, PL, BY, RU)
EV 3: Pilger-Route: Trondheim–Santiago de Compostela (NO, SE, DK, DE, BE, FR, ES)
EV 4: Mitteleuropa-Route: Roscoff–Kiew (FR, BE, DE, CZ, PL, UA)
EV 5: Via Romea Francigena: London–Brindisi (GB, FR, BE, LU, DE, CH, IT)
EV 6: Fluss-Route: Nantes–Constanta (FR, CH, DE, AT, SK, HU, RS, RO), www.eurovelo6.org
EV 7: Sonnen-Route: Nordkap–Malta (NO, SE, DK, DE, CZ, AT, IT, MT)
EV 8: Mittelmeer-Route: Cádiz–Nikosia (ES, FR, MC, IT, SI, HR, ME, AL, GR, CY)
EV 9: Bernstein-Route: Danzig–Pula (PL, CZ, AT, SI, IT, HR)
EV 10: Ostseeküsten-Route: Rundkurs (NO, FI, SE, DK, DE, PL, LT, LV, EE)
EV 11: Osteuropa-Route: Nordkap–Athen (NO, FI, EE, LV, LT, PL, SK, HU, RS, MK, GR)
EV 12: Nordseeküsten-Route: Rundkurs (DE, DK, SE, NO, GB, NL), www.northsea-cycle.com
EV 13: Eiserner-Vorhang-Route: Barentsee–Schwarzes Meer (NO, RU, FI, EE, LV, LT, PL, DE, CZ, AT, SK, HU, SI, HR, RO, RS, BG, MK, GR, TR), www.ironcurtaintrail.eu
EV 14: Gewässer von Mitteleuropa: AT, HU
EV 15: Rheinradweg: Andermatt–Rotterdam (CH, LI, AT, DE, FR, NL), www.rheinradweg.eu
EV 17: Rhôneradweg: Andermatt–Montpellier (CH, FR), www.veloland.ch/de/routen/route-01.html, www.viarhona.com
EV 19: Maasradweg: Langres–Hoek van Holland (FR, BE, NL)

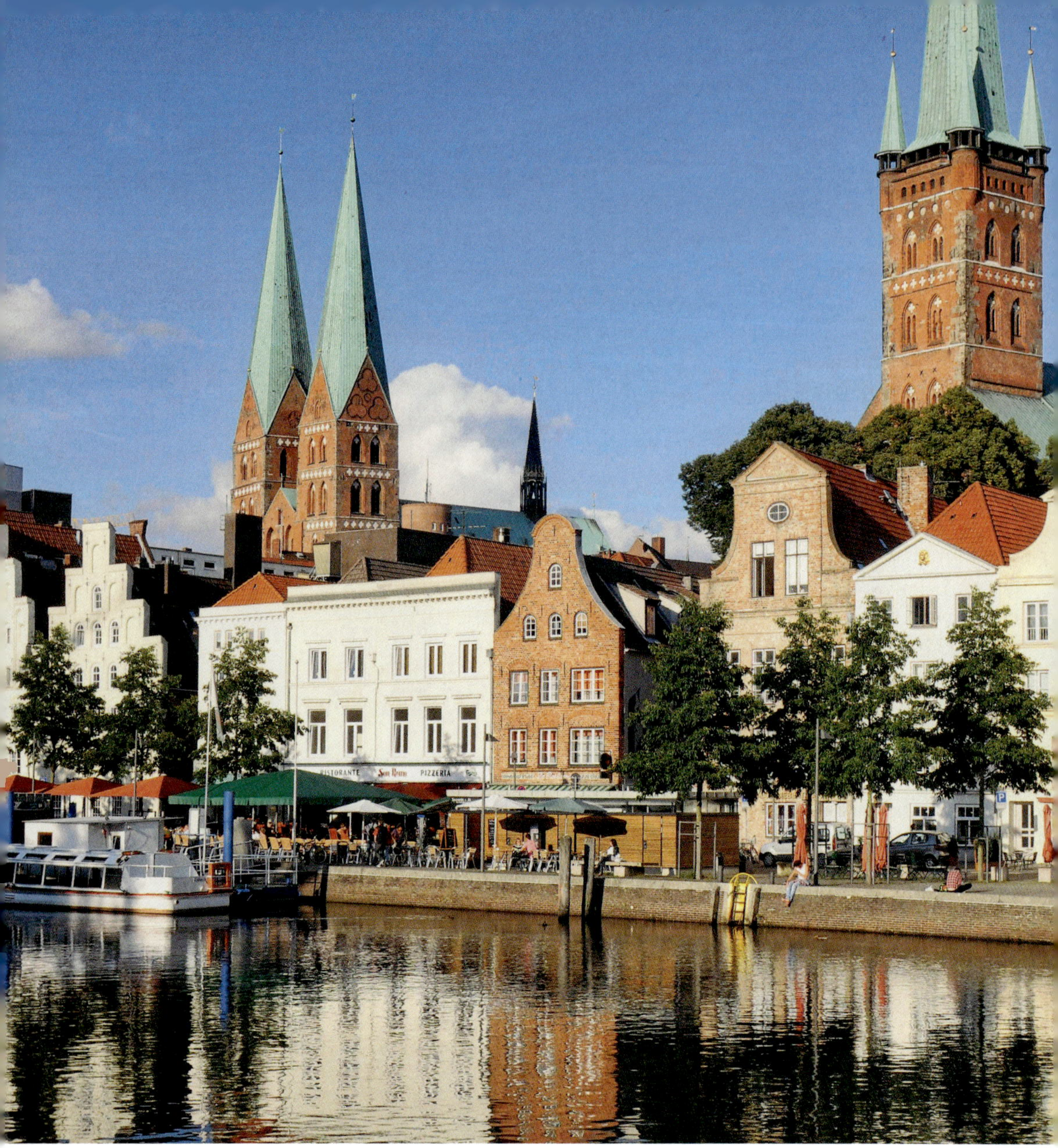
RISTORANTE
PIZZERIA

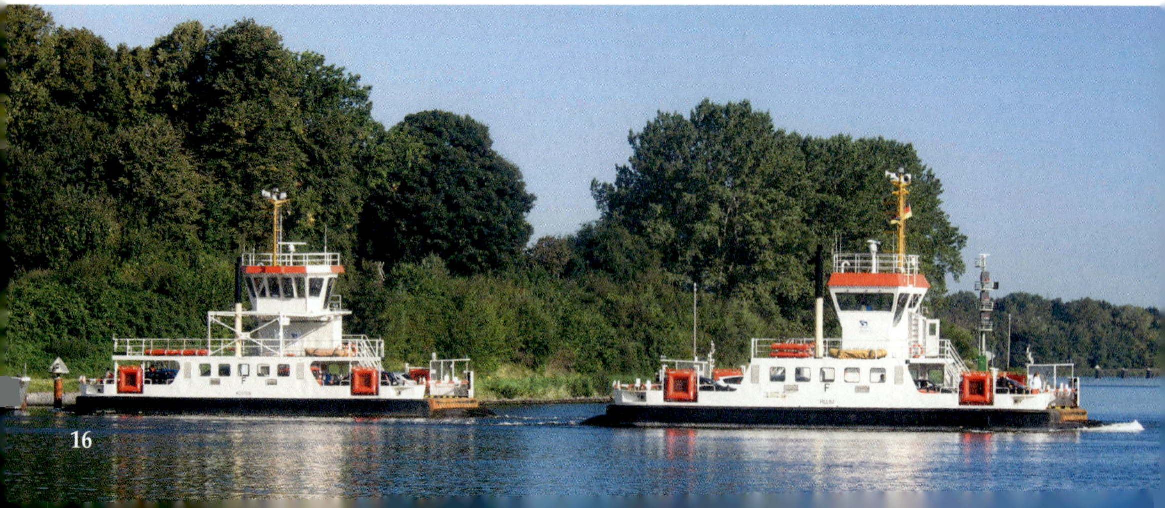

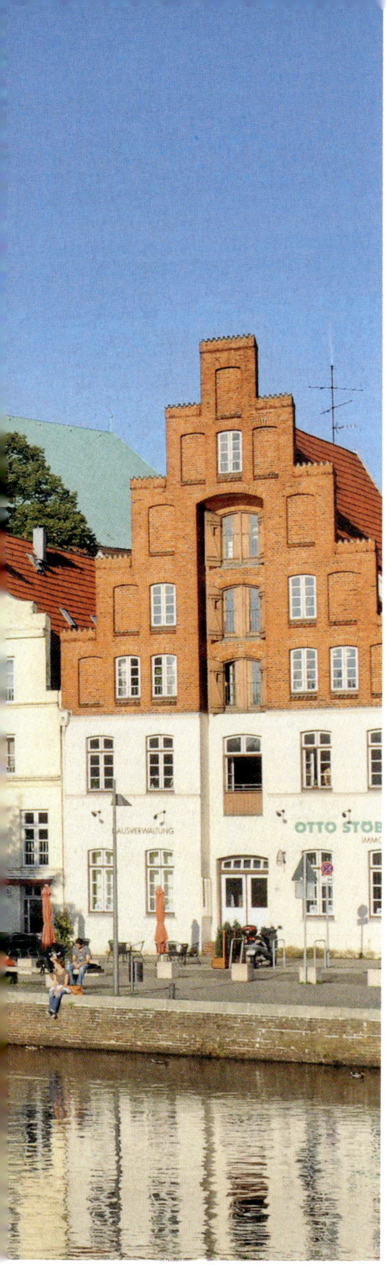

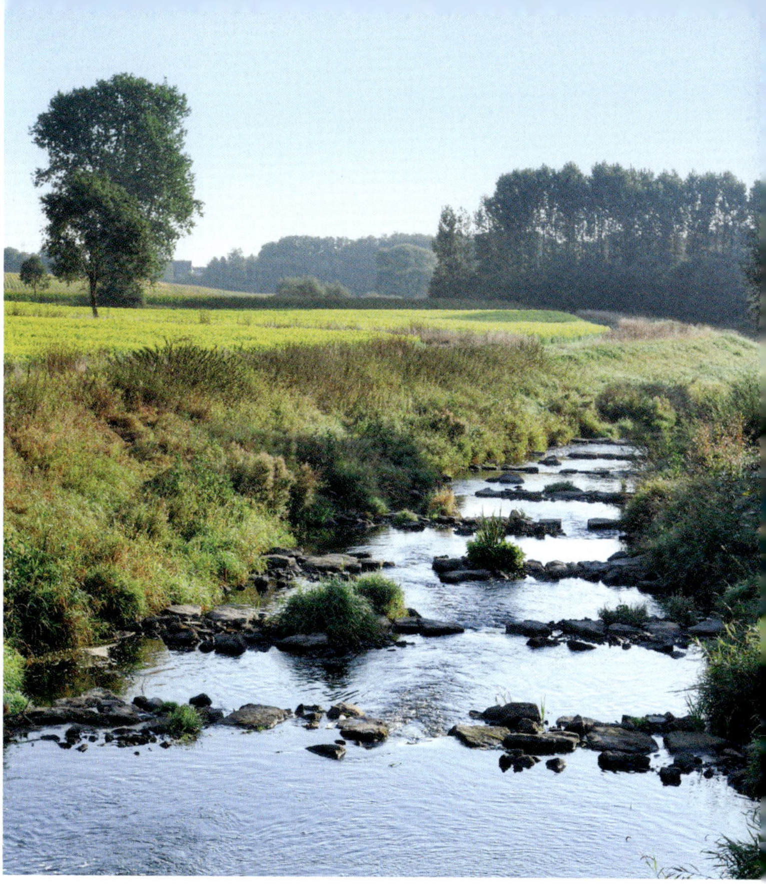

Nordwesten

Oben links: Die Altstadt von Lübeck ist komplett von Wasser umschlossen (Tour 4). Oben rechts: Die Vechtetalroute zeichnet sich durch eine flache Wegführung aus (Tour 7). Unten rechts: Im Münsterland gibt es zahlreiche Burgen und Schlösser (Tour 10). Unten links: Fähren verbinden beide Ufer des Nord-Ostsee-Kanals (Tour 3).

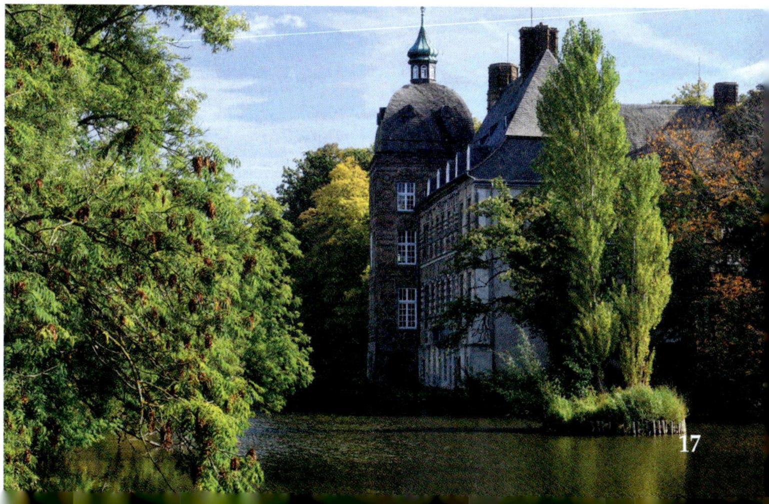

1

Weser-Radweg

Von der grünen Mitte zum Weltnaturerbe

leicht | 497 km | ca. 9 Tage

Charakter
Die Topografie ist überwiegend flach und familienfreundlich. Dabei rollt man meist über asphaltierte Radwege.

Ausgangsort
Hann. Münden Bhf.

Endpunkt
Cuxhaven; zurück 5 Std. mit dem Zug

Wegmarkierung
Schilder mit der Aufschrift »Weser-Radweg«

E-Bike
Die Webseite www.weserradweginfo.de listet Radverleihe und Reparaturstätten auf.

Information
www.weserradweg-info.de mit Weserradweg-App; Weserbergland Tourismus, Deisterallee 1, 31785 Hameln, Tel. 05151/93000, www.weserbergland-tourismus.de
WeserKontor, Teerhof 34, 28199 Bremen, Tel. 0421/5980800, www.weser-radweg.info
TourismusMarketing Niedersachsen, Essener Straße 1, 30173 Hannover, Tel. 0511/27048840, www.reiseland-niedersachsen.de und www.niedersachsen-radroutenplaner.de
Bremer Touristik-Zentrale, Findorffstraße 105, 28215 Bremen, Tel. 0421/3080010, www.bremen-tourismus.de

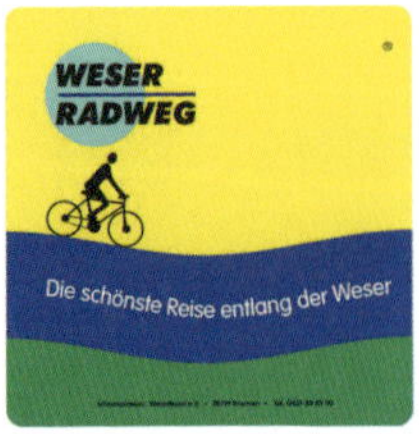

Der Weser-Radweg zählt seit Jahren zu den beliebtesten Routen Deutschlands. Wer von Hann. Münden bis zur Nordsee radelt, erlebt historische Zentren und ist froh über das steigungsarme Terrain. Die knapp 500 Kilometer entführen einen in Kindertage, denn immer wieder trifft man auf Märchen- und Sagengestalten. Dazu sorgen Schlösser, Klöster und Aussichtspunkte auf der Tour für Abwechslung.

Von Hann. Münden nach Hameln – 136 km Radler, die genussvoll dahinrollen möchten, zieht es auf die Flussradwege. Sie sind meist sehr gut ausgebaut und flach. Eine der beliebtesten Touren führt an der Seite der Weser an die Nordsee. Sie ist ein besonderer Fluss, der durch die Vereinigung der Werra (300 Kilometer Fließstrecke) und der Fulda (220 Kilometer Fließstrecke) entsteht. Ihr Einzugsgebiet umfasst 46000 Quadratkilometer, also rund 13 Prozent der Fläche Deutschlands. Im Herzen der von Fachwerkhäusern gesäumten Gassen von **Hann. Münden** zieht das

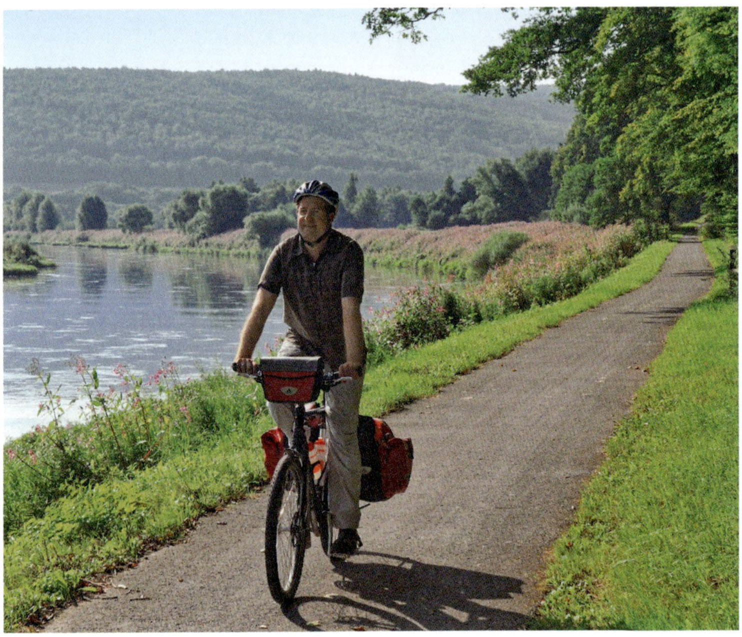

Im Weserbergland wird der gut ausgebaute Flussradweg von dichten Wäldern begleitet.

im Stil der Weserrenaissance errichtete Rathaus die Blicke an. Unter der Uhr hat man ein Glockenspiel installiert. Es erklingt dreimal täglich mit dem Spottlied Doktor Eisenbarths. 500 Meter entfernt schickt uns der Weserstein auf die Reise gen Norden. Auf ihm steht: »Wo Werra sich und Fulda küssen / Sie ihre Namen büßen müssen / Und hier entsteht durch diesen Kuss / Deutsch bis zum Meer der Weser Fluss. – Hann. Münden, den 31. Juli 1899.« Als Landschaftsgestalter lieferte die Weser auf den ersten Kilometern ihr Meisterstück ab. Im Lauf der Jahrtausende grub sich das Wasser in die Buntsandsteinschichten. Der Fluss schuf so ein romantisches Tal, das heute ein prächtiger Laubwald einfasst. In **Bad Karlshafen**, malerisch im Weserbergland gelegen, lohnt ein Spaziergang. Die blütenweißen Häuserkarrees und die symmetrisch angelegten Straßenzüge sind typisch für die Barockstadt. Sie wurde im Jahr 1699 unter dem Landgrafen Carl zu Hessen errichtet. Er siedelte in der Planstadt Flüchtlinge aus Frankreich (Hugenotten) an. Beachtung verdient das in einer einstigen Zigarrenfabrik untergebrachte Deutsche Hugenotten-Museum. Es dokumentiert die Flucht und Vertreibung der Hugenotten aus Frankreich. Wir kehren der nördlichsten Stadt Hessens den Rücken zu und fahren nach Nordrhein-Westfalen hinein. Hinter **Höxter** künden zwei Spitztürme einen weiteren Glanzpunkt an – das ehemalige Kloster Corvey. Die Geschichte der Reichsabtei lässt sich bis ins 9. Jahrhundert zurückverfolgen. Eindrucksvoll ist der gesamte Gebäudekomplex mit den Innenhöfen und der Klosterkirche. Als Symbol der karolingischen Architektur ernannte die UNESCO Corvey 2014 zum Weltkulturerbe. Im Inneren lohnt ein Besuch der fürstbischöflichen Bibliothek. Das Museum dokumentiert das Leben des Dichters Hoffmann von Fallersleben, der einst die Deutsche Nationalhymne verfasste. Anschließend schwingt die Weser in zahlreichen Schleifen an Holzminden, Bodenwerder und **Hameln** vorbei.

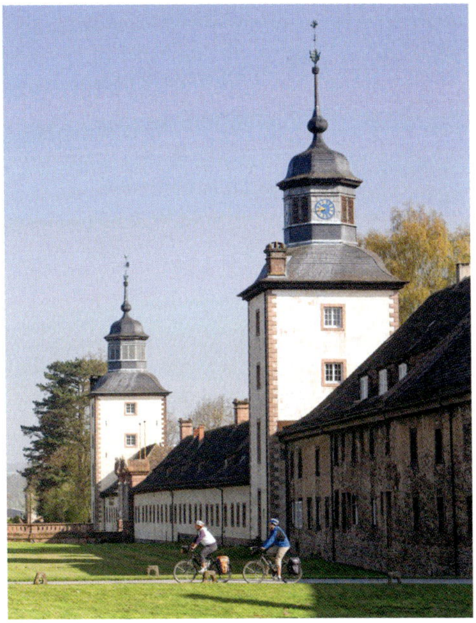

Nördlich von Höxter befindet sich die ehemalige Benediktinerabtei Corvey mit ihren großzügig angelegten Innenhöfen.

Von Hameln nach Nienburg – 130 km Wer kennt sie nicht, die Sage über den Rattenfänger von Hameln? Bei einer Führung durch die Weserrenaissancebauten wird sie lebendig. Egal ob Sie dem Rattenfänger, dem Verführer oder dem Türmer lauschen – hier

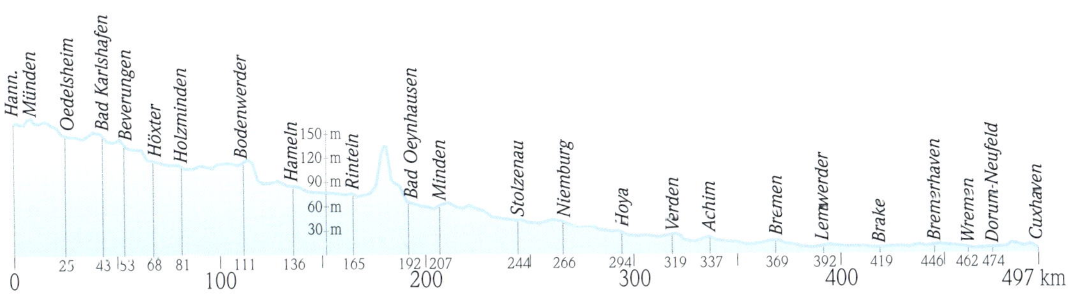

erleben Sie eine Zeitreise ins Mittelalter. Man dreht den Kopf und staunt: Das Auge erfreut sich an reich verzierten Giebeln, Erkern und Schmuckleisten. Wir rollen wieder den Fluss entlang. Zwei entspannte Radstunden entfernt wachsen die Kirchtürme von Rinteln aus der Landschaft empor. Vor der St.-Nikolai-Kirche erstreckt sich die gute Stube des historischen Stadtkernes – der Marktplatz. Ringsum stehen Renaissancebauten. Im Mittelalter überspannte in Rinteln eine Holzbrücke die Weser. So kam die Siedlung zu Privilegien wie dem Wegezollrecht und einem Gericht. Begünstigt durch die Lage am Fluss florierte neben dem Handwerk der Handel mit Bremen und den Niederlanden. Der Radweg kehrt der Weser von Zeit zu Zeit den Rücken und durchläuft im reizvollen Wechsel Waldstücke und Felder. Vorbei an Vlotho führt die Reise ins Zentrum von **Bad Oeynhausen**. Das Staatsbad liegt idyllisch zwischen dem Wiehengebirge und dem Lipper Bergland. Sein Herz schlägt im Kurpark, den man 1853 nach Entwürfen von Peter Joseph Lenné anlegte. Die grüne Lunge der Stadt ist mit ihren alten Bäumen ein beliebter Treffpunkt. Hier bewundert man das Kaiserpalais, flaniert zur eleganten Wandelhalle hinüber und relaxt in den adretten Badehäusern. In einer der prächtigsten Gründerzeitvillen ist das Deutsche Märchen- und Wesersagenmuseum untergebracht. Bekannt ist es für die Bibliothek, seine Märchenerzählstunden und Ausstellungen. Auf der Weiterfahrt rücken die Talflanken zusammen. Auf einer Waldanhöhe erkennen wir das 88 Meter hohe Kaiser-Wilhelm-Denkmal. Es wurde zwischen 1892 und 1896 errichtet und markiert die Porta Westfalica. Hier grub sich die Weser durch die Barriere, die man im Westen Wiehengebirge und im Osten Wesergebirge nennt. Die Höhenzüge weichen zurück. Voraus dehnt sich das Norddeutsche

Unten links: Die Statue der Bremer Stadtmusikanten ziert den Marktplatz von Bremen.

Unten rechts: Die Bremer Wallanlagen wurden zu einer Parkanlage umgestaltet, aus der die Herdentorsmühle herausragt.

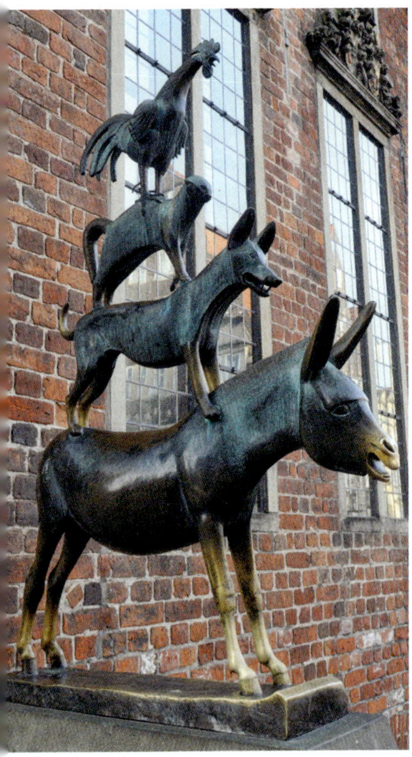

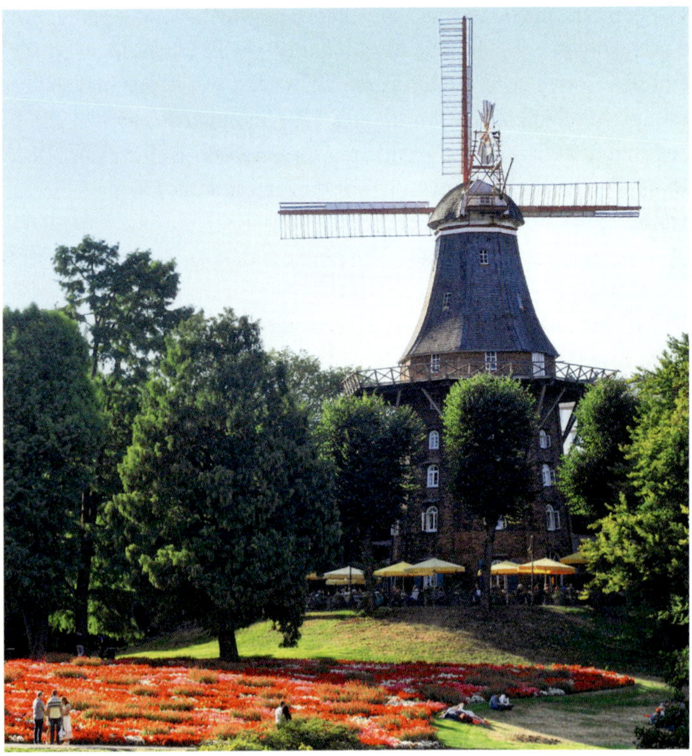

Tiefland aus. Im Jahr 798 hielt Karl der Große an einem Weserübergang eine Reichsversammlung ab. An dieser Stelle liegt **Minden**. In der Stadt ist man stolz auf den Dom St. Gorgonius und Petrus. Die Hallenkirche vereint die Stilrichtungen der Romanik mit der Gotik und blickt auf eine 1000-jährige Geschichte zurück. Zwei Kilometer nördlich passieren wir das Wasserstraßenkreuz Minden. Zwischen 1911 und 1914 errichteten Arbeiter eine 370 Meter lange Kanalbrücke zur Überführung des Mittellandkanals über die Weser. Ihr folgte 1998 ein zweiter Brückenbau mit einer Wasserspiegelbreite von 42 Metern. Der Mittellandkanal bringt es auf 325 Kilometer und ist die bedeutendste künstliche Wasserstraße in Deutschland. Er gehört zu einem Wasserstraßennetz, das den Rhein mit dem Oderstrom verbindet. Neben der Kanalbrücke überwindet eine riesige Schachtschleuse die 13 Meter Höhenunterschied zwischen Mittellandkanal und Weser. Der Fluss durchzieht eine idyllische Geestlandschaft mit Uferwiesen, Holländerwindmühlen und langen Baumreihen. **Nienburg** markiert den nächsten Stopp.

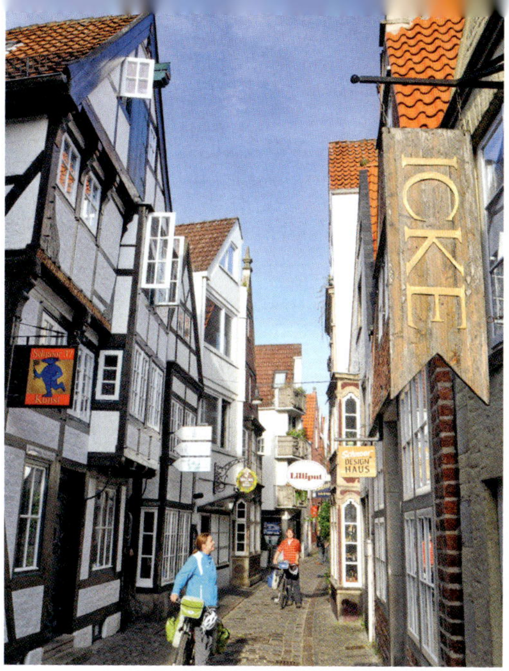

Im Schnoorviertel zeigt sich Bremen von seiner historischen Seite.

Von Nienburg nach Bremen – 103 km Zahlreiche Fachwerkbauten machen Nienburg zu einer sehenswerten Station der Deutschen Fachwerkstraße. Besonders schön anzusehen sind das 1541 erbaute Patrizierhaus in der Lange Straße 41 und der Fresenhof. Die Pfarrkirche St. Martin mit ihrem 72 Meter hohen Turm und das mehrgeschossige Rathaus mitsamt dem verspielten Stufengiebel komplettieren das Ensemble. Mittlerweile ist mehr als die Hälfte des Weserradweges bis zur Nordsee zurückgelegt und man durchläuft im platten Flusshinterland Dörfer und Gehöfte. Dort, wo sich die Aller mit der Weser vereint, liegt Verden. Zwei Begriffe sind untrennbar mit der hoch über dem Fluss errichteten Siedlung verbunden: der Pferdesport und der markante Dom St. Maria und Cäcilia. Während man den Reittieren im Pferdemuseum auf einer Fläche von 1400 Quadratmetern huldigt, beeindruckt der 700 Jahre alte, aus Backsteinen erbaute Dom durch sein riesiges Langhaus mit einer Firsthöhe von 38 Metern. Die unverfälschte gotische Pracht diente als bauliches Musterbeispiel für verschiedene Kirchen in Lüneburg, Lübeck und Stendal. Der Radweg knickt gen Nordwesten ab und folgt dem Schleusenkanal in das grüne Land. Hinter Achim rollen wir in das kleinste Bundesland Deutschlands hinein – nach **Bremen**. Durch den florierenden Handel der Hanse erlebte die Stadt zwischen dem 13. und 17. Jahrhundert

Freie Hansestadt Bremen

In der »guten Stube«, wie die Bremer ihren Marktplatz liebevoll nennen, empfängt uns der lächelnde Roland. Seit 1404 symbolisiert er Freiheit und Stadtrechte. Sein Blick schweift in Richtung des Domes St. Petri mit den zwei Türmen und einer Geschichte von über 1200 Jahren. Lüder von Bentheim renovierte die Fassade Anfang des 17. Jahrhunderts im Stil der Weserrenaissance. »Das Rathaus und der Roland auf dem Bremer Marktplatz sind einzigartige Zeugnisse für die Entwicklung von Autonomie und Marktrechten des europäischen Bürgertums speziell im Heiligen Römischen Reich Deutscher Nation«, erklärte die UNESCO bei der Aufnahme in die Welterbeliste im Juli 2004.

einen Bauboom, der heutige Touristen auf Schritt und Tritt zum Fotoapparat greifen lässt. Malerisch ist es auf dem kopfsteingepflasterten Marktplatz mit dem Rathaus, der Rolandstatue und der Ratskirche. Hier endet die Deutsche Märchenstraße. Diese 600 Kilometer lange Themenroute beginnt in Hanau und führt große und kleine Kinder zum heimlichen Wahrzeichen der Stadt – den Bremer Stadtmusikanten. Sie lachen an der Westseite des spätmittelalterlichen Rathauses als Bronzestatue von ihrem Sockel. Hund steht auf Esel, Katze steht auf Hund, Hahn steht auf Katze. Man schmunzelt still und spaziert weiter zum romantischen Schnoorviertel. Mit seinen Bürgerhäusern aus dem 15. und 16. Jahrhundert ist es wie dafür geschaffen, um das Rad der Zeit zurückzudrehen.

Von Bremen nach Cuxhaven – 128 km Die Bremer Weserpromenade bleibt zurück. 20 Kilometer westlich der Innenstadt zieht der »Weiße Schwan« die Blicke auf sich. Er liegt stolz im Wasser und ist aus Holz – das »Schulschiff Deutschland«. Der Dreimaster lief 1927 in Bremerhaven vom Stapel und unternahm mehrere Hochseefahrten nach Südamerika, Südafrika, in die Karibik und die USA. 1995 erfolgte der verdiente Ruhestand. Heute können Radler auf der »Deutschland« übernachten. Wir befinden uns an der maritimen Meile des Stadtteiles Vegesack, wo die Seefahrer- und Schiffsbaugeschichte der Hansestadt lebendig wird. Der Weserstrom fließt auf seinem letzten Abschnitt der Nordsee entgegen und nimmt mit der Wümme und der Hunte zwei weitere Flüsse auf. Er zieht nun breit und gemächlich durch die Marsch- und Moorlandschaften. Wer das Ufer betrachtet, dem fällt der Tidenhub auf. Hier überwinden die Gezeiten der hereindrückenden Nordsee rund vier Meter. Der Wind frischt auf und man fragt sich, warum man die Tour nicht von der Küste ins Landesinnere geplant hat. Vom asphaltierten Deichkronenradweg lassen sich gut die vorbeiziehenden Schiffe beobachten. Sie künden das nächste Ziel an – **Bremerhaven**. In der 1827 gegründeten Seestadt dreht sich vieles um das Meer. Deshalb besuchen Touristen gerne das Deutsche Schifffahrtsmuseum. Das Prunkstück der Ausstellung ist eine nahezu vollständig erhaltene Hansekogge. Man entdeckte sie 1962 bei Ausbaggerungsarbeiten in der Weser. Ihr Alter beträgt mehr als 600 Jahre. In den Vitrinen veranschaulichen über 500 Schiffsmodelle die Entwicklung der Seefahrt. Weitere Themen widmet man der Polar- und Meeresforschung, der Navigation, der Marine und dem Bootsbau. Doch viele Besucher zieht es zum Museumshafen, der die Sammlung komplettiert. Vor Anker liegen Schmuckstücke wie der hölzerne Handels-Großsegler »Seute Deern« (1919), der Walfangdampfer »Rau IX « und das U-Boot »Wilhelm Bauer«. Wir überqueren die alte Kaiserschleuse, werfen einen

Fahrt durch Bremerhaven

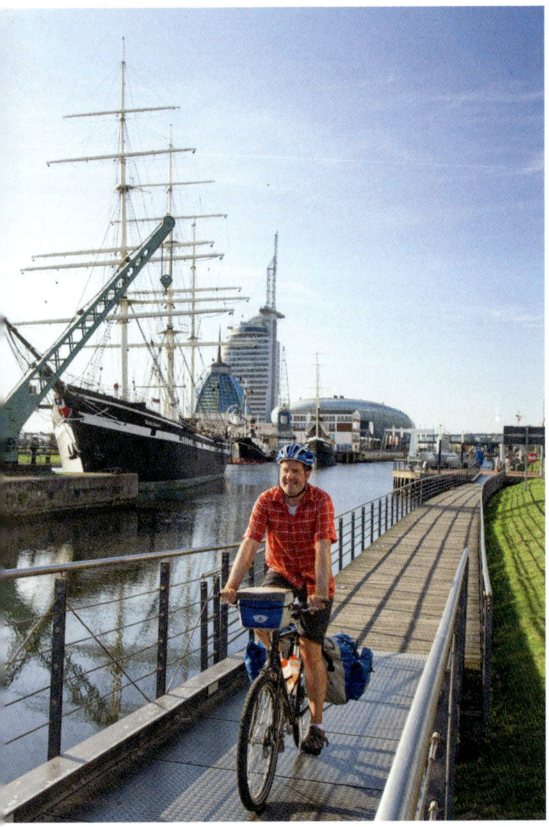

Aufbruch in die Ferne

Fällt der Name Bremerhaven, denkt man an das Deutsche Auswandererhaus. Es erhielt 2007 den Titel »Europäisches Museum des Jahres«. Darin schreitet man wie ein Auswanderer durch die detailgenauen Rekonstruktionen und staunt – über die Kaianlage, über die Decks eines Seglers und über das nachgebaute Grand Central Terminal von New York. Zur nächsten Attraktion sind es nur wenige Schritte, denn gegenüber zieht das Klimahaus 8° Ost die Blicke auf sich. In der Ausstellung reisen Besucher entlang des achten östlichen Längengrades um die Welt. So bekommen sie Einblick in die Lebensbedingungen der Menschen und die Klimazonen der Erde.

Blick in die riesigen Kaianlagen und die Becken der Docks. Das Panorama des zwei Millionen Quadratmeter umfassenden Containerterminals mit seinen modernen Kranbrücken wird kleiner. Voraus liegt der finale Abschnitt der Radtour. An der Kugelbake in **Cuxhaven** steigen wir zufrieden vom Sattel und mieten uns einen Strandkorb. Hinsetzen, genießen, den Meeresriesen nachschauen. Hier, an einem Platz, wo sich das Fernweh der Seeleute mit dem Heimweh mischt, lassen Radler ihre Tour Revue passieren. Das Fazit: Der abwechslungsreiche Weserradweg bietet alles für eine rundum gelungene Mehrtagesradreise – idyllische Landpartien, historische Städte und eine bunt gemischte Palette an Sehenswürdigkeiten.

Das Klimahaus Bremerhaven 8° Ost ist eine der Attraktionen der Stadt.

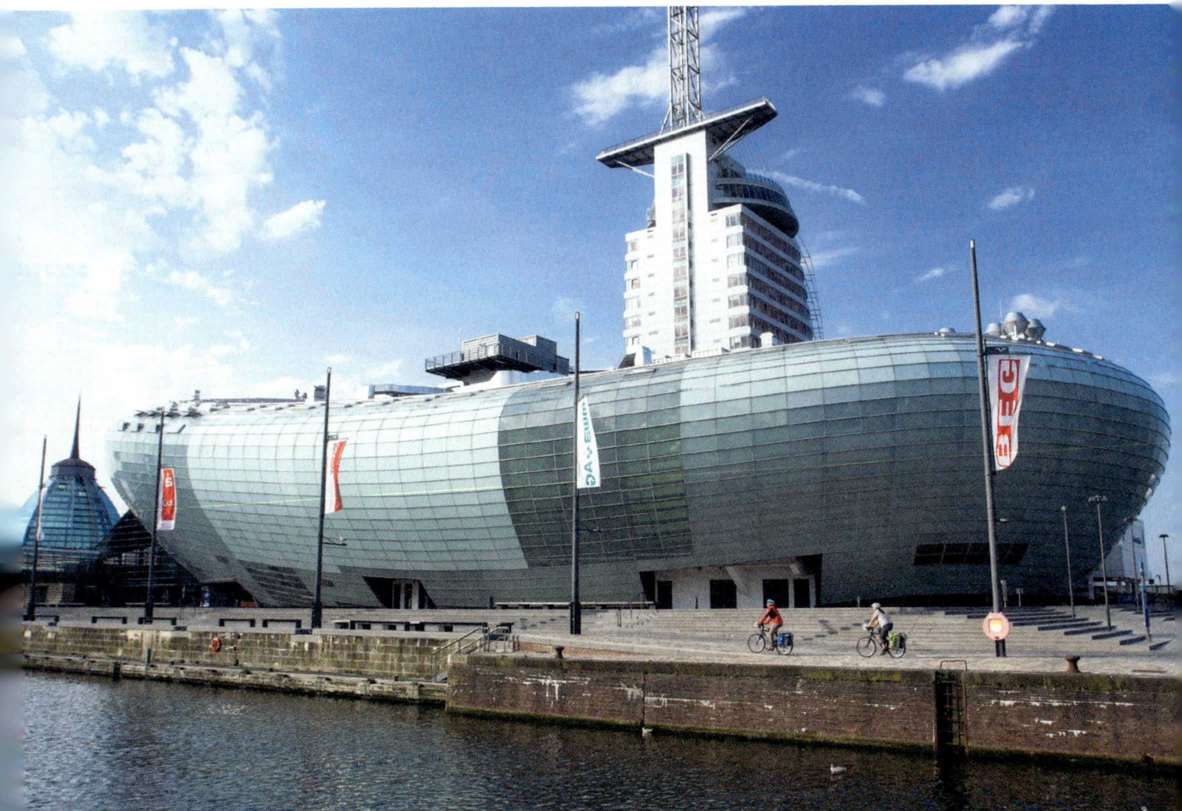

2 EmsRadweg

Genussradeln durch Nordwestdeutschland

leicht | 381 km | ca. 7 Tage

Charakter
Der gut ausgebaute Flussradweg auf befestigten oder asphaltierten Radwegen und auf verkehrsberuhigten Straßen hat keine Steigungen.

Ausgangsort
Hövelhof Bhf.

Endpunkt
Emden; zurück 4:30 Std. mit dem Zug

Wegmarkierung
Ein doppeltes »E« mit Flusslauf

E-Bike
E-Bikes sind nicht nötig, Fahrradverleih über www.emsradweg.de.

Information
Interessengemeinschaft Emsradweg, Schloßstraße 11, 33161 Hövelhof, Tel. 05257/5009866, www.emsradweg.de mit EmsRadwegApp
Emsland Touristik, Ordeniederung 2, 49716 Meppen, Tel. 05931/442266, www.emsland.com
Tourismus Marketing Niedersachsen, Essener Straße 1, 30173 Hannover, Tel. 0511/2704884 0, www.reiseland-niedersachsen.de und www.niedersachsen-radroutenplaner.de
Tourismus NRW e.V., Völklinger Straße 4, 40219 Düsseldorf, Tel. 0211/91320500, www.nrw-tourismus.de und www.radroutenplaner.nrw.de

Radler, die der Ems folgen, erleben Norddeutschland von seiner lieblichen Seite: Vor dem Lenker ziehen Auwälder vorüber, dahinter breiten sich Wiesen und Felder aus. Der Radweg führt in sehenswerte Städte wie Rheine, Papenburg, Leer und Emden. Am Schluss weitet sich der Horizont, die Nordsee ist nah.

Von der Emsquelle nach Greven – 140 km Nördlich von Paderborn geht der Teutoburger Wald gen Westen in die Senne über. Es ist eine beschauliche Landschaft. Auf den Sanddünen wachsen duftende Kiefernwälder. Man bewahrt das Idyll im **Naturschutzgebiet Moosheide**. Dort sprudeln aus dem Untergrund mehrere Wasserläufe an die Oberfläche und vereinen sich zur Ems. Wer ihrem Lauf folgt, steht nach sieben Kilometern vor dem Heimathaus in Hövelhof. Auf rund 1100 Quadratmetern Ausstellungsfläche gibt es traditionelles Handwerk wie Seilerei, Korbflechterei, Spinnen und Weben zu sehen. Es rollt sich leicht durch das flacher werdende Land. Der Zickzackkurs zwischen den Feldern und Baumgruppen lädt zum Bummeln ein. Die Räder stoppen im Naturschutzgebiet Steinhorster Becken, einem Brut- und Rückzugsgebiet für Watt- und

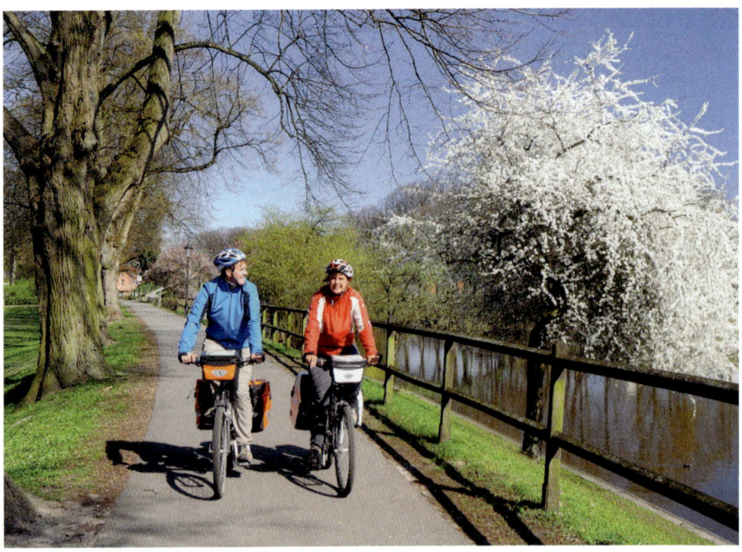

Der EmsRadweg ist sehr gut ausgebaut.

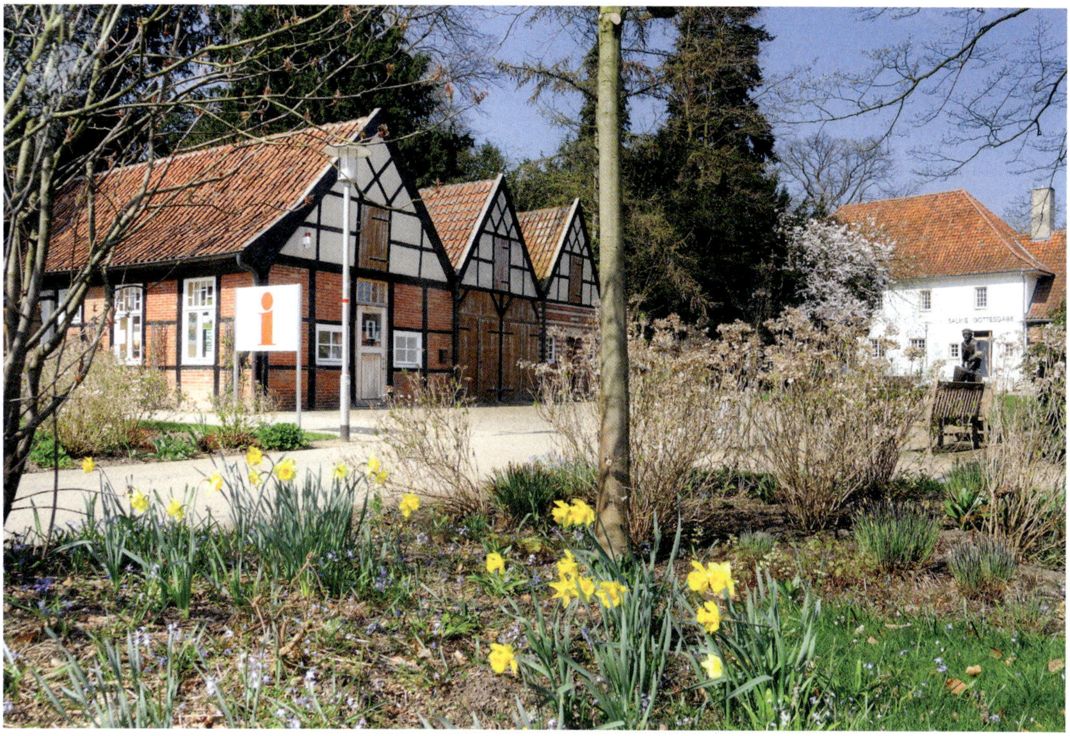

Das Dreigiebelhaus steht im Salinenpark der Stadt Rheine und beherbergt ein Besucherzentrum.

Wasservögel. Von hier aus nimmt einen der Fluss mit nach **Rietberg**. Die »Stadt der schönen Giebel« empfängt Gäste mit mehr als 60 liebevoll restaurierten Fachwerkhäusern. Sie umschließen den prächtigsten Bau, das Rathaus aus dem Jahr 1805. Wie sehr sich die Region dem Gartenbau verschrieben hat, sieht man am Ufer der Ems im 40 Hektar großen NRW-Gartenschaupark. Auch im Nachbarort **Rheda-Wiedenbrück** wandert der Blick über Grünflächen. Dort zieht sich das bunt bepflanzte Band der Flora-Westfalica durch den Doppelort. Zu den Höhepunkten der ersten Etappe gehört das zwischen 1185 und 1222 gegründete Zisterzienserkloster Marienfeld. Bis zur Säkularisierung im Jahr 1803 lebten und beteten hier Mönche. Sie erwarben im Laufe der Jahrhunderte einen reichen Landbesitz, der sich in den herausragenden Bauwerken widerspiegelt. Die Abteikirche vereint spätromanische, gotische und barocke Bauelemente miteinander und zählt zu den bedeutendsten Klöstern des Münsterlandes. Wir erreichen **Warendorf**. Die Stadt hat sich einen Namen als Zentrum der

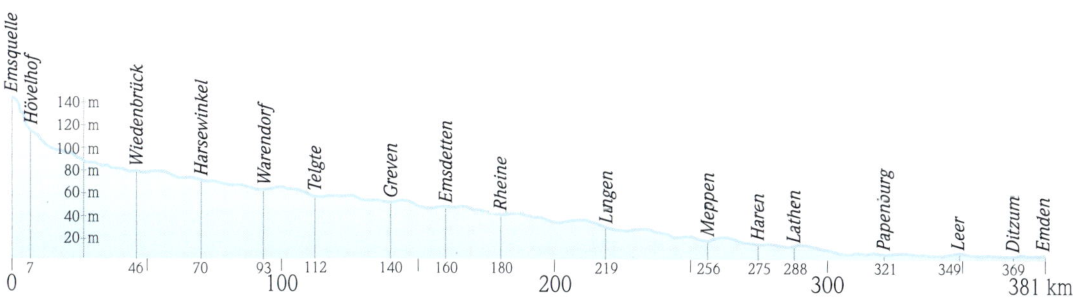

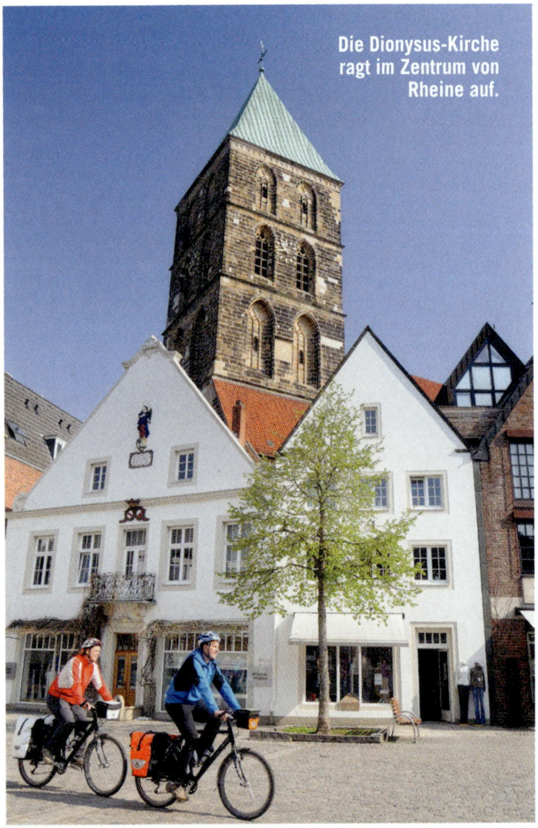
Die Dionysus-Kirche ragt im Zentrum von Rheine auf.

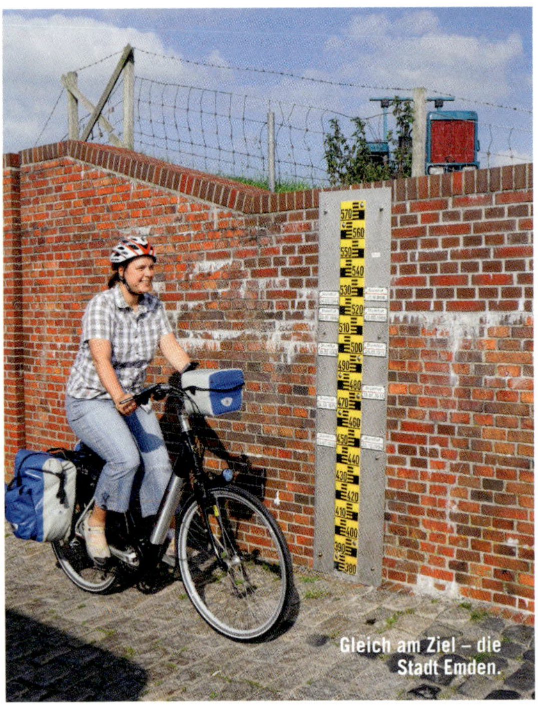
Gleich am Ziel – die Stadt Emden.

deutschen Springreiterei gemacht. Pferdefreunde zieht es zum NRW-Landgestüt, das 1826 unter dem Preußenkönig Friedrich Wilhelm III. entstand. Man kann die Anlage bei einer Führung besichtigen. Nachdem wir uns in der Altstadt umgesehen haben, radeln wir gen Westen. Der erstklassig markierte Weg führt durch den Wallfahrtsort Telgte in die Stadt **Greven**. Hier queren wir die 170 Kilometer lange Friedensroute. Die Radstrecke verbindet Münster mit Osnabrück und erinnert an den Westfälischen Frieden aus dem Jahr 1648.

Von Greven nach Meppen – 116 km Auf dem Weg zum rekonstruierten Sachsenhof Pentrup zwingen uns die bis zu 61 Meter hohen Wentruper Berge kurz aus dem Sattel. Die reetgedeckten Bauten des Freilichtmuseums geben Einblick in das mühsame Leben der Menschen vor über 1200 Jahren. Besucher spazieren durch das Wohnhaus, inspizieren die Scheune und den Heuberg. Der Garten überrascht durch Ackerwildkräuter und alte Kulturpflanzen. Die Ems windet sich in sanften Schleifen durch ihre Auwäldern. Dahinter dehnen sich Felder aus. Sie gehören zu Emsdetten. Eine Radstunde entfernt erheben sich die Kirchtürme von Rheine aus der Ebene. Der Turm der Basilika St. Antonius bringt es auf 102,5 Meter und ist seit 1904 eine Landmarke. Am Westufer gelangt man in die Altstadt mit ihren reich dekorierten Giebelhäusern. Wer von hier aus am NaturZoo vorbeispaziert, steht wenig später im 2004 eröffneten Salinenpark. Die Saline Gottesgabe bildet das Herz der mit bunten Blumenbeeten geschmückten Grünanlage. Sie erinnert an die Salzproduktion, die im Mittelalter begann. Direkt am Ufer der Ems liegt die nächste Perle – das 1437 geweihte Kloster Bentlage. Es vereint barocke und klassizistische Elemente. Heute nutzt man das 1803 aufgelöste Kreuzherrenkloster als kulturelle Begegnungsstätte mit Museen und Gemäldegalerien. Wir nehmen Abschied von Nordrhein-Westfalen. Die Beschilderung bleibt auch in Niedersachsen vorbildlich. Sie leitet uns zielsicher durch

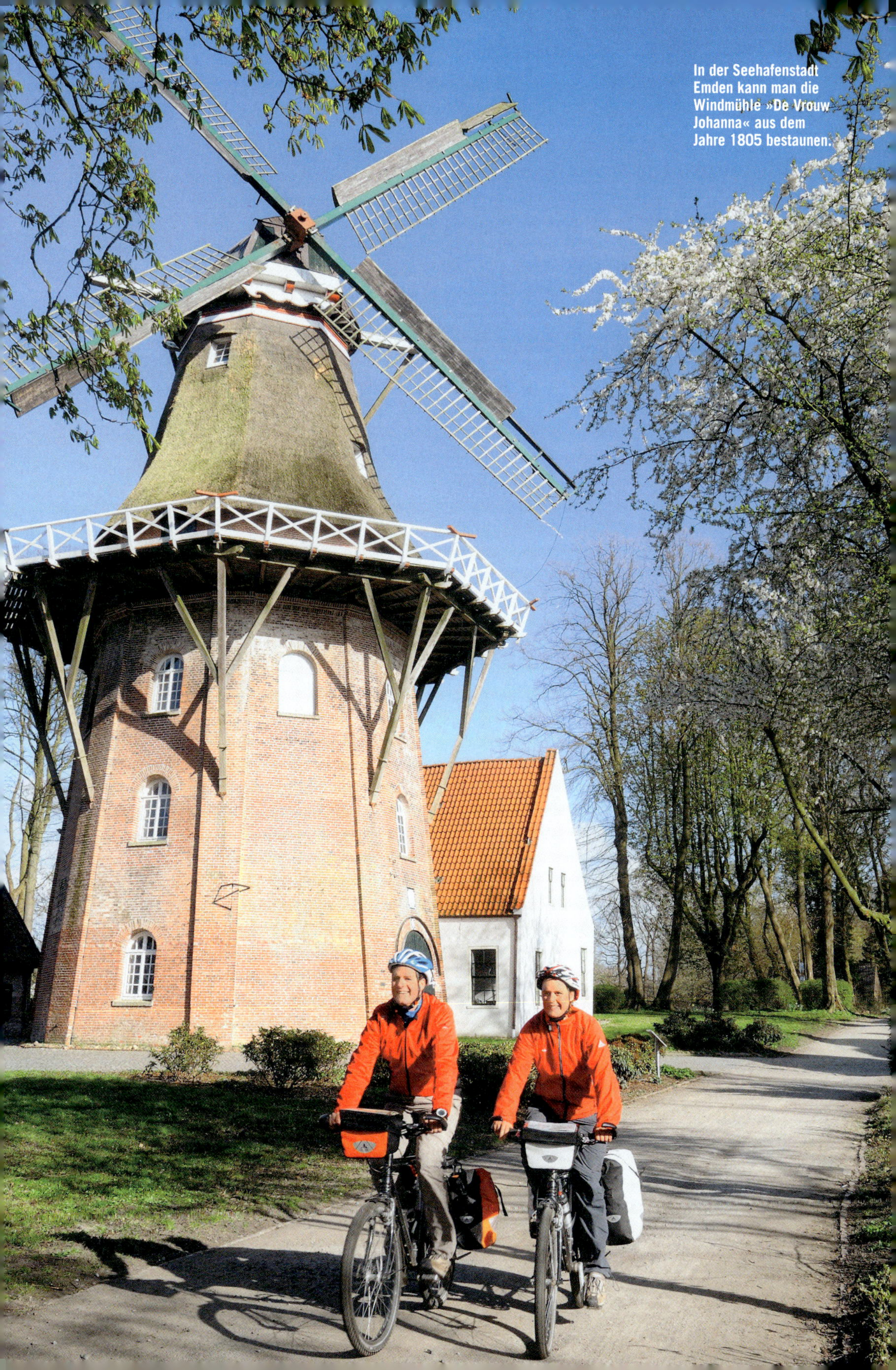

In der Seehafenstadt Emden kann man die Windmühle »De Vrouw Johanna« aus dem Jahre 1805 bestaunen.

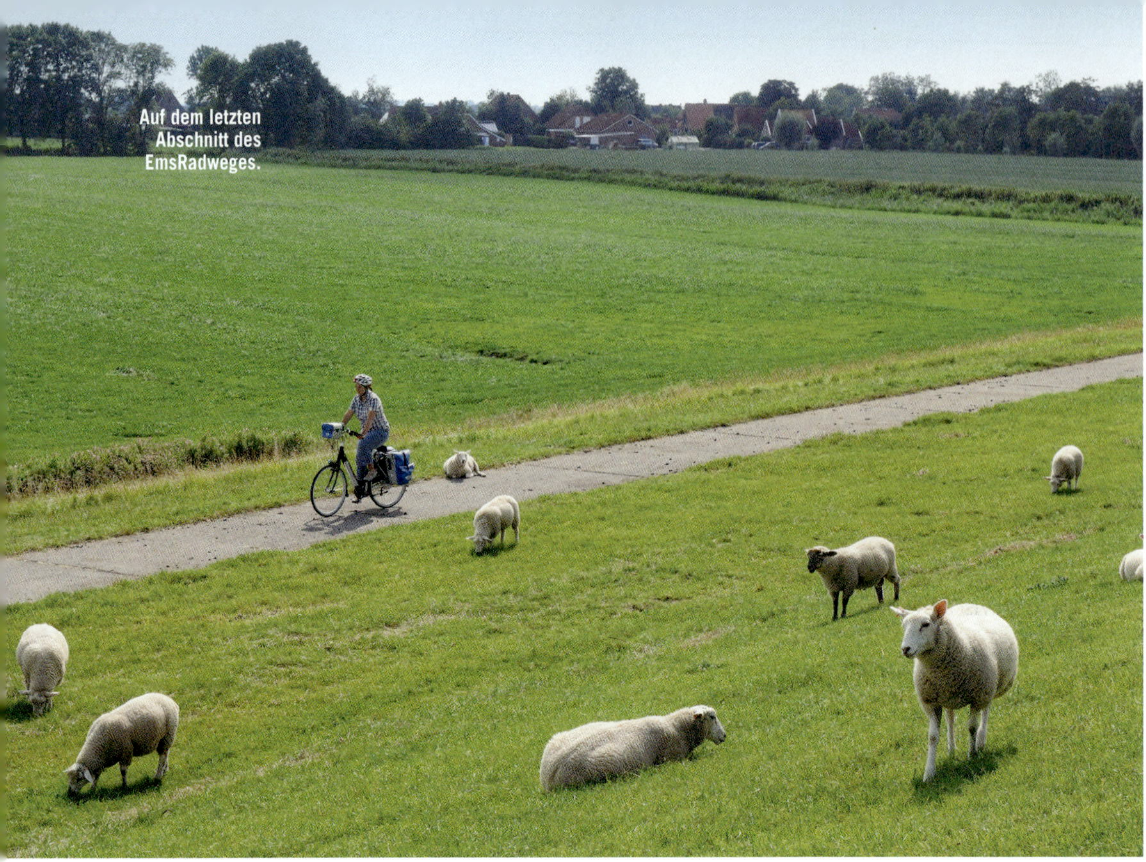

Auf dem letzten Abschnitt des EmsRadweges.

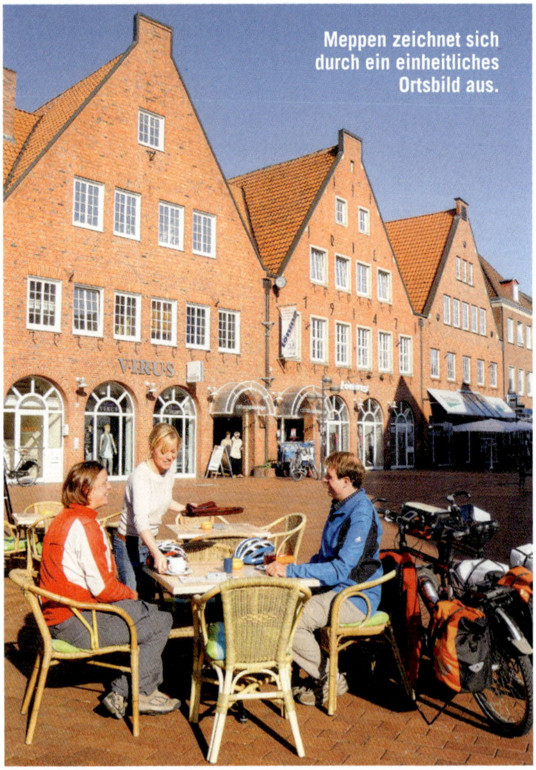

Meppen zeichnet sich durch ein einheitliches Ortsbild aus.

das flache, von Gräben und Kanälen durchwobene Emsland nach **Lingen**. Die ehemalige Festungsstadt wird 975 erstmals in einer Urkunde erwähnt. Repräsentative Gebäude umschließen den breit angelegten Marktplatz. In der Reihe der Giebelhäuser fällt die alte Posthalterei auf, ein zweigeschossiger Fachwerkbau.

Von Meppen nach Emden – 125 km Der Stadtname **Meppen** bedeutet »An den Mündungen«, denn im Mittelalter zog die Hase mit drei Flussarmen der Ems entgegen. Ausgedehnte Parks wechseln sich mit Backsteinbauten ab. Mittendrin steht das turmgekrönte Rathaus. Das mit Findlingen erbaute Untergeschoss stammt aus dem Jahr 1408. Bis ins 18. Jahrhundert bewachte ein sternförmiger Wall die Stadt. Heute dient er als baumbestandener Hochwasserdamm und lädt zum Spazierengehen ein. Spannende Ziele bieten das Zeughaus, das Stadthaus und die barocke Gymnasialkirche. Wem nach einer Pause ist, stellt sich die Frage: sich an einem der

Restauranttische am Meppener Marktplatz hinsetzen oder im Café der Höltingmühle einkehren? Lohnend ist beides! Stromabwärts erreichen wir das Naturschutzgebiet Borkener Paradies. Es schützt auf 30 Hektar die Gewässer der Alten Ems und der benachbarten Hutelandschaft. Im reizvollen Wechsel pendelt die Radroute zwischen dem Fluss und dem Dortmund-Ems-Kanal hin und her. Bei **Papenburg** treffen sie aufeinander. Die Gründer erbauten die Siedlung im 17. Jahrhundert auf Moorgrund. Dies erkennen Urlauber an dem rund 40 Kilometer langen Kanalnetz, das die romantische Fehnkolonie durchzieht. Klappbrücken verbinden die Straßen miteinander. Dazwischen ankern Segelschiffe. Die Backsteinhäuser ringsum komplettieren das historische Ortsbild. Wer dem Hauptkanal nachgeht, sieht am Ortsrand zwei überdachte Baudockhallen. Sie gehören zur Meyer Werft. Hier lohnt es sich, an einer Besichtigung teilzunehmen, bei der man Einblick in den Bau von über 300 Meter langen Kreuzfahrtschiffen bekommt. Ostfriesland empfängt Gäste mit einer platten Landschaft. Rechts und links Weiden, auf denen Schafe und Rinder grasen. Am Ostufer der Ems erreicht man die Hafenstadt **Leer**. Beim Schlendern durch die rot gepflasterten Gassen sind die bunten Giebelhäuser allgegenwärtig. Die Radroute führt zum hoch aufragenden Rathaus. Es wurde nach Entwürfen von Professor Henrici im deutschniederländischen Renaissancestil erbaut. Auf dem Weg zum Reiseziel wechseln wir noch zweimal über die Ems. Gen Westen öffnet sich der Dollart. Die 90 Quadratkilometer große Meeresbucht ist der Mündungstrichter der Ems. Mit **Emden** erwartet uns eine sehenswerte Hafenstadt. Besuchen Sie die Kunsthalle oder das Ostfriesische Landesmuseum. Wie wäre es mit etwas Heiterem? Schon einmal vom Otto Huus gehört? Dort erhält man Einblick in die Stationen der Karriere des Komikers Otto Waalkes. Wer durch die Stadt spaziert, kommt an den Museumsschiffen vorbei. Sie sind die Vorboten der nahen Nordsee. Warum also nicht gleich weiterstrampeln?

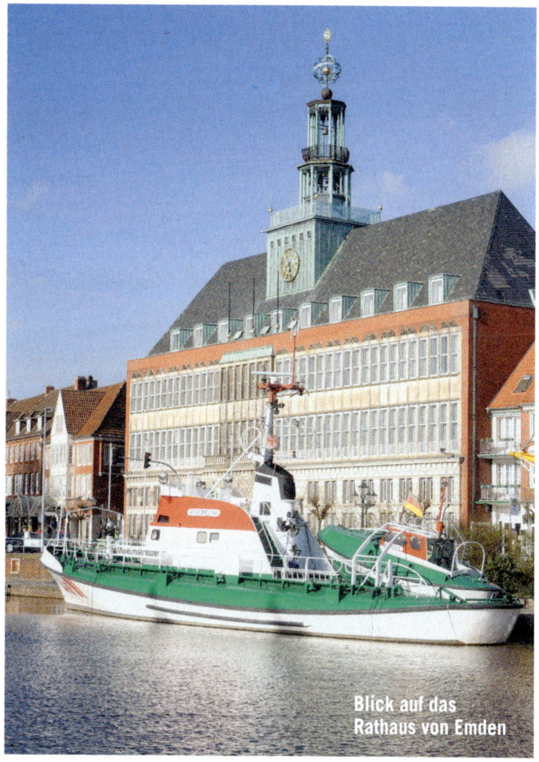

Blick auf das Rathaus von Emden

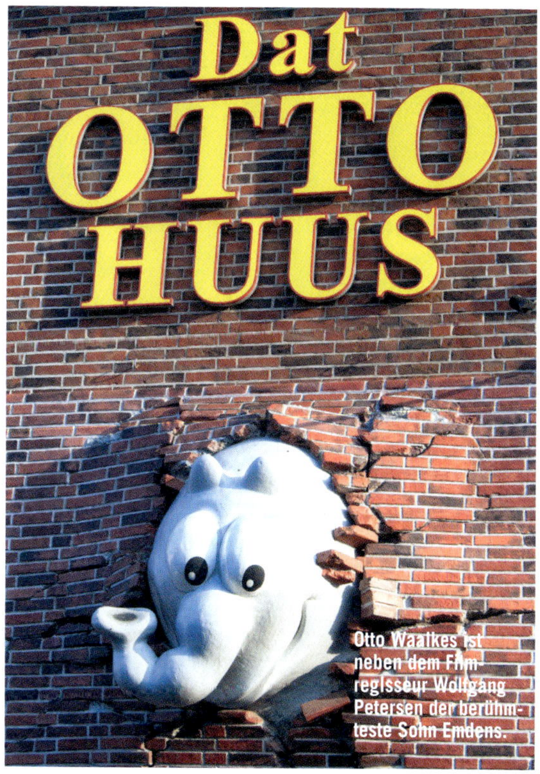

Otto Waalkes ist neben dem Filmregisseur Wolfgang Petersen der berühmteste Sohn Emdens.

3

Deutsche Fährstraße mit Oste-Radweg

Dreihundert Kilometer Wasserpanorama

leicht | 305 km | ca. 5 Tage

Charakter
Die einfach zu befahrene Strecke wird kaum durch Verkehrslärm gestört. Asphalt wechselt mit Kies und Betonplatten.

Ausgangsort
Tostedt Bhf.

Endpunkt
Kiel; zurück 2 Std. mit dem Zug

Wegmarkierung
Die Fahrradstrecke folgt den Routen Oste-Radweg, Elbe-Radweg sowie dem Uferstreifen des Nord-Ostsee-Kanals. Die Beschilderung trägt die Aufschrift »Oste-Radweg« und »Deutsche Fährstraße«.

E-Bike
Die flache Tour lässt sich gut ohne E-Bike fahren. Beachten sollte man nur den Wind.

Information
Touristikverband Landkreis Rotenburg, Harburger Straße 59, 27356 Rotenburg, Tel. 04261/81960, www.tourow.de
TourismusMarketing Niedersachsen, Essener Straße 1, 30173 Hannover, Tel. 0511/27048840, www.reiseland-niedersachsen.de und www.geolife.de
Tourismus-Agentur Schleswig-Holstein, Wall 55, 24103 Kiel, Tel. 0431/600583, www.sh-tourismus.de und www.sh-radroutenplaner.de

Eine Fahrt entlang des Flusses Oste kann man mit dem Nord-Ostsee-Kanal zu einer beschaulichen Reise verbinden. Wer vom Rand der Lüneburger Heide zur Ostsee radelt, erlebt historische Zentren, nostalgische Fähren und ist froh über das ebene Terrain. Auf dem finalen Teilstück heißt es Schiffe bestaunen.

Von Tostedt nach Bremervörde – 76 km Südlich der Gemeinde **Tostedt** sprudelt die **Oste** in einem Niedermoorgebiet aus dem Untergrund. Das Gewässer bringt es auf ein Einzugsgebiet von rund 1700 Quadratkilometern. 153 Kilometer legt der Fluss bis zur Mündung in die Unterelbe zurück. Er fällt auf dem gesamten Verlauf nur 55 Meter. Kein Wunder, dass es der Wiesenbach gemächlich angehen lässt. Auf dem ersten Abschnitt rollen Radler durch das Zevener Geest, ein dünn besiedeltes Grünland. Es ist eine Zwischenregion, fast Lüneburger Heide, fast Marschland. Baumalleen und Kieswege führen zu Feldern und Wiesen. Mit Glück kann man Fischotter oder Eisvögel beobachten. Die Jäger stellen zahlreichen Kleinfischarten nach, die sich in dem sauberen Wasserlauf der Oste tummeln. Bei Kilometer 20 wartet eine Überraschung – das

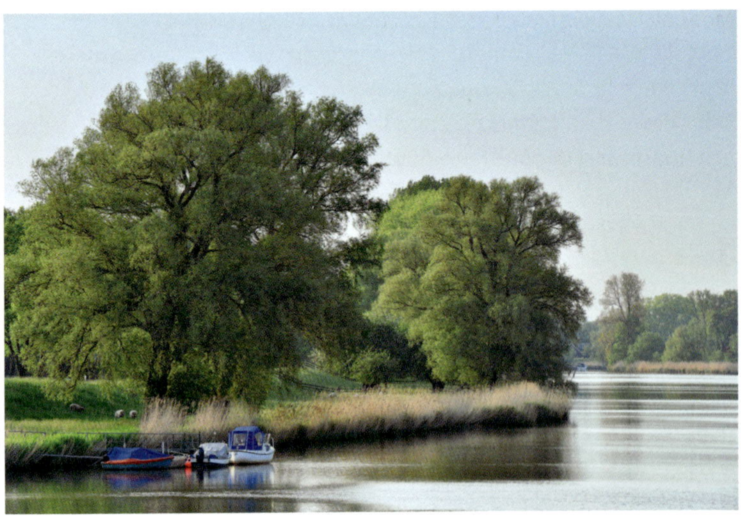

Die ruhige Strecke entlang des Flusses Oste bietet wechselnde Landschaftsbilder.

Tister Bauernmoor. Die überschwemmten Bereiche sind eine ideale Brut- und Raststätte für Vögel. Besonders wohl fühlen sich Kraniche in der 570 Hektar großen Schutzzone. Im Spätherbst rasten bis zu 20000 »Vögel des Glücks«, wie die stolzen Tiere noch genannt werden im Tister Bauernmoor. Außerdem leben hier Sumpfohreule, Löffelente, Schwarzstorch, Bekassine, Kiebitz und Neuntöter – insgesamt 40 Arten. Seltener zu Gesicht bekommt man See- und Fischadler. Ein markierter Lehr- und Erlebnispfad führt in das Landschaftsschutzgebiet hinein. An seinem Ende ragt ein Aussichtsturm auf. Darunter wiegt sich Wollgras im Wind, sprießen Sonnentau und Glockenheide. Die ausgedehnten Wasserflächen des Feuchtgebietes entstanden infolge des Torfabbaues. Ein Relikt aus jenen Tagen ist die Moorbahn, die an Sonn- und Feiertagen durch die Landschaft zuckelt. Der bei Paddlern beliebte Fluss legt auf seinem Nordwestkurs an Breite zu. Er passiert in gemächlichen Schwüngen verschlafene Dörfer, Wassermühlen und Kleinstädte. Heeslingen, Zeven und Sandbostel bilden die nächsten Stationen. »Schön ist's auf der ganzen Erde, doch am schönsten ist's in Bremervörde ...«, schrieb Wilhelm Busch im Jahre 1878 nieder. Dass er damit voll ins Schwarze traf, unterstreicht die prächtige Wasserlage von Bremervörde am Vörder See. Zwischen dem staatlich anerkannten Erholungsort und der Wasserfläche zieht sich ein Natur- und Erlebnispark um eine malerische Bucht. Der Publikumsmagnet lockt auf einer Fläche von 100 Hektar Reisende in den Rosen- und Rhododendrongarten. Überregional bekannt ist die im Elbe-Weser-Dreieck gelegene 19000-Einwohner-Stadt für ihr Bachmann-Museum, das im ehemals erzbischöflichen Kanzleigebäude untergebracht ist. Per Zeitreise tauchen Besucher in die Sammlung des Heimatforschers August Bachmann ein. Sie bestaunen die Themen Moor- und Volkskunde, Ur- und Frühgeschichte sowie Geologie. Star der Ausstellung ist eine Moorleiche, die Archäologen auf eine Zeitspanne von 634 bis 689 n. Chr. datieren.

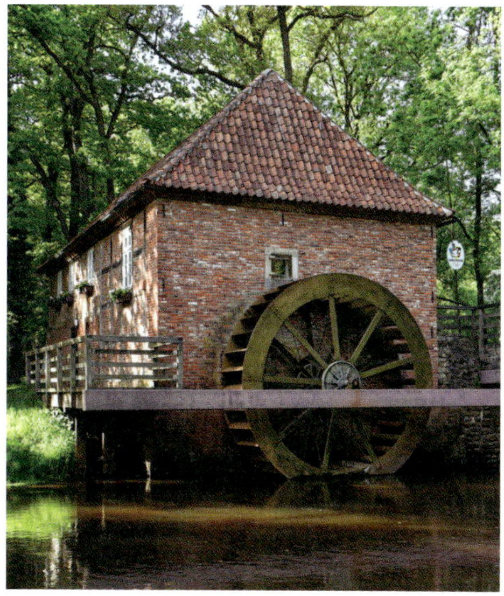

In der Wassermühle beim Hof Eitzte residiert ein Café.

Von Bremervörde nach Brunsbüttel – 121 km Ab Bremervörde folgt die »Deutsche Fahrstraße« dem Lauf der Oste. Ziel der 2004 eingeweihten und 250 Kilometer langen Tourismusstrecke ist die Stadt Kiel. Bis in das 20. Jahrhundert pendelten auf

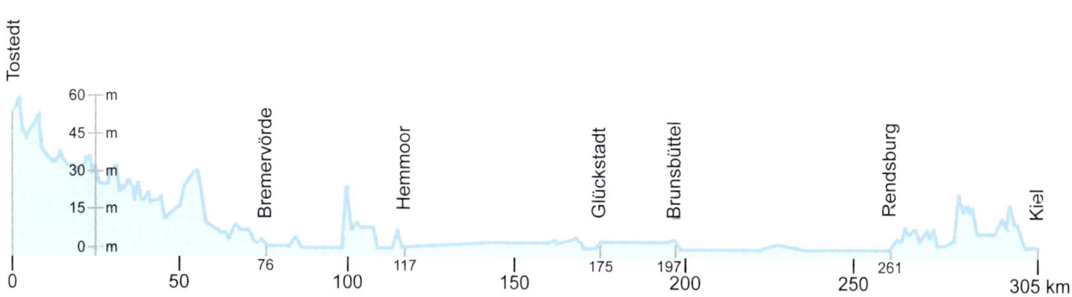

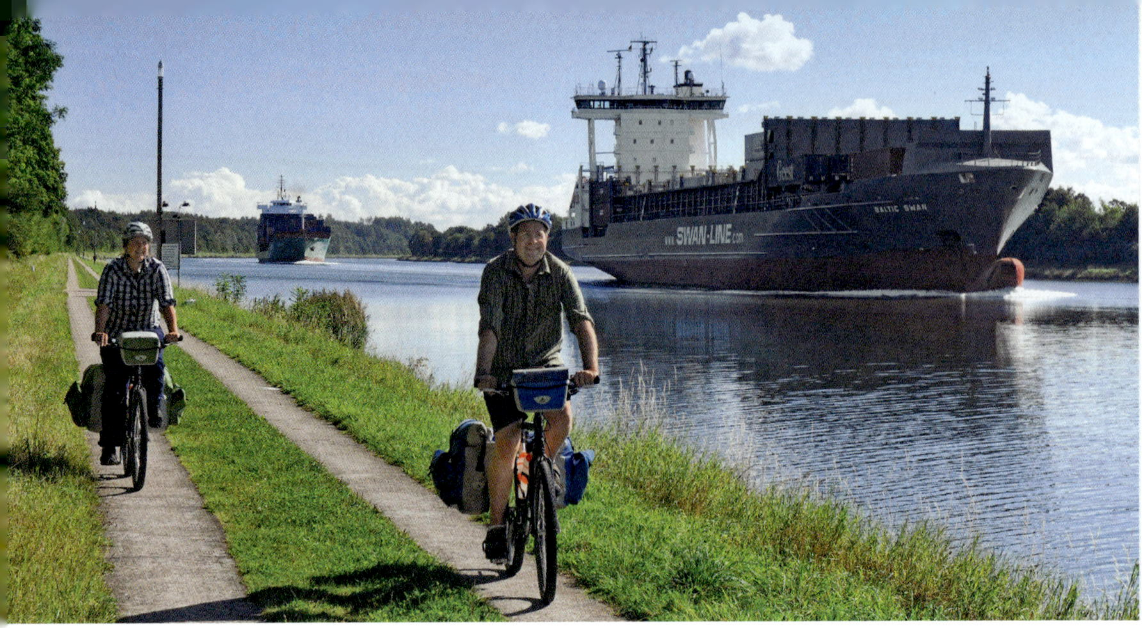

Radfahrern bietet sich von den Doppelspurwegen eine unverbaute Sicht auf den Nord-Ostsee-Kanal.

dem Gewässer mehr als zwei Dutzend Fähren. Daher sprach man vom »Fluss der Fähren«. Noch in Betrieb sind die Wasserfahrzeuge in Brobergen und Gräpel. Offene Wiesen, Windmühlen und einladende Melkhus, sogenannte Milchraststätten, lotsen Radler zur Samtgemeinde **Hemmoor**. Dort gleitet in acht Metern Höhe eine Schwebefähre über den Fluss. Das viel fotografierte Kulturdenkmal verrichtete von 1909 bis 1974 seinen Dienst. Seit dem Jahr 2009 schmückt sich die älteste Schwebefähre der Bundesrepublik mit der Auszeichnung »Historisches Wahrzeichen der Ingenieurbaukunst in Deutschland«. Links der Deich, rechts das platte Land: So steuert man der Elbe entgegen. Zuvor riegelt das Ostesperrwerk den Wasserlauf ab. Immer wieder brachen bei Sturmfluten die Schutzwälle, das letzte Mal 1962. Damals überflutete die hereinbrechende See im Randgebiet der Oste 10 000 Hektar Fläche. Arbeiter zogen das 136 Meter breite Sperrwerk ab 1964 hoch. Im Oktober 1968 feierte man dessen Einweihung – das Land war endlich gesichert. Hinter Neuhaus ist es so weit, die Oste geht im Elbstrom auf, der wenig später zur Nordsee wird. Die Fahrradroute dreht in die Gegenrichtung, wo man von Wischhafen aus nach 30-minütiger

Wahrzeichen der Ingenieurbaukunst

Vom Nord-Ostsee-Kanal aus genießt man einen herrlichen Blick auf die Rendsburger Hochbrücke. In dem Stahlgiganten verbauten ihre Konstrukteure zwischen 1911 und 1913 17 740 Tonnen Stahl. Das Besondere ist, dass auf der oberen Etage Güterzüge rattern und darunter eine von acht weltweit funktionstüchtigen Schwebefähren angehängt ist. Die Gondel, die sechs Autos und 60 Personen fasst, hängt an vier Tragseilen mit je 35 Metern Länge. Hundert Jahre nach der Einweihung wurde die Konstruktion im September 2013 zum »Historischen Wahrzeichen der Ingenieurbaukunst in Deutschland« ernannt. Fußgänger, die das Gewässer queren möchten, können dies außerdem durch einen Fußgängertunnel tun. Der Gehweg liegt 21,47 Meter unter Normalnull. Die 55-Meter-Rolltreppen gehören zu den längsten Westeuropas (www.rendsburger-hochbruecke.de).

Überfahrt **Glückstadt** erreicht. »Dat schall glücken und dat mutt glücken, un dann schall se ok Glückstadt heten.« Mit diesen Worten lies der Dänenkönig und Herzog von Schleswig-Holstein Christian IV. 1617 den Grundstein des Ankerplatzes legen. Wer durch die Gassen des im sechseckigen Grundriss erbauten Zentrums schlendert, kann sich leicht vorstellen, wie vor Ort früher eifrig Hering gehandelt wurde. Die kleinen Silberlinge machten Glückstadt reich. Noch heute wird Matjes häufig über die Ladentheke gereicht. Besonders der Hafen ist einen Besuch wert. Die Uferzeile mit ihrer komplett unter Ensembleschutz stehenden Häuserzeile zählt zu den schönsten Norddeutschlands. 25 Kilometer auf dem Elbe-Radweg entfernt breitet sich die Industrie- und Hafenstadt **Brunsbüttel** aus. Jenseits von Deich und Hafenmeile treffen Besucher auf den historischen Ortskern. Fachwerkhäuser rahmen das Heimatmuseum und die Jakobuskirche ein. Radler, die sich auf den nächsten Reiseabschnitt einstimmen möchten, steuern das Kanalmuseum ATRIUM an. Filme, Schautafeln sowie Landschafts- und Funktionsmodelle erklären Bau und Bedeutung des Nord-Ostsee-Kanals.

Von Brunsbüttel nach Kiel – 108 km In Brunsbüttel beginnt am **Nord-Ostsee-Kanal** der zweite Reiseteil. Das in der internationalen Schifffahrt Kiel-Canal genannte Bauwerk gilt mit jährlich rund 33000 Bewegungen als die meistbefahrene künstliche Seeschifffahrtstraße der Welt. Auf beiden Seiten gibt es ehemalige Treidelpfade. Wer heute über die doppelten Betonfahrspuren rollt, kann die Anstrengungen des Kanalbaues kaum nachvollziehen. Die See um das Skagerrak ist rau, der Weg

Der knapp 100 km lange Nord-Ostsee-Kanal wird von zahlreichen Brückenbauten überspannt. Hier die Rendsburger Schwebefähre.

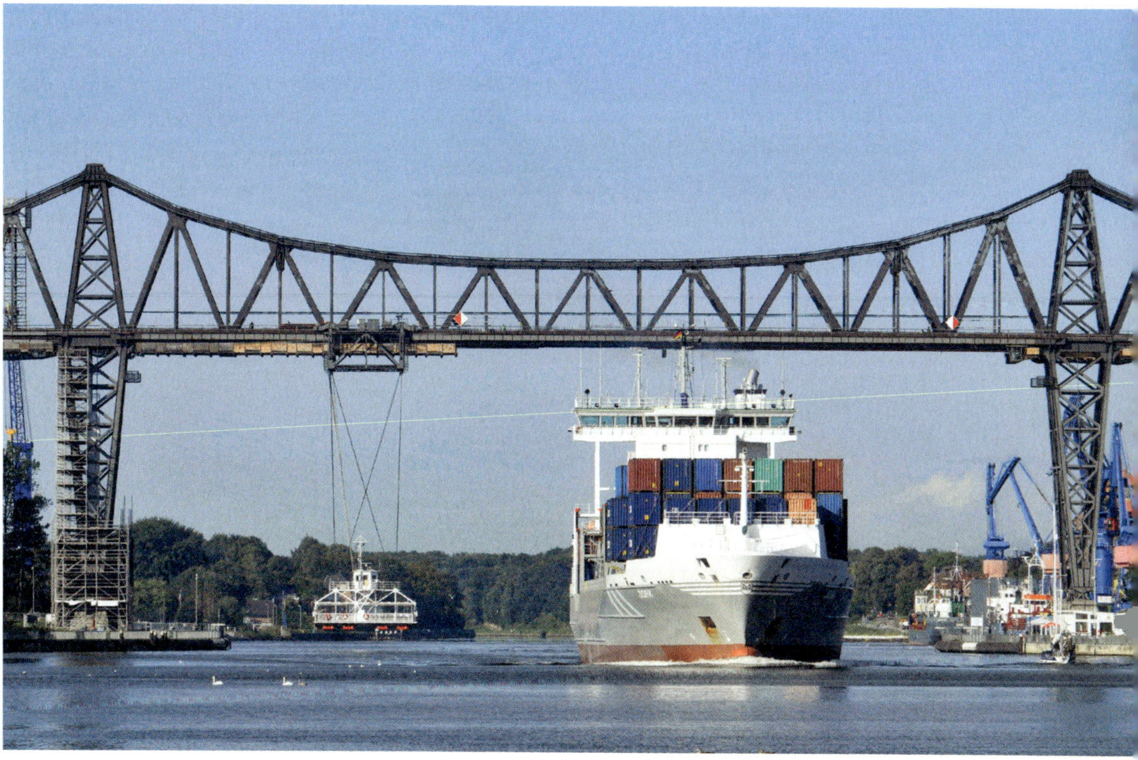

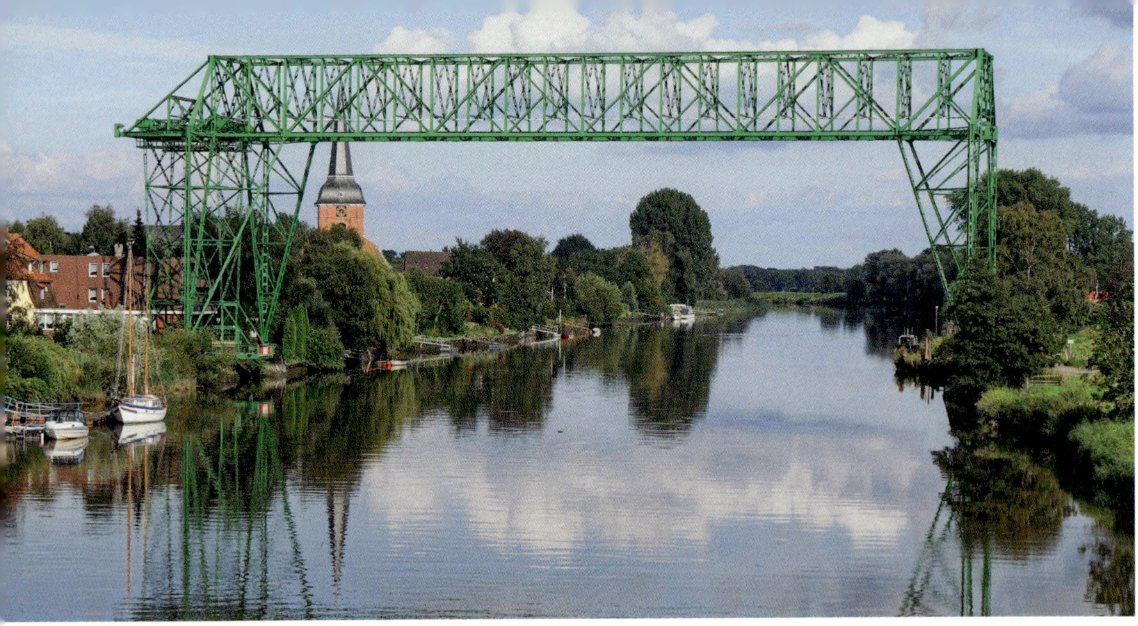

Die Schwebefähre Osten-Hemmoor ist das Wahrzeichen des »Ostelandes« und ein Höhepunkt der »Deutschen Fährstraße«.

um Dänemark weit. Auf der Holsteinischen Landenge musste eine Abkürzung her. Bereits im 18. Jahrhundert gab es Bestrebungen, einen Durchstich von der Nord- zur Ostsee auszuheben. Damals gruben bis zu 4600 Arbeiter eine Verbindung von Kiel nach **Rendsburg** zum Fluss Eider, mauerten Schleusen, bewegten mit einfachsten Mitteln 82 Millionen Kubikmeter Erde. Nachdem die Schiffe im Laufe der Zeit an Masse zulegten, begannen 1887 die Arbeiten an der neuen Wasserstraße. Kanzler Otto von Bismarck gab grünes Licht, konnte er doch so die deutsche Flotte rasch verlegen. 1864, zu Beginn des Deutsch-Dänischen Krieges, wünschte er eine Route »welche alle Kriegs-, Handels- und Dampfschiffe gut passieren können«. Aktuell ist der Bau für Fahrzeuge von bis zu 235 Metern Länge ausgelegt. Durch den Kanal verkürzt sich der Seeweg zwischen beiden Meeren um 460 Kilometer. Die Fahrtzeit für die 98-Kilometer-Passage reduziert sich so auf sieben bis neun Stunden. Vom Fahrradsattel aus sieht man Schiffskonvois mit turmhohen Tankern und Container-Feederschiffen vorbeigleiten. Blickfänge bilden an die 100 Kreuzfahrtschiffe, die jährlich die Abkürzung nutzen. Dazwischen wuseln kleine Autofähren von Ufer zu Ufer. Sie sind Teil des Schleswig-Holsteiner Straßennetzes und kostenfrei. Eines der architektonischen Wunder und Höhepunkt der Deutschen Fährstraße ist die 2,5 Kilometer lange Rendsburger Hochbrücke. Hier an der strategischen Nahtstelle der historischen Länder Schleswig und Holstein entstand früh eine befestigte Siedlung. Im Norden zieht der Fluss Eider durch das Stadtgebiet, im Süden fasst die Wasserstraße die verschachtelten Gassen der Altstadt ein. Herzstück ist der kopfsteingepflasterte Paradeplatz mit seinen Barockbauwerken aus dem 17. Jahrhundert. Auf der letzten Etappe bietet sich zunächst das vertraute Bild: auf der einen Seite die Wasserstraße, gegenüber Wiesen, Baumgruppen und Felder. Nach 20 Kilometern dreht die Fahrradroute ins Hinterland ab. Sie führt durch verschlafene Weiler mit seltsam klingenden Namen wie Schinkelerwohld, Fuhlenrühe oder Wischrade. Die Schleuse Kiel-Holtenau kündet das Reiseziel an. Der »Hafen mit Innenstadt« ist ein Traumziel für Schiffsliebhaber, deren Herzen vor allem während der »Kieler Woche« höherschlagen. Jedes Jahr im Juni setzen die Kapitäne Segel und gleiten bei der

Windjammerparade über die Kieler Förde. An Land strömen die drei Millionen Besucher zum internationalen Markt, sammeln sich vor den Musikbühnen und bestaunen die Feuerwerke. Auch abseits des Spektakels bleibt ein Spaziergang durch die Landeshauptstadt Schleswig-Holsteins spannend. In einer ehemaligen Fischhalle am Hafen residiert das Schifffahrtsmuseum. Die 2014 renovierte Ausstellung gibt Einblick in die maritime Geschichte der Hafen-, Marine- und Werftenstadt Kiel. Im benachbarten Museumshafen ankern drei Oldtimer-Schiffe, die man bestaunen kann. Die Kieler vereinten acht Sammlungen unter dem Namen »museen am meer«. Folgt man dem Ufer 900 Meter, ist mit dem Aquarium GEOMAR das nächste Ausstellungshaus erreicht. Es will Gästen heimische und exotische Meeresbewohner nahebringen. Neben den 16 Becken ziehen ein Heringsschwarm und mehrere Seehunde Fotografen an. Tief in die Vergangenheit taucht die Antikensammlung ein. Sie wurde 1843 gegründet und präsentiert außer griechischen Ausstellungsstücken römische Werke, wie Statuen oder Vasen. Das Zoologische Museum verdankt seine Anziehungskraft 13 Walskeletten. Weitere Publikumsmagneten bilden die Dauerausstellung »Ozean der Zukunft« und die Exponate bedeutender meereszoologischer Expeditionen. Interessant sind zudem das Stadtmuseum Warleberger Hof, die Medizin- & Pharmaziehistorische Sammlung und die Stadtgalerie Kiel. Die 250 000-Einwohner-Stadt ist ein würdiges Ziel der Reise. Dahinter öffnet sich die Kieler Förde. Und dann die Ostsee!

Ebbe und Flut

Das Ökosystem Wattenmeer beherbergt eine Vielzahl von Lebewesen. Während sich im Watt die Wattwürmer tummeln, finden zahlreiche Vogelarten in den Dünen und Salzwiesen ideale Brutmöglichkeiten. Über den Köpfen der großen Säugetiere Seehund, Robbe und Schweinswal kreisen majestätisch die Seeadler. Die Gezeiten prägen das Bild der Küste und geben alle sechs Stunden die faszinierende Welt des Meeresgrundes frei. Wo nur wenige Stunden zuvor das Nordseewasser meterhoch wogte, breitet sich jetzt auf einer Schlickfläche das Reich der Meeresbewohner aus. Die erfahrenen Wattführer lotsen einen mittendurch.

Der Nord-Ostsee-Kanal ist Teil der Deutschen Fährstraße und garantiert schöne Schiffsblicke.

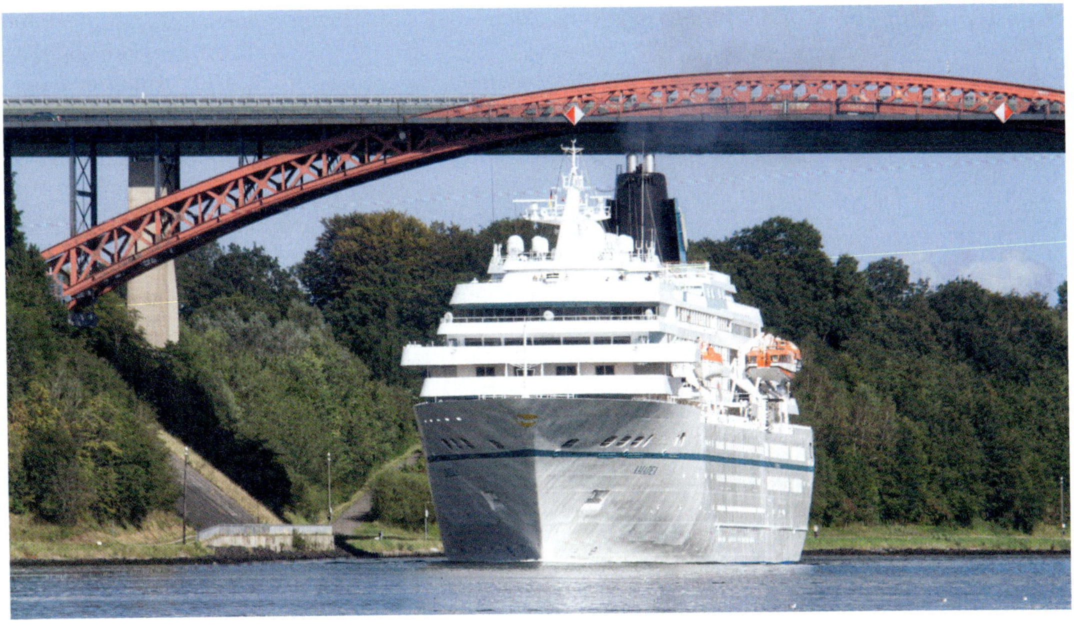

4

Alte Salzstraße

Auf den Spuren des »weißen Goldes«

leicht | 94 km | ca. 2 Tage

Charakter
Die ruhige Route beinhaltet kilometerlange Strecken auf Kieswegen und ist flach.

Ausgangsort
Lüneburg Bhf.

Endpunkt
Lübeck; zurück 1:30 Std. mit dem Zug

Wegmarkierung
Das mehrfarbige Routenschild trägt den Schriftzug »Alte Salzstraße«. Zusätzlich sind ein Fahrrad, ein Wasserlauf sowie eine grüne Landschaft zu sehen.

E-Bike
Für die flache Tour braucht man kein E-Bike. Einzig bei Fahrten gegen den Wind macht eine Trittunterstützung Sinn. Verleihstellen listet www.herzogtum-lauenburg.de auf.

Information
Herzogtum Lauenburg Marketing und Service, Hauptstraße 150, 23879 Mölln, Tel. 04542/856860, www.herzogtum-lauenburg.de

Eine Radreise auf der Alten Salzstraße verzaubert: Denn egal, welchen Abschnitt man bereist, die Städte am Wegesrand laden zu ausgedehnten Streifzügen ein. Besonders Lüneburg, Lauenburg und Lübeck begeistern mit reizvollen Fotomotiven und bieten einen Einblick in die Geschichte. Dazwischen führen flache Radwege an Kanälen und Seen entlang.

Von Lüneburg nach Lauenburg – 23 km **Lüneburg** ist buchstäblich auf Salz gebaut. Vor über einem Jahrtausend entdeckte man in der Niederung des Flusses Ilmenau eine ergiebige Salzquelle. Das kostbare Gut war lange Zeit das einzige Konservierungsmittel für Speisen. Man sprach vom »weißen Gold«. Auf der »Alten Salzstraße« transportierten Händler die wertvolle Ware in den Hafen von Lübeck. Dort lag das Machtzentrum der Hanse – das »Tor zum Norden«. Von hier aus exportierten die Kaufleute enorme Mengen Salz in den Nord- und Ostseeraum. Dass Lüneburg tüchtig am Salzhandel verdiente, sieht man noch heute, denn der historische Stadtkern blieb von den Bomben des Zweiten Weltkrieges fast verschont. Überall ragen prunkvolle Kaufmannshäuser mit ihren

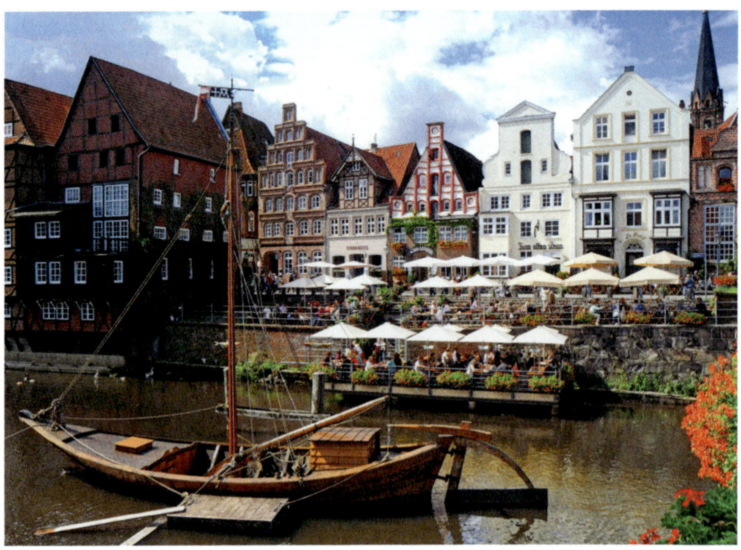

Lüneburg verdankt seinen Reichtum der Monopolstellung als Salzlieferant im norddeutschen Raum.

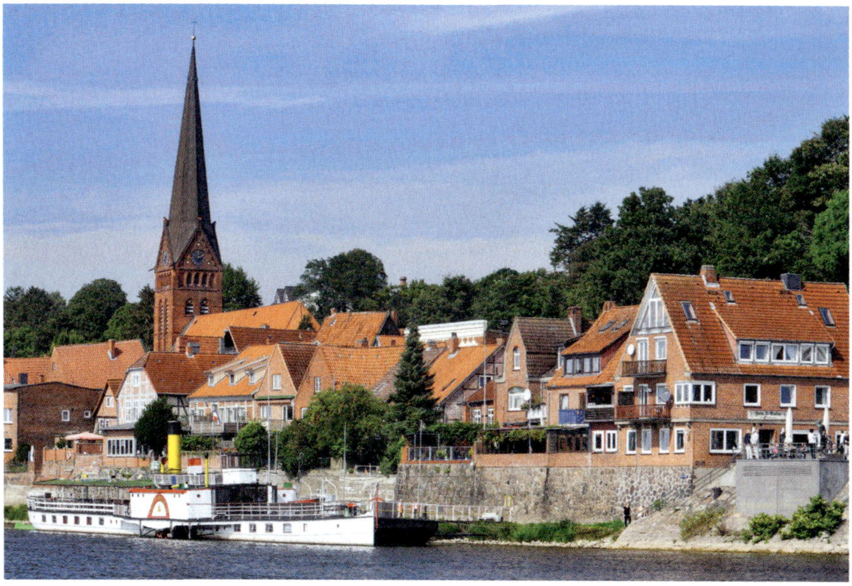

Lauenburg zieht sich am Nordufer der Elbe eine niedrige Anhöhe hinauf.

charakteristischen Stufengiebeln in den Himmel. Vom malerischen Wasserviertel aus führt der Weg am Alten Kran und den benachbarten Fachwerkhäusern vorüber. Nach zwei Kilometern steht man vor dem Kloster Lüne. Es zu besuchen lohnt aus drei Gründen: wegen der gotischen Gebäude, wegen der großen Brunnenhalle und vor allem wegen des Textilmuseums, in dem eine beachtliche Sammlung an hochwertigen textilen Kunstwerken zur Schau gestellt wird. Hinter Lüneburg treffen wir auf den Elbe-Seiten-Kanal. Dort zieht das Schiffshebewerk Scharnebeck die Blicke an. Das bei der Errichtung größte Bauwerk seiner Art überwindet spielerisch den Höhenunterschied von 38 Metern. Die Konstruktion ermöglicht zusammen mit der Schleuse Uelzen eine 115 Kilometer lange Schiffsverbindung zwischen der Elbe und dem Mittellandkanal. Wir lassen uns von den Schiffen gen Norden leiten. 30 Minuten später dominiert der Elbstrom das Panorama. Am Nordufer ragt das rote Backsteinensemble von **Lauenburg** in den Himmel.

Von Lauenburg nach Mölln – 39 km Seit 800 Jahren lebt man hier vom Fluss. Das Elbschifffahrtsmuseum befasst sich mit dem einstigen Haupterwerbszweig der Lauenburger. In der Sammlung ist die Entwicklung der Schifffahrt anschaulich

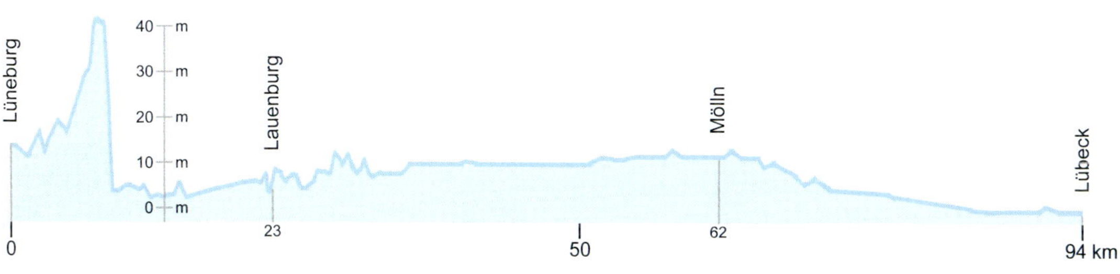

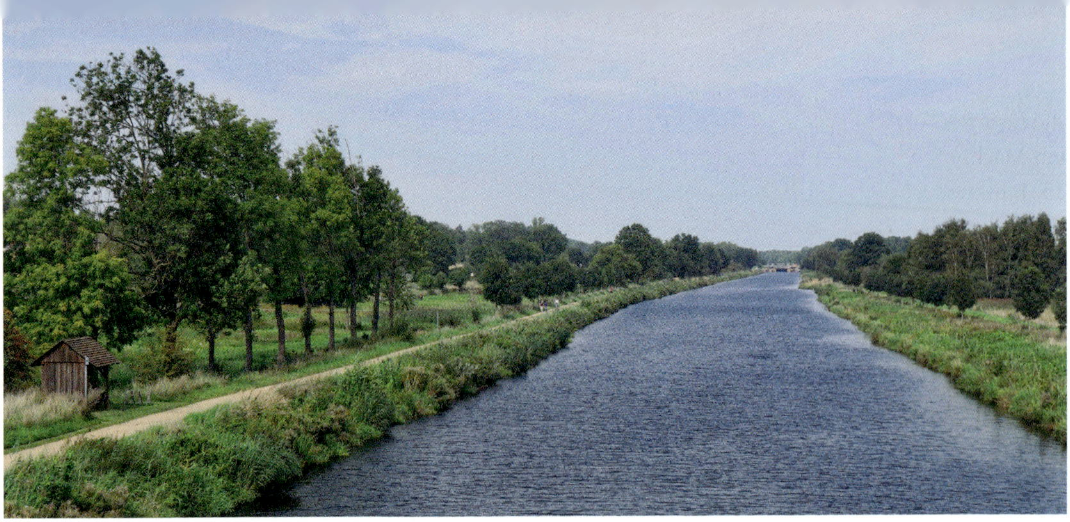

An der Seite des Elbe-Lübeck-Kanals genießen Radler einen weiten Blick über das flache Land.

dokumentiert. Zurück bleiben die Fachwerkhäuser von Lauenburg, voraus liegt der Elbe-Lübeck-Kanal. Vorbei an Fähren, Brücken und idyllischen Seen geht die Reise auf den parallel zum Wasser verlaufenden Deichen weiter. Die Dörfer am Wegesrand tragen die Namen Witzeeze, Büchen und Güster. Bei Reisekilometer 62 ist **Mölln** erreicht. Wer das nasse Element liebt, schließt den anerkannten Kneippkurort sofort in sein Herz, wird er doch von sieben Seen umschlossen. Mölln bietet mit seiner vom Backstein und Fachwerk dominierten Altstadt ein komplettes mittelalterliches Ambiente. Das 19 000-Einwohner-Städtchen ist heute vor allem wegen des weithin bekannten Narren Till Eulenspiegel in aller Munde, der hier den Lebensabend verbrachte. Am Eulenspiegel-Brunnen des Bildhauers Karlheinz Goedtke treffen sich Besucher gern für ein Erinnerungsfoto. Die schelmische Figur ist an zwei Stellen blank geputzt – das hat einen Grund: Wer gleichzeitig den Daumen und die Fußspitze von Till reibt und sich dabei etwas fest wünscht, dem wird sein Wunsch in Erfüllung gehen. So jedenfalls geht die Legende ...

Rechte Seite oben: Die florierende Hansestadt Lübeck schützte sich mit starken Befestigungsanlagen wie dem berühmten Holstentor.

Rechte Seite unten: Lübeck ist der Höhepunkt der Fahrt. Radler sollten für Besichtigungen und zum Bummeln durch die Gassen viel Zeit einplanen.

Von Mölln nach Lübeck – 32 km Kaum eine Straße kreuzt die Strecke und an jeder Weggabelung steht eines der vierfarbigen Schilder mit der Aufschrift »Alte Salzstraße«. Vom 12. bis zum 14. Jahrhundert mühten sich zwischen Lüneburg und Lübeck schwer beladene Pferdegespanne über ruppige Wege. Mit dem im Jahr 1398 eröffneten Stecknitzkanal wurde die Lage spürbar besser. Nun konnten Händler das für die Konservierung des Herings begehrte Salz auf dem künstlichen Wasserweg von der Elbe an die Ostsee verschiffen. Hauptabnehmer war der Heringsmarkt in Falsterbo, in der schwedischen Provinz Schonen. Radler haben es an den Ufern des Elbe-Lübeck-Kanals leicht und spulen in dem flachen Terrain mühelos die Kilometer ab. Auch für das leibliche Wohl ist gesorgt, denn entlang des historischen Handelsweges laden Hofcafés und Hofläden ein, das Landleben hautnah zu erfahren. Im **Herzogtum Lauenburg** gestaltete die Land- und Forstwirtschaft über Jahrhunderte ein Mosaik aus Feldern, Wäldern, Hecken und Wiesen. Daneben entstand das charakteristische Bild mit den Dörfern, schattigen Alleen und stattlichen Herrenhäusern. Die Panoramastrecke verläuft zielstrebig nordwärts und vermittelt ein Gefühl von Weite. Aus der Landschaft wachsen nach Stunden die unverkennbaren Backsteinbauten **Lübecks** empor. »Königin der Hanse«, »Tor zum Norden«, »Stadt der Sieben Türme«, die Liste der Ausschmückungen ist lang. Die Hanse war ein Machtimperium, das in seiner Blütezeit im 14. und 15. Jahrhundert die Handelswege im Ostseeraum und den Überseehandel in Nord- und Westeuropa kontrollierte. Dies ermöglichte ein Zusammenschluss von mehr als 200 Städten, deren Einfluss vom russischen Nowgorod über Brügge bis London reichte. Die einzige Vertretung des Städtebundes war ab 1356 der Hansetag in Lübeck. Die bauchigen Segelschiffe der Kogge bildeten die Grundlage für den enormen wirtschaftlichen Erfolg. Auf ihnen wurden neben Nahrungsmitteln und Rohstoffen begehrte Luxuswaren über die Meere transportiert. Marktrecht und Handelsfreiheit brachten Reichtum. In den Städten entwickelte sich das Rechtswesen, man gründete Universitäten. Durch die Verlagerung der Handelsrouten und die Konkurrenz aus England und Holland mit ihren besseren Schiffen und neuen Strategien setzte ab 1500 der schleichende Niedergang ein. Am letzten Hansetag 1669 löste sich die Hanse auf. Die UNESCO erklärte die gesamte Altstadtinsel von Lübeck im Jahr 1987 zum Welterbe. Besucher bummeln durch das Holstentor und überqueren dahinter den Fluss Trave. Viele zieht es hinauf zur Fassade von St. Marien zu Lübeck. Sie ist die »Mutterkirche der Backsteingotik«. Rund 70 Bauten im Ostseeraum wurden nach ihrem Vorbild konstruiert. Wegen der bescheidenen Natursteinvorkommen errichtete man in Norddeutschland die großen Kirchen aus tonhaltigem Lehm, der zu Ziegeln gebrannt wurde. Stein für Stein wuchs die Basilika in Lübeck empor. Schon die Zahlen des Baues sind beeindruckend: Die beiden Türme ragen 125 Meter auf. Das Mittelschiff bringt es auf 38,5 Meter – das ist Weltrekord für ein Backsteingewölbe. Im Inneren gibt es Nachbildungen der Lübecker Totentanzfenster und der Astronomischen Uhr zu sehen. Die Originale fielen einem Bombenangriff im Jahr 1942 zum Opfer. In der Gedenkkapelle erinnern zwei zerborstene Glocken an jene Brandnacht zum Palmsonntag. Mit seinen verwinkelten Gassen und dem stolzen Rathaus ist die 220000-Einwohner-Stadt wie geschaffen zum Flanieren. 13 bedeutende Museen, vom Europäischen Hansemuseum bis zum Buddenbrookhaus, geben spannende Einblicke in verschiedene Epochen. Die Altstadt ist ein würdiger Abschluss der Reise durch ein zauberhaftes Stück Norddeutschland.

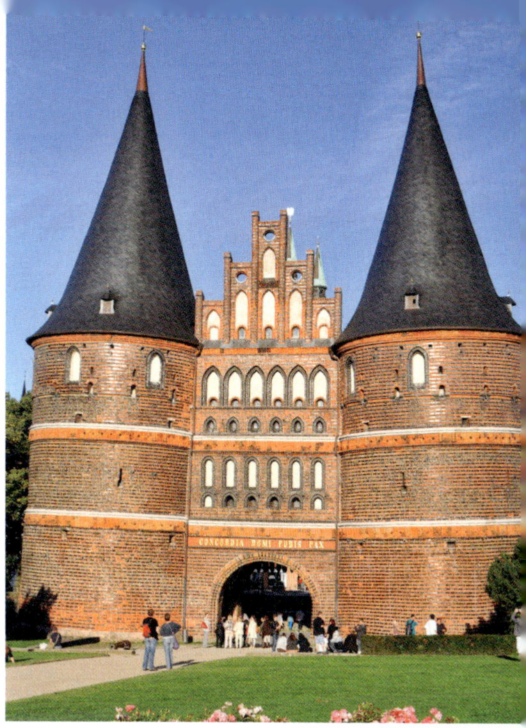

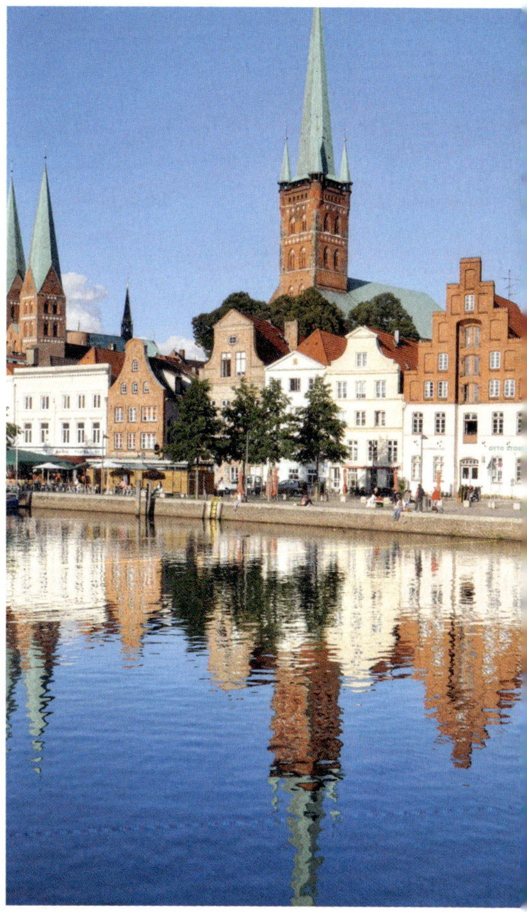

5 Wümme-Radweg

Flussschleife auf Flussschleife

mittel | 259 km | ca. 5 Tage

Charakter
Der meist flache, gelegentlich sanft hügelige Landstrich eignet sich bestens für eine Familientour. Die Wegequalität ist fast überall gut. Nur kurze Teilabschnitte führen über Kies- und Sandwege.

Ausgangsort
Bremen-Vegesack Bhf.

Endpunkt
Bremen-Vegesack

Wegmarkierung
Das blau-weiße Streckenlogo mit der Aufschrift »Wümme-Radweg« ist an allen markanten Punkten zu sehen. Der Zusatz Nord- oder Südroute zeigt an, auf welchem Abschnitt man sich befindet.

E-Bike
Auf www.wuemme-radweg.de sehen Radler Verleih- und Servicestellen.

Information
Arbeitsgemeinschaft Wümme-Radweg c/o Touristikverband Landkreis Rotenburg, Harburger Straße 59, 27356 Rotenburg, Tel. 04261/81960, www.wuemme-radweg.de und www.tourow.de
TourismusMarketing Niedersachsen, Essener Straße 1, 30173 Hannover, Tel. 0511/27048840, www.reiseland-niedersachsen.de und www.niedersachsen-radroutenplaner.de
Bremer Touristik-Zentrale, Findorffstraße 105, 28215 Bremen, Tel. 0421/3080010, www.bremen-tourismus.de

Im Herzen Niedersachsens schlängelt er sich durch das platte Land: der 118 Kilometer lange Fluss Wümme. Die Radwege an seinen Ufern führen die Ausflügler durch Wiesen und beschauliche Wälder. Ein Rundkurs, der spannende Sehenswürdigkeiten ansteuert und unterwegs das ein oder andere Geheimnis lüftet.

Von Bremen-Vegesack nach Scheeßel – 79 km 20 Kilometer westlich der Bremer Innenstadt zieht ein »Weißer Schwan« die Blicke auf sich. Er liegt stolz im Wasser, ist prächtig anzusehen und aus Holz erbaut – das »Schulschiff Deutschland«. Wir befinden uns an der maritimen Meile des Stadtteiles **Vegesack**. Hier wird die Seefahrer- und Schiffsbau-Geschichte der Hansestadt lebendig: Draußen fließt der Weserstrom auf seinem letzten Abschnitt kraftvoll dem Nationalpark Niedersächsisches Wattenmeer entgegen. Die Promenade lädt zum Flanieren und Schauen ein. Der Dreimaster Deutschland ist ihr Wahrzeichen. Das elegante Schiff lief 1927 in Bremerhaven vom Stapel und unternahm mehrere Hochseefahrten nach Südamerika, Südafrika, in die Karibik und die USA. 1995 erfolgte der verdiente Ruhestand des Denkmals, das heute der vielleicht faszinierendste

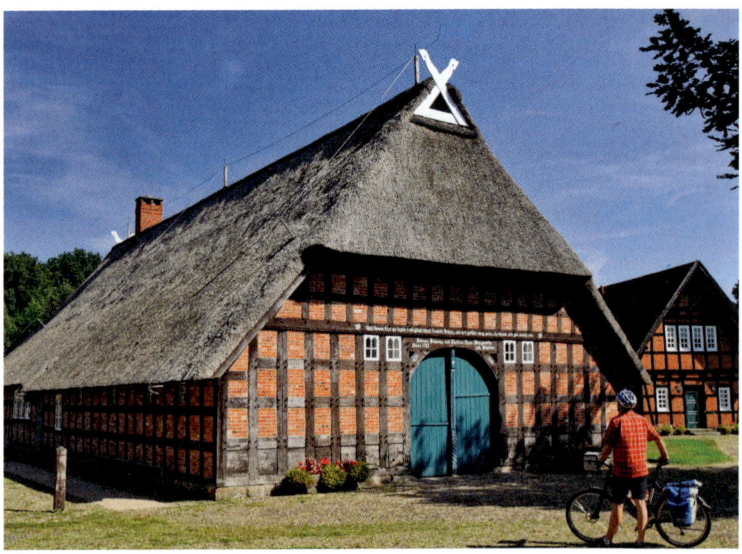

Das prächtige Heimathaus in der Ortsmitte von Sottrum stammt aus dem Jahr 1630.

Bett-&-Bike-Betrieb des Landes ist. Untertags wird der Segler als Museum genutzt. Dann kann man darauf umherspazieren und darf sich ein bisschen wie ein Seebär fühlen. Radler drehen den Lenker Richtung Osten und steuern am Fluss Lesum entlang, der dem Tidenhub der Gezeiten unterliegt. Das Gewässer entsteht durch den Zusammenschluss von Hamme und **Wümme**. Zu Beginn steht eine Entscheidung an: erst die Nordroute fahren oder besser den Südkurs wählen? Bleibt man am Nordufer, erreicht man zügig die Wümme und danach Ritterhude. In der bereits auf niedersächsischem Boden gelegenen Gemeinde sind vor allem die sechs backsteinernen Riesgebäude interessant. An ihrem Unterlauf versteckt sich die Wümme hinter einem hohen Schutzdamm, von dem man eine weitreichende Sicht über das platte Land genießt. **Lilienthal** ist der zweite Stopp. Hier lohnen Besuche des Niedersächsischen Kutschenmuseums, des Heimatmuseums und der Klosterkirche St. Marien. Stromaufwärts mäandert der Fluss mit drei Armen durch die Borgfelder Wümmewiesen. Das rund 677 Hektar große Naturschutzgebiet ist im Winter häufig überschwemmt. Zur Radelsaison sieht man Entwässerungsgräben, grasende Pferde- und Rinderherden, mit Glück Fischotter, Großtrappen oder einen Eisvogel. Im besonders geschützten Bereich brüten Wiesenvögel wie Bekassine und Wachtelkönig. Der Wümme-Radweg läuft via Fischerhude und Ottersberg nach **Sottrum**. Dort kann man die beiden Wassermühlen bestaunen, um sich anschließend wieder an den über die Landschaft verstreuten Gehöften zu erfreuen. Die nächste Wassermühle dreht sich in der Gemeinde **Scheeßel**.

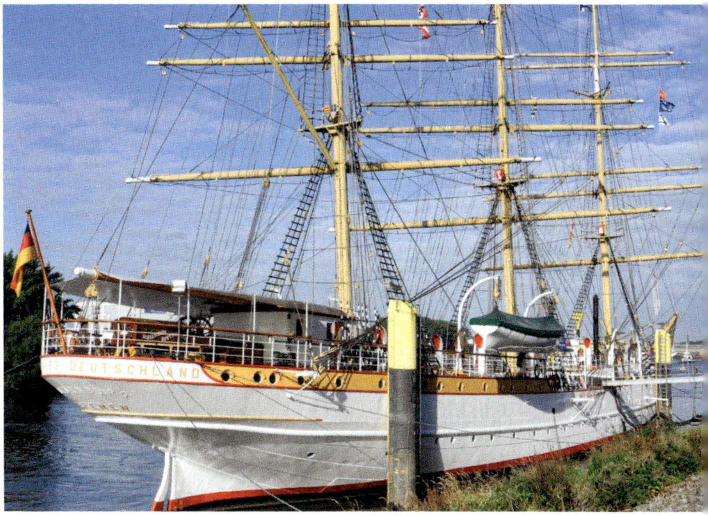

In Bremen-Vegesack liegt das »Schulschiff Deutschland« vor Anker.

Von Scheeßel nach Rotenburg – 105 km An diesem Ort sind die Traditionen tief verwurzelt. So zeigt man seit 1913 den Gästen voller Stolz das Heimatmuseum. In einem Laubwald gelegen umfasst die Anlage 13 historische Fachwerkbauten.

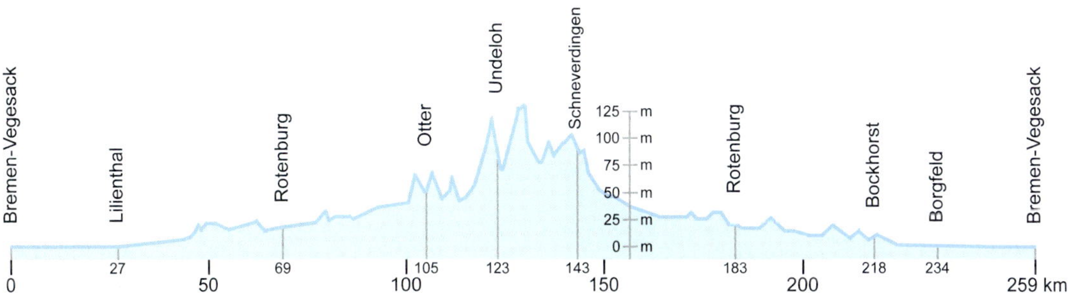

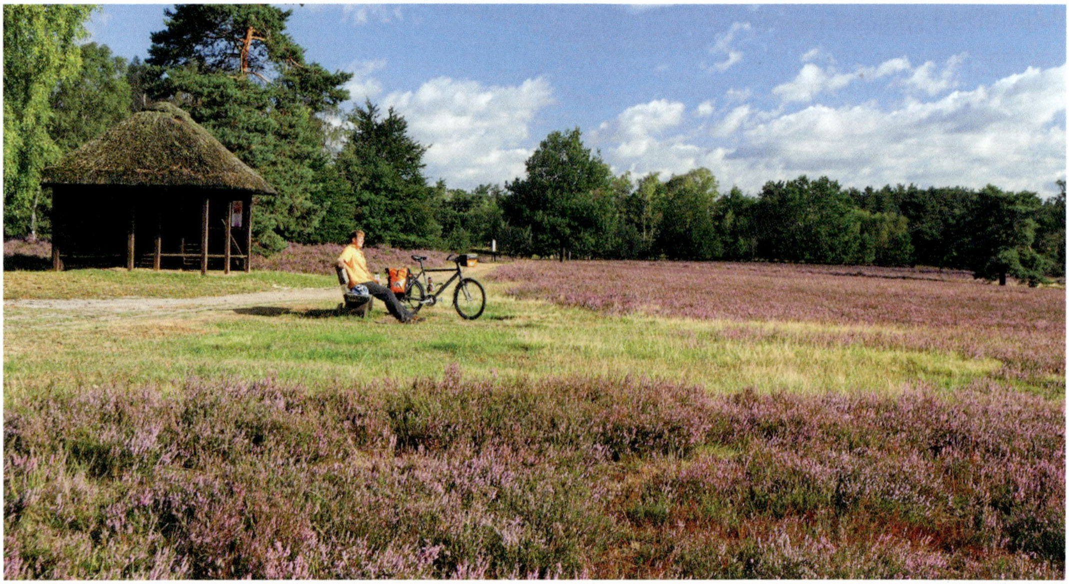

Fahrt durch die Heide bei Schneverdingen

Besucher bekommen Einblick in die Gewerbe Blaudruck, Weberei und Schustern. Beschauliche Fahrwege führen weiterhin durch die landwirtschaftlich genutzten Flächen der Stader Geest. Stunden später zeichnen sich im Osten erste, von ausgedehnten Waldstücken überzogene Erhebungen ab – die Vorboten des Naturparkes **Lüneburger Heide**. Er wurde 1922 als erster seiner Art in Deutschland gegründet. Die 107 000 Hektar große Schutzzone reicht im Süden von Soltau bis nach Buchholz in der Nordheide. Östlich stößt er an die Ausläufer von Lüneburg. Im Westen bildet der Heideort Schneverdingen die Grenze. Die Landschaft inspirierte mit ihren Stimmungen ab der Mitte des 19. Jahrhunderts Maler und Schriftsteller. **Undeloh** ist Ausgangspunkt für Exkursionen. Urlaubsgäste kommen in die Heide, um in Ruhe zu Wandern, Radtouren zu unternehmen oder an einer Kutschfahrt teilzunehmen. Alle verbindet die Freude an der Natur, die hier zusammen mit dem Wirken des Menschen eine der harmonischsten Erholungsgebiete Norddeutschlands schuf. Besonders schön anzusehen ist das Idyll ab Ende August, wenn das violette Heidekraut in voller Blüte steht. Den prächtigsten Panoramablick genießt man vom 169 Meter hohen Wilseder Berg. Entstanden ist die Erhebung im Verlauf der Saaleeiszeit. Vor rund 200 000 Jahren schoben sich Gletscher mit Geröll und Sand über das Land. Übrig blieb diese Endmoräne. Im zweiten Reiseteil führt die Südroute zurück gen Westen.

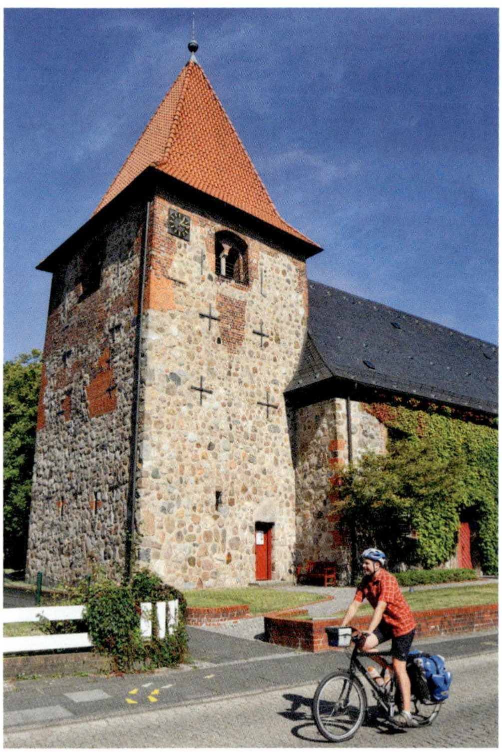

Vorbei an der Wümmequelle steuert man Richtung **Schneverdingen**. Die erste Stadt auf dem Rückweg punktet mit mehreren Ausflugszielen: den deutschlandweit einmaligen Heidegarten oder den Walter-Peters-Park mit den einladenden Teichen. Auch das südlich gelegene Pietzmoor hat man mit dem Fahrrad schnell erreicht. Es ist eine bizarre Szenerie: Überall wuchern Torfmoose, ragen Baumskelette aus dem sauren, nährstoffarmen Wasser. Holzstege führen ins Gelände, Infotafeln erklären Fauna wie Flora. So erfährt man, dass im Pietzmoor Kraniche ihren Nachwuchs aufziehen und dass die Torfschicht an der höchsten Stelle 7,5 Meter misst. Die nächsten 40 Kilometer bis Rotenburg sind Genuss pur: Flankiert von schattigen Alleen geht die Fahrt beständig leicht abwärts. Man passiert gepflegte Bauernhöfe und Gemeinden wie Fintel, Lauenbrück und Scheeßel.

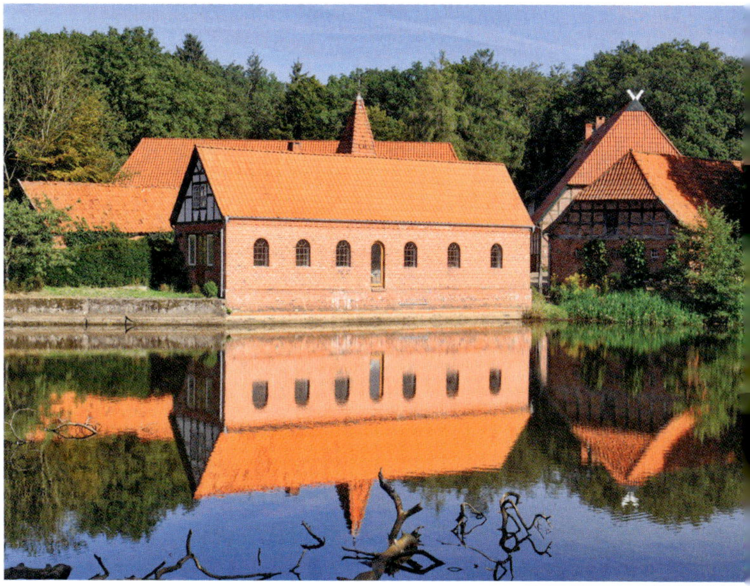

Die Ahauser Mühle ist von Wäldern umgeben.

Von Rotenburg nach Bremen-Vegesack – 75 km Rotenburg ist die Hauptstadt des gleichnamigen Landkreises. Am besten folgt man dem sechs Kilometer langen Kulturpfad, der an 35 Sehenswürdigkeiten vorbeiführt. Zur Auswahl stehen der Skulpturengarten »Der Bogen«, der Kunstturm mit seinen fünf Etagen oder die Stadtkirche. Ansehen genießt das 1779 errichtete Heimathaus, in dem ein Stück der ländlichen Geschichte bewahrt wird. Das Museum am Mutterhaus befasst sich ebenfalls mit der Vergangenheit. Es präsentiert Ausstellungsstücke sowie interaktive Medien, die das Leben und Wirken der Schwesternschaft veranschaulichen. Fleißige Radler brauchen von Zeit zu Zeit eine Stärkung. Der Tourismusverband Landkreis Rotenburg hat sich auf die Bedürfnisse des radelnden Volkes eingestellt und zwölf Melkhus eingerichtet. Ein Melkhus ist eine »Milchraststätte«, ein grünes Holzhaus mit einem roten Ziegeldach. Hier gibt es Milchprodukte aus der Region, die Landfrauen auf ihren Höfen anbieten. Wer mehr über die leckeren Spezialitäten erfahren möchte, dem ist das Rezeptbuch »Milch und mehr« zu empfehlen, in dem die Melkhus-Damen ihr Wissen zusammengetragen haben. Die folgende Fahrt führt entspannt durch das Hinterland der Wümme und macht in Ahausen, Hellwege und Borgfeld Station. Anschließend folgt der Radweg erneut dem Ufer des gemächlich fließenden Gewässers. Die Landbevölkerung prägte über Jahrhunderte die Gefilde zwischen Weser und Elbe. Immer wieder radelt man an prächtigen, mit Reet gedeckten Bauernhäusern vorüber, die sich an die Deichwälle drängen. Im Naturschutzgebiet Borgfelder Wümmewiesen kann man ein letztes Mal die unverbaute Szenerie genießen. Denn gleich heißt es Abschied nehmen vom Land der weiten Horizonte.

Linke Seite unten: Der ruhige Rundkurs macht in mehreren Kleinstädten Station.

6 Hase-Ems-Tour

Entspannt von Fluss zu Fluss

mittel | 330 km | ca. 6 Tage

Charakter
Die Tour führt in eine stille Region hinein. Meist gut ausgebaute Radwege ziehen sich durch eine nahezu flache Landschaft.

Ausgangsort
Melle Bhf.

Endpunkt
Osnabrück; zurück 10 Minuten mit dem Zug

Wegmarkierung
Die Strecke erkennt man am Logo mit dem Schriftzug »Hase-Ems-Tour« und einem schwarzen Fahrrad mit grün-blauen Laufrädern, die einen Flusslauf zeigen.

E-Bike
Auf www.hasetal.de findet man spezielle E-Bike-Angebote und Leihräder für die Reise.

Information
Hasetal Touristik, Langenstraße 33, 49624 Löningen, Tel. 05432/ 599599, www.hasetal.de
Emsland Touristik, Ordeniederung 2, 49716 Meppen, Tel. 05931/ 442266, www.emsland.com
Tourismusverband Osnabrücker Land, Herrenteichsstraße 17+18, 49074 Osnabrück, Tel. 0541/ 3234570, www.osnabruecker-land.de
TourismusMarketing Niedersachsen, Essener Straße 1, 30173 Hannover, Tel. 0511/2704880, www.reiseland-niedersachsen.de und www.niedersachsen-radroutenplaner.de

Rechte Seite oben: Bei einem Stadtbummel durch Osnabrück fällt der Blick auf kostbar ausgeschmückte Hausfassaden.

Rechte Seite unten: Der Osnabrücker Marktplatz wird von historischen Bauwerken wie dem Rathaus flankiert.

HASE-EMS-TOUR

Hase - Ems Tour

Die Gefilde zwischen dem Osnabrücker Land und dem Emsland sind in Radlerkreisen wenig bekannt. Warum nur? Wer hier mit dem Fahrrad unterwegs ist, erlebt abwechslungsreiche Tage. Die Flüsse Hase und Ems nehmen uns mit durch geschichtsträchtige Orte, unter denen die Friedensstadt Osnabrück heraussticht. Eine Rundreise im Nordwesten Deutschlands.

Von Melle nach Osnabrück – 54 km Der Bahnhof von **Melle** markiert den Startpunkt der Hase-Ems-Tour. Wer die 330 Kilometer lange Strecke auf einer Karte betrachtet, dem fällt die Form eines großgeschriebenen Q auf. Zu Beginn verlaufen 55 Kilometer meist gen Westen, daran schließt sich ein großer Rundkurs mit dem Ziel Osnabrück an. Wer in Melle der Fahrradroute ein paar Hundert Meter folgt, trifft auf das in eine Grünanlage eingebettete Grönegau-Museum. Das Freilichtmuseum umfasst einen mehrstöckigen Kornspeicher, ein Backhaus, ein Kotten (Wohnhaus) aus dem Jahr 1655 und eine Remise. Die zweite Attraktion der Stadt ist die Alte Posthalterei (1644). Innen werden wechselnde Ausstellungen gezeigt.

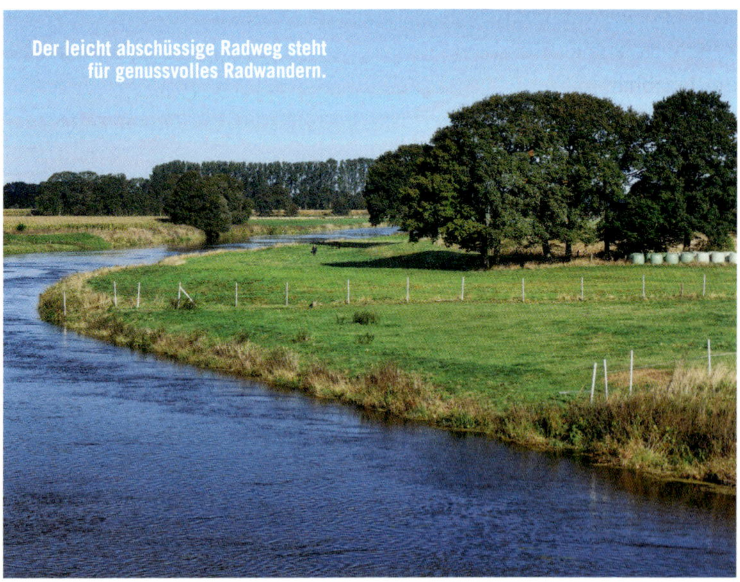

Der leicht abschüssige Radweg steht für genussvolles Radwandern.

Im Zickzackkurs strampeln wir durch eine liebliche Kulturlandschaft mit Feldern und sanft ansteigenden Wäldern. Wenige Minuten nördlich der Hasequelle stehen wir vor einer weltweit selten anzutreffenden »Bifurkation«. Hier teilt sich der Wasserlauf in zwei Arme. Während der rechte Teil als Fluss Else der Weser zustrebt, trägt der linke Bach sein Wasser unter dem Namen Hase der Ems zu. Die Hase ist 170 Kilometer lang und hat ein Einzugsgebiet von gut 3000 Quadratkilometern. Wie oft in der Geschichte griff der Mensch auch an dieser Stelle in die Umwelt ein. Bei einem Streit um die Wasserrechte veränderte man den Lauf des Gewässers. Vorbei an Gehöften und Dörfern zieht sich der Reiseweg mit Schleifen in tieferes Terrain. Dort tauchen die Vororte **Osnabrücks** auf. Fällt der Name, muss man unweigerlich an das Rathaus am Markt denken. Im Friedenssaal können Besucher die Porträts der »Pacificatores«, der Friedensstifter studieren. Die 42 Herren besiegelten 1648 mit ihren Unterschriften den ersten bedeutenden europäischen Friedensvertrag. Am 25. Oktober jenen Jahres wurde von der Rathaustreppe nach dreißig Jahren Krieg der »Westfälische Friede« verkündet. Die Landkarte des Heiligen Römischen Reiches Deutscher Nation änderte sich radikal. So schied die Schweizer Eidgenossenschaft aus dem Herrschaftsbereich der römisch-deutschen Kaiser aus. Zeitgleich entließ Spanien die Niederlande in die Unabhängigkeit. Rings um den Marktplatz geben die spätgotischen Giebelhäuser Osnabrück sein hansezeitliches Flair. Damals erblühten in respektvollem Abstand zum Dombezirk das Handwerk und der Handel. Jahrhunderte

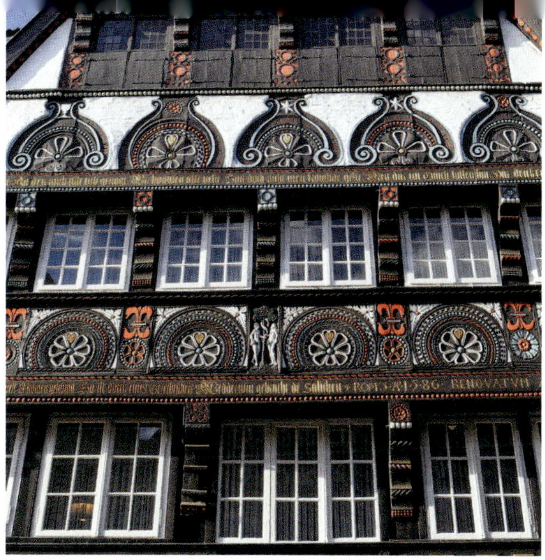

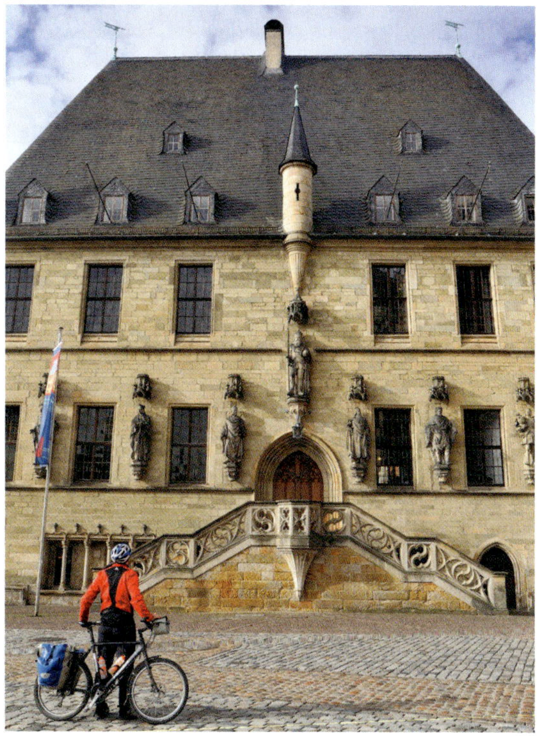

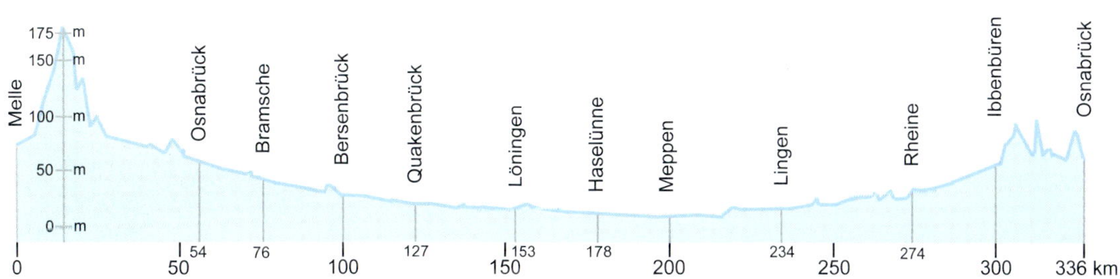

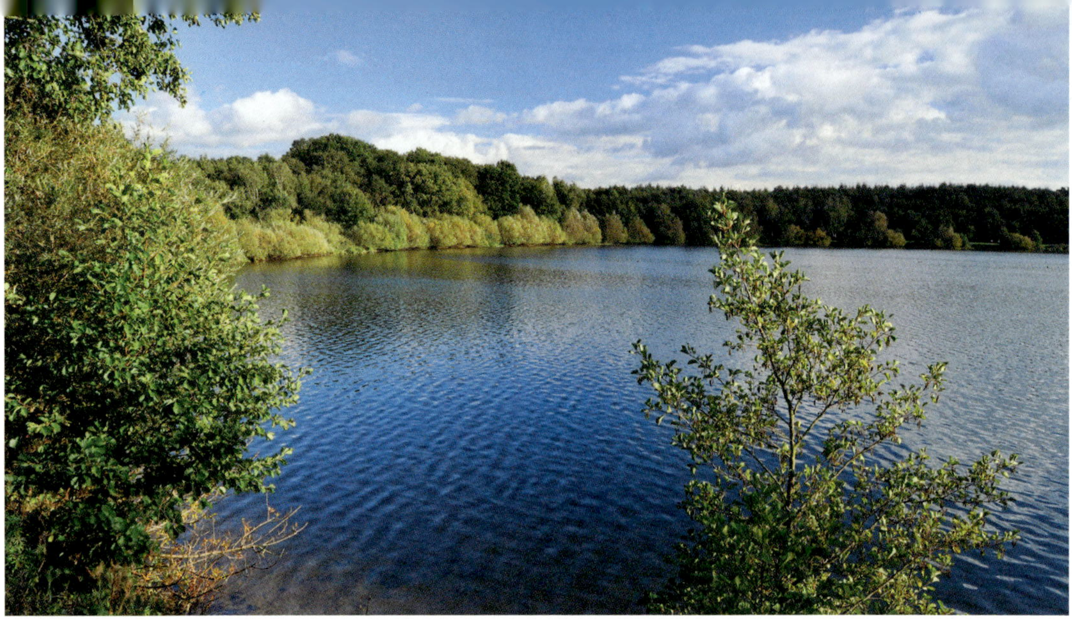

Entlang der Route gibt es mehrere Seen – ideal für eine Rast in der Natur.

später brachte die Industrialisierung einschneidende Veränderungen. Zweihundert Jahre lang prägten Steinkohlebergbau und Steinindustrie den wirtschaftlichen Aufschwung der Stadt. Das Museum Industriekultur dokumentiert in drei Gebäuden die Entwicklung vor Ort. In dem 1871 errichteten Haseschachtgebäude der ehemaligen Steinkohlezeche Piesberg mit seiner charakteristischen Rundbogenarchitektur zeigen schwere Dampfmaschinen die Motoren der industriellen Revolution. Wer Osnabrück mit seinen von Fachwerk geprägten Gassen auf die romantische Art kennenlernen möchte, der läuft bei einer der zahlreichen Nachtwächterführungen mit. Allabendlich trifft man sich vor der hoch aufragenden Kirche St. Marien.

Niedersachsens Radfernwege

Aller-Radweg – 247 km
Ammerlandroute – 168 km
Bahnradroute Teuto-Senne – 135 km
Bahnradroute Weser-Lippe – 312 km
Boxenstopp-Route – 339 km
Brückenradweg – 290 km
Deutsche Fährstraße – 133 km
Deutsche Fehnroute – 157 km
Deutsche Sielroute – 189 km
Die Große Weserlandroute – 209 km
Dortmund-Ems-Kanal-Radroute – 358 km
Elberadweg – 782 km
EmsRadweg – 381 km
Emsland-Route – 311 km
Friesenroute Rad up Pad – 288 km
GartenTraum-Tour – 170 km
Gifhorner Südheide Rundweg – 197 km
Grafschafter Fietsentour – 212 km
Hunte-Radweg – 133 km
Ilmenauradweg – 120 km
Innerste-Radweg – 105 km
Internationale Dollard Route – 361 km
Mönchsweg – 593 km
Kulturroute – Rund um Hannover – 800 km
Leine-Heide-Radweg – 412 km
Oste-Radweg – 144 km
Radfernweg Hamburg-Bremen – 314 km
Radroute der Megalithkultur – 392 km
Radwanderweg Weites Land – 133 km
Tour de Fries – 272 km
Vechtetalroute mit Kunstwegen – 233 km
Vom Teufelsmoor zum Wattenmeer – 444 km
Wasserroute Peiner Land – 122 km
Weser-Radweg – 497 km
Wümme-Radweg – 259 km
3-Seen-Route – 260 km

Von Osnabrück nach Quakenbrück – 72 km Der Fluss Hase geleitet uns aus der fahrradfreundlichen Universitätsstadt hinaus und durchläuft das flache Land in Richtung Nordwesten. Entspannt rollen wir in die Gemeinde Bramsche. Dort hält das 1997 eingeweihte Tuchmachermuseum die Erinnerung an die Industriegeschichte aufrecht. In der Werkshalle können Reisende den Maschinen beim Arbeiten zusehen. Insgesamt erklärt die Ausstellung 18 Arbeitsschritte von der Wolle bis zum fertigen Tuch. Abseits der Hauptverkehrswege führt die Radwanderung durch das historische Artland mit seinen charakteristischen Geestlandschaften. Die Eiszeit formte das Terrain. Sie hinterließ Endmoränen und teils sandige Böden, die man im Natur- und Geopark TERRA.vita schützt. Besseres Ackerland findet sich auf den Überflutungsflächen der Hase und den Nebengewässern. Die prächtigen Hofanlagen der Region spiegeln den Wohlstand wider. In der einstigen Kornkammer des Fürstbistums Osnabrück konnten die Bauern bis heute über 100 der alten Fachwerkhöfe erhalten. Sie werden als kostbares Kulturgut besonders gepflegt. Markant an den Gebäuden sind die Schaugiebel, die man meist filigran ausstaffiert hat. Die nächste Station in der parkähnlichen Landschaft ist die Samtgemeinde **Bersenbrück**. Hier gibt es viel zu entdecken, so die im Jahr 1700 errichtete Klosterpforte, das Kreismuseum sowie das Heimathaus Feldmühle. Sie entstand auf den Mauerresten ihres Vorgängerbaus, der bereits 1231 in der Stiftungsurkunde des Klosters Bersenbrück erwähnt wurde.

Von Quakenbrück nach Osnabrück – 204 km **Quakenbrück** ist der Verwaltungssitz des Artlandes und bietet Reisenden eine Anzahl an Sehenswürdigkeiten. Im Zentrum der 100 Fachwerkbauten liegt der großzügig angelegte Marktplatz, um den sich das Rathaus, die St.-Marien-Kirche und das Stadtmuseum reihen. In dem zweihundertjährigen Handelshaus wird der Geschichtsverlauf der Hansestadt nachgezeichnet. Daneben beleuchtet die über drei Stockwerke verteilte Ausstellung die Lebens- und Arbeitsweise im Artland und gewährt Einblicke in den Schulalltag vergangener Tage. Zwei Straßenzüge entfernt überragt der 68 Meter hohe spätromanische Turm von St. Sylvester die Kronen der umstehenden Laubbäume. Die Ursprünge des dreischiffigen Kirchenbaues gehen auf das frühe 13. Jahrhundert zurück. Das Gotteshaus ist vor allem bekannt für seine hölzerne Palmeselstatue, die in Norddeutschland einzigartig ist. Quakenbrück jetzt im Rücken, führt die Radroute nun mit mehreren Schwüngen durch die weitläufige Flussniederung. Hier die geruhsam dahinströmende Hase, dort eine Windmühle oder mit Blumen gesprenkelte Wiese. Dazu ruhige Siedlungen

Die Hase-Ems-Tour führt über weite Strecken durch landwirtschaftlich genutzte Flächen.

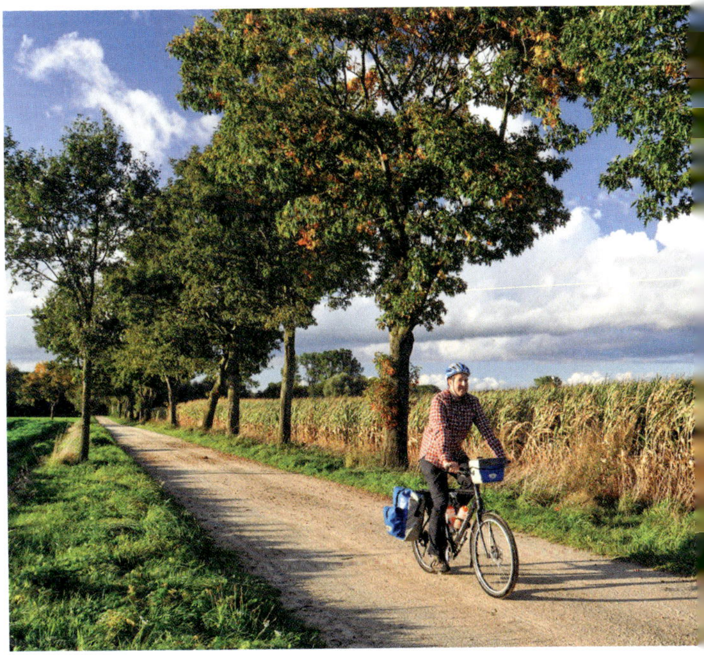

2500 Radwegkilometer im Osnabrücker Land

Das Osnabrücker Land hat sich mit einem 2500 Kilometer langen Routennetz einen Namen als Rad-Destination gemacht. Neun Themen-Touren laden zu Entdeckungsfahrten durch die landschaftlich und historisch reizvolle Region ein. Als bedeutendste Route führt die rund 405 Kilometer umfassende Niedersächsische-Mühlen-Tour zu 22 Wind- und Wassermühlen. Prachtvolle Fachwerkhöfe mit reichen Schnitzereien liegen am Wegesrand der 150 Kilometer langen Artland-Rad-Tour. Bei der 115 Kilometer großen DiVa-Tour stehen neben Dinosaurier-Spuren der Park Kalkriese auf dem Programm. Dazu gesellen sich die GartenTraum-Tour (170 km), die Schlösser-Tour (125 km), die NordWestBahn-Tour (64 km), die Düte-Tour (53 km), die Sole & Kneipp-Tour (49 km) und die Osnabrücker-Rund-Tour (49 km). Damit keine Wünsche offenbleiben, gibt es obendrein ein enges Geflecht aus Lokalrouten (www.osnabruecker-land.de).

wie Essen, Löningen und Herzlake. Hinter dem 627 Hektar großen Naturschutzgebiet Hahnenmoor, in dem Wollgras, Sonnentau und Torfmoose vorkommen, zieht sich die Ortschaft Haselünne in die Länge. Man kann das Freilicht- und Heimatmuseum sowie das Brennereimuseum besuchen. Aufregend ist ebenfalls der nostalgische Dampfzug Haseltal-Express, der Quakenbrück mit **Meppen** auf die bequemste Art verbindet. Der Stadtname bedeutet »An den Mündungen«, denn im Mittelalter zog die Hase mit drei Flussarmen der Ems entgegen. Heute gibt es noch zwei, die Große Hase und die Kleine Hase. Wie alle Flüsse in der Region traten auch diese häufig über die Ufer. Ein Bauer aus dem Raum Haselünne schrieb: »Hochwasser war Alltag. Da haben unsere Vorfahren auch mit gelebt. Diese alten Hasedörfer wie Lahre, Huden, da sind die absichtlich hingezogen, um diese Hochwasserflut zu nutzen als Dünger. Das waren sehr begehrte Bauernhöfe hier an der Hase oder an der Ems.« Voraus liegt Meppen. Im Stadtbild wechseln sich ausgedehnte Parks mit Backsteinbauwerken ab. Mittendrin steht das turmgekrönte Rathaus. Das Untergeschoss ist mit Findlingen erbaut und stammt aus dem Jahr 1408. 200 Jahre später setzte man zwei weitere Stockwerke darauf. Einst bewachte ein sternförmiger Wall die Stadt. Er wurde 1762 geschleift und lädt als baumbestandener Hochwasserdamm zum Spazierengehen ein. Spannende Ziele bieten das Zeughaus, das Stadthaus und die barocke Gymnasialkirche. Wem nach einer Pause ist, stellt sich die Frage: am Meppener Marktplatz an einen der Restauranttische setzen oder im Café der Höltingmühle einkehren? Lohnend ist beides. Anschließend nutzt die Hase-Ems-Tour dieselben Wege wie der EmsRadweg. Stromaufwärts steuert man über Rühle, Groß Hesepe und Holthausen nach **Lingen**. Die ehemalige Festungsstadt wird 975 erstmals in einer Urkunde erwähnt. Das historische Ortsbild ist geprägt von repräsentativen Gebäuden, die den breit angelegten Marktplatz umschließen. In der Reihe der Giebelhäuser fällt die Alte Posthalterei auf, ein zweigeschossiger Fachwerkbau. Auf dem folgenden Abschnitt begleiten prächtige Alleen den Fluss Ems bis zum Ortsrand von Rheine. Bereits von Weitem erblickt man die Kirchtürme der Stadt; allen voran den 102,5 Meter hohen Turm der St.-Antonius-Basilika (1904). Am anderen Emsufer gelangt man in die Altstadt mit ihren reich dekorierten Giebelhäusern. Unweit davon schließt sich der NaturZoo an, hinter dem der 2004 eingerichtete Salinenpark angrenzt. Herzstück der mit bunten Blumenbeeten geschmückten Grünanlage bildet die Saline Gottesgabe. Das Schmuckstück ist ein Zeitzeuge der traditionellen Salzproduktion, deren Wurzeln bis ins Mittelalter zurückreichen. Am Ufer der Ems liegt die nächste Perle – das 1437 geweihte Kloster Bentlage. Es vereint barocke und klassizistische Elemente. Das 1803 aufgelöste Kreuzherrenkloster ist heute eine kulturelle Begegnungsstätte mit Museen und Gemäldegalerien. Anschließend dreht die Radroute Richtung Osten, führt uns bei leicht ansteigendem Gelände zum **Dortmund-Ems-Kanal**. Die Wasserstraße bringt es auf eine Länge von 224 Kilometern. Von 1892 bis 1899 schufteten die Arbeiter an dem Bau. Im August eröffnete Kaiser Wilhelm II. die Verbindung zwischen dem Ruhrgebiet und der Ems. Heute dient der Dortmund-Ems-Kanal zusammen mit dem Mittelland-Kanal als Bindeglied zu den Strömen Weser und Elbe. Hinter der Uferpartie am Torfmoorsee lohnt es sich, vor dem Kunsthaus Kloster Gravenhorst in **Hörstel** vom Sattel zu steigen. Das im Jahr 1256 gegründete und 1808 aufgelöste Zisterzienserinnenkloster wurde 2004 restauriert. Jenseits der alten Mauern stellen Künstler ihre Werke aus. Nicht weit entfernt bewahrte sich Bevergern (1125) sein Ortsbild. Überall in der Ackerbürgerstadt trifft der Blick auf prächtiges Fachwerk. Schön anzusehen ist die Küsterei mit Krüppelwalmdach und der im Schutz der fürstbischöflichen Landesburg erbaute Klosterhof. Der Reiseweg wird zunehmend welliger. Er führt via **Ibbenbüren**, Laggenbeck und Lotte zurück ins Herz von Osnabrück.

Das Kloster Gravenhorst spiegelt sich in einem angrenzenden Wassergraben.

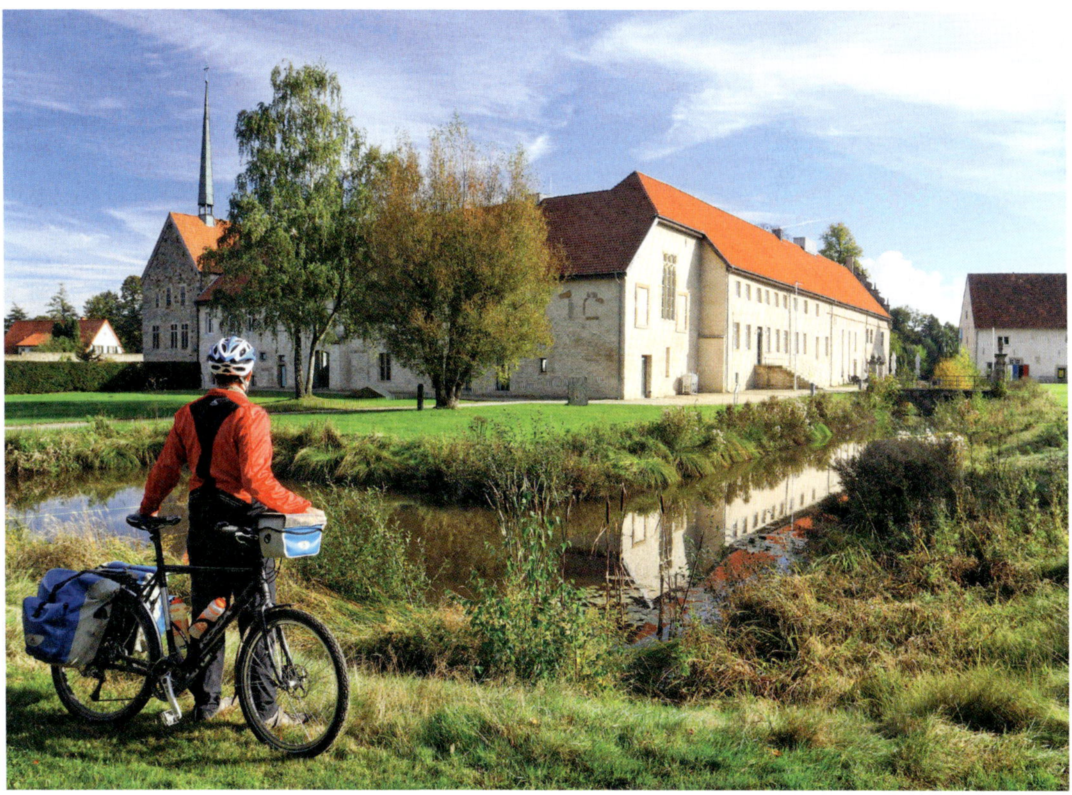

7 Vechtetalroute mit Kunstwegen

Ein Weg zum Staunen

leicht | 233 km | ca. 4 Tage

Charakter
Die kinderfreundliche Route verläuft meist auf befestigten Wegen mit nur kurzen Abschnitten mit Schotter und auf ruhigen Straßen.

Ausgangsort
Coesfeld Bhf.; von dort aus 15 Kilometer per Rad nach Darfeld

Endpunkt
Zwolle; zurück nach Coesfeld 2 Std. mit dem Zug

Wegmarkierung
Die Strecke ist durch grün-weiße Schilder mit der Aufschrift »Vechtetalroute« gekennzeichnet.

E-Bike
E-Bikes sind bei Gegenwind nützlich. Im Münsterland gibt es viele Verleih- bzw. Ladestationen für E-Bikes, siehe www.muensterland tourismus.de.

Information
Grafschaft Bentheim Tourismus, Nino-Allee 2, 48529 Nordhorn, Tel. 05921/96 11 96, www.grafschaft-bentheim-tourismus.de;
Münsterland Tourismus, Airportallee 1, 48268 Greven, Tel. 02571/94 93 00, www.muensterland-tourismus.de;
Niederländisches Büro für Tourismus & Convention (NBTC), www.holland.com. Unterwegs hilft die zweisprachige Kunstwegen-App.

Zwei Länder, eine Route: Kunstwegen – wer wird da nicht gleich neugierig? Der Fluss Vechte geleitet Radler durch weite Landschaften und reizvolle Kleinstädte. Unterwegs sorgen fantasievolle Installationen für Abwechslung und Inspiration. Vom Münsterland bis ans Zwarte Water in den Niederlanden – eine 233 Kilometer lange Reise, die alle Sinne anregt.

Von Darfeld nach Nordhorn – 82 km Es gibt viele Gründe, um an die Vechte zu reisen: wegen der 80 Skulpturen, die beiderseits des Flusses stehen oder weil ihr ein herrlicher Radweg folgt. Los geht es unspektakulär. Ein schlichtes Holzschild mit der Aufschrift »Vechtequelle« markiert einen Quelltopf. Wir sind im westlichen **Münsterland**. Der Flecken Erde steht für prächtige Herrensitze, für Krimis und Radfahren. Ordnet man Deutschlands Fahrrad-Destinationen in einer Rangliste, nimmt das

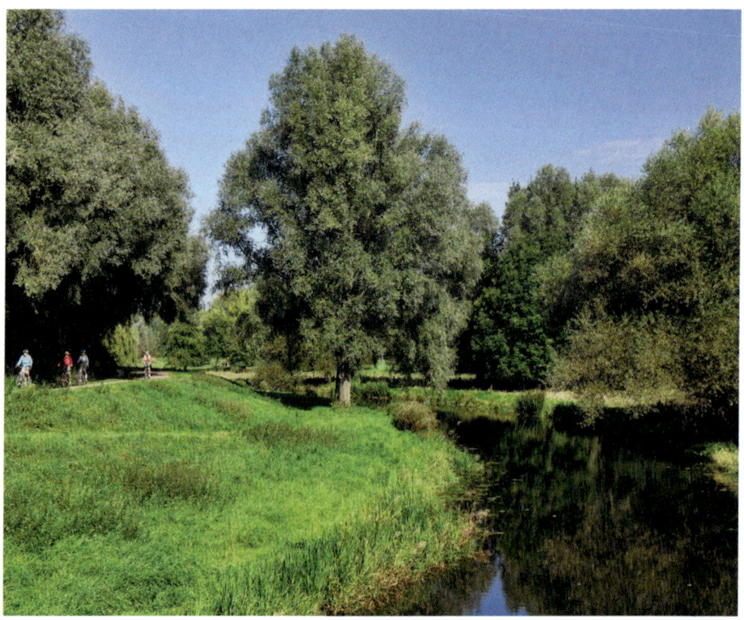

Oft radelt man auf einem Deich direkt am Fluss entlang.

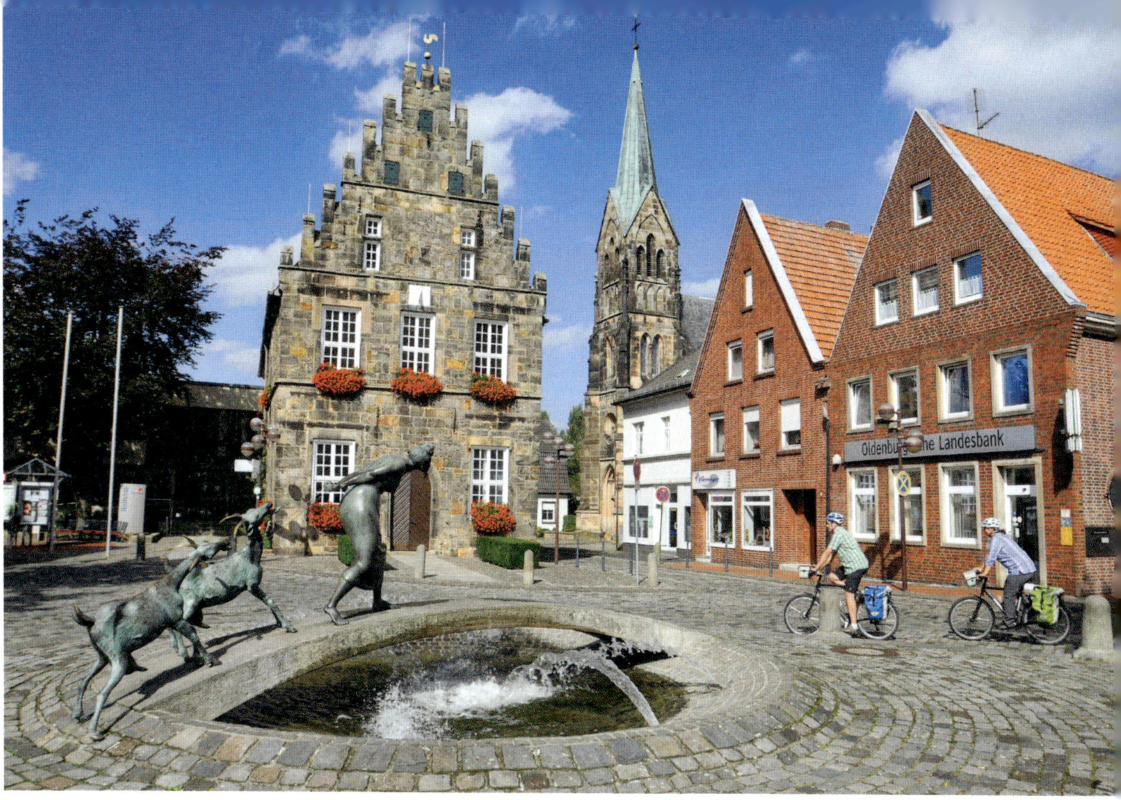

Münsterland stets einen der vorderen Plätze ein. Hier gibt es etwa 4500 Kilometer ausgeschilderte Radwege, darunter über 20 Mehrtagestouren. Eine ist die Vechtetalroute. Nach wenigen Minuten auf dem Sattel setzt sich das Wasserschloss Darfeld inmitten einer Teichlandschaft in Szene. Der Bau wurde 1902 nach einem Brand im Neorenaissancestil ausgeschmückt und trägt die Handschrift des Münsteraner Architekten Gerhard Gröninger. Grün-weiße Schilder lotsen durch Waldstücke und Felder. Immer wieder kreuzt die mittlerweile zu einer beachtlichen Größe angewachsene Vechte den Weg. Der Fluss nimmt uns mit in die Grafschaft Bentheim, die wie die Nase eines Puzzleteiles ins Territorium der Niederlande hineinragt. Zweimal ergatterte die Tourismusregion den begehrten Preis für den fahrradfreundlichsten Landkreis Niedersachsens. In den letzten Jahren stellten sich zahlreiche Gastbetriebe auf die Bedürfnisse der Radfahrer ein. 15 Servicestationen stehen zum Aufladen von E-Bike-Akkus bereit. 2015 richtete man an den Radrouten sieben außergewöhnliche Picknickplätze ein. Sogar an einen Fahrradbus dachten die Touristiker.

Blick auf den Marktplatz von Schüttorf mit dem Rathaus und der Marienkirche.

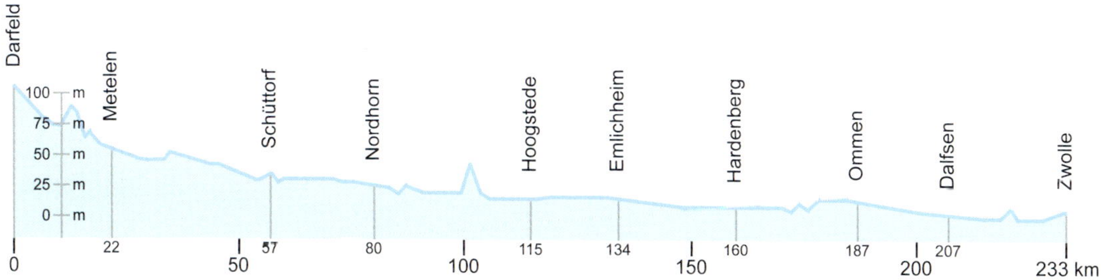

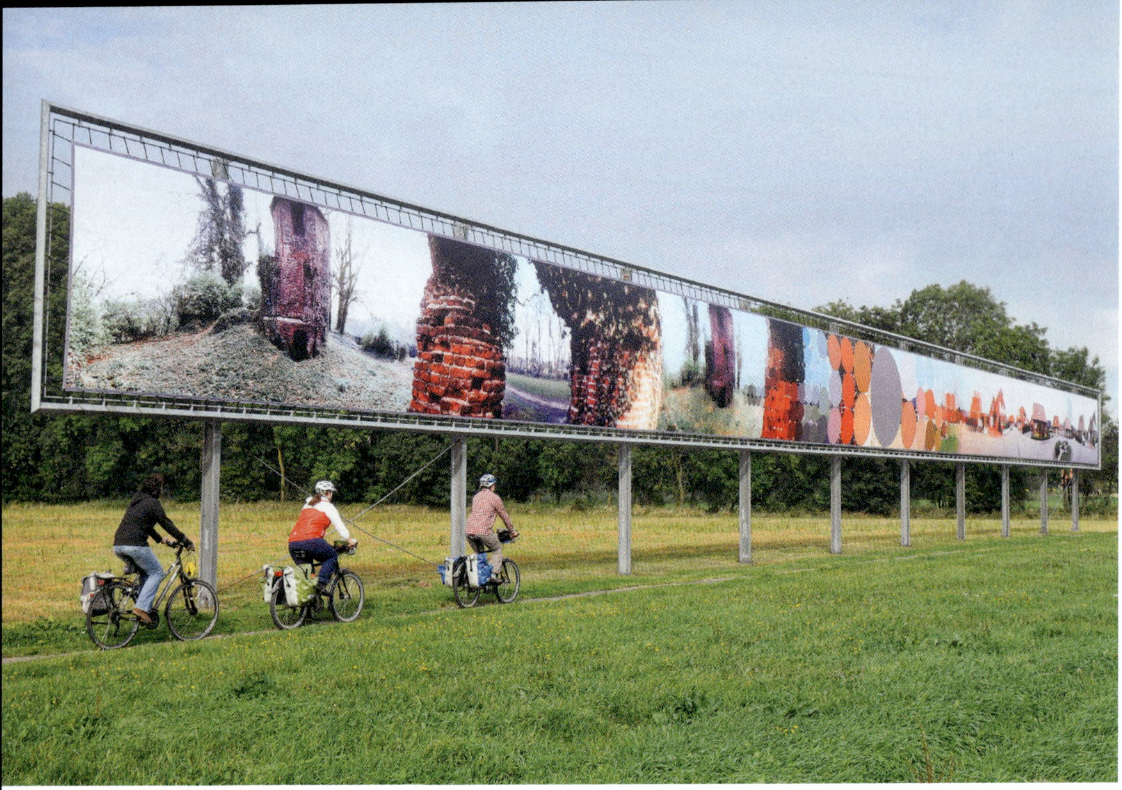

Die Fotowand »No Peep Hole« ist 6,5 m hoch und 60 m lang.

Im Süden des engmaschigen Wegenetzes liegt **Bad Bentheim** und bietet sich für einen Ausflug an. Wahrzeichen ist die Burg Bentheim, die seit annähernd 1000 Jahren den Logenplatz auf dem lang gestreckten Sandsteinfelsen über der Stadt einnimmt. Der Wehrbau befindet sich seit fünf Jahrhunderten im Besitz der Grafen und Fürsten zu Bentheim. Mit seiner Ringmauer gibt er ein fast unüberwindbares Bollwerk

Rechte Seite oben: Am Reiseziel gibt es in der Altstadt von Zwolle viel zu sehen.

Rechte Seite unten: Entlang der Strecke laden immer wieder Kunstwerke zum Anhalten ein.

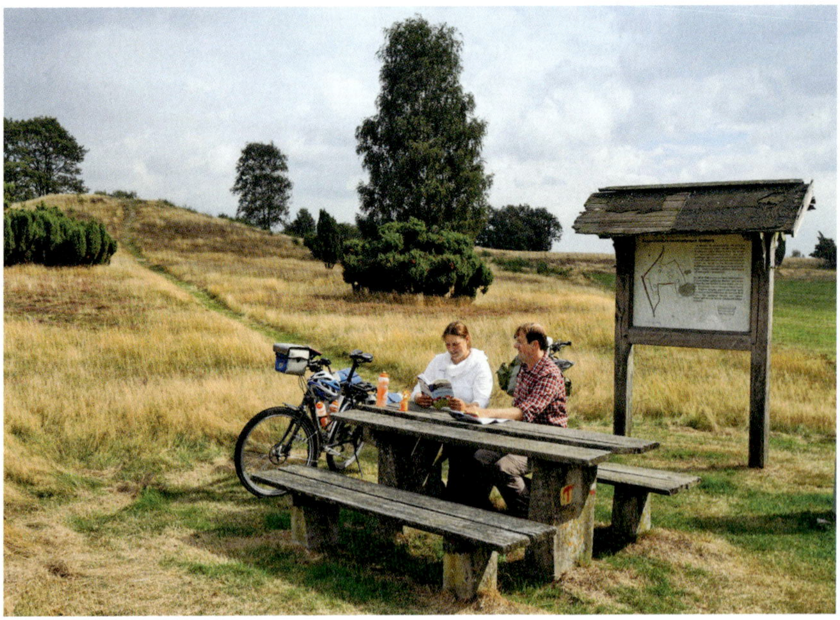

Ruhiger Rastplatz am Gräberfeld Spöllber

ab, das Feinde mehrfach belagerten und eroberten. Ausgezeichnet entspannen kann man im Badepark und in der Bentheimer Mineraltherme. Reisenden, die hinter Bad Bentheim der Vechtetalroute folgen, fallen unterwegs zahlreiche Installationen auf. Die Kreationen gehören zum länderübergreifenden Projekt Kunstwegen. Es läuft parallel zur Flussroute und wurde im Sommer 2000 von der niederländischen Königin Beatrix feierlich eröffnet. Einem 130 Kilometer langen Freilichtmuseum gleich soll die Themenroute Radler für die Kunst begeistern und Kunstfreunde in die Natur locken.

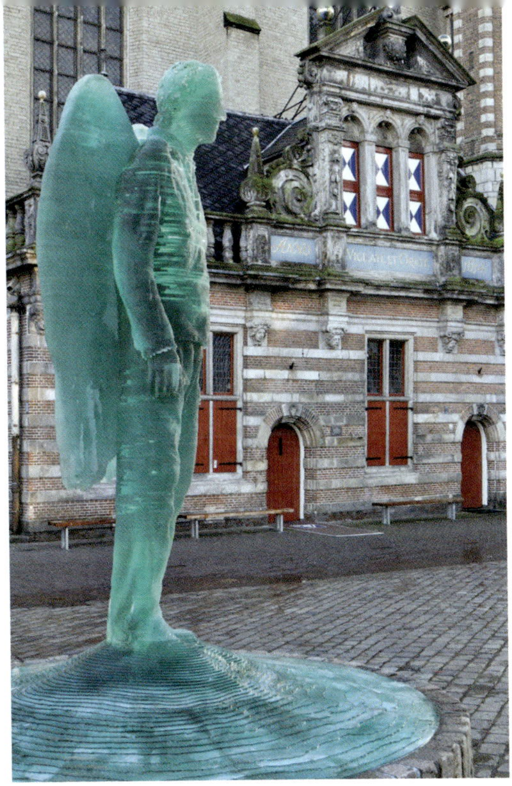

Von Nordhorn nach Hardenberg – 80 km 25 Kilometer entfernt wird **Nordhorn** von zwei Flussarmen umschlossen. Die Kreisstadt verdankt ihren Aufschwung der Textilindustrie, die bis ins Jahr 1839 zurückreicht. Wie sehr die Geschichte der Stadt mit der Herstellung von Bekleidungsstoffen verwoben ist, zeigt das in drei denkmalgeschützten Industriebauten untergebrachte Stadtmuseum. Vorbei am Black Garden von Nordhorn und an anderen Kunstwerken entlang der Vechte steuert der Reiseweg das Kloster Frenswegen an. Die Oase der Stille wurde im Jahr 1394 gegründet und erlebte bis zu seiner Auflösung zu Beginn des 19. Jahrhunderts turbulente Zeiten mit mehreren Kriegen. Heute ist das ehemalige Augustiner-Chorherrenstift eine ökumenische Begegnungsstätte. Einen besonderen Anblick bietet die in der Nähe installierte 6,5 mal 60 Meter große Fotowand »No Peep Hole«. Die 360°-Panorama-Aufnahme erklärt den Werdegang von einer historischen Burgruine zum modernen Neubauviertel und auf spielerische Weise wurde die Vergangenheit mit der Gegenwart verschmolzen. Auf dem Weg nach Emlichheim passiert man den Grabhügel Spöllberg. Der Ausgrabungsort wird seit 1877 erforscht. Funde wie ein goldener Becher deuten darauf hin, dass die zwischen 60 Zentimeter und zweieinhalb Meter hohen Hügel aus der Bronzezeit stammen. Anschließend ist die Brünas Heide rasch erreicht. Das neun Hektar große Naturschutzgebiet wartet mit der Installation »Ein Weg durchs Moor« auf. Stunden später ist die sattgrüne Landschaft topfeben und liegt nur wenige Meter über

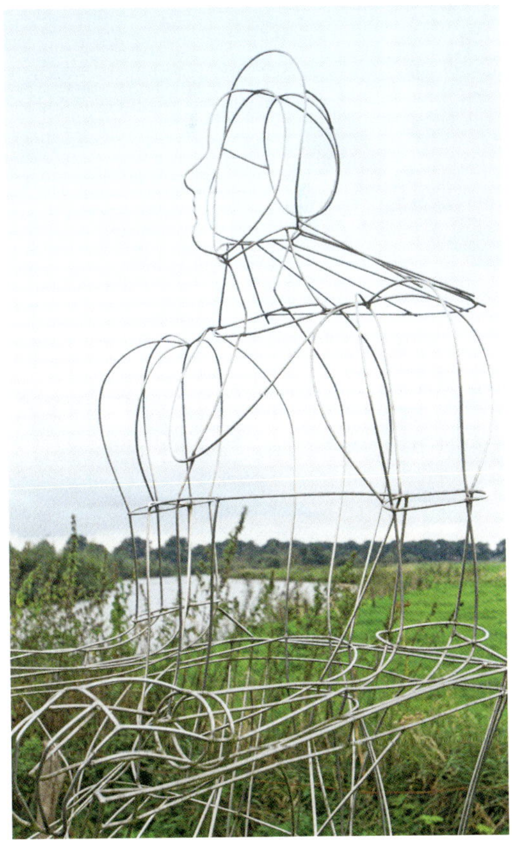

dem Meer. Aufgelockert wird das Bild vom sanft geschwungenen Band der Vechte, die uns bis zum Ort Laar eine beschauliche Uferfahrt beschert. Dort angekommen, führt ein Wiesenweg zu einer sonderbaren Plastik, die neugierig macht. Die Skulptur ist ein Werk der New Yorker Künstlerin Bonnie Collura, die darin Elemente aus der europäischen Kulturgeschichte mit dem alltäglichen Leben der Region verknüpft. Nach ein paar Minuten auf dem Sattel stehen wir an der deutsch-niederländischen Landesgrenze. Hier ließ sich der russische Konzeptkünstler Ilya Kabakov von der Flusslandschaft inspirieren und nutzte sie als Kulisse für die Edelstahlkonstruktion »Wortlos«. Die zweiteilige Kunstschöpfung zeigt ein Mädchen, das vom niederländischen Ufer hinüber auf die deutsche Seite blickt, auf der ein junger Mann sitzt. Die **Niederlande**: Unser Nachbar im Westen ist ohne Zweifel eine radbegeisterte Nation. Zwischen der Nordsee und der Grenze zu Belgien führen über 35 000 Kilometer Radwege durch das Königreich. Auf einer Fläche, die mit 41 500 Quadratkilometern etwas kleiner ist als das Bundesland Niedersachsen, leben rund 16,8 Millionen Menschen. Die Wege sind steigungsfrei. Sie führen an versteckt hinter Bäumen gelegenen Herrenhäusern vorüber. Wir freuen uns an den zahlreichen Windmühlen und holpern über weiß angestrichene Klappbrücken, die das weitverzweigte Wassergrabennetz für Radler zugänglich machen.

Unten: Baumalleen, Kleinstädte, Flusslandschaften, Wiesen und Wälder – unterwegs wechselt ständig die Kulisse.

Ganz unten: Weites Landschaftkino in den Niederlanden

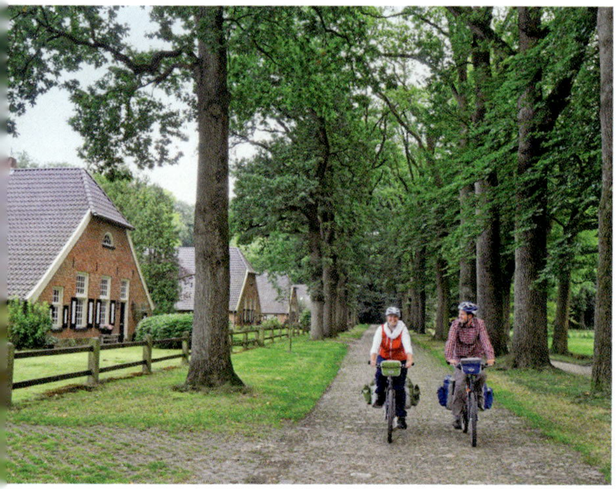

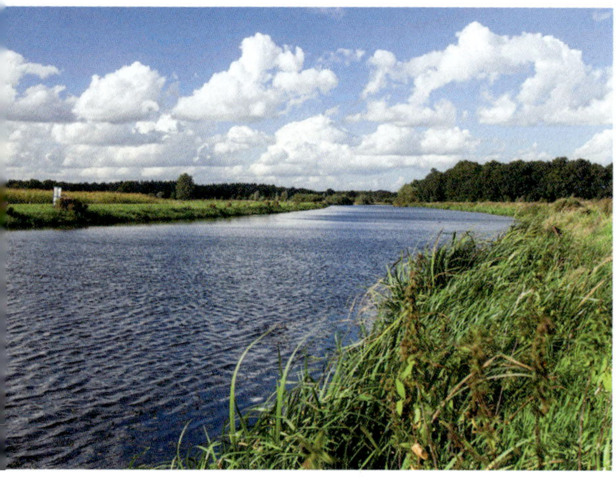

Von Hardenberg nach Zwolle – 71 km

Hardenberg, Ommen und Dalfsen bilden die nächsten Stationen. Jede der Städte glänzt mit ausgeklügelten Kunstinstallationen, zu denen sich altehrwürdige Kirchenbauten gesellen. Unweit des Klosters St. Agnietenberg sehen wir zu, wie die Vechte vom Fluss Zwarte Water aufgenommen wird. Wenig später ist das Reiseziel Zwolle erreicht. Die Hauptstadt der Provinz Overijssel beeindruckt zuerst mit dem sternförmig angelegten Wassergraben, der die Altstadt umgrenzt. Das Hansezentrum lebt von seinen Traditionen und Geschichten. Eine handelt von den Blauwvingers (Blaufingern). Im Mittelalter erhielt der Nachbarort Kampen nach einem Brand das Glockenspiel der Großen Kirche aus **Zwolle**, das man mit einem Wagen voller Geld bezahlte. Als die Bewohner von Zwolle beim Zählen der kupfernen Vierhellerstücke blaue Finger bekamen, hatten sie ihren Spitznamen weg. Hier im Zentrum der Kopfsteinpflastergassen ist Schluss mit dem Treten. 233 Kilometer hat man in den Beinen. Sie waren gespickt mit Kunstwerken und Natureindrücken. Pablo Picasso schrieb einst: »Kunst wäscht den Staub des Alltags von der Seele.«

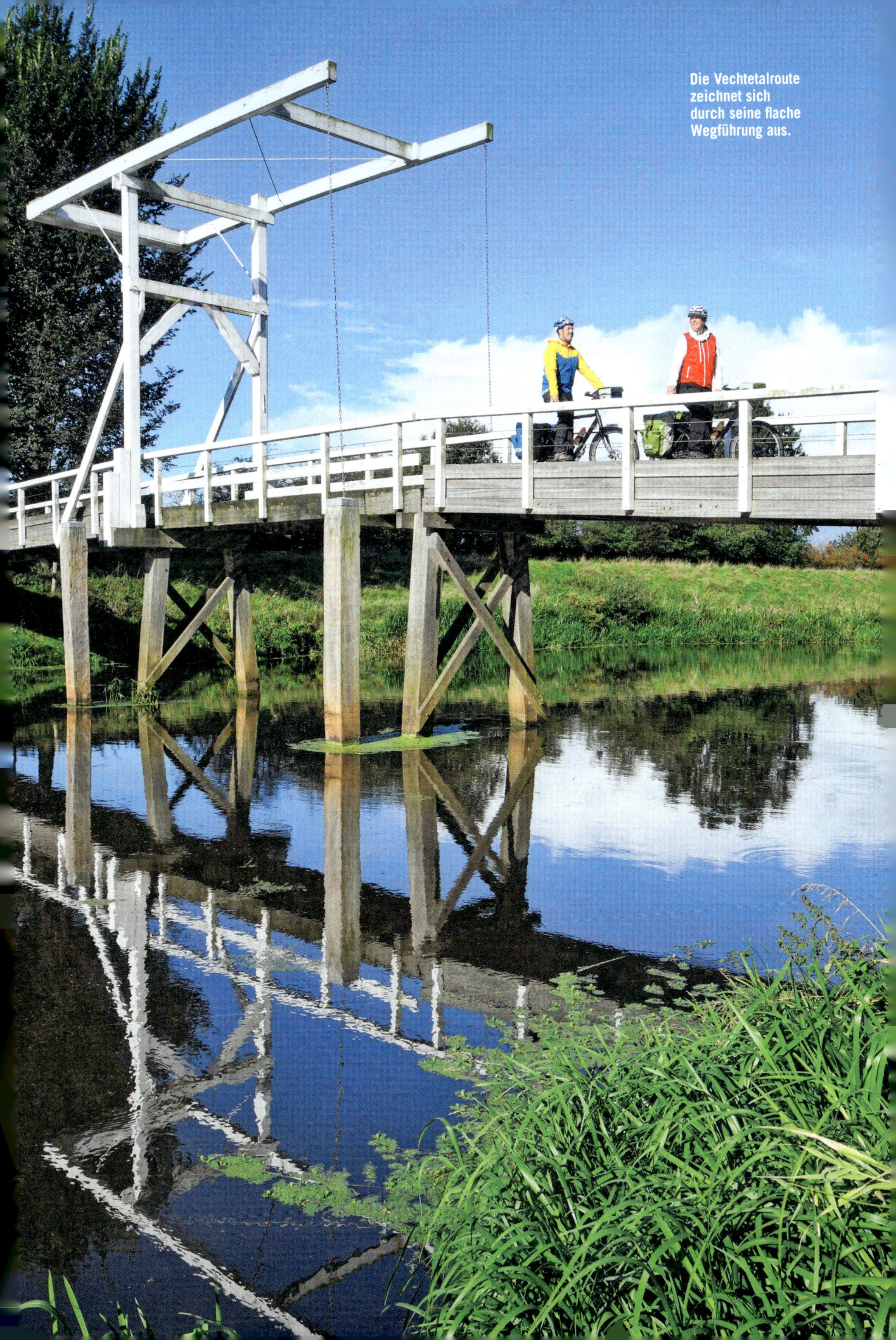

Die Vechtetalroute zeichnet sich durch seine flache Wegführung aus.

8

Leine-Heide-Radweg

Einmal quer durch Niedersachsen

leicht | 412 km | ca. 7 Tage

Charakter
Die zweigeteilte Radroute führt im ersten Teil bergab. Lediglich das letzte Drittel verlangt mehr Kondition. Auf wechselndem Untergrund genießt man Radwege und meist ruhige Nebenstraßen.

Ausgangsort
Leinefelde Bhf.

Endpunkt
Hansestadt Hamburg; zurück 2:30 bis 3:30 Std. mit dem Zug

Wegmarkierung
Schilder »Leine-Fernradweg« und später »Leine-Heide-Radweg«

E-Bike
Radverleihe und Servicestätten stehen im Handbuch der Route auf www.leineheideradweg.de. Eine Trittunterstützung benötigt man aber erst im letzten, hügeligen Teil.

Information
HVE Eichsfeld Touristik e.V., Conrad-Hentrich-Platz 1, 37327 Leinefelde-Worbis, Tel. 03605/2006760, www.leineheideradweg.de
TourismusMarketing Niedersachsen, Essener Straße 1, 30173 Hannover, Tel. 0511/2704880, www.reiseland-niedersachsen.de und www.niedersachsen-radroutenplaner.de
Thüringer Tourismus, Willy-Brandt-Platz 1, 99084 Erfurt, Tel. 0361/37420, www.thueringen-tourismus.de und www.radroutenplaner.thueringen.de
Hamburg Tourismus, Wexstraße 7, 20355 Hamburg, Tel. 040/30051701, www.hamburg-tourism.de

»Leine-Heide« – da denkt man an bewaldete Hügel, stille Flusswiesen und lila blühende Landschaften. Die rund 410 Kilometer lange Strecke erschließt den Norden Deutschlands für Radler und macht Station in gemütlichen Fachwerkstädtchen und belebten Zentren wie Göttingen, Hannover und Hamburg.

Von Leinefelde nach Einbeck – 91 km Die Leine entspringt in der Mitte Deutschlands im Ort **Leinefelde**. Wir starten im Eichsfeld, einer plateauähnlichen Landschaft im Grenzland zwischen Niedersachsen, Thüringen und Hessen. Während man gen Norden rollt, schweift der Blick über weitläufige Felder, Wiesen und Wälder, die das Ohmgebirge emporklettern. Die Gegend verzückte bereits Theodor Storm. Er schrieb: »Ich weiß nicht, dass ich jemals von der zauberhaften Schönheit eines Erdenfleckens so innerlichst berührt worden wäre.« Im Heilbad **Heiligenstadt**, in dem der Dichter zwischen 1856 und 1864 als Amtsrichter diente, lohnt es sich, für die drei gotischen Kirchenbauten St. Aegidien, St. Marien und St. Martin einen Stopp einzulegen. Wer dem Flusslauf in das Leinebergland folgt, überschreitet wie selbstverständlich die thüringisch-niedersächsische Grenze. Hier trennte der Eiserne Vorhang

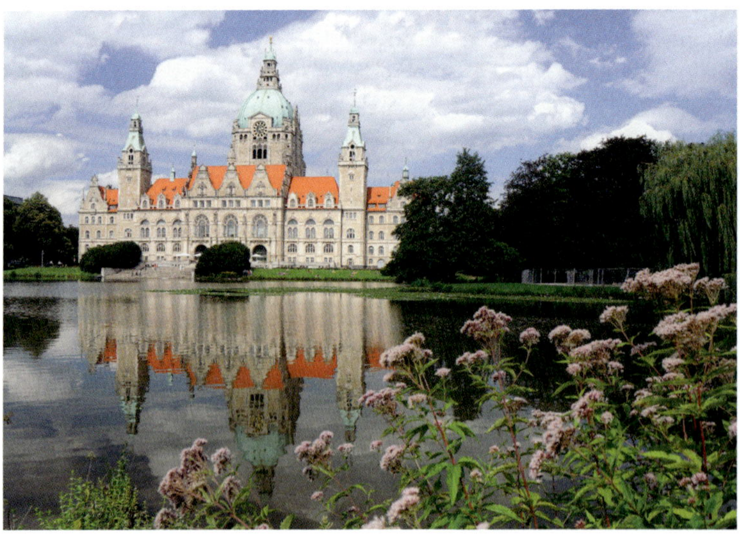

Der Maschpark in Hannover wird vom Neuen Rathaus überstrahlt, das 1913 im Prunkstil der wilhelminischen Epoche fertiggestellt wurde.

fast 40 Jahre Ost und West. Dahinter erreichen wir die traditionsreiche Universitätsstadt **Göttingen**. 25000 Studenten bringen Leben in die 132000-Einwohner-Stadt. Wahrzeichen und beliebtester Treffpunkt ist die Statue der Gänseliesel auf dem Marktbrunnen vor dem historischen Rathaus. Nach einem alten Brauch erklettert jeder frischgebackene Doktor das Liesel, küsst und schmückt es mit Blumen. Weiter geht es durch das von wehrhaften Burgen gesäumte Tal, in dem sich die Northeimer Seenplatte ausbreitet. Dahinter erreicht man **Einbeck**. Die ehemalige Hansestadt liegt am Fluss Ilme. Im Stadtkern bilden mehrere Straßenzüge mit spätmittelalterlichen Fachwerkhäusern eine architektonische Einheit. Garant für den Wohlstand war das »Ainpöckisch Bier«. Man exportierte es nach Amsterdam, München, Dänemark und sogar bis Riga. Martin Luther soll im Jahr 1521 auf dem Reichstag zu Worms gesagt haben: »Der beste Trank, den einer kennt, der wird Einbecker Bier genennt.«

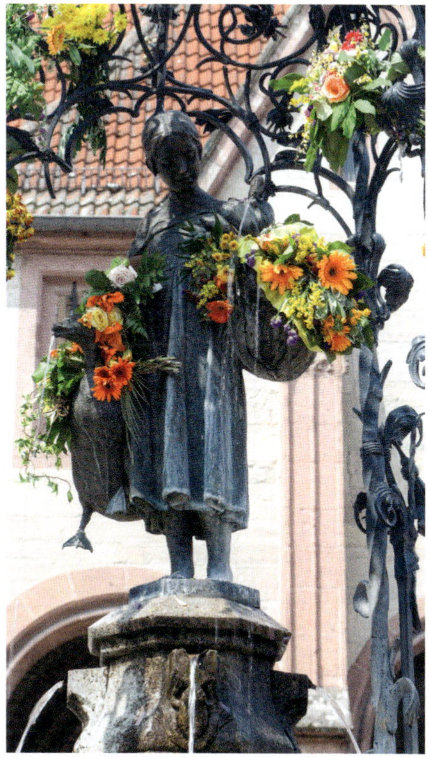

Der Gänseliesel-Brunnen ist ein Zierbrunnen vor dem Alten Rathaus in Göttingen.

Von Einbeck nach Hannover – 95 km Zwei Radstunden entfernt liegt das im 13. Jahrhundert gegründete Fachwerkstädtchen **Alfeld**. Neugierig rollt man über den von Fachwerkbauten eingefassten Marktplatz. Der nächste Wegweiser schickt einen hinüber ans Westufer des träge dahinströmenden Flusses. Dort fällt die geometrische Stahlbetonkonstruktion des Fagus-Werkes mit seinen gläsernen Vorhangfassaden auf. Hier verewigte sich Anfang des 20. Jahrhunderts der junge Architekt Walter Gropius. Er gestaltete im Auftrag des Firmengründers Carl Benscheidt eine Schuhleistenfabrik, die als Ursprungswerk der modernen Industriearchitektur gilt. Dass der damalige Bauherr Mut bewiesen hatte, sah man am 25. Juni 2011 zum 100-jährigen Jubiläum des Fagus-Werkes, als die UNESCO das komplette Areal zum Weltkulturerbe erhob. Bei der Weiterfahrt zeigen sich im Osten abgerundete Waldhügel. Zwei Stunden entfernt rückt das Schloss Marienburg ins Bild und bewacht majestätisch den Eingang des Leinetales. Der neugotische Prunkbau war ein Geburtstagsgeschenk des hannoverschen Königs Georg V. an seine Frau, Königin Marie, und diente als Sommerresidenz der Welfen. Die bewaldeten Höhenzüge weichen zurück. Voraus liegt die Norddeutsche Tiefebene.

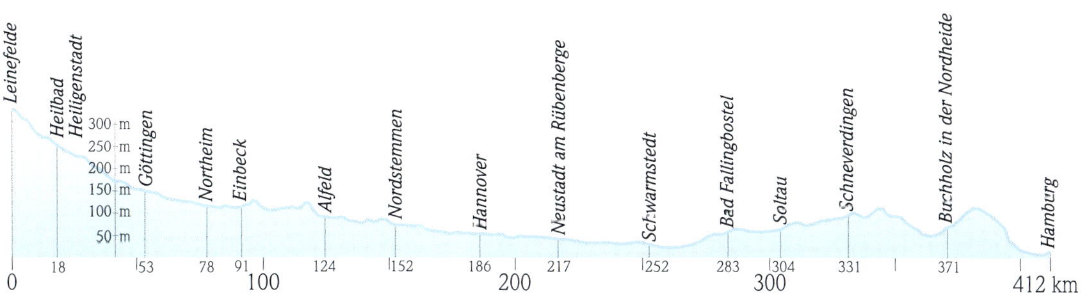

Rechte Seite oben: Bewaldete Hügel prägen das Leinebergland.

Rechte Seite unten: Heideblüte am Wegesrand

Die grüne Großstadt Hannover

Im Herzen der Stadt liegt der 78 Hektar große Maschsee. Durch den gleichnamigen Park gelangt man zu einem wilhelminischen Prachtbau aus dem Jahr 1913, dem Neuen Rathaus. Beliebt ist eine Fahrt mit dem Bogenaufzug hinauf in die knapp 100 Meter hohe Kuppel. Von oben schweift der Blick über Hannover und seine Parks. Die Herrenhäuser Gärten gehören zu den prächtigsten Barockgärten Europas. Zu entdecken gibt es u.a. eine der größten Orchideensammlungen der Welt, zahlreiche heimische und exotische Pflanzenarten und eine mit Ornamenten verzierte Gartenarchitektur. Höhepunkt sind die fünfmal im Jahr veranstalteten Internationalen Feuerwerkswettbewerbe im Großen Garten.

Auf dem nächsten Teilstück nutzen wir das rund 1000 Kilometer umspannende Wegenetz der Fahrradregion **Hannover**, das uns zielsicher in die Landeshauptstadt geleitet. Dort passiert man im beschaulichen Maschpark das neue Rathaus und schiebt das Fahrrad zum belebten Ballhofplatz.

Von Hannover nach Soltau – 118 km Durch den grünen Naturstreifen, der die mittlerweile schiffbare Leine beiderseits einfasst, steuern wir aus der Landeshauptstadt Niedersachsens hinaus. Erneut verändert die Umgebung ihr Gesicht. Aus Stadtgebäuden werden rote Backsteinhäuser, aus Landschaftsparks flaches Wald- und Wiesenland. Mittendrin strömt der Fluss in engen Schleifen der Aller zu. Wir lassen die Leine bei Hodenhagen ziehen und folgen der vorbildlich markierten Radstrecke ins Hinterland. Unterwegs gibt es lohnende Ausflugsziele: etwa den 220 Hektar großen Serengeti-Park mit seinen 1500 exotischen Tieren, die man bei einer Busfahrt hautnah beobachten kann, den Weltvogelpark in Walsrode oder den reizvoll gelegenen Luftkurort **Bad Fallingbostel**. Der weitere Weg beschert uns schöne Waldpassagen, die geradewegs nach Soltau führen. Soltau bezeichnet sich gerne als »Herz der Heide«. Die über 1000 Jahre alte Mittelstadt ist bekannt durch den Heide Park, die Soltau-Therme und das Norddeutsche Spielzeugmuseum.

Das märchenhafte Schloss Marienburg wurde 1867 fertiggestellt und kann bei einer Schlossführung bestaunt werden.

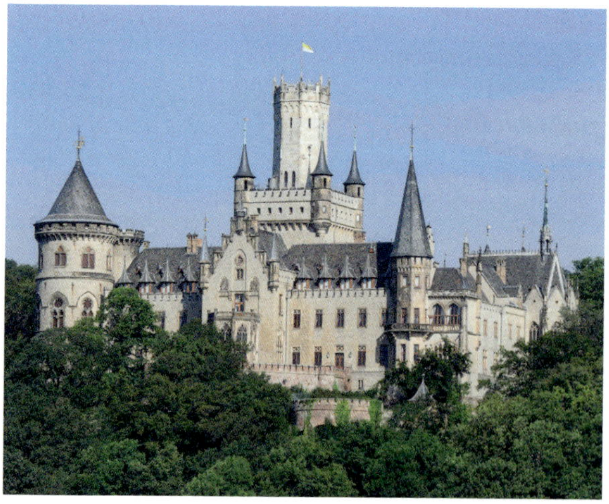

Von Soltau nach Hamburg – 108 km Zwischen Kiefern und Birken nähert man sich dem Schäferhof Neuenkirchen. Täglich kann man ab 17 Uhr zusehen, wie die bis zu 1000 Köpfe zählende Heidschnuckenherde in die reetgedeckten Schafställe getrieben wird. Die abwechslungsreiche Natur- und Kulturlandschaft der Lüneburger Heide ist aus der jahrhundertealten Tradition der Heidebauernwirtschaft hervorgegangen. Die sonnenliebende Besenheide kommt gut mit den unfruchtbaren, sandigen Böden der Region zurecht und war zu Beginn des 19. Jahrhunderts in Norddeutschland weit verbreitet.

Wir radeln durch beschauliche Dörfer und treffen auf das über 8000 Jahre alte Pietzmoor. Wer das Hochmoor erkunden möchte, muss das Fahrrad abstellen. Es ist eine bizarre Szenerie: Überall wuchern Torfmoose und ragen Baumskelette aus dem sauren, nährstoffarmen Wasser. Holzstege führen ins Gelände, Infotafeln erklären Fauna wie Flora. So erfährt man, dass im Pietzmoor Kraniche ihren Nachwuchs aufziehen und die Torfschicht an der mächtigsten Stelle 7,5 Meter misst. In **Schneverdingen**, unserer nächsten Reisestation, weihte man 1990 den farbenfrohen Heidegarten ein. Die frei zugängliche Parkanlage präsentiert ca. 150000 Pflanzen und 150 Heidearten. Nun steigt die Radroute an. Sie führt uns durch eine reizvolle Wald- und Heidelandschaft zum Fuß des Wilseder Berges. Er ist mit 169 Metern die höchste Erhebung in der Region. Entstanden ist der Hügel im Verlauf der Saaleeiszeit. Vor ca. 200000 Jahren wälzten sich Gletscher mit Geröll und Sand über das Land und lagerten hier ihre Fracht ab. Übrig blieb diese Endmoräne. Das Herzstück der Heide wurde 1921 zum ersten Naturschutzgebiet in Deutschland erklärt. Die 107000 Hektar große Schutzzone reicht im Süden von Soltau bis nach Buchholz in der Nordheide. Östlich stößt sie an die Ausläufer von Lüneburg. Im Westen bildet der Heideort Schneverdingen die Grenze. Vor uns liegt eine von der Saaleeiszeit modellierte Urlandschaft, über die sich violette Heideteppiche und romantische Kiefernwälder gelegt haben. Die Landschaft inspirierte mit ihren Stimmungen ab der Mitte des 19. Jahrhunderts Maler und Schriftsteller. Das Dorf **Undeloh** ist Ausgangspunkt für viele Exkursionen. Urlaubsgäste kommen in die Heide, um in Ruhe zu wandern, Radtouren zu unternehmen oder an einer Kutschfahrt teilzunehmen. Alle verbindet die Freude an der Natur, die hier zusammen mit dem Wirken des Menschen eines der harmonischsten Erholungsgebiete Norddeutschlands schuf. Besonders schön ist das Idyll ab Ende August, wenn

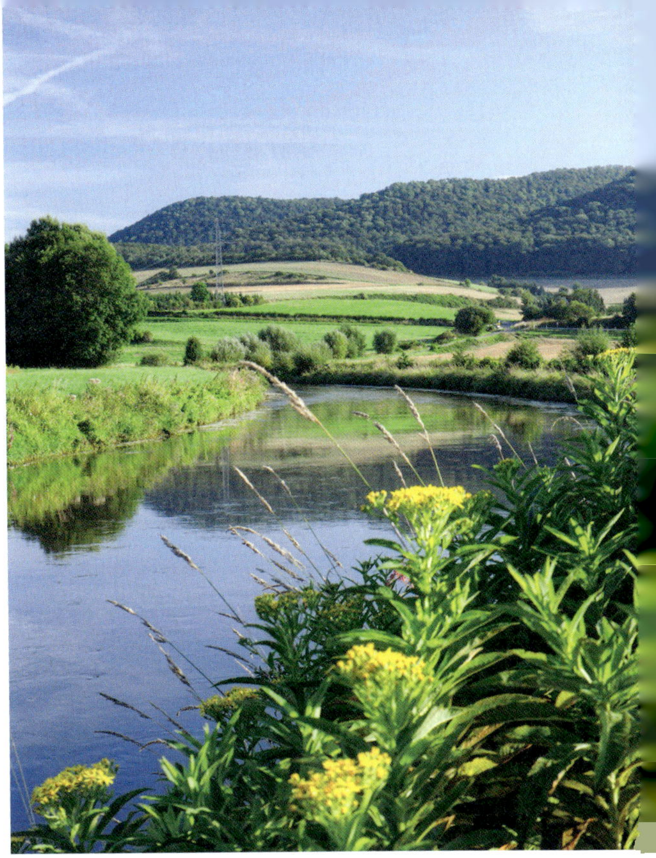

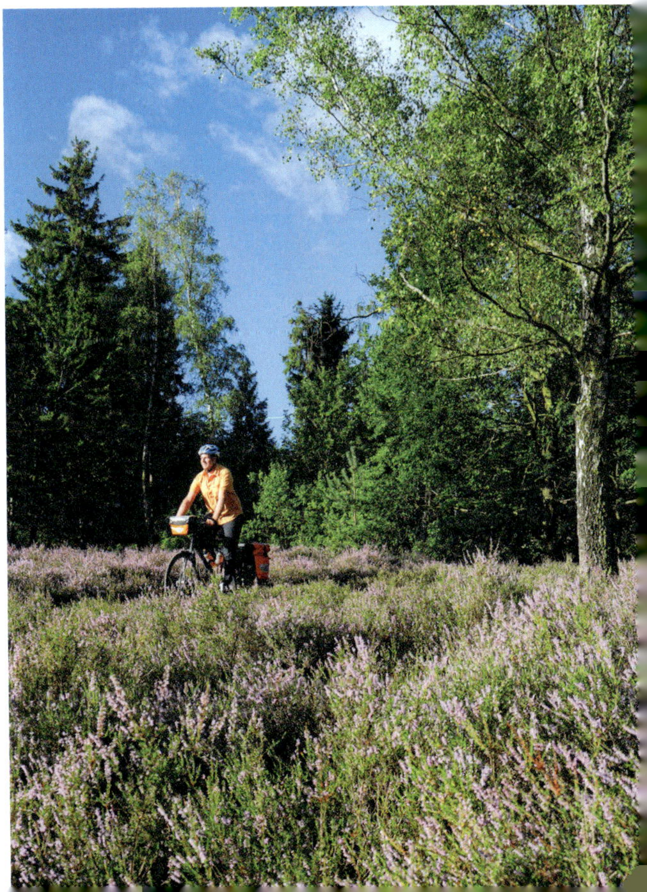

UNESCO-Welterbe Speicherstadt

13000 Seeschiffe laufen jährlich den Hamburger Hafen an. Er wurde vor mehr als 800 Jahren gegründet. Um diesen Umschlagplatz im und am Wasser kennenzulernen, bietet sich eine Hafenrundfahrt an. Die Kapitäne fahren an den Landungsbrücken los und lenken ihre Boote durch die Wasserläufe der über 120 Jahre alten Speicherstadt. In dem weltweit größten auf Eichenpfählen errichteten Lagerhauskomplex haben u.a. das Internationale Maritime Museum, das Miniatur Wunderland sowie das Deutsche Zollmuseum eine stilvolle Bleibe. Im Kontorhausviertel sticht das eindrucksvolle, aus 4,8 Millionen Backsteinen erbaute zehnstöckige Chilehaus von 1922 heraus.

das violette Heidekraut in voller Blüte steht. Durch die dicht bewaldete Nordheide rollen wir schließlich ins Elbetal hinunter und erreichen die **Hansestadt Hamburg**. Dort bietet sich eine Rundtour mit dem Fahrrad an. Wir starten am Jungfernstieg. Die beliebte Flaniermeile an der Binnenalster verdankt ihren Namen den unverheirateten Töchtern aus feinen Hamburger Familien, die früher hier ihren Sonntagsspaziergang machten. Die Alster, ein Nebenfluss der Elbe, staut sich im Herzen der Stadt zu einem großen von Grünflächen umgebenen See. In Richtung Innenstadt durchqueren wir den Alsterpark mit seinen gepflegten Wiesen. Anschließend kehrt man der Alster den Rücken zu und folgt der Milchstraße durch den noblen Stadtteil Pöseldorf. Vorbei an der Kirche St. Johannis geht es zum Hamburger Museum für Völkerkunde. Das Leitmotto der Ausstellung lautet: »Ein Dach für alle Kulturen«. Eindrucksvoll dokumentiert das Museum anhand von 700000 Objekten die Kunst- und Kulturgeschichte der Völker. Über das Universitätsgelände gelangen wir zu einem der berühmtesten Parks Hamburgs: Planten un Blomen. Pflanzen und Blumen, aber auch verschiedenste Freizeiteinrichtungen entdeckt man beim Durchstreifen der 47 Hektar großen Grünanlage. Highlights sind die Wasserlichtspiele im Parksee, der Japanische Garten mit originalem Teehaus, der Rosengarten mit über 300 verschiedenen Rosensorten und das unter Denkmalschutz stehende Tropenhaus. Auf Höhe der Laeiszhalle biegen wir links in den Johannes-Brahms-Platz ein. Das 1908 eröffnete neobarocke Konzerthaus zieht seit jeher zahlreiche Musikliebhaber an. Hinter dem

Unten: Das Hamburger Rathaus wurde 1897 im Stil der Neorenaissance erbaut.

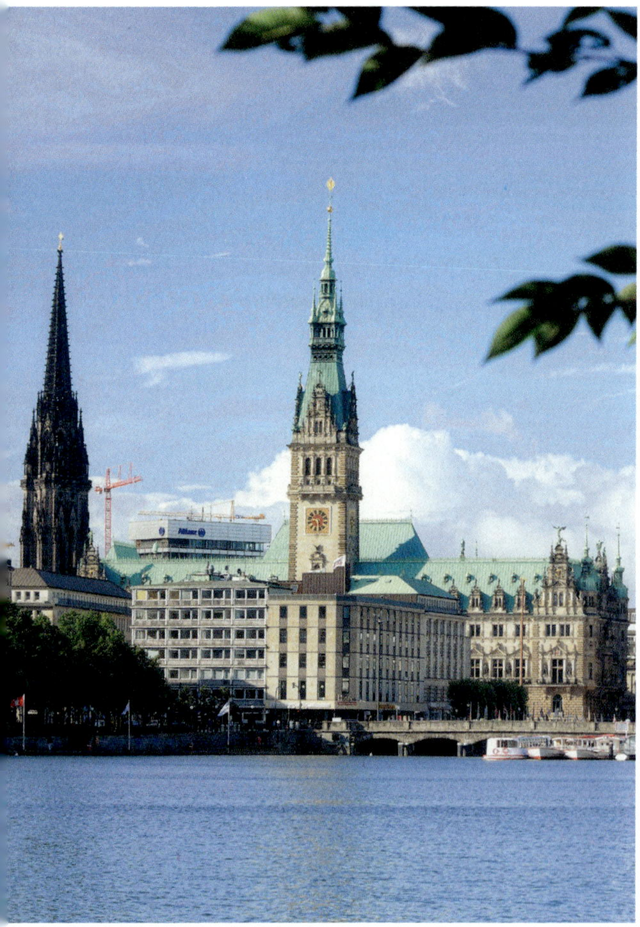

Gänsemarkt treffen wir wieder auf den Jungfernstieg mit dem Alsterpavillon. Vorbei an exklusiven Boutiquen und den nach venezianischem Vorbild erbauten Alsterarkaden gelangen wir zum Rathaus. Führungen durch den gewaltigen Neorenaissancebau zeigen das Tafelsilber der Stadt, ihr Goldenes Buch, den Bürgerschaftssaal und viele historische Kostbarkeiten. An der Rückseite des Rathauses steht das spätklassizistische Gebäude der Hamburger Börse. Die Gründung der ältesten Börse Deutschlands geht auf das Jahr 1558 zurück. Besucher können von einer Galerie das Geschehen auf dem Börsenparkett verfolgen. Im Kontorhausviertel sticht das Chilehaus heraus. An der Spitze des Prachtbaues, die an einen Schiffsbug erinnert, folgen wir der Einbahnstraße zum Mahnmal St. Nikolai. Die ehemalige Hauptkirche wurde im Zweiten Weltkrieg 1943 zerstört. Das Dokumentationszentrum in der Ruine erzählt die Geschichte des Gotteshauses und berichtet über die Tragödien des Luftkrieges in Europa. Ein gläserner Panoramalift fährt zu einer Aussichtsplattform in 76 Meter Höhe hinauf. Von oben genießt man einen herrlichen Ausblick auf die Stadt. Die Deichstraße, eine alte Kaufmannsstraße mit Wohn- und Kontorhäusern aus dem 17. bis 19. Jahrhundert, bringt uns zur historischen Speicherstadt, wo man vor Museen, Restaurants und ankernden Schiffen die Reise ausklingen lassen kann.

Unten links:
Die Speicherstadt von Hamburg wurde ab 1883 errichtet und steht seit 1991 unter Denkmalschutz.

Unten rechts:
Der Hamburger Hafen blickt auf eine über 800-jährige Geschichte zurück.

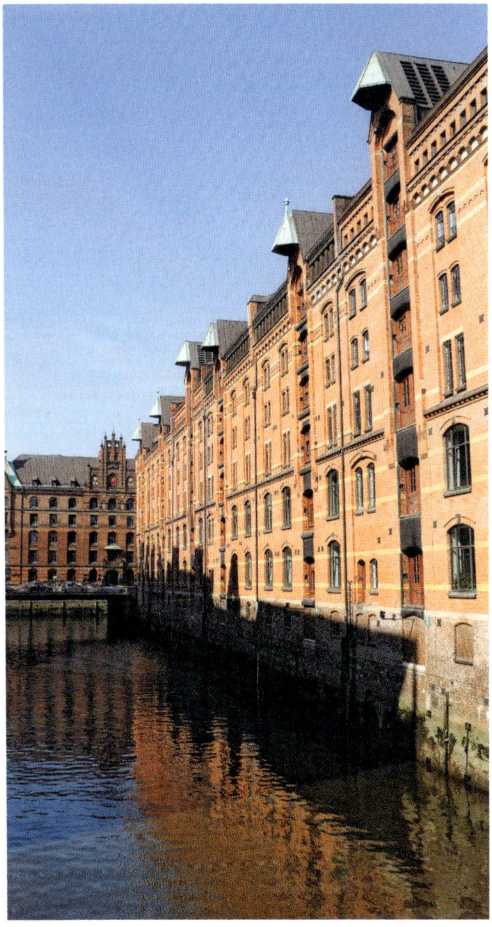

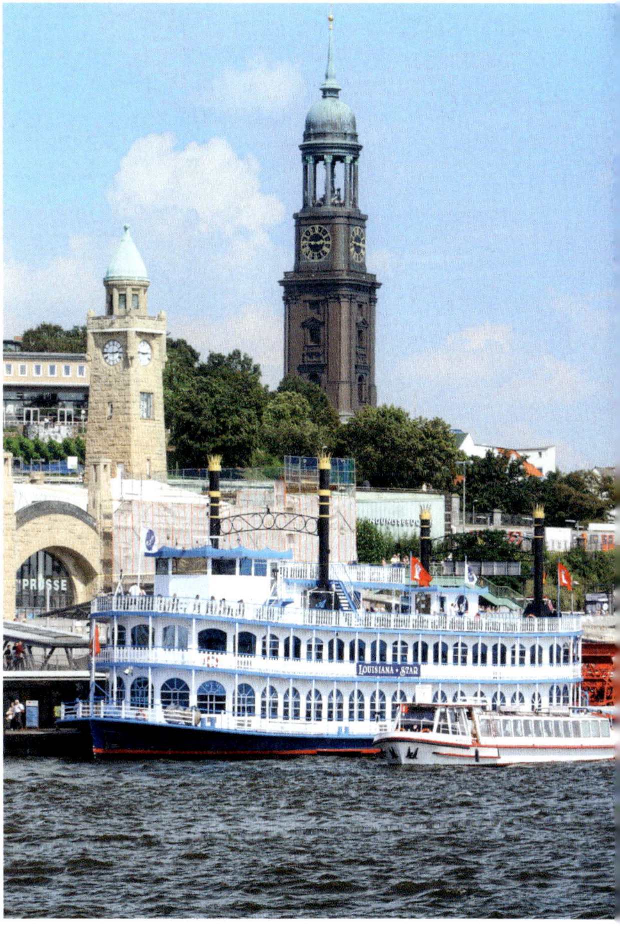

9

Aller-Radweg

Malerische Fahrt durch das Norddeutsche Tiefland

mittel | Aller-Radweg: 247 km, ab Magdeburg: 299 km | ca. 5 Tage

Charakter
Die Strecke nutzt Nebenstraßen und Radwege, die teilweise asphaltiert oder geschottert sind. Bei Westwind ist die umgekehrte Richtung empfehlenswert.

Ausgangsort
Eggenstedt oder Magdeburg Bhf.

Endpunkt
Verden; zurück mindestens 2:30 Std. mit dem Zug

Wegmarkierung
Schilder mit der Aufschrift »Aller-Radweg« und einem geschwungenen Flusslauf

E-Bike
Auf der Webseite www.allerradweg.de steht ein Handbuch zum Aller-Radweg zum Herunterladen bereit (inkl. Verleihstellen und Radservicepunkten).

Information
Projektkoordination Aller-Radweg c/o Celle Tourismus und Marketing, Markt 14–16, 29221 Celle, Tel. 05141/90908, www.allerradweg.de
TourismusMarketing Niedersachsen, Essener Straße 1, 30173 Hannover, Tel. 0511/2704880, www.reiseland-niedersachsen.de und www.niedersachsen-radroutenplaner.de
Marketinggesellschaft des Landes Sachsen-Anhalt, Am Alten Theater 6, 39104 Magdeburg, Tel. 0391/5689988, www.sachsen-anhalt-tourismus.de und www.radtouren-sachsen-anhalt.de

Aller-Radweg

Aller-Radweg – wer denkt da nicht an grüne Wälder, blühende Wiesen und romantische Flusspartien? Die flache, über 300 Kilometer lange Landschaftsroute verbindet die Elbe im Osten mit der Weser im Westen. Dazwischen liegen Städte wie Magdeburg, Wolfsburg, Celle und Verden, in denen es viel zu sehen gibt.

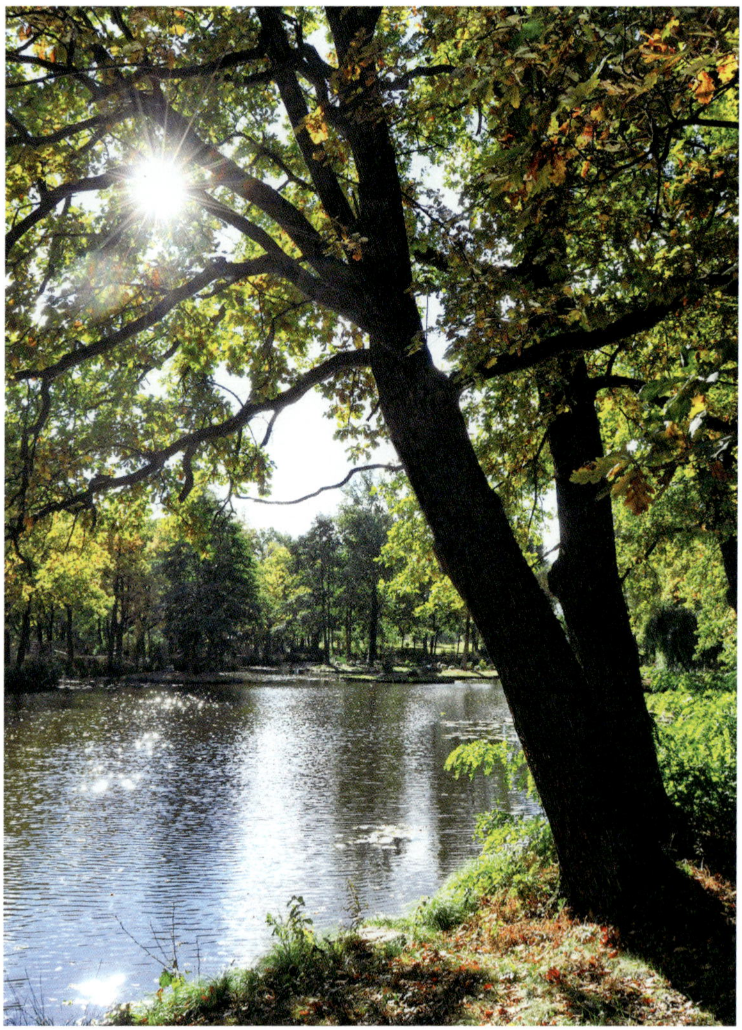

Das große Plus des Aller-Radweges ist die stille Routenführung.

Von Eggenstedt nach Seggerde – 44 km Im Herzen des kleinen Bördedorfes **Eggenstedt** blicken Radfahrer auf die südlichste Allerquelle. Hier nimmt die knapp 250 Kilometer lange Flusstour offiziell ihren Anfang. Die Quelle erhält ihr Wasser durch das ausgedehnte Waldgebiet Hohes Holz. Es ragt südlich der Siedlung auf und gibt den Weg nach Ummendorf vor. Hier lohnt es sich, das in einem befestigten Herrensitz untergebrachte Börde-Museum anzuschauen. In der Ausstellung bekommen Besucher Landmaschinen und Dampfpfluglokomobile aus der Magdeburger Börde zu sehen. Dank ihres Lössbodens und der großflächig auftretenden Schwarzerde sind die sanft-welligen Hügelzüge ein fruchtbares Agrarland. So beherrschen in den nächsten Stunden weitläufige Zuckerrüben- und Weizenfelder das Landschaftsbild.

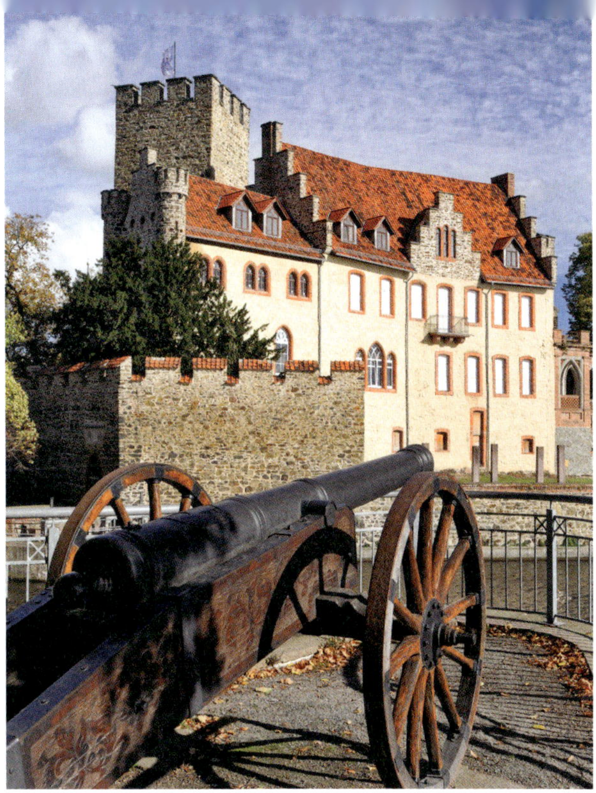

Das Wasserschloss Flechtingen steht im Landkreis Börde in Sachsen-Anhalt.

Von Magdeburg nach Seggerde – 96 km Für Radler, die in **Magdeburg** auf den Sattel klettern möchten, hat man den Aller-Elbe-Radweg eingerichtet. Dieser trifft im Dorf Seggerde auf die klassische Radroute. Die Landeshauptstadt Sachsen-Anhalts

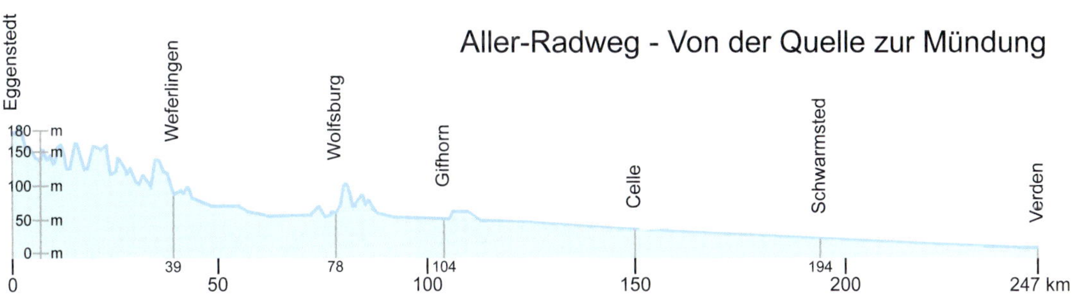

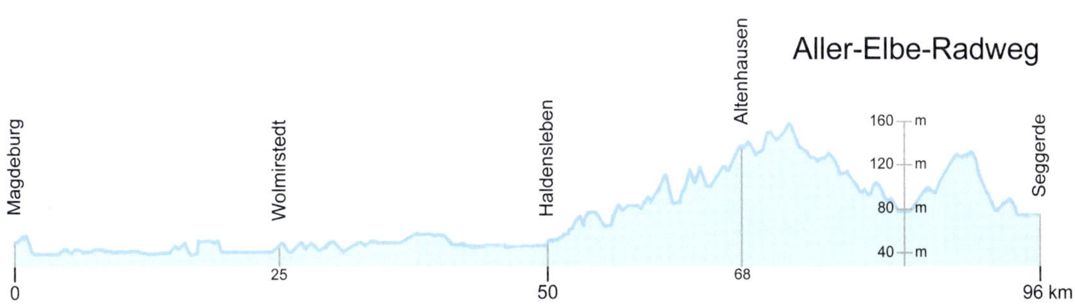

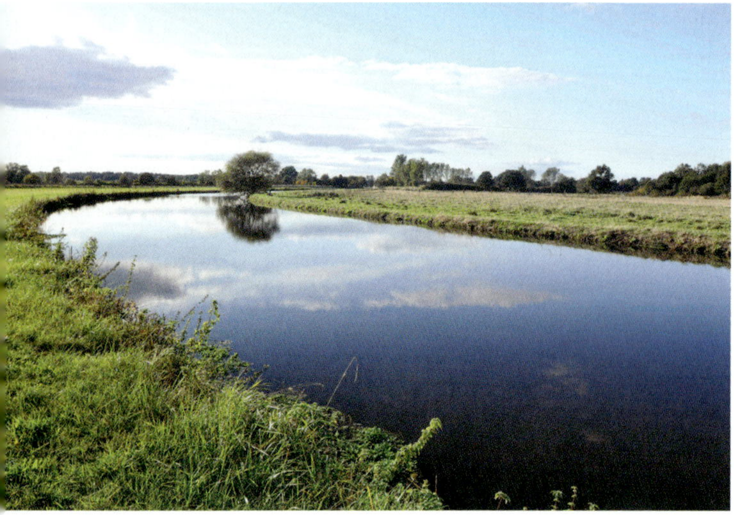

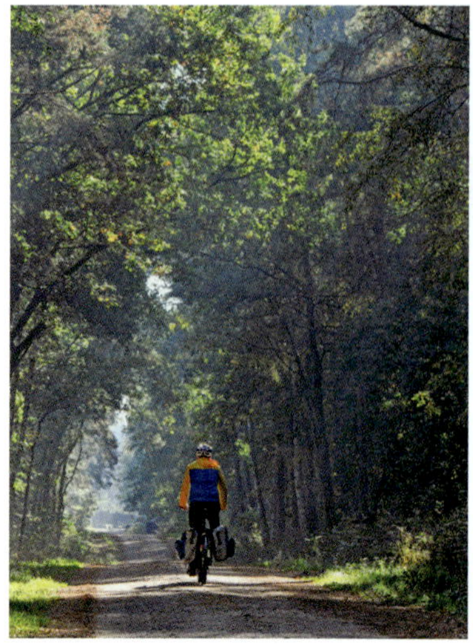

Oben links: Die Route führt meist ruhig durch die Natur.

Oben rechts: Immer wieder taucht die ruhige Radroute in schattige Wälder ein.

ist zudem Ausgangspunkt der Nordroute der »Straße der Romanik«. Vor Ort kann man vier geschichtlich bedeutende Denkmäler besuchen: den Magdeburger Dom, das Kloster unserer lieben Frauen, die St.-Petri-Kirche und die St.-Sebastian-Kirche. Zwei Straßenzüge vom Elbufer entfernt gibt sich die Stadt mit der »Grünen Zitadelle« modern. Hier hat sich der österreichische Künstler Friedensreich Hundertwasser (1928–2000) mit einem seiner letzten Entwürfe ein farbenfrohes Traumhaus geschaffen. Nördlich von Magdeburg verbindet der Mittellandkanal die Flüsse Elbe und Weser. Wir folgen ihm ein Stück gen Westen. Wie die erste Streckenvariante punktet dieser Abschnitt durch eine ruhige Wegführung.

Die Gemeinde Wienhausen empfängt Gäste mit prächtigen Backsteingebäuden.

Von Seggerde nach Celle – 106 km Beide Varianten treffen bei Seggerde aufeinander. Anschließend rollt man hinunter nach Niedersachsen. Dort empfängt uns die 1938 als Arbeitersiedlung gegründete Stadt **Wolfsburg** mit einer modernen Architektur. Am Ufer des Mittellandkanals reihen sich futuristische Gebäude aneinander und erinnern an eine Raumstation. Das Areal gehört zur Erlebniswelt Autostadt. Man weihte sie im Juni 2000 als Teil der Weltausstellung EXPO 2000 ein. Schräg gegenüber zieht es Technikbegeisterte ins phæno. Hinter dem sonderbaren Namen verbirgt sich eine Experimentierlandschaft, in der man über 350 Phänomene zum Anfassen und Ausprobieren erleben kann. Der 2005 eröffnete Gebäudekomplex ist ein Entwurf der

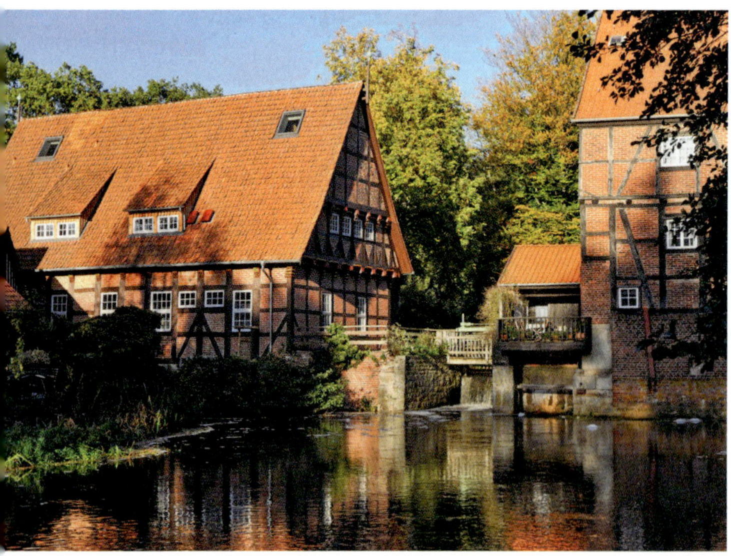

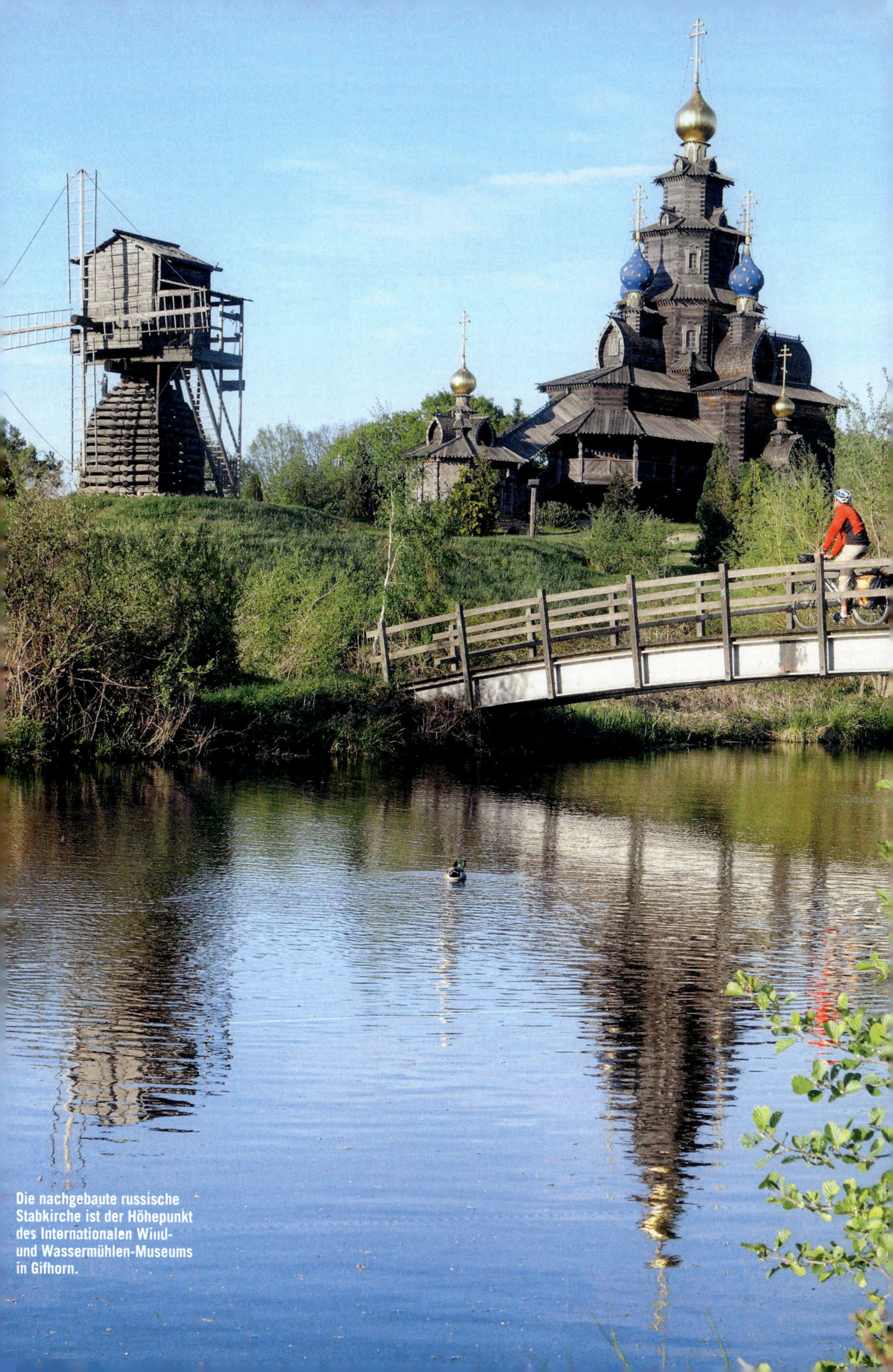

Die nachgebaute russische Stabkirche ist der Höhepunkt des Internationalen Wind- und Wassermühlen-Museums in Gifhorn.

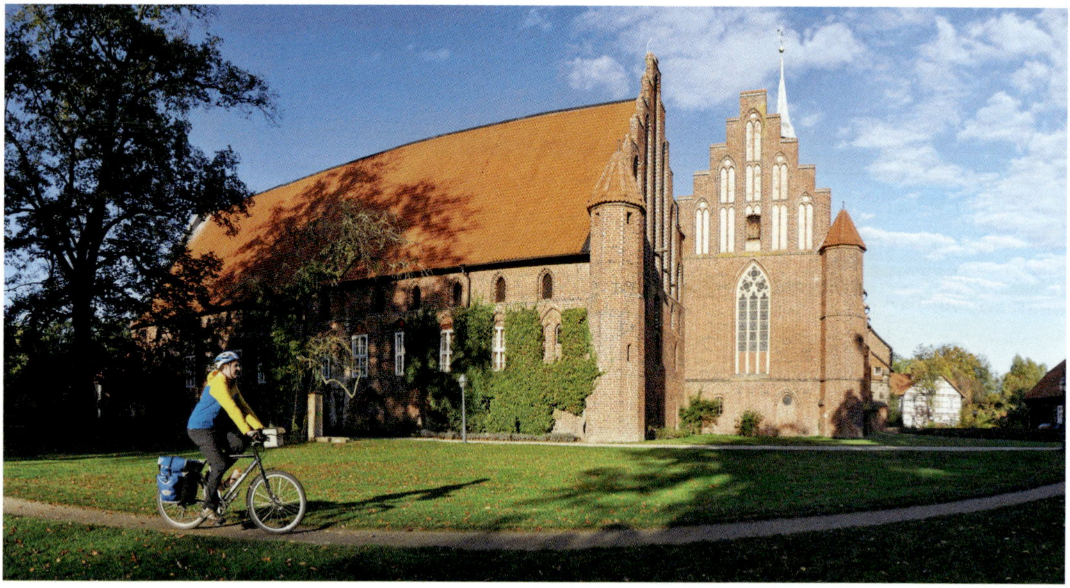

Das Kloster Wienhausen ist heute ein evangelisches Frauenkloster und hat seine Wurzeln im 13. Jahrhundert.

Pritzker-Preisträgerin Zaha Hadid und zählt zu den bedeutendsten Bauwerken der Moderne. Weitere Ziele bilden das Kunstmuseum, das Planetarium, das Automuseum, das Alvar-Aalto-Kulturhaus, das Schloss Wolfsburg mit dem Stadtmuseum und die Städtische Galerie. Wer der Beschilderung ein kurzes Stück hinterherradelt, erreicht **Fallersleben**. Der Ort hält die Erinnerung an den Komponisten des Deutschlandliedes Hoffmann von Fallersleben hoch. Dem großen Sohn der Stadt ist im Schloss eine Ausstellung gewidmet, mit der man in das Leben und Wirken des Dichters eintaucht. Die Stadtlandschaften enden nördlich des Mittellandkanals abrupt. Dort übernimmt das Naturschutzgebiet Ilkerbruch mit seinen Überflutungswiesen, Heckrindern und Konikponys die Regie. **Gifhorn**, die nächste Station, liegt am Zusammenfluss von Aller und Ise. Hier kann man das Welfenschloss (1525) anschauen und durch das Internationale Wind- und Wassermühlen-Museum spazieren. Es zeigt 16 Mühlen aus zwölf Ländern. Höhepunkt des Freilichtmuseums ist eine originalgetreu nachgebaute und 27 Meter hohe russische Stabkirche mit acht vergoldeten Kuppeln. Westlich von Gifhorn lassen wir die Aller zunächst ziehen und tauchen in ausgedehnte Kiefernforste ein. Wo der Wald zurücktritt, flacht das Terrain ab. Die Überlandfahrt läuft im Zickzack durch die von Flussschleifen geprägte Niederung. Münden, Langlingen und Wienhausen heißen die Dörfer am Wegesrand. Neben einer alten Wassermühle trifft man auf die Keimzelle der Siedlung – das Kloster Wienhausen. Die gut erhaltene Anlage stammt aus dem 13. Jahrhundert. Im Inneren wird ein Schatz behütet: auf Leinen gestickte gotische Bildteppiche. Nachdem wir den Kreuzgang besichtigt haben, folgen wir dem ruhigen Naturweg, der in Flussnähe nach **Celle** führt.

Von Celle nach Verden – 97 km Celle läutet das letzte Teilstück des Aller-Radweges ein. Zuvor lohnt es, die stilvolle Kulisse für einen Bummel zu nutzen. Zwischen dem Schützenmuseum im Osten und dem westlich in einem Park gelegenen Celler Schloss buhlen 450 denkmalgeschützte Fachwerkhäuser um die reizvollste Ansicht. An den Markt grenzt die gute Stube des unversehrt erhaltenen Stadtkernes – die sogenannte Stechbahn. Hier schmiegt sich die Stadtkirche St. Marien dicht an den turmbewehrten Prachtbau des Bomann-Museums. Die Ausstellung zählt zu den größten und bedeutendsten Museen in Niedersachsen. Das 1892 als »Vaterländisches Museum« gegründete Haus benannte man 1923 nach seinem ersten Direktor Wilhelm Bomann um. Zu sehen gibt es Exponate der Stadtgeschichte und des Umlandes. Dazu präsentiert die Schau ein niederdeutsches Hallenhaus. Schiebt man sein Fahrrad durch das angrenzende Parkgelände, entfaltet sich die Fassade des Celler Schlosses. In dem Vierflügelbau residierten die Herren des Hauses Braunschweig-Lüneburg. Heute ist das Schloss eine museale Schatzkammer und Heimstätte eines Barocktheaters. Die Aller wirft weiterhin ihre Bögen in Flutwiesen und Wälder. Als Stopps bieten sich das Erdölmuseum in Wietze und »Harry's klingendes Museum« in Schwarmstedt an. Als Nächstes strebt die Radtour nordwärts, um beim Schloss Ahlden in einer weiten Schleife erneut gen Westen zu drehen. Der Aller-Radweg bleibt bis zum letzten Meter beschaulich. Er beschert uns zwei Windmühlen, einen alten Burghof und am Reiseziel **Verden** nochmals eine Palette an Sehenswürdigkeiten. Zwei Begriffe sind untrennbar mit der hoch über dem Fluss errichteten Siedlung verbunden: der Pferdesport und der markante Dom St. Maria und Cäcilia. Die Reittiere sah man bereits auf den vorhergehenden Etappen. So wendet man sich dem 700 Jahre alten Dom zu. Er ist aus Backsteinen erbaut und beeindruckt mit einem 38 Meter hohen Langhaus. Die unverfälschte Gotikpracht diente als bauliches Vorbild für verschiedene Kirchen in Lüneburg, Lübeck und Stendal. Beim Betrachten des Verdener Rathauses und der charmanten Fachwerkgassen schleicht sich langsam die Wehmut des Abschiedes ein – Zeit für ein Fazit: Der Aller-Radweg ist leicht zu fahren, punktet durch eine ruhige Streckenführung und bietet viele Natur- und Kultureindrücke.

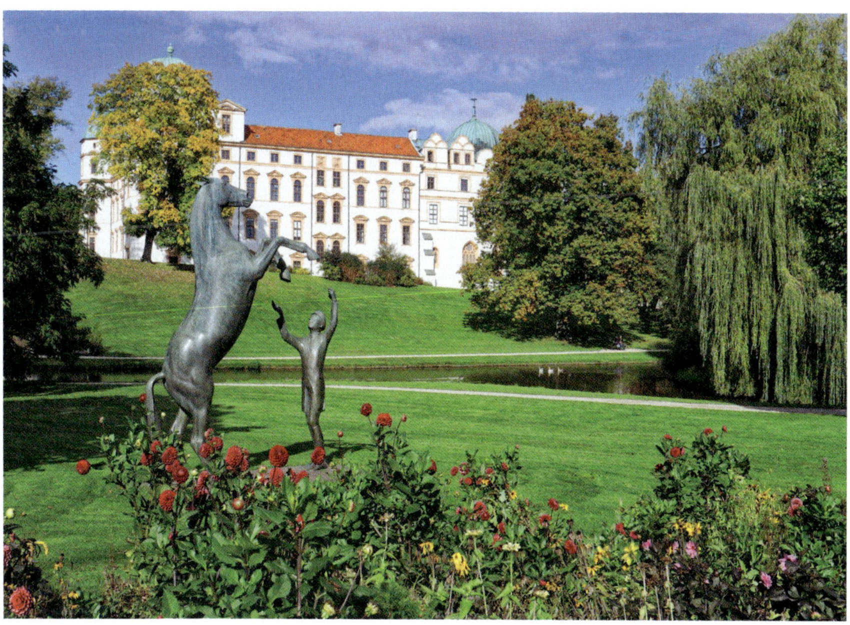

Das Celler Schloss war eine der Residenzen des Hauses Braunschweig-Lüneburg.

10 Römer-Lippe-Route

Zeitsprung in die Antike

mittel | 297 km | ca. 5 Tage

Charakter
Die 2013 eröffnete Strecke weist nur im östlichen Abschnitt Steigungen auf. Unterwegs kommen sowohl eigenständige Radwege als auch Passagen auf Nebenstraßen vor.

Ausgangsort
Detmold Bhf.

Endpunkt
Xanten; zurück 4 Std. mit dem Zug

Wegmarkierung
Als Streckenlogo dient ein quadratisches Schild, das einen Römerhelm sowie den Flusslauf darstellt. Daneben ist der Schriftzug »Römer-Lippe-Route« zu sehen.

E-Bike
Radservicestellen und E-Bike-Ladestationen an der Römer-Lippe-Route zeigt die Webseite www.roemerlippe route.de an.

Information
Ruhr Tourismus GmbH, Centroallee 261, Oberhausen, Tel. 01806/ 181620, www.roemerlipperoute.de Nordrhein-Westfalen-Tourismus, Völklinger Straße 4, 40219 Düsseldorf, Tel. 0211/91320500, www.nrw-tourismus.de und www.radroutenplaner.nrw.de

RÖMER LIPPE ROUTE

Eintauchen in die Geschichte: Entlang des Flusses Lippe entdecken Reisende Relikte aus der Römerzeit. Über gepflegte Wege rollen, durch einladende Städte flanieren, Wasserschlösser besuchen – die Fahrt hinunter zum Rhein bietet Spannendes. Radler begeben sich an der einstigen Außengrenze des Imperium Romanum auf eine Spurensuche.

Von Detmold nach Paderborn – 50 km Das Hermannsdenkmal – weithin sichtbar thront es 53,46 Meter hoch auf einem bewaldeten Höhenrücken über der Stadt **Detmold**. Das Wahrzeichen der Region erinnert an den Cheruskerfürsten Arminius, der in der Varusschlacht 9. n. Chr. drei römische Legionen vernichtend schlug. Kaiser Augustus soll angeblich nach der Niederlage bestürzt ausgerufen haben: »Quinctilius Varus, gib die Legionen zurück!« Heute geht es in der Kultur- und Musikstadt gesittet zu. Die Palette der Sehenswürdigkeiten ist breit gefächert: Besucher können zwischen dem Lippischen Landesmuseum, dem Vogelpark Heiligenkirchen und der Adlerwarte Berlebeck wählen. Eines der attraktivsten Ziele in Detmold ist das LWL-Freilichtmuseum. Dort kann man Großmutters Zeiten nachspüren. Auf 100 Hektar Fläche gewähren 90 Gebäude Einblick in den Alltag der ländlichen Bevölkerung Westfalens. Informativ sind die täglichen Handwerksvorführungen. Mitarbeiter demonstrieren das

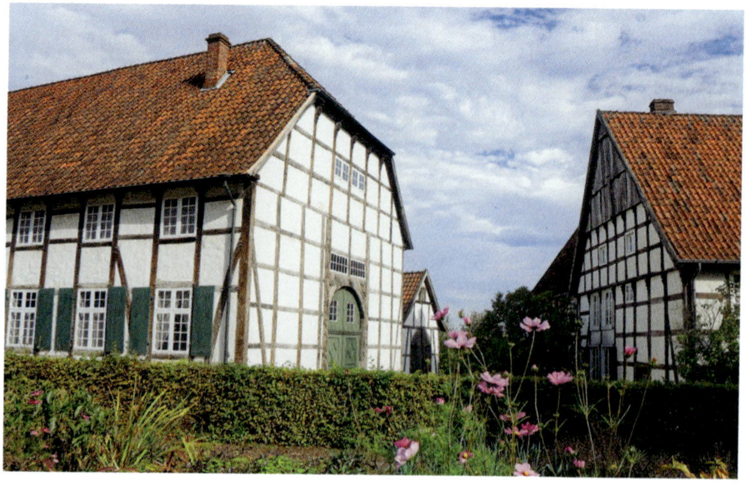

Im LWL-Freilichtmuseum Detmold können Besucher rund 120 Gebäude bestaunen.

Mahlen von Mehl, zeigen auf, wie man einst schmiedete, und erklären das Töpfern. Zwölf Kilometer von Detmold entfernt bringen die sonderbaren Externsteine den Betrachter ins Staunen. Funde wie Feuersteingeräte, Stielspitzen und Klingen belegen: Die Sandstein-Felsformation faszinierte die Menschen bereits in der späten Altsteinzeit. Das Monument ragt 38 Meter aus dem Wald, etwa so hoch wie zwei Jumbojets übereinander. Südlich der Externsteine erklimmt die Römer-Lippe-Route den Kamm des **Teutoburger Waldes**. Der Naturpark Teutoburger Wald/Eggegebirge ist das größte Schutzgebiet Nordrhein-Westfalens. Mit seinen 2711 Quadratkilometern umfasst es etwas mehr Fläche als das Saarland. Das dichte Dach der Buchenwälder reicht hier in Höhen von bis zu 446 Metern. Ein anderes Bild präsentiert die Senne im Westen des Naturparkes. Wo im 18. Jahrhundert die Heide weite Teile des Landstriches überzog, wächst heute auf den sandigen Böden ein lieblicher Nadelwald. Das rasch versickernde Niederschlagswasser sammelt sich über einer unterirdischen Mergelschicht. Es tritt glasklar ans Tageslicht, bildet den Ursprung der Flüsse Ems und Lippe. Auf der Westseite des Mittelgebirges rollen die Räder in **Bad Lippspringe** aus. Gleich drei mineralhaltige Quellen sprudeln in dem heilklimatischen Kurort und machen müde Radlerwaden wieder munter. Sowohl die Arminiusquelle (20,5 Grad) wie auch die Liboriusquelle (16 Grad) nutzt man ausschließlich für Trinkkuren. Das 28 Grad warme Wasser der Martinusquelle dient noch einem zweiten Verwendungszweck. Die starke Schüttung von 2000 l/min. ermöglicht es, dass man mit dem Heilwasser das städtische Thermal-Freibad und die benachbarte »Westfalen-Therme« speist. Bei Kilometer 50 ist das Zentrum von **Paderborn** erreicht.

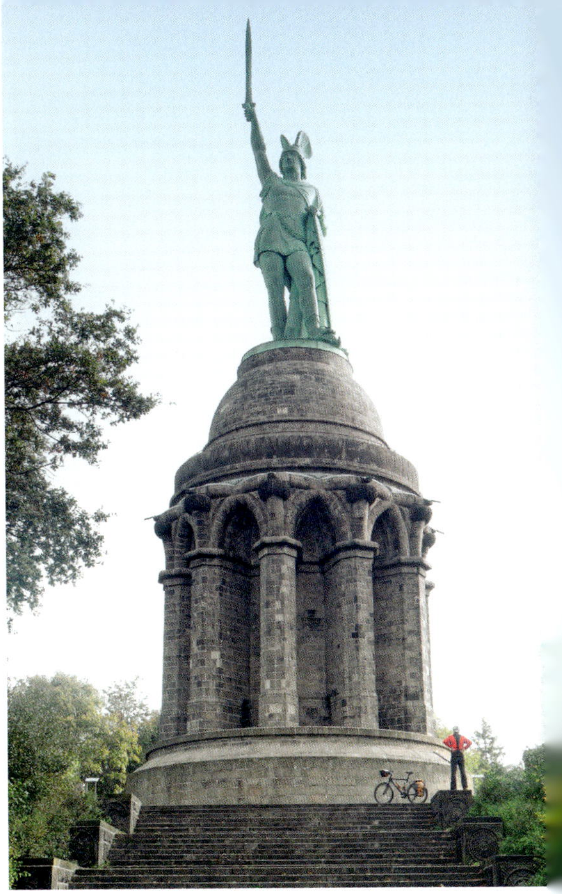

Das 53,46 m hohe Hermannsdenkmal wurde Ende des 19. Jahrhunderts auf einem bewaldeten Höhenrücken über Detmold errichtet und mahnt die Schlacht im Teutoburger Wald an.

Von Paderborn nach Hamm – 105 km Blättert man in der Ortsgeschichte 1200 Jahre zurück, stößt man auf die Anfänge der Kaiserpfalz. Nachdem Karl der Große die

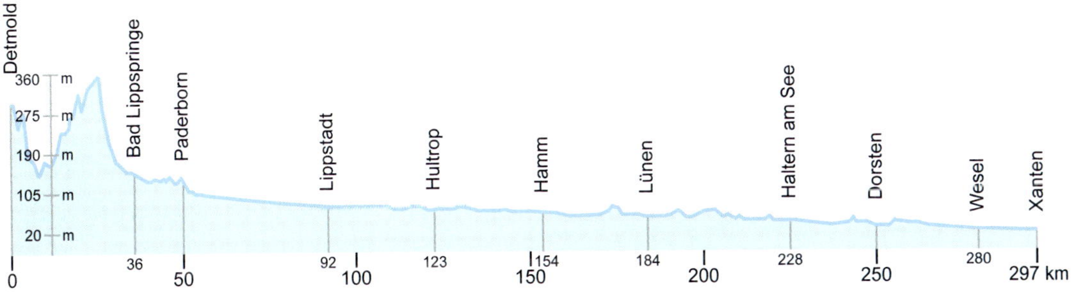

Obergermanisch-Raetischer Limes

Ströme wie der Rhein und die Donau markierten als schwer überwindbare Barriere von jeher die natürlichen Grenzverläufe. Für die Römer waren die großen Flüsse von strategischer Bedeutung, ließen sie sich doch mit ihren wendigen Patrouillenbooten leicht sichern. Als die Eroberungszüge Roms im Norden Germaniens stockten, errichteten die Legionäre ab dem 1. Jh. n. Chr. zum Schutz vor den Barbaren eine 550 Kilometer lange Wallanlage – den Obergermanisch-Rätischen Limes. Er reichte vom Mittelrhein bei Rheinbrohl bis zum Kastell Eining an der Donau. Heute zählen die Relikte des Grenzwalles zu den angesehensten archäologischen Denkmälern Mitteleuropas. Der deutsche Abschnitt des Limes wird seit 2005 als UNESCO-Welterbe besonders geschützt (www.limesstrasse.de).

Sachsen gewaltsam unterworfen hatte, prägten die Paderborner Bischöfe das Geschehen in der Stadt. Markant sticht der 93 Meter hohe Westturm des Paderborner Domes in den Himmel. Er wuchs ab dem 13. Jahrhundert aus einem Vorgängerbau heraus, vereint romanische und gotische Elemente. Nebenan glänzt das Diözesanmuseum mit Kirchenkunst aus mehr als 1000 Jahren. In den alten Gewölben seines mittelalterlichen Kellers funkeln das Gold und die Edelsteine des Domschatzes. Der Name Paderborn deutet darauf hin, dass hier das gleichnamige Fließgewässer entspringt. Deutschlands kürzester Fluss sprudelt unterhalb des Domes aus 200 Quellen hervor. Die Pader tritt nicht als Bach ans Tageslicht. Nein, hier erblickt man einen breiten, dahineilenden Wasserlauf. Nach nur vier Kilometern ist die Reise in der Nähe des Heinz Nixdorf MuseumsForums zu Ende – der Fluss Lippe nimmt die Pader auf. An der Mündung lenkt die ehemalige fürstbischöfliche Residenz Schloss Neuhaus das Interesse auf sich. Hinter den ehrwürdigen Mauern dokumentiert eine Ausstellung zur Baugeschichte die Entstehung des Wasserschlosses vom 13. bis zum 16. Jahrhundert. Im Schlosspark präsentiert das Historische Museum die Neuhäuser Geschichte, inklusive der Glas- und Keramiksammlung Nachtmann. Westlich der Domstadt trifft der Radweg auf die nächsten Zeugnisse der Zeitenwende – das Römerlager Anreppen. Experten des Westfälischen Museums für Archäologie erkundeten die Fundstätte zwischen 1968 und 1982. Die Truppen legten das weit ans Feindesland vorgeschobene Winterlager vermutlich während des Feldzuges des Vinicius und Tiberius im Jahr 4 n. Chr. an. Die Wehranlage bot Schutz für eine Legion, die bis zu 6000 Mann umfassen konnte. Nach unserem Ausflug in die Römerzeit fahren wir, umgeben von Äckern und Wiesen, durch das für Radler

Das Schloss Neuhaus ist umgeben von einer reizvollen Gartenanlage.

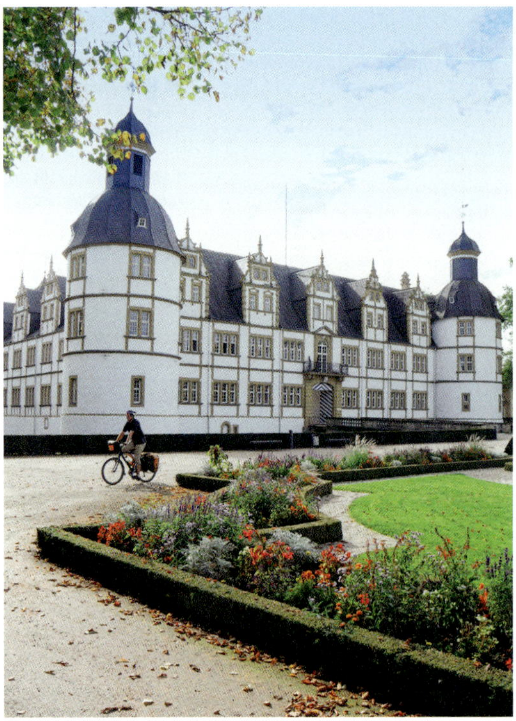

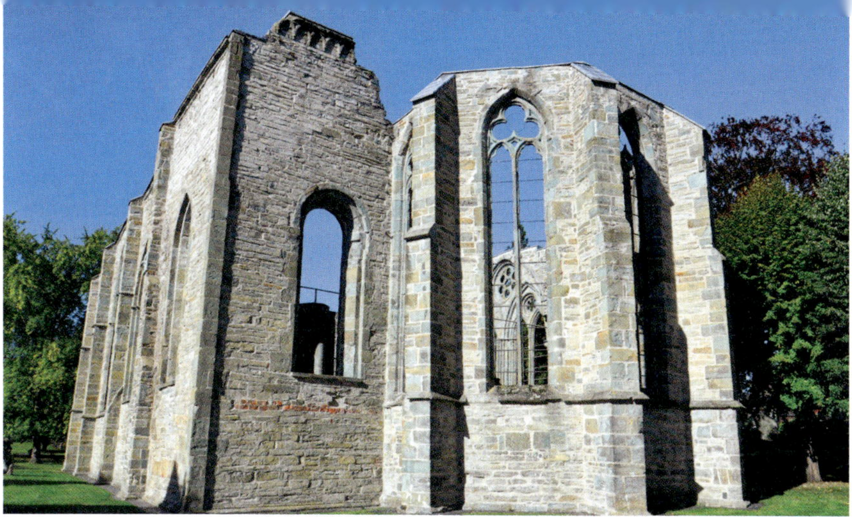

Mit dem Bau der Stiftskirche von Lippstadt, die heute eine Ruine ist, wurde im Jahr 1190 begonnen.

vorbildlich erschlossene **Paderborner Land**. Zu beiden Seiten sieht man ansprechende Dörfer und Kleinstädte mit ziegelroten Gebäuden. **Lippstadt** ist das Ziel der Etappe. Graf Bernhard II. von Lippe erkannte im 12. Jahrhundert die strategisch günstige, von mehreren Flussarmen umschlossene Lage und baute die bestehende Siedlung zu einer Planstadt aus. Lippstadt profitierte früh vom regen Handel von Frankfurt am Main mit Lübeck und zwischen Paderborn und Münster. Von der Tivoli-Insel im Norden über die Lange Straße bis zur Jakobikirche reiht sich ein historisches Bauwerk an das nächste. Sehenswert ist der großzügig angelegte Rathausplatz mit der Marienkirche, dem vorgelagerten Bürgerbrunnen und dem Stadtpalais. Abgerundet wird das Ortsbild durch die beeindruckende Stiftsruine und die vielen heimeligen

Vor den Toren von Lippstadt spaltet sich die Lippe in mehrere Flussarme auf.

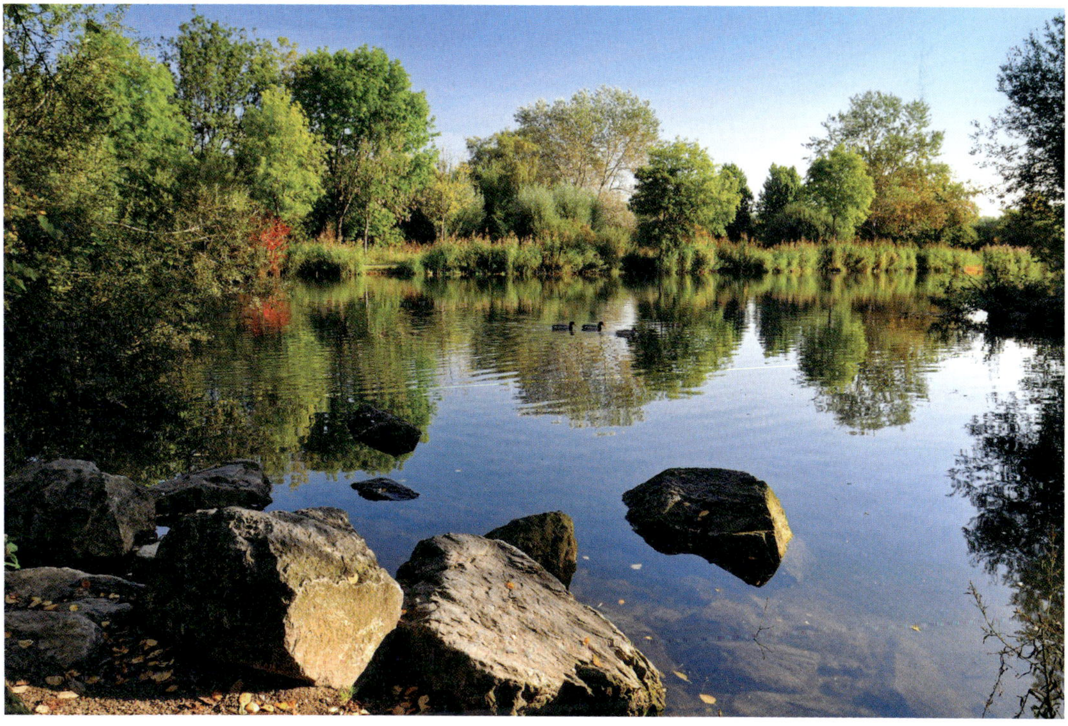

Viermal Rad fahren auf den Spuren Roms

In Europa gibt es mehrere Radrouten, auf denen man tief in die Geschichte eintauchen kann. Der Deutsche Limes-Radweg folgt dem einstigen Grenzverlauf zwischen dem Rhein und der Donau. Radeln an der Seite eines Welterbes mit rekonstruierten Kastellen und Türmen (www.limesstrasse.de). Spannend ist die Via Julia. Ihr kann man auf einem 280 Kilometer langen Radweg von Günzburg nach Salzburg folgen (www.viajulia.de). Die Via Claudia Augusta führt von Donauwörth bis Ostiglia am Fluss Po (www.viaclaudia.org). An die nördliche Grenze des Römischen Reiches kommt man bei einer Fahrt auf dem Hadrian's Cycleway (www.hadrianswallcountry.co.uk).

Fachwerkgebäude. Vor den Toren der Stadt durchschneidet die Lippe mit engen Schleifen das einladende Grünland und macht den Abschnitt zu einem erstklassigen Kanurevier. Dass auch Radfahrer nicht zu kurz kommen, bestätigt die reizvolle Wegführung über Lippborg Richtung **Hamm**. Unterwegs konkurrieren am Fluss errichtete Herrschersitze wie das Haus Uentrop, das Schloss Oberwerries und das Schloss Heessen um das schönste Fotomotiv.

Von Hamm nach Haltern am See – 74 km Ein beliebtes Ausflugsziel in Hamm ist der Maximilianpark. Er entstand im Rahmen der Landesgartenschau 1984 auf dem Gelände der einstigen Zeche Maximilian. Ein weithin sichtbares Wahrzeichen ist der 35 Meter hohe Glaselefant. Der Künstler Horst Rellecke verwandelte die ehemalige Kohlenwäsche der Zeche von 1981 bis 1984 in die heute begehbare Plastik. Jedes Jahr zieht es Hunderttausende Besucher vor das weltweit größte Gebäude in Tiergestalt: Sie feiern Feste, rocken bei Konzerten und blicken bei Feuerwerken staunend in den Himmel. Wer es ruhiger mag, geht in den Schmetterlingsgarten. Dort flattern mehr als 200 bunt schillernde Schmetterlinge aus fast allen tropischen Gegenden der Erde durch das grüne Blattwerk. Auf der Weiterfahrt lernt man an der

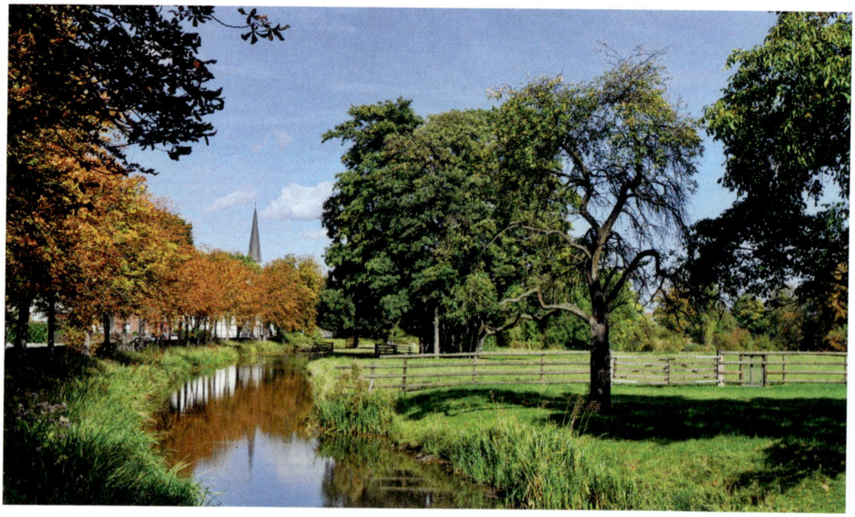

Auf dem Weg in Richtung Rhein

Seite des Datteln-Hamm-Kanals das moderne Nordrhein-Westfalen mit seinen Hafen- und Industrieanlagen kennen. Hinter **Waltrop** wird es in Richtung Nordwesten wieder stiller. Der Naturpark Hohe Mark-Westmünsterland ist erreicht. Auf 1040 Quadratkilometern Fläche gibt es über 1000 Kilometer Radwege. Sie führen durch die Parklandschaft des Münsterlandes, die von Wiesen, Äckern, Weiden, Mooren und Wäldern geprägt wird. Mit dem Naturschutzgebiet Westruper Heide passiert die Römer-Lippe-Route einen der einladendsten Flecken der Region. Auf kleinstem Raum sieht man hier Sandheiden neben Sandtrockenrasen, auf denen Wacholderbüsche und Zwergstrauchheiden wachsen. Die Zeitreise macht anschließend Station in **Haltern am See**.

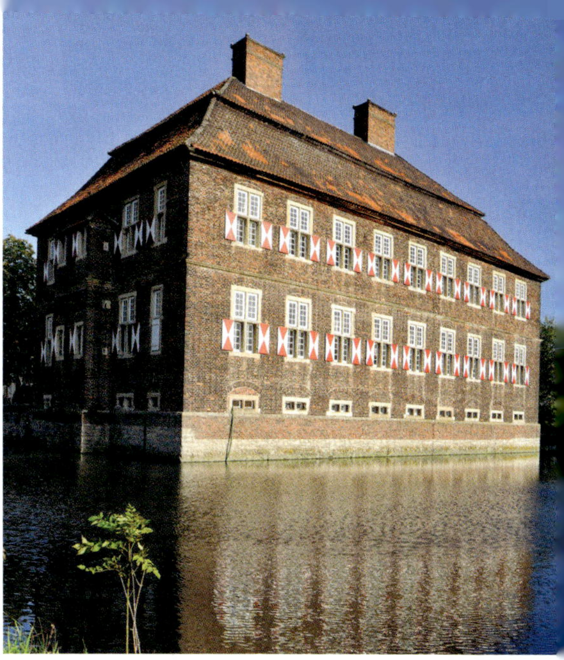

Das Wasserschloss Oberwerries zählt zu den kulturhistorisch wertvollsten Gebäuden der Stadt Hamm.

Von Haltern am See nach Xanten – 68 km Für Radfahrer auf der Römer-Lippe-Route ist ein Besuch des LWL-Römermuseums Pflicht. Auf dem Boden der heutigen 38000-Einwohner-Stadt stand vor 2000 Jahren eines der größten Römerlager jener Zeit. Nachdem Roms Kaiser mit dem Versuch scheiterten, von den Stützpunkten entlang der Lippe ganz Germanien ins römische Imperium einzugliedern, ließen sie die Grenzen befestigen. Mit dem Obergermanisch-Raetischen Limes entstand ein 550 Kilometer langes Bollwerk, das den Rhein mit der Donau verband. In dem 1993 eingeweihten Römermuseum werden Fundstücke beider Völker gegenübergestellt und deren Lebensweisen dokumentiert. Auf dem letzten Teilstück strebt der Radweg geradewegs Richtung Westen, orientiert sich dabei am Wesel-Datteln-Kanal, der uns nach Dorsten führt. Am Rand der Innenstadt trifft man am Südgraben auf das Jüdische Museum Westfalen. Die Dauerausstellung zeigt Alltags- und Kulturgegenstände sowie Dokumente aus der Geschichte des Judentums. Bevor wir hinter **Wesel** über den **Rhein** setzen, lohnt es, der Hansestadt einen Besuch abzustatten. Sie liegt am nordwestlichen Rand des Ruhrgebietes. Die Zitadelle, das Alte Wasserwerk, dazu der Willibrordidom: Die verstrichenen Epochen von Wesel sind noch sichtbar. Ohne topografische Hindernisse radeln wir auf dem Rhein-Radweg bis **Xanten**. Am Ziel wird die Exkursion auf den Spuren der Römer nochmals spannend. Rund 400 Jahre lang war Xanten einer der bedeutendsten römischen Orte in Germanien. An die 10000 Männer, Frauen und Kinder lebten in der imposanten Provinzstadt, die Kaiser Trajan um 100 n. Chr. zur Colonia Ulpia Traiana ernannte. Dass ihr Gelände seit dem Mittelalter kaum besiedelt wurde, ist ein Glücksfall für die Archäologie. So können die Überreste der römischen Stadt, seit 1977 im LVR-Archäologischen Park Xanten geschützt, erforscht und präsentiert werden. In dem weitläufigen Grün des Parkes vermitteln Nachbauten einen Eindruck vom Alltag der Menschen am nordöstlichsten Rand des Imperium Romanum. Es gab einen Hafentempel, ein Amphitheater, Wohnhäuser, Badeanlagen, allesamt von einer Stadtmauer eingefasst. Sie setzen einen würdigen Endpunkt einer packenden Reise auf der Römer-Lippe-Route.

11

RuhrtalRadweg

Radtour durchs »Revier«

leicht | 232 km | ca. 4 Tage

Charakter
Dank des nahezu steigungsfreien Geländes und vielen Abschnitten auf Radwegen ist der Ruhrtalradweg familienfreundlich.

Ausgangsort
Winterberg Bhf. Die Strecke nach Dortmund Hbf. ist an Wochenenden und Feiertagen stark frequentiert. Zusätzlich fahren Busse mit Fahrradanhänger bis Winterberg.

Endpunkt
Duisburg; zurück 3 Std. mit dem Zug

Wegmarkierung
Vierfarbiges Radschild mit der Aufschrift »RuhrtalRadweg«

E-Bike
Entlang des RuhrtalRadweges gibt es viele E-Bike-Ladestationen, Infos über www.ruhrtalradweg.de.

Information
Ruhr Tourismus, Centroallee 261, 46047 Oberhausen, Tel. 01805/ 181620, www.ruhr-tourismus.de; www.ruhrtalradweg.de
Nordrhein-Westfalen-Tourismus, Völklinger Straße 4, 40219 Düsseldorf, Tel. 0211/91320500, www.nrw-tourismus.de und www.radroutenplaner.nrw.de

RUHRTAL RADWEG

Durch das mit über fünf Millionen Einwohnern größte Ballungsgebiet Deutschlands zu radeln klappt ausgezeichnet. Denn wer dem Fluss Ruhr folgt, kann sich auf einen gut ausgebauten Radweg und über viel Natur freuen. Das Beste an der Tour: Häufig bieten sich rechts und links lohnende Abstecher an.

Von Winterberg nach Arnsberg – 68 km Unsere Reise entlang der Ruhr beginnt in **Winterberg**. Der Ferienort breitet sich zwischen Hügeln und Tannen zu Füßen des 842 Meter hohen Berges Kahler Asten aus. Hier durchzieht die Elbe-Weser-Wasserscheide das quellenreiche **Rothaargebirge**. Die von Fachwerkhäusern eingerahmte Fußgängerzone hinter uns, erklimmen wir eine kurze Steigung und rollen auf einen breiten Forstweg zur Ruhrquelle (674 Meter) hinunter. Nach dem Pflichtfoto orientiert sich der geschotterte Radweg am eilig dahinfließenden, von schmalen Bergwiesen gesäumten Wasserlauf und passiert dabei ein Waldinfozentrum. Blumenwiesen, Tannenbäume, geschwungene Hügel: Alles sieht aus, wie einem Märchen der Brüder Grimm entstiegen. Der Bach an unserer Seite hüpft wie ein Kind voller Energie zwischen den Steinen hindurch und jagt zu

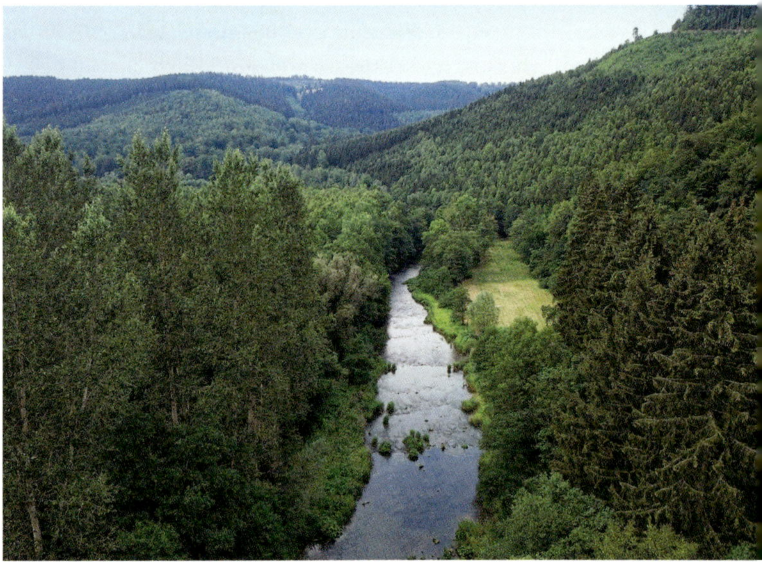

Der Fluss Ruhr entspringt nahe des Ortes Winterberg im Rothaargebirge.

Tal. Von rechts und links springen weitere Sprösslinge hinzu, füttern die Ruhr an. Sie wird breiter, langsamer, gönnt sich schließlich bei Olsberg eine erste Verschnaufpause, wo sie in einem Stausee aufgeht. Fachwerkdörfer kommen und gehen. Dann grüßt die Ruhr Meschede und Oeventrop, legt ihren Arm um **Arnsberg**. Die Stadt nennt sich gerne das historische Eingangstor in das »Land der 1000 Berge«. An einem niedrigen Hügel drängen sich die schwarz-weißen Gebäude der gut erhaltenen Altstadt dicht an dicht aneinander; ganz oben steht der Glockenturm der Stadtkapelle St. Georg. Unweit der Kirche gibt das Sauerland-Museum Wissenswertes über die Region preis.

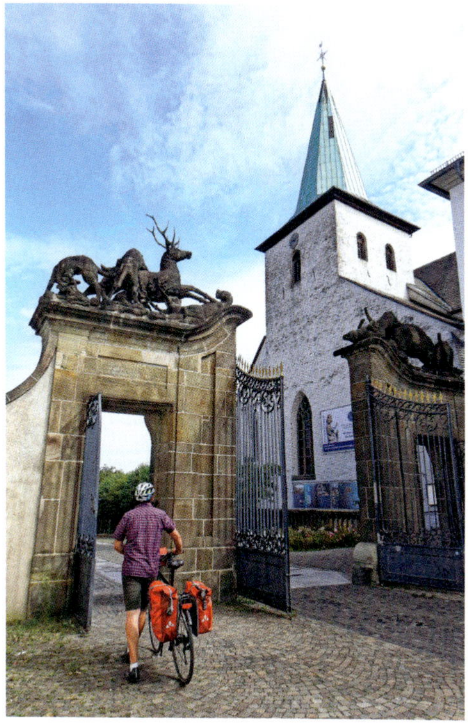

Die Stadt Arnsberg lässt sich gut mit dem Fahrrad erkunden.

Von Arnsberg nach Herdecke – 69 km Allmählich flachen die Hügel ab. Das Wasser fließt leicht voran. Für uns bedeutet dies mehr strampeln, schließlich sind die meisten Höhenmeter geschafft. Das Sauerland geht ins Ruhrgebiet über. In **Fröndenberg** stoppen Radler vor dem Kettenschmiedemuseum. Die 1999 eröffnete Ausstellung präsentiert Spezialmaschinen aus den Zwanziger- bis Fünfzigerjahren. Mit den elektrischen Handschweißmaschinen und Kettenschweißautomaten erhält man Einblick in die Arbeitsschritte der hier einst florierenden Kettenindustrie. Als im 18. Jahrhundert die Industrialisierung von England herüberschwappte, begann man beiderseits der Ruhr mit der Ausbeutung der ergiebigen Kohleflöze. Bis zum Anfang des Ersten Weltkrieges standen 440 000 Kumpel in Lohn und Brot. Sie förderten 114 Millionen Tonnen Steinkohle zutage. Zwischen den Städten, den Autobahnen und Bahntrassen blitzt immer wieder die Schönheit der Ruhr hervor. Oft trägt sie einen grünen Schleier. Und ja, manchmal kann die Jugendliche nicht anders. Dann legt ihre Strömung plötzlich zu, als möchte sie es allen zeigen, den Paddlern, den Kanadagänsen und den Radlern. Wir lassen uns von der Begeisterung anstecken und sausen über den Radweg, der am 30.04.2006 eröffnet wurde. **Schwerte** empfängt seine Gäste mit einem Fachwerkensemble, der historischen Senfmühle und einer ehemaligen Rohrmeisterei. Das im Alten Rathaus untergebrachte Ruhrtalmuseum befasst sich mit

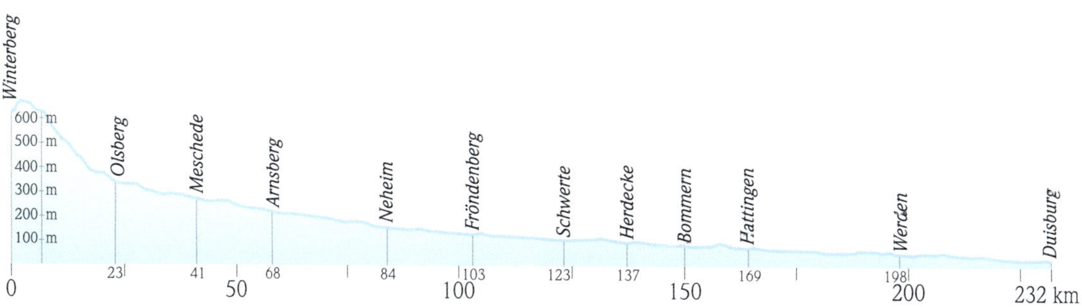

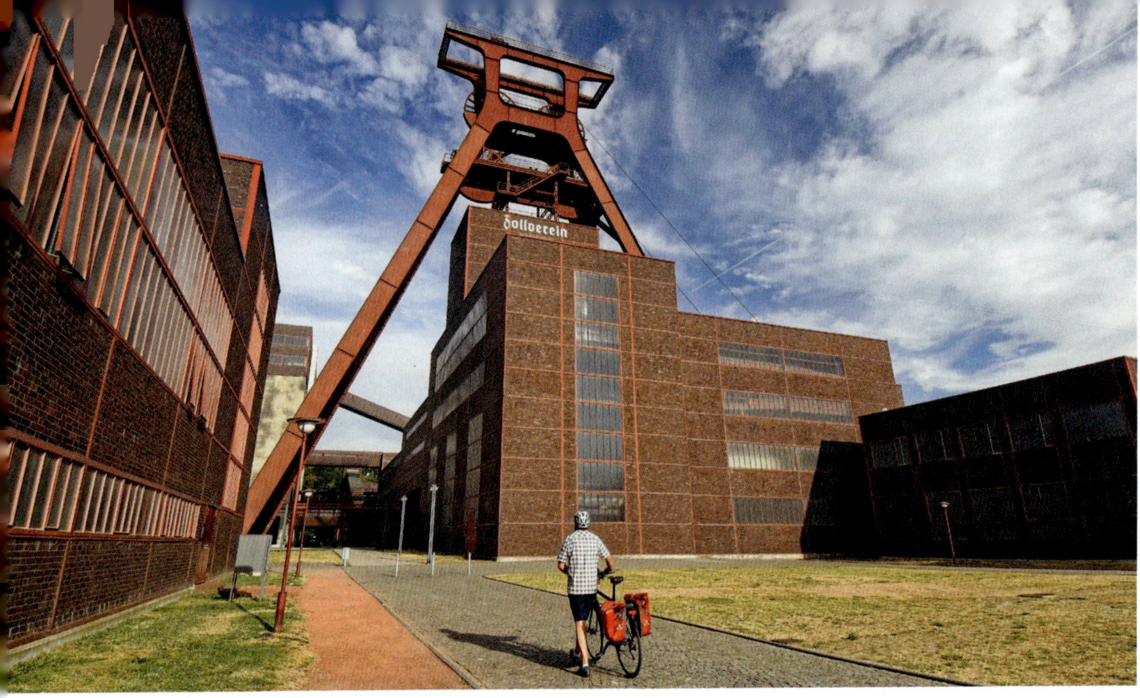

Die Zeche Zollverein ist teil des UNESCO-Welterbes und lässt sich über einen Abstecher erreichen.

der Ortsgeschichte und der Geologie. Auch auf den nächsten ebenen Kilometern, die malerisch am Ufer des lang gestreckten Hengsteysees verlaufen, bekommen wir nicht viel von den Großstadtlandschaften des Ruhrgebietes mit. Einzig das monströse Pumpspeicherkraftwerk Koepchenwerk (1930) erinnert daran, dass wir durch den größten Ballungsraum Deutschlands radeln.

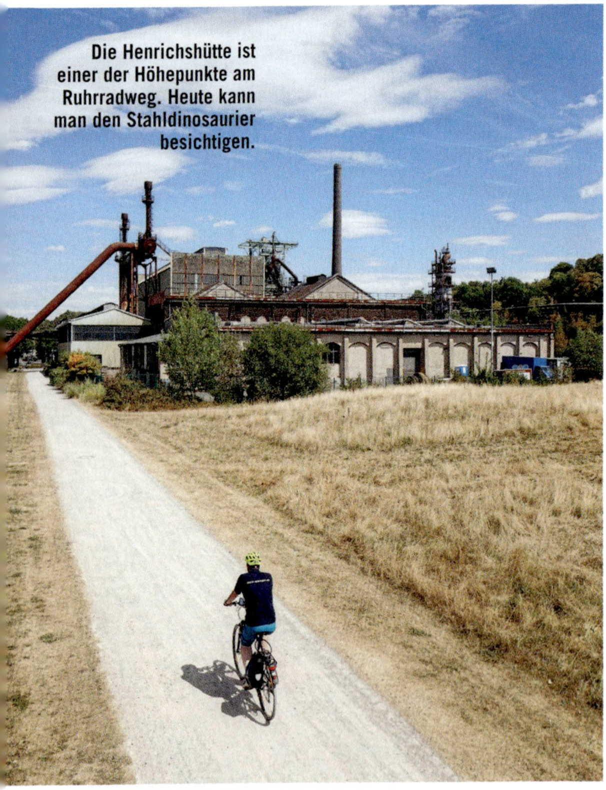

Die Henrichshütte ist einer der Höhepunkte am Ruhrradweg. Heute kann man den Stahldinosaurier besichtigen.

Von Herdecke nach Duisburg – 95 km Die Route unterquert bei **Herdecke** das Ruhrviadukt der rheinischen Eisenbahn, läuft um den aufgestauten Harkortsee herum und trifft westlich von Bommern auf das nächste Relikt der Industriegeschichte – die Zeche Nachtigall. Die Anfänge des Bergwerkes reichen über 300 Jahre zurück, das somit zu den ersten Tiefbauzechen der Region gehört. Das touristisch erschlossene Besucherbergwerk zeigt uns hautnah die unmenschlichen Arbeitsbedingungen der Bergleute, die hier in den niedrigen Gängen unter Tage das »schwarze Gold« förderten. Auf dem Betriebsgelände präsentiert die 1963 stillgelegte Ziegelei mitsamt Ringofenanlage den Fahrradfahrern das Gewerbe der Ziegelbrenner. Wir schwenken auf den Radweg ein und folgen mal dem rechten, mal dem linken Ufer. Einst war die Ruhr eine Sklavin, musste schuften. Sie trug auf ihrem Wasser die Kohleschiffe und wusch die

Abwasserbrühe der Industrie davon. Dann kam die Bahn, der Fluss atmete auf. Ein weiterer Höhepunkt der Kulturhauptstadt RUHR.2010 befindet sich wenige Kilometer stromabwärts in **Hattingen**. Wir stehen vor der traditionsreichen Henrichshütte, die 1854 ihren Betrieb aufnahm. Zu ihrer Glanzzeit schufteten über 10000 Menschen auf diesem riesigen Industrieareal und produzierten Koks, Eisen und veredelten Stahl. Kernstück des LWL-Industriemuseums ist der verbliebene Hochofen Nr. 3, der 1987 ausgeblasen wurde und eine Höhe von 55 Metern aufweist. Während der aufschlussreichen Besichtigungstour »Weg des Eisens« bekommt man sehr gut den Materialfluss von Erz, Koks und Kalk bis zum flüssigen Roheisen erklärt. Gegen Ende des Spazierganges geht es in die Gießhalle, wo einst das 1400 Grad Celsius heiße Eisen abgestochen wurde. Hattingen selbst bezaubert mit einer charmanten Altstadt, die ihr den Namen »Rothenburg des Ruhrgebietes« einbrachte. Bis zum Zweiten Weltkrieg sahen viele Orte in der Gegend so aus. Dann flogen die britischen und amerikanischen Bombergeschwader zur Vergeltung deutscher Angriffe Welle um Welle auf die Industrieareale des Ruhrgebietes. Sie machten fast alles platt. Für Bahnfans ist das Eisenbahnmuseum Bochum-Dahlhausen ein Pflichtstopp. Seit 1977 wurden hier über 180 Schienenfahrzeuge aus der Zeit von 1853 bis 1964 zusammengezogen. Das Museumsgelände begeistert große und kleine Kinder mit einem historischen Lokomotivschuppen mitsamt 20-Meter-Drehscheibe, einem Wasserturm, verschiedenen Werkstätten und einer Bekohlungsanlage. Zurück an der Ruhr geht es am zugewucherten Südufer des Baldeneysees entlang. Wasservögel paddeln zwischen den Seerosen umher. Der Fluss an unserer Seite ist erwachsen geworden, schiffbar und voller Kraft. Er wirft seine letzten Schleifen. Eine bei Kupferdreh, eine bei Kettwig, und eine finale bei **Oberhausen**. Oder windet er sich vor dem, was gleich kommt? Denn der Duisburger Hafen rückt ins Bild. Wir folgen dem Dammradweg bis an sein Ende. Vor der Skulptur Rheinorange vermählt sich die Ruhr mit dem Strom. Der **Rhein** hat sie alle mitgenommen: die Aare, die Lahn, die Mosel. Nun teilt die Ruhr ihr Schicksal. Zusammen ziehen sie der Nordsee entgegen. Die Reise endet. Auf dem Tacho stehen 232 Kilometer – gespickt mit Höhepunkten. Die Verlockung ist groß, den Lenker gen Norden zu drehen. Weiterzuradeln. Bis zum Meer. Einfach so.

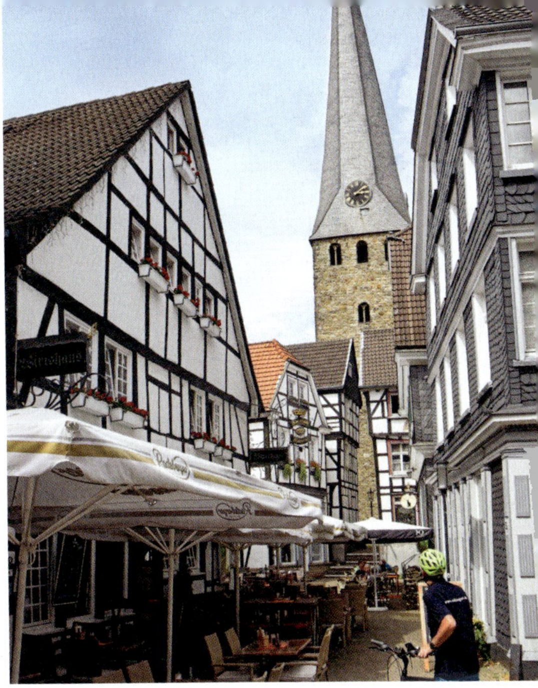

In der Hattinger Altstadt dominieren mittelalterliche Fachwerkfassaden das Ortsbild.

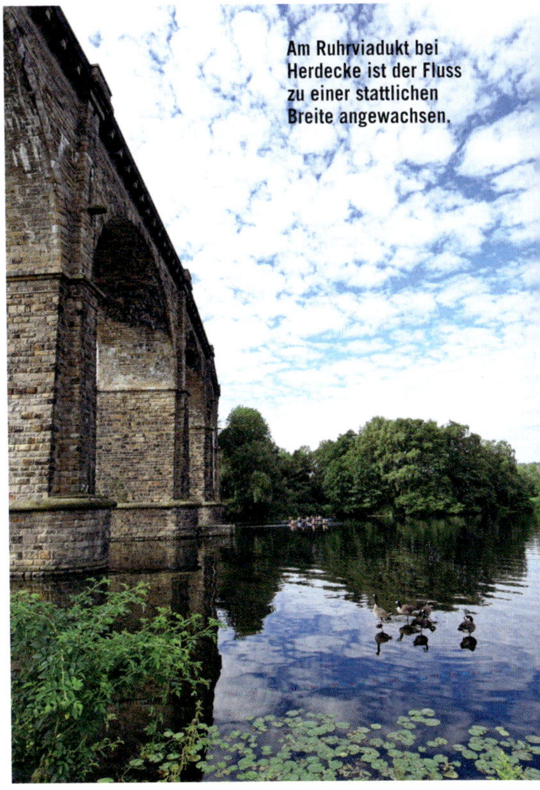

Am Ruhrviadukt bei Herdecke ist der Fluss zu einer stattlichen Breite angewachsen.

12 RurUfer-Radweg

Internationaler Radgenuss

Auf der rund 170 Kilometer langen Tour von Belgien in die Niederlande kommen Radfahrer in den Genuss verschiedener Landschaften: Zunächst folgt man den Flussschleifen in die grünen Hügelzüge der Eifel. Weiter nördlich schlängelt sich die Rur durch die Städte Düren, Jülich und Roermond, um am Ziel der Reise im Strom der Maas aufzugehen.

Von Signal de Botrange zur Rurtalsperre Schwammenauel – 57 km Der Fluss **Rur** entspringt vor einer herrlichen Naturkulisse – dem belgischen Hohen Venn. Hier in den Ardennen entladen von Westen heranziehende, regensatte Wolken ihre nasse Fracht. So bildete sich am Berg **Signal de Botrange** seit der letzten Eiszeit eine mehrere Meter dicke Torfschicht. Unzählige Bäche durchfurchen die Hänge. Die mit 694 Metern höchste Erhebung Belgiens ist ein ausgedehntes Hochmoorgebiet. Es wird im länderübergreifenden Naturpark Hohes Venn-Eifel geschützt. Neben den schlanken Moorbirken wachsen hier vor allem gelblich-braune Gräser. Zudem kann man seltene Pflanzen wie den Siebenstern entdecken. Die überwiegend talwärts führende Radroute trifft in dem dunkelgrünen Nadelwald auf die Grenze zu Deutschland. Dort angekommen sehen wir das erste Mal den Fluss, der in den kommenden Tagen die Reiseroute vorgibt.

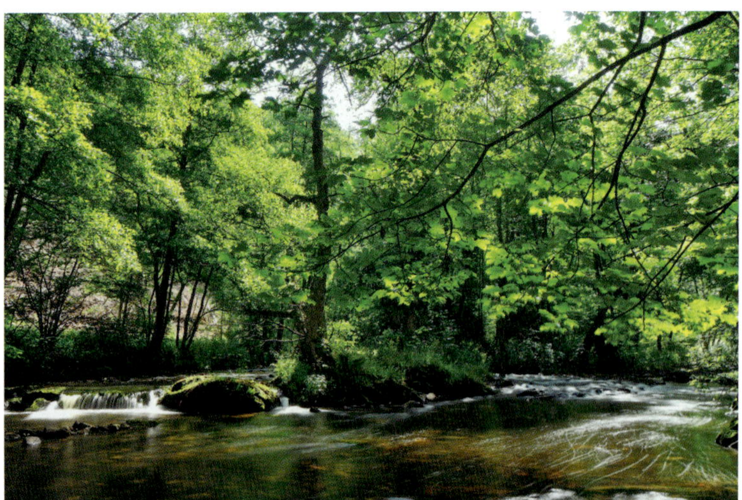

mittel | 172 km | ca. 3 Tage

Charakter
Die familienfreundliche Strecke verfügt über eine verkehrsarme Routenführung und weist nur zu Beginn ein welliges Profil auf. Die Wegqualität reicht von Schotter bis zu gepflegten Asphaltbahnen.

Ausgangsort
Als Startpunkt mit der Bahn empfiehlt es sich, nach Aachen anzureisen und von dort in Richtung Signal de Botrange zu radeln.

Endpunkt
Roermond; zurück 1:30 Std. mit dem Zug

Wegmarkierung
Die viereckigen Routenschilder zeigen neben der Aufschrift »ROER - RUR« einen geschwungenen Flusslauf.

E-Bike
E-Bikes kann man am Reisebeginn in mehreren Läden von Aachen leihen.

Information
Rureifel-Tourismus, An der Laag 4, 52396 Heimbach, Tel. 02446/805790, www.rureifel-tourismus.de und Tel. 0241/51982604, www.rurufer-radweg.de
Eifel Tourismus, Kalvarienbergstraße 1, 54595 Prüm, 06551/965560, www.eifel.info
Nordrhein-Westfalen Tourismus, Völklinger Straße 4, 40219 Düsseldorf, Tel. 0211/91320500, www.nrw-tourismus.de und www.radroutenplaner.nrw.de
Belgien Tourismus Wallonie, Stolkgasse 25–45, 50667 Köln, www.belgien-tourismus.de
Niederländisches Büro für Tourismus & Convention, www.holland.com

In jedem der drei Länder wird das 165 Kilometer lange Gewässer anders geschrieben: Die Belgier sprechen von der »Rour«. Die Anrainer in Deutschland wählten den Namen »Rur«. Bis ins Jahr 1900 sprachen sie noch von der »Ruhr«. Doch zur Unterscheidung mit dem berühmteren Fluss östlich des Rheins strich man hierzulande das »h«. In den Niederlanden heißt der zu einer stattlichen Breite angewachsene Wasserlauf »Roer«. 80 Prozent der Flussstrecke verlaufen durch Deutschland. Radler tauchen in ein wildromantisches Tal ein. Es wird unter dem Namen »Oberes Rurtal mit den Felsbildungen der Ehrensteinley« geschützt. Das Wasser hat eine Kerbe aus dem devonischen Schiefer geschnitten. Im Flussbett liegen Felsbrocken. Ringsum streckt sich der Auwald mit Ahorn, Erlen und Eschen dem Sonnenlicht entgegen. Flechten bedecken die Stämme. Die Schutzzone reicht im Osten bis an **Monschau** heran. Warum der Luftkurort bei Touristen so beliebt ist, sieht man bereits beim Näherkommen. Die grünen, eng zusammengerückten Hügel geben nur wenig Platz zur Besiedelung. Dicht stehen die Fachwerkbauten zusammen. Teils sind die Häuser mit Bruchsteinen ausgeschmückt. Bewacht wird der Ort von der Burg Monschau. Das Bollwerk wurde 1543 von Kaiser Karl V. mit schweren Geschützen belagert und eingenommen, die Stadt geplündert. Wer heute von der Burg die steilen Treppen hinab in die Altstadt steigt, den zieht es zum Roten Haus. Die Wohnstätte der Fabrikantenfamilie Scheibler bewahrt die Erinnerung an die lukrative Textilindustrie, die Monschau ab dem 16. Jahrhundert Wohlstand bescherte. Am Ortsrand taucht der Radweg für 20 Kilometer in den Staatsforst von Monschau ein. Die Natur schützt man unter dem Titel »Mittleres Rurtal mit den Felsbildungen der Perdsley und Wiselsley«. Besonders eindrucksvoll sind die steilen, fast senkrecht aufragenden Felswände. Hier dominieren Nadelwälder, Rotbuchen- und Eichenwälder. Wo die Bäume zurückweichen, rückt vor dem Lenker die **Rurtalsperre** ins Bild.

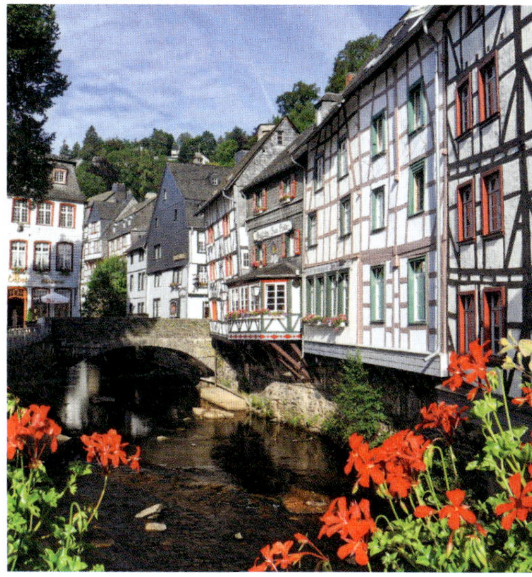

Die von Hügeln umgebene Stadt Monschau hat sich sein historisches Ortsbild bewahrt.

Linke Seite: Im Deutsch-Belgischen Naturpark Hohes-Venn-Eifel windet sich die junge Rur durch dichte Wälder.

Von der Rurtalsperre Schwammenauel nach Jülich – 56 km Das Uferstäßchen klettert hinter dem Ferienort Rurberg forsch bergan, führt von einer malerischen Bucht zur anderen. Im Jahr 1938 staute man den Fluss zur Wasserregulierung und

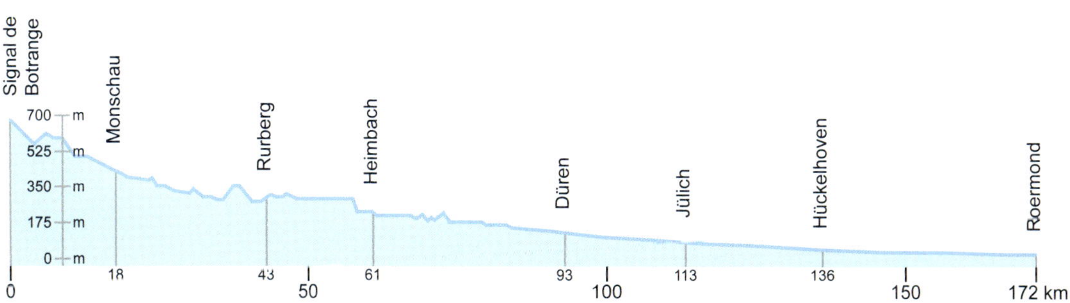

Radwege der belgischen Region Wallonien

Im Süden Belgiens ziehen sich mehrere Radrouten durch Wälder und Felder. Meist hat man sie einem Thema gewidmet. In dem welligen Terrain fühlen sich E-Biker wohl. So gibt es in der Region ein dichtes Netz an Verleih- und Ladestationen.
EuroVelo 3 – Pilger-Route – ca. 5100 Kilometer
EuroVelo 5 – Via Romea Francigena – ca. 3900 Kilometer
EuroVelo 19 – Maasradweg – 1050 Kilometer
Napoleon-Route – 94 Kilometer
Radwanderweg quer durch den Wald »La Route des Forêts« – 191 Kilometer
Römerstraße Bavay-Tongeren – 145 Kilometer
Transardennaise mit dem Mountainbike – 170 Kilometer
Weinroute im Pays de Namur – 159 Kilometer
UNESCO-Route – 440 Kilometer
Infos: belgien-tourismus-wallonie.de

Stromerzeugung auf. Der See lockt Naturliebhaber aus nah und fern an. Ausflugsschiffe pendeln von Ufer zu Ufer. Im Wasser ziehen Tretboote und Kanus ihre Bahnen. Südlich der Rurtalsperre erstreckt sich der knapp 110 Quadratkilometer große Nationalpark Eifel. Er reicht von Nideggen im Norden bis an die belgische Grenze und schützt an die 8000 Tier- und Pflanzenarten. Etwa 400 Höhenmeter trennen die Gipfel der Hocheifel von den Tälern der Flüsse Rur und Urft. Dazwischen breitet sich ein 240 Kilometer umfassendes Wanderwegenetz aus. Man kann auf eigene Faust losziehen oder unter der Leitung eines Parkrangers durch das Dickicht streifen. Merkmal der Schutzzone sind die geologischen Ablagerungen aus Tonschiefer und Sandstein, die an vielen Stellen aus dem Waldboden ragen. Vorrangiges Ziel ist die Bewahrung der bedeutenden Bestände an Buchen und Eichen. In den steil ansteigenden Hängen und den lang gestreckten Senken leben Rothirsche, Rehe, Wildschweine und Mufflons. Mit Glück erspäht man Fischadler oder einen Schwarzstorch. Wildkatzen suchen Schutz im Unterholz, Biber bauen an den Wasserläufen ihre Burgen, das Hämmern des Schwarzspechtes hallt durch den Mischwald. Die Dunkelheit gehört Jägern wie dem Uhu, der Fledermausart Großes Mausohr und der Wasserfledermaus. Von April bis Anfang Mai verwandeln Wildnarzissen die Wiesen der Bachtäler in ein gelbes Farbenmeer. Daneben wuchern üppig Mauergipskraut, Hirschzungenfarn, Astlose Grasnelke, Breitblättriges Knabenkraut und Bärwurz. Ein Jahrzehnt nach der Gründung ernannte man den Nationalpark Eifel 2014 zum Sternenpark. In den Nächten gibt es kaum Lichtverschmutzung. Astronomiefans

Die Rurtalsperre ist einer der Höhepunkte der Reise.

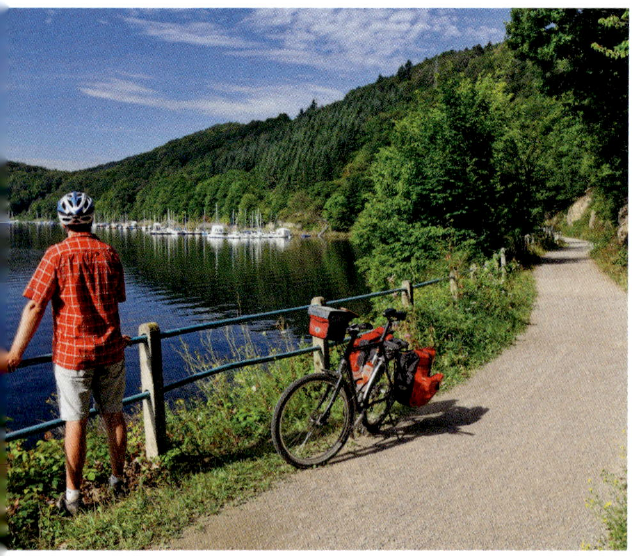

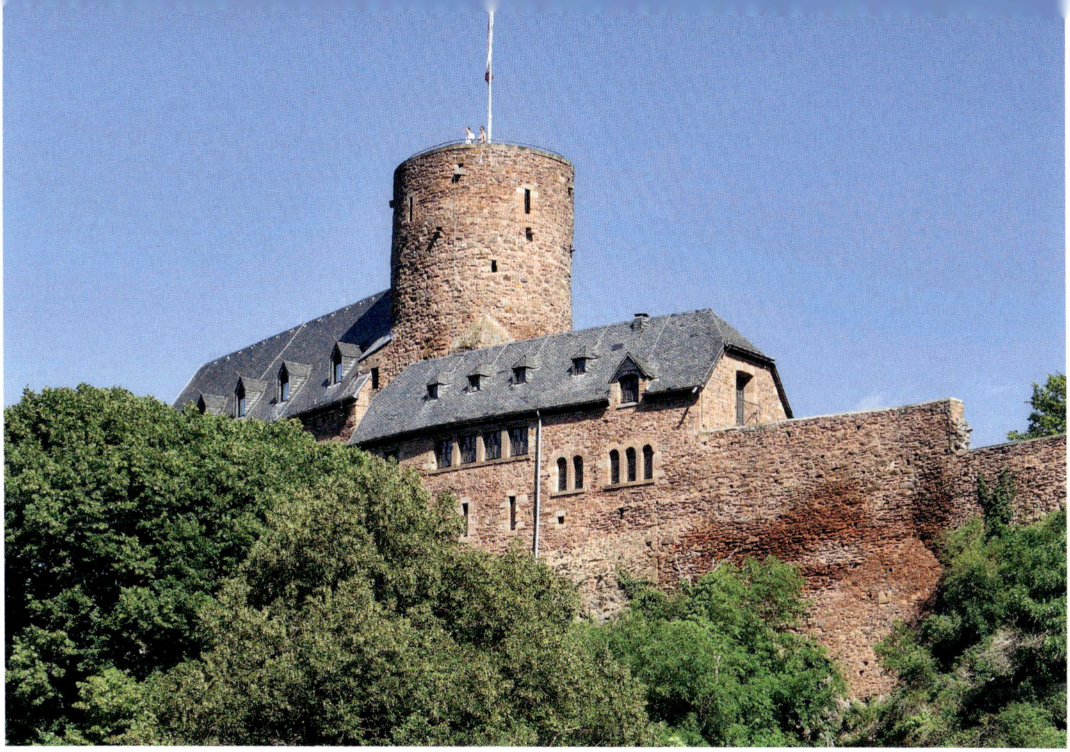

Die Burg Hengebach markiert den Eingang zum Nationalpark Eifel.

freut es. Sie zieht es auch zur Astronomie-Werkstatt »Sterne ohne Grenzen« in der Sternwarte Vogelsang IP. Dort werden Naturerlebnisse unter dem Sternenhimmel angeboten. Wir radeln weiter. Unterhalb der 77,2 Meter hohen und 480 Meter breiten Talsperrenmauer bricht das Gelände regelrecht ab. Der Radweg verläuft mit mehreren Spitzkehren hinunter Richtung Heimbach. Weithin sichtbares Wahrzeichen des Luftkurortes ist die 1106 erstmals erwähnte Burg Hengebach. Die im Jahr 1687 ausgebrannte und im 20. Jahrhundert wiedererrichtete Wehranlage dient heute als Sitz der Kunstakademie Heimbach. Der Reiseweg führt uns zum Fachwerkort **Nideggen**, der auf einer Kammhöhe aus Buntsandsteinfelsen über dem wildromantischen Tal der Rur sitzt. Zwei gut erhaltene Stadttore führen in die Altstadt. Sie wird bewacht von der Burg Nideggen, deren Mauern von einer wechselvollen Historie erzählen. Treppauf, treppab erwarten den Besucher mittelalterliche Zimmer mitsamt Schwertern, Rüstungen und Hellebarden. Die Anfänge der Burg Nideggen reichen zurück ins 12. Jahrhundert, als sich die Grafen von Jülich hier einen Wohnsitz erbauten. Aufgrund der strategischen Lage zwischen Monschau und Köln wurde das Bollwerk mehrfach belagert. Im Jahr 1542 versetzte Kaiser Karl V. der Burg im Geldrischen Erbfolgekrieg den ersten Stoß. Nach und nach verfiel das Gemäuer. Ab 1902 kümmerte man sich wieder um das Schmuckstück. Doch der Wiederaufbau hatte nur bis zum Zweiten Weltkrieg Bestand. Es folgten weitere Zerstörungen. Besonders von Oktober 1944 bis in den Februar 1945 tobten in der Region Kämpfe. Die Schlacht im Hürtgenwald wütete westlich der Rur und ging für die US Army als eine der heftigsten des Krieges in die Geschichte ein.

Von Jülich nach Roermond – 59 km Die Waldberge weichen langsam zurück, der Radweg wird flacher. Aus der Niederung wächst die 93 000-Einwohner-Stadt **Düren**.

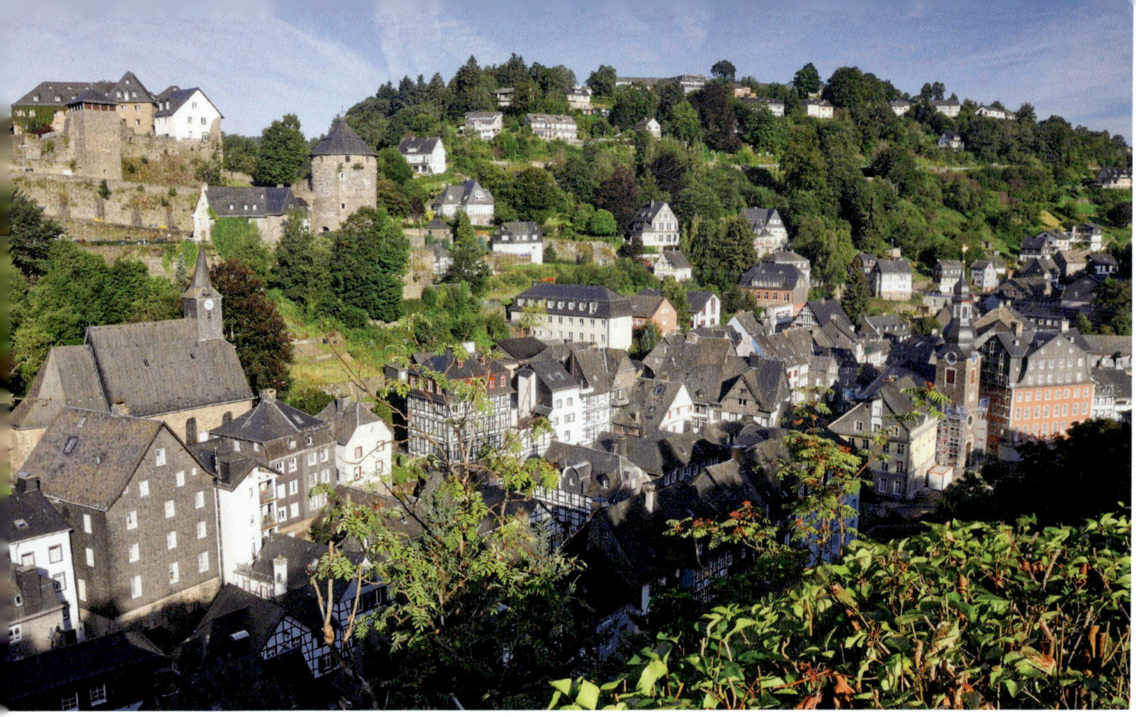

Monschau ist für sein mittelalterliches Zentrum mit Fachwerkhäusern bekannt.

Lohnend ist ein Blick in das Leopold-Hoesch-Museum. Zentrales Thema der in einem neubarocken Quaderbau untergebrachten Ausstellung sind Kunstwerke der Klassischen Moderne. Bis Jülich prägt offenes Ackerland mit kleinen Siedlungen das Bild am Wegesrand. Die Entwicklung des Ortes reicht bis in die Römerzeit. Die Herrscher vom Tiber errichteten gegen Ende des 1. Jahrhunderts v. Chr. an der Heerstraße von Köln zur Atlantikküste die Raststation Juliacum. Im Jahr 1547 fiel die komplette Stadt einer Feuersbrunst zum Opfer. Herzog Wilhelm V., genannt der Reiche, nutzte den Raum für einen einheitlichen Wiederaufbau. Aus den Trümmern wuchs eine glanzvolle Residenzstadt im Stile der Renaissance. Das Schicksal nahm an der Rur einen tragischen Lauf. Am 16. November 1944 legten Bomber der »Royal Air Force« die Gebäude von Düren, Jülich und Heinsberg in Schutt und Asche. Düren selbst war zu 99 Prozent zerstört und damit die am schlimmsten getroffene Stadt

Die Radrouten der Niederlande

Unser westlicher Nachbar lädt mit seiner flachen Landschaft regelrecht zum Radfahren ein. Doch für eine gelungene Radtour muss die Infrastruktur passen. Und hierzulande ist sie top. Die Niederlande sind eines der besten Radreviere Europas. Neben den 25 Radfernwegen mit den LF-Nummern gibt es ein landesweit ausgeschildertes Knotenpunktsystem. Mit dem Onlineradroutenplaner von www.hollandfahrradland.de kann man seinen Radurlaub beliebig gestalten. Zu den beliebtesten Radfernwegen zählen: Rheinradweg, Maasradweg, Niederlande-Runde und der Nordseeküsten-Radweg.

EuroVelo 2 – Hauptstadt-Route
EuroVelo 4 – Mitteleuropa-Route
EuroVelo 12 – Nordseeküsten-Route
EuroVelo 15 – Rheinradweg
EuroVelo 19 – Maasradweg

Deutschlands. Entspannte 20 Kilometer sind es bis zur Zitadelle von **Jülich**. Der 90 000 Quadratkilometer große Koloss überdauerte die Wirren der Zeit. Heute beherbergt die Zitadelle ein Museum, das sich mit der Historie des Jülicher Landes befasst. Wer wieder zum Fluss steuert, erreicht den Brückenkopf-Park, in dem 1998 die Landesgartenschau von Nordrhein-Westfalen erblühte. Die ruhig dahinfließende Rur beschert uns auf dem letzten Teilstück eine beschauliche Landpartie. Zu beiden Seiten gleiten im Heinsberger Land Auwälder und Felder vorüber. In der Freizeitregion radelt man Zahlen nach. Die Idee stammt aus Belgien und nennt sich Knotenpunktsystem. So können Radler wählen, ob sie sich an Orten, Knotenpunkten oder touristischen Routen orientieren möchten. Dieses macht es leicht, eine Tour individuell zu planen. Dabei sind Abstecher in die Umgebung möglich: Von den 90 Knotenpunkten im **Heinsberger Land** sind 25 mit den Systemen der Nachbarn verknüpft und erleichtern so ein nahtloses, regionenübergreifendes Radfahren. Neben Lokalrouten kann man die Radfernwege NiederRheinroute (ca. 2000 Kilometer) und die Grünroute (370 Kilometer) in Angriff nehmen. In aussichtsreicher Fahrt rollen wir vorbei an Hückelhoven mit einem Mineralien- und Bergbaumuseum. Hinter dem Dorf Effeld geht es über die Grenze zu den Niederlanden. In der Provinz Limburg stoppen wir in dem kleinen Ort Sint Odilienberg. Anziehungskraft genießt die doppeltürmige Basilika St. Wiro und die Windmühle aus dem Jahr 1883. Von hier aus sind es nur wenige Pedalumdrehungen bis zur Flussmündung der Rur in die Maas. Ein finaler Höhepunkt wartet noch: **Roermond**. Die alte Hansestadt zieht mit ihrem großzügigen Marktplatz, dem Rathaus und der Kathedrale nochmals alle Register. Hat Ihnen die Flusstour gefallen? Wenn ja, können Sie gleich über den Maasradweg rollen. Er wurde 2019 als EuroVelo 19 in das Routennetz des Kontinentes integriert. Eine Reise von Frankreich nach Belgien und weiter bis in die Niederlande. Lokale Spezialitäten, alte Festungsstädte und viele Museen – jede Etappe ist voller Überraschungen. Genauso wie die Fahrt an der Seite der Rur.

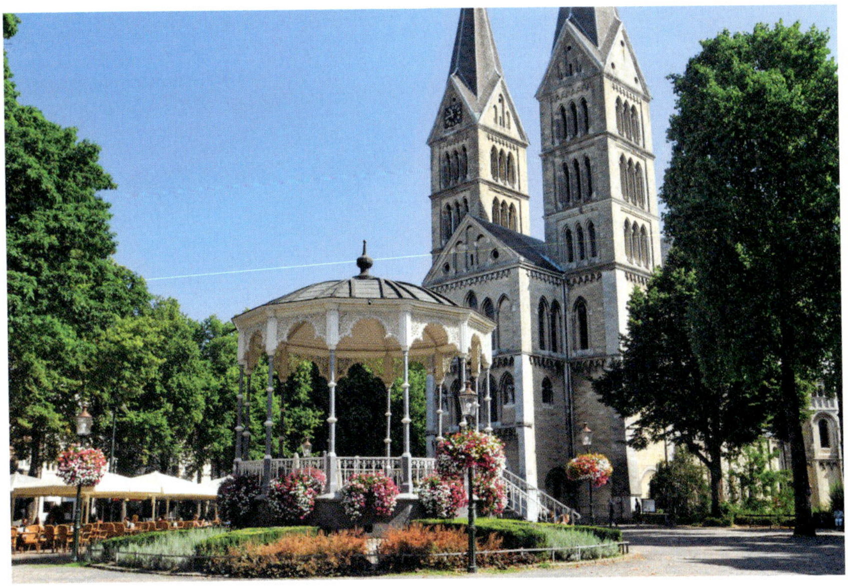

Die Rur mündet nach 165 Kilometern bei Roermond in den Fluss Maas.

13 Diemelradweg

Abfahrt mit Stil

mittel | 110 km | ca. 2 Tage

Charakter
Bis auf wenige Gegensteigungen ist die Route einfach zu befahren. Unterwegs gibt es sowohl kurze unbefestigte Abschnitte als auch gepflegte Asphaltwege.

Ausgangsort
Willingen-Usseln Bhf.

Endpunkt
Bad Karlshafen; zurück 3:30 Std. mit dem Zug

Wegmarkierung
Als Kennzeichnung dienen viereckige Schilder, auf denen markante Ammoniten zu sehen sind.

E-Bike
Wer zu Beginn der Reise ein E-Bike leihen möchte, schaut auf die Webseite www.willingen.de.

Information
Region Kassel-Land – Regionalentwicklung und Kulturgeschichte, Kurfürstenstraße 19, 34466 Wolfhagen, Tel. 05692/9977710, www.region-kassel-land.de
Arbeitskreis Diemelradweg – Stadtmarketing und Wirtschaftsförderung Marsberg, Bäckerstraße 8, 34431 Marsberg, Tel. 02992/8200 oder 3388, www.tourismus-marsberg.de und www.diemelradweg.de
Hessen Tourismus, Konradinerallee 9, 65189 Wiesbaden, Tel. 0611/95017 8191, www.hessen-tourismus.de und www.radroutenplaner.hessen.de
Touristinformation Warburg, Hauptstraße 55, 34414 Warburg, Tel. 05641/908800, www.warburg-touristik.de
Kur- und Touristikinformation Bad Karlshafen, Hafenplatz 8, 34385 Bad Karlshafen, Tel. 05672/999990, www.bad-karlshafen.de

An einem Wochenende vom Rothaargebirge zur Weser radeln? Geht das? Klar – auf dem 110 Kilometer langen Diemelradweg, und der führt sogar überwiegend bergab! Glanzpunkte setzen das landschaftlich reizvolle Waldecker Upland, der Naturpark Diemelsee und die Warburger Börde.

Von Usseln nach Marsberg – 40 km Mehrere Mittelgebirge prägen den Norden Hessens und geben der Reise auf dem Diemelradweg einen malerischen Rahmen. Start der genussvollen Zwei- oder Dreitagestour ist das **Rothaargebirge** unweit des heilklimatischen Kurortes **Usseln**. Die Quelle der Diemel sprudelt an der Nahtstelle zwischen dem Upland und dem Sauerland auf 680 Metern aus dem Untergrund. Bis zur Mündung legt das Wasser 110 Kilometer zurück. Das Einzugsgebiet umfasst 1762 Quadratkilometer. Die grünen Waldberge und eine abschüssige Streckenführung geben einen Vorgeschmack auf den ersten Abschnitt, der durch den Naturpark Diemelsee führt. Geschützt sind die Hochheiden mit ihrer Tundrenflora am Flussoberlauf und die farbenprächtigen Laub- und Mischwälder. Darin sind Rothirsch, Wildschwein, Reh und das scheue Muffelwild heimisch. Herzstück und namensgebendes Element des 1965

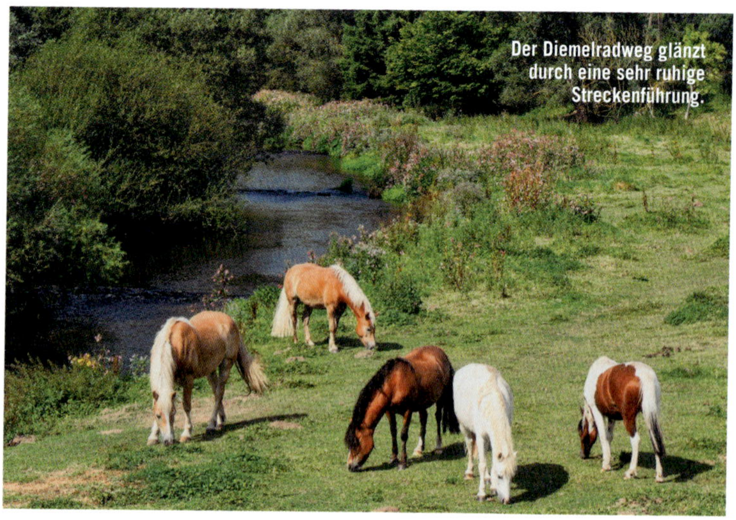

Der Diemelradweg glänzt durch eine sehr ruhige Streckenführung.

aus der Taufe gehobenen Naturparkes ist der fjordartig verästelte **Diemelsee**. Er schimmert nach 15 Abfahrtskilometern zwischen den Bäumen hervor. Die Diemeltalsperre wurde von 1912 bis 1924 in zwei Bauabschnitten errichtet und kann heute knapp 20 Millionen Kubikmeter Wasser zurückhalten. In dem erfrischenden Blau der Seeoberfläche spiegeln sich die umstehenden Höhenzüge und bilden einen malerischen Rahmen zum Wandern, Kanufahren und Baden. Mit Schwung brausen wir die Talschleifen hinunter. Ab und zu zwingen kurze Gegensteigungen aus dem Sattel. Vorbei an Helminghausen und Padberg führt die Reise nach **Marsberg**. Jahrhundertelang wurden hier der Erde ihre Naturschätze entlockt. Am ertragreichsten war der Kupferabbau mit drei Millionen Tonnen. Seit 1945 ruhen die Arbeiten. 1984 richtete man ein Besucherbergwerk ein. Ausgestattet mit Helm und Stirnlampe schlüpfen Besucher durch das Mundloch und betreten die enge Welt der Bergmänner, die hier unter bedrückenden Bedingungen ihren Unterhalt verdienten. Erklärt bekommt man auf den fachmännisch geführten Touren neben den Gesteinen der Erdzeitalter Oberdevon bis Unterkarbon die Aufbereitung der kupferhaltigen Lösungen. Nachdem sich die Augen wieder ans Tageslicht gewöhnt haben, kann man in Marsberg das Heimatmuseum oder die Ausgewöhnungsstation besuchen, in der seit 1980 mehrere Tausend Vögel gepflegt und freigelassen wurden. Über der Stadt thront das Kloster Obermarsberg, dessen Anfänge auf das späte 8. Jahrhundert zurückgehen. Im Inneren der Stiftskirche erfreut eine üppige Barockausstattung das Auge. Wenige Schritte sind es zur Nikolaikirche. Beide kann man im Rahmen einer Führung besser kennenlernen.

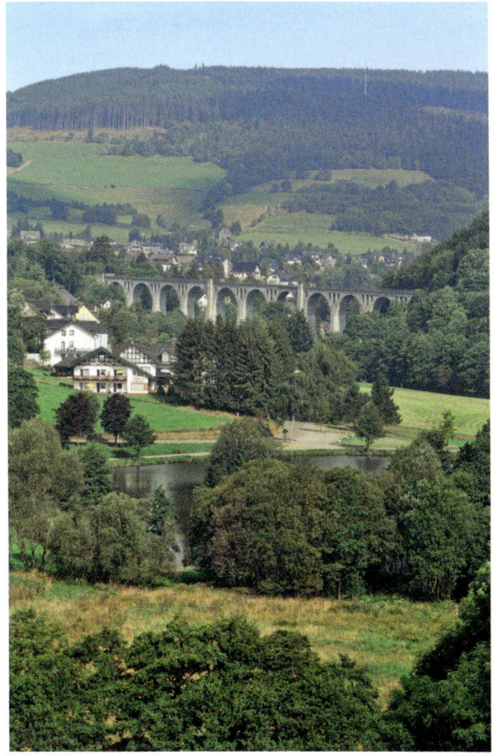

Der Fluss Diemel beginnt seinen Lauf im nördlichen Rothaargebirge.

Von Marsberg nach Warburg – 30 km Wir folgen weiter den Schildern mit den aufgedruckten Ammoniten und erfreuen uns an der ruhigen Wegführung durch die wogenden Felder der Diemelniederung. Die annähernd 1000-jährige Hansestadt **Warburg** ist einer der Höhepunkte des zweiten Streckenabschnittes. Bis dahin locken

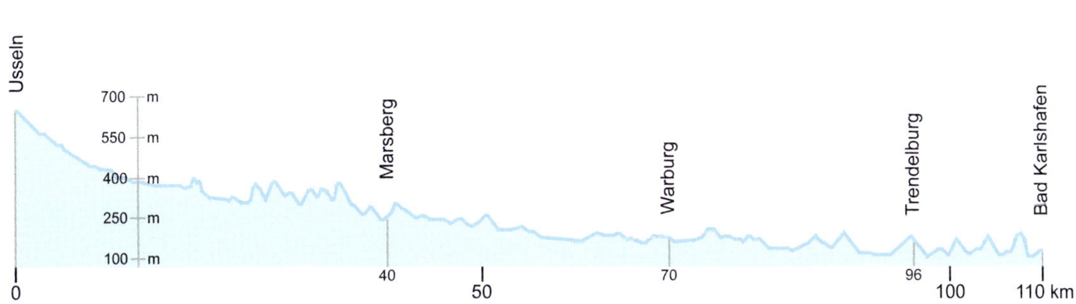

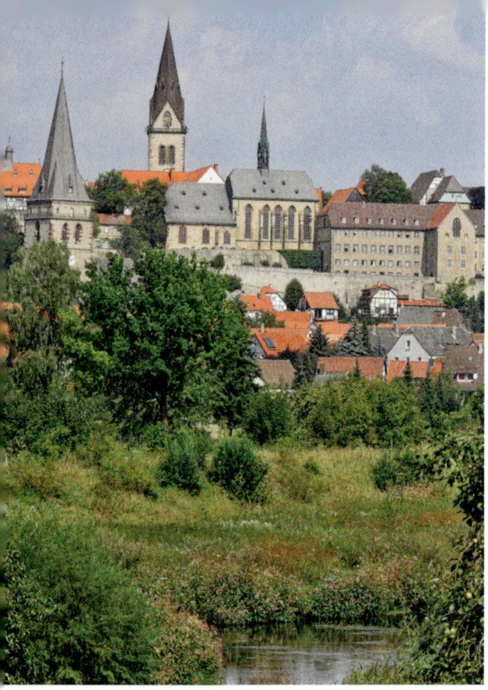

weitere Zwischenziele: etwa das Wisentgehege bei Scherfede oder das auf der anderen Talseite gelegene Diemelstadt. Hier streckt sich über dem historischen Ortskern das Schloss Rhoden auf einer Anhöhe aus. Es wurde auf den Fundamenten einer mittelalterlichen Burganlage errichtet und wird von einem Park umschlossen. Geht man in der Geschichte des Waldecker Landes weiter zurück, trifft man auf die Siedlung Alt-Rhoden, an die eine romanische Kirchenruine erinnert. Von hier aus sind es noch 20 Kilometer, bis die Stadtsilhouette von Warburg mit ihren fünf Wehrtürmen, den zwei Stadttoren und den terrassenförmig ansteigenden Bauwerken über dem Flussufer auftaucht. Warburg verzeichnet seine Anfänge um das Jahr 1010. Im Schutz einer wehrhaften Burg entwickelte sich die an einer Diemelfurt gelegene Siedlung prächtig, was heutige Besucher schön an dem geschlossenen Ortsbild mit seinen blumengeschmückten Fachwerkhäusern ablesen können. Von der alten Wehranlage des Grafen Dodiko, die der Stadt Warburg zu ihrem Namen verhalf, sind nur noch Reste erhalten. So ist die erste Anlaufstelle für geschichtsinteressierte Reisende das Museum im Stern, in dem die Entwicklung der Region von der Jungsteinzeit bis in die Gegenwart dokumentiert wird. Sehr gut angenommen werden die Stadtführungen, die in die folgenden Themenschwerpunkte untergliedert sind: Warburg in der Hansezeit, Rundgang zum jüdischen Leben, Rundgang mit dem Warburger Nachtwächter und Kleine-Leute-Führungen.

Warburg sitzt in der zweiten Reisehälfte über dem Tal der Diemel.

Von Warburg nach Bad Karlshafen – 40 km Auf der Weiterfahrt durch die Warburger Börde sichten Radfahrer in der Ferne die Burg Desenberg, die auf einer vollkommen

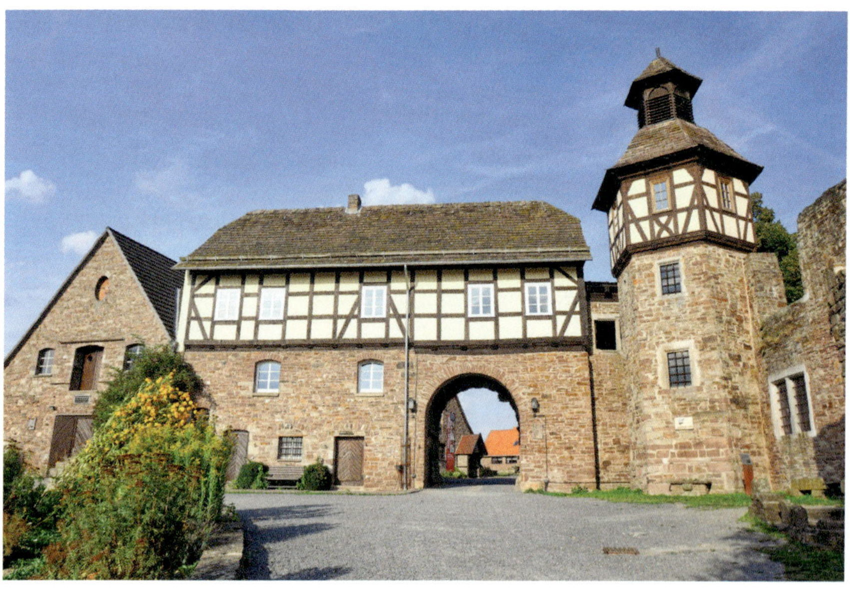

Das Gut Wülmersen wird auch Wasserschloss Wülmersen genannt und liegt am Unterlauf der Diemel.

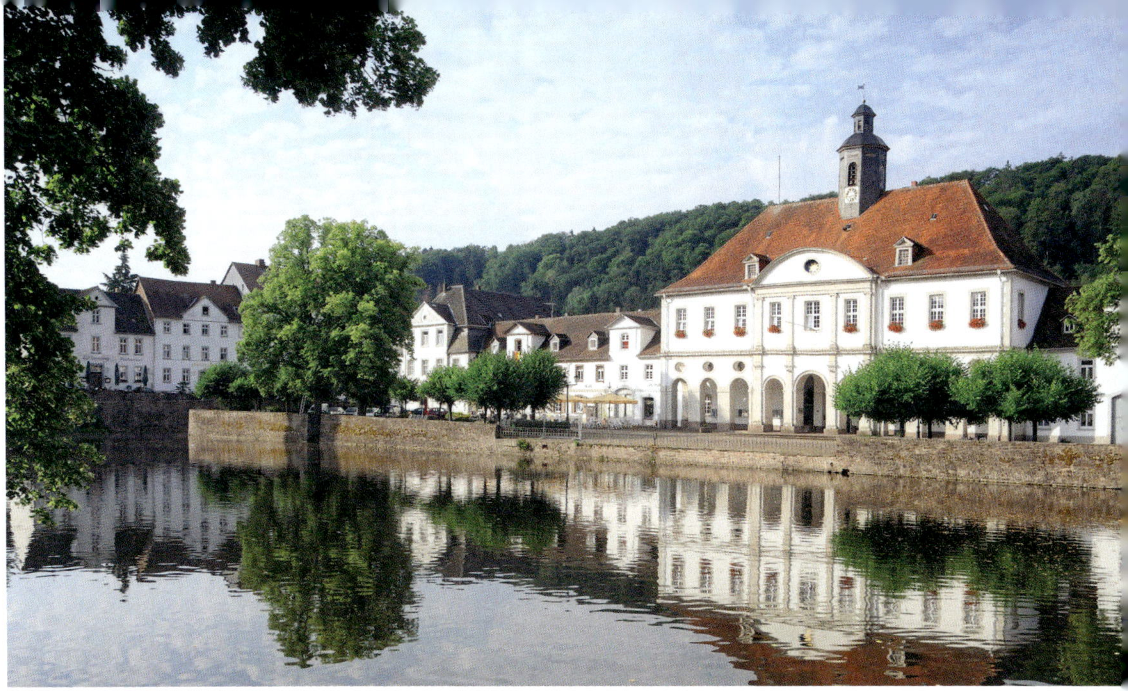

geometrischen Basaltkuppe sitzt und ein schönes Fotomotiv abgibt. Der gut zu fahrende Radweg wechselt wieder hinüber ins Bundesland Hessen. Hier empfängt uns Liebenau mit vielen Fachwerkgebäuden. Wie archäologische Ausgrabungen mit ihren kostbaren Funden aus der Stein- und Bronzezeit belegen, ist die von beiden Seiten in Wälder eingefasste Talniederung ein uraltes Siedlungsgebiet. Östlich der Kleinstadt transportiert der 33 Kilometer lange Fluss Warme sein Wasser hinunter zur Diemel, die mit vereinter Kraft auf Trendelburg zuhält. Auch hier drängt sich ansehnliches Fachwerk dicht an dicht und geleitet den Reisenden hinauf zur mittelalterlichen Burg. Hinter den trutzigen Mauern lässt es sich heute exzellent speisen: Zur Auswahl stehen das Restaurant mit seiner herrlichen Burgterrasse, die Turm-Stube mitsamt offenem Kamin und das 700 Jahre alte Gewölbe des Widukindkellers, in dem man wie zur Ritterzeit tafeln kann. Vier Flussschleifen nördlich überrascht uns das Gut Wülmersen mit massivem Gemäuer, Fachwerkgebälk und einer ruhigen Naturlage. Auf den finalen Kilometern schwenken wir in einen sanft abfallenden Schotterweg ein, der auf einer stillgelegten Trasse der Friedrich-Wilhelm-Nordbahn dem gewundenen Lauf der Diemel folgt. Wo die Diemel in die Weser mündet, breitet sich die von grünen Waldzügen eingefasste Barockstadt **Bad Karlshafen** aus. Die Waldberge reichen bis an den Fluss heran. Man spricht von den Hessischen Klippen. Sie bestehen aus Wesersandstein und umrahmen den Ort malerisch. Einen schönen Blick gewährt der Hugenottenturm. Von oben mustert das Auge die symmetrisch angelegten Straßenzüge mit den barocken Häuserkarrees. Sie sind eine Schöpfung des Landgrafen Carl zu Hessen. Er ließ hier im Weserbergland um 1700 eine Planstadt für evangelische Flüchtlinge aus Frankreich, die Hugenotten, errichten. Flüssesammler bekommen von hier aus leicht andere Touren vor den Lenker. Sie können die Weser hinabrollen, vielleicht sogar bis zur Nordsee. Wer dem Fluss bergan folgt, trifft auf Hann. Münden, dort auf die sehr lohnenden Mehrtagesfahrten an der Seite von Fulda und Werra. Beide sind gut ausgebaut und bieten viel Sehenswertes.

Am Reiseziel Bad Karlshafen erwarten uns stilvolle Bauwerke wie hier das Rathaus.

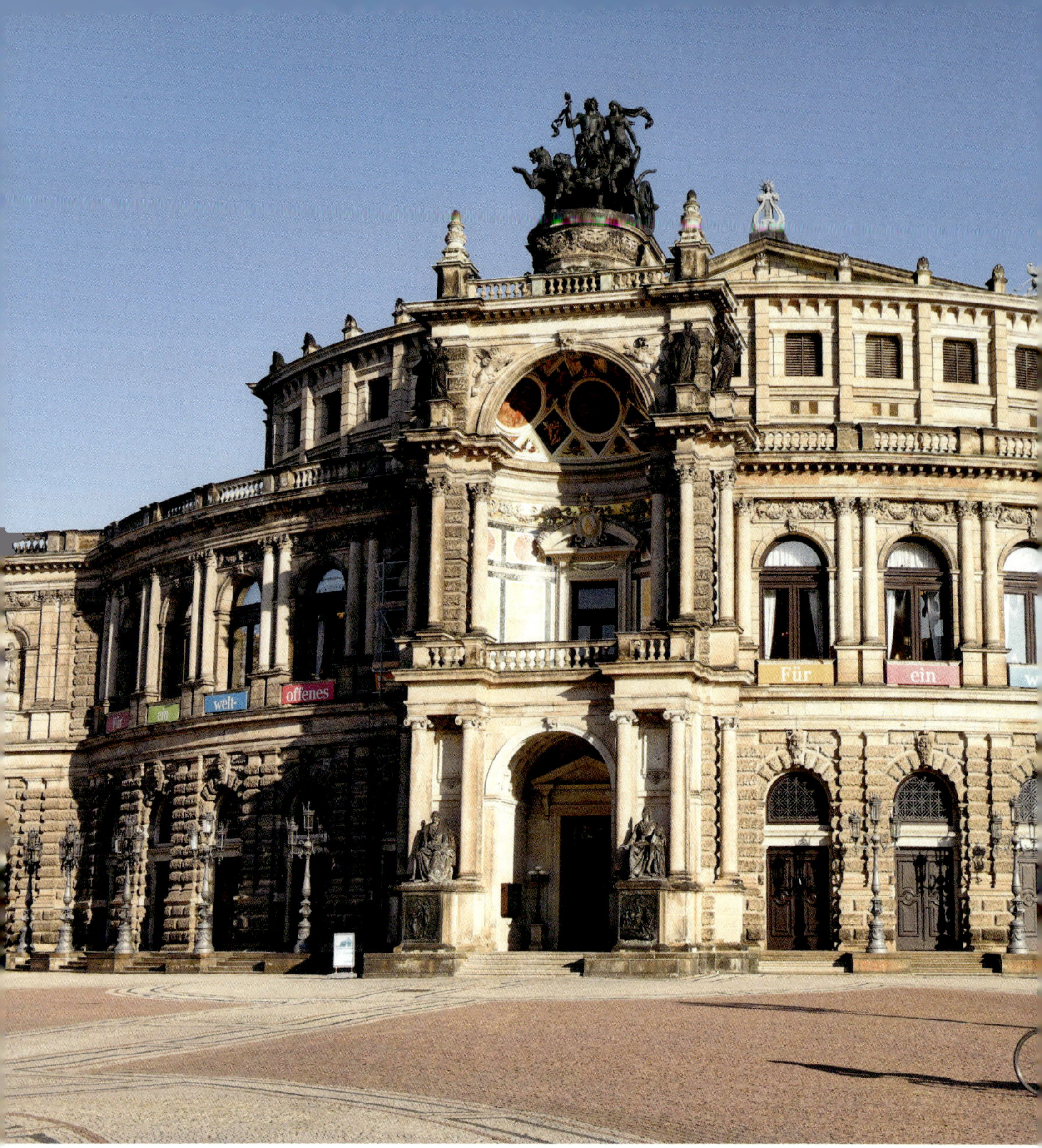
welt-
offenes
Für
ein

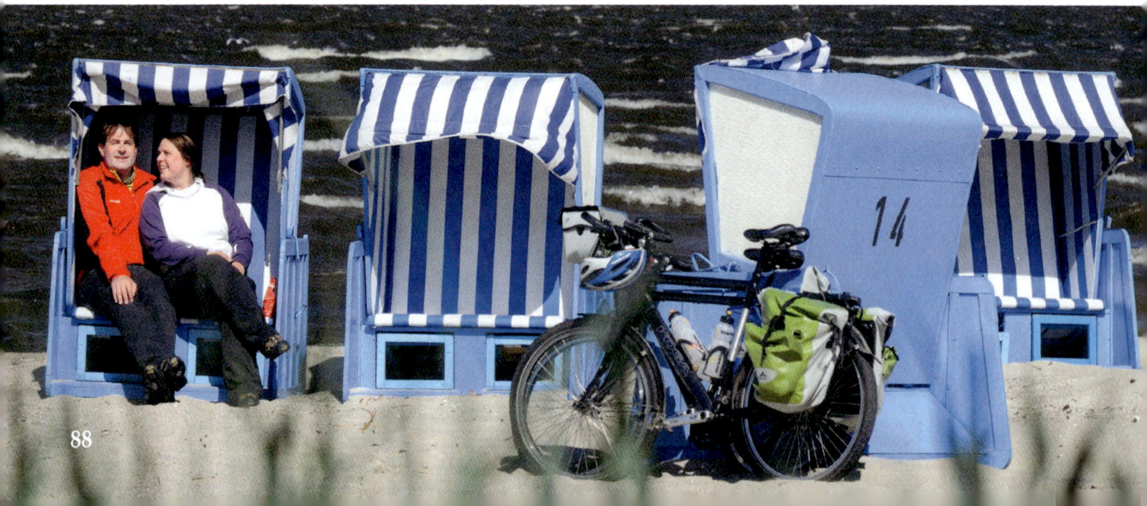
14

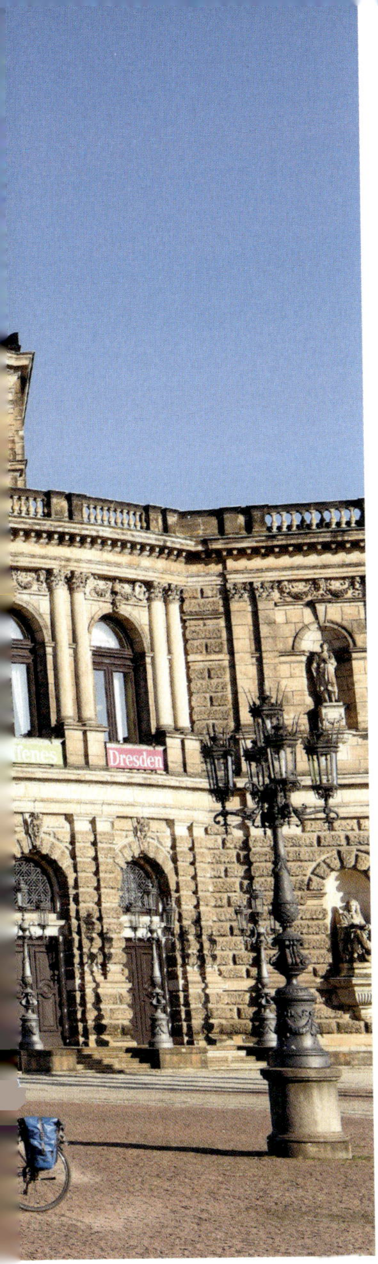

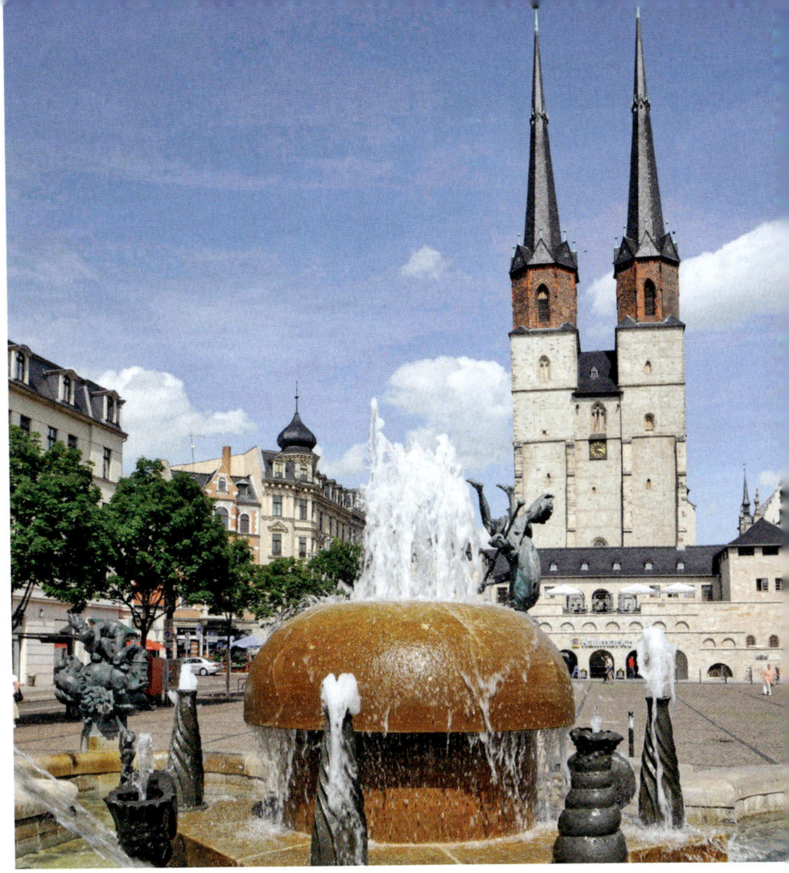

Nordosten

Oben links: Die Semperoper steht im historischen Stadtkern von Dresden (Tour 14). Oben rechts: Den Hallmarkt mit der Marktkirche gibt es in der Händelstadt Halle zu entdecken (Tour 21). Unten rechts: Am Brandenburger Tor, dem Wahrzeichen von Berlin, kehrt spätabends allmählich Ruhe ein (Tour 16). Unten links: Pause am Stettiner Haff (Tour 25).

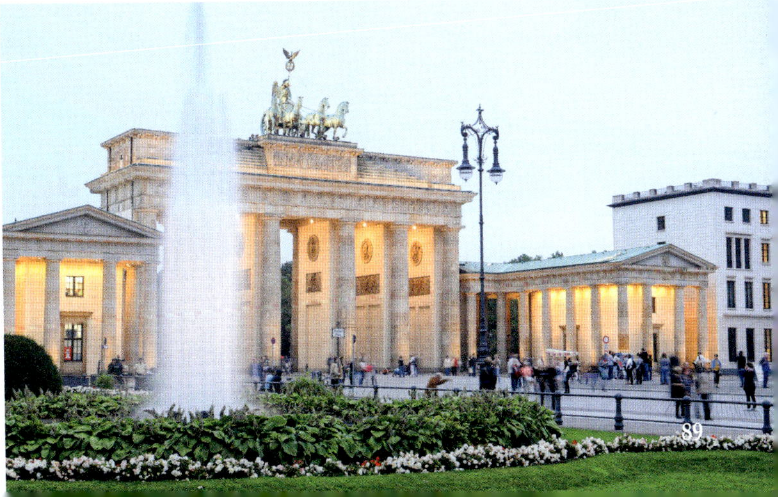

14

Elberadweg

Der Klassiker

leicht · 782 km · ca. 13 Tage

Charakter
Der Elberadweg ist überwiegend steigungsfrei und auch für Radtourenanfänger gut geeignet.

Ausgangsort
Bad Schandau Bhf.

Endpunkt
Cuxhaven; zurück 8 Std. mit dem Zug

WEGMARKIERUNG
Blau-weißes Wegschild mit der Aufschrift »e – Elbe – Elberadweg«

E-Bike
Auf der Webseite www.elberadweg.de kann man sich das Elberadweg-Handbuch bestellen oder herunterladen; darin u. a. einige Fahrradservicepunkte.

Information
Koordinierungsstelle Elberadweg Süd: Tourismusverband Sächsische Schweiz e. V., Bahnhofstraße 21, 01796 Pirna, Tel. 03501/470141; Koordinierungsstelle Elberadweg Mitte: Magdeburger Tourismusverband Elbe-Börde-Heide e. V., Domplatz 1b, 39104 Magdeburg, Tel. 0391/738790; Koordinierungsstelle Elberadweg Nord: Herzogtum Lauenburg Marketing und Service GmbH, Elbstraße 59, 21481 Lauenburg/Elbe, Tel. 04542/856862, www.elberadweg.de mit Elberadweg-App

Die Elbe ist wie ein spannendes Bühnenstück: Man weiß, dass gleich ein neuer Höhepunkt naht, nur welcher, ist die Überraschung. Seit Jahren nimmt der Radweg in Ranglisten einen der ersten Plätze ein. Sind es vor allem die Städte Dresden, Magdeburg und Hamburg, die begeistern? Oder ziehen die wechselnden Panoramen zwischen dem Elbsandsteingebirge und dem Wattenmeer die Tourenradler an?

Von Bad Schandau nach Wittenberg – 218 km Die Oberelbe entspringt im tschechischen Teil des **Riesengebirges** und durchläuft Böhmen unter dem Namen Labe. Kurz bevor die **Elbe** Sachsen entgegenzieht, liefert sie als Landschaftsgestalterin ihr Meisterstück ab: Der vierzehntlängste Fluss des Kontinentes schnitt sich im Lauf der Jahrtausende in die 600 Meter mächtigen Schichten der Sandsteinlandschaft ein. Der Anblick ist betörend: Hier erspäht das Auge aus dem Sandstein aufragende Basaltberge und schattige Schluchten, dort einen urwüchsigen Mischwald. Bewahrt wird all dies in den **Nationalparks Böhmische Schweiz** und **Sächsische Schweiz**. Die erste Stadt auf deutschem Boden ist **Bad Schandau**.

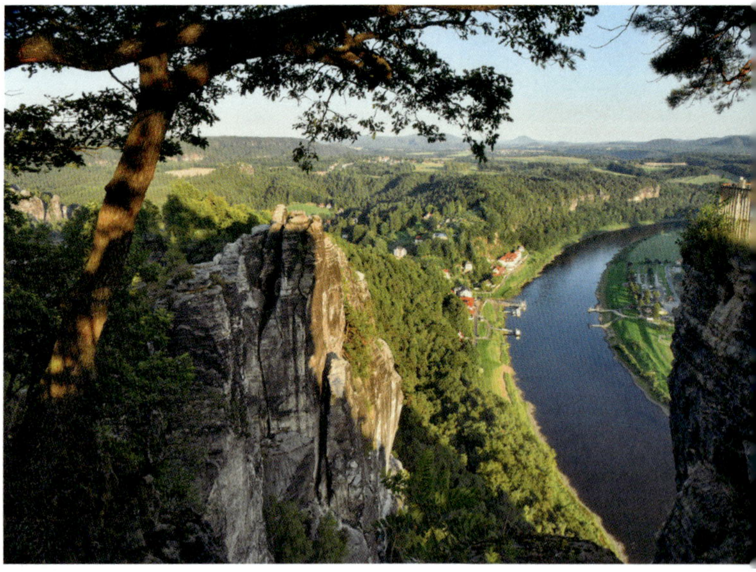

Blick von der Aussichtsplattform der Bastei auf die Elbe

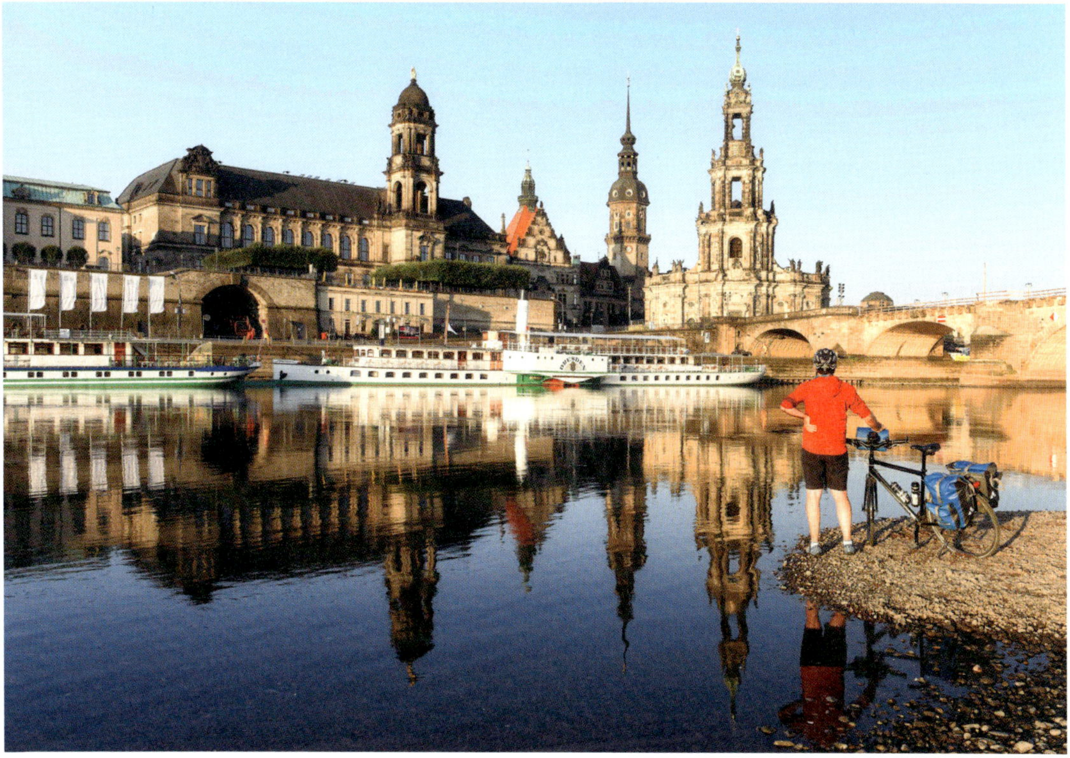

Blick vom Nordufer der Elbe auf Dresdens barocke Silhouette

Wenig später umfließt das Wasserband einen hochaufragenden Tafelberg, auf dessen Spitze die wehrhafte Festung Königstein sitzt. Sie wird von einer 2200 Meter langen Brustwehr eingefasst und mit bis zu 42 Meter hohen Mauern geschützt. Hinter **Pirna** weicht das Elbsandsteingebirge zurück. Die grünen Waldberge werden von sanften Hügeln abgelöst und bilden eine malerische Kulisse für die prunkvollen Schlösser Pillnitz und Albrechtsberg, die mit ihren einladenden Gartenanlagen den Weg weisen. Er führt uns ins Herz von **Dresden**. Radler rollen am Zwinger, der Semperoper und der Hofkirche vorbei. Dahinter verbindet die Augustusstraße den Schlossplatz mit dem Neumarkt. Hier ziert ein überdimensionales Gemälde die Außenfassade des Stallhofes. Im Fürstenzug, wie das 102 Meter lange Bild heißt, wurden 23 000 Fliesen verbaut. Die Kacheln zeigen die Ahnengalerie des Hauses Wettin. Zu sehen sind Könige, Kurfürsten, Herzöge und Markgrafen. Darunter Namen wie Albrecht

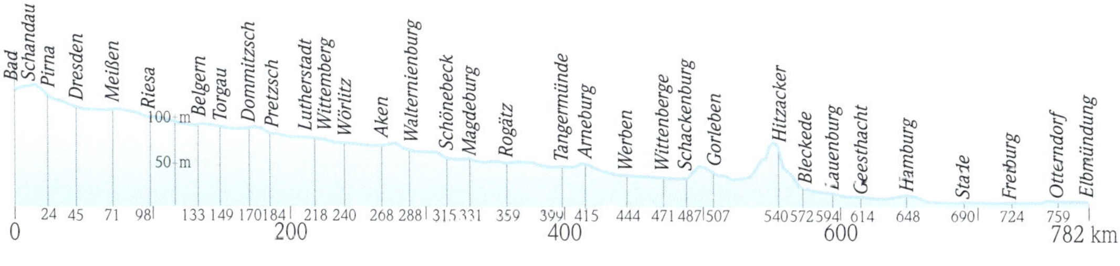

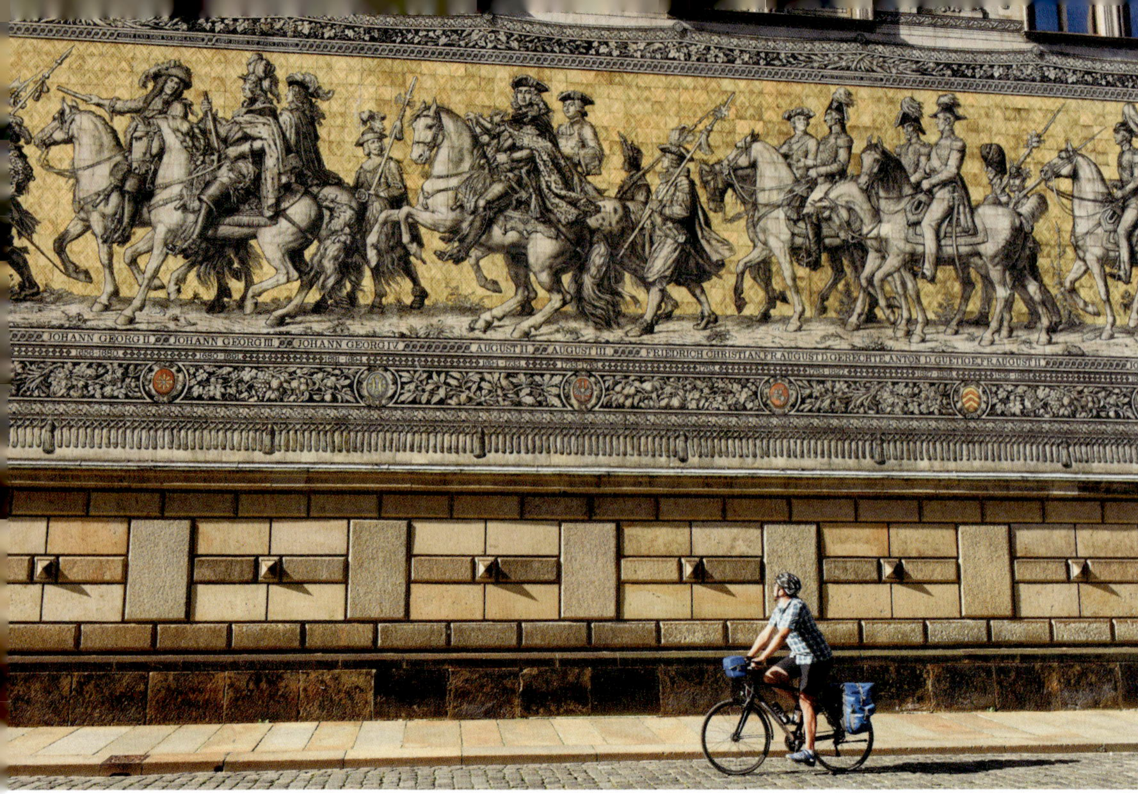

Der Fürstenzug in Dresden ist 102 Meter lang.

der Entartete, Friedrich der Gebissene und August der Starke. Sie alle prägten den Aufstieg des Königreiches Sachsen, das bis 1918 existierte. Wir folgen den Blicken der Herrschaften auf dem Gemälde, holpern das Kopfsteinpflaster entlang. Vorbei an der 2005 wiedererrichteten Frauenkirche, geht es hinunter zur Elbe und über die Augustusbrücke. Am Nordufer hält man inne, genießt das Panorama auf die ankernden Passagierschiffe, Türme und Prachtbauten.

Wir nehmen Abschied von Dresden, rollen entspannt dem malerischen Elbtal mit seinen durch Weinreben kultivierten Hängen nach. Bereits von Weitem ist **Meißen** mit dem reich ausgestatteten Dom und der Albrechtsburg ein Blickfang. Mächtig thront das Ensemble auf einem steil abfallenden Felsplateau. Hier stehen Betrachter vor dem ersten Schlossbau im deutschsprachigen Raum und treffen auf die Wiege des Meißener Porzellans. Die Elbe schlängelt sich gemächlich gen Norden, passiert die sehenswerten Städte Riesa und Torgau und strömt **Wittenberg** entgegen.

Von Wittenberg nach Tangermünde – 181 km Die Lutherstadt bildet den Auftakt zu drei Welterbestätten. Unter dem Schutz der UNESCO stehen das Lutherhaus, die Stadt- und die Schlosskirche und das Melanchthonhaus. Der auch als D-Route Nr. 10 beschilderte Flussradweg schwenkt ins Hinterland und steuert mit dem Dessau-Wörlitzer Gartenreich die zweite Welterbestätte an. Zwischen 1765 und 1800 gestaltete Fürst Leopold III. Friedrich Franz von Anhalt-Dessau den ersten noch erhaltenen Englischen Garten auf dem europäischen Festland. Radler fahren hinter dem Biosphärenreservat Mittelelbe in die Stadt Dessau ein. Architekturliebhaber dürfen sich zwei Perlen nicht entgehen lassen: die Meisterhäuser und das nach Plänen von Walter Gropius errichtete Bauhaus, das ebenfalls zum UNESCO-Welterbe zählt. Auf der Fahrt durch das ländliche Sachsen-Anhalt passiert man die Saalemündung bei Barby und radelt durch die Felder **Magdeburg** entgegen. Die Hauptstadt des Landes Sachsen-Anhalt blickt auf eine über 1200-jährige Geschichte zurück. Kein Wunder dass hier eine bedeutende Station der »Straße der Romanik« liegt. Historische Gebäude gibt es viele: das Kloster Unser Lieben Frauen etwa oder den Magdeburger Dom. Mehr als 300 Jahre mühten sich Handwerker zwischen dem 13. und 16. Jahrhundert ab, um das älteste gotische Bauwerk auf deutschem Boden zu vollenden. Es beeindruckt durch ein monumentales Tonnengewölbe und birgt zahlreiche Kunstschätze wie den Figurenzyklus der klugen und der törichten Jungfrauen. Zwei Straßenzüge vom Elbufer entfernt reiben sich Reisende erneut die Augen. Dort ragt die »Grüne Zitadelle« in den Himmel. Das Gebäude ist das Werk von Friedensreich Hundertwasser, der 2005 hier seine letzte Schöpfung abschloss. Ein komplett anderes Bild bietet das Wasserstraßenkreuz Magdeburg. Auf einer Länge von 918 Metern überspannt die größte Trogbrücke Europas die Mittelelbe. Auf dem Weg nach **Tangermünde** schweift der Blick über Baumgruppen, Felder und Auwiesen, zwischen die der mächtige Strom seine Schleifen windet.

»Elbflorenz« Dresden

Die über 800 Jahre alte Stadt ist geprägt von einem glanzvollen Aufschwung zu einer der prächtigsten Barockstädte Deutschlands im 16. Jahrhundert, der fast vollkommenen Zerstörung durch Luftangriffe am Ende des Zweiten Weltkrieges und dem Jahrzehnte dauernden Wiederaufbau. Sinnbild der Versöhnung und Mahnmal gegen den Krieg ist die Frauenkirche mit einer riesigen Kuppel. Ein paar Pedalumdrehungen weiter entfaltet das nächste Baudenkmal von Weltrang seine Pracht – der Zwinger. Er gibt von außen nicht nur lohnende Fotomotive ab, sondern glänzt im Inneren durch die Gemäldegalerie Alte Meister.

Der historische Ortskern von Stade erstreckt sich um den Alten Hafen.

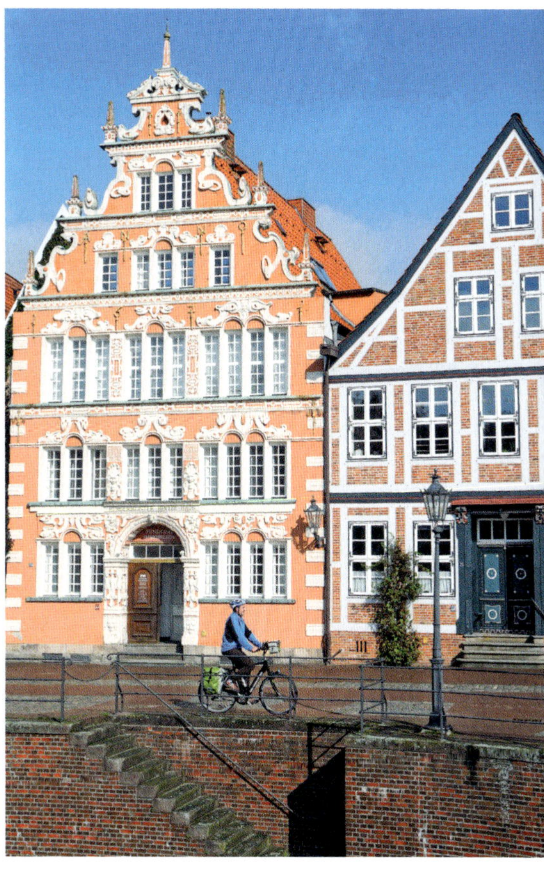

Von Tangermünde nach Lauenburg – 195 km Die stolze Hansestadt Tangermünde ist am östlichen Rand der Altmark hoch oben auf einer felsigen Endmoräne positioniert. Das Bild der Mittelalterstadt hat sich bis heute kaum verändert: wehrhafte Stadttore, die die Stürme der Zeit schadlos überstanden, dazu prächtige Fachwerkbauten. Das Prunkstück ist das im Stil der norddeutschen Backsteingotik errichtete Rathaus mit seiner 24 Meter hohen Schauwand. Weiter geht es – wie immer Kurs Norden. Zwei entspannte Radstunden trennen einen von Havelberg. Wieder ist die Lage spektakulär, wieder treffen Reisende auf die Spuren des altmärkischen Hansebundes. In der beiderseits von den Wassern der Havel umschlossenen Altstadt lohnt es sich, vom Sattel zu steigen. Spaziert man über den Stadtgraben, gelangt man auf den Bischofsberg – die Keimzelle des im Jahre 948 erstmalig urkundlich erwähnten Bistums Havelberg. Die eindrucksvollste Erscheinung ist der auf einer Anhöhe gelegene Dom St. Marien. Sein Baustil spiegelt die Einflüsse aus mehreren Dynastien, in denen der wuchtige Bau vollendet

Elbe, Eger und Moldau

Die Elbe entspringt im Riesengebirge. In Tschechien nennt man den Fluss Labe. Während seiner Reise durch Böhmen nimmt er die Flüsse Moldau und Eger auf. Allen dreien kann man mit dem Fahrrad nachsteuern. Die Touren führen durch stille Mittelgebirgslandschaften. Der Oheradweg (Eger) beginnt in Bayern und erreicht die Elbe nach rund 300 Kilometern bei der Stadt Leitmeritz. Spannend ist zudem eine Fahrt auf dem MoldauRadweg. Unterwegs lernt man den Nationalpark Šumava und Perlen wie Krumau, Budweis und Prag kennen. Bis zum Elberadweg hat man 420 Kilometer zurückgelegt (www.czechtourism.com).

wurde. Ein Schmuckstück sind die kostbaren Glasmalereien aus dem 14. und 15. Jahrhundert. Nach unserem Ausflug ins Mittelalter radeln wir hinaus in eine dünn besiedelte Gegend mit weiten Wiesen, die hier und da mit Baumgruppen durchzogen sind. Der wasserreiche Flecken Erde ist ein wahres Storchenparadies. Alleine im Dorf Rühstadt brüten rund 30 Weißstorchenpaare. Die Elbe passiert die Prignitzstadt **Wittenberge**. Ab Schnackenburg bildete der Fluss die innerdeutsche Grenze. Fast 40 Jahre lang waren Deutschland und Europa in zwei verfeindete Blöcke gespalten, bis 1989 die Wende kam. Im Schatten der Trennlinie entwickelte sich ein kostbarer Naturraum, der heute zum Biosphärenreservat Flusslandschaft Elbe gehört. Das auf fünf Bundesländer verteilte Ökosystem umfasst eine Fläche von 3430 Quadratkilometern. Die Weichholzauwälder sind Biberland. Auch Fischotter und etwa 200 Brutvogelarten fühlen sich zwischen den Kleingewässern und Röhrichten wohl. Hitzacker und Bleckede sind die nächsten Stationen auf dem Weg zum Etappenort **Lauenburg**.

Von Lauenburg zur Elbmündung – 188 km Am Schleswig-Holsteiner Elbufer ziehen bunte Fachwerk-Schifferhäuser aus dem 16. und 17. Jahrhundert die Blicke auf sich

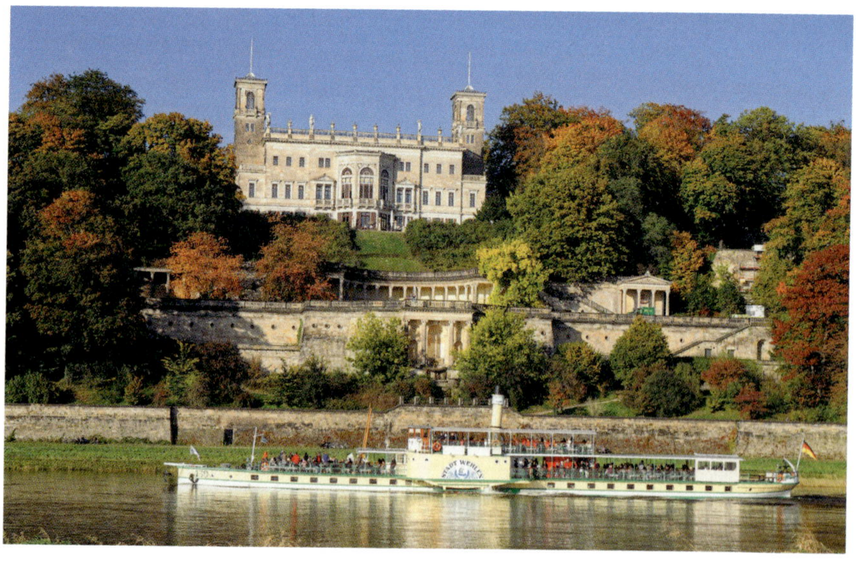

Im Süden Sachsens verkehren heute noch historische Schaufelraddampfer.

und erinnern an die Zeit, in der sich Lauenburg zu einem wichtigen Handelspunkt entwickelte. Die alte Schifferstadt umrahmt die im 13. Jahrhundert erbaute Maria-Magdalenen-Kirche und zieht sich ein bewaldetes Steilufer hinauf. Von oben hat man eine schöne Sicht über die Umgebung. Der Radweg durchläuft ein ausgedehntes Marschland und steuert **Hamburg** an. Im Hafen schlägt das Herz der Elbmetropole. Der Umschlagplatz wurde vor mehr als 800 Jahren gegründet und wird jährlich von rund 9000 Seeschiffen angelaufen. Besucher zieht es in die Speicherstadt. Sie bereichert das Hamburgbild von Fischmarkt, Rathaus, Reeperbahn und Alster. Der weltweit größte auf Eichenpfählen errichtete Lagerhauskomplex spiegelt die Wilhelminische Backsteingotik der Gründerzeit wider. Hinter den Giebeln und Türmchen finden bedeutende Ausstellungshäuser ein stilvolles Domizil. Da sind etwa das Internationale Maritime Museum, das Miniatur Wunderland und das Deutsche Zollmuseum.

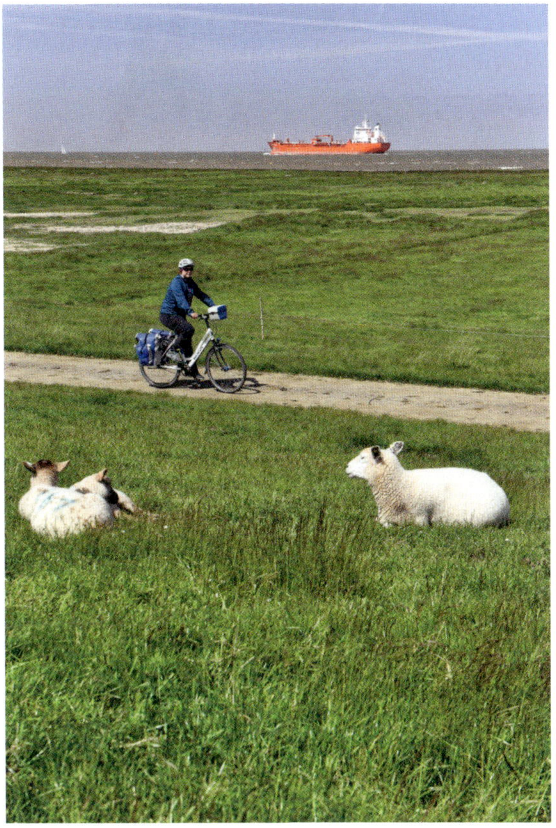

An der Nordsee beweiden Schafe die Deiche.

Auf dem letzten Streckenabschnitt – der Hamburger Hafen ist keine Stunde entfernt – erinnert nichts mehr an die zweitgrößte Stadt Deutschlands. Wo soeben Docks das Bild prägten, reiht sich nun eine Apfelplantage an die nächste. Das **Alte Land** ist erreicht. Einst mäanderte der Strom breit durch die flache Gegend und hinterließ eine unwirkliche Sumpflandschaft. Heute liegt hier, zu beiden Seiten eingedeicht, die fruchtbare Elbmarsch. Ab dem 14. Jahrhundert kultivieren die Bauern in Nordeuropas größtem geschlossenem Obstanbaugebiet die Gaben der Natur. Zwischen den Dörfern mit ihren reich verzierten Bauernhäusern sieht man vor allem Apfelbäume. Daneben reifen Birnen, Kirschen, Pflaumen, Zwetschgen und Beerenfrüchte. Am westlichen Ende des Alten Landes streckt sich **Stade** aus und lädt zum Schlendern ein. Prägend für das heutige Aussehen der Hansestadt waren die Schweden. Sie erbauten das backsteinerne Speicherhaus, in dem das Regionalmuseum untergebracht ist. Wenige Schritte entfernt liegt der kleine Hafen, eingefasst von Bürgerhäusern. Dazwischen versprühen kopfsteingepflasterte Gassen einen außergewöhnlichen Charme. Sie führen zu anderen Sträßchen, münden in lauschige Plätze, passieren versteckt gelegene Kirchen. Anschließend entfaltet das platte Land einen neuen Zauber. Wiesen, Deiche und blökende Schafe. Zu guter Letzt öffnet sich der Mündungstrichter der Elbe zur **Nordsee** – eindrucksvoll und weit. Die Weite füllt sich beim Näherkommen mit Schiffen aller Größen. Hier am Wattenmeer, das Menschen schon seit Jahrtausenden in seinen Bann zieht, hat der Radweg einen würdigen Endpunkt. Die Genießerroute wird auch in den kommenden Jahren ihren Spitzenplatz behaupten. Ein wahrer Klassiker!

15 Havel-Radweg

Stadt, Land, Fluss

leicht | 386 km | ca. 7 Tage

Charakter
Viele Kilometer auf Radwegen. Hier und da fährt man auch auf Nebenstraßen. Der leicht wellige Reiseweg ist fast komplett asphaltiert.

Ausgangsort
Die erste Bahnhaltestelle in Kratzeburg ist sechs Kilometer von der Havelquelle entfernt.

Endpunkt
Vom Reiseziel Gnevsdorf aus erreicht man auf dem Elbe-Radweg den nächsten Bahnhof in Wittenberge.

Wegmarkierung
Die Strecke ist mit der Aufschrift »Havel-Radweg« beschriftet, dahinter ist ein blauer Fluss zu sehen.

E-Bike
Radverleihe listet die Seite www.havelland-tourismus.de auf.

Information
Koordinierungsstelle Havel-Radweg, Hospitalstr. 1–2, 39576 Stendal, Tel. 03931/606, www.havelradweg.de
Tourismusverband Havelland, Theodor-Fontane-Str. 10, 14641 Nauen OT Ribbeck, Tel. 033237/859030, www.havelland-tourismus.de
Tourismusverband Mecklenburg-Vorpommern, Konrad-Zuse-Straße 2, 18057 Rostock, Tel. 0381/4030610, www.auf-nach-mv.de und karte.auf-nach-mv.de
Tourismus-Marketing Brandenburg, Am Neuen Markt 1, 14467 Potsdam, Tel. 0331/2004747, www.reiseland-brandenburg.de und www.radeln-in-brandenburg.de
Tourismusverband Mecklenburgische Seenplatte e.V., Turnplatz 2; 17207 Röbel/Müritz, Tel. 039931/5380, www.mecklenburgische-seenplatte.de
Tourismusverband Ruppiner Seenland e.V., Fischbänkenstraße 8, 16816 Neuruppin, Tel. 03391/659630, www.ruppiner-reiseland.de

Der Havel-Radweg wird den Wünschen der Genussradler gerecht: Er verfügt über einen angenehmen Streckenbelag, verläuft leicht bergab und ist von einer ruhigen Streckenführung gekennzeichnet. Extrapunkte bekommt er durch die malerischen Seen und historischen Städte wie Oranienburg, Berlin, Potsdam, Brandenburg und Havelberg.

Von Pieverstorf nach Zehdenick – 104 km Bis die **Havel** ihre Mündung in die Elbe bei Gnevsdorf erreicht, legt sie mehr als 330 Kilometer durch die lieblichen Landschaften Ostdeutschlands zurück. Unterwegs passiert der Fluss die Bundeshauptstadt Berlin, wo er von der Spree gespeist wird. Seinen Lauf beginnt das beliebte Kanugewässer nördlich des **Müritz-Nationalparkes**. Urlaub, gute Wege – was will man mehr? Die Luft ist klar und riecht nach Kiefern. Das Naturparadies umfasst 322 Quadratkilometer. Mit seinen einladenden Gewässern gehört es zu

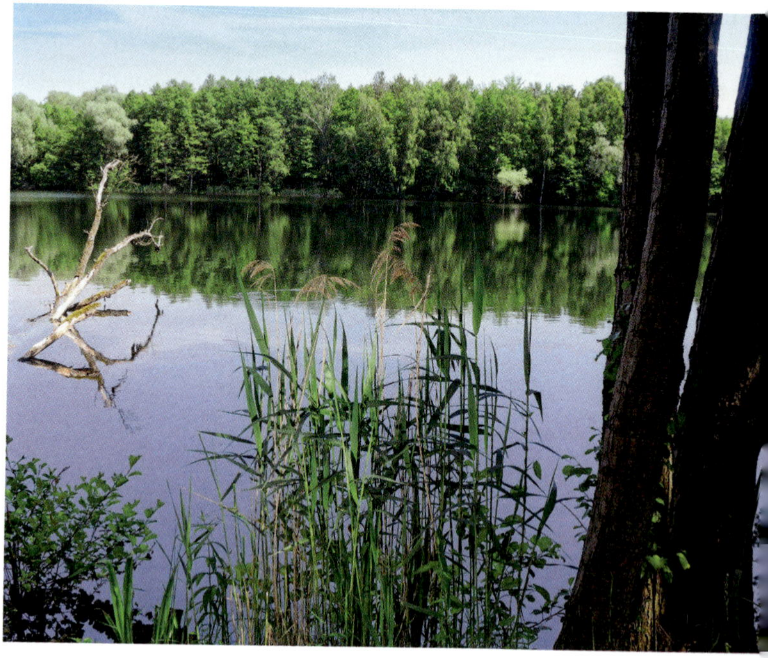

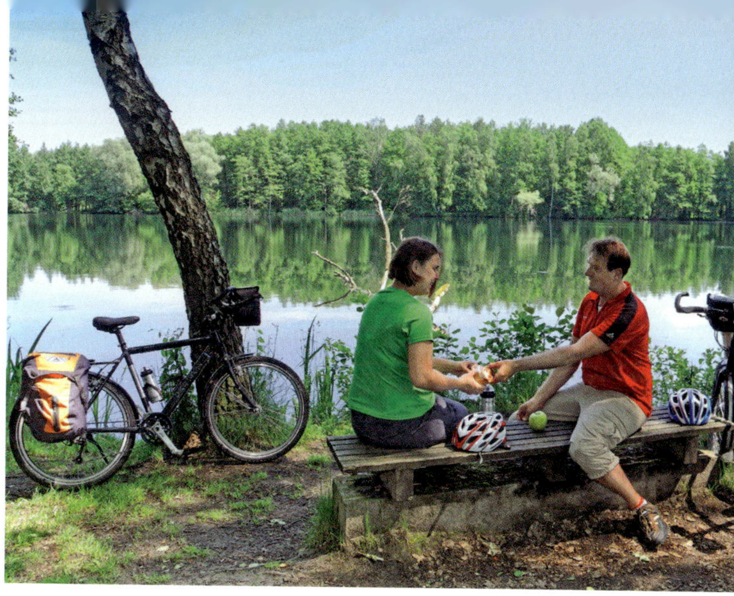

Auf dem Havel-Radweg laden zahlreiche Picknickplätze zum Rasten ein, wie hier am Ramin-Stich.

den beschaulichsten Flecken, die unser Land zu bieten hat. Die oft glasklaren Seen sind ein ideales Brutgebiet für Wasservögel. Wer Glück hat, sieht Fisch- und Seeadler durch die Lüfte gleiten. Das Dorf **Ankershagen** liegt im Havelquellgebiet. Dort verbrachte Heinrich Schliemann einen Teil seiner Kindheit. In der Ortsmitte widmet man dem Pastorensohn ein kleines Museum. Schliemann war Krämer, Kaufmann, Sprachengenie, Millionär, romantischer Visionär, Getriebener mit Hang zum Größenwahn und bei der Fachwelt von jeher umstritten. Unbestritten ist, dass er zu den namhaftesten Archäologen der Welt zählt. Ins Rampenlicht rückte Schliemann mit der Entdeckung der Altertumsstadt Troja, bei der er auf den Schatz des Priamos stieß. Später fand er die Goldmaske des Agamemnon aus Mykene. Wir steigen am Mühlensee auf den Sattel. Die Beschilderung schickt uns hügelauf und hügelab zu herrlichen Badegewässern. Einer der schönsten ist der **Große Stechlinsee**. Der märkische Schriftsteller Theodor Fontane schwärmte Ende des 19. Jahrhunderts: »Im Norden der Grafschaft Ruppin, hart an der mecklenburgischen Grenze, zieht sich von dem Städtchen Gransee bis nach Rheinsberg hin eine mehrere Meilen lange Seenkette durch eine menschenarme, nur hie und da mit ein paar alten Dörfern, sonst aber ausschließlich mit Förstereien, Glas- und Teeröfen besetzte Waldung.« Der dünn besiedelte Landstrich hat bis in unsere Tage nichts von seinem Zauber verloren. So genießen heutige Radler noch immer die himmlische Ruhe. Wir machen Station in der brandenburgischen Wasserstadt Fürstenberg, fahren am Weihnachtspostamt in **Himmelpfort** vorbei und lassen die Räder durch den Naturpark Uckermärkische Seen rollen. In Zehdenick lohnt es, das Fahrrad in die Ecke zu stellen, um den Ziegeleipark anzusehen. Die Industrie-Kultur-Stätte öffnete 1997. Auf dem Gelände können Besucher eine Zeitreise in drei Epochen der Industriegeschichte und Technik unternehmen, dabei die einstigen Arbeitsschritte mit der Multimediatechnik von heute erleben.

Linke Seite: Entlang des Havel-Radweges reihen sich zahlreiche Seen auf.

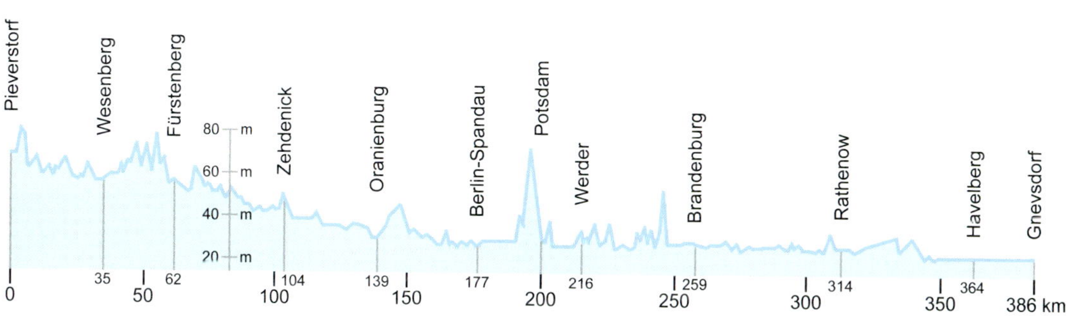

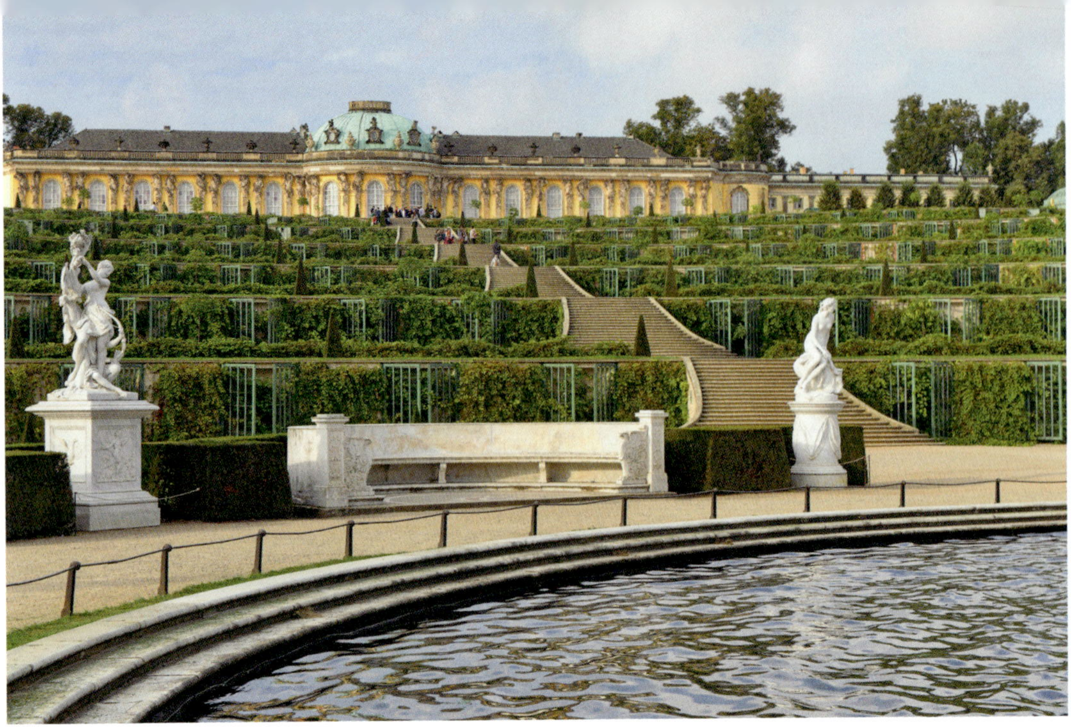

Die Weinbergterrassen vor dem Schloss Sanssouci sind ein beliebtes Fotomotiv.

Von Zehdenick nach Potsdam – 100 km Die Doppelzug-Klappbrücke von **Zehdenick** ist nach rund 100 Kilometern Ausgangspunkt des zweiten Abschnittes. Der Ziegeleipark Zehdenick liegt in einem Mosaik aus Dutzenden Seen, die einst der Tonstich hinterließ. 1871 wurde Berlin Hauptstadt des neu gegründeten Deutschen Reiches. Ein Bauboom brach aus; Zehdenick entwickelte sich zu einem der größten Ziegelgebiete des Kontinentes. Alleine im Jahr 1910 brannten die 6000 Arbeiter in 63 Ringöfen über 625 Millionen Ziegel. Von hier aus steuern wir auf einem gepflegten Radweg den Vosskanal entlang. Der Blick fällt auf eine weite Felder- und Wiesenlandschaft, die von knorrigen Baumreihen durchzogen ist. Unsere nächste Station bildet die ehemalige Slawensiedlung **Oranienburg**. Ausgerichtet zur Havel spiegelt sich das Wahrzeichen und zugleich Namensgeber der Stadt im Wasser – das Schloss Oranienburg. Nach den Entwürfen von Johann Gregor Memhardt errichtete man das Bauwerk im 17. Jahrhundert für die Gemahlin des Kurfürsten, Luise Henriette, geborene Prinzessin von Nassau-Oranien. Im Schlossmuseum kann man neben der brandenburgischen Hofkultur des 17. und 18. Jahrhunderts im Südflügel das Kreismuseum bewundern. Ab Hennigsdorf treffen wir auf den Berliner Mauer-Radweg. Er umrundet auf dem berüchtigten Grenzstreifen den Westen der Bundeshauptstadt und bringt es auf eine Länge von 160 Kilometern. Wer den Weg bereist, fährt vorbei an zu Museen umfunktionierten Wachtürmen. Wie stumme Wächter erinnern sie an die Teilung Berlins, Deutschlands, ja ganz Europas in Ost und West. Die Havel durchfließt eine Kette von Seen, erreicht mit Spandau den westlichsten Stadtteil der Metropole. Vor ihren Toren folgt die Route dem Uferverlauf des Großen Wannsees, passiert die Pfaueninsel und steuert das südlich des Jungfernsees gelegene **Potsdam** an. Brandenburgs Landeshauptstadt verdankt ihr hohes Ansehen den gepflegten Grünanlagen und Schlössern. Den ersten Rang nimmt der Park Sanssouci ein. Hier verewigten sich die Herrscher Preußens mit mehreren Prunkbauten, sodass der staunende

Rechte Seite: In der Stadt Werder (Havel) leben rund 25 000 Einwohner.

Gast nicht weiß, wohin er zuerst schauen soll. Da ist das Neue Palais mit einem Theater aus dem 18. Jahrhundert. Davor ragt der Universitätskomplex auf. Touristen schlendern am Chinesischen Haus vorüber und erklimmen die Treppen hinauf zur Orangerie, um anschließend Tickets für das Schloss Sanssouci zu lösen.

Schloss Sanssouci

Wegen der reizvollen Lage und der attraktiven Aussicht entschied Friedrich der Große, auf dem »Wüsten Berg« bei Potsdam ein Lustschloss zu erbauen. »Ohne Sorge« nannte der König von Preußen und Kurfürst von Brandenburg seine Sommerresidenz, die das architektonische Glanzstück jener Epoche bildet. In den königlichen Räumen schreitet man von den repräsentativen Zimmern hinüber in die privaten Gemächer des Monarchen und weiter in den kuppelüberwölbten Marmorsaal. Nahezu das komplette Inventar beließ man im Originalzustand. Selbst der Blick vor dem Schloss, über die Weinterrassen hinweg zur Großen Fontäne, ist noch genauso wie zu Friedrichs Zeiten. Im Jahr 1990 ernannte die UNESCO den Park mitsamt den Prachtbauten zum Welterbe (www.spsg.de, www.potsdamtourismus.de).

Von Potsdam nach Brandenburg – 60 km Dass Potsdam herrliche Naherholungsgebiete besitzt, zeigen in den kommenden Stunden der Templiner See und der Schwielowsee, denen wir unbeschwert nachradeln. Das milde, sonnenreiche Klima des Havellandes begünstigt den Anbau von Wein, Äpfeln, Erdbeeren, Süßkirschen, Spargel und Pflaumen. Das Frühjahr ist ein wahres Fest für die Sinne. Dann sind die Stadt Werder und der gesamte Landstrich von einem Meer aus zarten Blüten umgeben. Begonnen hatte die Besiedlung mit den Zisterzienser Mönchen des Klosters Lehnin. Sie pflanzten erste Weinstöcke, kultivierten verschiedene Obstsorten. Ende April feiern die Einwohner des staatlich anerkannten Erholungsortes das Baumblütenfest, das auf das Jahr 1879 zurückgeht. An diesen Tagen steht der Ort Kopf, verwandelt sich die sonst beschauliche Szene in ein fröhliches Volksfest. Die Silhouette Werders mitsamt dem Turm der Heilig-Geist-Kirche und der Bockwindmühle verschwindet am Horizont. Zu beiden Seiten des ruhiger werdenden Weges wechseln Wiesen mit Feldern und kleinen Gewässern ab. An unserem nächsten Ziel, der Stadt **Brandenburg an der Havel**, betreten wir geschichtsträchtigen Boden. Im Zuge der deutschen Ostexpansion eignete sich der Askanier Albrecht der Bär im Jahr 1157 die Macht in der Region an. Er begründete die Mark Brandenburg, die bei ihrer maximalen Ausdehnung bis weit über den Fluss Oder hinaus reichte. 1165 wird auf einer von der Havel umspülten Insel der Grundstein für den Dombau gesetzt. Arbeiter karrten Findlinge für das Fundament herbei. Mehrere Generationen lang schichteten sie Backstein für Backstein auf. Die »Mutter aller märkischen Kirchen« ist den Patronen St. Peter und Paul geweiht. Mehrfach gestaltete man das Gotteshaus um. Im 19. Jahrhundert legte der

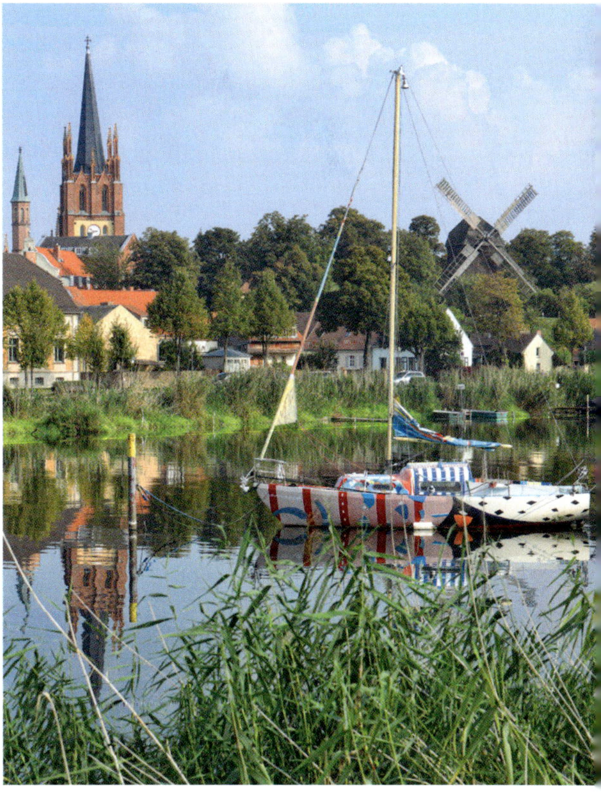

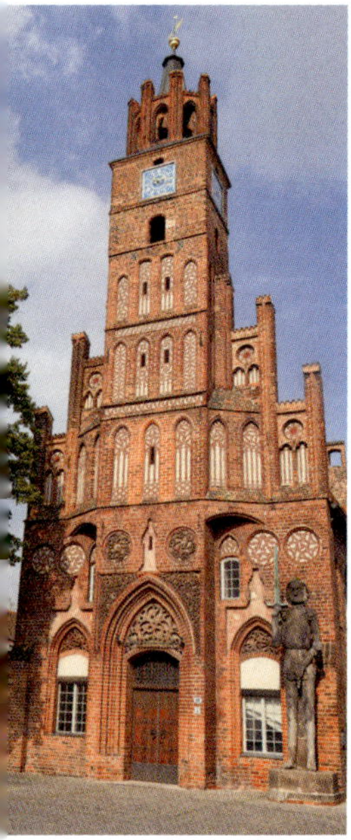

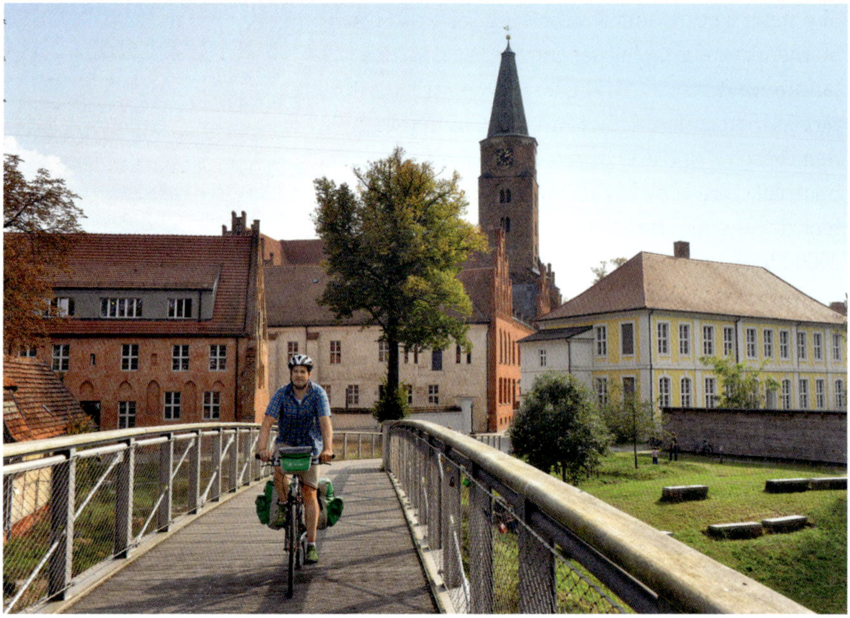

Oben links: Blick auf das Altstädtische Rathaus der Stadt Brandenburg an der Havel mit dem Roland im Vordergrund

Oben rechts: Brandenburg an der Havel gilt als die »Wiege der Mark«.

Architekt Karl Friedrich Schinkel Hand an und gab dem Gebäude sein heutiges Aussehen. Im Inneren zieht es die Blicke zum Langhaus mit dem Lehniner Altar. Gegenüber erklingt die 1725 eingesetzte Barockorgel des preußischen Orgelbaumeisters Joachim Wagner. Besucher spazieren zu den Kirchen St. Katharinen, St. Gotthardt und St. Nikolai. Sie fotografieren das Altstädtische Rathaus mitsamt der Rolandstatue, inspizieren das Kloster St. Pauli, um anschließend zum Industriemuseum zu schlendern. Hier wird rund um den Siemens-Martin-Ofen die Stahlproduktion der DDR lebendig. 2015 verwandelte sich die Havelregion in ein Paradies für Blumenfreunde. Die Bundesgartenschau fand in fünf Orten statt: Brandenburg, Premnitz, Rathenow, Amt Rhinow/Stölln und Havelberg. Landschaftsgestalter schufen Themengärten und strukturierten Parklandschaften um, die man mit neuen Radwegen verband. Der Fluss diente auf einer Länge von 80 Kilometern als verbindendes Element. Er führte Gäste zu 3,5 Millionen Pflanzen, Bäumen und Sträuchern.

Von Brandenburg nach Gnevsdorf – 122 km Die fünf Brandenburger Stadtseen machen uns den Abschied leicht. Sie führen uns in das größte zusammenhängende Feuchtgebiet des europäischen Binnenlandes hinein, das im Naturpark Westhavelland bewahrt wird. Auf 1315 Quadratkilometer bringt es das umfangreichste Großschutzgebiet Brandenburgs. Ein Spektakel bietet der Vogelzug im Frühjahr und im Herbst. Vor allem ab Ende August lohnt es, einen der Aussichtstürme am Gülper See anzusteuern. Denn dann rasten dort in den nächsten Wochen bis 150 000 Saat-, Bläss- und Graugänse, außerdem bis zu 15 000 Kraniche. Als dauerhafte Bewohner tummeln sich Fischotter, Biber und die bis zu 17 Kilogramm schweren Großtrappen. Über ihren Köpfen ziehen Seeadler anmutig ihre Kreise. Das zweite Merkmal der Kulturlandschaft ist, dass die Nächte nur wenig durch Lichtverschmutzung gestört werden, ideal für Himmelsbeobachtungen. 2011 richtete die International Dark

Sky Association in der Region Deutschlands ersten Sternenpark ein. Geht man in der Zeit mehr als ein Jahrhundert zurück, landet man bei dem Luftfahrtpionier Otto Lilienthal. Er nutzte ab dem Jahr 1894 den östlich der Havel aufragenden Gollenberg als Startplatz für Gleitflüge. Im August 1896 stürzte hier der »erste Flieger der Menschheit« nach rund 2000 Flugversuchen ab und verstarb. Im Ort Stölln erinnert das Lilienthal-Centrum an jene Pioniertaten. **Rathenow** ist unser nächstes Ziel. Der Ort besitzt mit dem Optikpark eine besondere Attraktion. Zwischen den Blumenstauden versetzen Farbpyramiden, das weltweit größte Brachymedial-Fernrohr und der höchste Leuchtturm Brandenburgs Besucher ins Staunen. 50 Kilometer stromabwärts bewahrt die Hansestadt **Havelberg** den Charme vergangener Tage. Architektonisch ist die mittelalterliche Stadt durch die Hansezeit geprägt. Spaziert man über den Stadtgraben, gelangt man auf den Bischofsberg – die Keimzelle des im Jahre 948 erstmalig urkundlich erwähnten Bistums Havelberg. Die eindrucksvollste Erscheinung ist der Dom St. Marien. Im Baustil spiegeln sich die Einflüsse aus mehreren Epochen, in denen man an dem wuchtigen Bau arbeitete. Im Inneren überraschen kostbare Glasmalereien aus dem 14. und 15. Jahrhundert. Hier heißt es Abschied nehmen von der Havel, denn nach einem kurzen Wegstück ist der Elbstrom erreicht.

Rad fahren in und um Berlin

Berlin ist heute eine Weltstadt in der Mitte Europas, die neue »alte Hauptstadt« Deutschlands. Spannende Museen und packende Architektur, wohin man schaut. Kein Wunder, dass durch die 3,8-Millionen-Einwohner-Stadt mehrere Radrouten laufen. Entspannt nähert man sich Berlin an der Seite eines Flusses. Doch welchem von ihnen folgen? Zur Auswahl stehen neben dem Havel-Radweg der Spreeradweg und der wenig bekannte Dahmeradweg. Oder wie wäre es mit Geschichte? Einmal rund um die Stadt strampeln? Dies geht wunderbar auf dem 185 Kilometer langen Berliner Mauerweg. Zudem führen die EuroVelo-Routen Nummer 2 und Nummer 7 durch Berlin. Der Radweg Deutsche Einheit endet hier und der Radweg Berlin–Kopenhagen zieht gen Norden.

Unten links: Wälder, Felder und Wiesen – die Radroute ist meist sehr beschaulich.

Unten rechts: Weißstörche sind in Brandenburg immer wieder zu beobachten.

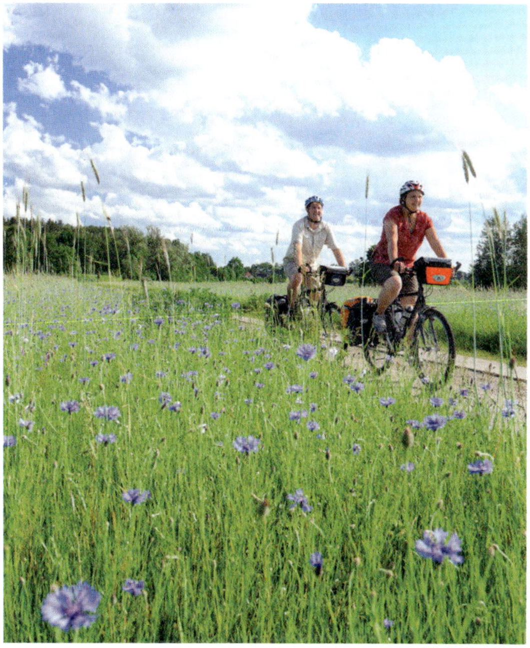

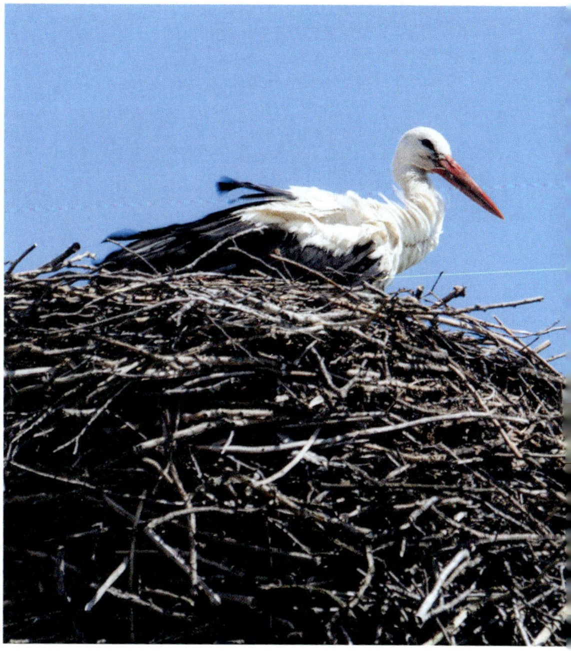

16

DahmeRadweg

Berlin, Berlin, wir fahren nach Berlin

leicht | 122 km | ca. 2 Tage

Charakter
Die gut ausgebaute Strecke punktet durch meist asphaltierte Wege, eine ruhige Trassenführung und nur wenige Steigungen.

Ausgangsort
Drahnsdorf Bhf.

Endpunkt
Berlin-Köpenick; zurück 2 Std. mit dem Zug

Wegmarkierung
Das grün-blaue Routenschild trägt die Überschrift »DahmeRadweg« und markiert die Strecke in beiden Richtungen.

E-Bike
Akkuladestellen und Fahrradvermietung zeigt die Webseite www.dahme-seenland.de an.

Information
Tourismusverband Dahme-Seen, Bahnhofsvorplatz 5, 15711 Königs Wusterhausen, Tel. 03375/252025, www.dahme-seen.de
Tourismus-Marketing Brandenburg, Am Neuen Markt 1, 14467 Potsdam, Tel. 0331/200474730, www.reiseland-brandenburg.de und www.radeln-in-brandenburg.de
Berlin Tourismus & Kongress, Am Karlsbad 11, 10785 Berlin, Tel. 030/25002333, www.visitberlin.de

Die Räder durch Wälder und blühende Wiesen rollen lassen, die Sonne genießen und an stillen Seen Pause machen. All das bietet der DahmeRadweg. Als Belohnung können sich kulturinteressierte Radler am Ende der Reise in Berlin auf Museen von Weltrang freuen.

Von Kolpien nach Golssen – 36 km Am Rande der bewaldeten Kolpiener Heide versteckt sich die Quelle der **Dahme**. Der Fluss bringt es auf eine Länge von 95 Kilometern und mündet im südlichen Stadtgebiet von Berlin in die Spree. Unser Weg führt auf den ersten zehn Kilometern gesäumt von weiten Feldern durch das ländliche Brandenburg in die Stadt **Dahme**. Inmitten des historischen Ortszentrums stellt das rote Rathaus ein besonderes Kleinod der Neorenaissance dar. Über den Resten der alten Nicolaikirche wuchs das Schmuckstück nach dem Entwurf des ortsansässigen Architekten Max Jacob ab 1893 zu einer unverkennbaren Silhouette. Einer der schönsten Plätze ist der von zweigeschossigen Fachwerkhäusern eingerahmte Töpfermarkt. In einem der Gebäude ist das Heimatmuseum untergebracht. Es veranschaulicht die Stadtgeschichte, vertieft das Wissen des Blaudruckes und gibt Einblicke in die Volkskunde der Gegend.

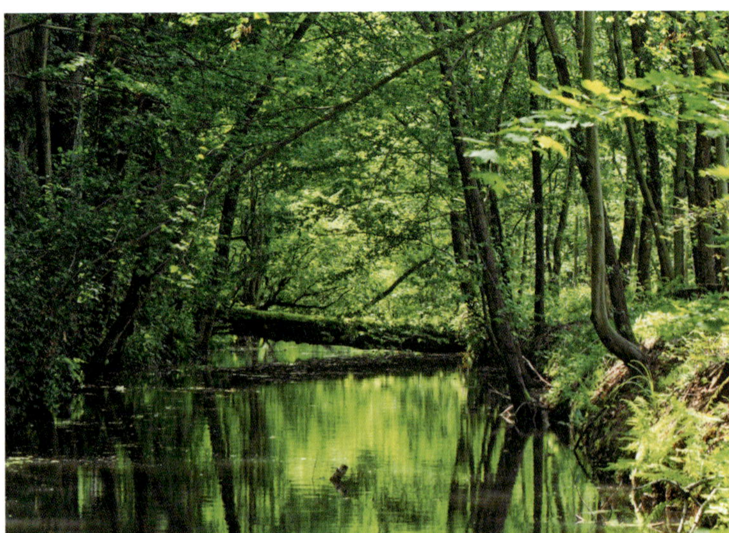

Die Dahme durchquert auf seiner Reise in Richtung Spree immer wieder große Waldgebiete.

Vorbei an der Schlossruine und dem ansehnlichen Kavaliershaus zieht sich die mit vier Sternen ausgezeichnete Qualitätsradroute im Zickzackkurs wieder auf das Land hinaus. Hier nutzt der DahmeRadweg die Strecke der perfekt asphaltierten Flaeming-Skate (220 km), die die Region mit mehreren Rundkursen für Inline-Skater und Radfahrer erschließt. Die Topografie ist nahezu eben, nur hier und da säumt ein niedriger Endmoränenhügelzug die Dahmeniederung, ideal zum Umherschauen. Hier trifft der Blick auf eine Wehrkirche, dort auf eine Wassermühle.

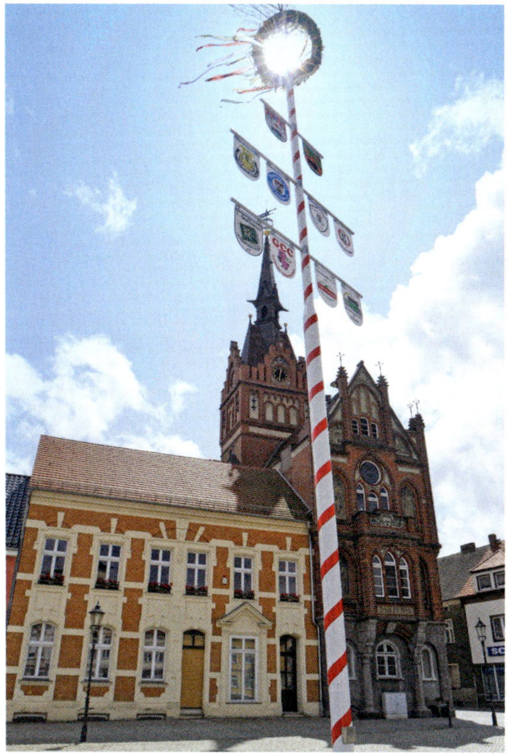

Das im Stil der Neugotik errichtete Rathaus von Golßen bestimmt das Zentrum der Stadt.

Von Golßen nach Dolgenbrodt – 46 km Vor dem Rathaus (1906) der Kleinstadt **Golßen** machen wir uns auf und steuern ein Stück Richtung Osten. Voraus erhebt sich auf dem Flugplatz Brand weithin sichtbar die größte freitragende Halle der Welt. In dem ursprünglich für die Unterbringung von Transportluftschiffen errichteten Hangar feierte man im Dezember 2004 die Einweihung von Tropical Islands. Europas größte tropische Urlaubswelt ist in die Bereiche Südsee, Amazonia, Bali-Lagune, Regenwald, Tropendorf und Kinderspielwelt unterteilt. Zurück auf dem Radweg geht es ebenfalls ins Grüne – in den Naturpark Dahme-Heideseen. Seit dem Jahr 1998 sorgt die 590 Quadratkilometer große Schutzzone für das ökologische Gleichgewicht rund um die über 100 Dahmeseen. Während mehrere Spechtarten und Eichelhäher die ausgedehnten Kiefernwälder zum Brüten bevorzugen, erspäht man in Gewässernähe mit etwas Glück einen Fischotter oder Seeadler. Die Entstehungsgeschichte der Wasserlandschaft reicht zurück in die Eiszeit. Beim Rückzug der Gletscher schichteten die Schmelzwasserströme und der Wind den Sand zu kleinen Anhöhen auf. So entstand ein Mosaik aus Wasserläufen, Trockenbiotopen, Heiden und Dünen, in dem Prachtnelke, Frauenhaarmoos sowie Bärlapp gute Wachstumsbedingungen vorfinden. Wenn hinter einer Waldpassage die Bäume zurücktreten, haben wir den 1000-Einwohner-Ort Prieros erreicht. Die Siedlung ist 700 Jahre alt

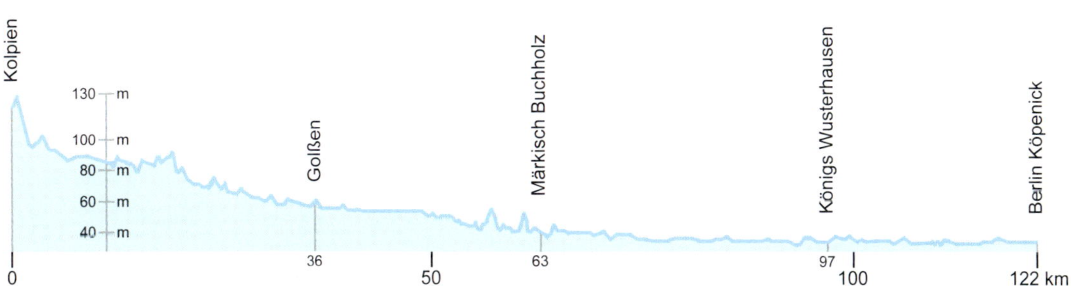

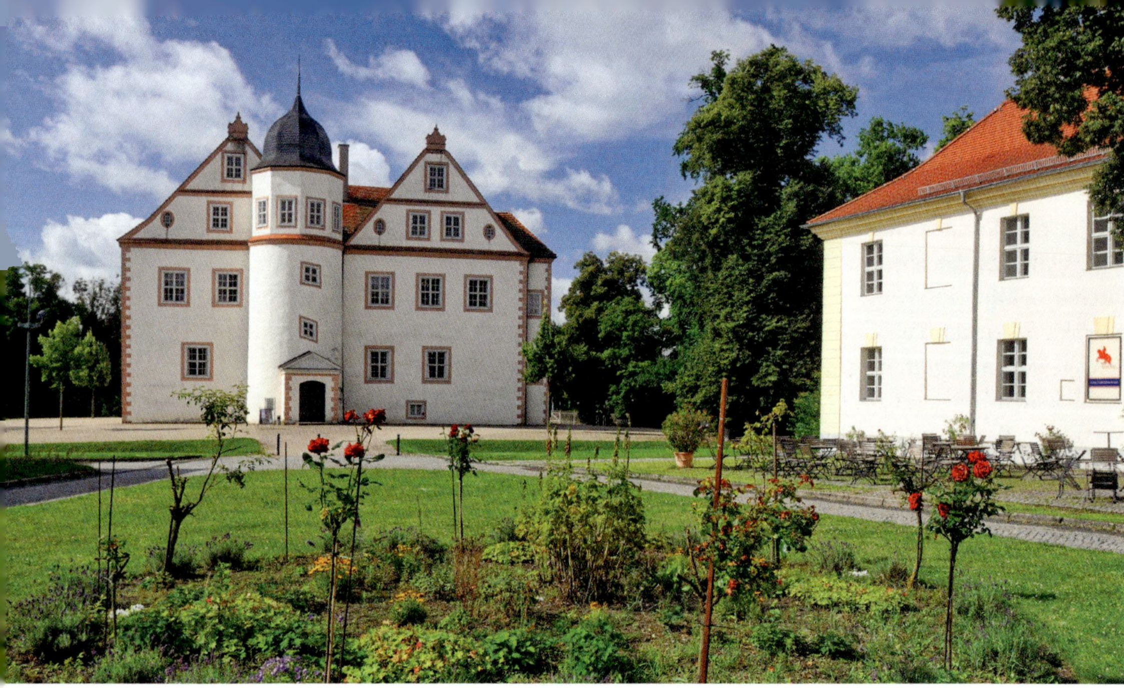

Das Schloss Königs Wusterhausen besteht aus zwei Gebäudeteilen.

und präsentiert in einem schilfgedeckten Fachwerkbau ein Heimatmuseum. Hier bekommt man einen Einblick in die bäuerliche Lebensweise vergangener Tage. Interessant ist der 3000 Quadratmeter große Botanische Garten mit seiner reichhaltigen Sammlung von Pflanzen, insbesondere einheimischen und exotischen Nadelgehölzen. Den höchsten Trumpf spielt Prieros mit seinem weitverzweigten Wasserstraßennetz aus. Hier kann man Paddeln oder ein Stück des Weges mit dem Ausflugsschiff überbrücken.

Von Dolgenbrodt nach Berlin Köpenick – 40 km Langsam nähern wir uns dem Berliner Speckgürtel, wo die Bebauung immer mehr zunimmt. **Königs Wusterhausen** ist die wichtigste Station der Etappe und schmückt sich mit einem in der Renaissance-Fachwerkbauweise errichteten Schloss. Dessen Historie ist eng mit Friedrich Wilhelm I. verknüpft, der das Anwesen im Alter von zehn Jahren von seinen Eltern, dem Kurfürsten Friedrich III. und seiner Gemahlin Sophie Charlotte geschenkt bekam. Nach seinem Tod 1740 erfuhr das Haus eine 250-jährige wechselhafte Nutzungsgeschichte, die vom kaiserlichen Jagdschloss über ein Museum, einen Standort sowjetischer Nachrichteneinheiten bis hin zum Rat des Kreises in DDR-Zeiten reichte. Ende September 2000 wurde es als Museumsschloss der Stiftung Preußische Schlösser und Gärten Berlin-Brandenburg wiedereröffnet. Die mit Kunstwerken der ersten Hälfte des 18. Jahrhunderts ausgestatteten ehemaligen königlichen Wohnräume vermitteln in ihrer für die Barockzeit ungewöhnlichen Schlichtheit den für Königs Wusterhausen typischen Charakter. Bemerkenswert sind die knapp 40 eigenhändigen Werke des »Soldatenkönigs«, die Offiziersgalerie und die Bildnisse der königlichen Familie. Bedeutung erlangte das Mittelzentrum im Landkreis Dahme-Spreewald durch seine lange Rundfunkgeschichte (ab 1911), die im Museum Funkerberg präsentiert wird. Auf den finalen 20 Kilometern weitet sich die Dahme zu einer Seenkette und erreicht bei **Berlin Köpenick** die Flussvereinigung mit der Spree. Theodor

Fontane schrieb: »An der Brücke zu Cöpenick treffen zwei Flüsse beinahe rechtwinklig zusammen: die ›eigentliche‹ Spree und die ›wendische‹ Spree, letztere auch ›die Dahme‹ geheißen. Die wendische Spree, mehr noch als die eigentliche, bildet eine große Anzahl prächtiger Seeflächen, die durch einen dünnen Wasserfaden verbunden sind.« Anziehungskraft genießt das Schloss Köpenick, in dem 2004 ein Kunstgewerbemuseum eingerichtet wurde. In den Flügeln der zwischen 1677 und 1689 fertiggestellten Residenz sind Werke der Raumkunst aus Renaissance, Barock und Rokoko zu sehen. Komplettiert wird die Reise von Zimmer zu Zimmer durch kostbare Porzellane, Tafelaufsätze sowie wechselnde Ausstellungen. Berühmtheit erlangte Köpenick vor allem wegen seines Rathauses, das im Jahr 1906 Schauplatz eines dreisten Handstreiches war. Damals verkleidete sich der arbeitslose 57-jährige Schuster Friedrich Voigt als Hauptmann, stürmte das jüngst erbaute Rathaus und raubte die Stadtkasse. Vor der Fassade des Backsteinbaues erinnert heute eine Statue an die mehrmals verfilmte Geschichte um den »Hauptmann von Köpenick«. Von hier aus ist es nur ein Katzensprung auf dem Spreeradweg ins Zentrum von **Berlin**. Viele zieht es auf die Museumsinsel. Das Alte Museum, die Alte Nationalgalerie, das Bode-Museum, das Neue Museum und das Pergamonmuseum bilden einen der wichtigsten Museumskomplexe der Welt, der seit 1999 zum UNESCO-Weltkulturerbe gehört. Eineinhalb Kilometer westlich pulsiert das Herz Berlins um das Brandenburger Tor und das Regierungsviertel. Mitten durch das Gewusel der Leute zieht sich die Spree. Radler denken nochmals zurück an die Reise entlang der Dahme. Eine stille Fahrt vor den Toren der Großstadt.

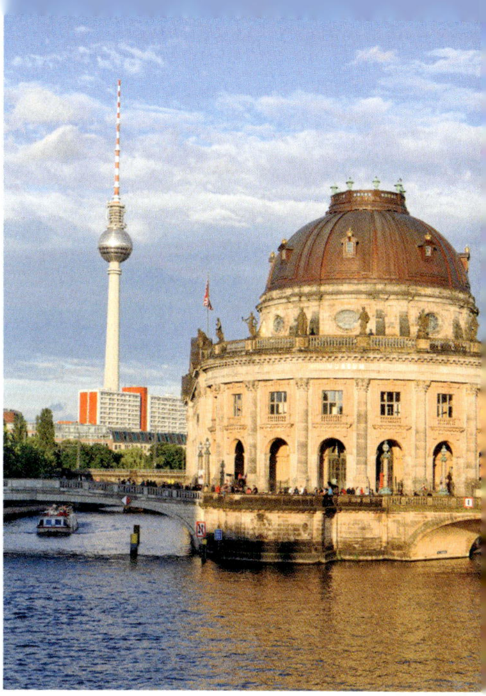

Das Bode-Museum in Berlin ist Teil der Museumsinsel, die dem UNESCO-Welterbe angehört.

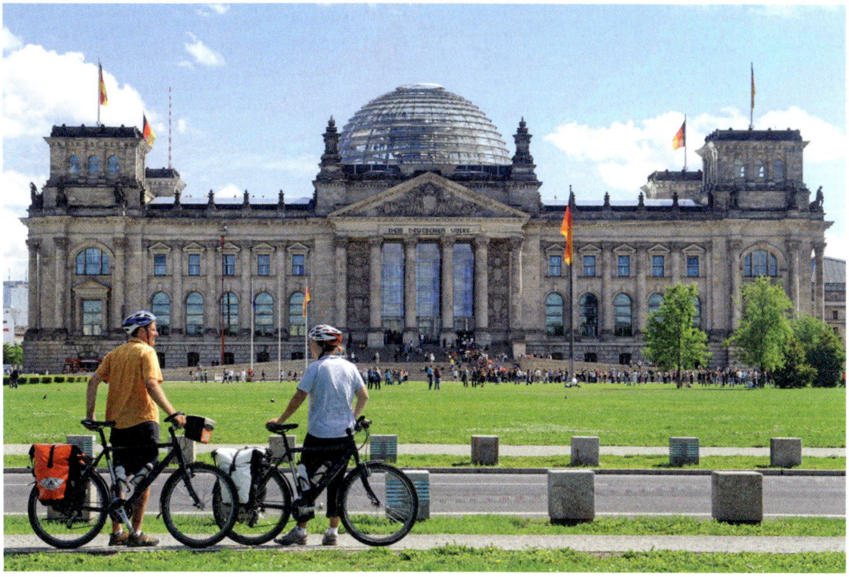

Das Reichstagsgebäude ist seit 1999 Sitz des Deutschen Bundestages.

17 Fulda-Radweg

Von der Rhön ins Märchenland

leicht | 208 km | ca. 4 Tage

Charakter
Die Strecke hat kaum Steigungen. Beim Start an der Fuldaquelle muss man den neun Kilometer langen und 400 Höhenmeter umfassenden Anstieg hinauf zur Wasserkuppe schaffen. Unterwegs fährt man über gute Radwege und verkehrsarme Landstraßen. Passagen mit Schotter- oder Naturbelag sind selten.

Ausgangsort
Wasserkuppe bzw. im 10 km entfernten Gersfeld Bhf.

Endpunkt
Hann. Münden; zurück mindestens 5 Std. mit dem Zug

Wegmarkierung
Grüner Schriftzug »R1« auf weißem Grund und das Wappen Hessens

E-Bike
Radler, die in Gersfeld starten, können die Tour ohne E-Bike fahren. Infos zu E-Bikes über www.nordhessen.de.

Information
Fuldaradweg.de, Neulandstraße 14, 97653 Bischofsheim/ Rhön, www.fuldaradweg.de
Rhön-Info-Zentrum, Wasserkuppe 1, 36129 Gersfeld, Tel. 06654/918340, www.rhoen.de
Tourismus-Service Erlebnisregion Mittleres Fuldatal, Poststraße 15, 36199 Rotenburg a.d. Fulda, Tel. 06623/9136442, www.mittleres-fuldatal.nordhessen.de
NordHessen Touristik, Ständeplatz 17, 34117 Kassel, Tel. 0561/970 62 240, www.nordhessen.de und www.grimmheimat.de
Hessen Tourismus, Konradinerallee 9, 65189 Wiesbaden, Tel. 0611/ 95017891, www.hessen-tourismus.de und www.radroutenplaner.hessen.de

FULDA-Radweg R1

Die 208 Kilometer lange Genussreise durch Deutschlands Mitte ist geprägt von grünen Flusslandschaften, romantischen Fachwerkstädten und gut ausgebauten Radwegen. Erleben Sie die Barockstadt Fulda, tauchen Sie ins Kulturgeschehen von Kassel ein und erfahren Sie, dass der Fulda-Radweg beginnt, wie er endet: mit einem Gedicht.

Von der Wasserkuppe nach Bad Hersfeld – 87 km Die **Wasserkuppe** ist mit 950 Metern der höchste Punkt der Rhön. »Wiege des Segelfluges« nennen die Einheimischen das beliebte Ausflugsziel. Wie der Name des Berges verrät, entspringen hier mehrere Wasserläufe. An der Flanke des Plateaus weckt eine Metallplatte die Neugierde des Betrachters. »Hier halte Rast! Dich labt die Quelle der Fulda, die mit klarer Welle den Berggruss rauschend trägt einher, sie wächst zur Werra hingezogen, zum deutschen Strom und senkt die Wogen als Weser schiffsbelebt ins Meer.« Diese Zeilen schicken Radfahrer auf den 200 Kilometer langen Weg durch Hessen. Der Blick schweift über sanfte, mit Wiesen überzogene Hügelketten,

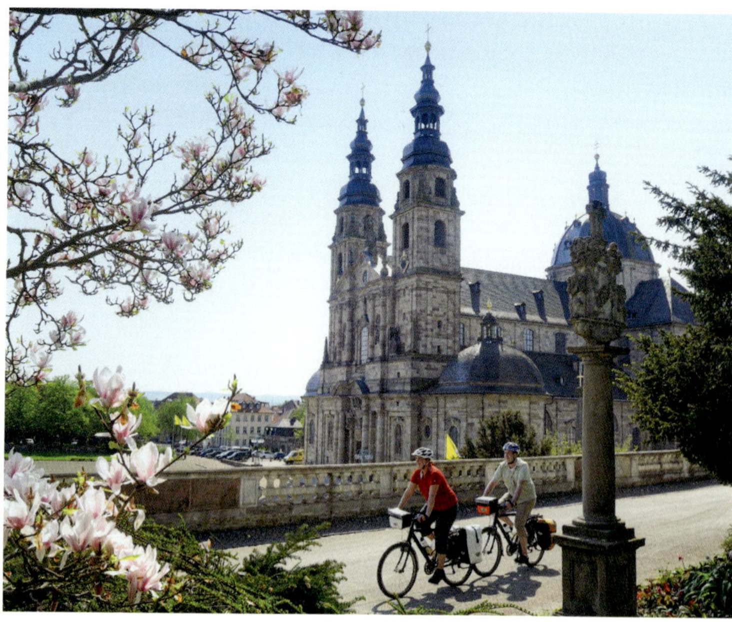

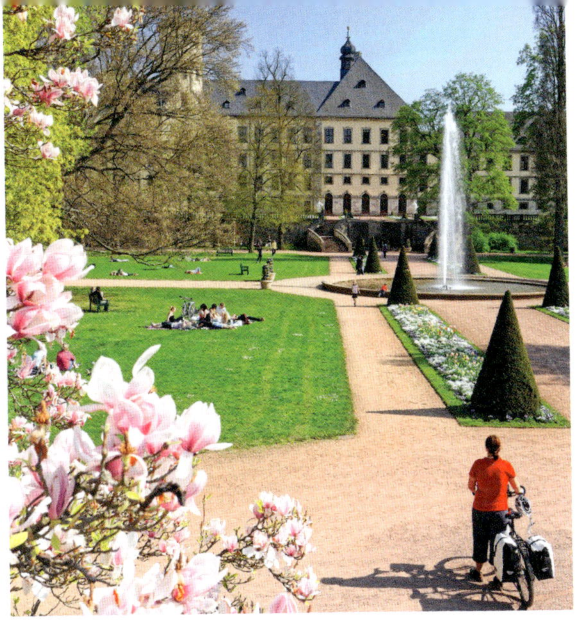

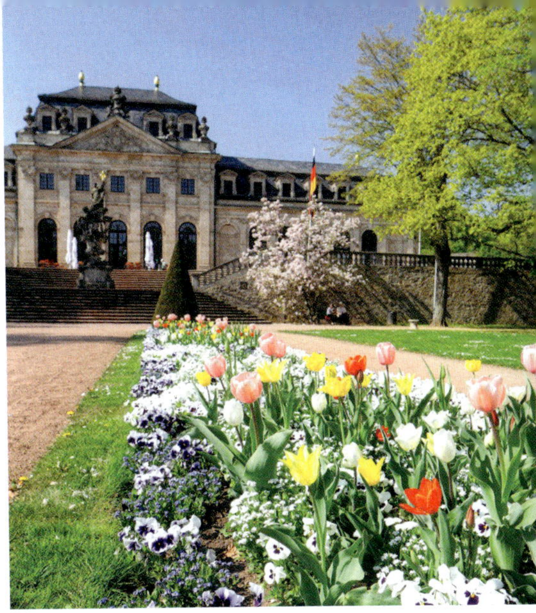

verliert sich am Horizont in tief eingeschnittenen Tälern. Die Tour startet mit einer Abfahrt hinunter nach **Gersfeld**. In der »heimlichen Hauptstadt der Rhön« kann man in die Barockkirche gehen, das Barockschloss anschauen und durch den Wildpark im Ehrengrund spazieren. Im Dreiländereck von Bayern, Hessen und Thüringen liegt das »Land der offenen Fernen«. Basaltkuppen, Hochmoorflächen und Borstgraswiesen prägen das Mittelgebirge Rhön. Die Räder surren durch ein bewaldetes Längstal. Eine Stunde später führt ein Abstecher zum Schloss Fasanerie. Der im 18. Jahrhundert unter der Leitung des Baumeisters Andreas Gallasini errichtete Prachtbau gilt als Hessens schönstes Barockschloss. Auf der Erkundungstour durch die altehrwürdigen Mauern gibt es kostbare Schätze zu entdecken: so die Porzellan- und Antikensammlungen und hochwertiges Kunsthandwerk. Hinter der ehemaligen Propstei Johannesberg weitet sich das Tal zu einem Becken, das die Bischofsstadt **Fulda** komplett einnimmt. Von Weitem erblicken wir die 65 Meter aufragenden Doppeltürme des Domes St. Salvator. Die Grabeskirche des heiligen Bonifatius, des Apostels der Deutschen, wurde im August 1712 geweiht und ist ein beliebtes Ziel für Pilger. Ebenfalls sehenswert sind das Dommuseum, die romanische Michaelskirche (818 bis 822 erbaut), die Orangerie sowie das Stadtschloss. Die folgenden 22 Kilometer laufen zusammen mit dem BahnRadweg Hessen durch eine von sanft ansteigenden Wäldern gesäumte Senke. Wir kommen nach **Bad Hersfeld**.

Oben links: Das barocke Fuldaer Stadtschloss wurde 1706 bis 1714 erbaut.

Oben rechts: Die Parkanlagen im Herzen von Fulda laden zum Bummeln ein.

Linke Seite: Der Dom St. Salvator in Fulda hat eine Länge von 99 m und eine Kuppelhöhe von 39 m.

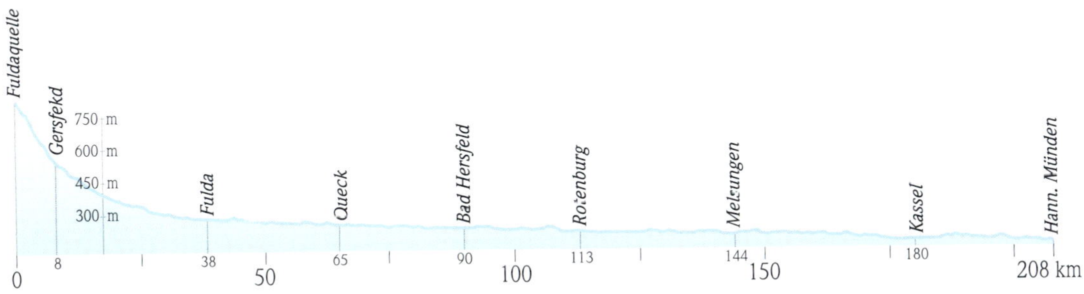

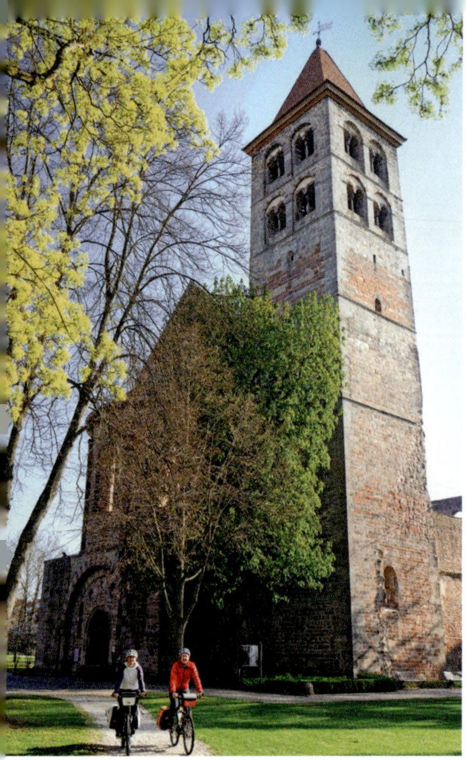

Von Bad Hersfeld nach Melsungen – 51 km Bad Hersfeld verdankt seine Entstehung dem im Jahre 769 gegründeten Benediktinerkloster Hersfeld. Aus ihm ging die größte romanische Basilika nördlich der Alpen hervor. 1761 fiel die Stiftskirche einer Feuersbrunst zum Opfer. Die Ruine dient heute als Bühne für die Bad Hersfelder Festspiele. Erhalten geblieben ist der einzeln stehende Katharinenturm, in dem die älteste Glocke Deutschlands aus dem Jahre 1038 hängt. 200 Meter entfernt schlendert man durch den »Park der Jahreszeiten«. Ringsum gruppieren sich die Stadthalle, das Kurhaus und die Kurbad-Therme. Wir folgen wieder dem Wasserlauf und erspähen unser nächstes Ziel: **Rothenburg an der Fulda**. Vom Radweg aus kann man eine prächtige Fachwerkzeile bewundern. Der Fluss und die dicht bewaldeten Höhenzüge des Hessischen Berglandes rahmen sie malerisch ein. Elf lebensgroße Bronzefiguren schmücken die Altstadt aus. Die Skulpturen stellen Alltagssituationen aus dem bürgerlichen Leben dar. Kurz hinter dem Dorf Binsförth stehen wir vor der originellsten Attraktion des Fulda-Radweges: der ersten Fahrradseilbahn Deutschlands. Die Anlage ist seit Mai 2009 in Betrieb. In dem Metallkorb finden zwei beladene Reisefahrräder Platz. Als Antrieb dient eine Handkurbel. Im Anschluss an die heitere »Überfahrt« ruhen die Arme. Die Beine müssen wieder ran, haben aber nur noch wenige Kurbelumdrehungen bis **Melsungen** vor sich. Hier lohnt es sich, zu Fuß durch das Fachwerkensemble zu bummeln. Ein Schmuckstück ist das 1562/68 nach einem Großbrand errichtete Rathaus. Es überrascht mit einer rot-weißen Fachwerkfassade, vier Ecktürmen und einer großen Bartenwetzerfigur.

In Hann. Münden vereinigen sich die Flüsse Fulda und Werra zur Weser.

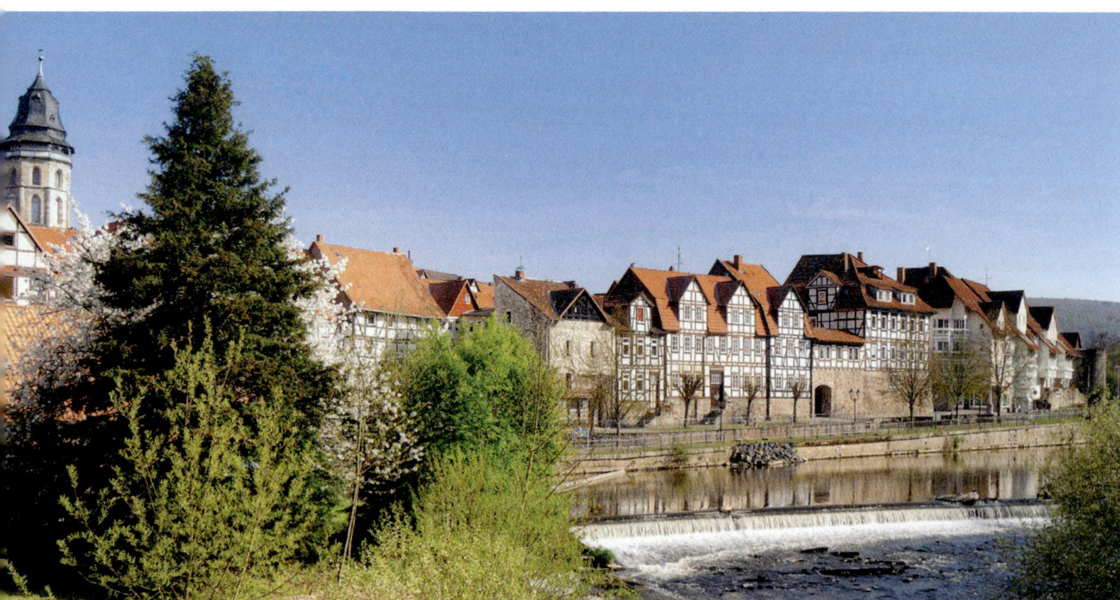

Linke Seite: Die Stiftskirche von Bad Hersfeld ist seit 1761 eine Ruine, in der heutzutage Festspiele ausgetragen werden.

Im Mittleren Fuldatal bezeichnete man früher die Holzfäller als Bartenwetzer. Bevor die Männer zum Holzschlagen in den Wald zogen, trafen sie sich jeden Morgen auf der Bartenwetzerbrücke (1595–96). An dem Bau, der sich mit sechs Rundbögen über die Flussniederung spannt, wetzten sie im Sandstein ihre Barten.

Von Melsungen nach Hann. Münden – 70 km 36 Kilometer entfernt ist mit **Kassel** die Hauptstadt der Märchenstraße erreicht. Die Gebrüder Grimm verbrachten hier 30 Jahre ihres Lebens. In der Stadt trugen sie die weltberühmte Märchensammlung zusammen und begannen mit den Arbeiten am Deutschen Wörterbuch. Kassel hält die Erinnerung an die Sprachwissenschaftler und Volkskundler wach: Da ist das seit 2008 inszenierte Brüder-Grimm-Festival. Da ist das Grimm-Denkmal vor dem ehemaligen Wohnhaus. Und da ist die im September 2015 auf dem Weinberg errichtete GRIMMWELT. Der Bau sieht aus wie eine Treppe für Riesen. Große und kleine Kinder lassen sich von 25 Begriffen aus dem Deutschen Wörterbuch durch die Ausstellung leiten. Der kostbarste Schatz ist das Grimmsche Handexemplar der Kinder- und Hausmärchen von 1812/1815. 2005 ernannte es die UNESCO zum Weltdokumentenerbe. Im Vorwort der Erstausgabe steht: »Alles ist mit wenigen Ausnahmen fast nur in Hessen und den Main- und Kinziggegenden in der Grafschaft Hanau, wo wir her sind, nach mündlicher Ueberlieferung gesammelt.« Wer in Kassel der Wilhelmshöher Allee bis zu ihrem Ende folgt, trifft mit dem Bergpark Wilhelmshöhe auf das zweite Welterbe. Das Wahrzeichen der Stadt, der Herkules, wacht über den größten Bergpark Europas. Die barocke Anlage mit dem Schloss Wilhelmshöhe, der künstlichen Ruine Löwenburg und den faszinierenden Wasserspielen entstand zu Beginn des 18. Jahrhunderts. Bis 1866 diente es den Landgrafen, Kurfürsten, Königen und Kaisern als Sommerresidenz. Im Finale folgen wir entspannt den Flussschleifen. Rechts und links ziehen Fachwerkdörfer vorbei. Doch das herrlichste Juwel liegt noch vor uns: **Hann. Münden**, das Reiseziel. Im Herzen des Gassengewirres zieht das im Stil der Weserrenaissance errichtete Rathaus die Blicke magisch an. Die Dreiflüssestadt, im Weserbergland gelegen, ist einer der zentralsten Radwegknotenpunkte des Landes. Fulda- und Werratalradler lassen hier in Hann. Münden ihre Erlebnisse Revue passieren. Reisende, die den Weserradweg oder den Weser-Harz-Heide-Radweg unter die Räder nehmen wollen, fahren zum Weserstein. Dort steht der berühmte Vers geschrieben: »Wo Werra sich und Fulda küssen/Sie ihre Namen büßen müssen/Und hier entsteht durch diesen Kuss/Deutsch bis zum Meer der Weser Fluss. – Hann. Münden, den 31. Juli 1899.«

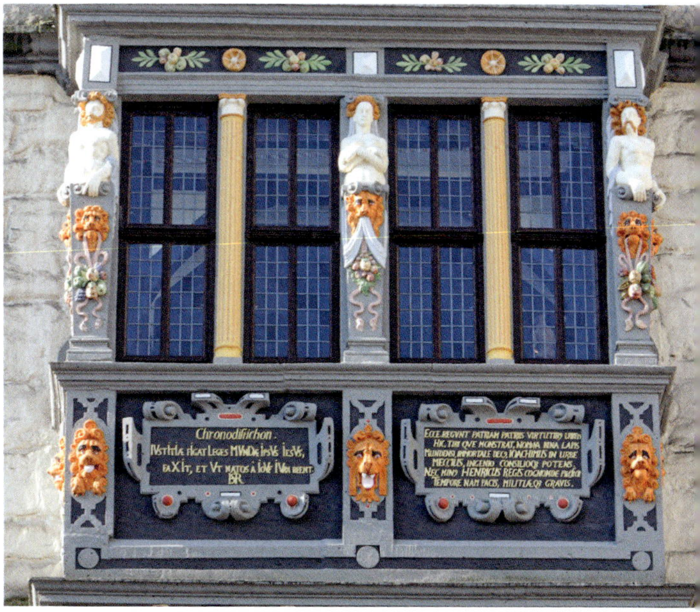

Das Rathaus Münden in der Stadt Hann. Münden geht auf das 14. Jahrhundert zurück.

18

Werratal-Radweg

Vom Rennsteig bis zum Weser-Kuss

mittel 305 km ca. 5 Tage

Charakter
Der Werratal-Radweg ist eine ruhige Tour, anfangs mit einigen Steigungen, später flach. Die Route verläuft meist auf nicht immer asphaltierten Radwegen.

Ausgangsort
Neuhaus am Rennweg Bhf.

Endpunkt
Hann. Münden; zurück mindestens 6 Std. mit dem Zug

Wegmarkierung
Das Werratal-Logo mit Fahrrad sowie Richtungspfeil

E-Bike
Infos zu E-Bikes über www.werratal.de und www.fahrradverleih-in-thueringen.de

Information
Werratal Touristik e. V., Kirchplatz 2, 36433 Bad Salzungen, Tel. 03695/86 14 59, www.werratal.de
Thüringer Tourismus GmbH, Willy-Brandt-Platz 1, 99084 Erfurt, Tel. 0361/374 20, www.thueringen-tourismus.de und www.radroutenplaner.thueringen.de,
HA Hessen Agentur GmbH, Tourismus und Kongressmarketing, Konradinerallee 9, 65189 Wiesbaden, www.hessen-tourismus.de und www.radroutenplaner.hessen.de

Der Werratal-Radweg ist eine stille Erlebnisfahrt. Sie führt vom Rennsteig durch eines der beschaulichsten Flusstäler Deutschlands. Die 300 Kilometer lange Reise ist gespickt mit Burgen und Fachwerkstädten. Unterwegs erfährt man, was das »Nazigold« mit Kunstwerken von Rembrandt und Dürer sowie der Büste von Nofretete verbindet.

Von Neuhaus am Rennweg nach Meiningen – 86 km Zwei Quellen speisen die **Werra**. Beide bieten sich als Startpunkt an. Einer der Bäche sprudelt bei Fehrenbach aus dem Untergrund. Knapp sieben Kilometer südöstlich stößt man in der Nähe von Siegmundsburg auf die andere Quelle. Die bequemste Variante beginnt am Bahnhof von **Neuhaus am Rennweg** auf einer Höhe von 830 Metern. Das Ortsbild wird von der schieferverkleideten Holzkirche beherrscht, die im Jahr 1892 geweiht wurde. Die 9000-Einwohner-Kleinstadt liegt im Osten des Naturparkes Thüringer Wald. Dieses »grüne Herz Deutschlands« umfasst eine Fläche von 208 200 Hektar. Bis zu 982 Meter ragen die Höhenzüge des Kammgebirges auf.

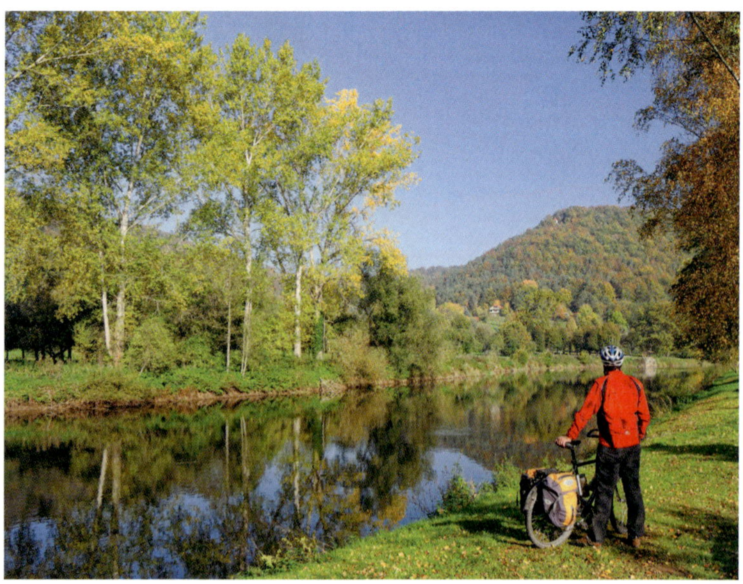

Im Oktober zeigt sich das Werratal von seiner schönsten Seite.

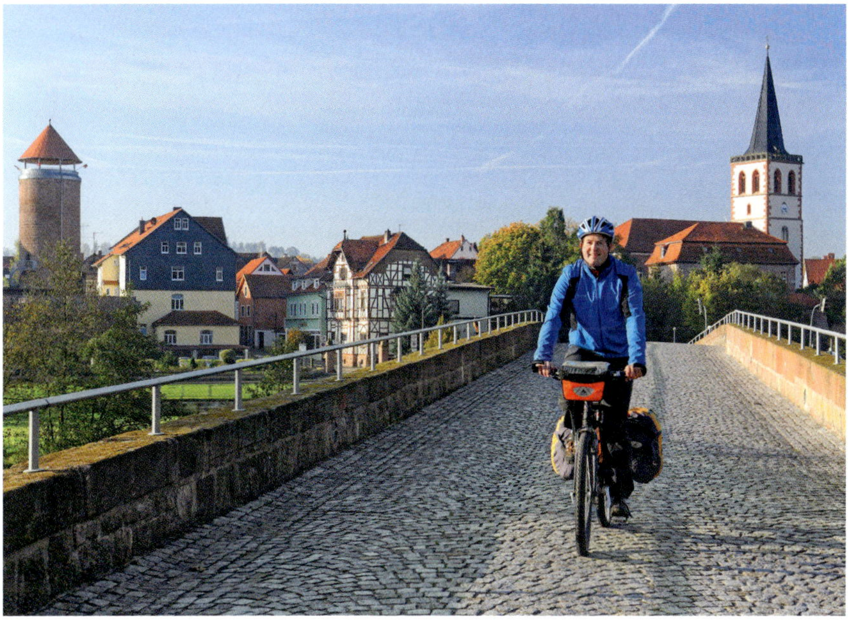

Die Werrabrücke Vacha wird Brücke der Einheit genannt, da sie bis November 1989 gesperrt war.

Der Thüringer Wald bildet eine bedeutende Wasserscheide. Während Gera, Ilm und Saale der Elbe zustreben, tragen die Itz und Rodach ihr Wasser zum Main. Die Werra zieht es via Weser zur Nordsee. Bei Sachsenhausen verschmelzen die zwei Bächlein zur Werra und rauschen mit vereinter Kraft Eisfeld entgegen. Im Geburtsort des Schriftstellers Otto Ludwig lohnt es, einen Blick in das gleichnamige Museum zu werfen. Die Ausstellung ist im Schloss Eisfeld untergebracht. Auf dem Weg Richtung **Hildburghausen** unterbrechen kurze Gegenanstiege die Talabfahrt. Es geht durch verschlafene Siedlungen und Streuobstwiesen. Die einstige Ackerbürgerstadt erblühte unter den Herzögen von Sachsen-Hildburghausen, die hier von 1680 bis 1826 residierten. Heute ist der Ort vor allem durch Joseph Meyer bekannt, den Vater des Meyer's-Konversations-Lexikons. An der Mündung des Flusses Schleuse stoßen wir auf das Kloster Veßra. 1939 brannte die Klosterkirche St. Marien aus und ist seither eine Ruine. Ringsum drängen sich Fachwerkbauten aneinander, die zu einem 1975 eröffneten Freilichtmuseum gehören. Auf dem Gelände geben eine Wassermühle aus dem 17. Jahrhundert, ein Dorfbrauhaus und mehrere Scheunen Einblick in die Lebensweise vergangener Tage. Die Werra nimmt uns mit in die über

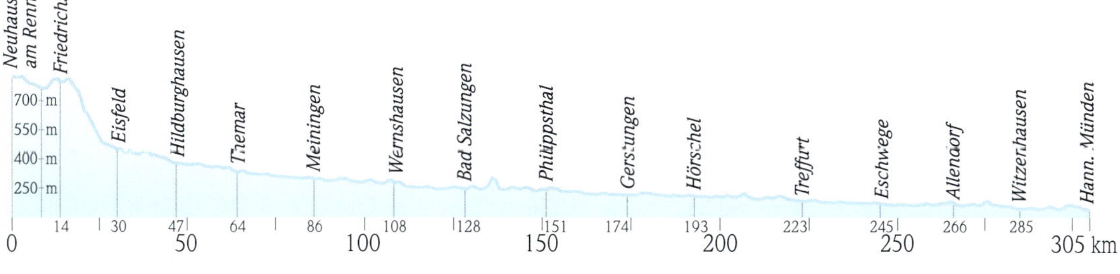

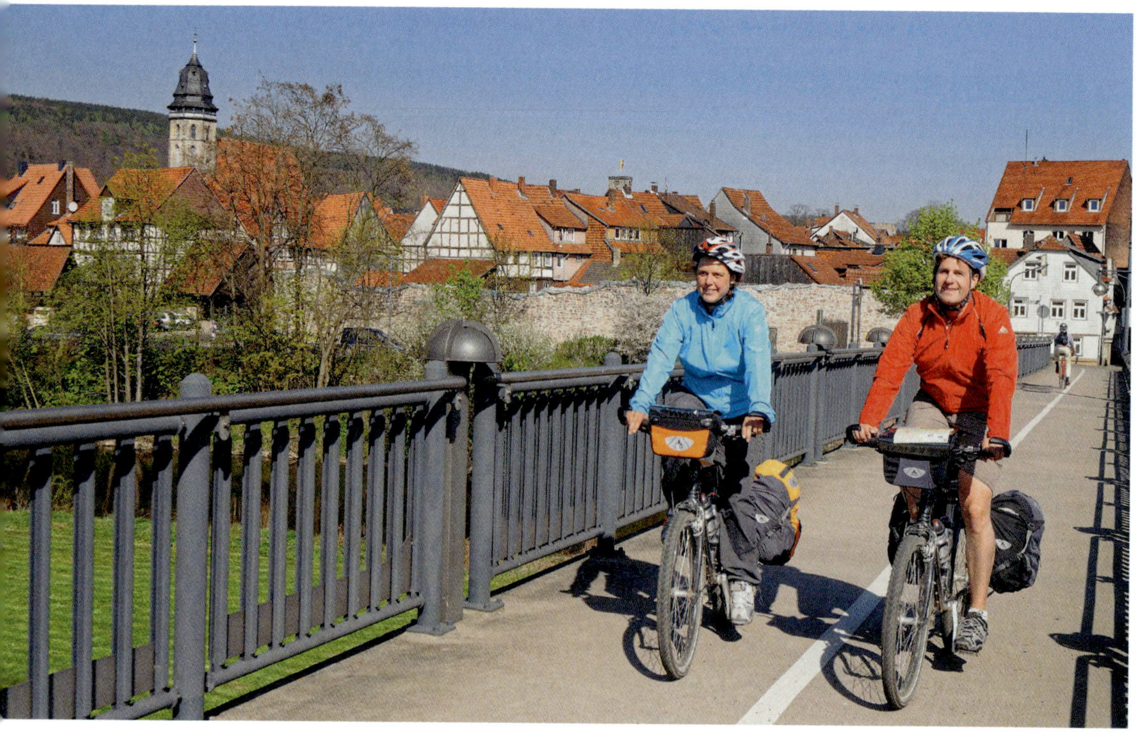

Das Reiseziel Hann. Münden lässt sich gut mit dem Fahrrad erkunden.

tausendjährige Residenzstadt **Meiningen**. Sie strahlt eine bauliche Einheit aus: Breite Alleen führen in Gassen, zu Fachwerkhäusern und in Parks hinein. Ein Schmuckstück ist das ab 1682 erbaute Schloss Elisabethenburg. Der ehemalige Sitz der Herzöge von Sachsen-Meiningen behütet eine der bedeutendsten Kunstsammlungen Thüringens. Fällt das Wort Meiningen, denkt man an die Schauspielerei. Alles begann im Jahr 1776 im Riesensaal des Schlosses. Das heutige Meininger Theater entstand zwischen 1908 und 1909. Es gehört zu den traditionsreichsten Häusern Deutschlands und begründete die Theaterform der »Meininger«.

Von Meiningen nach Hörschel – 107 km Das nächste Ziel, die Karnevalsstadt Wasungen, ist bekannt für ihr »fränkisch-hennebergisches Fachwerk«, das zu einem stimmungsvollen Altstadtspaziergang einlädt. Seit Neuhaus haben wir 130 Kilometer zurückgelegt. Die Kurzanstiege stecken noch in den Beinen. Nach dem sportlichen Einsatz verlangen die Muskeln eine Pause. Gut, dass **Bad Salzungen** vor uns liegt. Seinen Namen verdankt Salzungen den ergiebigen Solevorkommen von bis zu 27 Prozent Salzgehalt. Das Soleheilbad blickt auf eine über 200 Jahre alte Kurtradition zurück. Schmuckstück der historisch gewachsenen Kreisstadt ist das im Jugendstil gebaute Gradierwerk, das zusammen mit den Wandelgängen einen Innenhof mitsamt Pavillon umschließt. Im Südwesten ragen die Kuppen der Rhön auf, die man mit dem 180 Kilometer langen Rhönradweg erkunden kann. Bad Salzungen ist gerade erst im Rücken verschwunden, da ergibt sich sogleich die Gelegenheit, das Fahrrad beiseite zu stellen. Dieses Mal zieht uns das Erlebnisbergwerk Merkers in die Tiefe. 1925 nahm es als weltgrößte Kalifabrik den Betrieb auf. Seit 1993 können

Rechte Seite: Dichte Laubwälder flankieren das tief eingeschnittene Werratal.

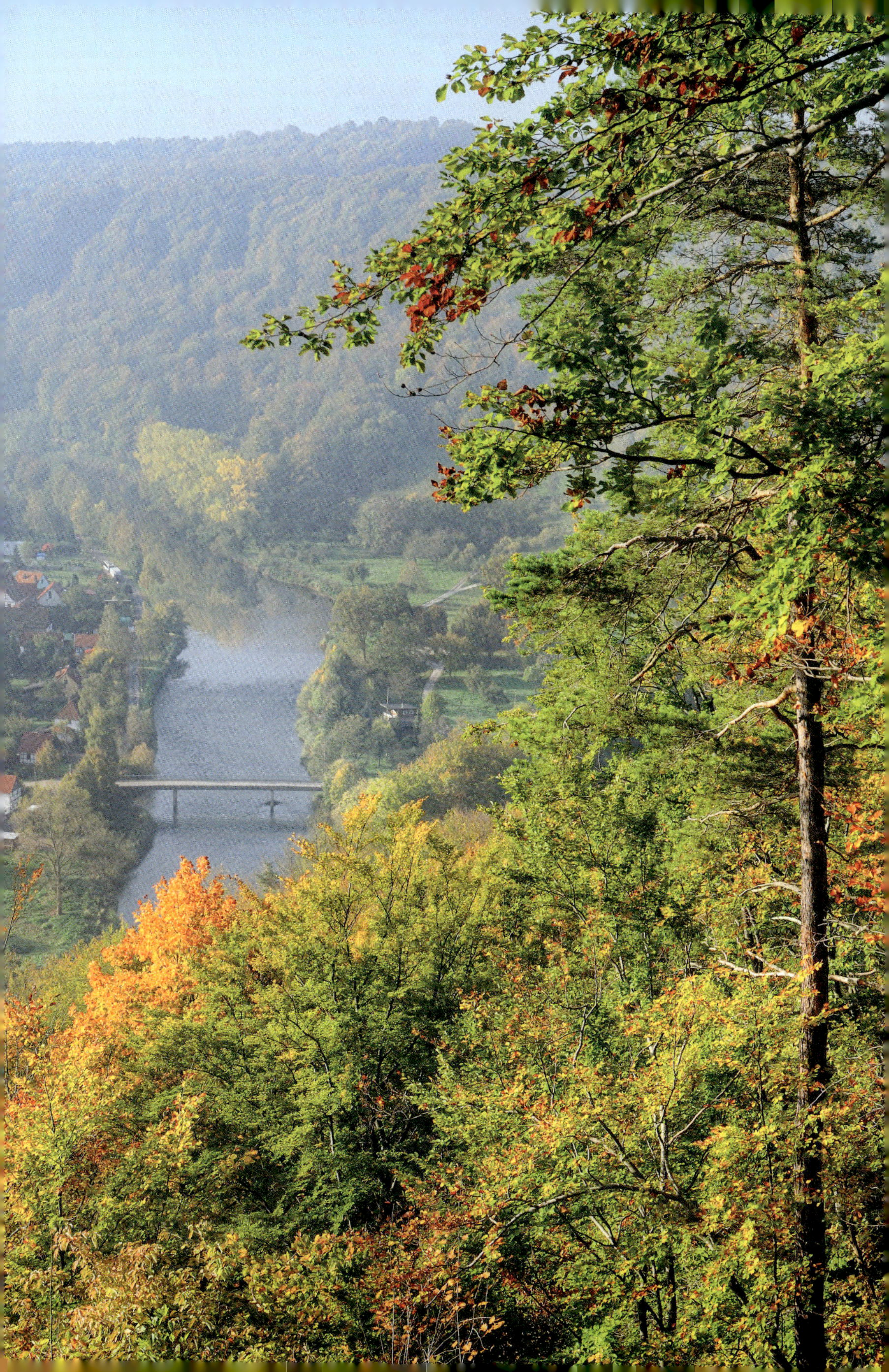

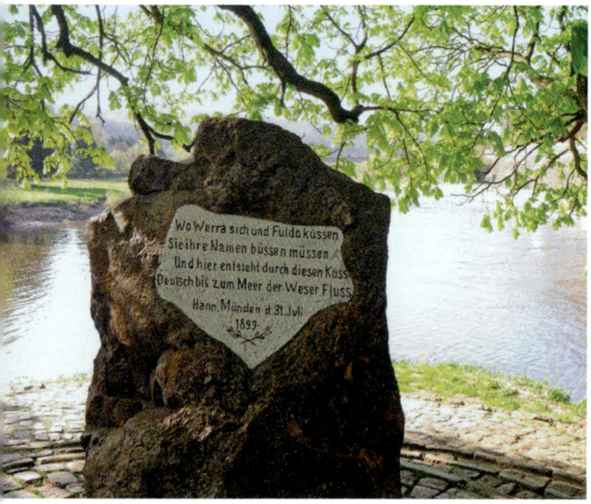

Der Weserstein markiert den Zusammenfluss von Fulda und Werra.

Besucher in das stillgelegte Bergwerk einfahren. Bei der Führung taucht man in ein Labyrinth von Abbaukammern ein und bestaunt 500 Meter unter der Erde den für seine Akustik geschätzten Konzertsaal. Am Ende des Zweiten Weltkrieges verwandelte sich das Bergwerk in eine Schatzkammer. Die Nazis schafften aus Berlin die Gold- und Devisenbestände der Deutschen Reichsbank dorthin. Auch die Büste der Nofretete und Gemälde berühmter Meister wie Rembrandt, Dürer und Riemenschneider fanden in den Stollen einen bombensicheren Platz. In 800 Metern Tiefe steht mit der 1981 entdeckten Kristallgrotte ein weiterer Höhepunkt auf dem Programm. Interessant sind zudem die geführten Mountainbiketouren, bei denen man auf einem 15-Kilometer-Parcours die Salzstollen erkundet. In der Ferne tauchen zwei weiße Berge aus der Werraniederung auf. Bei Heringen und Philippsthal sieht man, dass die vulkanartigen Gebilde Abraumhalden des Kalibergbaues sind, der für die Versalzung der Werra verantwortlich ist. Der Monte Kali bringt es auf eine Höhe von 200 Metern über dem Talboden.

Von Hörschel nach Hann. Münden – 112 km Burgen, Schlösser und Herrensitze bilden auf dem letzten Flussabschnitt zwischen Hörschel und dem Reiseziel Hann. Münden die Kulisse. Es geht in das Werra-Durchbruchtal mit seinen Muschelkalkbergen. Die malerische Landschaft schützt man im Naturpark Eichsfeld-Hainich-Werratal. Am Ufer entlang fahren wir durch Treffurt, Wanfried und nach **Bad Soden-Allendorf** hinein. Der Kurort wurde vor Jahrhunderten geprägt durch den florierenden Salzhandel. Das imposante Gradierwerk und die prächtigen mittelalterlichen Fachwerkzeilen sind Zeugen dieser Zeit. Im Osten der Stadt erinnert die Gedenkstätte Schifflersgrund an die Teilung Deutschlands. Relikte aus dem Kalten Krieg bilden die Außenanlagen des Grenzmuseums. Entlang des Kolonnenweges blieben ein 1000 Meter langer Grenzzaun, ein Kontrollstreifen K6 und ein Beobachtungsturm BT-9 erhalten. Im Museumsbau geben Infotafeln und Exponate aus jener Epoche zusätzliche Details des Schreckens preis. Auf hessischem Boden wird der Fluss breiter, führt durch die Naturparks Meißner-Kaufunger-Wald und Münden. Beide Schutzgebiete laden mit ihren Wiesen und Forsten zu ausgedehnten Wanderungen und Radtouren ein. Es gibt einiges zu entdecken: die Grube Gustav, den Bergwildpark Meißner oder das Schloss Berlepsch. Von hier aus radeln wir in einer Stunde ins Zentrum von **Hann. Münden**. Nordwestlich des Altstadtkernes vereint sich die Werra mit der Fulda zur Weser. Hier scheint die Zeit stehen geblieben zu sein: 700 Fachwerkhäuser umrahmen das schmuckvolle Rathaus. Viele Gebäude tragen Verzierungen und Inschriften. Am Werra-Ufer zieht das 1570 im Stil der Weserrenaissance erbaute Schloss der Welfen die Blicke an. Hinter dem Gemäuer kann man Produkte der Fayence-Manufaktur Münden, Wandmalereien und Funde aus dem Römerlager Hedemünden bestaunen. Die Reise auf dem Werratalradweg hat sich gelohnt. Wer möchte da nicht gleich auf dem Weser-Radweg weiterfahren?

Rechte Seite: Im hessischen Kurort Bad Sooden gibt es viele Fachwerkgebäude.

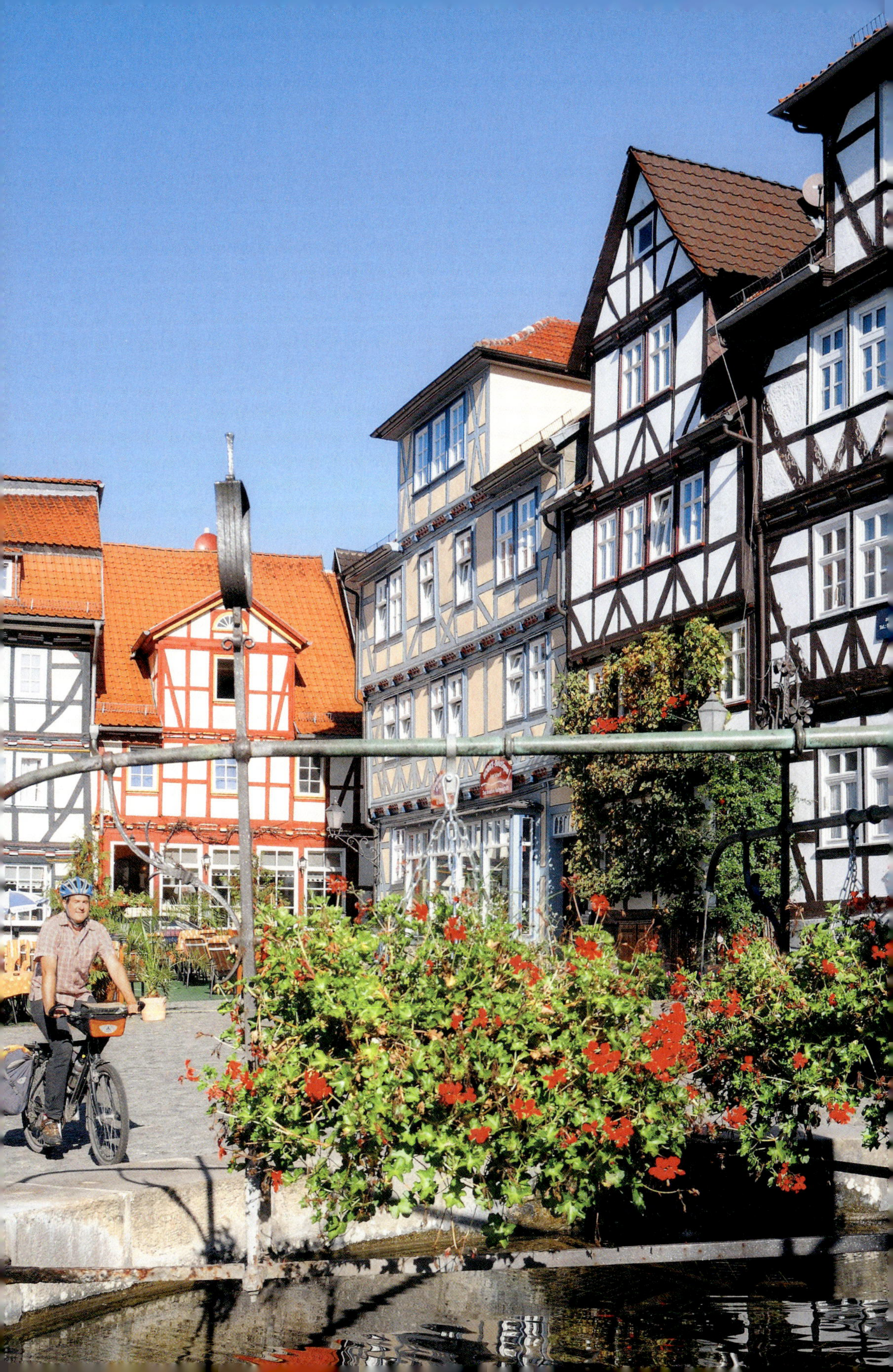

19

Unstrut-Radweg

Per Rad auf einer Zeitreise

leicht | 190 km | ca. 3 Tage

Charakter
Der meist flache Radweg ist gut ausgebaut und überwiegend asphaltiert.

Ausgangsort
Der Bahnhaltepunkt in Silberhausen ist sieben Kilometer von der Unstrutquelle entfernt. Alternativ Zugreise nach Heilbad Heiligenstadt.

Endpunkt
Naumburg; zurück 2 Std. mit dem Zug

Wegmarkierung
Die schwarz-weißen Wegschilder zeigen ein blaues »U« mit einem Radfahrer und der Aufschrift »Unstrut«.

E-Bike
Alle Fahrradläden an der Route sind auf www.unstrutradweg.de zu finden.

Information
www.unstrutradweg.de
Thüringer Tourismus GmbH, Willy-Brandt-Platz 1, 99084 Erfurt, Tel. 0361/37420, www.thueringen-tourismus.de und www.radrouten planer.thueringen.de,
IMG – Investitions- und Marketinggesellschaft Sachsen-Anhalt mbH, Am Alten Theater 6, 39104 Magdeburg, Tel. 0391/5689988, www.sachsen-anhalt-tourismus.de und www.radtouren-sachsen-anhalt.de
HVE Eichsfeld Touristik e.V. – OT Leinfelde, Conrad-Hentrich-Platz 1, 37327 Leinefelde-Worbis, Tel. 03605/20067 60, www.eichsfeld.de
Tourismusverband Thüringer Becken e.V., Auenstraße 1, 99610 Sömmerda, Tel. 0700/44334 44, www.tourismusverbund-soemmerda.de
Tourismusverband Südharz Kyffhäuser e.V., Markt 8, 99706 Sondershausen, Tel. 03631/91 11 25, www.kyffhaeuser-tourismus.de
Saale-Unstrut-Tourismus e.V., Topfmarkt 6, 06618 Naumburg, Tel. 03445/23 37 90, www.saale-unstrut-tourismus.de

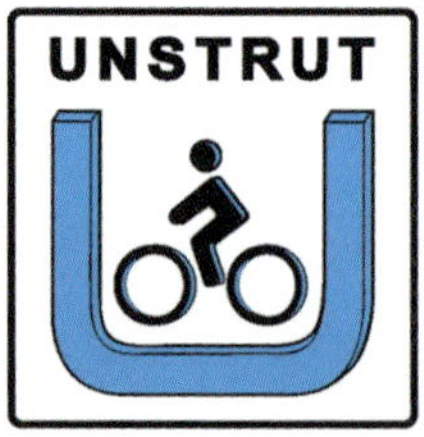

Der Unstrut-Radweg spannt einen attraktiven Bogen zwischen Kultur und Natur. Steuert er doch vom Eichsfeld bis zur Saale all die charmanten Städte und sonnenverwöhnten Weinberge an, die den Landstrich bei Besuchern so beliebt machen. In drei bis vier Tagen schaffen Radler entspannt die 190 Kilometer und genießen dabei die herrliche Ruhe.

Von Kefferhausen nach Bad Langensalza – 48 km Auf der Hochfläche des **Eichsfeldes** schickt uns die in Stein gefasste Unstrutquelle auf eine spannende Reise durch Thüringen und Sachsen-Anhalt. Bis zur Mündung in die Saale sind es 100 Kilometer Luftlinie. Aber der Fluss wirft immer wieder Schleifen, legt so annähernd den doppelten Weg zurück. Den Anfang macht der elf Jahrhunderte alte Ort Dingelstädt mit der Kirche St. Gertrudis. Radfahrer rollen talwärts über Wiesen und durch Dörfer. Hier und da tauchen sie in einen schattigen Auwald ein. Ihr Ziel ist **Mühlhausen**. Die 967 erstmals als Königspfalz erwähnte Stadt kam durch die Tuchweberei, den Waidanbau und den Fernhandel zu Wohlstand. Wer von Westen her ins Zentrum steuert, bekommt dies sogleich zu Gesicht: Hier wird der

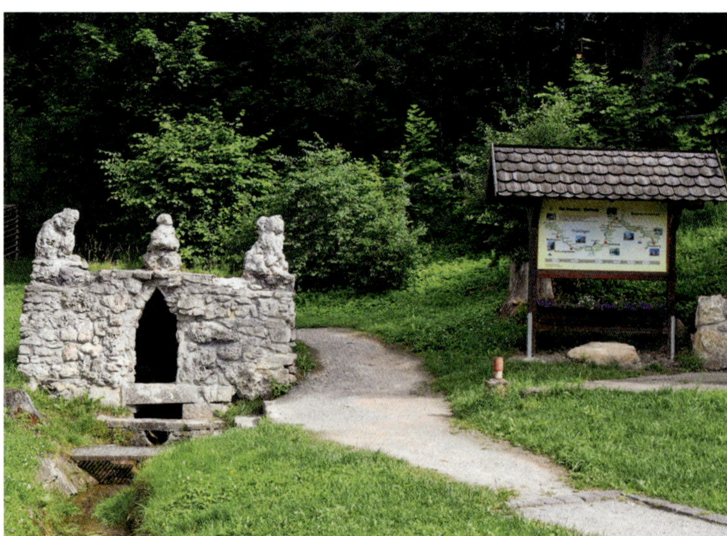

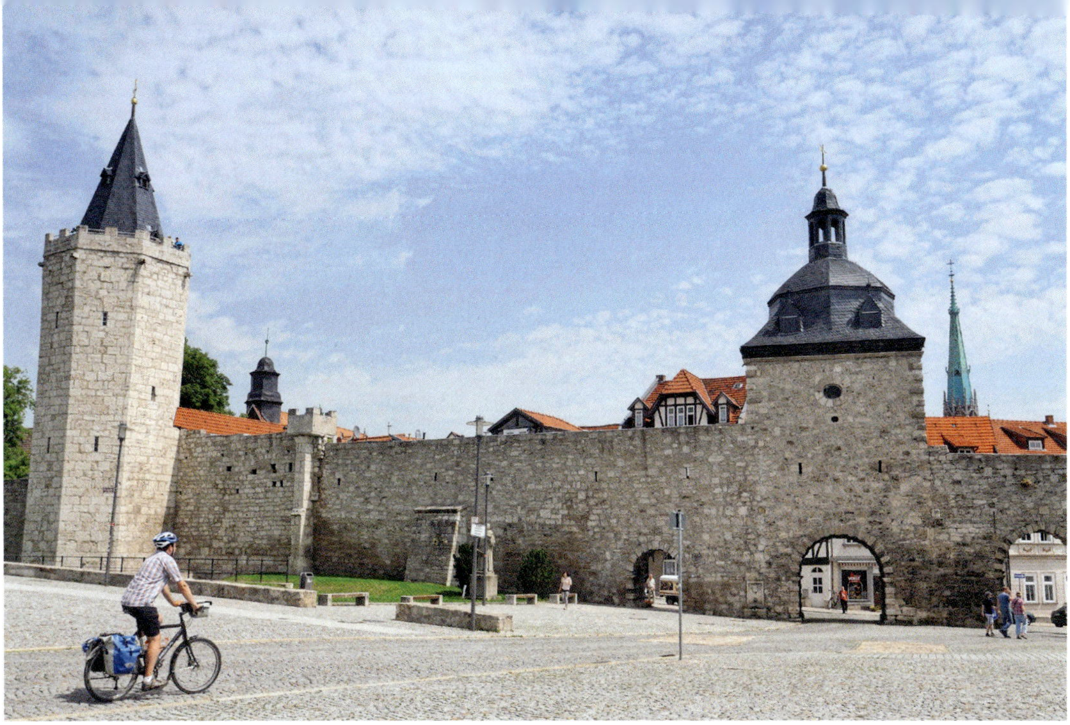

Reichtum Mühlhausens durch den hoch aufragenden Rabenturm und eine begehbare Wehrmauer geschützt. Wir fahren durch das wagenbreite Frauentor. Dahinter finden wir uns in einer schmucken Fachwerkgasse wieder, in der der stattliche Kirchenbau von St. Marien den Blick nach oben lenkt. Mit Mühlhausen verschwindet die Wirkungsstätte des Komponisten Johann Sebastian Bach und des Reformators Thomas Müntzer langsam am Horizont. Der Unstrut-Radweg tritt in das **Thüringer Becken** ein. Mit einer Fläche von 2700 Quadratkilometern umfasst es ein Sechstel des Bundeslandes. Alle Wasserläufe streben der Unstrut zu. Begleitet von Feldern erreicht der Fluss mit **Bad Langensalza** den zweiten Höhepunkt der Etappe. Das beste Argument, in die Kur- und Rosenstadt Bad Langensalza zu reisen, sind die liebevoll gestalteten Parkanlagen. Im Japanischen Garten kann man jedes Frühjahr die Blütenpracht zum Hanami-Kirschblütenfest bewundern und danach bei einer Shiatsu-Massage entspannen. Zusätzliche Perlen sind der Rosengarten, der Kurpark und der Botanische Garten. Musikfans spazieren in das Arboretum. Dort können sie im »Garten der Bäume« den Klängen klassischer Konzerte lauschen und den Blick über 219 verschiedene Gehölzarten schweifen lassen.

Mühlhausen wird durch eine wehrhafte Befestigungsanlage geschützt.

Linke Seite: Neben der Unstrutquelle befindet sich ein Rastplatz mitsamt Infotafel.

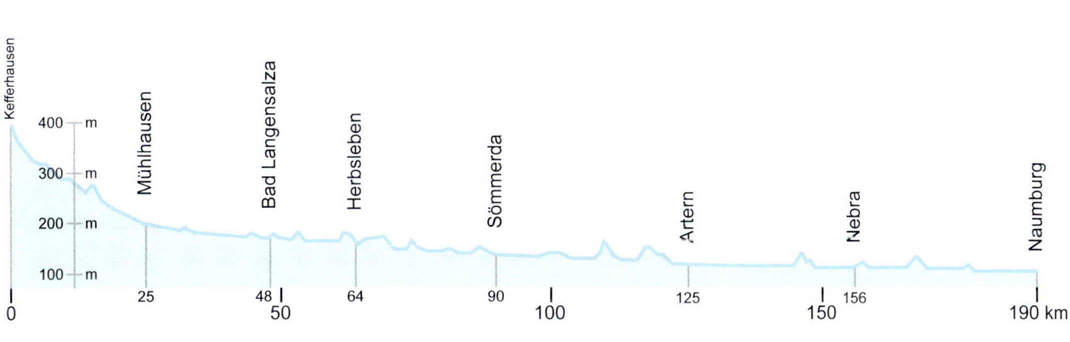

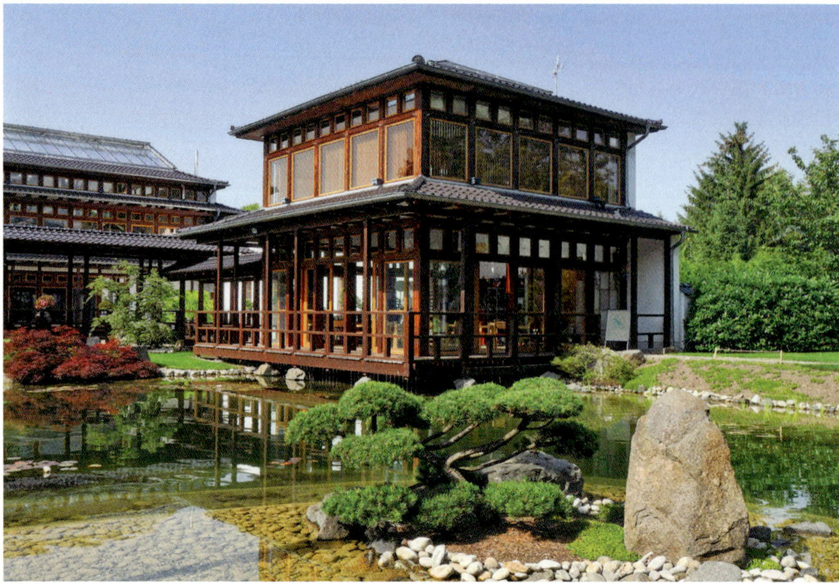

In Bad Langensalza ist man besonders stolz auf den Japanischen Garten.

Von Bad Langensalza nach Artern – 78 km Zwischen Nägelstedt und Großvargula hat die Unstrut einen tiefen Einschnitt in die Schichten des Oberen Muschelkalkes gewaschen. Uns beschert sie eine beschauliche Flusspartie, die im Naturschutzgebiet Unstruttal bewahrt wird. Die steilen Nordhanglagen dienten einst dem Weinanbau. Heute sind sie von April bis Mai mit Tausenden goldgelb blühenden Frühlings-Adonisröschen überzuckert. Die Radroute verlässt anschließend immer wieder den Fluss und läuft durch sanftwellige Ackerflächen. In Gebesee mündet der Fluss Gera in die Unstrut, die die Kreisstadt **Sömmerda** ansteuert. Beliebtes Ziel ist der Marktplatz, an dem der zweigeschossige Renaissancebau des Rathauses mit einem turmbewehrten Spitzdach die Blicke anzieht. Daneben reckt sich die St.-Bonifatius-Kirche in den Himmel, von deren quadratischem Glockenturm man eine herrliche Sicht auf die umliegenden Fachwerkgebäude genießt. Die Unstrut knickt Richtung Norden ab. Bei Gorsleben durchbricht sie die von der Sachsenburg bewachte **Thüringer Pforte**, an der die Höhenzüge von Hainleite und Schmücke aufeinandertreffen. Bis der Radweg das Bundesland Sachsen-Anhalt erreicht, locken das Industriedenkmal Zuckerfabrik Oldisleben und die Festung Heldrungen zu einem Rundgang. Zwei viereckig angelegte Wassergräben samt Wällen umgrenzen das Bollwerk. Durch eine von zwei Rundtürmen flankierte Pforte gelangt man zum Hauptbau. Im Jahr 1525 wurde hinter den massiven Mauern der Theologe und Reformator Thomas Müntzer inhaftiert, gefoltert und später hingerichtet. Er war im Bauernkrieg einer der Anführer der Bewegung. Heute geht es im Land friedlich zu und die Wasserburg wird als Jugendherberge genutzt.

Von Artern nach Naumburg – 64 km Zwei Radstunden entfernt rollen wir in **Nebra** ein. Hört man den Namen der Kleinstadt, kommt einem sofort die berühmte Himmelsscheibe in den Sinn. Ihr hat man oberhalb des Dorfes ein modernes Museum gewidmet. Im Juli 1999 entdeckten zwei Raubgräber die weltweit älteste konkrete

Darstellung des Himmels. Den Originalfund der Bronzeplatte mit ihren astronomischen Goldsymbolen bewahrt das Landesmuseum für Vorgeschichte in Halle auf. Dennoch lohnt eine Besichtigung der Arche Nebra. Das Besucherzentrum residiert in einem goldgelben Neubau, der an die geschwungene Form der Himmelsbarke auf der kreisförmigen Bronzeplatte erinnert. Wer die 300 Quadratmeter große Ausstellung betritt, gerät ins Grübeln: Wann entstand das Artefakt? Welche Materialien verwendeten die Schöpfer? Und vor allen: Was bedeuten die goldenen Symbole? Eine Filmvorführung erklärt die astronomischen Deutungen. Begleitfunde aus der Bronzezeit zeugen von der Kunstfertigkeit der Menschen. Seit 2013 zählt die kreisförmige Bronzeplatte zum UNESCO-Weltdokumentenerbe. Voraus liegt der Naturpark Saale-Unstrut-Triasland, der uns bis ans Reiseziel führen wird. Ein Stück flussabwärts lösen in Reih und Glied gepflanzte Weinstöcke die vertraut gewordenen Felder als ständige Wegbegleiter ab. An manchen Stellen ragen die blanken Gesteine der Trias-Epoche aus den Steilhängen. Hier entdeckte Fossilien geben Einblick in 200 Millionen Jahre Erdgeschichte. Damals lag Mitteleuropa auf dem Grund eines Muschelkalkmeeres. Seither formten die Kontinentaldrift, der Regen und der Wind den malerischen Talabschnitt, der bei **Freyburg** am eindrucksvollsten ist. Den Logenplatz über der Wein- und Sektstadt nimmt das imposante Schloss Neuenburg ein. Namhafte Dynastien, wie die Familie der Ludowinger und später das Haus Wettin regierten zeitweise von hier aus ihre Ländereien. Mehrmals erweiterten sie den wehrhaften Herrensitz. Im Inneren bilden die Doppelkapelle, das Weinmuseum im Kellergewölbe und der beeindruckende Fürstensaal wertvolle Zeitzeugnisse. Eine Etage tiefer geht die gemauerte Stadtbefestigung eine harmonische Einheit mit der Stadtkirche St. Marien und dem Gebäudeensemble der Rotkäppchen-Sektkellerei ein. Die historischen Kelleranlagen laden zu einer Besichtigung. Fünf Kilometer entfernt trifft im Blütengrund das Wasser der Unstrut auf die Saale und beschert uns mit **Naumburg** den finalen Reisehöhepunkt. Das unübersehbare Wahrzeichen der Altstadt ist der viertürmige Dom St. Peter und Paul. Jahrhunderte lang mühten sich Baumeister, Künstler und Handwerker an der Kirche ab und erschufen eine Kulturperle von Weltrang. Kostbar sind die zwölf lebensgroßen Stifterfiguren im Westchor. Die älteste Steinskulptur der Hl. Elisabeth gibt es in der Elisabethkapelle zu bestaunen. Eine Treppe führt hinab in die romanische Krypta. Wer sich im Naumburger Dom sattgesehen hat, kann die Reise entspannt in einem der Restaurants der Stadt ausklingen lassen.

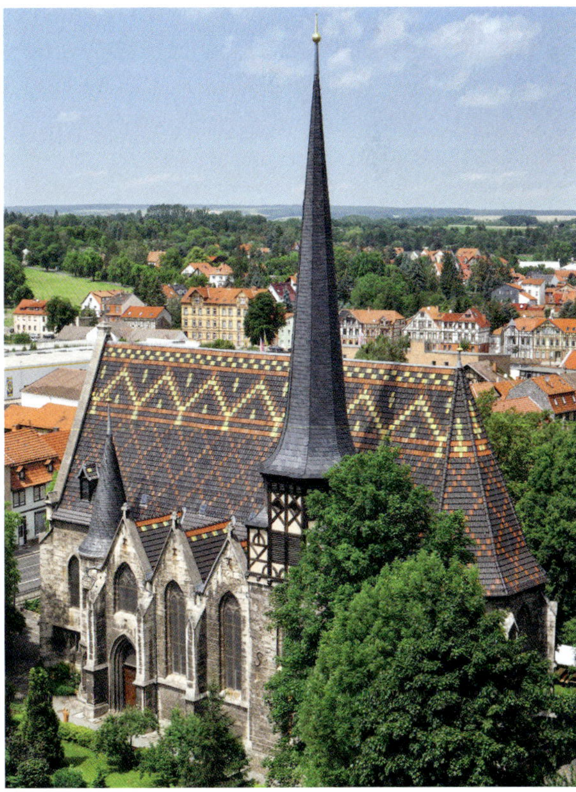
Der Deutsche Orden errichtete im 14. Jahrhundert in Mühlhausen die St.-Petri-Kirche.

20

Ilmtal-Radweg

»Über allen Gipfeln ist Ruh«

leicht | 120 km | ca. 2 Tage

Charakter
Die meist abwärts führende Tour verläuft oft fern des motorisierten Verkehrs auf Rad- und Wirtschaftswegen. Selten benutzt man eine Nebenstraße.

Ausgangsort
Ilmenau Bhf. Taxis bieten einen Transport zum Startpunkt an. Oder mit dem Fahrrad 15 Kilometer bergan radeln.

Endpunkt
Großheringen; zurück 3 Std. mit dem Zug

Wegmarkierung
Die Einschieber sind mit dem Schriftzug »Ilmtal« versehen. Ein schwarzer Radfahrer sowie das Bild einer grünen Hügellandschaft dienen zusätzlich als Hilfe.

E-Bike
Über die Webseite www.ilmtal-radweg.de wird ein Radverleih angeboten: Datum und Abholstation angeben, Typ wählen, Uhrzeit vereinbaren und losstrampeln.

Information
Touristinformation Ilmenau, Am Markt 1, 98693 Ilmenau, Tel. 03677/600300, www.ilmenau.de und www.ilmtal-radweg.de
Weimarer Land Tourismus e. V., Bahnhofstraße 28, 99510 Apolda, Tel. 03644/519975, www.weimarer-land-tourismus.de
Touristinformation Weimar, Markt 10, 99423 Weimar, Tel. 03643/7450, www.weimar.de
Thüringer Tourismus GmbH, Willy-Brandt-Platz 1, 99084 Erfurt, Tel. 0361/37420, www.thueringen-tourismus.de und www.radroutenplaner.thueringen.de

Eine Tour auf dem Ilmtal-Radweg verbindet: Radfahrer erleben zu Beginn der Reise den Thüringer Wald. Im Mittelteil spürt man in Ilmenau und Weimar dem Wirken bedeutender Geistesgrößen nach. Zum Finale ist Wellness das Stichwort. Die herzhafte Thüringer Küche, ein UNESCO-Welterbe und viel Geschichte – gut, dass all dies nah beieinanderliegt.

Von Allzunah nach Stadtilm – 37 km Eine Straßenkreuzung im Dorf Allzunah markiert in 750 Metern Höhe den Startpunkt unserer Lehrfahrt. Der Erholungsort liegt im **UNESCO-Biosphärenreservat Vessertal-Thüringer Wald**. Der Forst bedeckt 90 Prozent des Schutzgebietes, in dem die drei höchsten Berge des Mittelgebirges bis zu 982 Meter aufragen. In ihre Flanken schneiden liebliche Täler. Einem von ihnen folgt der Bach Lengwitz. Mal rechts, mal links davon führt das Sträßchen mit herrlichen Kurven hinab nach Stützerbach. In dem komplett von Waldungen eingefassten Luftkurort siedelten bereits Mitte des 17. Jahrhunderts die

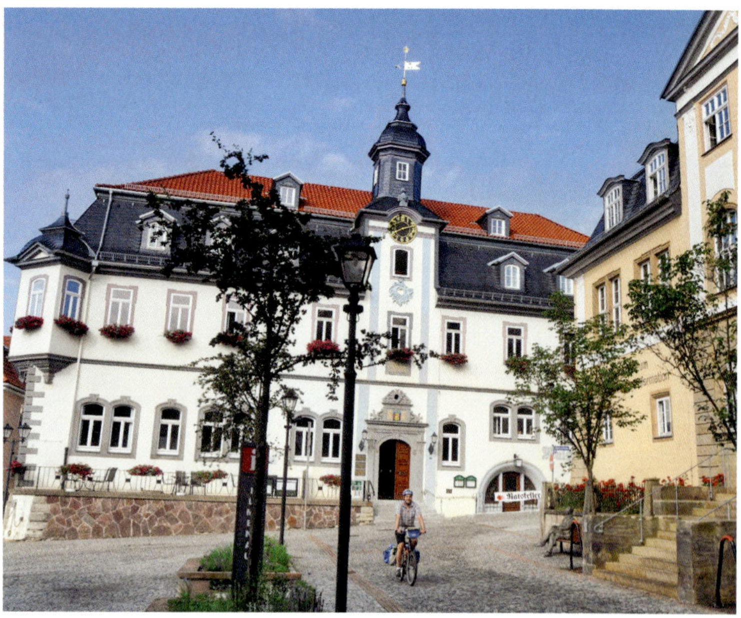

Das Rathaus von Ilmenau entstand zwischen 1768 und 1786.

ersten Glasmeister und entwickelten das in der Region weitverbreitete Traditionshandwerk zur hohen Kunst. Angelockt durch das günstige Reizklima zogen ab 1870 »Sommerfrischler« in das ruhige Tal, das im Jahr 1904 ans Bahnnetz angeschlossen wurde. Am unteren Ortsausgang von Stützerbach vereint sich das Quellgewässer Lengwitz mit den Wasserläufen Taubach und Freibach zum Fluss Ilm. Das kraftvoll rauschende Gewässer nimmt uns mit durch sattgrüne Talwiesen. In **Ilmenau** greifen wir wieder zur Fahrradbremse. Früher holte man hier Silber und Kupfer aus den Minen, später belebte die Glas- und Porzellanherstellung die heute 26 000 Einwohner zählende Stadt. Johann Wolfgang von Goethe kam im Jahr 1776 zum ersten Mal hierher, um das Finanz- und Steuerwesen des Amtes Ilmenau zu sanieren. Hoch oben wacht der 861 Meter hohe Berg Kickelhahn über dem Tal. Im Inneren der Jagdaufseherhütte hinterließ der Dichterfürst am Abend des 6. Septembers 1780 die bekannten Verse. »Über allen Gipfeln / Ist Ruh / In allen Wipfeln / Spürest du / Kaum einen Hauch / Die Vögelein schweigen im Walde. / Warte nur, balde / Ruhest du auch.« Das GoetheStadtMuseum, der Goethewanderweg und eine sitzende Goethestatue auf dem Markplatz zeugen davon, dass sich die heutige Universitätsstadt dem berühmten Dichter verschrieben hat. Für Abwechslung sorgen das DDR-Spielzeugmuseum und die Porzellanausstellung Schlegelmilch. Von hier aus rollen die Räder in Sichtweite des Flusses fast wie von allein über den gepflegten Asphaltradweg. Die Namen der Siedlungen Langewiesen, Annawerk und Ilmtal verraten den Charakter des Abschnittes hinab bis **Stadtilm**, das ringsum von Nadel- und Mischwäldern eingefasst wird.

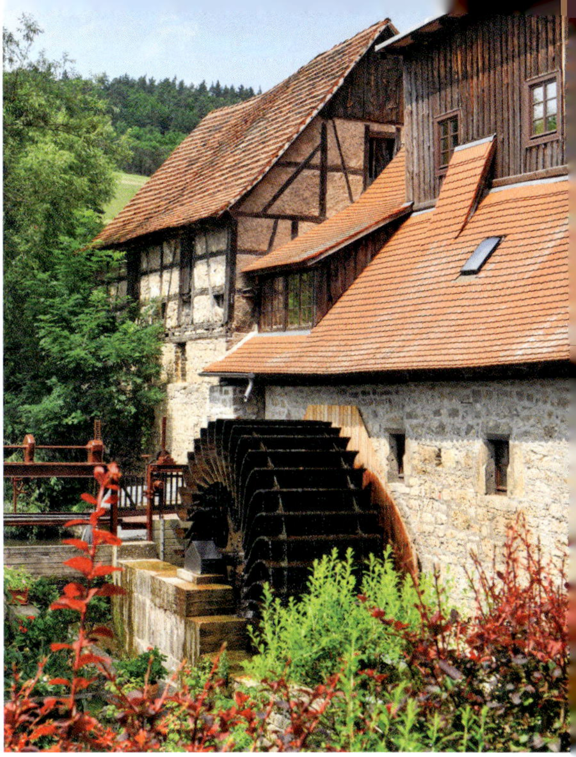

Die Wassermühle von Buchfart steht unter Denkmalschutz.

Der Goethe-Brunnen – ein beliebtes Fotomotiv von Bad Berka

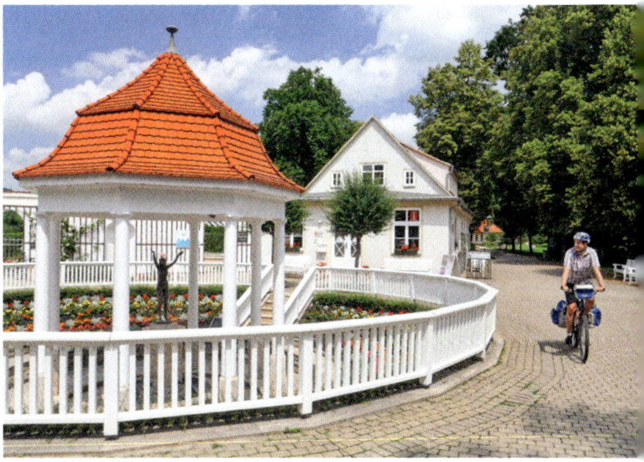

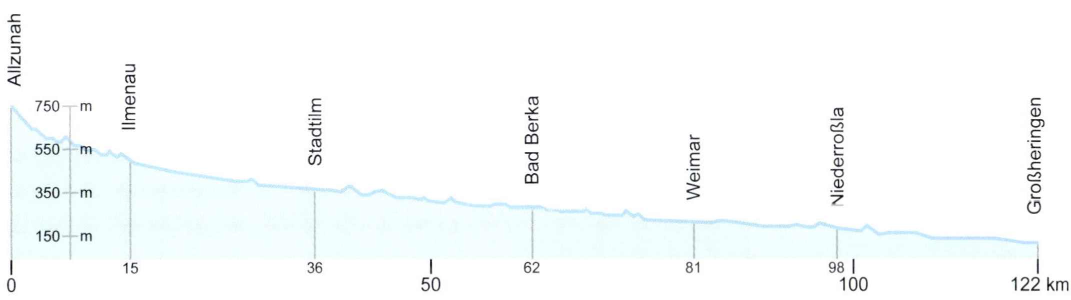

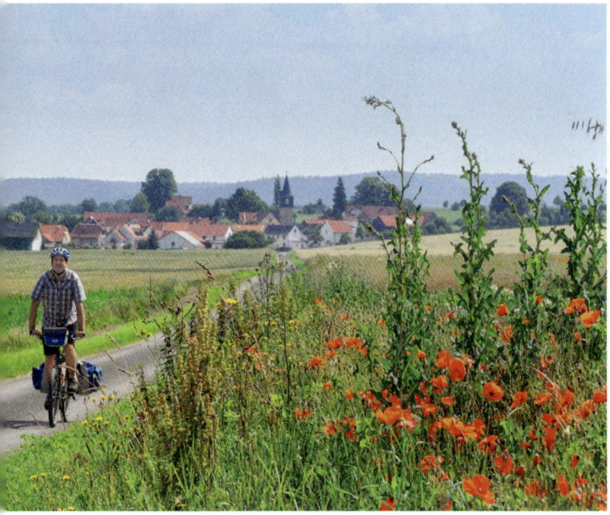

Der Ilmtal-Radweg führt am Ostrand des Thüringer Waldes durch ruhige Dörfer und Felder.

Von Stadtilm nach Weimar – 44 km Entlang der Radroute gibt es viel zu entdecken: das Eisenbahnviadukt von Stadtilm, das Heimatmuseum im Rathaus und die Stadtkirche St. Marien mit ihren markanten Doppeltürmen. Selbstverständlich kann man unterwegs auch stilvoll einkehren. In der Kunst- und Senfmühle von Kleinhettstedt etwa, die Radler inmitten des prächtigen Fachwerkensembles mit einem einladenden Biergarten empfängt. Bevor man weiterradelt, sollte man noch einen Blick in den unter Denkmalschutz stehenden Gebäudekomplex werfen. Er dokumentiert die Arbeitsschritte der Wassermühle vom 16. Jahrhundert bis in die heutige Zeit, von der Getreideproduktion bis zur Senfherstellung. Ilmabwärts führt die Tour durch das ansprechende Tal dem nächsten Ziel entgegen – der Stadt Kranichfeld. Wahrzeichen bilden die über der Flusssenke errichteten Herrensitze Niederburg und Oberschloss. Am interessantesten für Besucher ist die Niederburg, die als Kulisse für Freilichtspiele dient. Außerdem ist dort der Adler- und Falkenhof Schütz beheimatet, dessen stolze Greifvögel packende Flugvorführungen darbieten. Auf der Fährte der Dichter und Denker geht die Radreise weiter ins Herz von **Weimar**.

Goethes Gartenhaus steht in Weimar direkt an der Strecke.

Von Weimar nach Großheringen – 39 km Weimars Liste der Sehenswürdigkeiten ist lang und bedeutend. So bedeutend, dass die UNESCO 1998 große Teile der Stadt als »Klassisches Weimar« in die Liste des Erbes der Welt aufnahm. Geistesgrößen wie Wieland, Goethe, Herder und Schiller hinterließen an der Ilm ihre Spuren, schufen herausragende Werke, denen man bei einem Rundgang nachspüren kann. 1919 rief Walter Gropius in Weimar das Bauhaus ins Leben. Heute genießen Reisende ein Zentrum mit Cafés, Bars, Restaurants, dazu einen prall gefüllten Veranstaltungskalender. Gegenüber des Deutschen Nationaltheaters können Interessierte ein Ticket für das Bauhaus-Museum lösen. Mehr als 200 Exponate geben Einblick in die bedeutendste Hochschule für Gestaltung des 20. Jahrhunderts. Eine weitere Sehenswürdigkeit ist die Herzogin Anna Amalia Bibliothek. Nach einem Brand im Jahr 2004 neu eröffnet, präsentiert der berühmte Rokokosaal wieder kostbare literarische Zeugnisse vom 9. bis zum 21. Jahrhundert. Bei schönem Wetter zieht es Besucher zum Belvedere, einer Lustschlossanlage, die sich in eine reizvolle Parkanlage bettet. Folgt man dem Lauf der Ilm, so steht man vor Goethes Wohnhaus. Im Goethe-Nationalmuseum kann

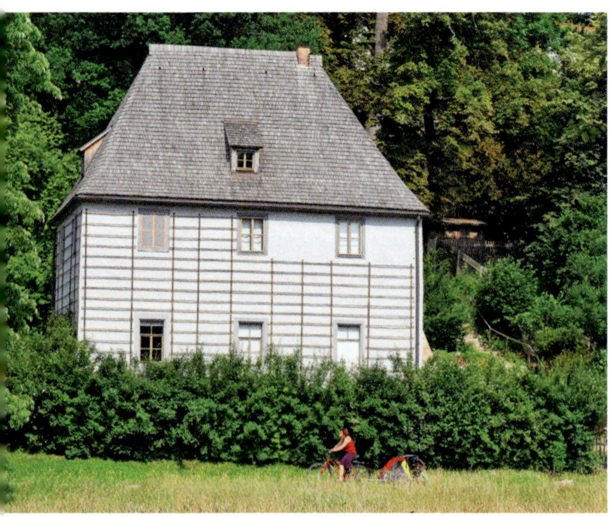

man die originale Einrichtung bestaunen. Die Kunstsammlung des Stadtschlosses entführt in die Zeitspanne vom Mittelalter bis zur Moderne um 1900. Geprägt ist Weimar auch von der Zeit des Nationalsozialismus. Die Erinnerung an die Verbrechen wird im ehemaligen Konzentrationslager Buchenwald wachgehalten. Der General und spätere Präsident der Vereinigten Staaten Dwight D. Eisenhower schrieb im April 1945: »Nichts hat mich je so erschüttert wie dieser Anblick.« Hinter uns liegt die Kulturstadt Europas des Jahres 1999, voraus die Landschaft des Thüringer Beckens. Hier im unteren Ilmtal erinnern Schloss Tiefurt, Schloss Kromsdorf, Burg Denstedt und Schloss Apolda an vergangene Tage der Feudalherrschaft. Manchmal geht es direkt am Fluss entlang, dann wieder durch das ansprechende Hinterland. Der Schriftsteller Christoph Martin Wieland war beseelt von dem beschaulichen Flecken Erde und erwarb 1797 in Oßmannstedt ein Gut für 22 000 Taler. In seiner »Insel des Glücks und des Friedens« empfing er Gäste wie Herzogin Anna Amalia, Goethe, Herder und Kleist. Die Klassik Stiftung Weimar widmet dem Dichter eine Gedenkstätte mitsamt Museum und Garten. Nach zwei entspannten Radstunden lädt das Weinstädtchen **Bad Sulza** zu einem sinnlichen Stopp ein. Die Salzgewinnung und der Traubenanbau machten den Kurort berühmt. Ansehen genießt der denkmalgeschützte Kurpark, in dem der Musikpavillon (1873), das historische Inhalatorium (1903) und die Trinkhalle (1910) für Kulturerlebnisse sorgen. Wenige Gehminuten entfernt liegen das Gradierwerk »Louise«, das Saline- und Heimatmuseum sowie die Darnstedter Solebohrtürme. Heute wird die Badetradition in der Toskana Therme Bad Sulza zelebriert. Zu guter Letzt verwöhnt einen die Fahrt durch die Thüringer Toskana. Es sind die Weinberge, die Burgen, die Durchbruchstäler von Saale und Ilm, die die Hügellandschaft so reizvoll machen. Obendrauf genießt man viel Sonne. Hier neigt sich die Reise dem Ende zu. Aber warum aufhören? Bis Bad Kösen und **Naumburg** ist es ja nicht mehr weit!

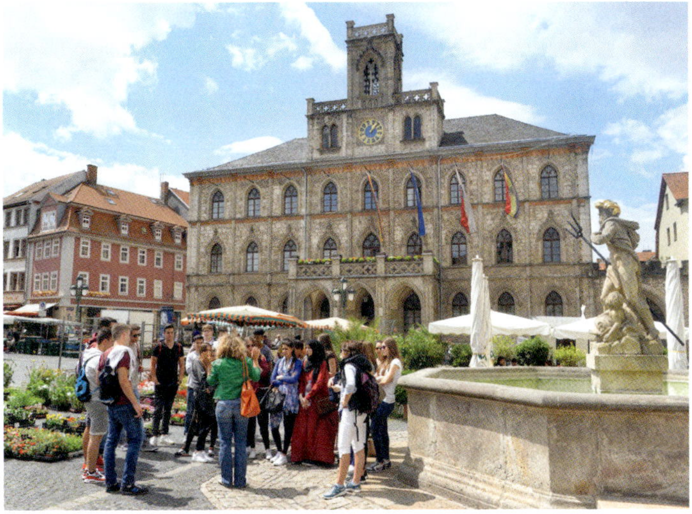

Das Rathaus in Weimar ist ein dreigeschossiger Bau in neugotischem Stil.

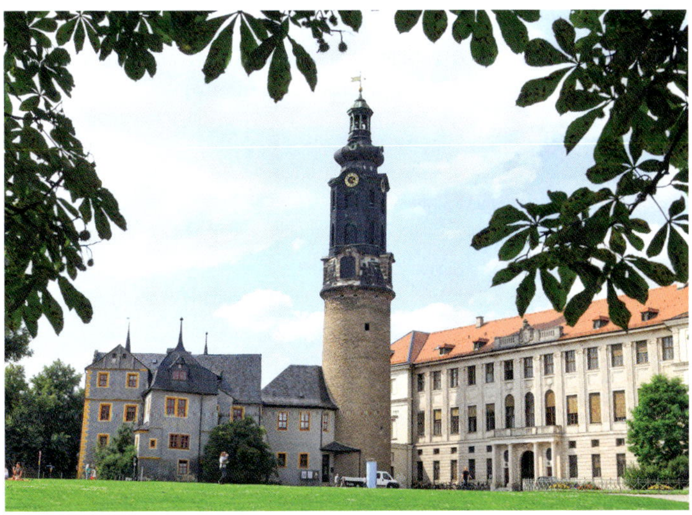

Das Stadtschloss gehört zum Klassischen Weimar und ist seit 1998 Teil des UNESCO-Welterbes.

21

mittel | 248 km | ca. 4 Tage

Charakter
Das Streckenprofil weist anfangs mehrere Steigungen auf. Im Südteil der Fahrradroute gibt es teils schlechte Wegstücke sowie ab und zu eine Straßenbenutzung.

Ausgangsort
Per Zug kommt man bis Bad Elster. Von dort sind es mit dem Fahrrad 17 Kilometer bis zur Quelle der Weißen Elster.

Endpunkt
Halle; zurück 3 Std. mit dem Zug

Wegmarkierung
Ein schwarzer Schriftzug »Elster« auf weißem Grund, darunter ein Radler vor einem grünen Streifen

E-Bike
Ein E-Bike ist vor allem auf dem ersten Abschnitt eine große Hilfe. Infos auf www.vogtland-tourismus.de.

Information
Tourismusverband Vogtland e. V., Göltzschtalstraße 16, 08209 Auerbach/Vogtland, Tel. 03744/188860, www.vogtland-tourismus.de und www.elsterradweg.de
Tourismus Marketing Gesellschaft Sachsen mbH, Bautzner Straße 45/47, 01099 Dresden, Tel. 0351/491700, www.sachsen-tourismus.de
Thüringer Tourismus GmbH, Willy-Brandt-Platz 1, 99084 Erfurt, Tel. 0361/37420, www.thueringen-tourismus.de und www.radroutenplaner.thueringen.de
IMG – Investitions- und Marketinggesellschaft Sachsen-Anhalt mbH, Am Alten Theater 6, 39104 Magdeburg, Tel. 0391/568 99 88, www.sachsen-anhalt-tourismus.de und www.radtouren-sachsen-anhalt.de
Leipzig Tourismus und Marketing, Katharinenstraße 8, 04109 Leipzig, Tel. 0341/7104260, www.leipzig.travel

Elster-Radweg

Kulturperlen mit Blick in die Vergangenheit

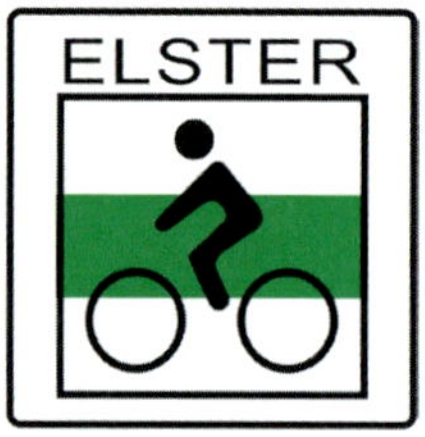

Der Fluss Weiße Elster windet sich von seiner Quelle in Nordwestböhmen hinunter zur Saale. Wer dem Lauf des Wassers folgt, bekommt auf seiner Reise abwechslungsreiche Landschaften zu Gesicht. Dazwischen hinterlassen Gera, Leipzig und Halle einen bleibenden Eindruck. Unterwegs auf einem kaum bekannten Radweg – 250 Kilometer durch Ostdeutschland.

Von Aš nach Plauen – 60 km Nahe der tschechischen Stadt **Aš** hat der Verband vogtländischer Gebirgsvereine in 724 Metern Höhe die Quelle der Weißen Elster gefasst. Sie wurde vom Deutschen Angelfischerverband und den Naturfreunden Deutschlands zur »Flusslandschaft des Jahres 2020/21« gewählt. Das 246 Kilometer lange Flusssystem bringt es auf ein Einzugsgebiet von rund 5000 Quadratkilometern und entwässert gen Norden in die Saale. Ihm wollen wir nachsteuern. Mit herrlichen Schwüngen teilt das schmale Fahrsträßchen die abschüssigen Blumenwiesen. Nach wenigen Minuten auf dem Sattel schimmert der erste Waldsee durch das Nadelholz. Nicht weit entfernt stoßen Bayern, Böhmen und Sachsen aneinander. Ohne es zu bemerken, rollen wir über die Grenze in den Freistaat hinein. In Deutschland empfängt uns der Naturpark Erzgebirge/Vogtland. Er ist mit einer West-Ost-Ausdehnung von 120 Kilometern der längste der Bundesrepublik. Die Weiße Elster markiert den westlichsten Punkt. Auf der anderen Seite reicht die knapp 1500 Quadratkilometer große Schutzzone fast bis an die Stadtgrenze von Dresden. Die Bergbaukultur prägte das Leben der Menschen in dem Kammgebirge. Bereits 1168 schürften hier Bergleute Silber, Zinn und Steinkohle. Nirgendwo im Lande gibt es heute eine so stattliche Anzahl an Sachzeugen aus dem Bergbau des Mittelalters und der beginnenden Neuzeit, so viele Bau- und Kunstwerke mit bergmännischem Bezug wie im Erzgebirge. Wenige Pedalumdrehungen entfernt taucht die Kultur- und Festspielstadt **Bad Elster** auf. Glanzvoller Höhepunkt des sächsischen Staatsbades ist das Königliche Kurhaus. Der Neorenaissancebau wurde unter der Leitung des Landesbaumeisters Trobsch vollendet und nach zweijähriger Bauzeit im Jahr 1890 feierlich eingeweiht. Zusammen mit dem König-Albert-Theater (1888) versetzt er einen spielend in die Belle Époque. Die meisten Höhenmeter der Abfahrt sind aufgebraucht. Jetzt zwingen uns die ersten Gegensteigungen aus dem Sattel. Was bleibt, ist der weite Blick über die ruhige Wald- und Wiesenlandschaft. Vorbei an Adorf radelt man bis **Oelsnitz** mit seinem stattlichen Rathaus, das den Marktplatz dominiert. Ein besonders schöner Fachwerkbau ist das Zoephelsche Haus (1755), das zum kulturellen Treffpunkt geworden ist. Das nächste Ziel bildet das Naherholungsgebiet **Talsperre Pirk**. Doch bevor den Beinen dort eine Pause gegönnt wird, muss man noch einmal den kleinsten Gang einlegen und eine lange Steigung hinaufschnaufen. Zur Entschädigung neigt sich das Asphaltband und führt hinunter nach **Plauen**.

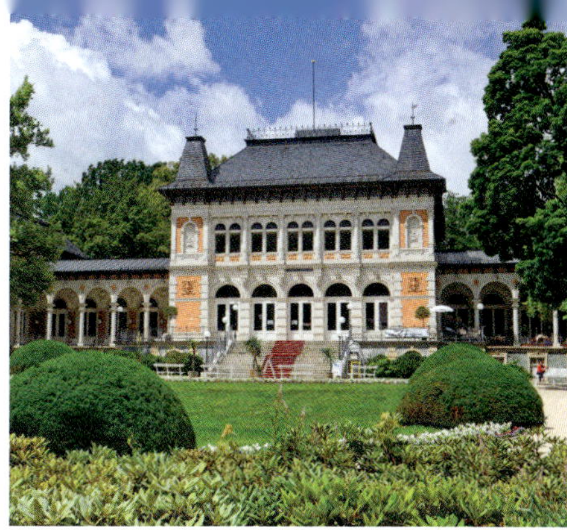

Das Königliche Kurhaus in Bad Elster

Das Rathaus Oelsnitz an der Südseite des Marktplatzes wurde zwischen 1861 und 1864 nach einem Entwurf des Dresdner Architekten Albert Stock errichtet.

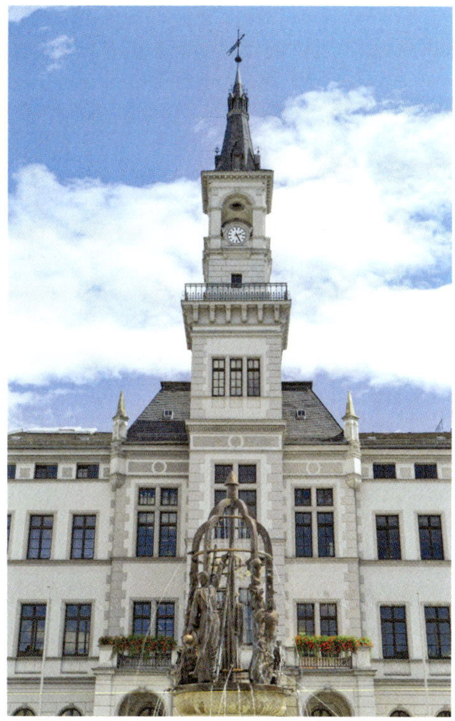

Von Plauen nach Gera – 66 km Die heutige Kreisstadt verdankt ihren Aufschwung dem Tuchmacherhandwerk, das vor Ort bis ins 15. Jahrhundert zurückreicht. Später verfeinerte man den Umgang mit den Textilien, die weltberühmte »Plauener Spitze« entstand. Zur Schau gestellt wird die traditionsreiche Kunstfertigkeit im Spitzenmuseum, das seit 1984 besteht. Besichtigen kann man außerdem die Johanniskirche und das Alte Rathaus. In der Nobelstraße steht das Vogtlandmuseum für Besucher offen. Es ist in drei denkmalgeschützten Wohn- und Geschäftshäusern aus dem 18. Jahrhundert untergebracht. Wer die Sammlung betritt, taucht in die Themenwelten Ur- und Frühgeschichte, Malerei und bäuerliche Lebensweise ein. Der Radweg führt in die Vogtländische Schweiz, eine Region mit Felsen, Höhlen, Seen und tief eingeschnittenen Tälern. Sie verlangen nach kühnen Bauwerken. Eines davon ist die Elstertalbrücke. In dem Monument verbauten Arbeiter zwischen 1846 und 1851 12 Millionen Ziegelsteine, was das Viadukt zur zweitgrößten Ziegelsteinbrücke der Welt macht. Die größte ist die Göltzschtalbrücke. Sie spannt sich ein Tal östlich über die Göltzsch und lässt sich mit einem Abstecher gut

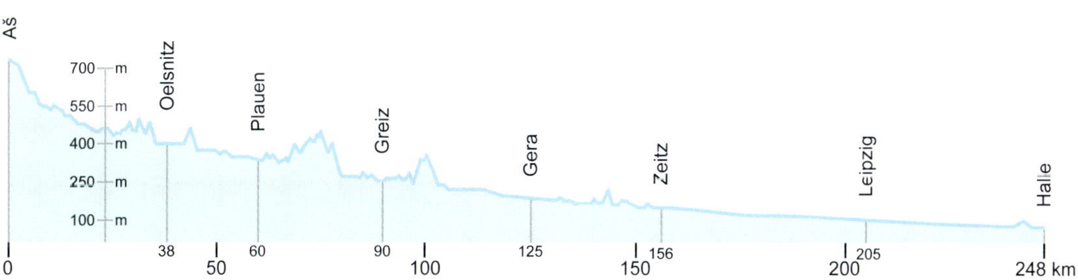

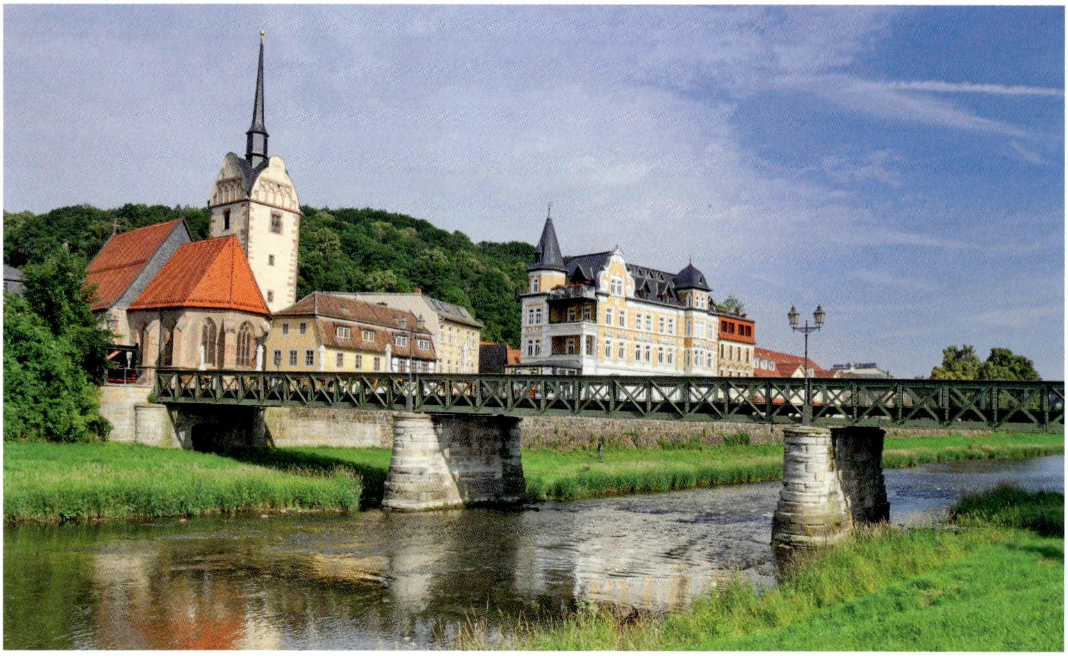

Der Ortsteil Gera-Untermhaus zieht sich am Flussufer entlang.

erreichen. Voraus liegt das thüringische **Greiz**. »Perle des Vogtlandes« – so nennen die 20000 Einwohner ihre Heimatstadt. Den Namen trägt sie zurecht. Die ehemalige Residenzstadt verfügt mit dem Oberen und Unteren Schloss, dem Sommerpalais mitsamt der Staatlichen Bücher- und Kupferstichsammlung über zahlreiche Attraktionen. Anschließend verschwindet die Fahrradroute in einem ruhigen Waldstück, das nahe ans Ufer heranreicht. Gen Westen erhebt sich das Thüringer Schiefergebirge. Hinter der Siedlung Neumühle stellt sich uns der nächste Hügel in den Weg. Oben angekommen bietet er eine traumhafte Fernsicht auf die umliegenden Ackerparzellen. Im Seitental des Flusses Weida fällt der Blick auf das Kloster Mildenfurth. Vogt Heinrich II., genannt der Reiche, gründete die Abtei im Jahr 1193. Lange

Radfernweg Thüringer Städtekette

Der Elster-Radweg quert bei Gera den Radfernweg Thüringer Städtekette. Die Route sorgt gleichermaßen für Freud wie für Leid. Radler freuen sich auf die sieben historischen Zentren und sie leiden bei den zahlreichen Anstiegen. Denn jede der Städte liegt in einem anderen Flusstal; es geht also siebenmal rauf und siebenmal runter. Ständig wechselt die Kulisse: Burgen, Schlösser, dann wieder beschauliche Waldtäler mit Mühlen. Auf der 230 Kilometer langen Reise folgt man den Spuren einstiger Geistesgrößen wie Luther, Bach, Goethe, Schiller, Anna Amalia und Carl Zeiss. Der Radweg leitet von Eisenach nach Gotha; von Erfurt nach Weimar; von Jena über Gera bis in die Spielkartenstadt Altenburg. Auf dem Weg liegen drei UNESCO-Weltkulturerbestätten: die Wartburg, das Klassische Weimar und die zum Bauhaus gehörende Kunstgewerbeschule. So viel Kultur auf engstem Raum erlebt man selten (www.thueringer-staedtekette.de).

Zeit prägte sie das geistige und weltliche Leben der Menschen um Wünschendorf. Von hier aus wurden die Flößerei sowie der Silberbergbau gefördert. Heute ist das Klosterareal Wohn- und Arbeitssitz des Künstlerehepaares Volkmar und Marita Kühn, die an diesem idyllischen Ort ihre Schöpfungen ausstellen. Danach gibt der Fluss wieder die Richtung vor und geleitet uns zielsicher an den Stadtrand von **Gera**.

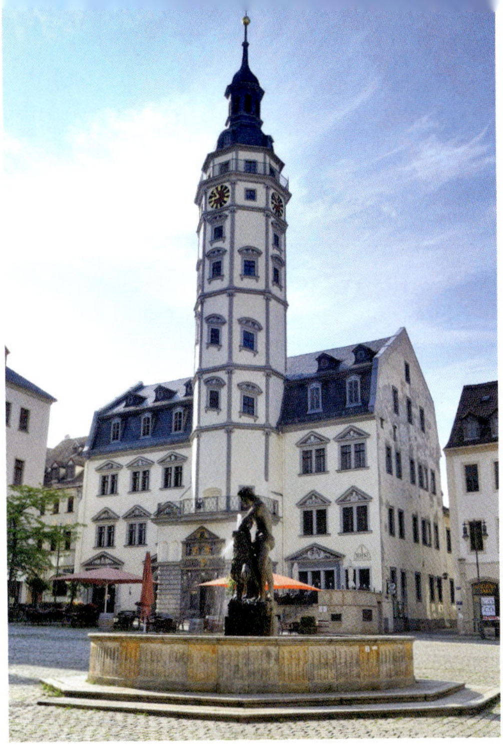

Der Rathausturm in Gera ist über eine 161-stufige Treppe als Aussichtsturm besteigbar und bietet einen guten Ausblick auf Gera und die weitere Umgebung.

Von Gera nach Leipzig – 78 km In dem Austragungsort der Bundesgartenschau 2007 kommen Gartenliebhaber auf ihre Kosten. Mit 30 Hektar Fläche begrünt der am Ufer der Weißen Elster gelegene Hofwiesenpark die Stadt. Man kann auch durch den Küchengarten mitsamt Orangerie spazieren, den Botanischen Garten inspizieren oder die 80 Tierarten im Tierpark Gera ansehen. Besondere Anziehung versprühen die historischen »Geraer Höhler«. Ab dem 16. Jahrhundert gruben sie erfahrene Bergleute in den Untergrund. Die Tiefenkeller dienten als kühle Lagerstätte für Bierfässer. Während des Zweiten Weltkrieges verbanden die Einheimischen zahlreiche »Höhler« miteinander, sodass heutige Besucher einen Teil des neun Kilometer umfassenden Gangsystems erkunden können. Im Keller des Museums für Naturkunde hat die Ausstellung »Minerale – Bausteine der Erdkruste« ihr Zuhause gefunden und bietet einen gebührenden Rahmen für die Schätze der Erde. Angesehen ist das Otto-Dix-Haus, in dem die Stadt kostbare Werke des international gefeierten Künstlers zusammentrug. Otto Dix kam 1891 in diesem Gebäude zur Welt. Er vollendete mehr als 6000 Zeichnungen und Skizzen.

Hinter uns Gera, liegt nun eine entspannte Passage Richtung **Bad Köstritz** vor uns. Hier kann man wunderbar in der Grünanlage mit ihrem Tempel entspannen, das Heinrich Schütz-Haus inspizieren oder sich bei einer Brauereibesichtigung das beliebte Schwarzbier munden lassen. Das Schloss Moritzburg mit dem Deutschen Kinderwagenmuseum, der Zeitzer Dom sowie die Brikettfabrik »Herrmannschacht« – das alles zusammen macht das außerordentliche Flair der Stadt **Zeitz** aus. Zwei Radstunden sind es bis dorthin. 30 Kilometer nördlich zeigt das Leipziger Neuseenland ein anderes Gesicht. An der Stelle, wo vor zwei Jahrzehnten tiefe Braunkohleabraumhalden wie überdimensionale Narben aus dem Boden klafften, entstehen mittlerweile 19 Seen, die bei kompletter Flutung 70 Quadratkilometer umfassen. Rings um die künstliche Wasserlandschaft ziehen sich neu angelegte Rad- und Wanderwege. Reizvolle Badestrände laden zum Verweilen ein, und an besonderen Punkten führen Erlebnispfade in die Natur. Am Ende des Cospundener Sees beginnt das Stadtgebiet von Leipzig, in dem es musikalisch allerlei zu entdecken gibt. Kaum ein deutsches Zentrum kann auf eine so glorreiche Musiktradition verweisen wie Leipzig. Richard Wagner kam im Gasthof »Zum roten und weißen Löwen« zur Welt.

Die Besonderheiten von Leipzig

Beim Stichwort Leipzig fällt manchen die traditionsreiche Messe ein. Andere denken an Musik, die Völkerschlacht von 1813 sowie die Montagsdemonstrationen der Jahre 1989/1990, die eine friedliche Revolution einläuteten. Wenig bekannt ist, dass in Leipzig im Jahre 1900 der Deutsche Fußball-Bund (DFB) gegründet wurde. Der Duden kommt von hier und die Deutsche Bücherei hat in der Stadt ihre Wurzeln. Zudem erschien am Ufer der Weißen Elster vor über 360 Jahren die erste Tageszeitung der Welt. Interessant ist auch, dass Leipzig mit über 15000 Einzeldenkmälern deutschlandweit Spitze ist. Als Zugabe ragt in der Nähe das 91 Meter hohe Völkerschlachtdenkmal auf (www.leipzig.travel).

Johann Sebastian Bach wirkte in der Stadt 27 Jahre als Thomaskantor. Clara und Robert Schumann feierten in Leipzig Erfolge, Felix Mendelssohn Bartholdy leitete viele Jahre das Gewandhausorchester. Bedeutende Wirkungsstätten berühmter Komponisten laden zum Schauen und Staunen ein: Darunter das Bach-Museum, die Thomaskirche, das Mendelssohn-Haus, das Schumann-Haus und die Edvard-Grieg-Begegnungsstätte.

Von Leipzig nach Halle – 44 km Vom Zentralstadion aus führt uns ein gepflegter Dammkronenradweg hinaus in die Wald- und Wiesenlandschaft der Elster-Luppe-Aue. Auf Sachsen-Anhalter Boden bekommt man immer weniger Siedlungen zu

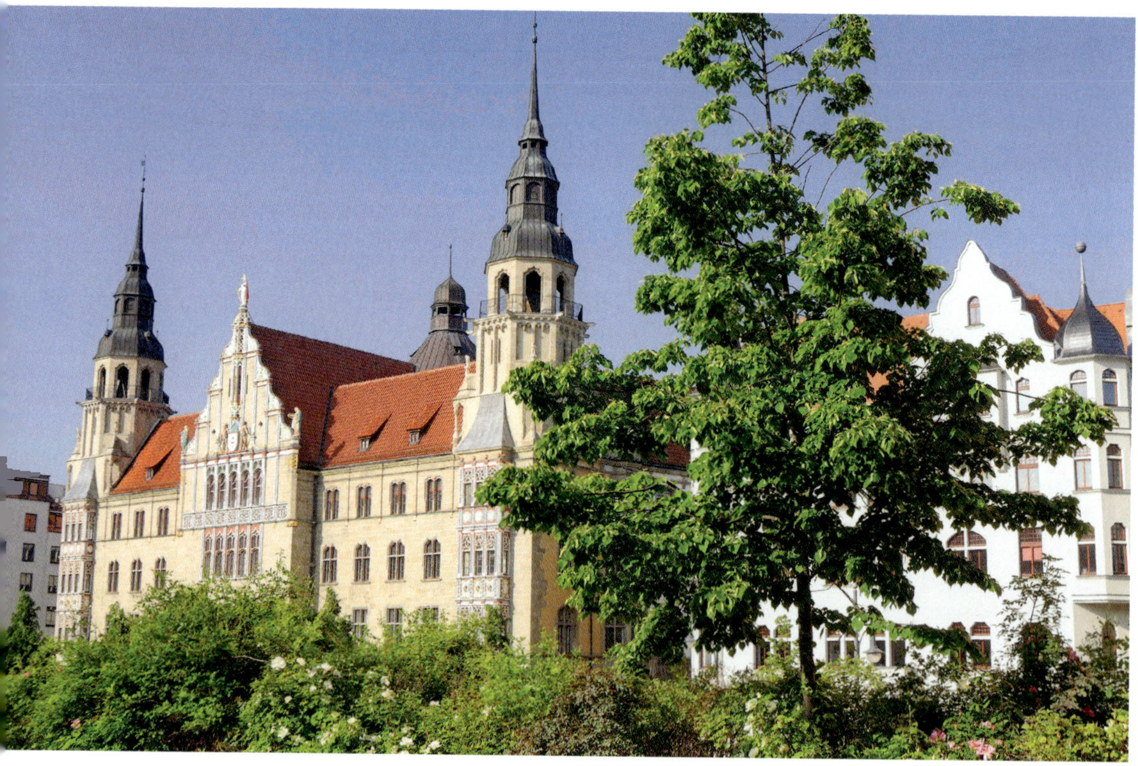

Das Landgericht in Halle wurde 1905 errichtet und vereint Formen der Gotik, der Renaissance und des Jugendstiles.

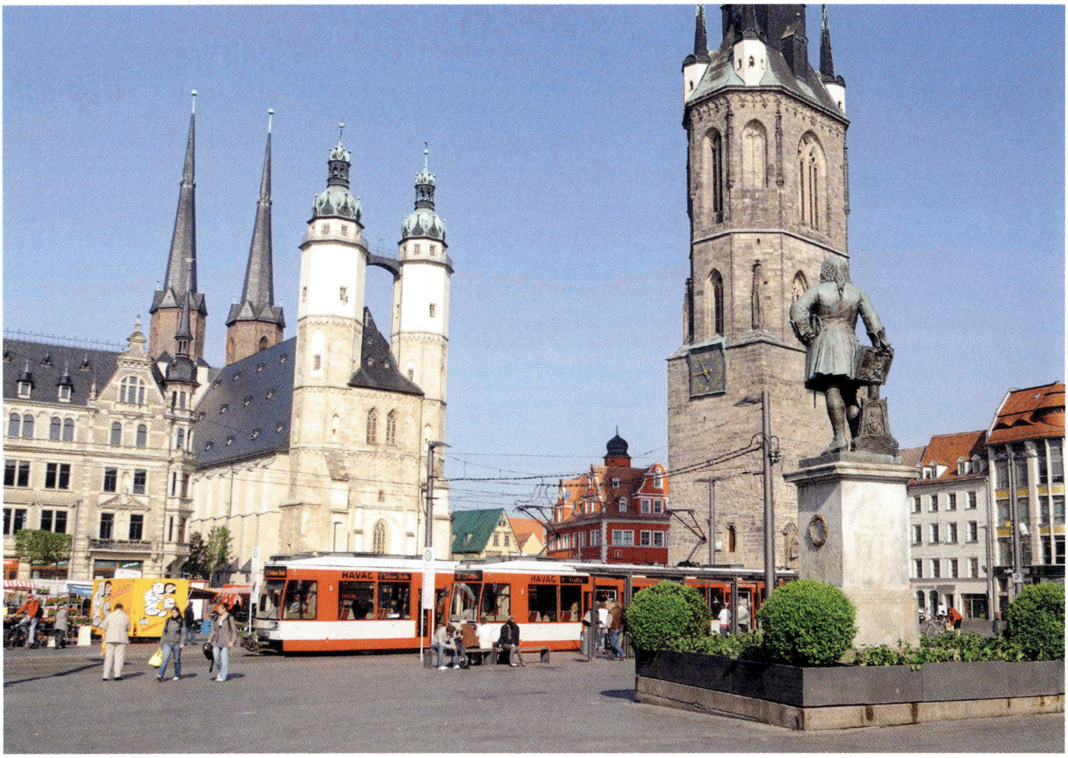

Marktplatz mit Marktkirche, Händel-Denkmal, Rotem Turm und Roland davor. Die Marktkirche und der Rote Turm bilden zusammen das Wahrzeichen der »Fünf Türme«.

Gesicht. Nun rücken der Wallendorfer- und der Raßnitzer See ins Blickfeld. Sie waren einst Teil des Tagebaues Merseburg-Ost und trugen die Bezeichnungen Restlöcher 1a und 1b. Dies änderte sich zwischen 1998 und 2000. Damals flutete man die Senken mit dem Wasser der Weißen Elster. Seitdem zieht das attraktive Erholungsgebiet Besucher aus nah und fern an. Keine 20 Kilometer sind es bis zum Reiseziel. Zeit nehmen und genau hinschauen lautet die Devise der Händelstadt **Halle**. Ihre Entstehung vor über 1200 Jahren verdankt die heutige Kultur- und Wissenschaftsstadt dem Salz, was sich schön an dem Namen »Hall« ablesen lässt, der so viel wie »Stätte der Salzbereitung« bedeutet. Am Ufer der Saale sind die Musik und das Schauspiel zu Hause. Alljährlich ziehen die Internationalen Händel-Festspiele, fünf Theater- und Opernbühnen, die Staatskapelle sowie mehr als 60 Kultureinrichtungen mit Galerien und Künstlertreffs Tausende Gäste in ihren Bann. Der Komponist Georg Friedrich Händel (1685–1759) war eine der bedeutendsten Persönlichkeiten der Stadt. Er schuf zahlreiche Opern, Orchestermusikstücke und Orationen. Darunter sein bekanntestes Werk, der »Messias« mit dem berühmten Chorwerk »Halleluja«. Die Großstadt beherbergt Hallenser, Halloren und Hallunken. Halloren heißen die Salzarbeiter. Hallenser nennt man die in Halle geborenen Einwohner, und die Zugezogenen werden scherzhaft als Hallunken denunziert. Der kostbarste Schatz des Bundeslandes behütet das Landesmuseum für Vorgeschichte. Dort ist die weltberühmte, geschätzt 3600 Jahre alte Himmelsscheibe zu Nebra ausgestellt. Sie setzt einen würdigen Schlusspunkt der vielseitigen Fahrradreise entlang der Weißen Elster.

22

Mulderadweg

Naturerlebnis und Burgenromantik

mittel | mit Zwickauer Mulde: 294 km; mit Freiberger Mulde: 241 km | ca. 5 Tage

Charakter
Zu Beginn beider Radrouten sind zahlreiche Steigungen zu bezwingen. Nach dem Zusammenfluss beider Gewässer geht es eben weiter. Der Radweg weist verschiedene Wegqualitäten auf.

Ausgangsort
Schöneck Bhf. oder Rechenberg-Bienenmühle Bhf.

Endpunkt
Dessau-Roßlau; zurück 4 Std. mit dem Zug

Wegmarkierung
Grün-weiße Wegschilder, meist mit einem Burgensymbol. Das erste Teilstück ist aktuell nicht beschildert.

E-Bike
Radverleihe und Servicestationen über www.mulderadweg.de

Information
Leipzig Tourismus und Marketing GmbH, Augustusplatz 9, 04109 Leipzig, Tel. 0341/7104260, www.mulderadweg.de;
IMG – Investitions- und Marketinggesellschaft Sachsen-Anhalt mbH, Am Alten Theater 6, 39104 Magdeburg, Tel. 0391/5689988, www.sachsen-anhalt-tourismus.de
Tourismus Marketing Gesellschaft Sachsen mbH, Bautzener Straße 45/47, 01099 Dresden, Tel. 0351/491700, www.sachsen-tourismus.de

Die Reise abseits der Touristenpfade eröffnet spannende Einblicke ins Mittelalter. Längs der Strecke reihen sich Burgen, Schlösser, Klöster und charmante Kleinstädte aneinander. Mit der Zwickauer und der Freiberger Mulde hat man zu Beginn der Reise zwei Routen zur Auswahl, die ihren eigenen Reiz haben.

Von Schöneck nach Sermuth (Zwickauer Mulde) – 158 km Der Fluss Mulde hat zwei Quellen. So muss man sich bei der Reiseplanung zwischen beiden Wasserläufen entscheiden. Eigentlich gibt es für Radler noch einen dritten Radweg, denn zwischen der **Zwickauer Mulde** im Westen und der **Freiberger Mulde** im Osten zieht sich mit der Zschopau ein weiterer Fluss samt Radweg gen Norden. Die drei starten ihre Reise im Erzgebirge. Der Mittelgebirgskamm bildet die deutsch-tschechische Grenze. Der höchste Gipfel ragt in Tschechien auf – der Keilberg (Klínovec) mit 1244 Metern. In Sachsen ist der Fichtelberg (1215 Meter) das Maß aller Dinge. In der Nähe sprudelt die Quelle der Zwickauer Mulde aus dem Untergrund. Wer dem 167 Kilometer langen Wasserlauf nachsteuern möchte, startet im Vogtland. Von Schöneck, das man wegen seiner Fernsicht »Balkon des Vogtlandes« nennt, gelangen wir nach einer welligen

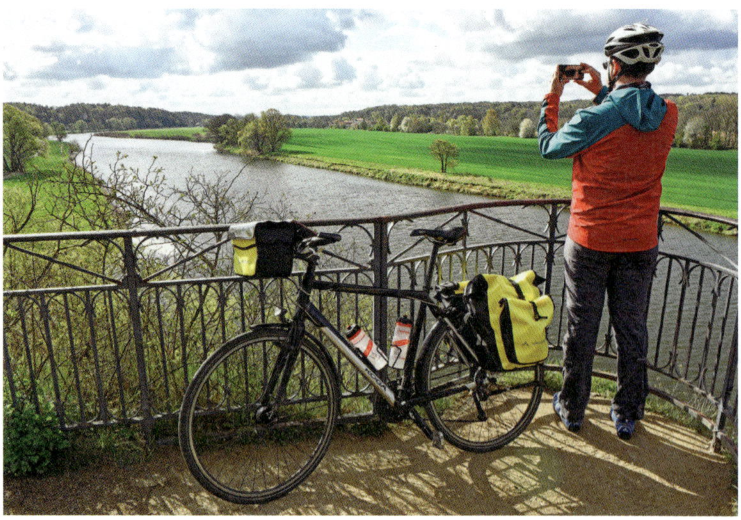

Die Vereinigte Mulde zieht ansprechend durch Wiesen und Wälder.

Waldfahrt in den Erholungsort **Morgenröthe-Rautenkranz**. Den Namen kennt man meist nur vom Wetterbericht. Doch von hier stammt ein Held der DDR – Sigmund Jähn. Am Ortsschild steht: Geburtsort des Ersten deutschen Kosmonauten. Am 26. August 1978 reiste Jähn an Bord der sowjetischen Sojus 31 zur Raumstation Saljut 6. Dem gefeierten Sohn widmet man in der Dorfmitte die Deutsche Raumfahrtausstellung. Zusammen mit der Karlsroute verläuft der Mulderadweg auf den nächsten elf Kilometern über die Trasse der einstigen Eisenbahnlinie Chemnitz–Aue–Adorf. Ab 1875 pendelten Züge auf der 115 Kilometer langen Strecke. Neben dem Personenverkehr nutzte man die Schienen zum Abtransport von Erzen und dem Bau der Trinkwassertalsperre Eibenstock. Zwei meist bergab führende Stunden auf dem Sattel führen nach **Aue-Bad Schlema**, das sich in einem Talkessel ausbreitet. Zwischen beiden Ortsteilen fallen mehrere Hügel über dem Tal auf. Sie sind steil, nur hier und da mit einzelnen Laubbäumen bestanden und wirken unnatürlich. Es handelt sich

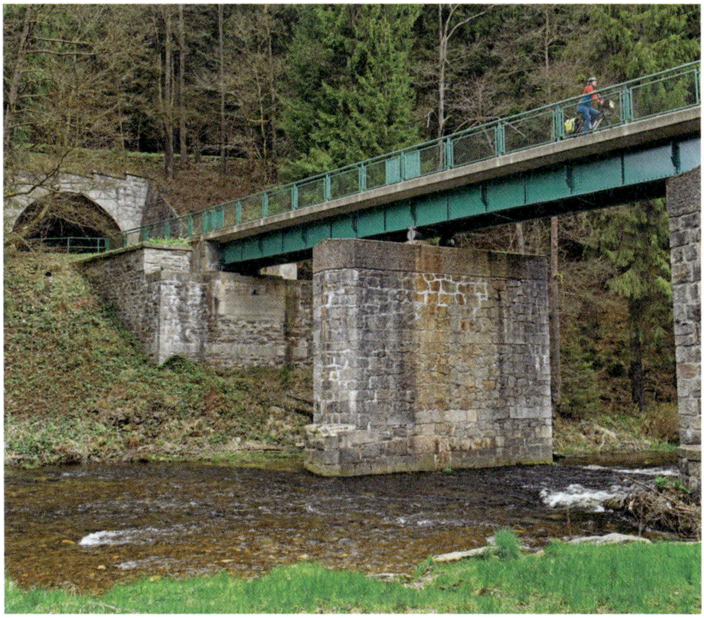

An der Zwickauer Mulde dürfen sich Radler auf einen gut ausgebauten Radweg samt einer einstigen Bahntrasse freuen.

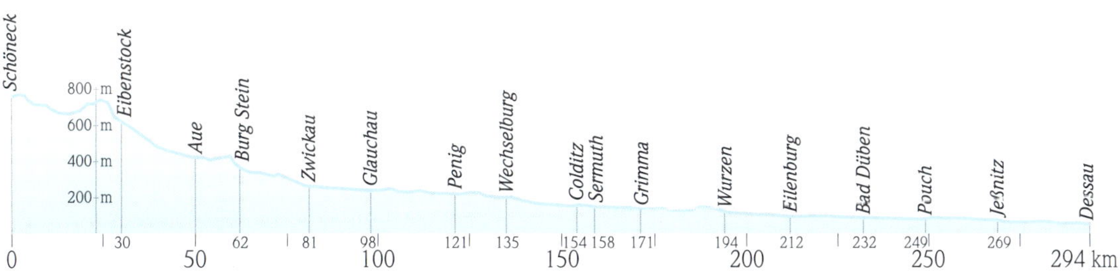

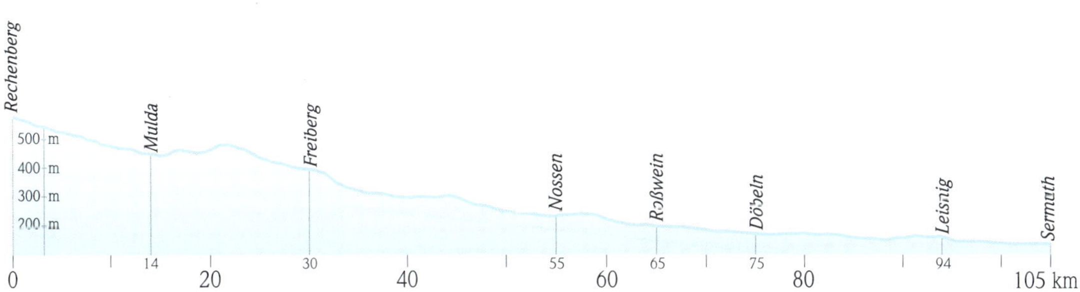

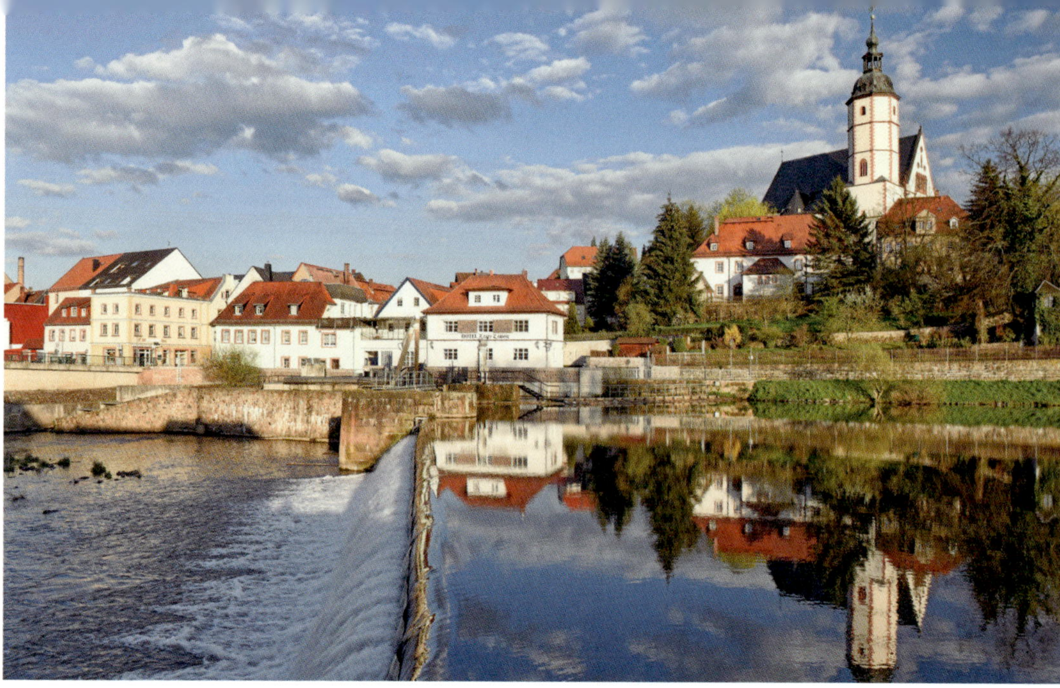

Die Kleinstadt Penig liegt schön am Ufer der Zwickauer Mulde.

um Halden des Uranabbaues. Die Umgebung der Kreisstadt wird seit Jahrhunderten von Bergbau und Metallverarbeitung geprägt. Nachdem der Eisenerzabbau und die Zinngewinnung lange die wirtschaftliche Basis bildeten, gewannen die Bergleute später Uranerz; Abnehmer war die sowjetische Atomindustrie. Wir radeln der Ferienroute »Silberstraße« nach, passieren Bad Schlema und stoppen in **Zwickau**. Die Tradition der Fahrzeugherstellung reicht in der Automobilbaustadt bis ins Jahr 1904 zurück. Im April 1991 lief hier der letzte Trabbi vom Band. Insgesamt montierten die Arbeiter vor Ort drei Millionen der putzigen Zweitakter. Der Dom bildet das Herz der restaurierten Altstadt von Zwickau. Er gilt als Musterbeispiel der obersächsischen Spätgotik. Im Inneren kann man einen kostbaren Flügelaltar aus der Werkstatt von Michael Wolgemut bestaunen. Die berühmteste Person Zwickaus war der Komponist Robert Schumann. Er kam am 8. Juni 1810 am Hauptmarkt Nr. 5 zur Welt. In dem maisgelb angestrichenen Haus kann man 4000 Originalhandschriften Robert Schumanns und seiner Gattin, der Pianistin Clara, bestaunen. Die viertgrößte Stadt Sachsens verschwindet im Rücken. Die Mulde gibt wieder den Weg vor. Nach knapp 20 Kilometern erreicht man Glauchau, in dem die Herrschaftssitze Schloss Forderglauchau und Schloss Hinterglauchau an bedeutende Zeiten erinnern. Immer die Mulde entlang geht es gen Norden. Die Orte links und rechts des Flusses heißen Waldenburg, Wolkenburg, Penig, Rochsburg und Wechselburg – alle deuten auf weitere Festungen hin. Hinter

Das große »Bergkgeschrey«

Nachdem Fuhrleute anno 1168 durch Zufall ein Stück Silbererz fanden, verbreitete sich die Nachricht wie ein Lauffeuer. Aus den dichten Wäldern nahe der böhmischen Grenze ertönte das »Bergkgeschrey«, das zahlreiche Leute anlockte. Freiberg wurde die Wiege des sächsischen Bergbaues und wuchs rasch zur größten Stadt in der Markgrafschaft Meißen. Heute spiegelt das Zentrum den Wohlstand vergangener Tage wider. Auf dem Obermarkt steht ein von vier Löwen bewachtes bronzenes Brunnendenkmal. Von oben herab beäugt sie der wettinische Stadtgründer Markgraf Otto der Reiche. Er wäre stolz auf die Mineralienschau terra mineralia, die im vierflügeligen Schloss Freudenstein residiert. Mehr als 3500 Minerale, Edelsteine und Meteoriten bringen Besucher zum Staunen.

Lunzenau prangt auf einem gelben Ortschild der Schriftzug »Amerika«. Hier stehen ein paar Häuser, dort der ehemalige Bahnhof und eine Brücke – das war es auch schon. Das Dorf entstand aus einer Druckerei, die man nur über die Mulde erreichte. Besucher zog man mit einem Kahn über das Wasser. So erhielt die Siedlung ihren klangvollen Namen. Die letzten hügeligen Ausläufer führen nach Rochlitz, einer der ältesten Städte Sachsens. Die Zwickauer Mulde zieht sich durch Wiesen und Wälder, umfließt das reizvoll gelegene Colditz und vereinigt sich wenig später mit der **Freiberger Mulde**. Zwei Kilometer südlich der Flussvereinigung sitzt das Schloss Colditz auf einem Felssporn. Seine Fassade ist weiß. An den Rändern sieht man goldgelbe Verzierungen, darüber rote, ineinander verschlungene Dächer. Lucas Cranach der Ältere verewigte die Schauseite des Prachtbaues Anfang des 16. Jahrhunderts in seinem Gemälde »Das Goldene Zeitalter«.

Von Rechenberg-Bienenmühle nach Sermuth (Freiberger Mulde) – 105 km Die zweite Variante beginnt am Fuß des Osterzgebirges und beschert uns anfangs eine berauschende Abfahrt durch bewaldete Hänge. Wir verlassen das Land der Weihnachtspyramiden, Nussknacker, Räuchermännchen und des Klöppelns und kommen nach **Freiberg**. Anno 1186 regiert Kaiser Friedrich Barbarossa das Heilige Römische Reich. Weit im Osten der Ländereien bedeckt ein Urwald die Mark Meißen und Böhmen. Der Legende nach fanden Fuhrleute in der unwirtlichen Gegend durch Zufall ein Stück Erz. Das »Erste Bergkgeschrey« verbreitete sich wie ein Lauffeuer durch die Wälder: »Silber, Silber! SILBER!« Es hieß, dass der Berg frei sei; also konnte jeder graben. Sie kamen in Scharen: Bergleute, Handwerker, Händler. Sie gruben, hackten, schürften, veredelten und exportierten das begehrte Metall – der Stadtsäckel von Freiberg füllte sich. Vor Ort lohnt es, einen Tag umherzuziehen denn das Bergbaugebiet ist seit 2019 Teil des UNESCO-Welterbes. Die **Montanregion Erzgebirge/Krušnohoří** bewahrt mit 22 Bestandteilen die Erinnerung an den traditionsreichen

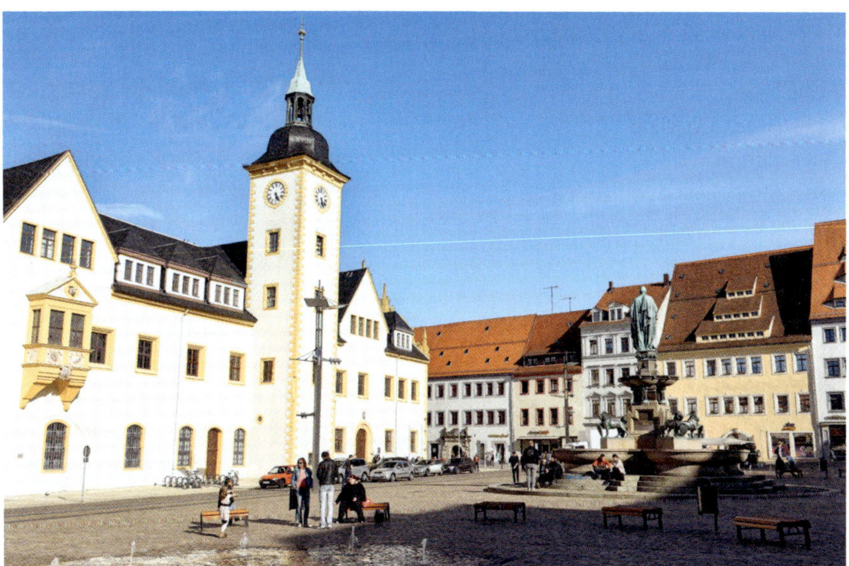

Der historische Obermarkt in der Stadt Freiberg in Sachsen misst 110 Meter mal 72 Meter.

Bergbau. Auf Sachsen entfallen davon in sieben Bergbaugebieten 17 Stück. Nach Silber war Zinn das zweitwichtigste Metall, das man im Erzgebirge abbaute. Im 17. und 18. Jahrhundert war die Region führend beim Abbau und der Verarbeitung von Kobalterzen zu Farbpigmenten. Sie wurden zur Färbung von Glas und als Glasur für Keramik oder Porzellan genutzt und erlangten im Zuge der Entdeckung des europäischen Hartporzellans u.a. auch für das Meißner Porzellan eine große Bedeutung. Wiesen, Waldstreifen, Rapsfelder und kleine Siedlungen – so geht es an der Freiberger Mulde entlang. Der Weg ist abschüssig, die Beine treten leicht. **Nossen** liegt malerisch im hügeligen Erzgebirgsvorland. Bewacht wird es vom Schloss Nossen, das im Besitz der Bischöfe von Meißen war und später dem Kloster Altzella zufiel. Heute befindet sich auf dem Gelände ein reizvoller Landschaftspark im englischen Stil. 20 Kilometer flussabwärts vereinnahmt die Stiefelstadt Döbeln einen weiten Talkessel. Auch hier prägen historische Gebäude, darunter die Kirche St. Nikolai mit ihrem elf Meter hohen Schnitzaltar das **Stadtbild**. Wir sehen zu, wie die Freiberger Mulde den Fluss Zschopau aufnimmt und mit vereinter Kraft gen Nordwesten zieht. 23 entspannte Kilometer entfernt kommt von links ein anderer Wasserlauf daher – die Zwickauer Mulde.

Der Wurzener Dom prägt mit seinen beiden 42 Meter hohen Türmen markant das Stadtbild mit und ist 900 Jahre alt.

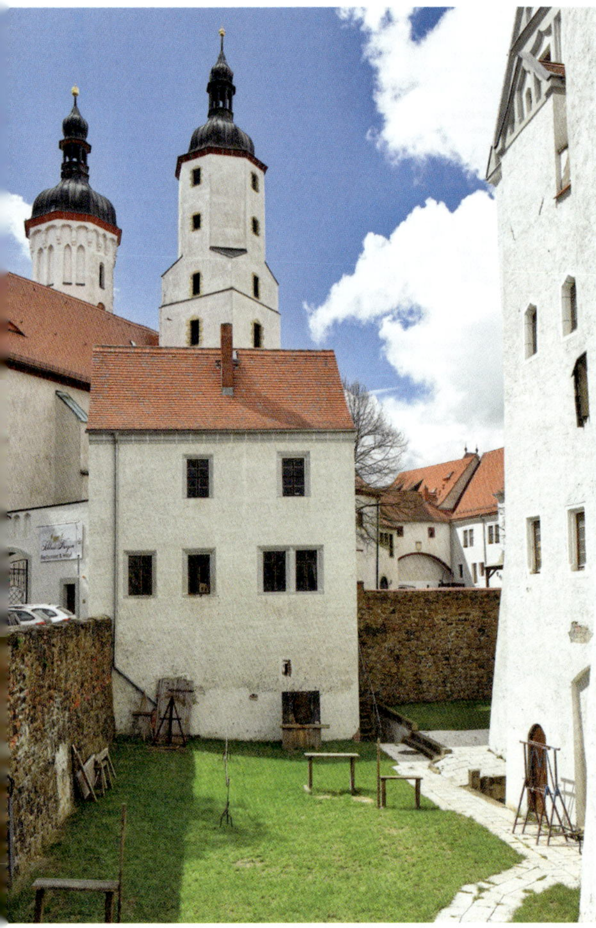

Von Sermuth nach Dessau – 136 km Die Mulde gilt als schnellster Fluss Mitteleuropas. Dies merkte die Bevölkerung mehrmals schmerzlich. Immer wieder trat das Wasser über die Ufer, bedrohte Mensch und Gut: 1954, 1958, 1974. Verheerend war es im August 2002 in und um **Grimma**. In der 800-jährigen Stadt ist alles frisch renoviert, die historische Pöppelmannbrücke, das Renaissancerathaus auf dem Marktplatz und die denkmalgeschützten Häuser drumherum. Die Fahrt durchs ländliche Sachsen geleitet uns vorbei an verschlafenen Dörfern, bis wir nach der Durchfahrt des Planitzwaldes auf den Ort **Wurzen** treffen. Der um 1500 errichtete Dom St. Marien ist einer der beachtenswertesten Sakralbauten des Bundeslandes. Die Mulde erreicht **Bad Düben**. Zweimal sammelten sich hier Armeen am Vorabend großer Gefechte. 1631 trafen sich Gustav II. Adolf von Schweden und Johann Georg I. von Sachsen auf der Dübener Burg, um gegen die von Tilly geführten kaiserlichen Truppen zu Felde zu ziehen. 1813 befehligte Napoleon Bonaparte von Düben aus den Aufmarsch vor der Völkerschlacht bei Leipzig. Sie war damals mit 600000 beteiligten Soldaten die größte Feldschlacht der Weltgeschichte. Der französische Kaiser verlor und das Kartenpuzzle in

Deutschland und Europa wurde neu gemischt. Heute geht es in dem Kurort mit seiner klassizistischen Nikolaikirche und den Fachwerkhäusern gesitteter zu. Kurgäste relaxen in der Therme, spazieren durch die Dübener Heide und besichtigen die Schiffsmühle. Sie verrichtete als letzte ihrer Art im Lande den Dienst bis ins Jahr 1956. Um 1800 gab es zwischen Eilenburg und Bitterfeld neun Schiffsmühlen. Anschließend heißt es Abschied nehmen von Sachsen. Die Radroute erreicht bei **Bitterfeld** Sachsen-Anhalt. Der Ort galt zu DDR-Zeiten als Synonym für Umweltverschmutzung und Endzeitstimmung. Riesige Bagger gierten nach der Braunkohle, Chemiebetriebe pusteten die ungefilterte Luft in die Atmosphäre. Beißender Smog trübte Landschaft, Dörfer und Flussauen. All das ist in dieser Gegend zum Glück Geschichte. Die Senken des Tagebaues hat man gesichert und geflutet. Auf der Landkarte erinnern die Seen an Tränen. Der Radweg folgt dem Ufer des Großen Goitzschesees. Seine Hänge wurden mit Bäumen und Büschen bepflanzt. Am Nordufer hat man Ferienhäuser im skandinavischen Stil zum Wasser hin errichtet. Sie sind falunrot angestrichen. Auf den letzten Kilometern gibt die Mulde wieder die Richtung vor. Sie taucht mit ihren Schleifen ein in schattige Wälder, die bis an den Stadtrand von **Dessau-Rosslau** reichen. Hier kann man zwei UNESCO-Welterbestätten besuchen: das Bauhaus und das Dessau-Wörlitzer Gartenreich. Die Mulde spaltet sich auf und läuft mit zwei Armen der Elbe entgegen. Der Elberadweg führt seit Jahren die Liste der beliebtesten Routen in Deutschland an. Den benachbarten Mulderadweg kennt kaum jemand. Nach der Tour denkt man an die beiden Quellflüsse zurück, das Erzgebirge, die sehenswerten Städte, die Stille und Weite. Vielleicht ist es sogar besser, wenn dieser Reiseweg ein Geheimtipp bleibt!

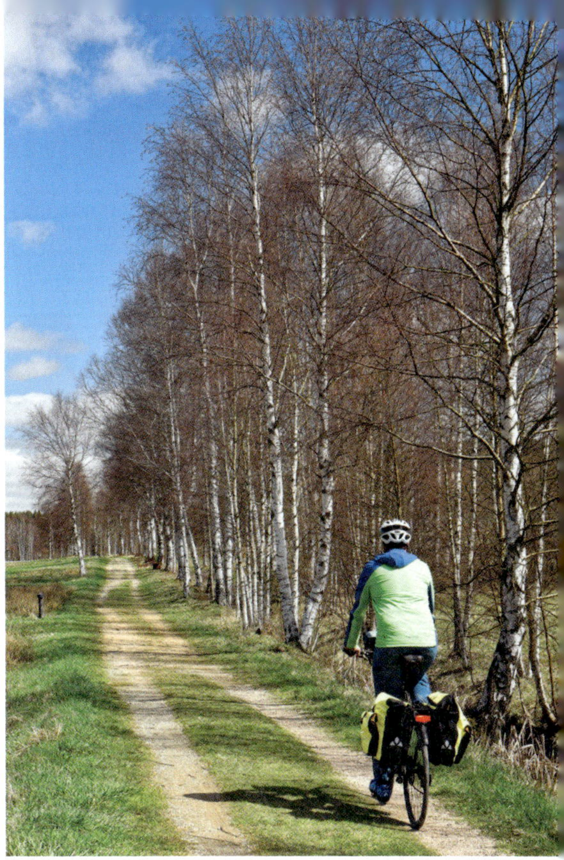

Im Erzgebirge führen beide Strecken durch ruhige Landstriche.

Radwege der Tourismusregion Leipzig

Radler lieben weite Landschaften mit Seen und Flüssen darin. Hier rollt es entspannt. Die Region um Leipzig bietet spannende Mehrtagestouren. Wie wäre es mit einer Flusstour? Neben dem Mulderadweg gibt es hier noch den Elster-Radweg (250 Kilometer) und den Pleißeradweg (80 Kilometer). Wer die größte Stadt im Freistaat Sachsen umrunden möchte, folgt den Schildern der Äußeren-Grünen-Ring-Radroute (135 Kilometer). Verlockend klingt zudem die Neuseenland-Radroute (100 Kilometer) und die Kohle-Dampf-Licht-Radroute (120 Kilometer). Auch die Anbindung an Nachbarregionen klappt hier super. Sie können dem Radweg Berlin-Leipzig nachsteuern, den Elbe-Radweg hinabbummeln oder dem Zschopautalradweg (137 Kilometer) folgen (www.leipzig.travel).

23

Schwarze-Elster-Radweg

Stille Landpartie im Osten

leicht 203 km ca. 4 Tage

Charakter
In der ersten Reisehälfte gibt es mehrere Anstiege. Danach geht es flach dahin. Die Wegqualität wechselt mehrmals von Asphalt zu unbefestigtem Untergrund.

Ausgangsort
Kamenz Bhf.

Endpunkt
Elster; zurück 3 Std. mit dem Zug

Wegmarkierung
Der Radweg ist mit Schildern gekennzeichnet, die neben einer schwarzweißen Elster einen Flusslauf zeigen.

E-Bike
Die Seite www.elbe-elster-land.de zeigt E-Bike-Verleihstationen und Servicestellen an.

Information
Tourismusverband Lausitzer Seenland e. V., Am Stadthafen 2, 01968 Senftenberg, Tel. 03573/725 30 00, www.niederlausitz.de und www.lausitzerseenland.de
Tourismusverband Elbe-Elster-Land e. V., Schlossplatz 1, 03253 Doberlug-Kirchhain, Tel. 035322/688 85 16, www.elbe-elster-land.de
Tourismus Marketing Gesellschaft Sachsen mbH, Bautzner Straße 45/47, 01099 Dresden, Tel. 0351/49 17 00, www.sachsen-tourismus.de
TMB Tourismus-Marketing Brandenburg GmbH Am Neuen Markt 1, 14467 Potsdam, Tel. 0331/200 47 47, www.reiseland-brandenburg.de und www.radeln-in-brandenburg.de
IMG – Investitions- und Marketinggesellschaft Sachsen-Anhalt mbH, Am Alten Theater 6, 39104 Magdeburg, Tel. 0391/568 99 88, www.sachsen-anhalt-tourismus.de und www.radtouren-sachsen-anhalt.de

Weit jenseits des Verkehrslärmes durchfließt die Schwarze Elster Sachsen, Brandenburg und Sachsen-Anhalt. Dörfer und historisch gewachsene Städte säumen den Fluss. Man sieht Störche, Fischreiher oder Pferde entlang des grünen Uferstreifens, der sich durch eine tolle Fernsicht auszeichnet.

Von Kindisch nach Senftenberg – 70 km Wie ein breiter Bogen riegeln die bewaldeten Anhöhen des Lausitzer Berglandes den äußersten Südwesten des Freistaates Sachsen zu den Nachbarn Polen und Tschechien ab. Hier tritt die **Schwarze Elster** in einer Höhe von 317 Metern ans Tageslicht. Der Flussname »Elster« leitet sich von der indogermanischen Sprache ab und bedeutet so viel wie fließen oder strömen. Zur Unterscheidung von der Weißen Elster hat man den Namenszusatz »Schwarz« ergänzt. Beide Flusssysteme streben voneinander getrennt der Elbe zu. Wir folgen dem dahineilenden Wasser auf einem Forstweg und erreichen nach 14, meist abwärtsführenden Kilometern das Zentrum von **Kamenz**. Der Geburtsort des Dichters Gotthold Ephraim Lessing liegt leicht erhöht auf einem Felsplateau aus Grauwacke. Eine Perle der italienischen Neorenaissance ist das nach Entwürfen von Karl Friedrich Schinkel erbaute Rathaus. Es

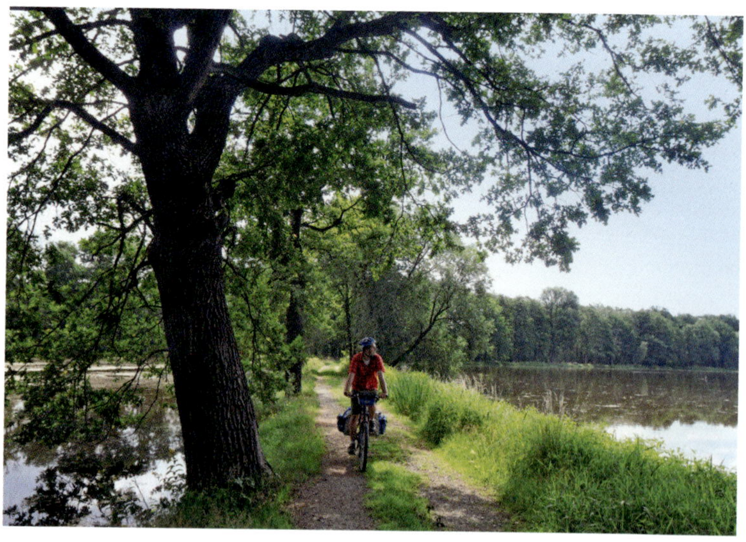

bereichert mit seiner roten Schaufassade die historische Innenstadt. Genauso imposant tritt die Hauptkirche St. Marien in Erscheinung. Kostbar sind die acht spätgotischen Schnitzaltäre, die man in den drei Kirchen der Stadt bestaunen kann. Gen Norden zieht sich der Reiseweg durch eine weitläufige Teichlandschaft, die Felder und Waldstücke umrahmen. Hier ist die Heimat der Sorben. Nachdem im Zuge der europäischen Völkerwanderung weite Landstriche zwischen Saale und Neiße nur dünn besiedelt waren, ließen sich in der Lausitz ab dem 8. Jahrhundert slawische Stämme nieder. Die Sorben pflegen ihre Kultur mit einer prachtvollen Festtagstracht, einer eigenen Fahne und der Hymne »Schöne Lausitz«. Allgegenwärtig sind die zweisprachigen Orts- und Straßenschilder, die Dorfarchitektur, die Mehrsprachigkeit in Kirchen, Museen und Heimatstuben. Nach einem kurzen Stück auf dem Rad ist die südlich des Lausitzer Seenlandes gelegene Kreisstadt **Hoyerswerda** erreicht. Auf dem kopfsteingepflasterten Marktplatz plätschert der Sorbenbrunnen. Gegenüber ragt das 1680 erbaute Alte Rathaus auf.

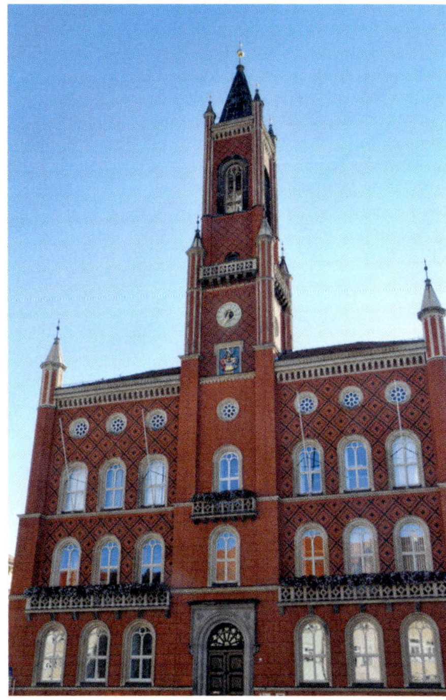

Das hoch aufragende Rathaus in Kamenz imponiert mit einer prächtigen Schaufassade.

Von Senftenberg nach Bad Liebenwerda – 63 km **Senftenberg** bietet mit der Renaissancefestung und dem angrenzenden Schlosspark nicht nur zwei lohnende Ziele, sondern liegt auch wunderschön am gleichnamigen See. Das Lausitzer Seenland verdankt sein heutiges Gesicht dem Braunkohleabbau. Er hinterließ gewaltige Abraumhalden, die man in den letzten Jahren flutete. Der Asphaltradweg folgt ansprechend dem Ufer des Senftenberger Sees, bis wir wieder auf die Schwarze Elster treffen. Am Horizont zeichnen sich die markanten Biotürme von **Lauchhammer** ab. Wie überdimensionale Mahnmale stehen sie im Gelände und erinnern an die ehemalige Braunkohlegroßkokerei. Auf dem einstmals 122 Hektar großen Areal produzierten ca. 15 000 Arbeiter Koks. Während in Lauchhammer nur Teile des Industriekomplexes erhalten sind, trifft man im Dorf Plessa auf ein komplett bewahrtes Braunkohlekraftwerk. Heute dokumentiert die »Kathedrale der Arbeit« anschaulich die Arbeitswelt zwischen 1927 und 1992. Im 18. Jahrhundert gab es in der Region von Elbe und Elster an die 160 Mühlen. Auf dem mittleren Abschnitt der Radroute kann man

Linke Seite: Nördlich von Kamenz rollt man durch eine Teichlandschaft.

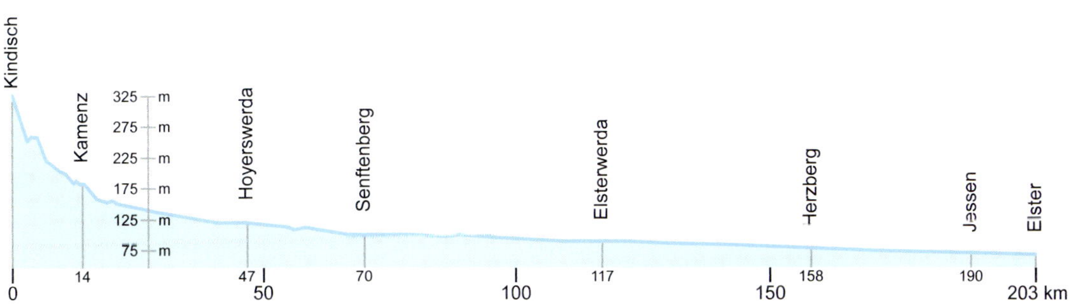

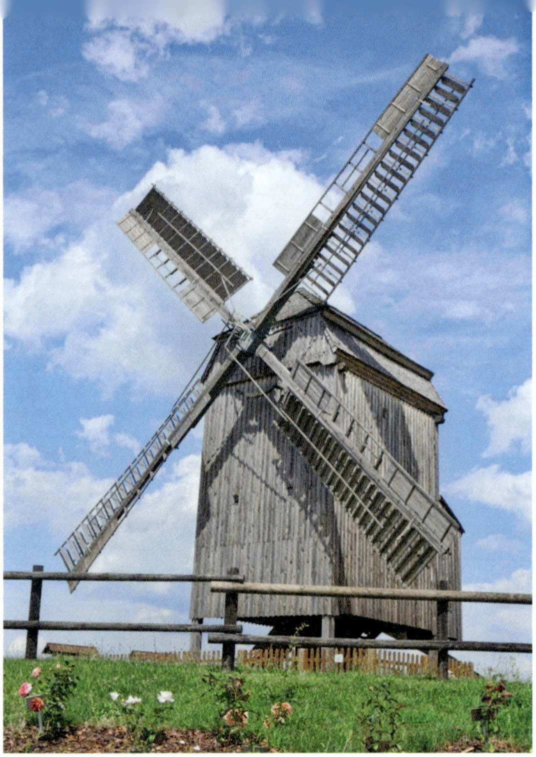

Einst zierten zahlreiche Mühlen das Hinterland der Schwarzen Elster.

mehrere sehen. Den Anfang macht eine Getreidemühle am Flussufer von Plessa. Sie lädt nach der Besichtigung in die hauseigene Schenke ein. Sechs entspannte Kilometer entfernt zieht die Bockwindmühle von Elsterwerda alle Blicke an. Das hölzerne Ungetüm bringt bei einer Höhe von 12 Metern rund 30 Tonnen auf die Waage. Insgesamt wechselte die Mühle viermal ihren Standort, bis sie heute ihren Dienst als Museum verrichtet. Vorbei am barocken Schloss Elsterwerda geht es erneut in die offene Landschaft mit ihren Feuchtwiesen hinaus. Die flussnahe Strecke bis Bad Liebenwerda bietet Radelgenuss pur. Sie ist flach und still.

Von Bad Liebenwerda nach Elster – 70 km In die unter Vogt Otto von Ileburg 1231 erstmals urkundlich erwähnte Siedlung **Liebenwerda** kommen von 1905 an Gäste zur Erholung. Das Herz des Ortes schlägt im direkt am Flussufer gelegenen Kurviertel. Dort befinden sich der Lubwartturm und das Kreismuseum. Die Ausstellung präsentiert Funde aus der Ur- und Frühgeschichte. Dazu werden das Handwerk und die Volkskunst sowie die Naturlandschaft des Schwarzen-Elster-Landes erklärt. **Bad Liebenwerda** grenzt am Naturpark Niederlausitzer Heidelandschaft. Die Saaleeiszeit formte das Terrain vor etwa 180000 Jahren. Damals bedeckten riesige Gletscherzungen die Gegend. Sie häuften Moränenhügel auf, schufen Urstromtäler und gruben Seen aus, die im Laufe der Zeit verlandeten. Heute breiten sich hier Heideflächen, Moore und Streuobstwiesen aus. Seit dem Jahr 2011 werden in den

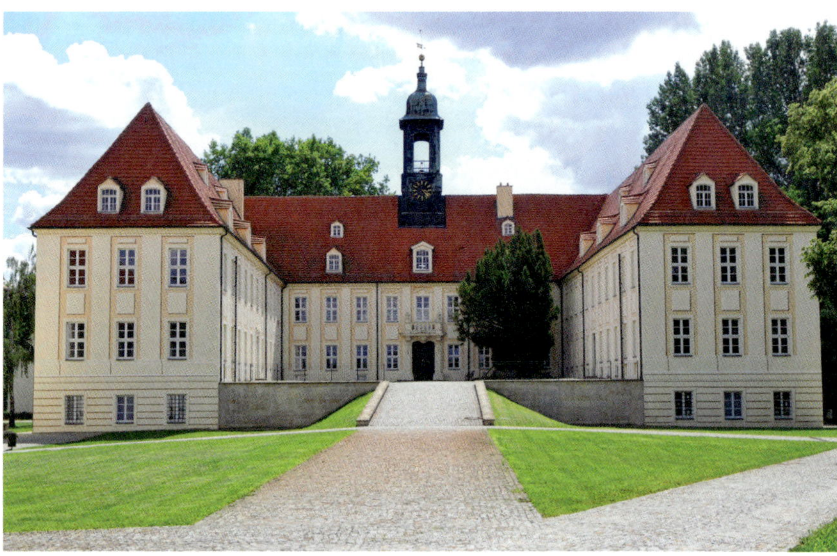

Das unter Denkmalschutz stehende Schloss Elsterwerda wurde im 17. Jahrhundert errichtet.

blaubeerreichen Eichen-Kiefern-Mischwäldern des Naturparkes die einstmals weitverbreiteten Auerhühner wieder angesiedelt. Die Uferstreifen der Schwarzen Elster sind naturbelassen. Dort finden Weißstörche ideale Bedingungen für die Aufzucht ihrer Jungen. Leicht erhöht geht es auf einem Dammkronen-Radweg nach **Herzberg**. Stadtbildbeherrschend und gleichzeitig die größte Sehenswürdigkeit ist die St.-Marien-Kirche mit einem 64 Meter hohen Backsteinturm. Beim Betreten des gewaltigen Mittelschiffes legt man den Kopf in den Nacken, um das prächtige Deckengemälde aus dem 15. Jahrhundert zu bestaunen. Die von der böhmischen Malerei des ausgehenden 14. Jahrhunderts beeinflussten Kunstwerke zeigen die Apostel und Evangelisten, verwoben mit einer Typologie des Jüngsten Gerichtes. 15 Kilometer gen Nordwesten überschreitet der Schwarze-Elster-Radweg die Grenze zwischen Brandenburg und Sachsen-Anhalt. Mittlerweile kehrt die Route dem Fließgewässer immer wieder den Rücken zu und zieht sich gesäumt von kleinen Forsten durch weite Felder. Südlich der Glücksburger Heide liegt von einer Flussschleife umrahmt die Stadt **Jessen**. Der gemütliche Ort kam infolge des Wiener Kongresses von Sachsen unter die Hoheit von Preußen. Noch einmal den Blick über die Wasserlandschaft schweifen lassen, hinüber zum Schloss Hemsendorf, dann ist die abwechslungsreiche Radreise zu Ende. Rund 180 Kilometer hat die Schwarze Elster zurückgelegt, liebliche Landstriche durchflossen, Seen gespeist und reizvolle Stadtzentren passiert. Nun vereint sie sich mit der Elbe, die das Wasser der Nordsee zuführt. Es lohnt, dem Strom für 15 Kilometer ins Herz der Lutherstadt **Wittenberg** nachzuradeln. Unter dem Schutz der UNESCO stehen die Stadt- und die Schlosskirche, das Melanchthonhaus und das Lutherhaus. Martin Luther lebte und wirkte fast 35 Jahre in dem ehemaligen Kloster. Unsere Reise auf dem Schwarze-Elster-Radweg war einfach. Sie überraschte und entführte in einen beschaulichen Flecken Erde. Martin Luther schrieb: »Die Welt ist voll alltäglicher Wunder«. Wie recht er hatte!

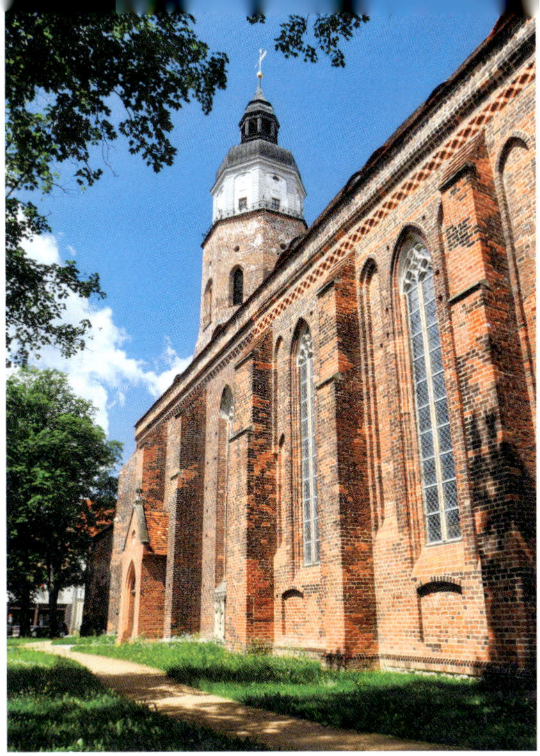

Die St.-Marien-Kirche von Herzberg behütet kostbare Gewölbemalereien.

Die Schwarze Elster sorgt immer wieder für verträumte Natureindrücke.

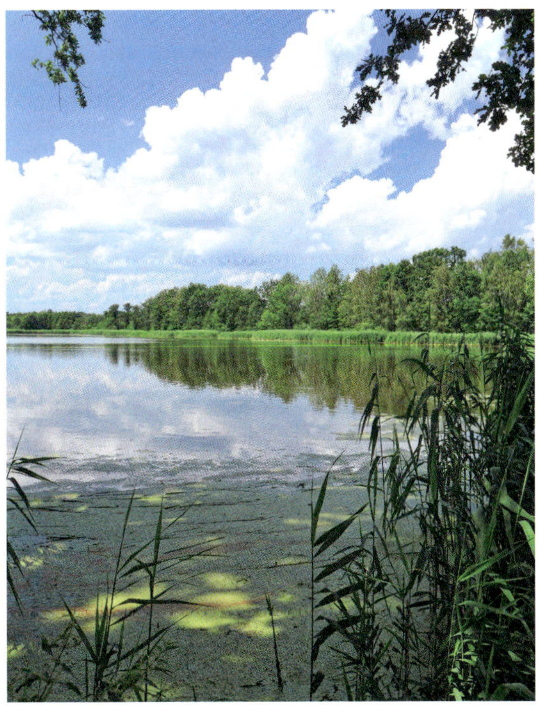

24 Spreeradweg

Spreewaldromantik und Großstadtdschungel

leicht 394 km ca. 7 Tage

Charakter
Der Spreeradweg ist flach und die sehr ruhige Route punktet durch gute Fahrwege.

Ausgangsort
Kottmarwald bzw. Ebersbach Bhf.

Endpunkt
Berlin/Brandenburger Tor; zurück 3 Std. mit dem Zug

Wegmarkierung
Schilder mit den drei Spreequellen sowie dem Routenverlauf vom Lausitzer Bergland nach Berlin

E-Bike
E-Bike-Verleih über www.radwandern-oberlausitz.de

Information
TMB Tourismus-Marketing Brandenburg, Am Neuen Markt 1, 14467 Potsdam, Tel. 0331/200 47 47 30, www.reiseland-brandenburg.de und www.radeln-in-brandenburg.de
Marketing Gesellschaft Oberlausitz-Niederschlesien, Humboldtstraße 25, 02625 Bautzen, Tel. 03591/ 487 70, www.oberlausitz.com
Berlin Tourismus & Kongress, Am Karlsbad 11, 10785 Berlin, Tel. 030/25 00 23 33, www.visitberlin.de

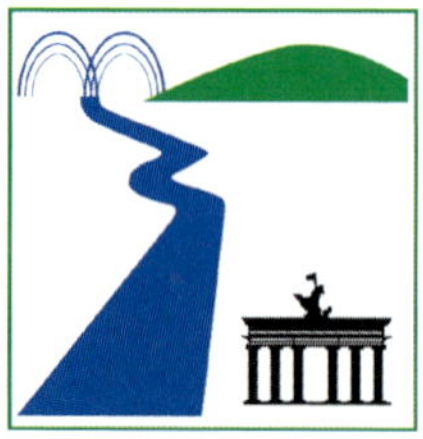

Wer an die knapp 400 Kilometer lange Spree denkt, hat sofort Bilder des Spreewaldes mit seinem Labyrinth aus Kanälen im Kopf, auf dem Touristenkähne gemächlich vorwärtsziehen. Auch auf den ersten Teilstücken säumen unverbaute Naturlandschaften den Reiseweg. Da wirkt das Ziel Berlin fast wie aus einer anderen Welt.

Von Eibau nach Spremberg – 118 km Gleich drei Quellen speisen den Fluss **Spree**. Als Startpunkt des rund 400 Kilometer langen Radweges hat man die höchstgelegene Spreequelle im Kottmarwald gewählt, die eine halbkreisförmige Steinmauer umfasst. Das erste Teilstück durch das **Lausitzer Bergland** ist ausgesprochen malerisch. Wir radeln durch eine wellige Mittelgebirgslandschaft mit sattgrünen Wiesen, aus der reizvolle Waldinseln herausragen. In den Talsenken ducken sich kleine Dörfer mit prächtigen Umgebindehäusern. Zu erkennen sind die liebevoll gepflegten Gebäude an ihrer baulichen Trennung von Stubenkörper und Dach. Die traditionelle Architektur, bei der Fachwerk und Blockbauweise ineinander verschmelzen, geht auf das 15./16. Jahrhundert zurück und ist in der Oberlausitz, der Sächsischen Schweiz, in Schlesien und Nordböhmen verbreitet. Ein Schmuckstück stellt das Reiterhaus in Neusalza-Spremberg dar. Das denkmalgeschützte Hauptgebäude entstand um 1660 und gewährt als Heimatmuseum Einblick in die Lebensweise der Oberlausitzer Bevölkerung des 19. Jahrhunderts. Mittlerweile sind die kurzen Anstiege der ersten Kilometer gemeistert und man folgt relaxed dem gewundenen Wasserlauf, der langsam breiter wird. Bald taucht über den Feldern und Wiesen die Silhouette von **Bautzen** auf. Ihr Bild bestimmt der

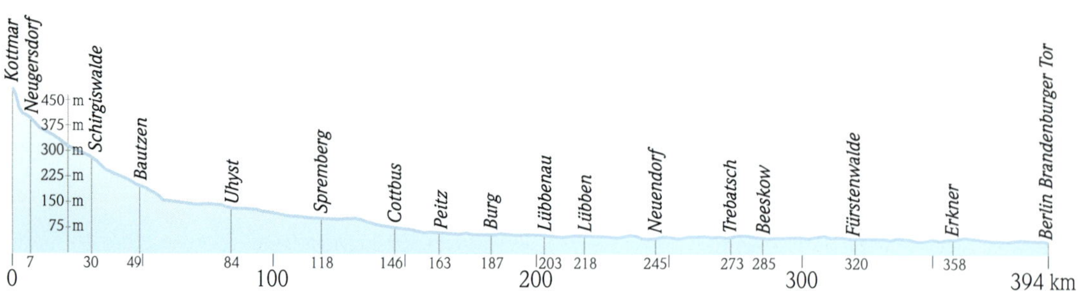

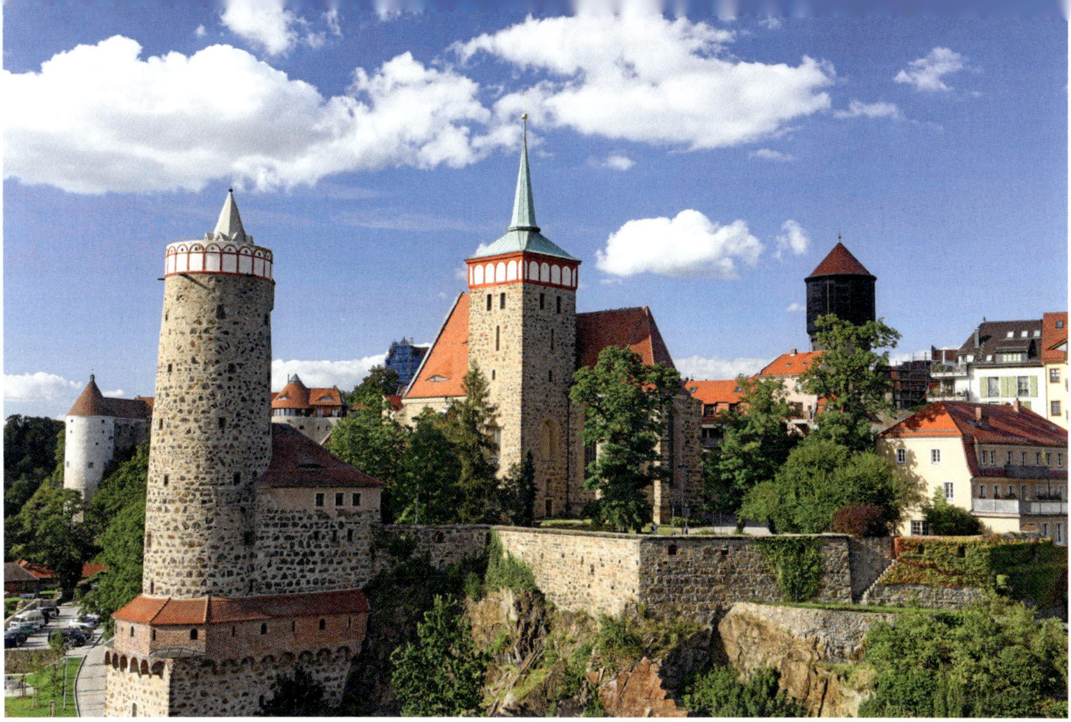

Blick von der Friedensbrücke auf die Stadt Bautzen mit der Alten Wasserkunst und der Michaeliskirche

himmelstrebende Dom St. Petri. Die 1000-jährige Stadt ist das politische und kulturelle Zentrum der Sorben in der Oberlausitz. Die sorbischen Bewohner der Lausitz stammen aus dem Gebiet nördlich der Karpaten zwischen Oder und Dnepr. Zur Zeit der Völkerwanderung zogen im 6. Jahrhundert jene slawischen Gruppen in das damals größtenteils unbewohnte Gebiet nördlich des Erzgebirges. Zwei Stämme ließen sich hier nieder, die Ober- und die Niedersorben. Das kleinste slawische Volk überstand Fremdherrschaft, Kriege und Diktaturen und bewahrte seine Sprache bis heute. Doch diese zählt zu den bedrohten Sprachen der Welt. Damit Sorbisch weiterlebt, gibt es u. a. ein eigenes Radioprogramm, eine sorbische Tageszeitung und das Witaj-Projekt, das mit Aktivitäten in Kindergärten und Schulen die Zweisprachigkeit fördert. Zur Identität der Sorben gehört auch die wertvolle Tracht. Bei Hochzeiten und kirchlichen Feiertagen trägt man gerne die traditionellen Kleider. Die thematische Radtour »Sorbische Impressionen« (60 Kilometer) verläuft durch das Siedlungsgebiet der Sorben im brandenburgischen und im sächsischen Teil der Lausitz. Die Strecke führt vorbei an Sehenswürdigkeiten, Museen und Heimatstuben, die von der Geschichte und Gegenwart dieses Volksstammes erzählen. Bautzen ist zudem die Stadt der Türme. Den schönsten Blick genießt man von der Friedensbrücke: Zwischen den drei Rundbögen zieht die Spree gen Norden. Der Fluss hat ein Steilufer ausgewaschen. Darüber ragen sieben massive Türme in den Himmel. Sie gehören zu Kirchen, zur Ortenburg und zur »Alten Wasserkunst«. Das Wahrzeichen galt im Mittelalter als eine technische Glanzleistung. Besonders ist, dass man Ende des 15. Jahrhunderts das Spreewasser mit einer Kolbenpumpe von diesem Gebäude in die Altstadt leitete. Bautzen erlangte zu DDR-Tagen schmerzliche Berühmtheit, denn es gab hier zwei große Gefängnisse. Die Haftanstalt Bautzen II mahnt als Gedenkstätte die vergangene Zeit an. Viele Orte, die an alten Handelswegen liegen, sind heute Stationen von Radwegen. So führt auch die Sächsische Städteroute

Tropenparadies auf 66 000 Quadratmetern

Westlich von Krausnick erhebt sich auf dem Flugplatz Brand weithin sichtbar die größte freitragende Halle der Welt. In dem ursprünglich für die Unterbringung von Transportluftschiffen errichteten Hangar feierte man im Dezember 2004 die Einweihung von Europas größter tropischer Urlaubswelt Tropical Islands. Sie ist in die Themenbereiche Südsee, Amazonia, Bali-Lagune, Regenwald, tropisches Dorf, Kinderspielwelt und Rainforest Camp unterteilt. Für die stilechte Vegetation sorgen 50 000 Pflanzen, Büsche und Bodendecker, die sich rund um den riesigen Wasserrutschenturm verteilen.

durch Bautzen. Das prächtige Stadtbild wird durch die Talsperre Bautzen abgelöst, die ein beliebtes Naherholungsgebiet der Region ist. Nun tauchen Radler in die topfebene Oberlausitzer Heide- und Teichlandschaft ein. Das grüne Waldmeer mit seinen unzähligen Seebecken ist als UNESCO-Biosphärenreservat geschützt. In der von Menschen in Jahrhunderten gestalteten Kulturlandschaft finden besonders Glockenheide, Moorveilchen und Sonnentau ideale Wachstumsbedingungen. Der 260 Kilometer lange Froschradweg erschließt auf einem Rundkurs die Teichlandschaft für Tourenradler. Vorbei am Braunkohlebergbau Nochten geht es ins Zentrum von **Spremberg** hinein, das bereits auf Brandenburger Terrain liegt.

Die moderne Bibliothek der Technischen Universität Cottbus eröffnete 2004.

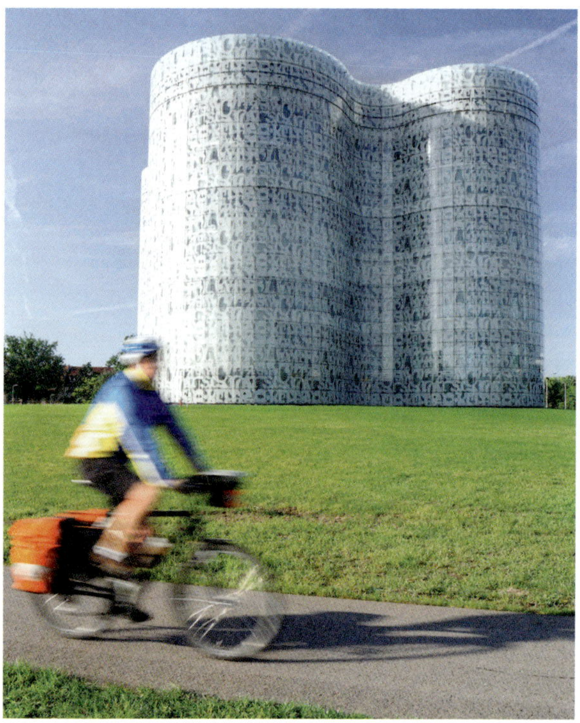

Von Spremberg nach Lübbenau – 85 km Auch Spremberg ist eine Topadresse für Radler. Gleich drei weitere Radfernwege wie die Niederlausitzer Bergbautour (510 Kilometer), die Tour Brandenburg (1111 Kilometer) und der Fürst-Pückler-Weg (503 Kilometer) machen in dem Historienstädtchen Station. Die Spree spaltet sich südlich der Altstadt in zwei Arme auf und umschlingt den Kern Sprembergs, wo die Kreuzkirche und das Rathaus aufragen. Sechs Radkilometer nördlich bremst die Talsperre Spremberg den Lauf der Spree. Der große Stausee schirmt das Wasser mit einer 2,2 Kilometer langen Mauer ab und dient vorrangig zum Schutz des von Hochwasser bedrohten Spreewaldes. Längs des Radweges, der dem westlichen Ufer folgt, laden immer wieder schöne Rast- und Badestellen zum Verweilen ein. Mitten in der Brandenburger Weite erreichen wir die nächste Großstadt: **Cottbus** mit dem Branitzer Park. Die gepflegte Grünanlage ist eine Schöpfung des berühmten Gartengestalters Fürst Hermann von Pückler-Muskau, der hier seinen Lebensabend verbrachte und als Grablege

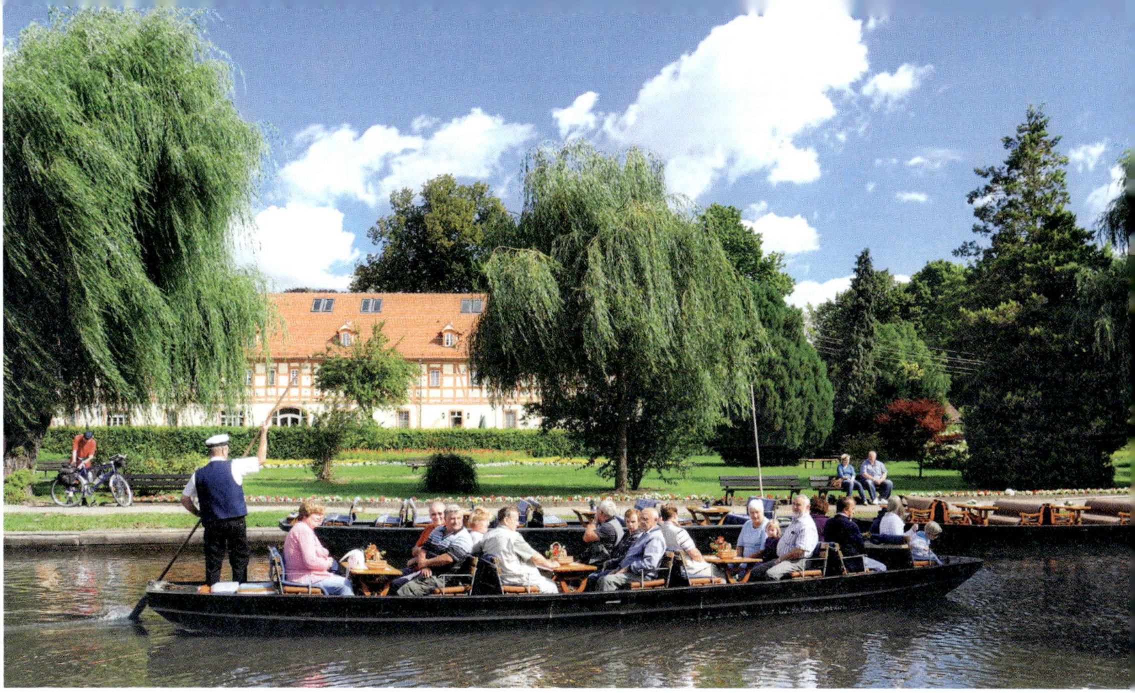

Lübbenau wird von unzähligen Wassergräben durchzogen, die man auf einer Bootstour kennenlernen kann.

die große Wasserpyramide errichten ließ. Unsere Radroute durchläuft vor den Toren der Stadt die Peitzer Teiche, knickt dort gen Westen ab und hält zusammen mit dem 250 Kilometer langen Gurken-Radweg auf den **Spreewald** zu.

Von Lübbenau nach Fürstenwalde – 117 km Nun verzweigt sich die Spree in Hunderte kleine Seitenarme und Kanäle. Wir sind in der Niederungslandschaft des **Spreewaldes**. Seit 1990 ist die Kulturlandschaft als Biosphärenreservat der UNESCO anerkannt. In den Wäldern und Feuchtwiesen fühlen sich Weißstörche und Fischotter wohl. Der scheue Wassermarder hat hier eines seiner letzten natürlichen Reproduktionsgebiete in Europa, denn die Spreewaldfließe bieten ihm ideale Lebensbedingungen: verstecke Rastplätze und ein reiches Nahrungsangebot. Obwohl nur mit viel Glück zu entdecken, ist er nahezu im gesamten Gewässernetz zu Hause. Insgesamt sind im Spreewald rund 6000 Tier- und Pflanzenarten heimisch. Lübbenau nennt man die »Heimliche Hauptstadt des Spreewaldes«. Hier lohnt es sich, vom Rad abzusteigen, um die Auen- und Moorlandschaft mit ihren unzähligen Wasserläufen per Kahn zu erkunden. Die Saison dauert von April bis Oktober. Während dieser Zeit legen die Kähne im Stundentakt ab. Für eine Fahrt sollte man etwa zwei bis drei Stunden einplanen, spezielle Themenkahnfahrten können auch länger dauern. Wer gerne auf eigene Faust in das weitverzweigte Netz an Fließen eintauchen möchte, leiht sich ein Paddelboot. Rund um Lübbenau befindet sich außerdem das Anbaugebiet für den Exportschlager der Region – die Spreewaldgurke. Bevor wir uns wieder auf die Route begeben, lohnt ein Abstecher in das zwei Kilometer entfernte, unter Denkmalschutz stehende Spreewalddorf Lehde. Theodor Fontane schrieb über diesen Ort: »Es ist eine Lagunenstadt im Taschenformat, ein Venedig, wie es vor 1500 Jahren gewesen sein mag ...« Das Freilandmuseum mit den altsorbischen Bauernhäusern gewährt zusammen mit der Trachtenausstellung, der Kahnbauerei und dem Gurkenmuseum Einblicke in die Lebensweise der Spreewaldbewohner vor

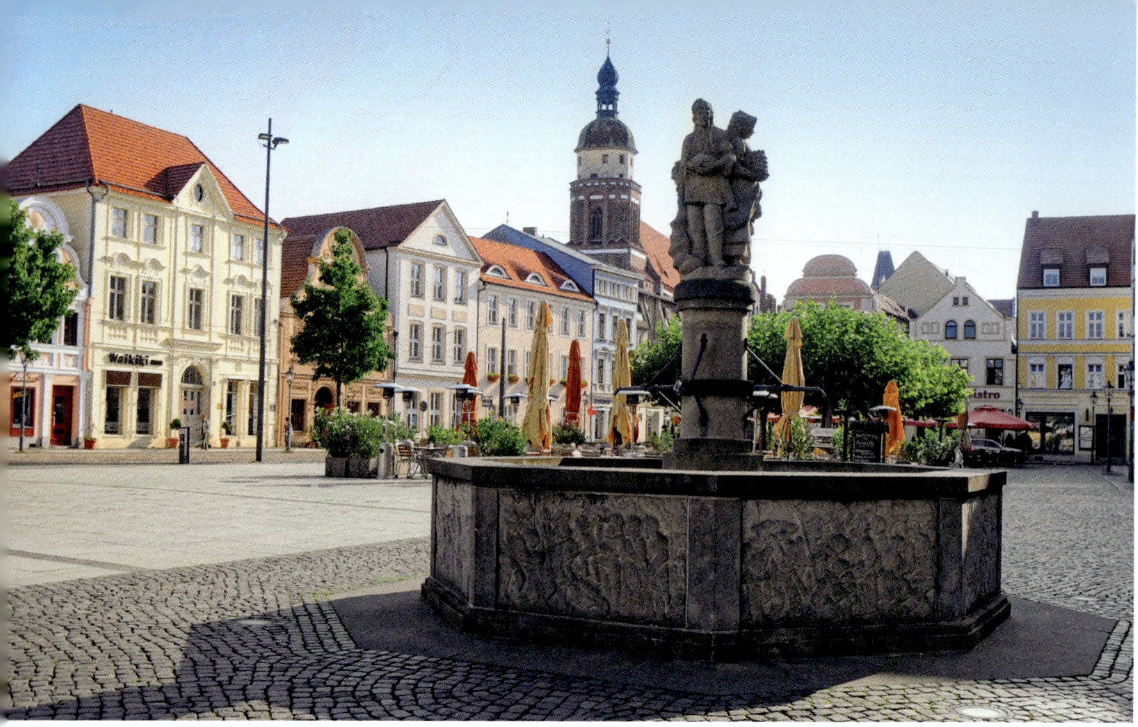

Prächtige Bürgerhäuser umrahmen den Marktplatz von Cottbus.

über hundert Jahren. Hinter dem Spreewald bahnt sich der Fluss in sanften Schwüngen seinen Weg durch üppige Au- und Heidewälder nach **Fürstenwalde**.

Von Fürstenwalde nach Berlin – 74 km Die im Seenland Oder-Spree gelegene Stadt blickt auf eine 700-jährige Geschichte zurück und wurde aufgrund der Flusslage zu einem Warenumschlagsplatz. Das beachtenswerteste Bauwerk ist der Dom St. Marien, dessen Neuaufbau 1446 begann. Nebenan befindet sich das Museum

Die Spreemetropole Berlin

Berlin bietet Besuchern eine Vielfalt an Sehenswürdigkeiten:
Brandenburger Tor: Symbol der deutschen Trennung und Wiedervereinigung
Unter den Linden: altes Herzstück Berlins
Berliner Dom: bedeutendster protestantischer Kirchenbau Deutschlands
Berliner Fernsehturm: mit 368 Metern höchstes Bauwerk des Landes
Nikolaikirche: liegt im Nikolaiviertel, dem Ursprung Berlins
Rotes Rathaus: Sitz des regierenden Bürgermeisters von Berlin
Museumsinsel: seit 1999 UNESCO-Weltkulturerbe
Gendarmenmarkt: einer der schönsten Plätze Berlins
Checkpoint Charlie: bekanntester Grenzübergang der Mauer
Topographie des Terrors: Dokumentationszentrum über die NS-Zeit
Potsdamer Platz: pulsierendes Zentrum
Holocaust-Mahnmal: Denkmal für die ermordeten Juden Europas
Tiergarten: die grüne Lunge der Metropole
Siegessäule: herrlicher Panoramablick von der Aussichtsplattform
Schloss Bellevue: Amtssitz des Bundespräsidenten
Reichstag: mit der gläsernen Kuppel als Besuchermagnet

Fürstenwalde. Die Ausstellung befasst sich mit den letzten 10000 Jahren in der Gegend. Besucher erwartet eine der größten Geschiebesammlungen Europas. In Fürstenwalde sichten wir die Radwegschilder der Oder-Spree-Tour (237 Kilometer), die als Rundkurs zwei Naturparks verbindet. Die Spree knickt gen Westen ab und führt uns in das Müggelspree-Löcknitzer Wald- und Seengebiet. Allmählich geht es in den Berliner Speckgürtel hinein. Die Stadtlandschaften nehmen zu, doch die Natur hält mit dem Dämeritzsee und dem Großen Müggelsee ein letztes Mal dagegen. Ab hier begleitet der Europa-Radweg R1 den Spreeradweg. In **Köpenick** nimmt die Spree den Fluss Dahme auf. Anziehungskraft genießt das Schloss Köpenick, in dem 2004 ein Kunstgewerbemuseum eingerichtet wurde. In den Flügeln der zwischen 1677 und 1689 fertiggestellten Residenz sind Werke der Raumkunst aus Renaissance, Barock und Rokoko zu sehen. Komplettiert wird die Reise von Zimmer zu Zimmer durch kostbare Porzellanarbeiten, Tafelaufsätze und wechselnde Ausstellungen. Berühmtheit erlangte Köpenick vor allem wegen seines Rathauses, das im Jahr 1906 Schauplatz eines besonders dreisten Handstreiches war. Damals verkleidete sich der arbeitslose 57-jährige Schuster Friedrich Voigt als Hauptmann, stürmte das jüngst erbaute Rathaus und raubte die Stadtkasse. Vor der Fassade des Backsteinbaues erinnert heute eine Statue an die mehrmals verfilmte Geschichte um den »Hauptmann von Köpenick«. Wir rollen durch grüne Parks, überschreiten die von Zwillingstürmen gekrönte Oberbaumbrücke und erreichen kurz hinter der East Side Gallery das Stadtzentrum von **Berlin**, das man zu Fuß und per Fahrrad erkunden kann. Die Spree schlängelt sich durch das Regierungsviertel und hält westlich des Großen Tiergartens auf die Havel zu. Die Mündung wird von der Zitadelle Spandau bewacht. Dort endet die Radreise nach 400 Kilometern. Wer noch nicht genug hat, der folgt anschließend dem Havel-Radweg, via Potsdam, Werder, Brandenburg an der Havel und Havelberg bis zur Elbe.

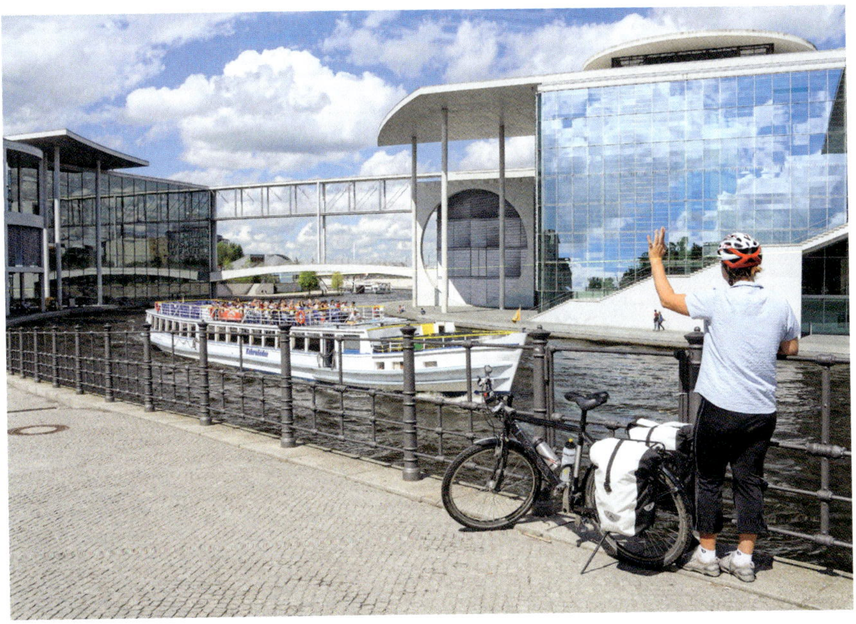

Der Fluss Spree durchströmt mit einem reizvollen Bogen das moderne Regierungsviertel von Berlin.

25 Oder-Neiße-Radweg

Naturparadies am Ostrand Deutschlands

leicht | 631 km | ca. 11 Tage

Charakter
Die ebene Tour führt meist direkt am Wasser entlang und ist gut ausgebaut.

Ausgangsort
Nová Ves; der nächste Bahnhof ist 5 km entfernt in Jablonec nad Nisou.

Endpunkt
Ahlbeck; zurück 10 Std. mit dem Zug

Wegmarkierung
Schilder mit einem umgedrehten Dreieck und den Flüssen Neiße und Oder darauf

E-Bike
Eine Trittunterstützung macht wegen der Etappenlängen Sinn. Ladestationen gibt es aber nur punktuell.

Information
Tourismus Marketing Gesellschaft Sachsen mbH, Bautzner Straße 45/47, 01099 Dresden, Tel. 0351/ 49 17 00, www.sachsen-tourismus.de
TMB Tourismus-Marketing Brandenburg, Am Neuen Markt 1, 14467 Potsdam, Tel. 0331/200 47 47 30, www.reiseland-brandenburg.de, www.radeln-in-brandenburg.de und www.oderneisse-radweg.de
Tourismusverband Mecklenburg-Vorpommern e. V., Konrad-Zuse-Straße 2, 18057 Rostock, Tel. 0381/403 05 50, www.auf-nach-mv.de

Biber streichen durchs Unterholz und am Himmel gleiten Schwärme von Zugvögeln vorüber: Die Grenzflüsse Neiße und Oder bilden für Tiere ein Paradies. Radfahrer genießen die ruhigen Wege, machen in Städten wie Zittau, Görlitz und Frankfurt Station. Am Reiseziel, der Insel Usedom, versinken auf einem der feinsandigen Strände die Füße im Sand.

Von Nová Ves nach Frankfurt an der Oder – 287 km Die **Lausitzer Neiße** startet ihren Lauf im tschechischen Nová Ves. Sie durchfließt die 104 000-Einwohner-Stadt **Liberec** mit ihrem imposanten Rathaus und bildet ab **Zittau** die deutsch-polnische Staatsgrenze. Der gesamte Altstadtkern steht seit 1991 unter Denkmalschutz. Das herausragende Bauwerk ist das von Karl Friedrich Schinkel entworfene und im Stil der italienischen Renaissance errichtete Rathaus. Davor zieht der Rolandbrunnen – auch Marsbrunnen genannt – alle Aufmerksamkeit an. Von oben auf einer reich profilierten Renaissancesäule thronend, späht der viel fotografierte

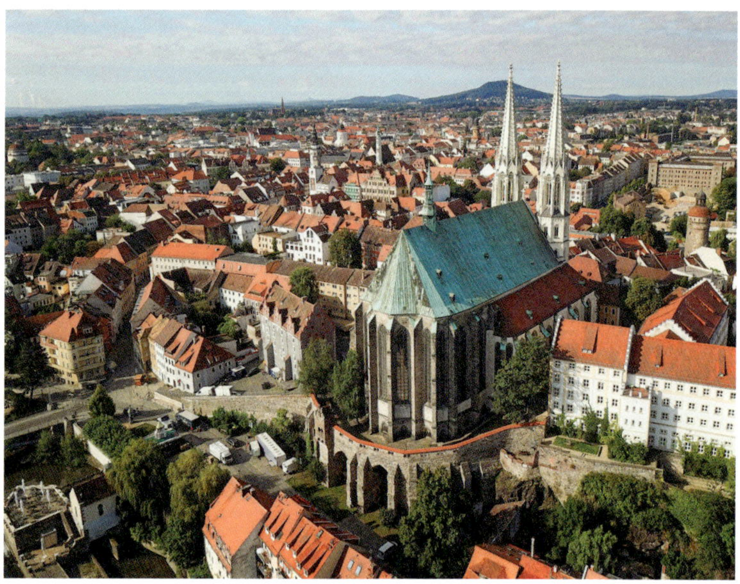

Görlitz zieht sich am Ufer der Lausitzer Neiße entlang.

Görliwood

Das intakte Ortsbild von Görlitz gefiel der Filmbranche. Los ging es in den Fünfzigerjahren mit dem Film »Der Ochse von Kulm«. Insgesamt »spielte« Görlitz in rund 100 Streifen mit. Mal als New York oder Berlin, dann wieder als München, Frankfurt, Paris oder Heidelberg – stets eine stilvolle Historienkulisse. Man drehte in »Görliwood«, wie die Einheimischen ihre Heimat nennen, Szenen der Filme »In 80 Tagen um die Welt«, »Der Vorleser« und »Inglorious Basterds«. Im Winter 2012/13 wählte Regisseur Wes Anderson das Jugendstilkaufhaus und die Stadthalle als Drehorte für die Produktion von »The Grand Budapest Hotel«. Der Spielfilm wurde mit vier Oscars® ausgezeichnet, darunter auch für das beste Szenenbild.

Kriegsgott Mars über den komplett von Patrizierhäusern umschlossenen Markt. Am Fuß der Statue bezeugen Früchte, Ähren und Weberschiffchen den Zittauer Reichtum. Kostbarster Schatz der Stadt ist das Große Zittauer Fastentuch aus dem Jahr 1472, das man in der Kirche zum Heiligen Kreuz bewundern kann. Entspannte zehn Kilometer nördlich liegt Hirschfelde, ein schmuckes Dorf mit prächtigen, für das Dreiländereck typischen Umgebindehäusern. Auf der Fahrt entlang der bewaldeten Lausitzer Neiße lädt das Kloster St. Marienthal zu einem Stopp ein. 1234 gründete die Königin Kunigundis von Böhmen das Zisterzienserinnenkloster. Im Laufe seines Bestehens fegten Kriege, Brände und Naturkatastrophen über den Konvent hinweg. Die letzte Tragödie ereignete sich im August 2010. Damals überflutete die Neiße die frisch renovierten Barockgebäude und richtete massive Schäden an. Vorbei am Berzdorfer See, einer Hinterlassenschaft des Braunkohletagebaues, geht es der Europastadt **Görlitz (Zgorzelec)** entgegen. Die Lage an der Via Regia, der ältesten Landverbindung von Ost- nach Westeuropa, begünstigte den Aufstieg von Görlitz zu einem blühenden Handelsplatz. Heute bummelt man durch das historische Zentrum mit den eindrucksvollen Hallenhäusern. Knapp 4000 Baudenkmale aus 500 Jahren gibt es zu bestaunen. Sehenswert sind das Alte Rathaus, das Napoleonhaus (1718), das erste bürgerliche Renaissancehaus (1526) Deutschlands und das Görlitzer Kaufhaus. Weiter in Richtung **Bad Muskau** verläuft der gut ausgebaute Radweg durch Waldgebiete, Flussauen und Felder. In der idyllischen Talsenke legte Hermann Fürst von Pückler Muskau zwischen 1815 und 1845 einen stilvollen Landschaftsgarten an. »Wer mich ganz kennenlernen will, muss meinen Garten kennen, denn mein Garten ist mein Herz.« Diesen Satz prägte der 1785 auf Schloss Muskau geborene Fürst. Er

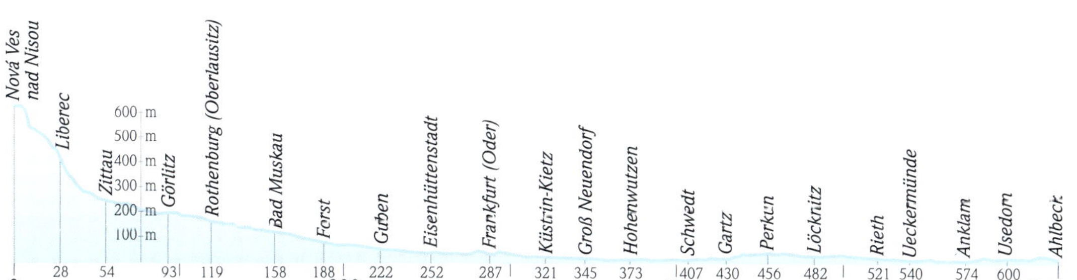

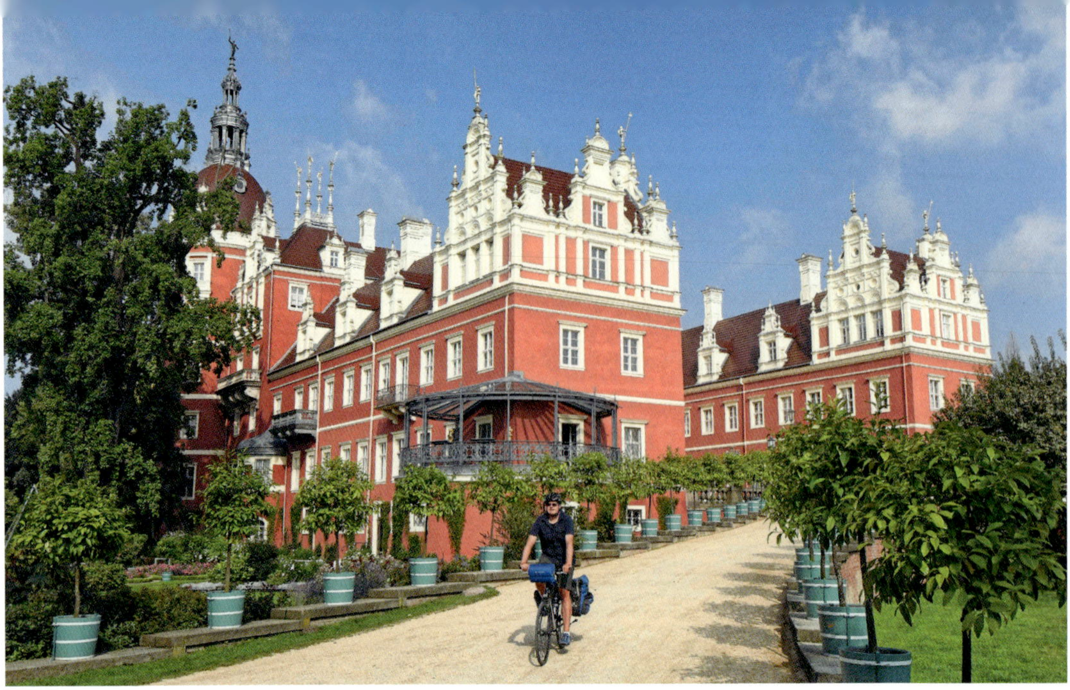

Rot-weißer Prachtbau: das Neue Schloss in Bad Muskau

war ein Weltenbummler und erfolgreicher Schriftsteller. In England entdeckte Pückler die prachtvollen Parks und setzte diese in der Lausitz um. Seine im englischen Stil angelegten Gärten in Bad Muskau und Schloss Branitz bei Cottbus zählen zu den Höhepunkten der Landschaftsgestaltung des 19. Jahrhunderts. Es fällt schwer, sich im Park Muskau zu orientieren. Denn ständig gehen Wege ab, treffen aufeinander, um sich erneut zu verzweigen. Manche führen auf Brücken hinüber nach Polen, wo sich der Park fortsetzt. Den Bemühungen beider Länder ist es zu verdanken, dass die UNESCO die Grünflächen 2004 auf die Liste des Welterbes setzte. Einen Blickfang bildet das neue Schloss. Der rot-weiße Prachtbau vereint mehrere Baustile und erinnert an eine Schöpfung des Medienkonzernes Disney. 1866 vollendete man das Ensemble unter Wilhelm Friedrich Karl von Oranien-Nassau im Stil der Neorenaissance. Die Neiße verlässt Sachsen und beginnt ihren Abschnitt durch Brandenburg. Parallel zum Fürst-Pückler-Weg geht es nach **Forst** hinein. Berühmt ist die Kreisstadt durch den Ostdeutschen Rosengarten, der mit rund 900 Rosensorten und 40 000 Rosenstöcken verzaubert. Wer dem asphaltierten Dammkronenradweg 35 Kilometer nordwärts folgt, erreicht **Guben**. Das Fabrikgebäude (1888) der Carl-Gottlob-Wilke-Hutfabrik beherbergt ein Stadt- und Industriemuseum. Es erzählt auf 450 Quadratmetern die Tradition der industriellen Hutherstellung nach, denn diese hat hier deutschlandweit ihre Wurzeln. Guben ist eine zweigeteilte Stadt. Am linken Neißeufer sprechen die Einheimischen deutsch. Die Gebäude auf der rechten Flussseite stehen im 1945 gegründeten polnischen Ort Gubin, der ein historisches Zentrum aufweist. Bei Ratzdorf mündet die Neiße in die **Oder**. Bis hierher hat sie rund 400 Kilometer durch Tschechien und Polen zurückgelegt. Ihr Gesamtverlauf vom mährischen Odergebirge bis ans Stettiner Haff misst 866 Kilometer. Wer den ersten Abschnitt des Flusslaufes kennenlernen möchte, folgt der polnischen Radroute »Blue Velo«. Die Anrainer fürchten die Oder wegen ihrer verheerenden Hochwasser. Vor allem bei Fünf-B-Wetterlagen setzen sich Tiefdruckgebiete über dem Riesengebirge fest und entladen ihre nasse Ladung: 1947, 1981, 1997, zuletzt im Mai 2010 flutete das Wasser die Wiesen, bedeckte Auwälder, bedrohte Siedlungen. Seit dem Ende des Zweiten Weltkrieges bildet die Oder zusammen mit der Neiße die Ostgrenze der DDR, ab 1990 der Bundesrepublik Deutschland. Der Radweg passiert Eisenhüttenstadt, das im Jahr 1950 als »erste sozialistische Stadt auf deutschem Boden« entstand. Anschließend radelt man durch das ländliche Brandenburg. Unterwegs grüßt **Frankfurt an der Oder** aus der Ferne.

Von Frankfurt an der Oder nach Schwedt – 120 km Die Universitätsstadt liegt, wie der Name verrät, an einem günstigen Oderübergang und wurde um 1226 von fränkischen Kaufleuten gegründet. Im April 1945 litt die Hansestadt unter den massiven Angriffen der Roten Armee. In den letzten Jahrzehnten rekonstruierten die Einheimischen die bedeutendsten Baudenkmale der norddeutschen Backsteingotik. So erstrahlen das Rathaus und die St.-Marien-Kirche im Glanz verstrichener Tage. Die Geburtsstadt Heinrich von Kleists (1777–1811) beherbergt ein Museum, in dem man das Erbe des Dramatikers und Novellisten pflegt. Wir steuern gen Norden aus Frankfurt hinaus. Sogleich nimmt uns die unverbaute Flusslandschaft gefangen. Vor den Toren der polnischen Stadt Küstrin mündet der Fluss Warthe in die Oder. Zusammen bilden sie das Binnendelta Oderbruch. Das Überschwemmungsgebiet ist knapp 60 Kilometer lang und bis zu 20 Kilometer breit – eine weite Landschaft, die es in dieser Form erst 250 Jahre gibt. Einst zogen sich mehrere Wasserarme durch das zwei bis fünf Meter über dem Meeresspiegel gelegene Tiefland und machten eine Nutzung nahezu unmöglich. Von 1747 bis 1762 schaufelten Tausende Arbeiter und Soldaten Deiche auf, begradigten den Lauf der Oder und legten

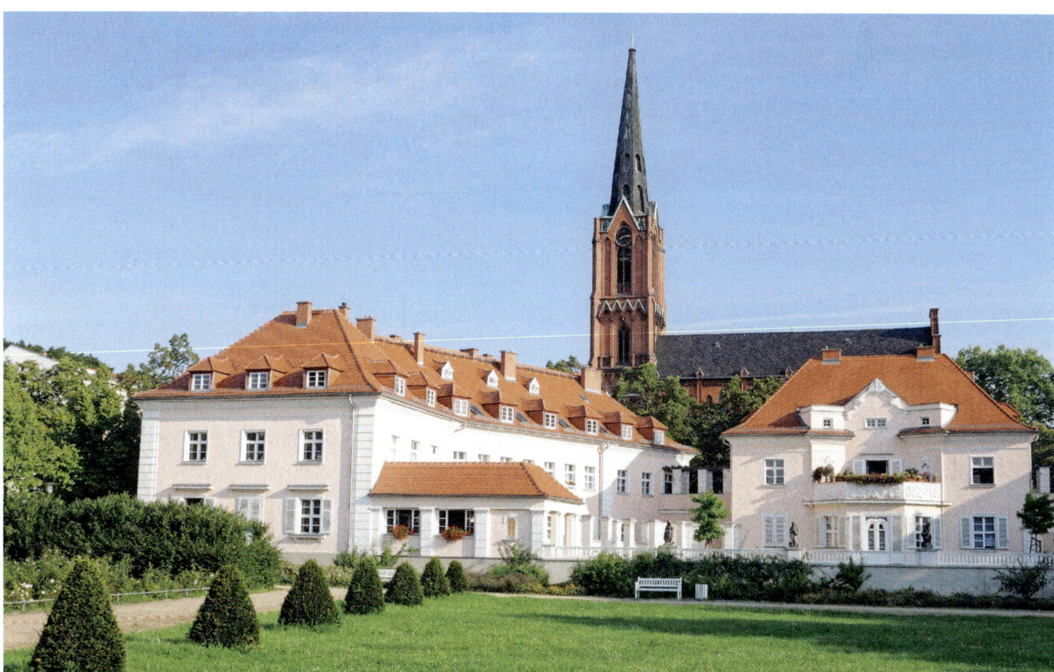

In der Gubener Vorstadt der Universitätsstadt Frankfurt findet man den reizvollen Anger sowie die Kirche St. Gertraud.

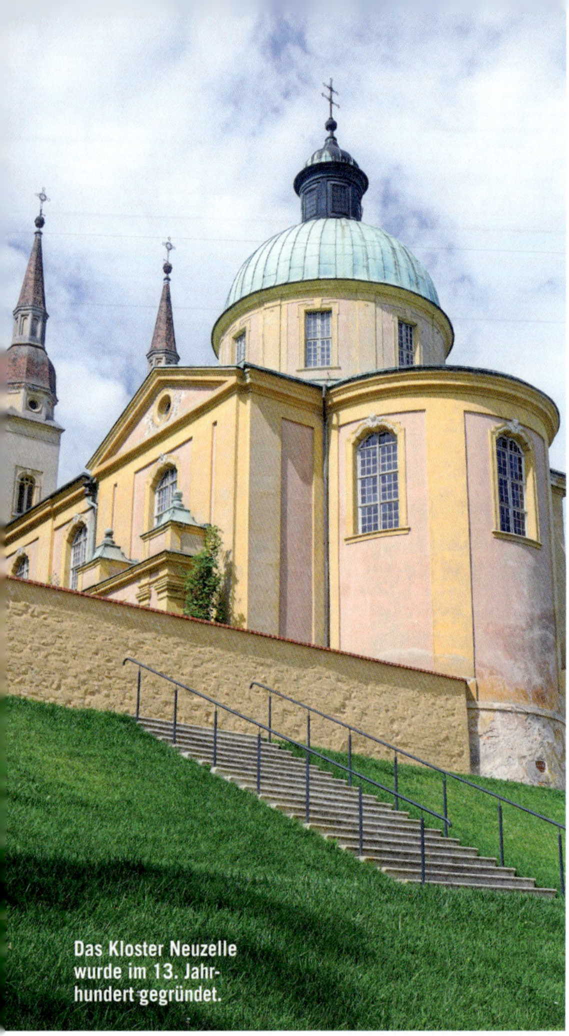

Das Kloster Neuzelle wurde im 13. Jahrhundert gegründet.

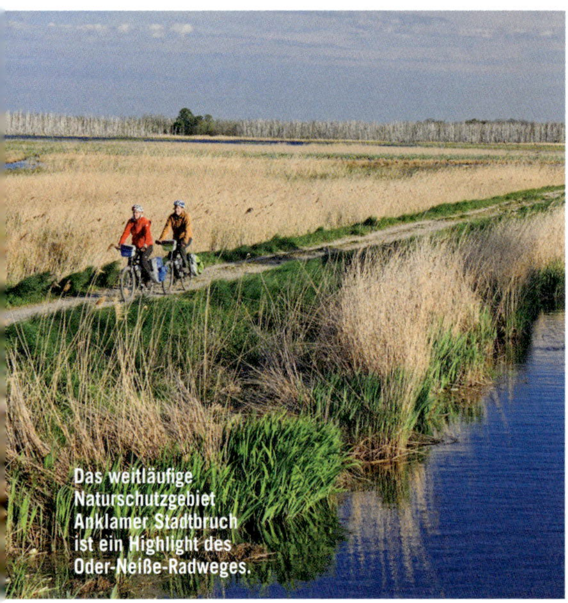

Das weitläufige Naturschutzgebiet Anklamer Stadtbruch ist ein Highlight des Oder-Neiße-Radweges.

so das Land trocken. Entzückt rief Friedrich II. bei einem Besuch im Jahr 1763 aus: »Hier habe ich im Frieden eine Provinz erobert, die mir keinen Soldaten gekostet hat.« Siedlungen wie Kienitz, Groß Neuendorf und Hohenwutzen, die auf der Karte gewichtig erscheinen, erweisen sich beim Durchfahren als winzige Dörfer. Bald genießt man die Stille des **Nationalparkes Unteres Odertal**. Am Rande der Schutzzone liegt die Nationalparkstadt **Schwedt**. Der Markgraf von Brandenburg-Schwedt siedelte hier Hugenotten an. Sie gestalteten den Ort 1685 zu einer barocken Residenz um und schufen ein einheitliches Bild der Straßenzüge.

Von Schwedt nach Ahlbeck – 224 km Bei dem Dorf Staffelde knickt der Oderstrom Richtung Nordosten ab und hält auf das Stettiner Haff zu. Die Radroute lässt den Fluss ziehen und verläuft jetzt durch das dünn besiedelte Mecklenburg-Vorpommern. Nun vollzieht die Landschaft einen Kulissenwechsel, hin zu sanft gewellten Endmoränenhügeln, kleinen Seen und schattigen Alleen. Bei **Ueckermünde** enden die Felder und Waldstreifen. Voraus liegt das Stettiner Haff, das einen rasch in den Bann schlägt. Die Stadt selbst versprüht mit ihren Traufenhäusern, die sich dicht um den rechteckigen Marktplatz drängen, gemütlichen Charme. Besucher zieht es zum früheren Schloss der pommerschen Herzöge, in dem das Haffmuseum untergebracht ist. Die Sammlung spannt einen Bogen von der Ur- und Frühgeschichte zu den verschiedenen Erwerbszweigen der Region. Die Routenschilder geleiten uns ein letztes Mal ins Hinterland. Hier läuft der Weg am Nordrand der Ueckermünder Heide entlang, um später in das Anklamer Torfmoor einzutauchen. 1461 Hektar umfasst das 1934 eingerichtete Naturschutzgebiet. Der Radweg führt an Wassergräben und zugewucherten Seen vorbei, aus denen abgestorbene Baumskelette ragen. Schwalben jagen durch die Luft. In der Ferne sieht man eine große Kormorankolonie. **Anklam** liegt am Unterlauf der Peene und blickt auf eine über 750-jährige Stadtgeschichte zurück. Besondere Anziehungskraft strahlt die Marienkirche aus. Ihr Ursprung reicht bis ins Jahr 1296. Weitere Attraktionen bilden das gotische Giebelhaus, das 32 Meter aufragende Steintor und das Otto-Lilienthal-Museum. Die Geburtsstadt des Flugpioniers hat mehr als zehn seiner Konstruktionen nachgebaut. Neben der Ausstellung »Lebenswege« entführt der Museumsbereich »Flugträume« Besucher in die 4000 Jahre alte Geschichte des Fliegens. Gegenüber dem Peenestrom sehen wir das Reiseziel: die 445 Quadratkilometer große Insel **Usedom**. Wie Klimatabellen verraten, zählt Usedom mit jährlich rund 1900 Sonnenstunden zu den verwöhntesten Flecken Deutschlands. Bereits zu DDR-Zeiten standen weite Teile unter Schutz, die man mehrfach erweiterte. Heute umfasst der Naturpark Insel Usedom die gesamte Fläche des Eilandes sowie die umliegenden Küstengewässer des Stettiner Haffs. Die deutsch-polnische Insel ist ein Paradies für Tiere. Ornithologen sichteten auf der beliebten Ferieninsel 280 Vogelarten. Davon nutzen 150 die landschaftliche Vielfalt mit ihren Dünen, Mooren, Küstenwäldern und offenen Wasserflächen zum Brüten. Kurz vor dem Kaiserbad **Ahlbeck** treten die Bäume zurück, geben den Blick frei auf herrschaftliche Villen und einen blendend weißen Sandstrand. Hier rollen die Wogen der Ostsee aus – Stunde um Stunde, Monat für Monat, seit Jahrtausenden. Bis an die Gestade Schwedens nichts als Wasser, Wellen, Wind. Nach über 630 erlebnisreichen Kilometern endet der Oder-Neiße-Radweg, wo er am schönsten ist.

Geheimtipp im Nordosten

Der Nationalpark Unteres Odertal erstreckt sich auf brandenburgischer Seite zwischen Hohensaaten und Mescherin. In Polen schließen sich zwei Landschaftsschutzparks an, die bis vor die Tore von Stettin (Szczecin) reichen. Die Oder bildet mit ihrer majestätischen Ruhe den Glanzpunkt der Flussauenlandschaft, in der sich seit Jahrhunderten nichts verändert zu haben scheint. 160 Brutvogelarten, 50 Säugetier- und 49 Fischarten fühlen sich in dem nahezu unberührten Naturparadies wohl. Alljährlich kann man im Frühjahr und im Herbst ein Schauspiel beobachten, wenn sich in der Oderniederung über 100 000 Gänse und Enten, dazu 10 000 Kraniche und andere Zugvögel einfinden.

Das Seeheilbad Ahlbeck verfügt über einen feinen Sandstrand.

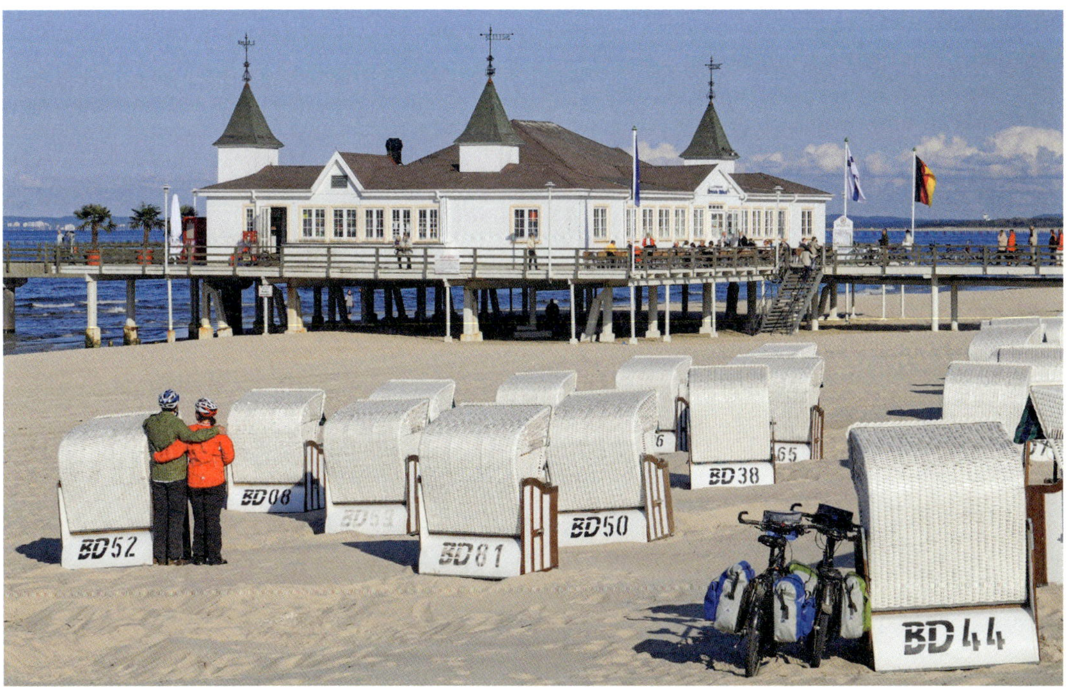

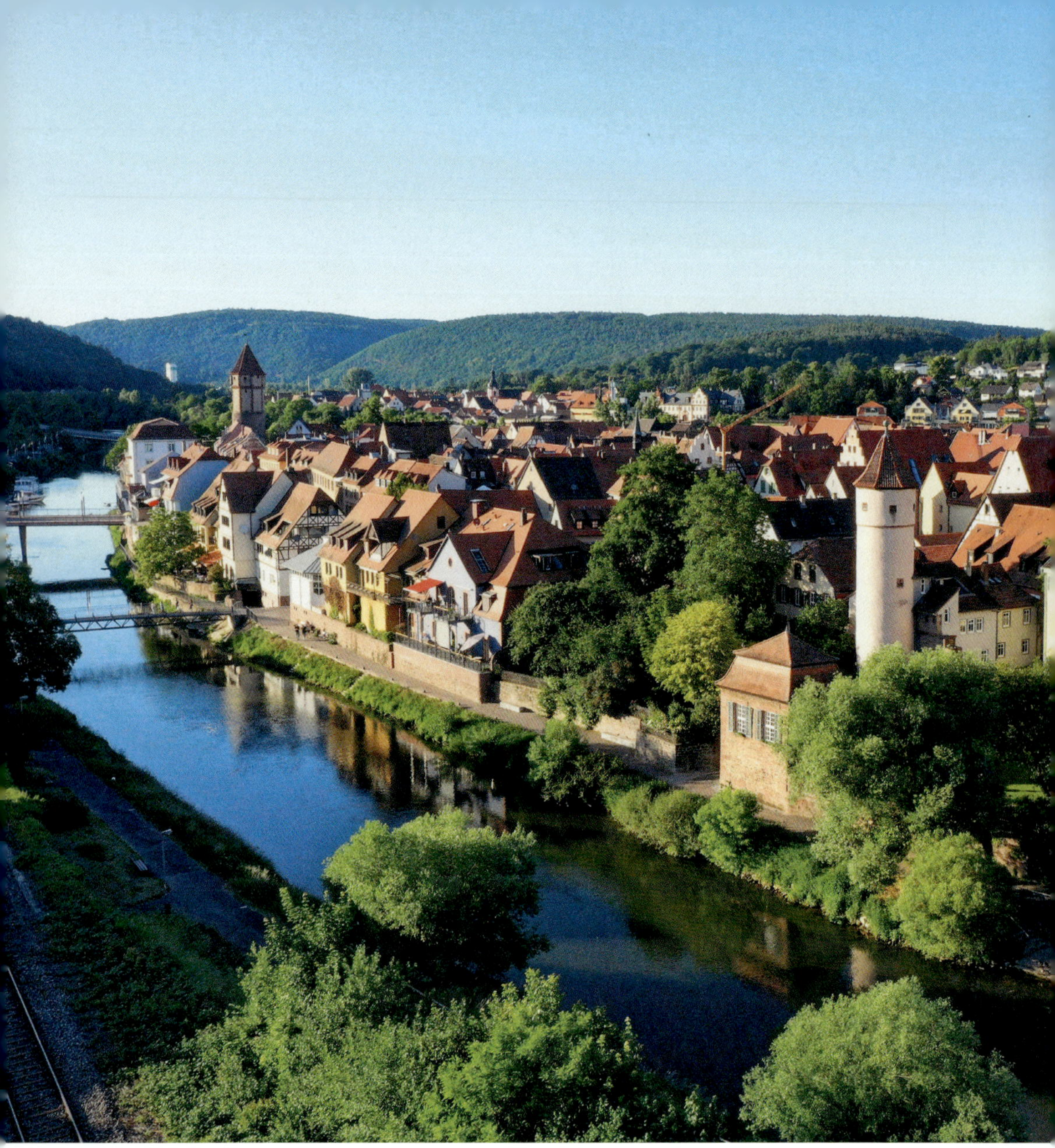

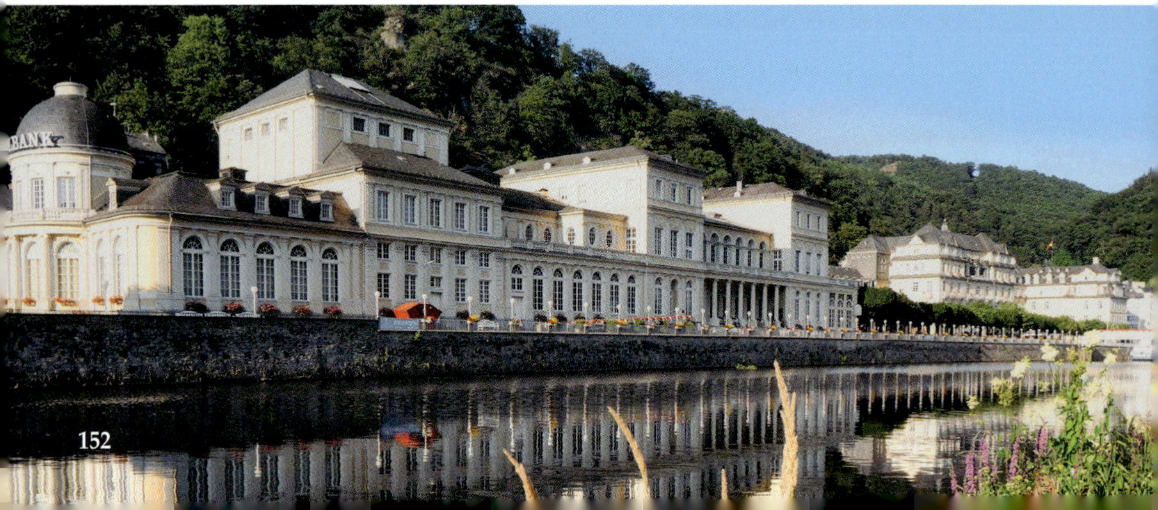
BANK

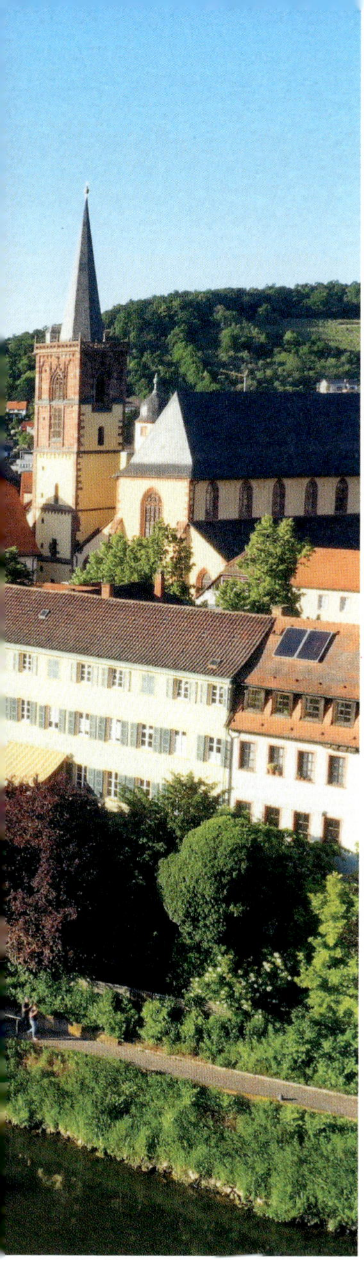

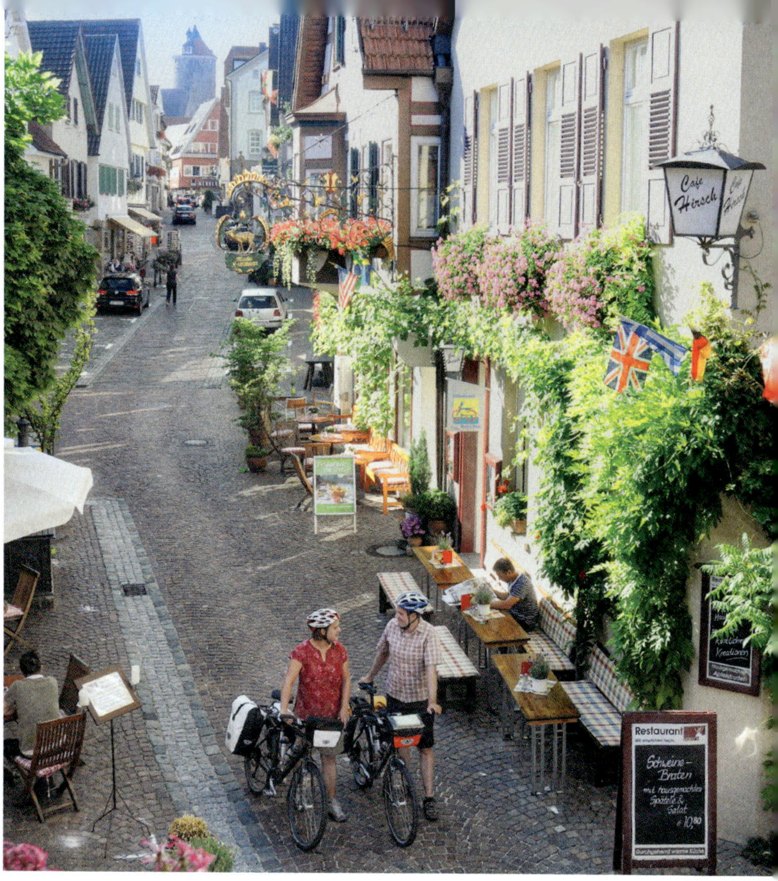

Südwesten

Oben links: Die Altstadt von Wertheim zieht sich das Ufer der Tauber entlang bis zum Main (Tour 35). Oben rechts: Entlang des Neckartal-Radweges gibt es zahlreiche Bett-&-Bike-Betriebe (Tour 36). Unten rechts: Der Binger Mäuseturm ist ein ehemaliger Wehr- und Wachturm (Tour 26). Unten links: Bad Ems liegt zu beiden Seiten der Lahn (Tour 29).

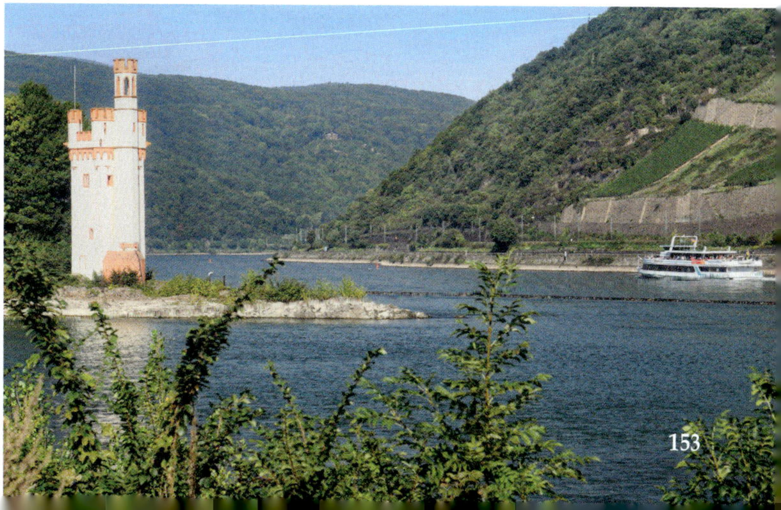

26

Rhein-Radweg

Grenzenloses Tourenerlebnis

leicht | 954 km | ca. 16 Tage

Charakter
Die Strecke ist familienfreundlich und steigungsfrei. Man radelt auf Wald-, Neben- und Deichwegen mit wechselnden Bodenbelägen.

Ausgangsort
Konstanz Bhf.

Endpunkt
Grenzübergang Millingen; zurück 9 Std. mit dem Zug

Wegmarkierung
Verschiedene Kennzeichnungen mit dem Namenszusatz »Rhein«

E-Bike
Infos zu E-Bikes über www.tourismus-bw.de

Information
www.rheinradweg.eu
Tourismus Marketing GmbH Baden-Württemberg, Esslinger Straße 9, 70182 Stuttgart, Tel. 0711/238580, www.tourismus-bw.de
Rheinland-Pfalz Tourismus GmbH, Löhrstraße 103–105, 56068 Koblenz, Tel. 0261/91 52 00, www.rlp-info.de
HA Hessen Agentur GmbH, Konradinerallee 9, 65189 Wiesbaden, Tel. 0611/95017 8191, www.hessen-tourismus.de
Tourismus NRW e. V., Völklinger Straße 4, 40219 Düsseldorf, Tel. 0211/91320500, www.nrw-tourismus.de

Am meisten beeindrucken Radler am Rhein weder der Wein noch seine Lieder. Es sind die flachen Wege an beiden Ufern, die einen verzücken. So kann man immer wieder hin- und herspringen: im Süden von Konstanz nach Basel und zurück nach Breisach. In der Mitte von Karlsruhe hinüber nach Speyer. Stets gibt es viel Kultur. Aber erst hinter Mainz wird es so richtig malerisch.

Von Konstanz nach Breisach – 238 km Der **Rhein** entspringt in der Schweiz, in den Bergen von Graubünden. Nachdem sich der Vorderrhein mit dem Hinterrhein zusammengetan hat, strömt er als Alpenrhein gen Norden, zum **Bodensee**. Als Startort auf dem deutschen Abschnitt des Rhein-Radweges bietet sich das schön am Abfluss des Obersees gelegene **Konstanz** an. Zwischen 1192 und 1548 erlebte die Stadt eine wirtschaftliche Blüte. Damals war Konstanz eine Freie Reichsstadt, die als Bischofssitz und Warenumschlagplatz vom lukrativen Handel mit Italien und Frankreich profitierte. Nach einem Bummel durch die vom Zweiten Weltkrieg verschonte Altstadt folgen wir zunächst dem Ufer des Untersees. Westlich der Kantonshauptstadt **Schaffhausen** kündigt sich der erste Reisehöhepunkt mit lautem Getöse an. Seit rund 15000 Jahren schneidet sich der Alpenfluss in das Felsengestein ein. Alleine die Zahlen sind beeindruckend: Der **Rheinfall** bringt es auf eine Breite von 150 Metern, eine Höhe von 23 Metern und eine durchschnittliche Abflussmenge im Sommer von 600000 Litern pro Sekunde. Der Rheinfall und die nahe gelegenen Stromschnellen zwangen die Schiffer und Flößer bei Schaffhausen zum Halt

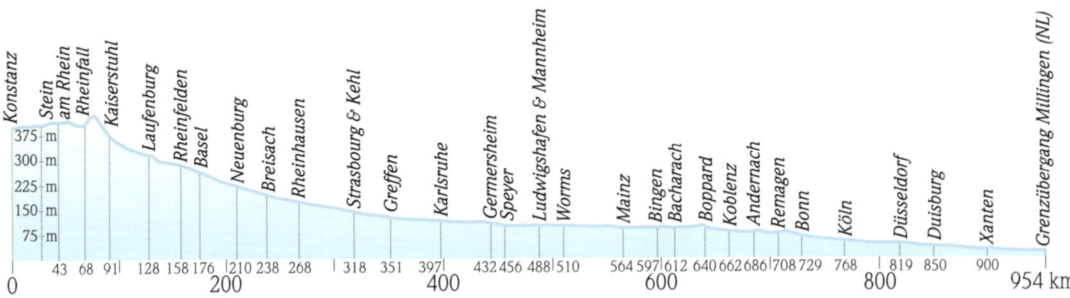

und zum Umladen auf Fuhrwerke. Diesem Zustand verdankte die Stadt ihren Aufstieg zu einem blühenden Warenumschlagplatz. Im 16. Jahrhundert errichtete die Bürgerschaft eine Festung – den Munot. In seinem Turm lebt noch heute der Munot-Wächter und läutet, wie schon Jahrhunderte zuvor, jeden Abend um neun Uhr das »Glöggli«. Kaum ist das Hindernis überwunden, strömt der Fluss wieder gemächlich gen Westen. Die EuroVelo-Route 2 entführt uns mit einem kurzen Anstieg in eine fruchtbare Hügellandschaft, die mit schmucken Weinbaudörfern überrascht. Zusammen mit dem Südschwarzwald-Radweg geht es über Bad Säckingen, Rheinfelden und **Basel** die Ausläufer des Schwarzwaldes entlang. Hier im sogenannten Rheinknie biegt der Fluss vor den Bergen des Schweizer Juras nach Norden ab und bildet die deutsch-französische Grenze. Hinter dem Markgräfler Land erblickt man weit in der Ferne das Breisacher St. Stephansmünster. Das hoch oben auf dem Münsterberg gelegene Wahrzeichen birgt bedeutende Kunstschätze, wie den geschnitzten Hochaltar im Chor und das über 100 Quadratmeter große Wandbild »Das Jüngste Gericht« von Martin Schongauer. Verlässt man auf der Schänzletreppe den Aussichtshügel, kommt man in die sehenswerte Innenstadt mit ihren historischen Straßenzügen.

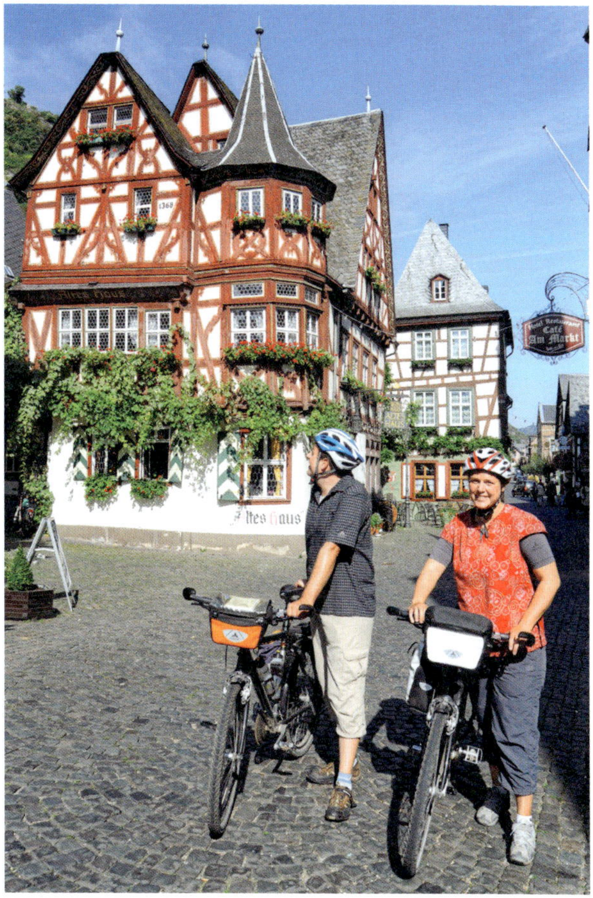

Der flache Rhein-Radweg ist ideal zum Radwandern.

Von Breisach nach Worms – 272 km Nördlich der jahrhundertelang umkämpften Brückenstadt taucht ein feinkörniger Dammradweg in den Auwald Taubergießen ein, der parallel zum Kaiserstuhl verläuft. Die mediterran anmutende Bilderbuchlandschaft ist seit jeher ein idealer Boden für edle Tropfen. Günstig im Regenschatten der Vogesen gelegen, profitiert das Weinanbaugebiet von der fruchtbaren Lössschicht und den Ablagerungen des urzeitlichen Vulkanismus, der einst die liebliche Hügellandschaft formte. Wir folgen dem Oberrheingraben nach Norden

Rhein-Route Nr. 2

Einer der schönsten Abschnitte des Rheins fließt durch die Schweiz. Radler klettern in Andermatt auf den Sattel und haben zu Beginn den 2044 Meter hohen Oberalppass vor sich. Wer ihn bequem erreichen möchte, fährt mit dem Glacier Express hinauf. Die Abfahrt führt durch die Surselva, wo man Rätoromanisch spricht. Besuchen Sie auf dem nächsten Teilstück die Ferienregion Heidiland, unternehmen Sie einen Abstecher nach Liechtenstein und picknicken Sie am Ufer des Bodensees. Die Berge bleiben zurück, voraus donnert der Rheinfall durch sein felsiges Bett. Am Ende der Tour wartet mit Basel ein letzter Höhepunkt.

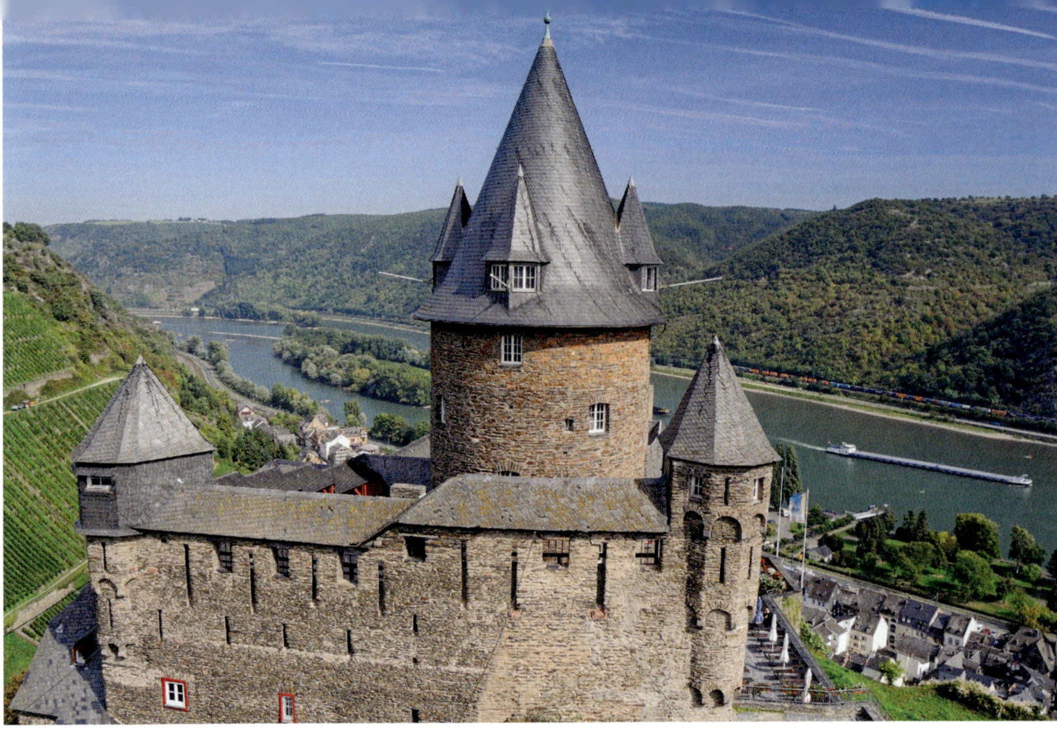

Die Burg Stahleck ist eine Höhenburg im Mittelrheintal auf dem Gebiet der Stadt Bacharach und wird heute auch als Jugendherberge genutzt.

und erreichen mit **Straßburg** die erste Welterbestätte der Reise. Der Rhein nimmt uns mit nach **Karlsruhe**, das seinen Namen dem Stadtgründer Markgraf Karl Wilhelm von Baden-Durlach verdankt, der 1715 seine Residenz hierher verlegte. Im Zentrum der fächerförmig angelegten Stadt erstrahlt das klassizistische Residenzschloss, von dem 32 Straßen in alle Himmelsrichtungen führen. Im Prinz-Max-Palais präsentiert die »Stadt der Gärten« die Urform unseres heutigen Fahrrads. Die 1817 vorgestellte Erfindung von Karl Freiherr von Drais bewegte man mit Füßen vorwärts und gesteuert wurde mittels Lenkstange. Der reizvolle Abschnitt durch die Pfalz ist durchzogen von idyllischen Altrheinarmen und führt uns mit mehreren Bögen nach **Speyer** hinein. Seit über 900 Jahren ziert der monumentale Dom zu Speyer das Stadtbild. Das von den salischen Kaisern als Grablege erbaute Baudenkmal beherbergt eine der schönsten und größten Krypten der Welt und wurde 1981 in die Liste des Weltkulturerbes eingetragen. Vom Domplatz folgen wir der Maximilianstraße zum Altpörtel, dem westlichsten Stadttor. Sein 55 Meter hoher Turm bietet einen

Die heimliche Hauptstadt Europas

Straßburg ist eine Kunstmetropole, deren in Stein gemeißelte Vergangenheit noch zum größten Teil präsent ist. Die verschiedenen Bauwerke legen ein harmonisches Zeugnis ab von einer bemerkenswerten Stadtgeschichte, die 1988 ihr 2000-jähriges Jubiläum feierte. Im Jahr 12 v. Chr. bestand der ursprüngliche Stadtkern aus einem römischen Lager namens Argentoratum. Seine Blütephase hatte Straßburg im Mittelalter, als es zum Heiligen Römischen Reich deutscher Nation gehörte.
In diese Zeitspanne fällt auch der Bau des Straßburger Münsters. Nur wenige Gehminuten entfernt ragen die Fachwerkbauten des »Postkartenviertels« La Petite France auf.

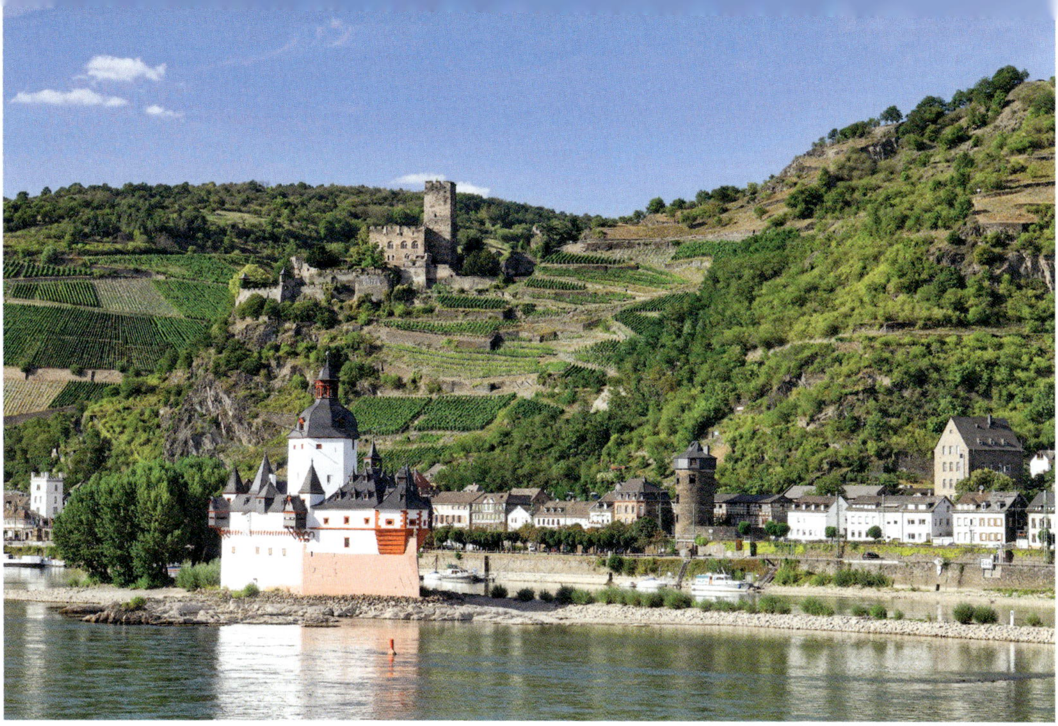

herrlichen Panoramablick über eine der ältesten Städte Deutschlands. Man radelt angenehm durch die breite Rheinebene und blickt im Westen auf den Pfälzer Wald und im Osten auf den Odenwald. 50 Kilometer stromabwärts ist **Worms** erreicht.

Die Burg Pfalzgrafenstein bei Kaub wurde als Zollstelle erbaut.

Von Worms nach Bonn – 219 km Worms ist stark mit den Helden des Nibelungenliedes verknüpft. Vor allem der erste Teil des mittelalterlichen Epos spielt sich in und um Worms ab. Im Nibelungenmuseum kann man sich auf die Spuren des Mythos über Liebe und Hass, Stolz und Tod begeben. Die seit 2002 jährlich im Sommer stattfindenden Nibelungenfestspiele vor dem Wormser Dom (12. Jh.) sind von internationalem Rang. Nördlich der Lutherstadt steuern wir durch das weite landwirtschaftlich genutzte Schwemmland des Rheins. Die reizvolle Strecke führt uns vorbei an Weingärten und Auwäldern, die nahe an **Mainz** heranreichen. In der Fastnachtsstadt befindet sich gegenüber dem romanischen Dom das Gutenbergmuseum mit der berühmten 42-zeiligen Gutenberg-Bibel. Der um 1400 in Mainz geborene Johannes Gutenberg revolutionierte die Gesellschaft in Europa durch die Erfindung des Buchdruckes mit beweglichen Lettern und zählt somit zu den prägendsten Persönlichkeiten des zweiten Jahrtausends. Der Taunus zwingt »Vater Rhein« zu einem Richtungswechsel nach Westen und schon bald kommt **Bingen**, das »Tor zum Mittelrhein«, in Sicht. Die strategisch günstige Lage an der Einmündung der Nahe und dem Schnittpunkt zweier Heeresstraßen bewogen die Römer dazu, hier das Castell Bingium zu errichten. Jahrhunderte nachdem man die Besatzungsmacht vertrieben hatte, wurde Hildegard von Bingen (1098–1179) als Mystikerin, Naturforscherin und Ärztin vom Volk verehrt und später heiliggesprochen. Am Stadtrand markiert der auf einer Insel errichtete Mäuseturm den Eingang eines der spektakulärsten Flussabschnitte. Auf den nächsten 65 Kilometern bis **Koblenz** schlängelt sich der Rhein mit eleganten Schleifen durch das Rheinische Schiefergebirge. Die von Burgen und schmalen Uferleisten geprägte Kulturlandschaft des oberen Mittelrheintales steht seit 2002 als Welterbe unter dem Schutz der UNESCO. Die rebenbestandenen Steilhänge ziehen sich beiderseits des Flusses in die Länge. Hinter Oberwesel rücken die schroffen Gesteinswände dicht aneinander, sodass der Rhein am sagenumwobenen Loreleyfelsen gerade einmal eine Breite von 145 Metern besitzt und zum Nadelöhr der Schiffersleute wird. Am Deutschen Eck in Koblenz, wo sich Rhein und Mosel treffen und Kaiser Wilhelm I. auf seinem Sockel wacht, lohnt ein Abstecher auf die gegenüberliegende Flussseite zur beeindruckenden Festung Ehrenbreitstein. Wir verlassen die 2000 Jahre alte Römerstadt, folgen der Route flussabwärts über Andernach mit dem hoch aufspringenden Kaltwassergeysir und rollen vorbei am Arp-Museum Bahnhof Rolandseck in die alte Bundeshauptstadt **Bonn**.

Von Bonn zum Grenzübergang Millingen – 225 km Ludwig van Beethoven, der 1770 in Bonn das Licht der Welt erblickte, ist in der Stadt überall präsent. So auch im Wahrzeichen Bonns, dem Beethoven-Haus mit der größten privaten Beethoven-Sammlung der Welt. Bonn ist zudem Kulturstadt, ihre Museumsmeile ein Besuchermagnet ersten Ranges. Bei einer Sightseeingtour durch die Bundesstadt sollte man die Villa Hammerschmidt, das Palais Schaumburg, das Poppelsdorfer Schloss am Eingang des artenreichen Botanischen Gartens und das alte Rathaus am historischen Bonner Marktplatz ansteuern. Auf dem letzten Abschnitt fließt der Strom frei von natürlichen Hindernissen durch das Norddeutsche Tiefland. Vorbei an der Siegmündung geht es durch ruhige Uferwiesen. Von hier aus weist der doppeltürmige Dom den Weg ins Zentrum von **Köln**. In einem goldenen Schrein beherbergt er seit dem

Zwischen Mainz und Koblenz zeigt sich der Rhein von seiner romantischen Seite.

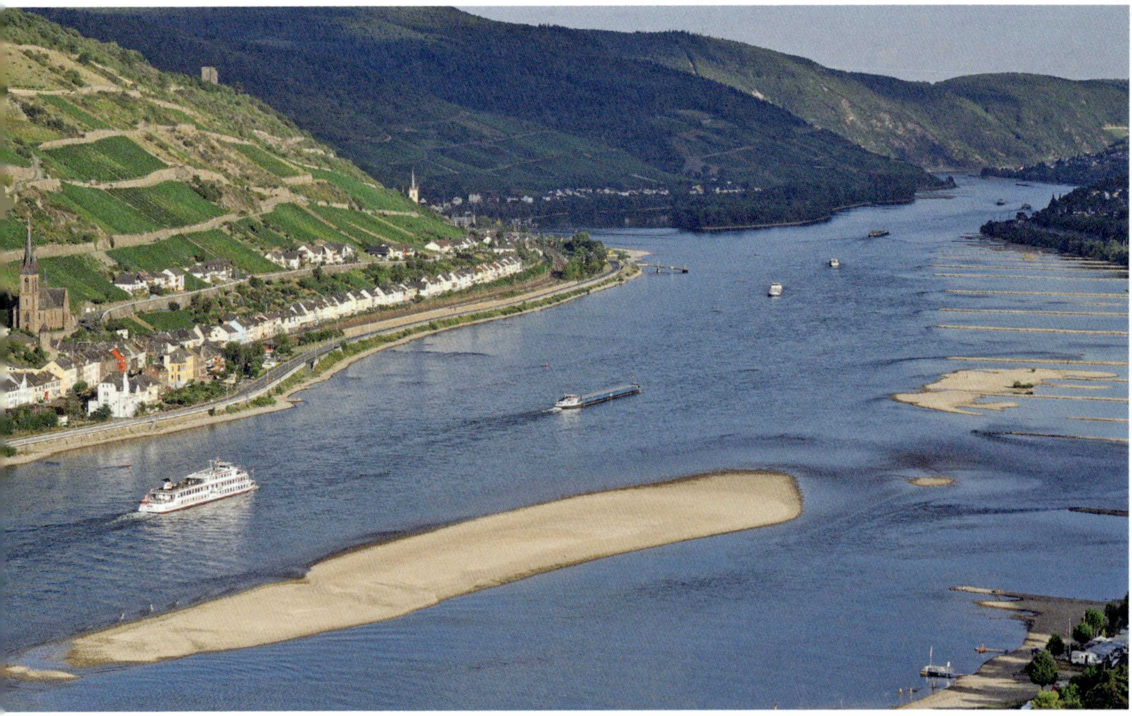

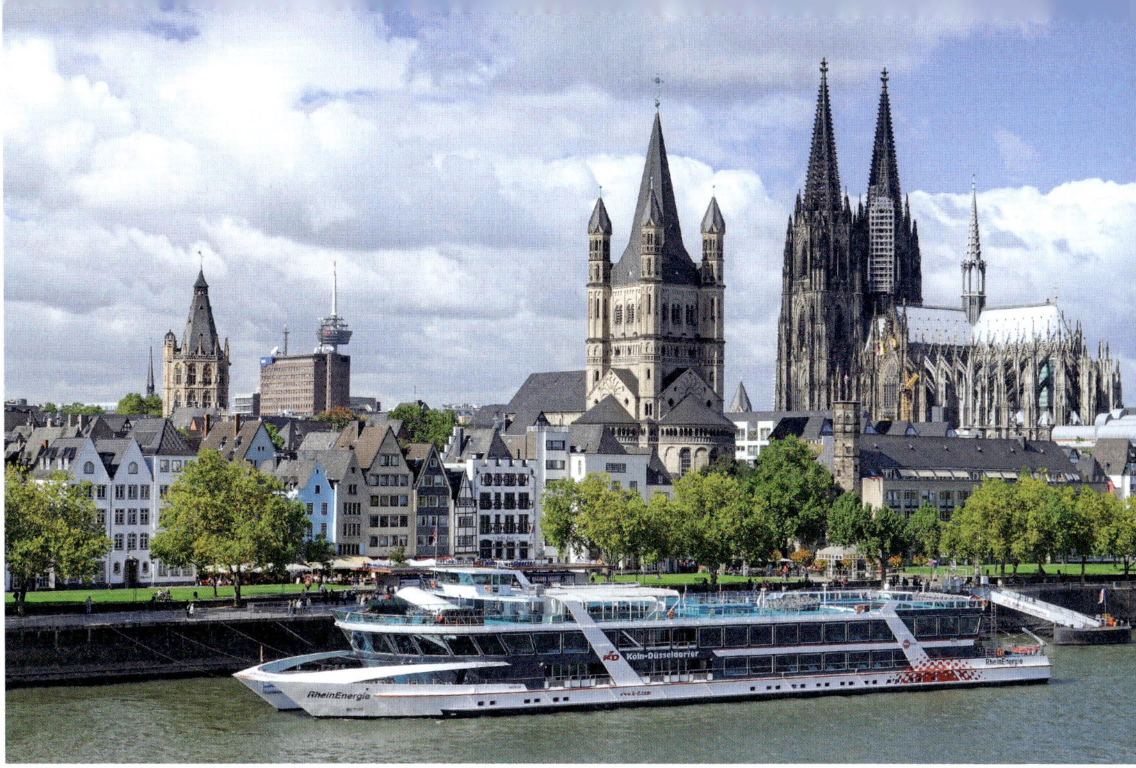

12. Jahrhundert die Gebeine der Heiligen Drei Könige als Reliquien. Seitdem ziehen Pilger ans Rheinufer. Jahrhundertelang arbeitete man an der hochgotischen Kathedrale, bis sie in ihrer Vollkommenheit erstrahlte. Der Dom zählt zu den bedeutendsten Bauten der Christenheit und ist seit 1996 Teil des Welterbes der UNESCO. Neben dieser meistbesuchten Sehenswürdigkeit des Landes mit jährlich rund 6,5 Millionen Gästen gibt sich die Karnevalshochburg facettenreich: Man kann 42 Museen besichtigen, etwa das Museum Ludwig, das die größte Pop-Art-Sammlung außerhalb der USA beheimatet. Der Schiffsverkehr nimmt zu und kündet die Metropole Ruhr an. **Duisburgs** Geschichte ist eng mit seinem Hafen verknüpft. So ist es nicht verwunderlich, dass man nahe den Hafenbecken und Containerterminals das Museum der deutschen Binnenschifffahrt eingerichtet hat. Auf drei Etagen veranschaulichen detailgetreue Modelle und Ausstellungsstücke die Arbeitsabläufe der Besatzungen. Außerhalb des Gebäudes runden der Seitenradschleppdampfer »Oscar Huber« (1922) und der Eimerkettendampfbagger »Minden« (1882) die informative Besichtigungstour ab. Wir wechseln auf die linke Seite des Niederrheins, genießen die Ruhe und den weiten Blick über das flache Land. **Xanten** bildet unsere letzte Station und gibt sich überaus historisch. Die Geschichte der Stadt begann vor circa 2000 Jahren, als sich die Römer in Niedergermanien ansiedelten. An die zehntausend Männer, Frauen und Kinder lebten in der imposanten Provinzstadt, die Kaiser Trajan um 100 n.Chr. zur Colonia Ulpia Traiana ernannte. Im LVR-Archäologischen Park Xanten wird die römische Stadt durch Ausgrabungen und Rekonstruktionen für die Öffentlichkeit zugänglich und verständlich gemacht. Die zahlreichen interessanten Funde der archäologischen Ausgrabungen sind im neuen LVR-Römer-Museum im Archäologischen Park zu sehen. Von hier aus ist es nicht mehr weit zur niederländischen Grenze, die das letzte Teilstück des bestens ausgebauten Flussradweges einläutet.

Der Kölner Dom gehört seit 1996 zum UNESCO-Weltkulturerbe und ist die meistbesuchte Sehenswürdigkeit Deutschlands.

27

Ederradweg

Einfach märchenhaft

mittel | 191 km | ca. 4 Tage

Charakter
Die teils wellige Fahrt verläuft überwiegend auf eigenständigen Radwegen und Nebenstraßen. Kieswege wechseln mit Asphaltbahnen.

Ausgangsort
Lützel Bhf.

Endpunkt
Guxhagen; zurück 3:30 Std. mit dem Zug

Wegmarkierung
Braune Hinweisschilder, auf denen der Fluss abgebildet ist, der das Rothaargebirge hinter sich lässt.

E-Bike
Die Webseite www.eder-radweg.de listet auf, wo es Verleihstationen für E-Bikes und Ladestationen gibt. Sie listet ebenfalls Radwerkstätten auf.

Information
Touristik Service Waldeck-Ederbergland GmbH, Auf Lülingskreuz 60, 34497 Korbach, Tel. 05631/954359, www.eder-radweg.de und www.waldecker-land.de
Touristikverband Siegerland-Wittgenstein e.V., Koblenzer Straße 73 57072 Siegen, Tel. 0271/3331020, www.siegerland-wittgenstein-tourismus.de
Schwalm-Eder-Kreis, Parkstraße 6, 34576 Homberg (Efze), Tel. 05681/7750, www.schwalm-eder-kreis.de
Ederbergland Touristik, Untermarkt 12, 35066 Frankenberg, Tel. 06451/717672, www.ederbergland-touristik.de
Edersee Touristic GmbH, Hemfurther Straße 14, 34549 Edertal-Affoldern, Tel. 05623/99980, www.edersee.com
Regionalmanagement Nordhessen GmbH, Ständeplatz 17, 34117 Kassel, Tel. 0561/9706 2240, www.nordhessen.de

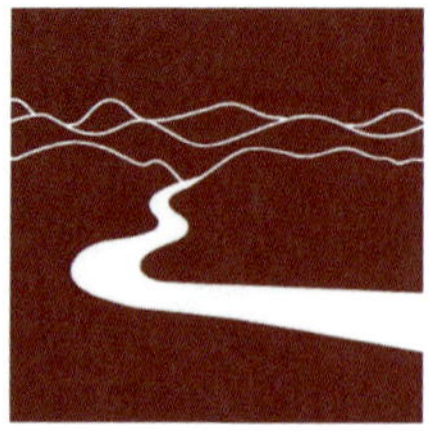

Wenige Steigungen, Fachwerkstädte und hier und da eine Märchenfigur: Ein Ausflug auf dem Ederradweg verspricht packende Erlebnisse für die ganze Familie. Die beschauliche Flusspartie schlängelt sich durch Wiesen, taucht in Wälder ein und läuft rund um den Edersee zur Höchstform auf. Rad fahren in der Heimat der Brüder Grimm.

Von Lützel nach Hatzfeld – 55 km Der Wasserlauf ist winzig, unscheinbar. Er enteilt durch ein schmales Wiesental, das zu beiden Seiten von den Nadelwäldern des Rothaargebirges eingefasst wird. Der Blick schwenkt zurück, fällt auf einen Steinquader. »**EDERQUELLE**« ist darauf mit Großbuchstaben eingraviert. Hier beginnt der Fluss seine 176 Kilometer lange Reise. Das eilig dahinströmende Wasser entführt uns in ein langsam breiter werdendes Tal. Die Fahrt geht in die Dörfer Erndtebrück, Aue und Raumland. Hier lohnt es, den Fahrradradhelm mit dem Grubenhelm zu tauschen, um in die Grube »Delle« einzufahren. Der Untergrund des bis zu 843 Meter hohen Rothaargebirges ist voller Sedimentgesteine. 1717 vergaben die Schlossherren in Berleburg eine Konzession zur Gewinnung des begehrten Baumaterials. Zu den Spitzenzeiten schufteten rund 450 Bergleute in zehn Schiefergruben. Um die Erinnerung an

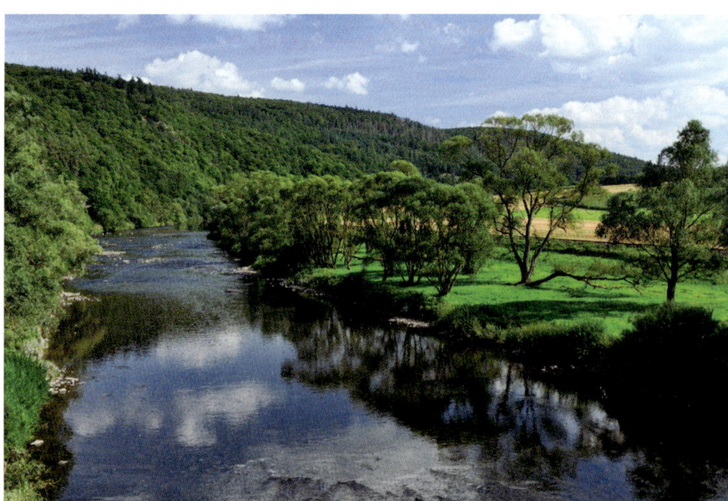

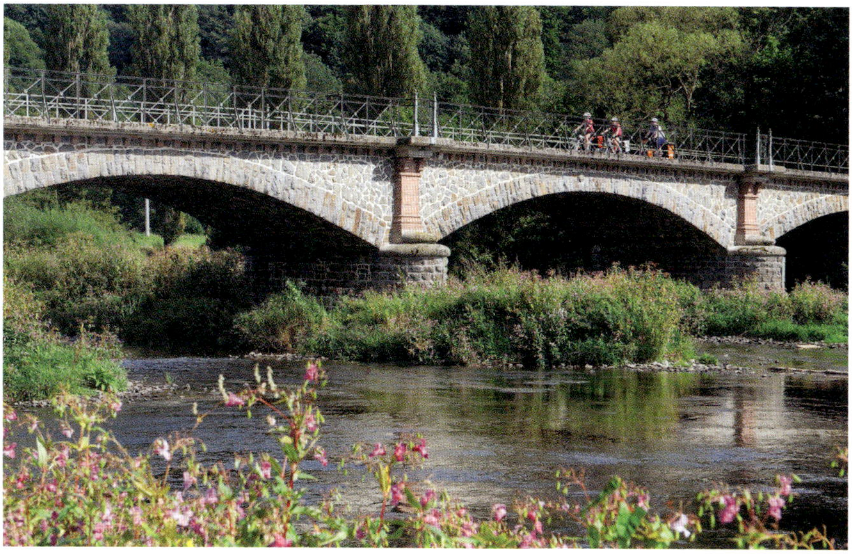

Die Flussufer werden von einer dichten Vegetation flankiert.

den Erwerbszweig aufrechtzuerhalten, richtete man das Schieferschaubergwerk ein. Wissbegierige erfahren in der Tiefe lehrreiche Details zur geologischen Entstehung des Schiefers und den Abbau. Anschließend lockt ein Abstecher ins nahe gelegene **Bad Berleburg**. Hoch über dem Städtchen thront das mehrfach erweiterte Schloss Berleburg. Besucher wandeln auf den Spuren der Fürsten zu Sayn-Wittgenstein durch die Festsäle. Dabei sehen sie Waffen, Jagdgeräte und kostbares Porzellan.

Von Hatzfeld nach Hemfurth-Edersee – 82 km Die Route verlässt Nordrhein-Westfalen und erreicht Hessen. Flussschleife folgt auf Flussschleife. Dann strömt die Eder an **Frankenberg** vorüber. Fränkische Siedler erbauten im Mittelalter über dem Fluss eine Burg. Die Lage am Schnittpunkt zweier Heer- und Handelsstraßen begünstigte den Aufstieg Frankenbergs. Von dem Ort Burgwald herkommend querte die »Weinstraße« an einer Furt die Eder, ging weiter Richtung Westfalen. Die zweite Verbindung verlief auf der »Siegener Straße«, die in den niederhessischen Raum führte. Wer über den gepflasterten Obermarkt spaziert, steht nach wenigen Metern vor dem höchsten Gebäude Frankenbergs – der dreischiffigen Liebfrauenkirche. Landgraf Heinrich I. legte 1286 den Grundstein zu einem neuen Gotteshaus, an dem die damals 1200 Seelen zählende Bevölkerung 100 Jahre lang arbeitete. Den Mittelpunkt

Linke Seite: Der Ederradweg lässt die Herzen von Naturliebhabern höherschlagen.

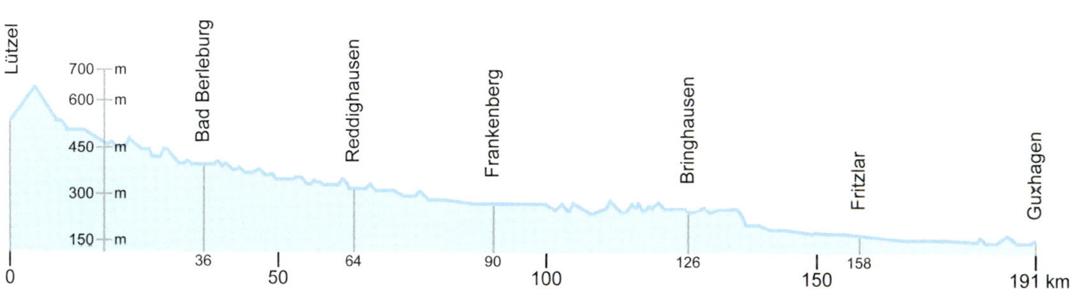

der Stadt bildet das zehntürmige Rathaus. Handwerker errichteten es im Jahr 1509 nach einem Brand, bei dem die komplette Siedlung zerstört wurde. Heute fällt der Blick auf romantisches Fachwerkgebälk und die darüberliegenden Schieferplatten. Die Petri-Kirche in **Viermünden**, die Burg Hessenstein und das NationalparkZentrum Kellerwald bilden unsere nächsten Stationen. Dort ist man für Besucher bestens gerüstet: Die Ausstellungen UrSchätze, Wildnis und WaldWerk begeistern Jung und Alt genauso wie das 4D-SinneKino. Wenig später taucht er auf – der **Edersee**. Das idyllische Gewässer ist eine Schöpfung des 20. Jahrhunderts. Von 1908 bis 1914 vermauerten Arbeiter beim Bau der 47 Meter hohen Edertalsperre 300 000 Kubikmeter Bruchstein. Ziel war es, die Weserschifffahrt sowie den Mittellandkanal mit ausreichend Wassernachschub zu versorgen. Nebenbei verbesserte man den Hochwasserschutz und schuf einen Abenteuerspielplatz für Familien mit Kindern. Die Auswahl an Attraktionen ist groß: Es lockt der Baumkronenweg, die 850 Meter lange Sommerrodelbahn, dazu der Wildtier-Park. Naturfreunde wandern unter der Führung eines Rangers durch den Nationalpark Kellerwald-Edersee. Genießer lösen ein Ticket für die Ederseeschifffahrt. Und Radfahrer? Die sind erfreut über die ansprechende Routenführung. Vor dem Fahrradlenker entfalten sich dicht bewachsene Steilhänge, die aus dem Blau des Wassers emporsteigen. Die Fahrradroute folgt den sanft geschwungenen Halbinseln. Hoch oben schlägt das Blätterdach zusammen. Behütet wird die Naturpracht im Nationalpark Kellerwald-Edersee, der berühmt für seine alten Buchenwälder ist. Die sommergrünen Laubwälder wachsen nicht nur in Europa, sondern auch in anderen Erdteilen. Doch die Buchenart »Fagus sylvestris«, die Rotbuche, ist ausschließlich in Europa verbreitet. Der Wiederbewaldungsprozess nach der Eiszeit ist ein Phänomen. Ohne menschlichen Einfluss bestünde die Mitte des Kontinentes zu zwei Dritteln aus Buchenwald. 2011 erteilte die UNESCO der Schutzzone im Herzen Deutschlands ihren Ritterschlag – Weltnaturerbe!

Von Hemfurth-Edersee nach Guxhagen – 54 km Hinter dem Schloss Waldeck heißt es Abschied nehmen von der malerischen Wasserlandschaft des Edersees. Jetzt gibt der Fluss wieder den Reiseweg vor, führt zunächst steil bergab. 100 Höhenmeter

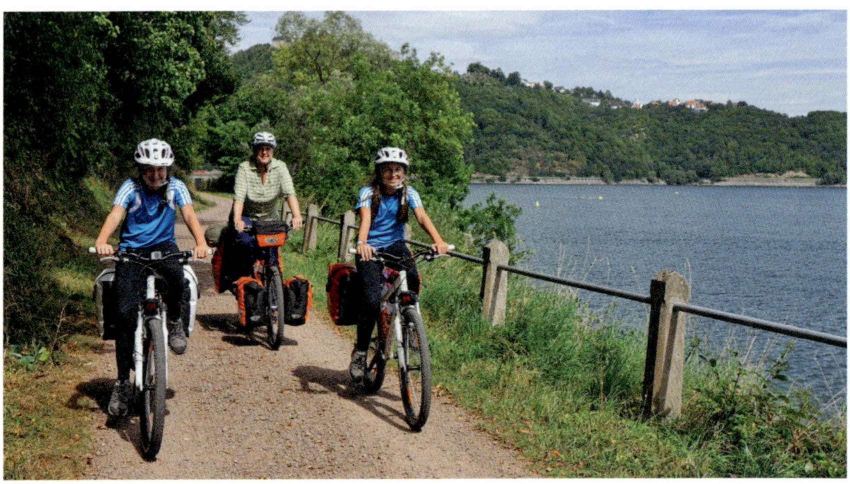

Immer wieder lockt das Ufer der Eder zu kurzen Stopps.

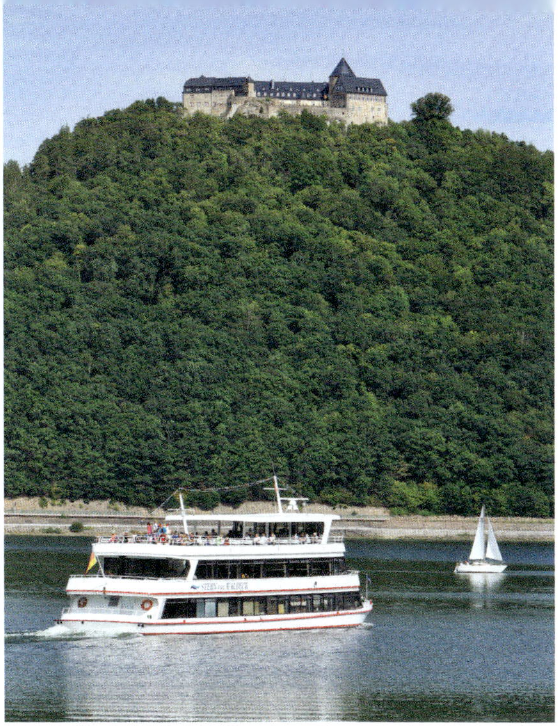

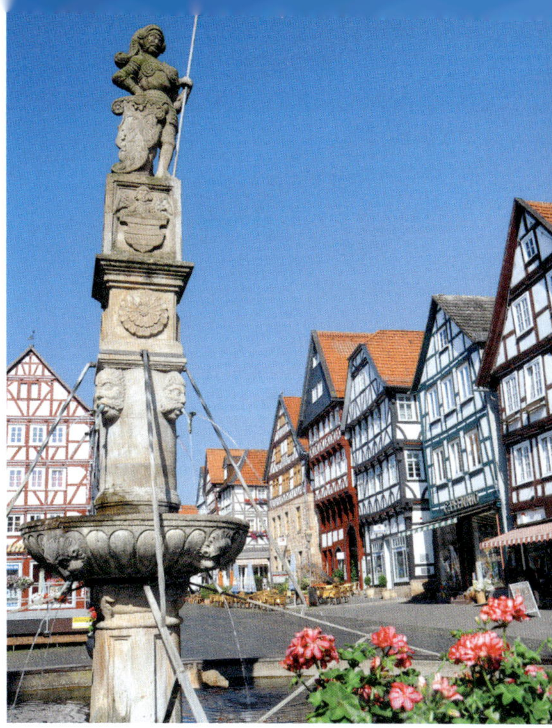

tiefer stoppen die Räder am Vier-Türme-Blick der Domstadt **Fritzlar**. Der Ortsname wurde 724 erstmals von Winfried erwähnt, der weithin als Bonifatius bekannt ist. Der ursprünglich aus Südengland stammende Missionar bekehrte zuerst die Friesen. Danach wirkte er lange in den heutigen Bundesländern Hessen, Thüringen und Bayern. In die Geschichtsbücher ging Bonifatius mit der Fällung der Donareiche bei Geismar ein, die der germanische Stamm der Chatten als Heiligtum verehrte. Heute besitzt die 15000-Einwohner-Stadt eine Reihe von Trümpfen auf ihrer Seite: Kopfsteingepflasterte Gassen führen zum Dom, der von Fachwerkbauten eingerahmt wird. Kein Zweifel, die zauberhafte Altstadt von Fritzlar entführt in vergangene Tage. Auf der letzten Etappe weitet sich das Tal. Die Hügelzüge ringsum laufen als flache Kuppen gen Osten aus. Unterwegs entdeckt man in der Flussniederung mehrere Burgen. Zusammen mit dem allgegenwärtigen Wald beflügelten die stolzen Herrensitze früh die Fantasie der Geschichtenerzähler. Eindrucksvoll erscheint die Felsburg mit ihrem 30 Meter hohen »Butterfassturm«, die auf einem Basalkegel über dem gleichnamigen Ort thront. Gegenüber wirken die verfallene Altenburg, die geschliffene Heiligenburg und die Klosterruine Eppenberg wie weitere Requisiten aus den Kinder- und Hausmärchenbüchern der Brüder Grimm. Während ihrer Zeit in Kassel reisten die weltberühmten Märchensammler mit viel Vergnügen durch die heutige Tourismusregion GrimmHeimat NordHessen. Tagebucheinträge sowie Briefe zeigen, wie sehr sie die Mitte Deutschlands schätzten. Hier bekamen sie Inspiration für Figuren wie Rotkäppchen, Dornröschen, Rapunzel oder Frau Holle. Kleine und große »Pedalritter« rollen genussvoll durch den malerischen Landstrich. Mal auf Asphalt, mal über Kies, rauf und runter. Mit tatkräftiger Unterstützung des Westwindes geht es vorbei an zugewucherten Weihern, Feldern und in verschlafene Dörfer. Hinter der Siedlung Edermünde ist es geschafft. Voraus vereint sich das Wasser des lieb gewonnenen Flusses mit der **Fulda** – was für ein märchenhaftes Finale!

Oben links: Auf dem Edersee schippern komfortable Fahrgastschiffe von Ufer zu Ufer.

Oben rechts: Fritzlar und seine schönen Fachwerkhäuser

28

Drei-Flüsse-Tour

Ahr, Erft und Rhein, na fein!

mittel | 304 km | ca. 6 Tage

Charakter
Die familienfreundliche Strecke beinhaltet nur einen Anstieg und verläuft auf zumeist asphaltierten Radwegen.

Ausgangsort
Blankenheim; der Bhf. Blankenheim (Wald) ist 5 km vom Start- und Zielort entfernt.

Endpunkt
Blankenheim

Wegmarkierung
Schilder mit den Schriftzügen »Ahr«, »Rhein« und »Erft«

E-Bike
Infos zum Leihen von E-Bikes erhält man über www.ahrtal.de, www.rhein-erft-tourismus.de und www.erftweg.de.

Information
Ahrtal-Tourismus Bad Neuenahr-Ahrweiler, Kurgartenstraße 13, 53474 Bad Neuenahr-Ahrweiler, Tel. 02641/91710, www.ahrtal.de
Rhein-Erft Tourismus, Willy-Brandt-Platz 1, 50126 Bergheim, Tel. 02271/9949940, www.rhein-erft-tourismus.de und www.erftweg.de
Nordeifel Tourismus, Bahnhofstraße 13, 53925 Kall, Tel. 02441/994570, www.nordeifel-tourismus.de

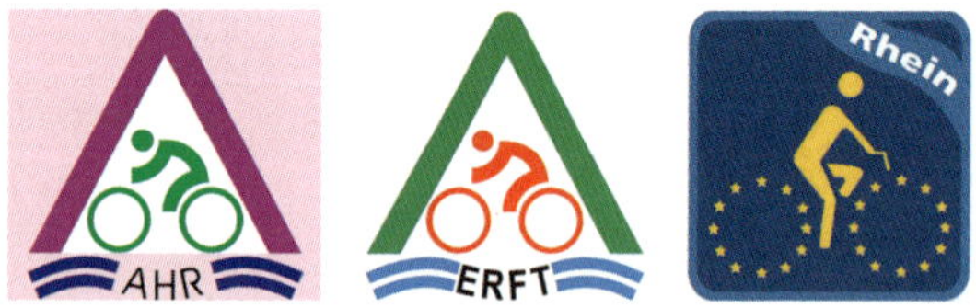

Zunächst die Ahr hinuntersausen, dann dem Rheinufer nachgehen und entlang der Erft zum Startpunkt zurückstrampeln: Die Drei-Flüsse-Tour steht für 300 Kilometer aktive Erholung in der Natur. Jedes Tal versprüht spezielle Reize. Besuche von Bad Neuenahr, Bonn, Köln und Bad Münstereifel gleichen einem Blick in ein Geschichtsbuch.

Von Blankenheim nach Bonn – 100 km Rundfahrten erfreuen sich bei Genussradlern äußerster Beliebtheit. Umso besser, wenn sie malerischen Flussläufen folgen. Im Norden der Eifel liegen im Ahrgebirge die Quellgebiete von Ahr und Erft nah beieinander. Beide Gewässer münden in den Rhein. So kann man alle drei Flüsse zu einer 300-Kilometer-Radtour verbinden. Die Ahr leitet die Reise ein. Sie entspringt mitten im Ortszentrum von **Blankenheim** in einem Keller eines Fachwerkhauses. Hier am

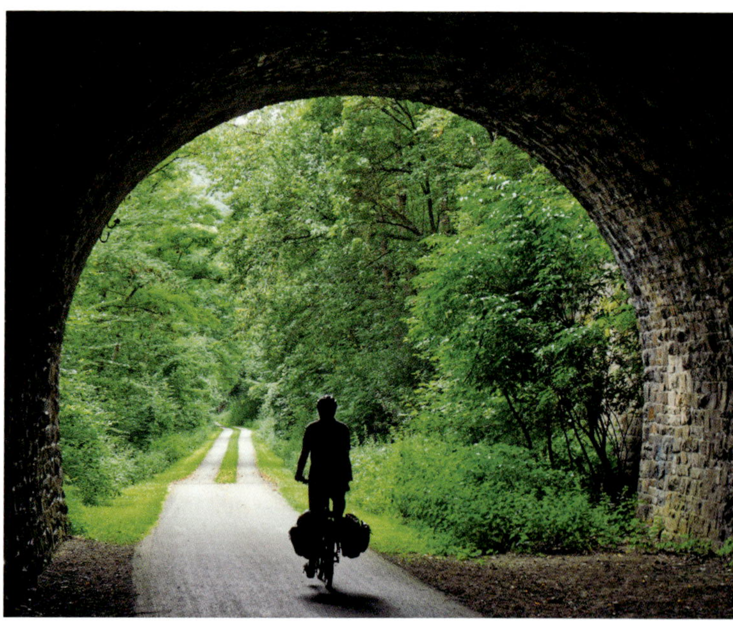

Der Ahr-Radweg verläuft auf einer ehemaligen Bahntrasse.

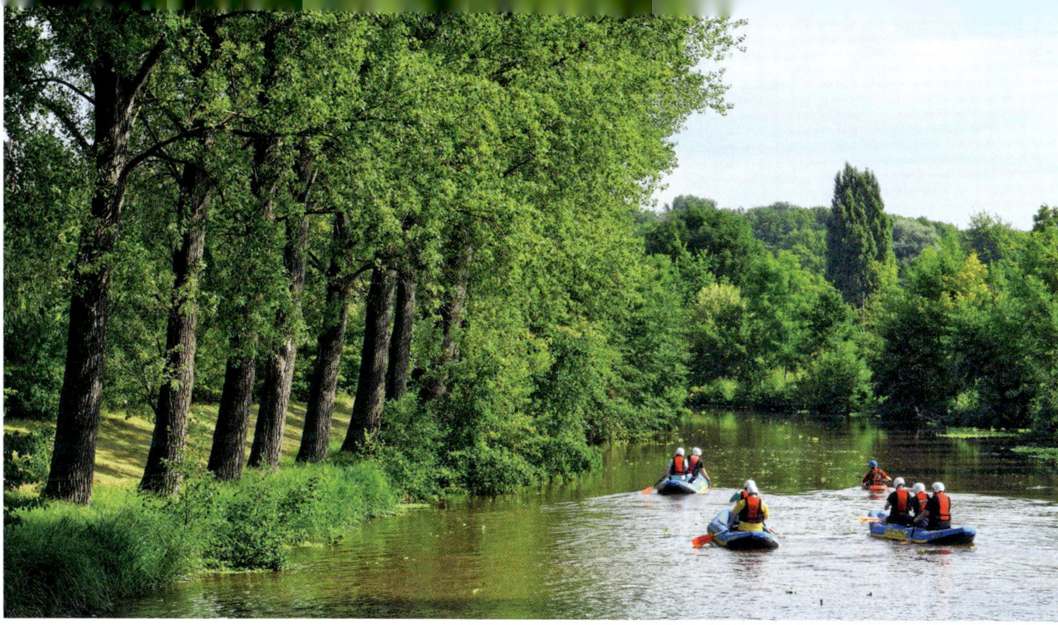

Oberlauf stimmen uns romantische Gassen, die Burg Blankenheim und das Eifelmuseum auf die nächsten Reisetage ein. Der Ahr-Radweg ist knapp 80 Kilometer lang. Auf den ersten Metern nutzt die gepflegte Asphaltroute die Trasse der ehemaligen Oberen Ahrtalbahn und führt beständig bergab. Man taucht ein in Bahntunnels, passiert Relikte verstrichener Eisenbahnepochen, pausiert an reizvoll gelegenen Rastplätzen. Der Weg verschwindet in schattigen Waldgassen und zerteilt schmale Wiesenstreifen. Sie liegen im 2442 Quadratkilometer großen Naturpark Hohes Venn-Eifel, der sich über Nordrhein-Westfalen, Rheinland-Pfalz und die belgische Provinz Lüttich erstreckt. Der tief eingeschnittene Talgrund bietet wenig Platz für Siedlungen. Radler rollen durch die lang gestreckten Dörfer Ahrhütte, Schuld, Hönningen und Kreuzberg. Wenige Flussschleifen später zeigt das Ahrtal ein anderes Gesicht. Der Wald weicht schlagartig zurück. Aus den Bäumen werden steile Weinterrassen, die bis an die grauen Häuserdächer von **Altenahr** heranreichen. Die mittelalterliche Stadtmauer mit Wallgraben, Toren und Türmen aus dem 13. Jahrhundert umgibt die autofreie Altstadt mit ihren malerischen Gebäuden. Sehenswert sind das Wolffsche Haus, ein Fachwerkgebäude von 1621 mit einem reich verzierten Erker, und der Blankartshof aus dem Jahr 1680. Den ansprechendsten Blick auf den Touristenort genießt man von der Burgruine Are. Ihre Ursprünge liegen um das Jahr 1100. Der viel gerühmte Rotweinanbau ist das Aushängeschild von Altenahr:

Der Fluss Erft ist durch einen 110 km langen Radweg erschlossen.

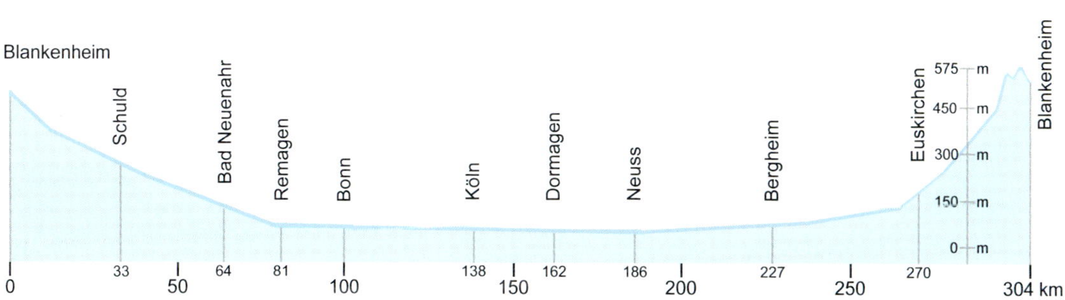

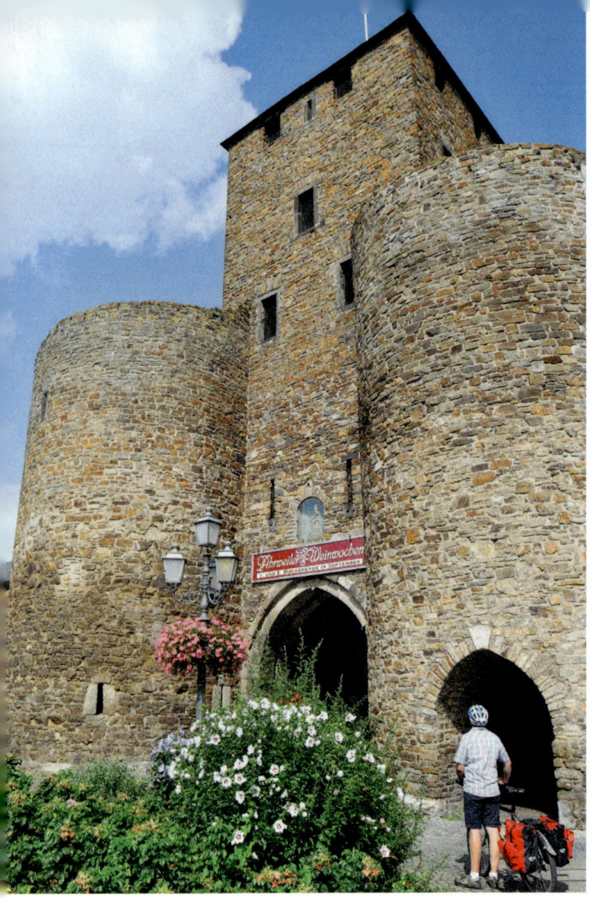

Das massive Ahrtor ist der südliche Zugang in die Innenstadt von Ahrweiler.

So macht hier der Qualitätswanderweg AhrSteig Station. Im Ort beginnt der verlockend klingende Rotweinwanderweg. Und jeden Herbst zieht es Gesellige zu den Weinfesten. Die Römer erkannten das günstige Klima zwischen Eifel und Rhein und legten an den Hängen Terrassen für die Weinstöcke an. Von der Sonne verwöhnt, durch die verschiedenen Gesteine aufgewärmt, bringt es das Weinanbaugebiet Ahr auf eine Fläche von 560 Hektar. Die Böden aus verwittertem Schiefer, Lösslehm, Kies, Vulkangestein und Grauwacke nehmen tagsüber die Wärme auf und geben sie in den Nachtstunden an die Reben ab. Als beliebteste Rotweinsorte ist der Blaue Spätburgunder in aller Munde. Daneben punkten der Blaue Portugieser, Dornfelder und die Weißweine Riesling und Müller-Thurgau mit bester Qualität und bieten sich als Reisemitbringsel an. Radelt man durch die reizvolle Talniederung mit ihren schroffen Felswänden, kommt man nach **Bad Neuenahr-Ahrweiler**. Der Ort lebt vom Charme des Kurviertels. Prächtige Hotelbauten aus der Zeit um die Jahrhundertwende bestimmen das Bild. Mittendrin liegen das elegante Badehaus und der Kurpark mit einem alten Baumbestand. Ahrweiler ist der malerische Kontrast dazu. Kelten siedelten hier, später die Germanen. Anschließend nahmen Römer, Grafen, Erzbischöfe und Franzosen die Geschicke in die Hand. Bei einem Bummel durch den Ort gerät man auf die Spuren des Weinbaues. Kostbare geschmiedete Schilder an den Häusern der Winzer künden von dem glänzenden Ruf, den der Rote von der Ahr seit Jahrzehnten genießt. Wo die Ahr in den Rhein mündet, liegt ein Stück stromabwärts die Stadt **Remagen**. Bei dem Namen muss man unweigerlich an die berühmte, 1945 hart umkämpfte Brücke denken. Im Inneren gewährt das Friedensmuseum Einblicke in jene dramatischen Märztage. General Eisenhower unterstrich die strategische Bedeutung

Die Bundesregierung und der Weinberg

Eine kurvige Wegstrecke führt mitten durch die Weinberge oberhalb von Ahrweiler, an deren Ende eine massive Eisentür neugierig macht. Dahinter verbarg sich der geheimste Ort der Bundesrepublik Deutschland: der gewaltige Regierungsbunker. Etwa 30 Jahre lang diente der Schutzbau als Zufluchtsort der Bundesregierung und anderer hoher Bundesbehörden bei einem »Krisenfall«. Wäre es zu einem atomaren, biologischen oder chemischen Angriff gekommen, hätte der Bunker unter dem Ahrgebirge 3000 Menschen für rund 30 Tage aufgenommen. Im Bauch des Berges erlebt man bei der 1,5-stündigen Führung eine umfangreiche Dokumentation mit Originalgegenständen (www.bad-neuenahr-ahrweiler.de, www.regbu.de).

des Rheinüberganges mit den Worten: »Die Brücke ist ihr Gewicht in Gold wert.« Für uns läuten die Relikte des Baues den zweiten Reiseabschnitt der Drei-Flüsse-Tour ein. Wir vertrauen uns dem Rheinradweg an und rollen ins Zentrum von **Bonn** hinein.

Von Bonn nach Grimlinghausen – 112 km Die Bundesstadt markiert zusammen mit der Mündung des Flusses Sieg den Übergang vom Mittel- zum Niederrhein, der hier annähernd 400 Meter breit ist. Die Museumsmeile zieht Kulturinteressierte an. Das Haus der Geschichte, die Kunst- und Ausstellungshalle der Bundesrepublik Deutschland und das Kunstmuseum Bonn haben sich seit ihren Eröffnungen 1992 bzw. 1994 Namen in der deutschen und europäischen Museumslandschaft gemacht. Die Spuren Ludwig van Beethovens, der 1770 in der Bonngasse zur Welt kam, sind hier immer noch zu fassen. Vor allem im Wahrzeichen Bonns, dem Beethoven-Haus mit der umfangreichsten privaten Beethoven-Sammlung der Welt. Die gemächlich dahinfließende Lebensader gibt den Weg in die viertgrößte Stadt Deutschlands nach **Köln** vor. Ihre römische Vergangenheit ist zwischen Rathaus und Dom, Rhein und Rudolfplatz bis heute präsent. Wer hier in die Tiefe steigt, trifft auf römische Spuren: Mauerreste, Münzen und schmückende Mosaike. Der Dom ist eine der bedeutendsten Sehenswürdigkeiten im Lande. Am Flussufer ziehen die 157 Meter aufragenden Türme die Blicke magisch an. 6,5 Millionen Menschen aus aller Welt schreiten jedes Jahr durch die gotische Kathedrale. Sie wurde 1996 in die Liste des UNESCO-Welterbes aufgenommen. Der Kirchenbau gilt zu Recht als eines der Meisterwerke der Gotik. Mit dem goldenen Dreikönigenschrein zog er ab dem 12. Jahrhundert Pilger aus nah und fern an. Seit 2007 verleiht das Fenster des weltbekannten Künstlers Gerhard Richter dem Dom eine weitere Attraktion. Sehenswert sind zudem die zwölf großen romanischen Kirchen aus der Zeit zwischen 1150 und 1250, die sich in einem Halbkreis um die Innenstadt gruppieren. Neben den Kirchen ist die Karnevalshochburg facettenreich: Besucher können über 20 Museen besichtigen. Das Wallraf-Richartz-Museum & Fondation

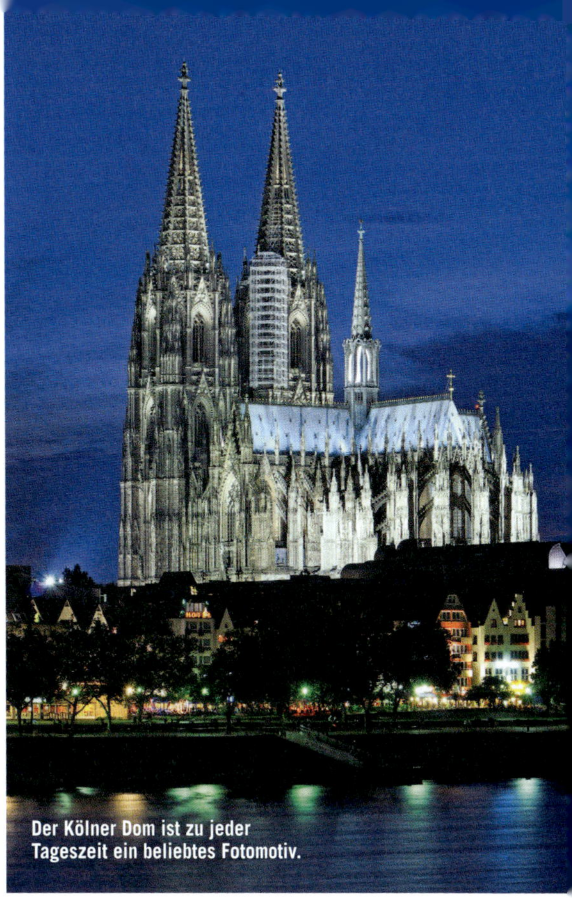

Der Kölner Dom ist zu jeder Tageszeit ein beliebtes Fotomotiv.

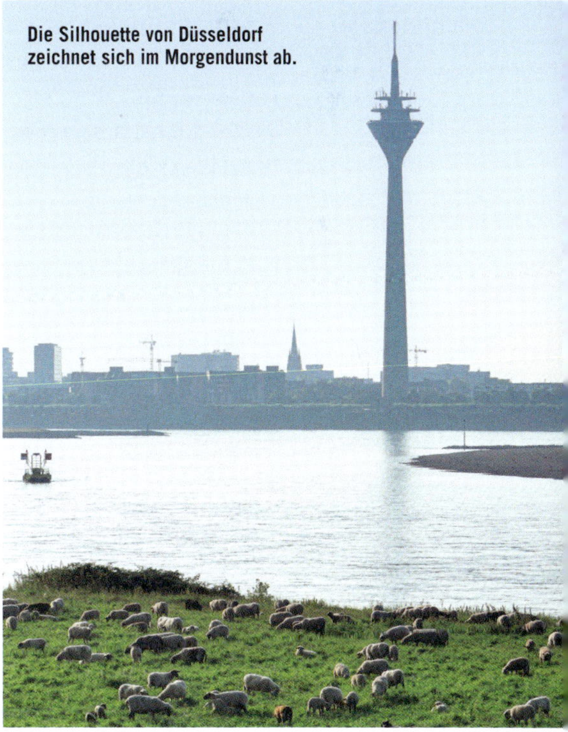

Die Silhouette von Düsseldorf zeichnet sich im Morgendunst ab.

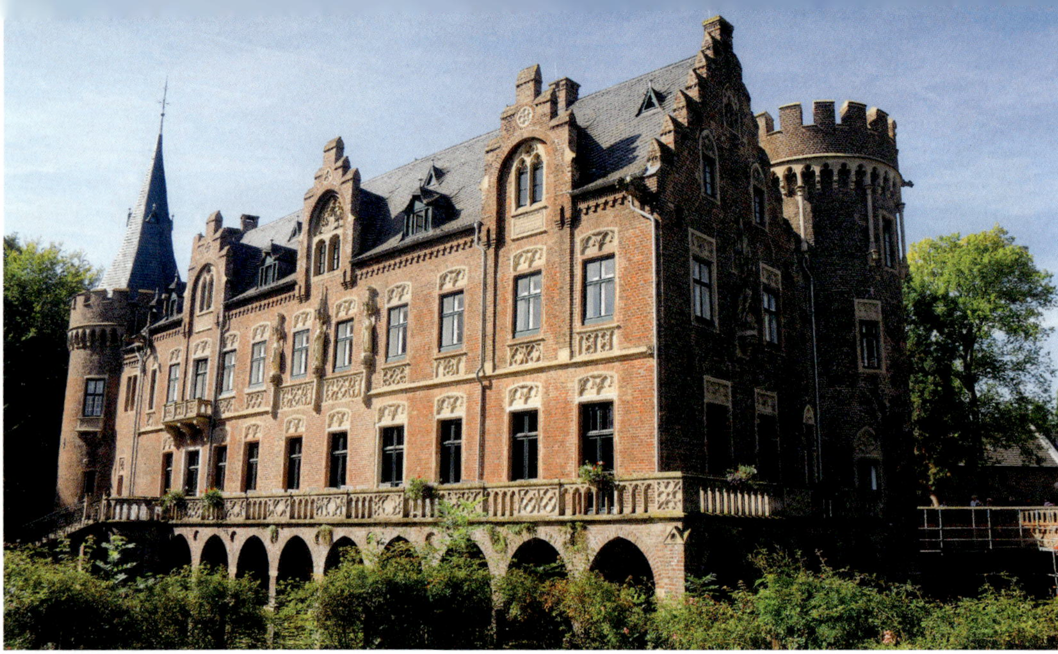

Das Schloss Paffendorf liegt im Rhein-Erft-Kreis und ist von einer sehenswerten Parkanlage umgeben.

Corboud präsentiert Werke mittelalterlicher Malerei und begeistert mit einer bedeutenden Impressionismus-Sammlung. Das Museum Ludwig beheimatet die größte Pop-Art-Sammlung außerhalb der USA. Rheinabwärts steuert die bisher steigungsfreie Radtour die Städte Leverkusen, Monheim und Benrath an. Südlich von Düsseldorf setzen wir auf das linke Rheinufer über. Dort mündet bei Grimlinghausen die 106 Kilometer lange Erft in den Strom. Ihr folgen wir auf dem finalen Abschnitt.

Von Grimlinghausen nach Blankenheim – 92 km Der dritte Fluss des Rundkurses ist durch den Erft-Radweg bestens erschlossen. Mit dem Rhein verschwinden die Großstädte. Weitläufige Äcker säumen die Flussschleifen. Die Erft nimmt uns mit zum Museum Insel Hombroich, das eine besondere Synthese aus Kunst, Architektur und Natur bildet. Die Park- und Auenlandschaft mit ihren Ausstellungspavillons umfasst 24 Hektar. Fernöstliche Kunst und archäologische Funde sind neben Werken namhafter europäischer Maler zu sehen. Ein anderes Bild erwartet uns eine entspannte Radstunde weiter südwestlich bei **Grevenbroich**. Die Einwohner nennen ihre Heimat »Bundeshauptstadt der Energie«. Vor 5 bis 25 Millionen Jahren lagerten sich im Erdzeitalter des Miozäns abgestorbene Bäume, Sträucher und Gräser im Untergrund ab. Es entstanden Moore und Torf. Später formte der Druck der Sedimente die größte zusammenhängende Lagerstätte für Braunkohle Europas. Seit 150 Jahren fördern Arbeiter den fossilen Brennstoff im Rheinischen Braunkohlerevier. Für Besucher richtete man Aussichtspunkte ein, von denen man einen weiten Blick über die bizarr anmutende Mondlandschaft hat. Jährlich ringen Arbeiter in den drei Tagebaustätten Garzweiler, Hambach und Inden mit knapp 100 Meter hohen Schaufelradbaggern 100 Millionen Tonnen Braunkohle der Erde ab. Der umstrittene Energieträger wird in den benachbarten Kraftwerken in Strom umgewandelt. Auf dem mittleren Abschnitt des Erft-Radweges fährt man in den Naturpark Rheinland hinein. Das Naherholungsgebiet geht auf das Jahr 1959 zurück. Wälder, Flüsse, Seen und Relikte einstiger Vulkane wechseln sich auf der 1045 Quadratkilometer großen Fläche mit

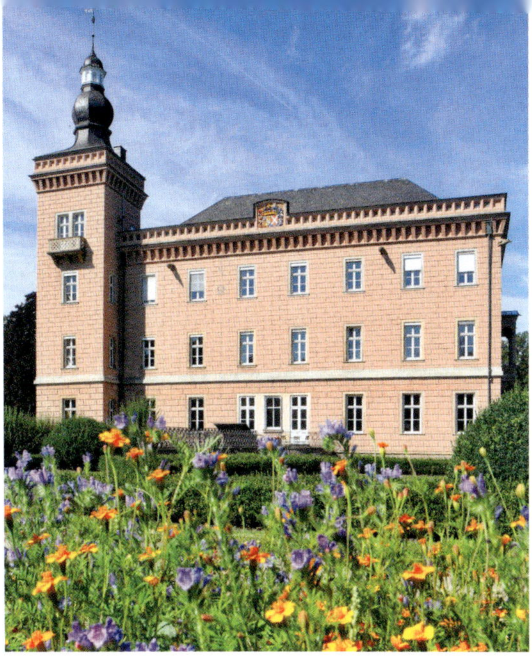

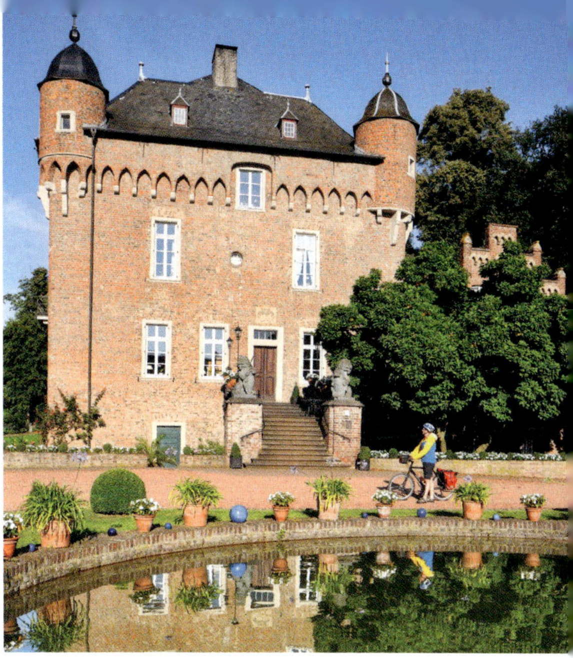

Feldern, Dörfern und rekultivierten Teilen des Braunkohlereviers ab. Zu den Highlights zählen die vielen Herrensitze, die den Rhein-Erft-Kreis zu einer der wasserburgenreichsten Regionen Deutschlands machen. Mehr als fünfzig Burgen und Schlösser schmücken die Landschaft. Darunter befinden sich mit den Schlössern Augustusburg und Falkenlust in Brühl zwei Welterbestätten der UNESCO. Der Reiseweg erreicht Euskirchen. In der Carl-Koenen-Straße weckt ein Gebäude aus dem Jahr 1894 das Interesse. In ihm ist das Rheinische Industriemuseum Tuchfabrik Müller untergebracht. Hier sieht es so aus, als hätten die Arbeiter erst vor Kurzem die Maschinen verlassen. Bei einem Rundgang hört man die rund 100 Jahre alten Textilmaschinen surren. Sie demonstrieren, wie aus loser Wolle ein fertiges Tuch entsteht. Auf den letzten 35 Kilometern steigt das Terrain allmählich an und hält auf Bad Münstereifel zu. Das Kneippheilbad liegt reizvoll inmitten der Eifelwälder. Die Altstadt lebt vom Charme der vielen Fachwerkbauten. Mit einer 1,6 Kilometer langen Mauer schützten die Grafen von Jülich den aufblühenden Ort. Dazu kommen 18 Wehrtürme und vier Tortürme. Wer durch einen von ihnen hindurchspaziert, steht vor der Stiftskirche St. Chrysanthus und Daria. Außer dem Gotteshaus bietet die Stadt mit der Burg **Bad Münstereifel** und dem roten Rathaus weitere Fotomotive. Am Oberlauf der Erft wird das Gelände steiler. Der Blick über die unverbaute Mittelgebirgslandschaft mit kleinen Dörfern entschädigt für die Anstrengungen. Auf einer Höhe von 570 Metern neigt sich der Forstweg und die Räder rollen hinunter nach Blankenheim im Ahrtal zurück. Wir sind wieder am Ausgangspunkt der Rundtour.

Oben links: Entlang des Erft-Radweges reiht sich ein Herrensitz an den nächsten, hier das Schloss Gracht.

Oben rechts: Das Schloss Lörsfeld wird heute als Restaurant genutzt.

Burgenland

Als Erstes erblicken Radler auf dem Erft-Radweg das Schloss Bedburg. Es befindet sich in Privatbesitz und ist einer der ältesten Backsteinbauten des Rheinlandes. Das fünf Kilometer entfernte Schloss Paffendorf imponiert durch einen 7,5 Hektar großen Schlosspark mitsamt Forstlehrgarten. Zwischen ausgedehnten Wasserflächen werfen Mammutbäume, Gingkos und Riesenlebensbäume ihre Schatten auf bunte Blumenbeete. Südöstlich von Bergheim bettet sich das Wasserschloss Frens in eine Wald- und Wiesenlandschaft. Es folgt das in einem englischen Landschaftspark gelegene Schloss Loersfeld, in dem ein Gourmetrestaurant residiert. Vorbei am Boisdorfer See geht es zu den Schlössern Türnich, Gymnich, Gracht sowie der Landesburg Lechenich.

29

Lahntalradweg

Unbeschwerter Radgenuss

leicht | 248 km | ca. 5 Tage

Charakter
Der Flussradweg ist überwiegend flach und punktet durch seine ruhige, meist befestigte Trassenführung.

Ausgangsort
Lahnhof bzw. Bad Laasphe Bhf.

Endpunkt
Lahnstein; zurück mindestens 3 Std. mit dem Zug

Wegmarkierung
Schriftzug »Lahntalradweg« und die Spiegelschrift »dasLahntal«

E-Bike
Ein E-Bike braucht man nicht, Infos über www.daslahntal.de

Information
Lahntal Tourismus Verband e.V., Brückenstraße 2, 35576 Wetzlar, Tel. 06441/309980, www.daslahntal.de; Tourismus NRW e.V., Völklinger Straße 4, 40219 Düsseldorf, Tel. 0211/91320500, www.nrw-tourismus.de und www.radroutenplaner.nrw.de; HA Hessen Agentur GmbH, Konradinerallee 9, 65189 Wiesbaden, Tel. 0611/95017819l, www.hessen-tourismus.de und www.radroutenplaner.hessen.de; Rheinland-Pfalz Tourismus GmbH, Löhrstraße 103–105, 56068 Koblenz, Tel. 0261/915200, www.rlp-info.de und www.radwanderland.de

Der Lahntalradweg ist ein Radweg für die Seele. Drei Naturparks, zahlreiche Kirchen, Schlösser und Burgen zieren die Tour. Dazwischen laden auf der 250 Kilometer langen Qualitätsroute immer wieder historisch gewachsene Städte wie Marburg, Wetzlar, Limburg und Bad Ems zu einer Besichtigung ein.

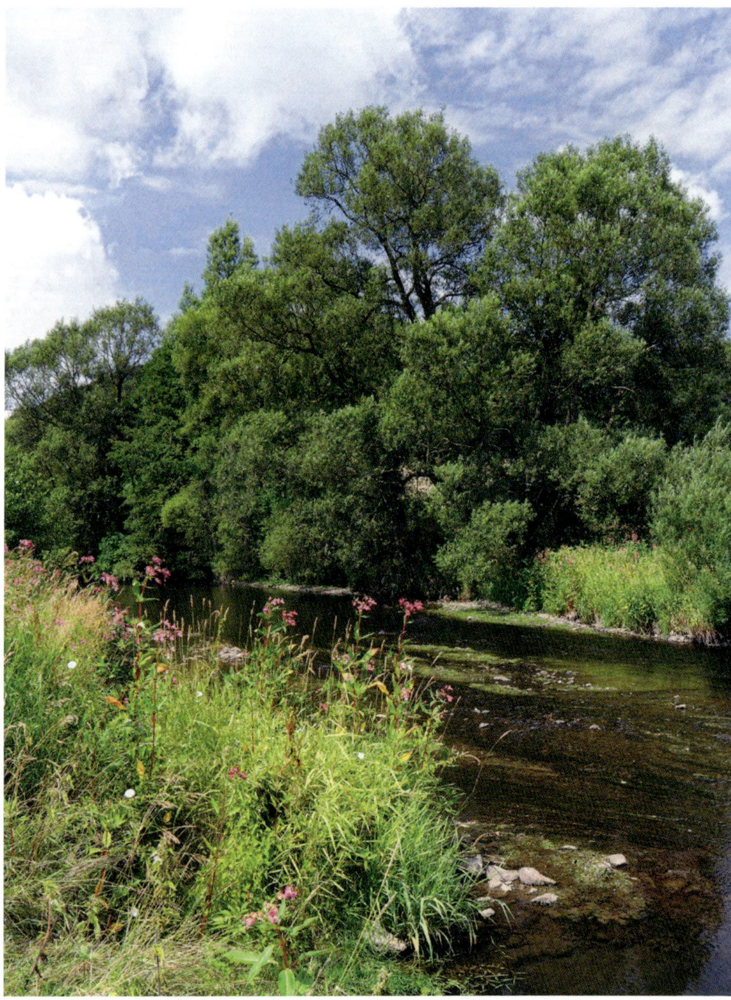

Die Radroute punktet immer wieder mit ruhigen Passagen in der Natur.

Von Lahnhof nach Marburg – 66 km Wo sich die Hänge des **Rothaargebirges** nach Süden hin öffnen, sprudelt die Lahn in einer Höhe von 603 Metern aus dem Untergrund hervor. Von der Quelle in Nordrhein-Westfalen aus geht es entspannt bergab. Erst in einem Nadelwald, dann durch das langsam breiter werdende, von Blumenwiesen gesäumte Bergtal. 20 Kilometer entfernt breitet sich **Bad Laasphe** aus. Staunend holpern wir über das Kopfsteinpflaster der Altstadtgassen und erfreuen uns an liebevoll gepflegtem Fachwerk. Die Mischwälder rund um das Kneippheilbad sind ein ausgezeichnetes Pilzrevier. Interessierte zieht es ins Pilzkundliche Museum mit mehr als 1000 gefriergetrockneten Arten. Wir begleiten ein Stück die D-Route 4 (Mittelland-Route), kehren Nordrhein-Westfalen den Rücken zu und rollen ins hessische Biedenkopf. Den schönsten Blick hat man vom Bergfried des Landgrafenschlosses. Turmbesteiger lassen das Auge über das Obere Lahntal und die Fachwerkhäuser der Altstadt wandern. Der Prachtbau beheimatet seit 1908 das Hinterlandmuseum, das die industrielle Entwicklung der ländlichen Region vorstellt und das Verkehrs- und Postwesen des ausgehenden 19. Jahrhunderts thematisiert. Auf dem nächsten Teilstück verdrängen Wiesen und kleine Felder den Wald aus dem Talgrund. In Schleifen fließt die nun deutlich breitere Lahn **Marburg** entgegen. Im Mittelalter entwickelte sich die Stadt um das Franziskus-Hospital, das 1228 von der später heiliggesprochenen Elisabeth von Thüringen gegründet wurde. Die vielen Wallfahrer, die das Grabmal in der gotischen Elisabethkirche besuchten, trugen zum Aufstieg der heutigen Universitätsstadt bei. Das malerische Zentrum mit seinen Fachwerkzeilen zieht sich über schmale, verwinkelte Gassen und steile Treppen den Schlossberg hinauf. Oben angelangt, lohnt ein Besuch des Landgrafenschlosses. Es ging 1529 mit dem Treffen der beiden Reformatoren Luther und Zwingli in die Geschichtsbücher ein.

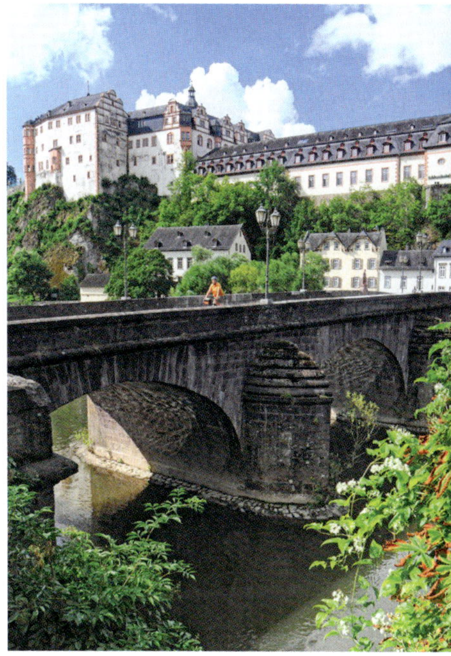

Weilburg ist ein staatlich anerkannter Luftkurort und eine ehemalige Residenzstadt im mittelhessischen Landkreis Limburg-Weilburg.

Von Marburg nach Weilburg – 85 km Nach der beschaulichen Uferfahrt der ersten Etappen entfernt sich der Lahntalradweg öfter vom Fluss und windet sich reizvoll durch Ackerland und Dörfer. Unterwegs folgen mit dem Schloss Fiedelhausen, der Burg Gleiberg und der Burgruine Vetzberg gleich mehrere ehemalige Herrschaftssitze auf engstem Raum. Die Route steuert ins Zentrum von **Gießen**. In der heute siebtgrößten Stadt Hessens ist man stolz auf die 1607 gegründete Universität und den

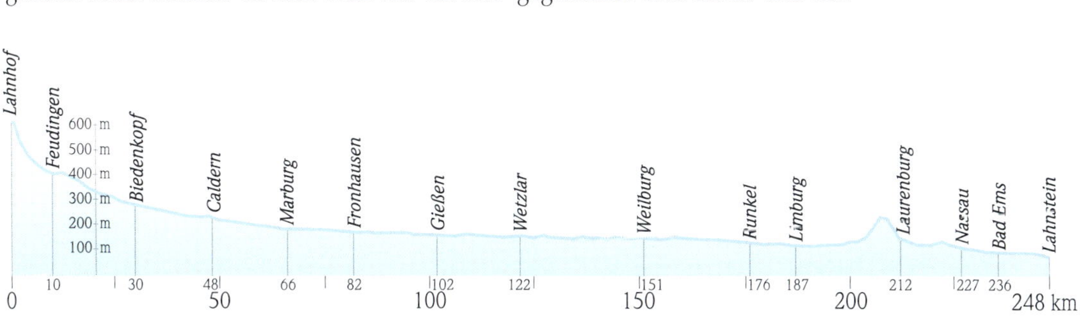

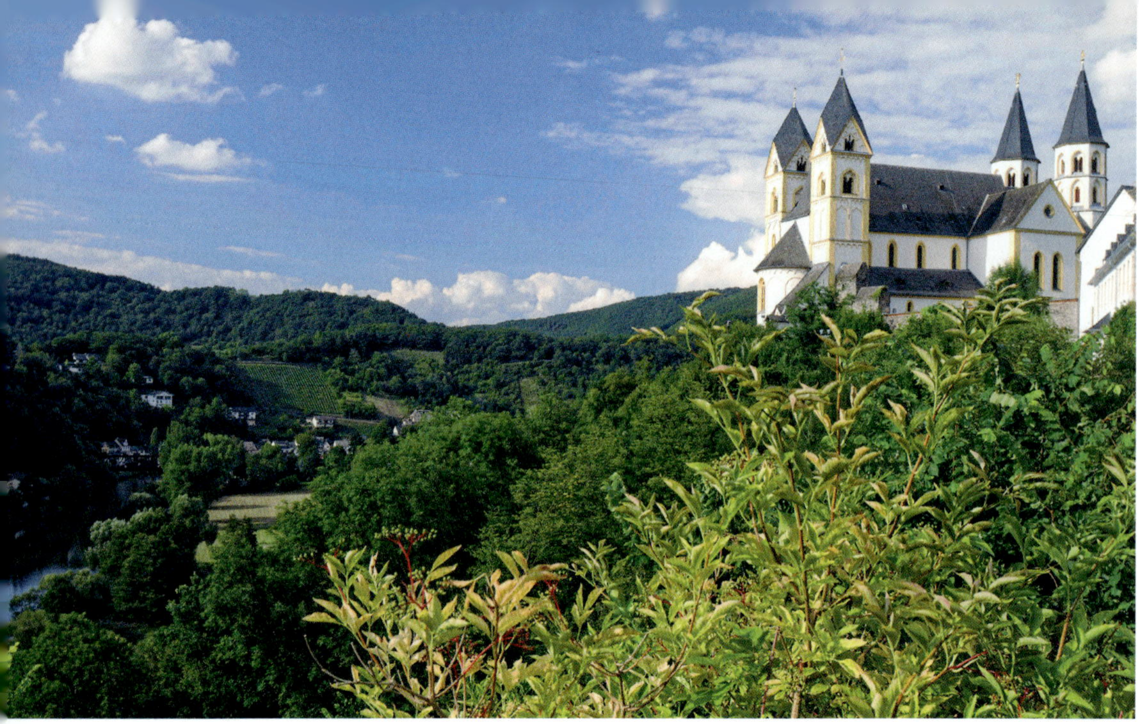

Die Geschichte des Klosters Arnstein lässt sich bis in die zweite Hälfte des 11. Jahrhunderts zurückverfolgen.

zwei Jahre später eröffneten Botanischen Garten, einer der ältesten in Deutschland. Zum Ende des Zweiten Weltkrieges war die Innenstadt von Gießen zu 90 Prozent durch Bombenangriffe zerstört. Zwischen den wieder errichteten Gebäuden stehen das Zeughaus, das Alte Schloss und das Neue Schloss der Landgrafen von Hessen. Wenige Flussschleifen westlich liegt **Wetzlar**. In der ehemaligen Reichsstadt wandeln wir auf den Spuren von Johann Wolfgang von Goethe. Er diente im Sommer 1772 beim Reichskammergericht als Praktikant. Damals inspirierte Goethe eine glücklose Romanze mit Charlotte Buff dazu, den Roman »Die Leiden des jungen Werther« zu verfassen. Dieser wurde zu einem Bestseller und machte den Dichter schlagartig bekannt. Nach unserem Ausflug in die deutsche Literaturgeschichte rollen wir auf die Alte Lahnbrücke (13. Jh.). Sie spannt sich mit sieben Halbbögen ansprechend über den Fluss. Mittlerweile haben wir die halbe Wegstrecke bis zum Rhein zurückgelegt und steuern durch das Solmser Land. Hier bieten sich zwei interessante Abstecher an. Zum einen kann man zum Besucherbergwerk Fortuna hinaufschnaufen und sich bei einer Führung unter Tage mit den Arbeitstechniken des ehemaligen Eisenerzbergwerkes vertraut machen. Der zweite Ausflug führt Richtung Süden zum Schloss Braunfels, hoch oben über den Baumwipfeln auf einem Basaltfelsen. Weilburg, unser nächstes Ziel, sonnt sich auf einem Bergsporn, den die Lahn fast komplett umschließt. Wahrzeichen der Stadt ist das Schloss **Weilburg**. Die vierflügelige Prunkanlage aus dem 16. Jahrhundert zählt zu den besterhaltenen Renaissanceschlössern Hessens. Besucher spazieren durch den großzügig angelegten Schlossgarten, schießen in der Oberen und Unteren Orangerie Fotos und schauen die Schlosskirche an.

Von Weilburg nach Lahnstein – 97 km Bei der Ortsausfahrt von Weilburg blicken wir nochmals auf die hohen Mauern der Stadt, von denen ein üppig grüner Pflanzenteppich herabhängt. Das Tal verengt sich. Der Wald rückt nahe ans Ufer heran, sodass neben dem Radweg nur noch Platz für einen schmalen Wiesenstreifen bleibt. Vor den Taunusbergen kapitulierend, biegt die Lahn nach Westen ab und sucht sich südlich des Westerwaldes schlängelnd einen Weg durch Riffkalkstein und vulkanischen Schalstein. Wo sie sich in jahrtausendelanger Kleinarbeit durch die Waldgebirge gegraben hat, thront die eindrucksvolle Burg Runkel über dem gleichnamigen Fachwerkstädtchen. Die Stammburg der Fürsten von Wied wurde 1159 erstmals erwähnt. Sie diente lange Zeit der Sicherung des Lahnüberganges und erlitt 1634 im Dreißigjährigen Krieg schwere Zerstörungen, als die kaiserlichen Truppen den Ort in Schutt und Asche legten. Ein paar Pedaltritte später ist das fruchtbare Limburger Becken erreicht, in dem uns schon bald der siebentürmige Dom zu Limburg begrüßt. Das 1235 geweihte Gotteshaus birgt im Inneren kostbare Fresken aus dem 13. Jahrhundert und gilt als eine der bedeutendsten Schöpfungen spätromanischer Baukunst in Deutschland. Hinter Diez mit seinem Barockschloss Oranienstein, dem Stammhaus der Oranier, dominiert wieder der Wald. Wir fahren in den Naturpark Nassau hinein, der uns bis ans Reiseziel mit lieblichen Bildern begleitet. Die bisher genussvoll am Fluss entlangführende Radtour verlässt beim Dorf Geilnau das Lahntal. Wir strampeln aussichtsreich auf eine weite Hochfläche und sausen die berauschende Spitzkehrenabfahrt hinunter nach Laurenburg. Vorbei am Weinort Obernhof, dem auf einem Hügel über dem Tal gelegenen Kloster Arnstein und der Kleinstadt **Nassau** erreichen wir das herausgeputzte **Bad Ems**. Die Badetradition, die schon Könige, Kaiser und Zaren schätzten, reicht bis in die Römerzeit zurück und ist ein wichtiger Garant für den Wohlstand des Kurortes. Hier waren römische Hilfstruppen in gleich zwei Kastellen stationiert. Am nahen Blöskopf entdeckte man 1895 ein Hüttenwerk, in dem die Herren vom Tiber kostbares Silber abbauten. Traurige Berühmtheit errang die Stadt durch die sogenannte »Emser Depesche«, die zum Ausbruch des Deutsch-Französischen Krieges (1870/71) führte. Der lehrreiche Radweg verschwindet ein letztes Mal in den Wäldern und trifft auf die Burg Lahneck, die seit dem 13. Jahrhundert die Mündung in den **Rhein** bewacht und unser Reiseziel markiert.

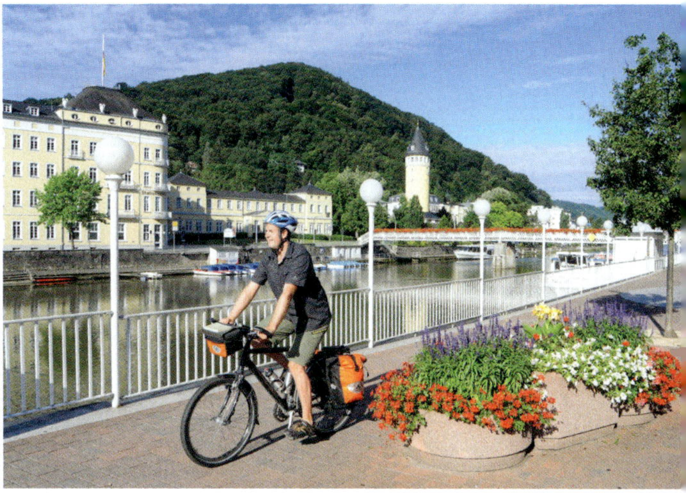

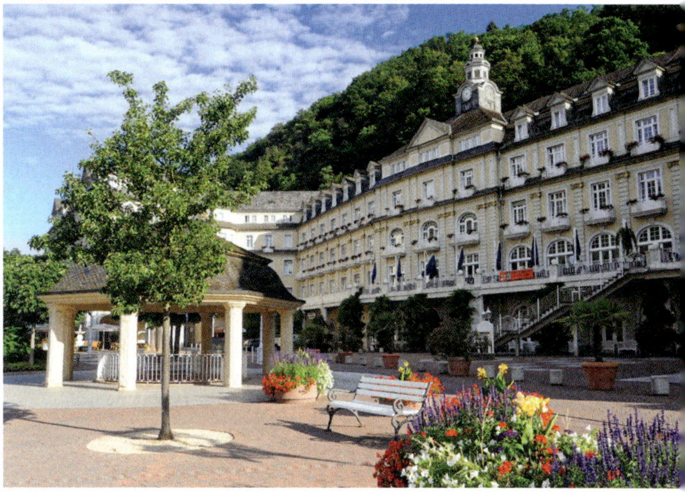

Ganz oben: Stilvolles Ambiente in Bad Ems

Oben: Das Kurhaus von Bad Ems hat schon berühmte Kurgäste empfangen.

30

Kylltalradweg

Beschauliche Flussfahrt durch die Eifel

mittel | 128 km | ca. 3 Tage

Charakter
Die sehr ruhige Naturroute verläuft fast ausschließlich auf Asphalt. In manchen Abschnitten fordert die sportliche Berg- und Talfahrt.

Ausgangsort
Dahlem Bhf.

Endpunkt
Trier; zurück 1:30 Std. mit dem Zug

Wegmarkierung
Der komplett beschilderte Radweg ist mit einem mehrfarbigen Abbild der streckenkennzeichnenden Motive ausgewiesen. Oben links ist der Schriftzug »Kylltal« zu lesen.

E-Bike
Infos zum E-Bike-Fahren sowie zur Infrastruktur vor Ort gibt es auf www.eifel.info.

Information
Eifel Tourismus, Kalvarienbergstraße 1, 54595 Prüm, 06551/965 60, www.eifel.info
Gerolsteiner Land Tourismus, Burgstraß 6, 54576 Hillesheim, Tel. 06591/13 30 00, www.gerolsteiner-land.de
Rheinland-Pfalz Tourismus, Löhrstraße 103–105, 56068 Koblenz, Tel. 0261/91 52 00, www.gastlandschaften.de und www.radwanderland.de

KYLLTAL

Auf der idyllischen Tour durch die tief eingeschnittenen Talwälder entdeckt man herrliche Plätze, sehenswerte Städtchen und exponiert gelegene Ruinen. Am Reiseziel zeigt sich Trier, eine der ältesten Städte Deutschlands, mit bedeutenden Bauwerken, deren Entstehung bis in die Römerzeit reicht, von seiner schönsten Seite.

Von Losheimergraben nach Gerolstein – 47 km Im Zitterwald entspringen drei Quellbäche und vereinigen sich zum 128 Kilometer langen Moselnebenfluss **Kyll.** Die Kila, wie das Gewässer vor Jahrhunderten hieß, ist der wasserreichste und längste Fluss der Eifel. Die Reise beginnt an einem Kreisverkehr des Dorfes **Losheimergraben** in einer Höhe von 660 Metern. Rechts liegt Deutschland. Die Gebäude auf der linken Straßenseite gehören bereits zur belgischen Region Wallonien. Wir lassen die Räder laufen und rollen unter dem Kronendach eines reizvollen Mischwaldes hindurch. Wo man den jungen Fluss zum ersten Mal sichtet, treten die Bäume zurück. Voraus öffnet sich ein grünes Wiesenhochtal. Hier fallen dem aufmerksamen Beobachter die von Moosen überwucherten Panzersperren des Westwalles auf, die als stumme Mahnmale in der Landschaft

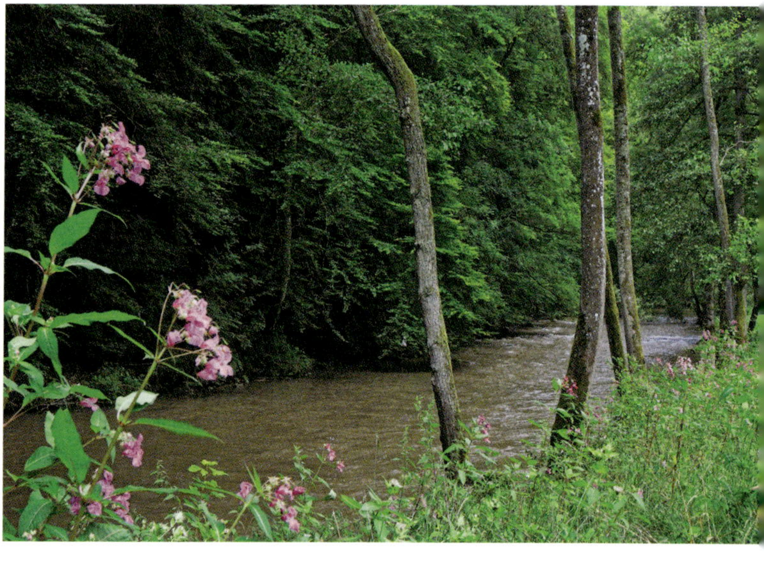

Auf fast dem gesamten Reiseweg begleiten dichte Wälder den Radweg.

stehen. Das vor dem Zweiten Weltkrieg gebaute Verteidigungssystem zog sich mit Bunkern, Stollen und Gräben über eine Länge von 630 Kilometern hin. Bei Kilometer 15 schimmert uns der Kronenburger See entgegen. Am Westufer laden ruhige Liegewiesen zum Baden und Erholen ein. An dieser Stelle geht der gut ausgebaute Radweg Vennquerbahn (38 Kilometer) ab. Wer möchte, kann den beliebten Vennbahn-Radweg (125 Kilometer) mit dem Kylltalradweg zu einer Reise kombinieren. Hoch über dem Tal der Kyll sitzt das 1277 erstmals erwähnte Dorf Kronenburg. Zwischen den mittelalterlichen Toren und der wehrhaften Ringmauer wird ein kostbares Stück Eifelhistorie bewahrt, die zum Bummeln einlädt. Ganz warm ums Herz wird einem, wenn man vom Bergkegel aus auf das Kylltal schaut, das die grünen Hügelketten zerteilt und den weiteren Weg vorgibt. Das Bundesland Nordrhein-Westfalen bleibt zurück, voraus liegt Rheinland-Pfalz. Der windungsreiche Abschnitt führt hinter **Stadtkyll** geradewegs in den Naturpark Vulkaneifel hinein. In Rheinland-Pfalz sammelt man unter dem Begriff **Nationale Naturlandschaften** die spannendsten Regionen: darunter ein Nationalpark, ein UNESCO-Biosphärenreservat und sieben Naturparks, von denen einer auch als UNESCO-Geopark anerkannt ist. Kylltal-Radler schließen den Naturpark Vulkaneifel sofort ins Herz. Die vulkanische Aktivität hat in der Eifel mehr als 200 Vulkane wachsen lassen und zahlreiche Mineral- und Kohlesäurequellen geschaffen, die in unseren Tagen Garant für die Getränkeherstellung der Region sind. Was vor rund 50 Millionen Jahren begann, hat bis heute noch kein Ende gefunden und fasziniert die Wissenschaft genauso wie den naturliebenden Gast. In dem 2010 eingeweihten Geopark stößt man überall auf trichterförmige, mit Wasser gefüllte Maare, erstarrte Lavaströme sowie rote Sandsteinformationen. Ab dem Dorf Glaadt begleitet die Bahntrasse Hürth-Kalscheuren–Ehrang, auch Eifelstrecke genannt, den Fluss. Stellenweise ist in dem schmalen Talboden nur Platz für den Radweg und das Gleis.

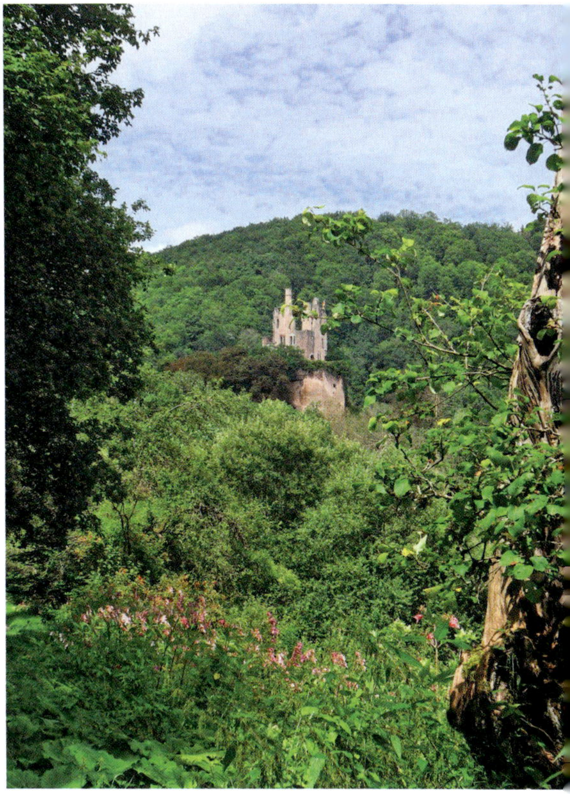

Das tief eingeschnittene Kylltal hat stellenweise schon fast Urwaldcharakter.

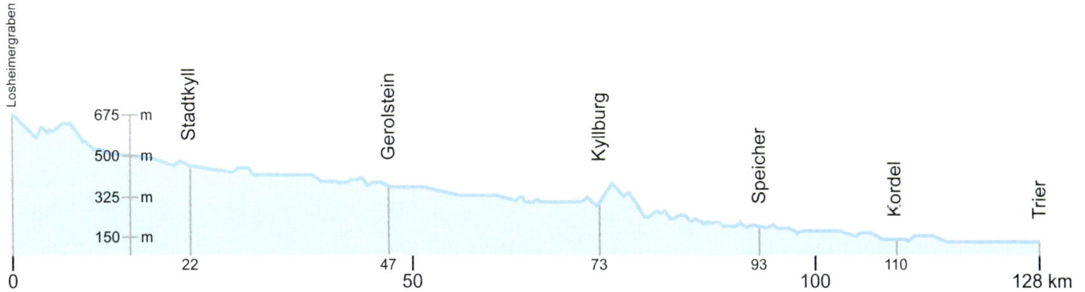

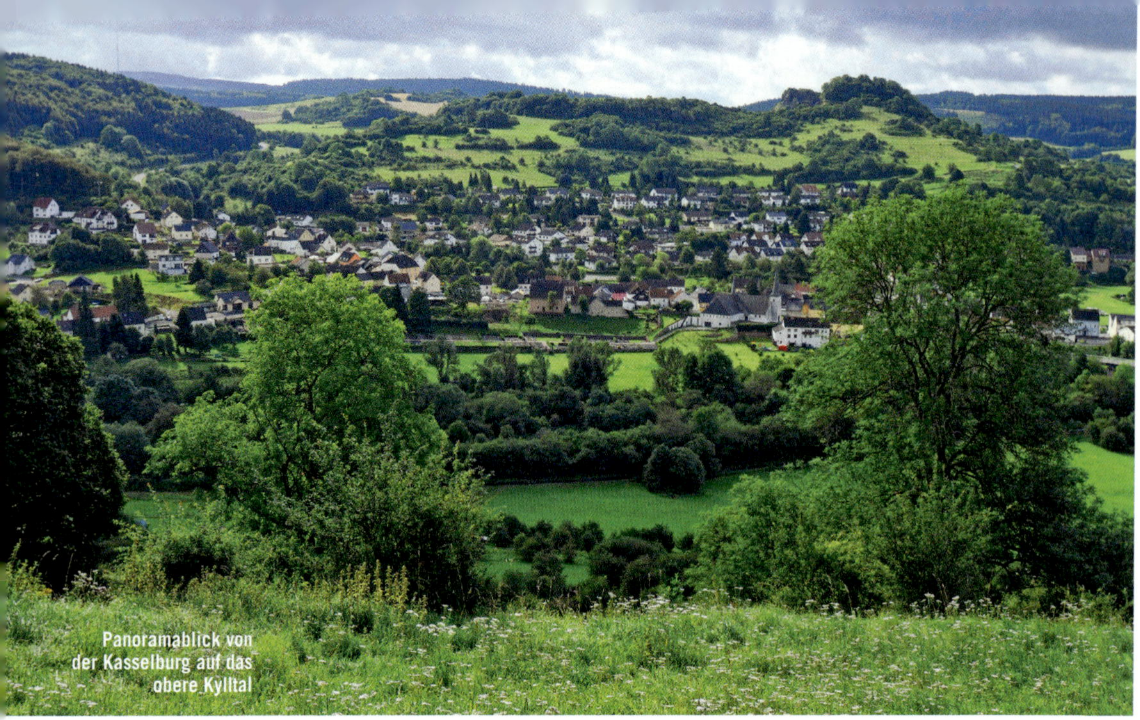

Panoramablick von der Kasselburg auf das obere Kylltal

In und um die Burgruine Kasselburg befindet sich ein Adler- und Wolfspark.

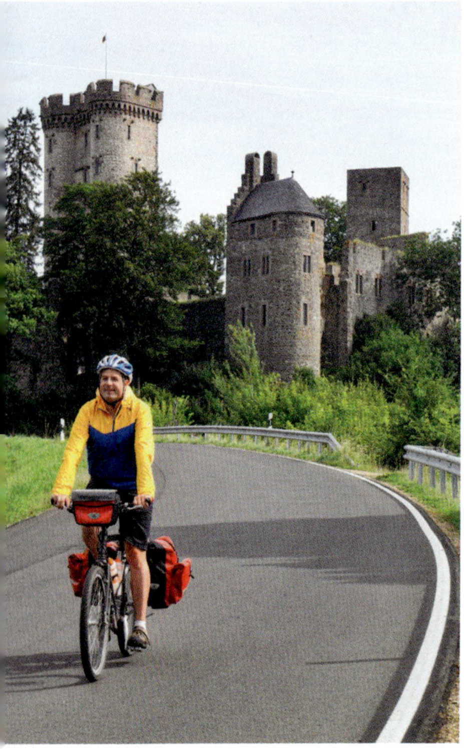

Von Gerolstein nach Hüttingen – 38 km **Gerolstein** ist die größte Stadt im Kylltal und zudem ein staatlich anerkannter Luftkurort. Wer den Namen hört, muss sogleich an das Mineralwasser denken. Typisch für die Region ist Dolomit – ein calcium- und magnesiumhaltiges Kalkgestein, aber nahezu wasserunlöslich. Das Geheimnis des Gerolsteiner Mineralwassers liegt daher in dem Aufeinandertreffen von Dolomit und Kohlensäure vulkanischen Ursprungs. Wer ihm auf den Grund gehen möchte, spaziert zum Besucherzentrum der Gerolsteiner Brunnen. Das eindrucksvollste Bauwerk der Stadt ist die Kasselburg aus dem 12. Jahrhundert. Großer Beliebtheit erfreuen sich der Adler, der im Jahr 1970 in das alte Gemäuer eingezogen ist, und der Wolfspark. Zu sehen bekommt man neben dem größten Wolfsrudel Westeuropas imposante Adlerarten, pfeilschnelle Falken sowie verschiedene Nachtgreifvögel. Die an mehreren Stellen aus dem Gelände aufragenden Gesteinsformationen verhalfen Gerolstein zu seinem Namen und bilden bizarre Höhlengänge, die für Besucher offen stehen. Rund 100 Meter tiefer spaziert man entlang der Hauptstraße, an der das Naturkundemuseum steht, über die Kyll. Hier reiht sich mit dem Sarresdorfer Lavastrom, der Erlöserkirche sowie der Villa Sarabodis eine Sehenswürdigkeit an die nächste. Die Route lässt die Brunnenstadt hinter sich und nimmt uns mit in Richtung Süden. Das Terrain fällt immerzu leicht ab. Die Räder eilen mühelos voran. Hier steht eine Ruine, dort erspäht man ein breites Flusswehr. Zu beiden Seiten des Eifelflüsschens liegen kleine Siedlungen, wie Mürlenbach,

Sankt Thomas und Kyllburgweiler. Hier taucht der Radweg zusammen mit der Eisenbahntrasse in den Kyller Tunnel ab. Ein Gitter sichert dabei die Radler. Wo wieder Sonnenlicht erstrahlt, hat man **Kyllburg** erreicht. Die mit 1000 Einwohnern zweitkleinste Stadt des Bundeslandes Rheinland-Pfalz liegt nicht nur spektakulär an einer engen Flusskehre, sondern besticht zudem durch die Stiftskirche aus dem Jahr 1276, die den Logenplatz des Plateaus einnimmt. Schreitet man langsam durch das Langhaus, fällt der Blick sogleich auf die bunten Bleiglasfenster, die biblische Szenen darstellen. Daneben imponiert das aus Eichenholz geschnitzte Chorgestühl genauso wie der exakt quadratische Kreuzgang. Auf der Weiterfahrt müssen wir seit langem Mal wieder in die kleinen Gänge schalten, denn eine der wenigen Steigungen der Reise führt einen Hügel empor.

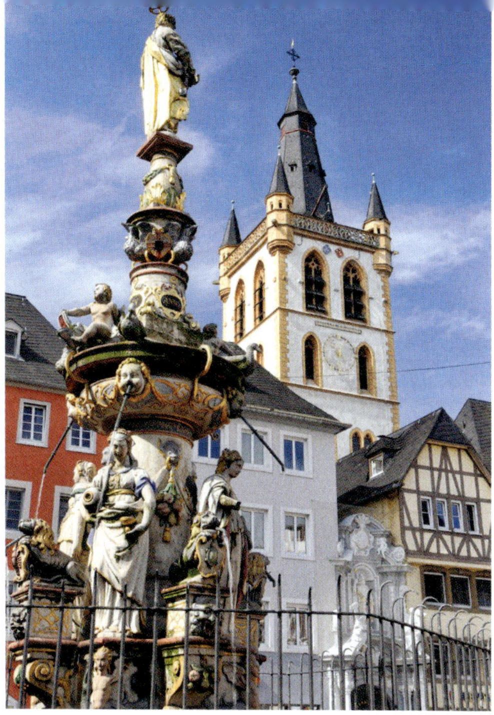

Die Marktkirche St. Gangolf dominiert den Hauptmarkt in Trier.

Von Hüttingen nach Trier – 43 km Auf dem letzten Teilstück taucht die Radroute in einen urwüchsigen Wald ein, der kaum Platz für Siedlungsraum und Straßen lässt. Der einzige Laut, den man vernimmt, ist das leise Plätschern der Kyll, das hin und wieder von einem durchs Tal fahrenden Zug unterbrochen wird. Zu beiden Seiten drängen uralte Baumriesen dicht ans Ufer heran und neigen sich tief über den Wasserspiegel. Hier kann man sich wunderbar treiben lassen und die Schmetterlinge beobachten, wie sie von Wasserhahnenfuß zu den zahlreichen Kräuterarten flattern. Auf diesem Abschnitt wirft die Kyll besonders viele Schleifen. Die Extrakilometer machen hungrig. Das am Weg gelegene Gasthaus Altes Pfarrhaus in Auw kommt da gerade recht. Das 1764 erbaute Sandsteingebäude lockt mit einem gemütlichen Biergarten, in dem man sich den Pfarrhausteller oder eine heimische Bachforelle munden lassen kann. Schließlich entlässt uns das lieb gewordene Kylltal. Voraus taucht das Band der Mosel auf. Von Ehrang sind es nur noch zehn entspannte Kilometer bis ans Reiseziel. Seit über 2000 Jahren streckt sich am Ostufer der Mosel die Stadt **Trier** aus. Heutige Besucher setzen die Römerbauten Porta Nigra, Amphitheater, Kaiserthermen, Konstantinbasilika und Römerbrücke ganz oben auf ihre Besichtigungsliste. Sie stehen zusammen mit dem Dom und der Liebfrauenkirche auf der Welterbeliste der UNESCO. Würdiger Abschluss einer packenden Reise durch die Eifel.

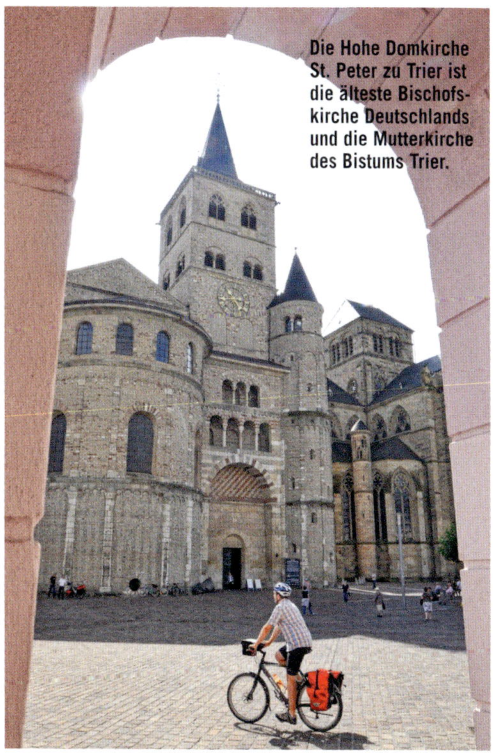

Die Hohe Domkirche St. Peter zu Trier ist die älteste Bischofskirche Deutschlands und die Mutterkirche des Bistums Trier.

31

leicht · 252 km · ca. 5 Tage

Charakter
Der Reiseweg beinhaltet kaum Steigungen und verläuft meist auf eigenständigen Radwegen. So ist der Moselradweg wie geschaffen für Familien und Genussradler.

Ausgangsort
Perl Bhf.

Endpunkt
Koblenz; zurück 2:30 Std. mit dem Zug

Wegmarkierung
Ein weißes »m« auf grünem Grund zusammen mit einem Fahrrad

E-Bike
Die Webseiten www.mosellandtouristik.de und www.gastlandschaften.de listen Radverleihe entlang der Radtour auf.

Information
Mosellandtouristik, Kordelweg 1, 54470 Bernkastel-Kues, Tel. 06531/973 30, www.mosellandtouristik.de
Tourismus Zentrale Saarland, Trierer Straße 10, 66111 Saarbrücken, Tel. 0681/927200, www.urlaub.saarland.de
Rheinland-Pfalz-Tourismus GmbH, Löhrstraße 103–105, 56068 Koblenz, Tel. 0261/915200, www.gastlandschaften.de, www.tourenplaner-rheinland-pfalz.de und Rheinland-Pfalz-App

Moselradweg

Sehnsuchtstour für Genießer

Rad fahren an der Mosel? Klar! Der Name so süffig wie ein Riesling, so lieblich wie Flussschleifen, so pittoresk wie ein Mittelalterstädtchen. Doch stimmen die Klischees auch alle? Wir gehen dem nach: vorbei an alten Burgen und charmanten Fachwerkorten – 250 entspannte Flusskilometer Schauen und genussvolles Dahinrollen.

Von Perl nach Bernkastel-Kues – 118 km Die **Mosel** startet ihren Lauf in den französischen Vogesen, durchströmt die Städte Épinal, Metz und Thionville. Nach 300 Kilometern trennt sie Luxemburg von Deutschland. Die Gemeinde Perl markiert den Ausgangspunkt der Reise. Am südlichen Ortsrand liegt Frankreich und das Luxemburger Dorf Schengen nimmt das westliche Moselufer ein. Vor uns liegen 250 Kilometer Asphaltradweg. Wir bummeln das Tal hinunter. Es gehörte einst zum Imperium Romanum und ist reich an kulturellen Hinterlassenschaften dieser längst verstrichenen Epoche. So können wir in **Nennig** das mit

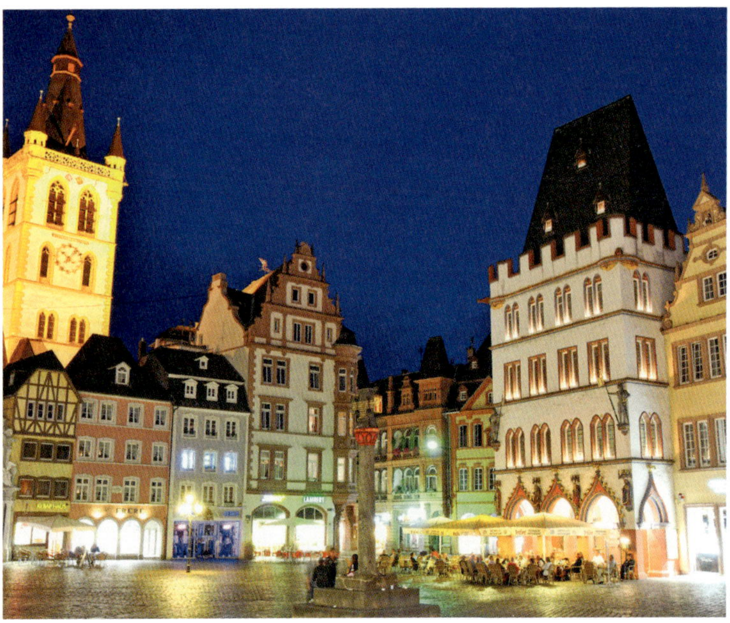

Der Hauptmarkt in Trier ist auch bei Nacht ein Augenschmaus.

160 Quadratmetern größte und besterhaltene römische Mosaik nördlich der Alpen bestaunen. Im Dorf Borg wurde eine Villenanlage rekonstruiert, mitsamt Herrenhaus, Bad sowie Wohn- und Wirtschaftsgebäude. Beim Schloss Thorn passiert die Mosel die Grenze zwischen dem Saarland und Rheinland-Pfalz. Weinberg folgt auf Weinberg. Mittendrin wirft der Fluss seine Schleifen. Am deutschen Ufer bettet sich das Dorf Nittel in steil aufragende Dolomitfelsen ein. Hier reift auf drei Viertel der 290 Hektar umfassenden Rebfläche der weiße Elbling, eine 2000-jährige Rebsorte, die durch die Kalkböden eine besondere Geschmacksnote erhält. Der Tropfen ist ein ausgezeichneter Begleiter für die moselländischen Gerichte wie Quiche oder Zwiebelkuchen. Bei Konz vermischen sich die Wasser von Saar und Mosel. Das Tal wird weitläufiger und mit den Überresten einer spätrömischen Kaiservilla beginnt der nächste Zeitsprung ins Imperium Romanum, der zehn Kilometer weiter seinen Höhepunkt findet. Nachdem Rom ganz Gallien bis zum Rhein unterworfen hatte, gründeten die Herren vom Tiber 16 v. Chr. das heutige **Trier**. Sie nannten den aufblühenden Flecken zu Ehren von Kaiser Augustus »Augusta Treverorum«, Stadt des Augustus im Land der Treverer. Die Siedlung wuchs rasant und zählte im 4. Jahrhundert annähernd 100 000 Einwohner. Zum Schutz vor den Franken und Alamannen befestigte man den späteren Bischofssitz massiv. Dies bezeugt noch heute die wuchtige Porta Nigra, die als Stadttor den Nordrand Triers sicherte. Das Wahrzeichen gehört seit 1986 zum UNESCO-Weltkulturerbe, genauso wie weitere Baudenkmäler des Römischen Reiches: das Amphitheater, die Römerbrücke, die Basilika, die Kaiser- und Barbarathermen und die Igeler Säule. Zudem würdigte man den 112,5 Meter langen und 41 Meter breiten Dom St. Peter und die Liebfrauenkirche. Beide bilden vom Domplatz aus betrachtet eine harmonische Einheit. Trier erinnert aber auch mit dem im Karl-Marx-Haus untergebrachten Museum an den berühmtesten Sohn der Stadt. Das Geburtshaus des Mitbegründers des modernen Sozialismus lockt vor allem chinesische Touristen an, die ein Drittel der Besucher ausmachen. Auf der Weiterfahrt bestimmen wieder Rebzeilen und Wälder die Landschaft. Wenig später komplettieren schmucke Winzerorte das malerische Bild. Weinstuben laden zum Verweilen ein. Die Mosel wirft ab Mehring ausladende Schleifen und durchbricht die Nahtstelle, an

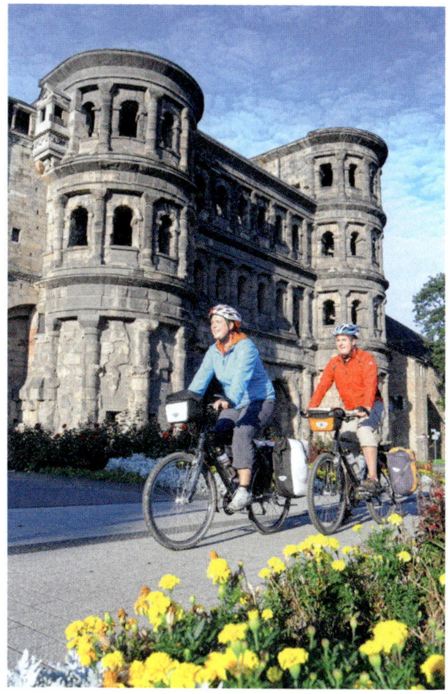

Unter den zahlreichen Sehenswürdigkeiten Triers sticht die Porta Nigra hervor.

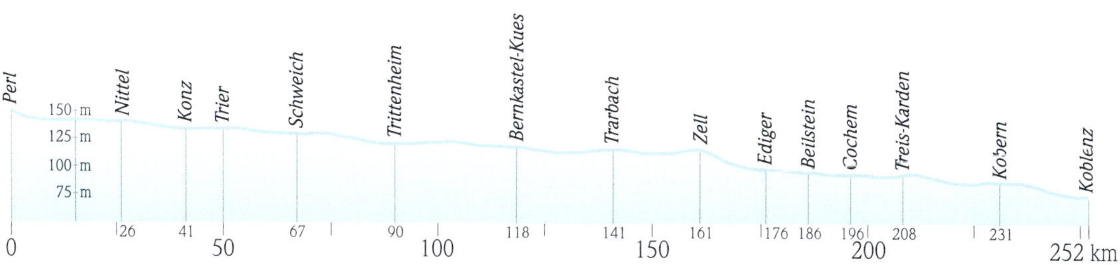

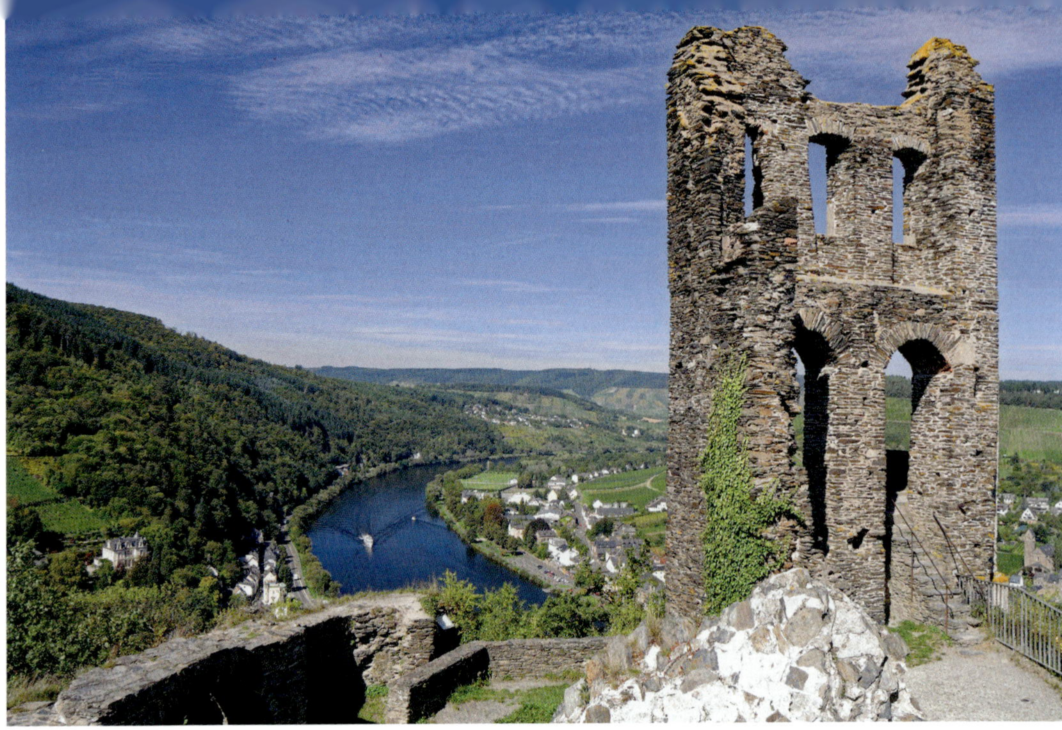

Von der Burgruine Grevenburg aus überblickt man die Moselschleife bei Traben-Trarbach.

der Eifel und Hunsrück aufeinandertreffen. Der Reiseweg verleitet zum Bummeln und Umherschauen, so auch in **Bernkastel-Kues**. Hier schlägt das Herz der Region Mittelmosel. Steinerne Zeitzeugen aus sechs Jahrhunderten reihen sich um das ausgetretene Kopfsteinpflaster des Marktplatzes. Über die Altstadtpracht wachte lange Zeit die Burg Landshut. Sie fiel am 8. Januar 1692 einem Feuer zum Opfer und ist seitdem eine Ruine.

Von Bernkastel-Kues nach Koblenz – 134 km Zwei Moselbiegungen stromabwärts fällt der Blick an beiden Ufern auf die ansprechenden Jugendstilhäuser von **Traben-Trarbach**. Verbunden ist die Weinhandelsstadt durch ein reich verziertes Brückentor, in dem sich heute ein Restaurant mit einem hinreißenden Ausblick befindet. Noch besser ist die Sicht über die an einer Flussbiegung gelegene Stadt Grevenburg, die im Jahre 1734 von den Franzosen eingenommen und geschleift wurde. Um dorthin zu gelangen, mühen wir uns ein immer schmaler werdendes Sträßchen hinauf. Rechts flankiert ein Mischwald das steil eingekerbte Seitental, links stehen die sonnenbeschienenen Weinlagen Burgberg und Schlossberg Spalier. Oben kippt der Weg ab. Der Blick weitet sich zu einem Panorama über die grauen Dächer der Stadt und die tiefblaue Mosel mit ihren Ausflugsschiffen. Voller Vorfreude radeln wir weiter. Jede Pedalumdrehung ist ein Fest der Sinne und das Moseltal um Zell ein wahrer Paradiesgarten, der wie geschaffen für den Wein ist. Auf einer Anbaufläche von rund 400 Hektar stehen circa vier Millionen Rebstöcke. Sie machen die Siedlung zu einer der größten weinbautreibenden Gemeinden an der Mosel. Der Winzerort ist weltweit durch die Weinlage Zeller Schwarze Katz bekannt, in der man neben der dominierenden Rebsorte Riesling auch Müller-Thurgau, Bacchus und Kerner erntet. Auf dem darauffolgenden Teilstück heißt die Devise »flach fahren und hoch schauen«. Beeindruckt rollen wir am Calmont vorüber, dem mit 65 Prozent steilsten Weinberg

Rechte Seite, links: Auf der Reichsburg in Cochem finden spektakuläre Flugvorführungen ver schiedener Greifvögelstatt.

Rechte Seite, rechts: Der gewundene Flusslauf der Mosel sorgt unterwegs für prächtige Landschaftseindrücke.

Europas. Stromabwärts kündet die in exponierter Lage majestätisch in Pose gesetzte Reichsburg einen weiteren Höhepunkt an – die Stadt **Cochem**. Besuchermagnet ist der Martinsbrunnen auf dem Marktplatz, den schiefergedeckte Giebelhäuser einrahmen. Die beschauliche Fahrt führt uns über Kobern-Gondorf und Winningen nach **Koblenz**. Der Rhein und die Mosel umschlingen die alte Kaufmannsstadt auf drei Seiten. Hier beginnt der von der UNESCO am 27. Juni 2002 unter der Bezeichnung »Kulturlandschaft Oberes Mittelrheintal« zum Welterbe ernannte Flussabschnitt. Besucher erblicken in der 115 000-Einwohner-Stadt prächtige Kirchen wie die Basilika St. Kastor und historische Herrensitze, von denen vor allem das Schloss Stolzenfels ein erstklassiges Fotomotiv abgibt. Die beste Aussicht genießt man von der Festung Ehrenbreitstein, die 2011 in die Bundesgartenschau integriert wurde. Schräg gegenüber, an der Stelle, wo beide Flüsse zueinanderfinden, setzt Kaiser Wilhelm I. hoch zu Ross am Deutschen Eck den Schlusspunkt einer genussvollen Reise auf dem Moselradweg. Eine gepflegte Fahrradroute mit viel Kultur, einladenden Landschaften und einer vorzüglichen Gastronomie. Tatsächlich stimmen alle Klischees. Das Tal der Mosel – so schön wie eine Weinkönigin, so stolz wie eine Burg, so bunt wie ein Herbstwald. Man könnte gleich den Rheinradweg dranhängen.

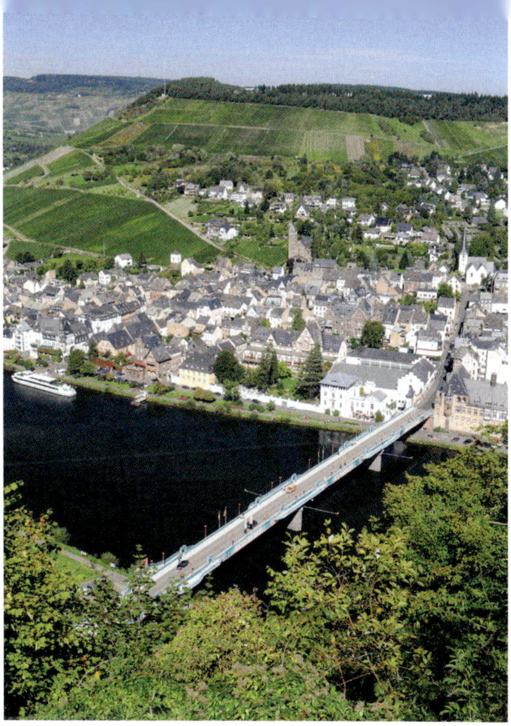

Die an der Mittelmosel gelegene Stadt Traben-Trarbach besticht durch hübsche Jugendstilhäuser.

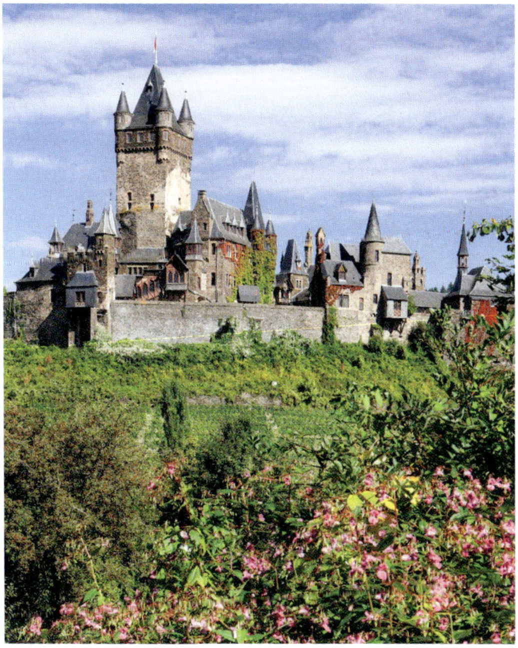

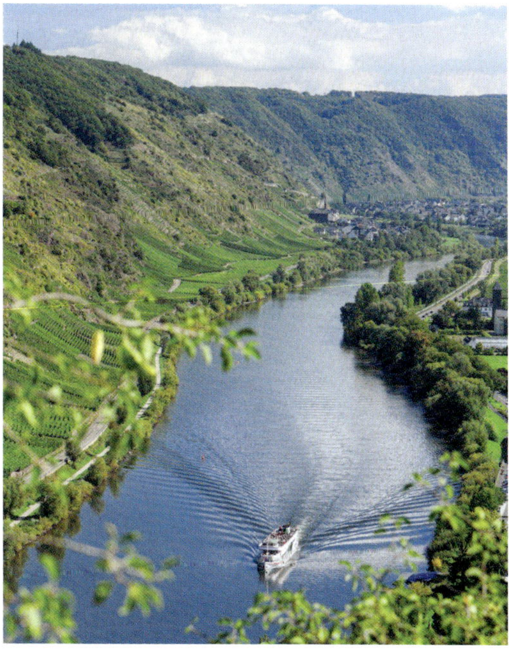

32 Nahe-Radweg

Das Gute liegt so nah!

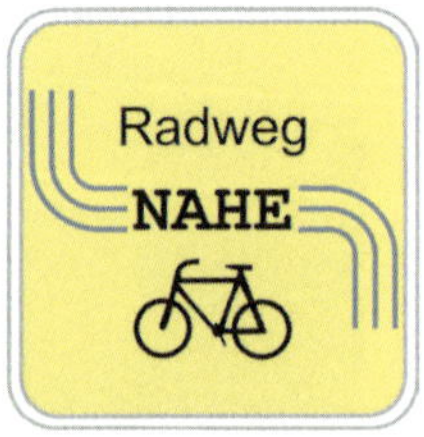

Nahe – ein Wort, das bei Weinliebhabern die Sehnsucht weckt. Auch für Radler lohnt eine Fahrt in den Westen der Republik, schlängelt sich der 125 Kilometer lange Fluss doch verlockend durch liebliche Mittelgebirgslandschaften. Bevor es dem Rhein entgegengeht, laden am Unterlauf adrette Kurorte zum Füße hochlegen ein.

mittel | 128 km | ca. 2 Tage

Charakter
Die Flussroute macht ihrem Namen über weite Strecken alle Ehre, verläuft sie doch überwiegend auf eigenen Radwegen. Bis auf wenige Stellen ist der gesamte Weg asphaltiert.

Ausgangsort
Der erste Bahnhof an der Strecke liegt im Ort Türkismühle und ist 12 Kilometer von der Quelle entfernt. Bis zum Zielort Bingen am Rhein begleitet eine Zugtrasse das Nahetal.

Endpunkt
Bingen am Rhein; zurück 1:30 Std. mit dem Zug

Wegmarkierung
Die gelben Wegschilder tragen die Aufschrift »Radweg Nahe«. Zudem sind ein Fahrrad sowie der Flusslauf abgebildet.

E-Bike
Die teils wellige Tour beginnt im Saarland. E-Biker sehen auf der Webseite www.urlaub.saarland Verleih- und Ladestationen.

Information
www.naheradweg.de
Naheland-Touristik, Bahnhofstraße 37, 55606 Kirn, Tel. 06752/137610, www.naheland.net
Tourismus Zentrale Saarland, Trierer Straße 10, 66111 Saarbrücken, Tel. 0681/927200, www.urlaub.saarland
Rheinland-Pfalz Tourismus GmbH, Löhrstraße 103–105, 56068 Koblenz, Tel. 0261/915200, www.rlp-info.de und www.radwanderland.de

Von Selbach nach Idar-Oberstein – 54 km Nördlich des Dorfes Selbach beginnt die **Nahe** ihre Reise durch die Bundesländer Saarland und Rheinland-Pfalz. An der Quelle gibt es ein Wildgehege, dazu viel Natur. Das Nordpfälzer Bergland im Süden, das Mittelgebirge Hunsrück gegenüber, so steuert man Richtung Nordosten. Sieben Kilometer vom Startpunkt entfernt glitzert der Bostalsee durch die Laubbäume. Der Dämelbach und der Bosbach speisen das in einer Höhe von 400 Metern gelegene Gewässer. Zwei Sandstrände und mehrere Liegewiesen ziehen Badende an. Der 120 Hektar große Stausee liegt im Naturpark Saar-Hunsrück. Die Berge ragen bis zu 816 Meter auf. 2015 feierte man in der Kernzone die Einrichtung des **Nationalparkes Hunsrück-Hochwald**. Ab April blühen auf den Grünflächen Orchideen, öffnen Narzissen ihre Knospen. Wildkatzen

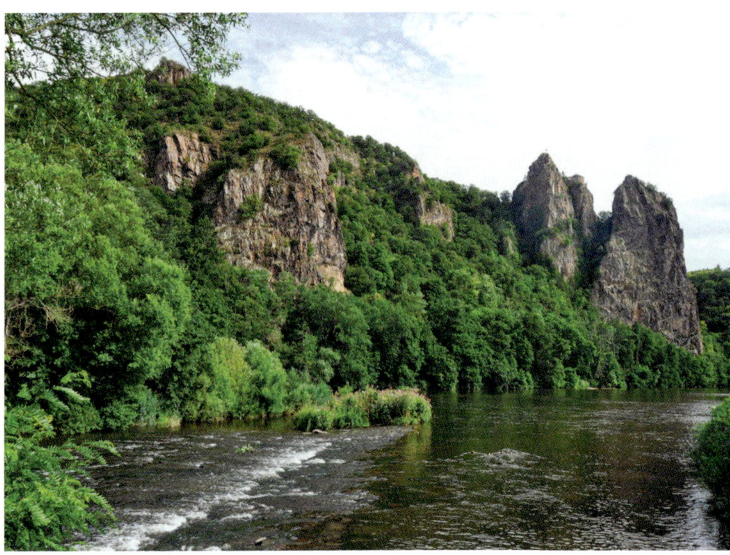

Im Nahetal sieht man zwischen dem Uferwald immer wieder blanke Felsen.

suchen den Schutz des Waldes. Auf den Lichtungen äsen Rehe. Dachse schleichen durch die Sträucher. Vorbei an der Burg Nohfelden, die sich über der gleichnamigen Gemeinde erhebt, geht es **Birkenfeld** entgegen. Die erste Stadt am Wegesrand blickt auf eine knapp 700-jährige Geschichte zurück. Von dem prächtigen Birkenfelder Schloss blieben in den Wirren des Mittelalters nur Steine übrig. Zwischen 1819 und 1821 ließ der Großherzog von Oldenburg das Neue Schloss errichten. Der rosafarbene Bau ist im klassizistischen Stil gehalten. Nebenan hält das Landesmuseum die Erinnerung an vergangene Tage aufrecht. Im Inneren erfährt man, wie die Kelten vor 2000 Jahren neben den Römern in der Region lebten. Dazu werden Exponate zum Eisenhüttenwesen gezeigt. Eine dritte Ausstellung erklärt den Einfluss der Wittelsbacher auf Birkenfeld. Nachdem die letzten Häuser hinter uns liegen, verliert der Weg an Höhe. Voraus liegt das Bundesland Rheinland-Pfalz. Wir berauschen uns an der herrlichen Abfahrt hinunter ins Zentrum von **Idar-Oberstein**.

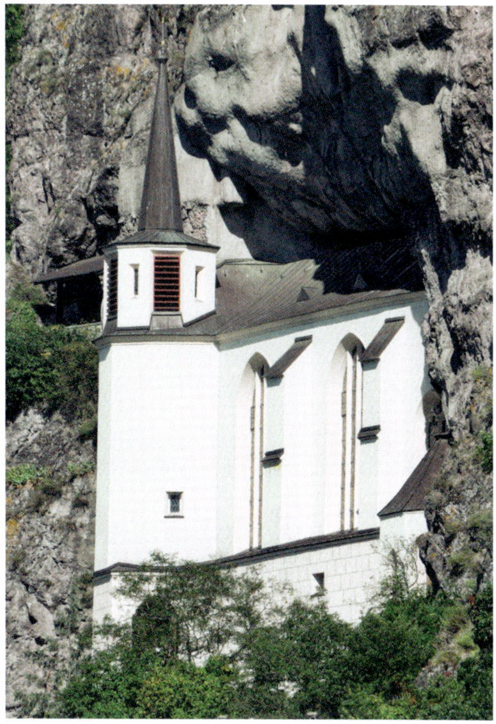

Die Felsenkirche von Idar-Oberstein schmiegt sich in eine Gesteinswand.

Von Idar-Oberstein nach Staudernheim – 33 km Die Doppelstadt ist berühmt für ihre Schmuckverarbeitung. Bereits vor über 500 Jahren verfeinerten hier Handwerker Edelsteine zu Kunstwerken. In der Saar-Nahe-Senke bildete der Vulkanismus ergiebige Lagerstätten an Achaten, Amethysten und Jaspis. Zu sehen bekommt man die Schätze im Deutschen Edelsteinmuseum, das in einer Gründerzeitvilla residiert. Mehr als 10 000 Exponate aus aller Welt erstrahlen hier effektvoll in Szene gesetzt. Bis ins Jahr 1875 bauten Bergarbeiter in der größten Achatmine Europas Edelsteine ab. Das Bergwerk steht heute Reisenden offen. In dem 400 Meter langen Besucherstollen des Steinkaulenberges kommt man dem Ursprung der glitzernden Objekte ganz nah. Wer zum Flussufer zurückbummelt, blickt auf die Felsenkirche, die jeder Tourist auf seinem Fotochip mit nach Hause trägt. Das Wahrzeichen Idar-Obersteins verschmilzt regelrecht mit dem Gestein, auf dem es in schwindelerregender Höhe sitzt. In dem 1484 erbauten Kirchlein sprudelt eine kleine Quelle, die man

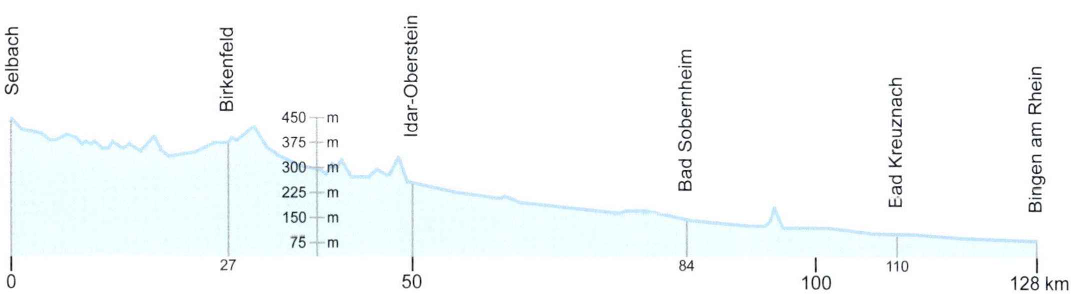

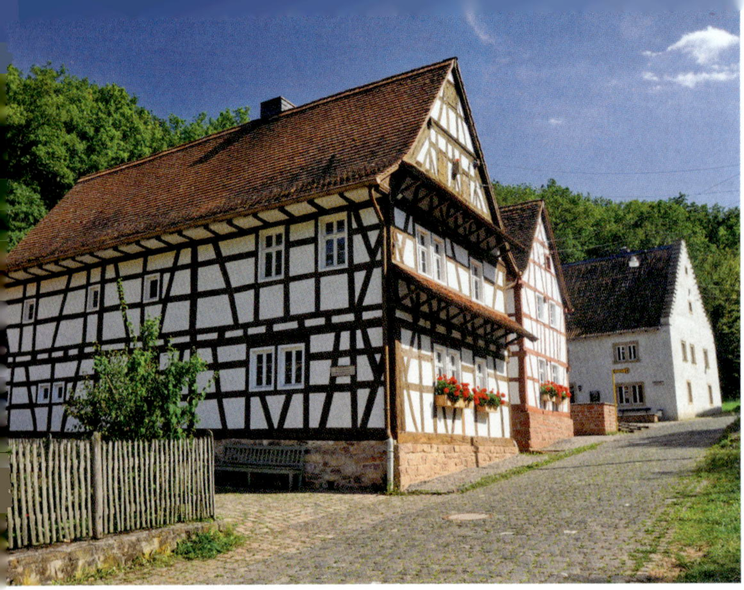

bei einem Besuch bestaunen kann. Sehenswert ist das kostbare Altarbild, das einem unbekannten Meister der »Mainzer Schule« zugeschrieben wird. Nach einem Spaziergang durch die Innenstadt von Idar-Oberstein folgen wir weiter dem Nahe-Radweg. Eine Radstunde entfernt liegt an der Einmündung des Hahnenbaches die Kleinstadt **Kirn**. Rund um den Marktplatz hat sich die Fürstenfamilie von Salm Kyrburg verewigt. Ihr Hofbaumeister Johann Thomas Petri schuf in der zweiten Hälfte des 18. Jahrhunderts mehrere ansehnliche Bauwerke, darunter das Rathaus. Von der einstmals stolzen Kyrburg sind nur noch ein paar klägliche Reste erhalten. Heute lagert im Gewölbekeller eine der größten Whiskysammlungen Deutschlands. Die Wälder lockern auf, machen Platz für die ersten Weinterrassen. Wir radeln am Schloss Dauhn vorbei und erreichen **Bad Sobernheim**, das zu einem Besuch ins Rheinland-Pfälzische Freilichtmuseum einlädt. Seit den 70er-Jahren trug man hier vierzig historische Gebäude aus dem kompletten Bundesland Stein für Stein zusammen, baute sie wieder auf und richtete sie originalgetreu ein. Der Rundgang ist in die Themenregionen Rheinhessen, Eifel, Hunsrück und Pfalz unterteilt. Zwischen den zu Dörfern gegliederten Häusern spaziert man an Ackerparzellen und Wiesen vorüber, die in traditioneller Weise bewirtschaftet werden.

Das »Freilichtmuseum« in Bad Sobernheim ist eines von drei Freilichtmuseen in Rheinland-Pfalz.

Die Ebernburg überragt Bad Münster.

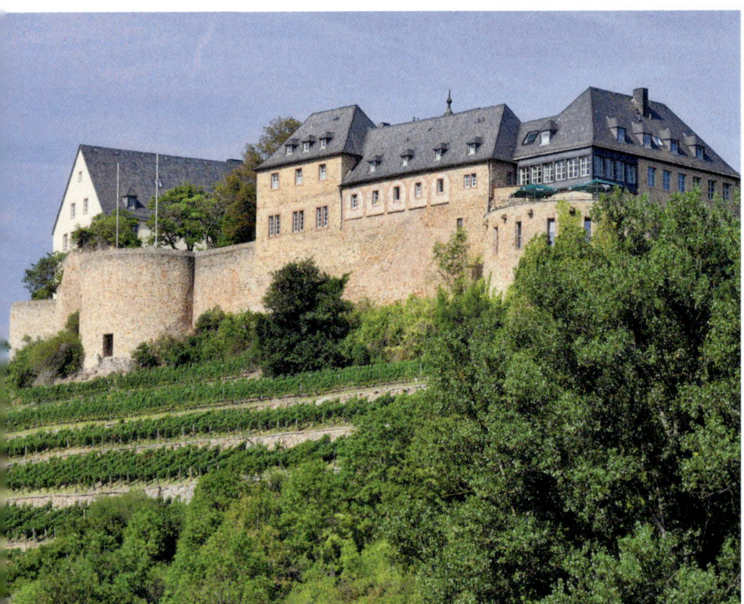

Von Staudernheim nach Bingen am Rhein – 41 km Östlich von Staudernheim läuft der Nahe-Radweg zur Höchstform auf und beschert uns einen seiner malerischsten Abschnitte. Beiderseits des engen Taleinschnittes klettern grüne Rebzeilen die steilen Hänge hinauf. Wir fahren in aussichtsreicher Höhe mittendurch. Die Winzer ernten vorrangig weiße Sorten, wie Riesling, Silvaner, Weiß- und Grauburgunder. Auch die Rotweine Spätburgunder und Dornfelder aus dem Naheland munden ausgezeichnet und bieten sich als Reisemitbringsel an. Wir strampeln weiter, erfreuen uns an einem gut

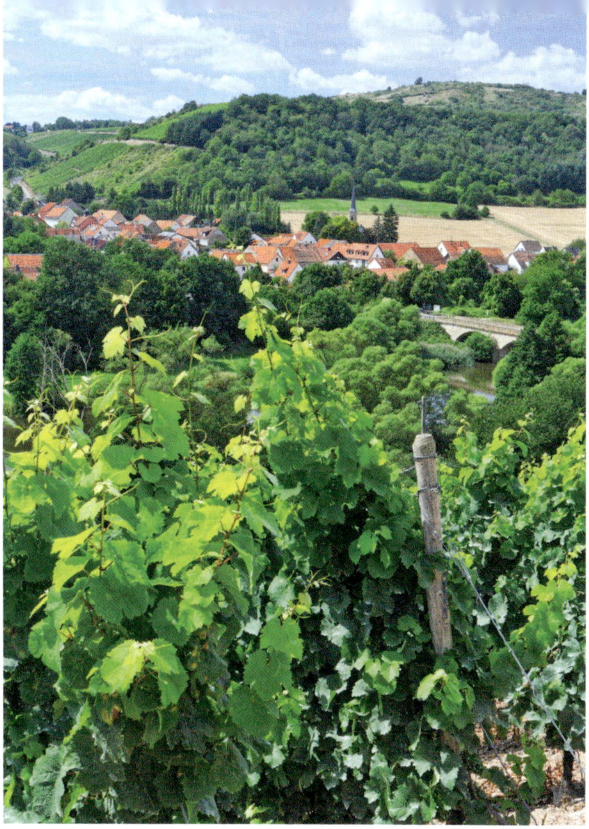

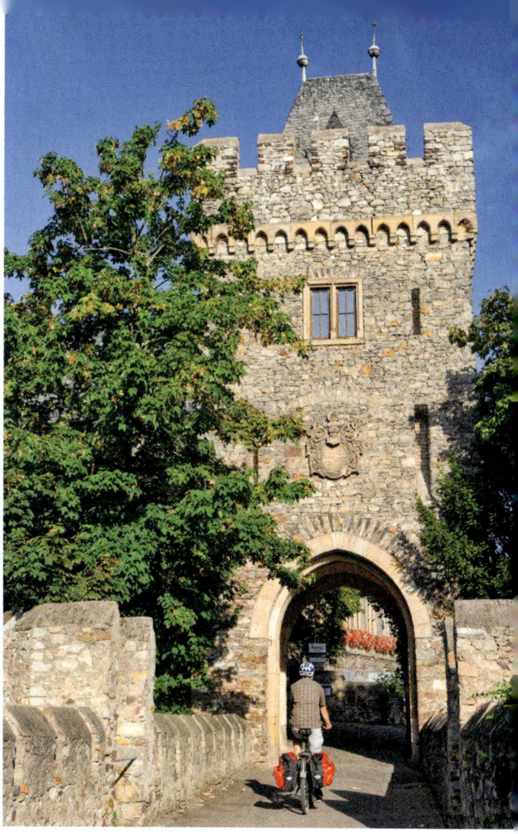

präparierten Radweg, der die Trasse der stillgelegten Glantalbahn nutzt. Hinter einer weit geschwungenen Rechtskurve wächst der gewaltige Rotenfels in den Himmel. Vor 270 bis 260 Millionen Jahren erstarrte hier ein Lavastrom. Der Fluss nagte an dem Porphyr-Felsmassiv und modellierte die Flanken. Zurück blieb die mit einer Wandhöhe von 202 Metern und einer Länge von 1200 Metern höchste Steilwand zwischen den Alpen und Skandinavien. Eine Flussbiegung entfernt rücken die Häuser der Doppelstadt **Bad Münster** und **Bad Kreuznach** dicht zusammen. Ein echter Augenschmaus ist die Bäderarchitektur des Kurmittelhauses, das Anfang des 20. Jahrhunderts nach den Vorgaben des Architekten Robert Mühlbach erbaut wurde. Im Inneren des Fachwerkkomplexes sprudeln in der Brunnenhalle drei Heilquellen. Das angeschlossene Café lockt zu einer stilvollen Rast. Der Kurpark geht nahtlos in die Grünanlagen des Salinentales von Bad Kreuznach über, wo uns die frische Salzbrise des größten Freiluftinhalatoriums Europas entgegenweht. Bereits den Kelten und Römern waren die Solequellen bekannt. Im Jahr 1817 entwickelte der Arzt Johann Prieger eine Badetherapie und legte so den Grundstein für das mondäne Kurzentrum. Genießer können sich auf das Bäderhaus mit einer 4000 Quadratmeter großen Saunalandschaft freuen, in der Salzgrotte relaxen oder ihre Atemwege im Radonstollen befreien. Gestärkt radeln wir durch die charmante Altstadt mit ihren 400 Jahre alten Brückenhäusern und steuern durch kleine Felder zum Rheinufer. Nachdem wir die vielfältigen Landschaften des Nahetales kennengelernt haben, bildet **Bingen** einen würdigen Schlusspunkt der Tour. Die Stadt zu besuchen lohnt aus dreierlei Gründen: Man kann hinauf zur Burg Klopp spazieren, im Rhein den Mäuseturm fotografieren und den Spuren Hildegards von Bingen nachspüren.

Oben links: Bei Staudernheim zieht sich die Fahrradroute aussichtsreich durch die Weinberge.

Oben rechts: Die Burg Klopp befindet sich mitten in der 24000-Einwohner-Stadt Bingen.

33 Saar-Radweg

Bewegte Industriegeschichte

leicht | 110 km | ca. 2 Tage

Charakter
Die flache Routenführung entlang der Saar ist ideal zum Radfahren. Gut sind die meist asphaltierten Radwege für einen Ausflug mit der ganzen Familie geeignet.

Ausgangsort
Sarreguemines Bhf.

Endpunkt
Konz bzw. Trier; zurück 2 Std. mit dem Zug

Wegmarkierung
Die einheitliche Beschilderung erfolgt durch Routenlogos, auf denen die Umrisse des Saarlandes zu sehen sind. Darunter steht der Schriftzug »Saar-Radweg«.

E-Bike
eVelo Saarland bietet Radlern eine sehr gute Infrastruktur. Infos auf www.urlaub.saarland.

Information
Tourismus Zentrale Saarland, Trierer Straße 10, 66111 Saarbrücken, Tel. 0681/927200, www.urlaub.saarland
Rheinland-Pfalz Tourismus GmbH, Löhrstraße 103–105, 56068 Koblenz, Tel. 0261/915200, www.gastlandschaften.de und www.radwanderland.de

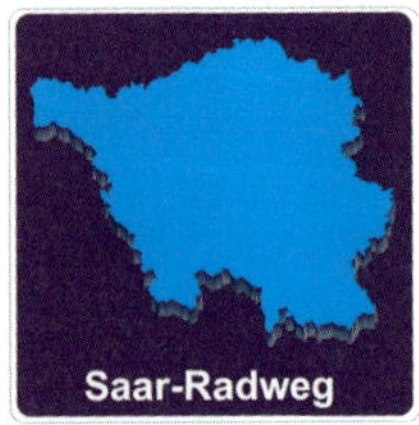

Vom französischen Grenzort Sarreguemines aus begeben sich Radler auf eine packende Reise durch den Westen Deutschlands. Unterwegs kosten sie die kulturelle Vielfalt der waldreichen Hügellandschaft in vollen Zügen aus. Höhepunkt der Mehrtagesreise sind die Saarschleife und die Völklinger Hütte, das weltweit erste Industriedenkmal, das zum Weltkulturerbe erhoben wurde.

Von Sarreguemines nach Völklingen – 28 km Die **Saar** entspringt als »la Sarre« am 1008 Meter hohen Berg Donon in den französischen Vogesen. Als Ausgangspunkt der Radroute bietet sich **Sarreguemines** an. Das reizvolle Grenzstädtchen war einst ein bedeutendes Zentrum für Porzellanmanufaktur und macht mit einem sehenswerten Keramikmuseum auf sich aufmerksam. Wie der Name Sarreguemines (deutsch: Saargemünd) verrät, wurde die Siedlung am Zusammenfluss von Blies und Saar gegründet. Wir folgen auf alten Treidelpfaden dem Lauf des hier schiffbaren Flusses und erreichen nach wenigen Kilometern **Saarbrücken**. Die Landeshauptstadt des Saarlandes versprüht mit ihren großen Plätzen und den modernen Einkaufsstraßen französisches Flair. Das dreiflügelige Schloss gilt als eines der markantesten Bauwerke der Stadt. Die fürstliche Residenz wurde im Laufe der Jahrhunderte mehrmals zerstört und ist ein Vermächtnis von Friedrich Joachim Stengel. Unter seiner Federführung entstanden zahlreiche Gotteshäuser, wie die Friedenskirche (1743–51), die Basilika St. Johann (1754–1758) und, das Glanzstück seiner Schaffensphase, die Ludwigskirche (1775). Mit der Saar als Wegbegleiterin geht es in Richtung Westen, wo uns in **Völklingen** eine Sehenswürdigkeit der

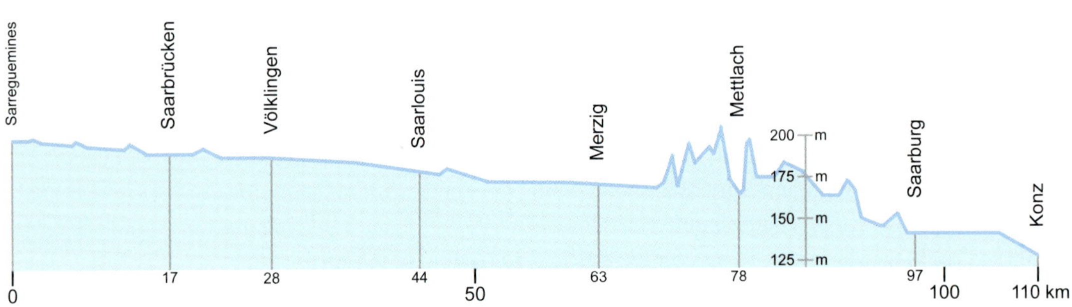

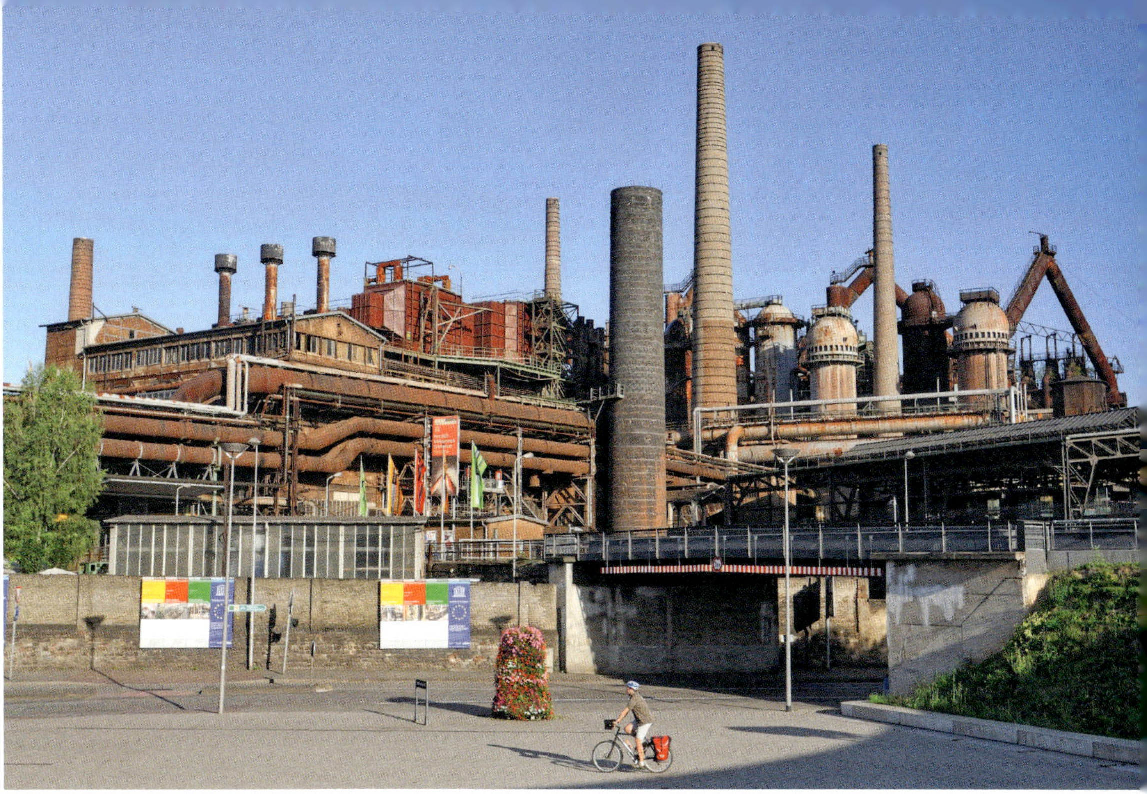

Extraklasse erwartet. In der Völklinger Hütte lebt das goldene Zeitalter des saarländischen Industriereviers fort. Die 1873 in Betrieb genommene Eisenhütte verschaffte bis zur globalen Stahlkrise Ende der Siebzigerjahre 17 000 Menschen einen sicheren Arbeitsplatz. 1986 legte man die sechs Hochöfen in Völklingen still und stellte sie unter Denkmalschutz. Die UNESCO nahm das vollständig erhaltene Industrieareal 1994 als weltweit erstes Denkmal der Technikgeschichte in die Liste des Welterbes auf. Während der multimedialen Besuchertour erlebt man eine faszinierende Reise, bei der man die Prozesse der Eisenherstellung fachgerecht vermittelt bekommt. Jahr für Jahr bietet das ehemalige Hüttenwerk zudem einen stilvollen Rahmen für wechselnde Ausstellungen, die einen großen Anklang finden.

Die Völklinger Hütte konnte nach ihrer Stilllegung als Museum bewahrt werden.

Von Völklingen nach Mettlach – 50 km Auf dem nächsten Abschnitt zeigt sich der Fluss von seiner schönsten Seite und zieht mit sanften Schleifen an grünen Waldhügeln vorbei. Wir radeln entspannt weiter nach **Saarlouis**. Die heute 37 000 Einwohner zählende Stadt verdankt ihre Entstehung und ihren Namen dem Sonnenkönig Ludwig XIV., der 1680 an diesem strategisch günstigen Fleck eine sternförmige Festungsstadt aus dem Boden stampfen lies. 1815 fiel die Garnisonsstadt an Preußen. Auf dem Stadtplan fällt dem heutigen Besucher sogleich der große Platz im Zentrum ins Auge, auf den einige der schachbrettartig angelegten Straßenzüge zulaufen. Reste der Festungsanlagen im Nordwesten der Stadt erinnern mahnend an die militärische Bedrohung durch die gegenwärtig so eng verbundenen Partnerstaaten. Vorbei an Dillingen, in dem ein Abstecher zum Alten Schloss lohnt, geleitet uns das Band der Saar nach **Merzig**. Die Hauptsehenswürdigkeit der von Streuobstwiesen umgebenen Stadt ist die dreischiffige Basilika St. Peter. Sie ist die größte erhaltene romanische Kirche des Saarlandes und birgt im Inneren ein überlebensgroßes Gabelkreuz aus dem 13. Jahrhundert. Ausflugsziele gibt es hier mehr als genug: Das Museum Schloss Fellenberg etwa oder das feinmechanische Museum Fellenbergmühle. Auch der etwas außerhalb gelegene Wolfspark Werner Freund ist schnell erreicht. Auf der Weiterfahrt vollzieht die Landschaft einen abrupten Wandel. Die Besiedlung weicht zurück und die bewaldeten Hügelzüge rücken dicht zusammen. Wir radeln durch den Naturpark Saar-Hunsrück. Er reicht von der Mosel im Westen bis an den Fluss Nahe im Osten. Drei Radkilometer entfernt ist es so weit – voraus umschlingt die Saarschleife malerisch den Wald. Hier hat der Wasserlauf sein Meisterwerk abgeliefert und eines der beeindruckendsten Naturwunder Deutschlands in das Quarzitgestein gegraben. Den berühmten Postkartenblick bekommt man am Aussichtspunkt Cloef serviert. Um dorthin zu gelangen, steht eine schweißtreibende Bergfahrt an. Aber die Anstrengung lohnt. Im Juli 2016 hat man hier einen Baumwipfelpfad samt 40 Meter hohem Turm errichtet. Treten die Bäume erst einmal zurück, breitet sich unter einem das geruhsam dahinströmende Band der Saar aus, die eine perfekte 180-Grad-Schleife vollführt. Wahrlich beeindruckend!

Von Mettlach nach Konz – 32 km In **Mettlach** gewährt das in einer ehemaligen Benediktinerabtei untergebrachte Keramik-Erlebniszentrum des traditionsreichen Unternehmens Villeroy & Boch Einblicke in die Jahrhunderte währende Keramiktradition. Nachdem das Kloster im Zuge der Säkularisation aufgelöst wurde, erwarb Jean-François Boch 1809 den altehrwürdigen Barockbau und profitierte von der günstigen Flusslage, die für den Rohstofftransport von großem Vorteil war. Hinter der kleinen Siedlung steht ein besonders schöner Abschnitt auf dem Programm. Der Radweg zieht sich eingeklemmt zwischen dem Wasser und dem steil ansteigenden Waldboden hinüber ins Bundesland Rheinland-Pfalz, das uns mit den ersten Weinbergen der Reise begrüßt. Serrig, die nächste Station wird liebevoll als »Tor zum Saarwein« bezeichnet. Die Weinregion an der Saar bringt es auf knapp 1500

Unten links: Die »River Lady« lädt zu einer Flussfahrt auf der Saar ein.

Unten rechts: Die Basilika St. Peter Merzig ist die größte erhaltene romanische Kirche des Saarlandes.

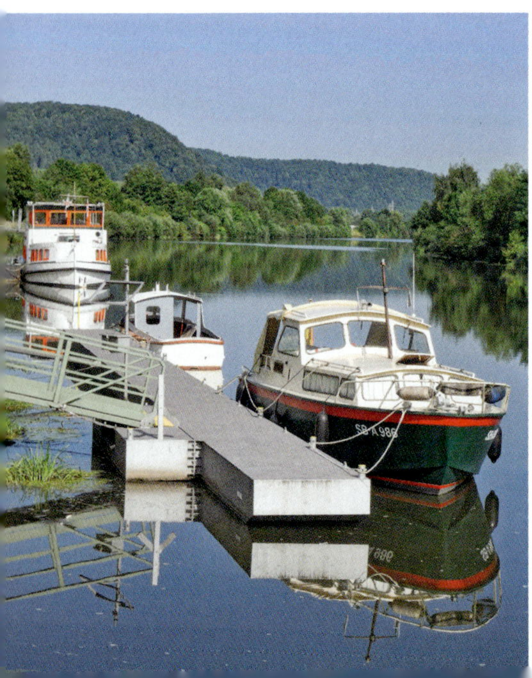

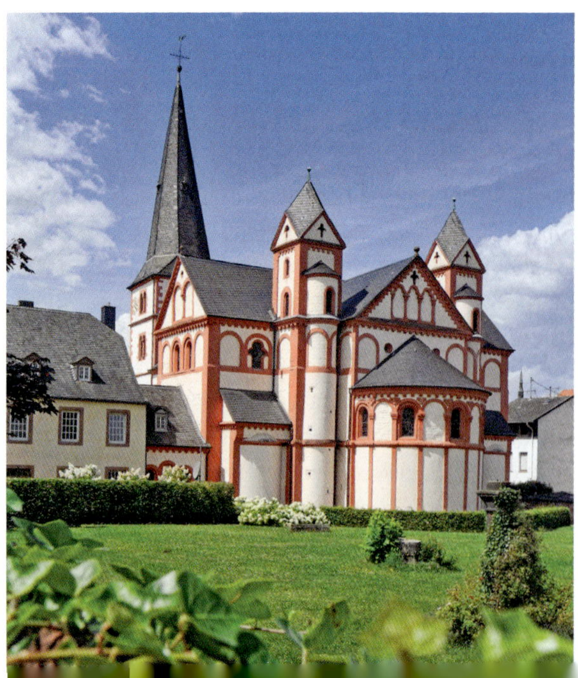

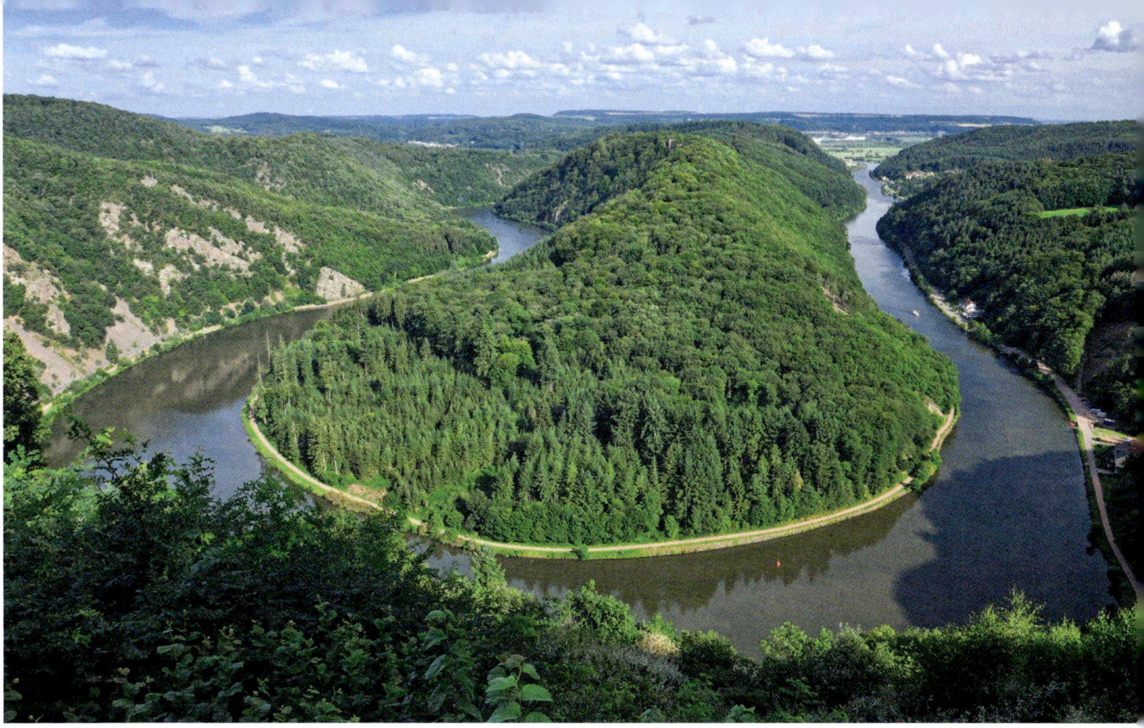

Hektar Anbaufläche, auf der vor allem der Riesling ideale Wachstumsbedingungen vorfindet. Einen weiteren lohnenden Ausflug in die Geschichte verspricht das reizvoll gelegene Städtchen **Saarburg**. Keimzelle des staatlich anerkannten Erholungsortes war die gleichnamige Burg, deren Ursprünge auf das Jahr 963 zurückgehen. Die Wirren der Jahrhunderte haben der Feste zugesetzt. Mauerreste und der Mantelturm, der aktuell als Aussichtsplateau genutzt wird, zeugen von der einstigen Bedeutung der lang gestreckten Anlage. Über gepflasterte Wege geht es zurück in den historischen Stadtkern mit seinen zwei exponiert gelegenen Kirchen. Nicht zu überhören ist das Tosen des 17 Meter hohen Wasserfalles des Leukbaches, der zwischen den alten Mühlengebäuden zu Tal donnert. Wir schwingen uns ein letztes Mal auf den Sattel und rollen entspannt dem Reiseziel **Konz** entgegen. Wo sich die Wasser von Saar und **Mosel** vermischen, stand im 4. Jahrhundert eine spätrömische Kaiservilla, von der nur wenige Überreste erhalten sind. Wer mehr über die Römerzeit in der Region erfahren möchte, der findet zehn Kilometer entfernt in **Trier** einige der beeindruckendsten Bauwerke des Imperium Romanum auf deutschem Boden. Also Lenker noch mal gen Norden drehen und der Mosel nachsteuern. Eine kurze Zugabe, die lohnt!

Die Saarschleife ist das Wahrzeichen des Bundeslandes.

Saarburg liegt im westlichen Teil des Naturparkes Saar-Hunsrück.

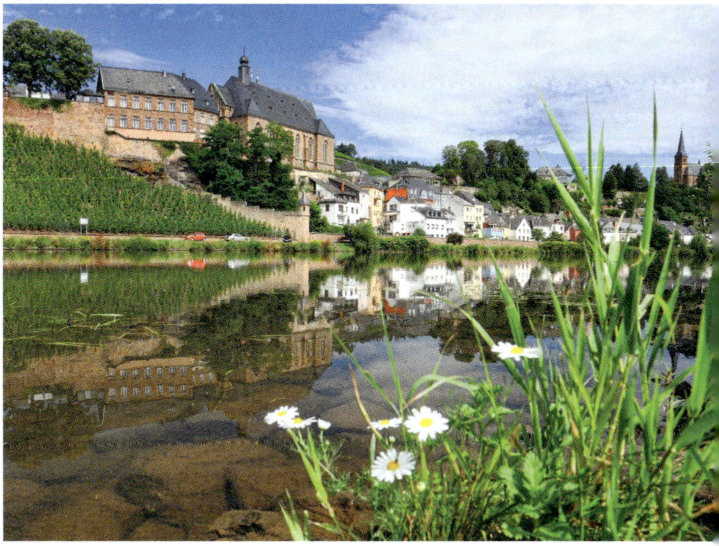

34

Glan-Blies-Radweg

Von der Saar an die Nahe

mittel | 126 km | ca. 3 Tage

Charakter
Die Qualität des Weges ist sehr gut. Es gibt viele Kilometer auf eigenständigen Radwegen. Der Zweiflüsseradweg führt zur Hälfte leicht bergauf.

Ausgangsort
Sarreguemines Bhf.

Endpunkt
Staudernheim; zurück 6 Std. mit dem Zug

Wegmarkierung
Der Schriftzug »Glan-Blies-Radweg« mit einem winkenden Radler kennzeichnet die Route.

E-Bike
Im Saarland setzt man auf »eVelo Saarland«. Auf www.urlaub.saarland sind alle wichtigen Daten zu finden.

Information
Saarpfalz Kreis, Am Forum 1, 66424 Homburg, Tel. 06841/1040, www.saarpfalz-kreis.de
Saarpfalz-Touristik, Paradeplatz 4, 66440 Blieskastel, Tel. 06841/1047174, www.saarpfalz-touristik.de
Tourismus Zentrale Saarland, Trierer Straße 10, 66111 Saarbrücken, Tel. 0681/927200, www.urlaub.saarland
Touristinformation Pfälzer Bergland »hin & weg«, Bahnhofstraße 67, 66869 Kusel, Tel. 06381/424270, www.kuseler-musikantenland.de, www.draisinentour.de
Pfalz Touristik, Martin-Luther-Straße 69, 67433 Neustadt a.d. Weinstraße, Tel. 06321/39160, www.pfalz.de
Naheland-Touristik, Bahnhofstraße 37, 55606 Kirn, Tel. 06752/137610, www.naheland.net
Rheinland-Pfalz Tourismus GmbH, Löhrstraße 103–105, 56068 Koblenz, Tel. 0261/915200, www.rlp-info.de und www.radwanderland.de

Glan-Blies-Weg

Genussvoll dahinrollen – wo ginge das besser als auf einer stillgelegten Bahntrasse? Der Glan-Blies-Radweg nutzt zwei dieser Strecken. Familien lassen sich von den Flüssen Blies und Glan leiten: Sie führen zwischen der Grenze zu Frankreich und Staudernheim an beeindruckenden Kirchen, spannenden Museen und einem Biosphärenreservat vorbei.

Von Sarreguemines nach Homburg – 45 km Wo sich das Saarland an das Département Moselle schmiegt, liegt die Kleinstadt Sarreguemines. **Saargemünd** bedeutet der Name übersetzt. Hier mündet die Blies in die Saar. Hier wuchsen die Grande Nation und Deutschland zusammen. Das Tourismusbüro hat für Besucher einen Rundgang eingerichtet. Wer ihm

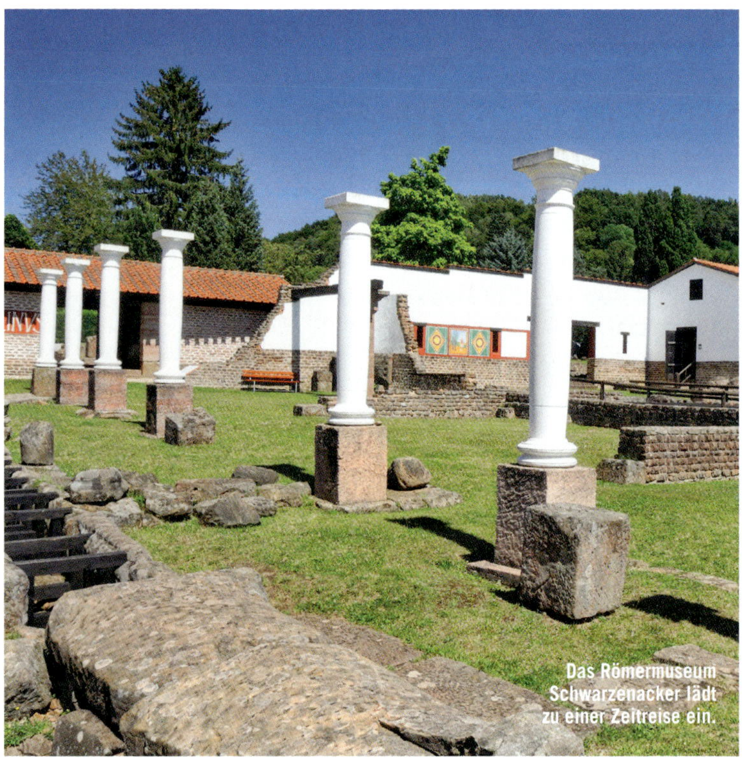
Das Römermuseum Schwarzenacker lädt zu einer Zeitreise ein.

folgt, erlebt architektonische Schätze vom Mittelalter bis hin zum 19. Jahrhundert. Geht man in der Geschichte Mitteleuropas weiter zurück, trifft man auf die Kelten. In jene Epoche entführt der Europäische Kulturpark Bliesbruck-Reinheim. 18 Kilometer sind es bis dorthin. 1954 legten Archäologen bei Grabungen ein Prunkgrab der keltischen »Fürstin von Reinheim« frei. Zwei Jahrzehnte später stießen Forscher auf die Reste einer römischen Villa und einer gallo-römischen Kleinstadtsiedlung. Die kostbaren Funde kann man im Museum Jean Schaub in Reinheim bestaunen. 1988 schaffte es die Bronzekanne aus dem Fürstinnengrab auf eine 90-Pfennig-Briefmarke. Auf der Weiterfahrt rollt man über den vorbildlich ausgebauten Bliestal-Freizeitweg. Er nutzt die Trasse der einstigen Bliestalbahn, die Saargemünd mit Zweibrücken verband. Das Terrain steigt gemächlich an. Auen, Streuobstwiesen und artenreiche Trockenrasen säumen den Weg gen Nordosten. Darüber fassen Buchenwälder das Tal zu beiden Seiten ein. Wir sind im **UNESCO-Biosphärenreservat Bliesgau**. Die traditionsreiche Landschaft ist mit einer Fläche von ca. 36 000 Hektar fast so groß wie die Insel Usedom. Im Herzen des ruhigen Landstriches liegt **Blieskastel**. Zu den markantesten Bauwerken zählt das Rathaus. Man errichtete es Ende des 18. Jahrhunderts als Waisenhaus. Hinter dem Paradeplatz ragt ein weiteres Ziel in den Himmel – die Schlosskirche. Die Fassade und der Innenraum tragen die Handschrift des Architekten Peter Reheis. Sehenswert ist ebenfalls die Orangerie, die an das 1802 abgerissene Residenzschloss erinnert. Das Wahrzeichen von Blieskastel steht außerhalb des Ortes auf einer Anhöhe – der Gollenstein. Er ist ein sogenannter Menhir, auch

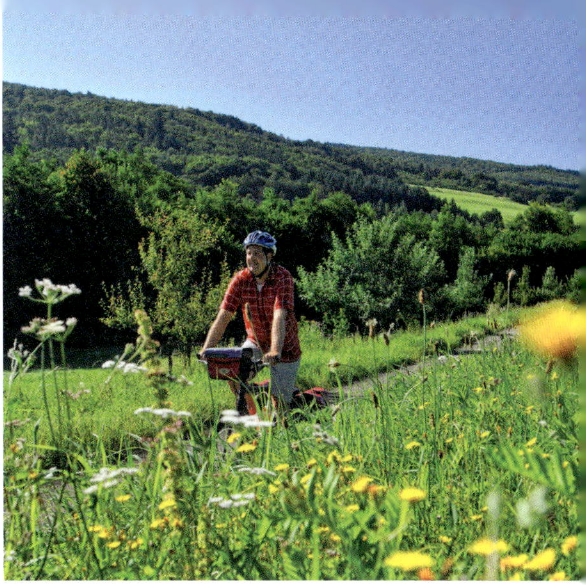

Der Glan-Blies-Radweg folgt den beiden Flussläufen im Westen Deutschlands durch liebliche Tallandschaften.

Die Orangerie von Blieskastel erinnert an die einstige Schlossanlage.

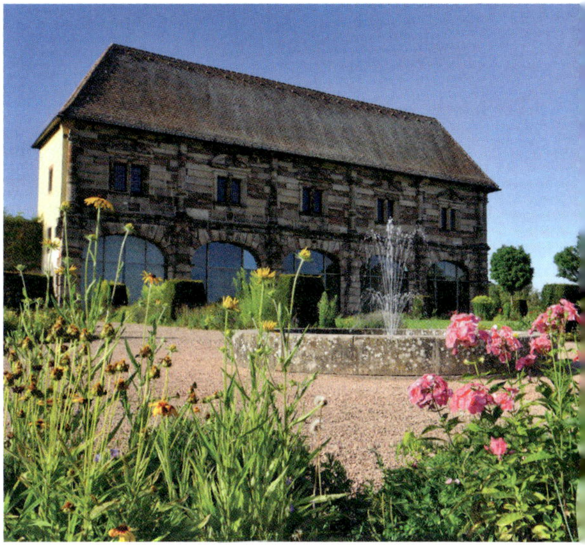

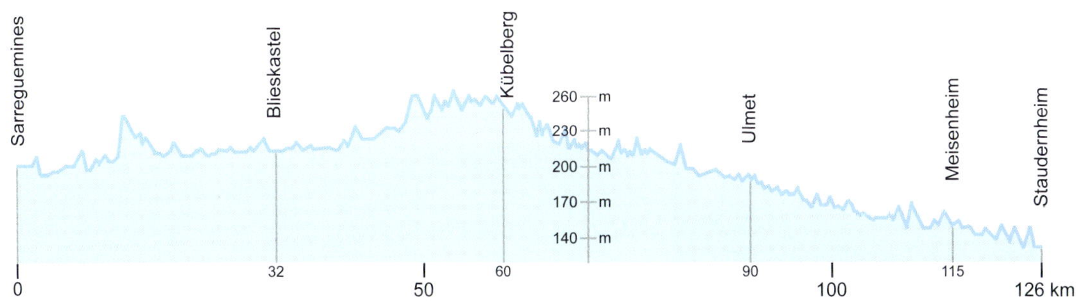

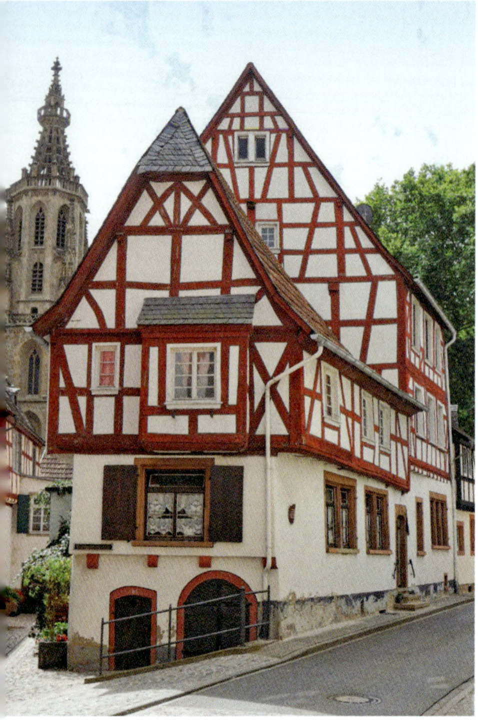

In Meisenheim gibt es romantische Ecken zu entdecken.

Die Flurskapelle (Feldkirche) von Ulmet oberhalb der Glan

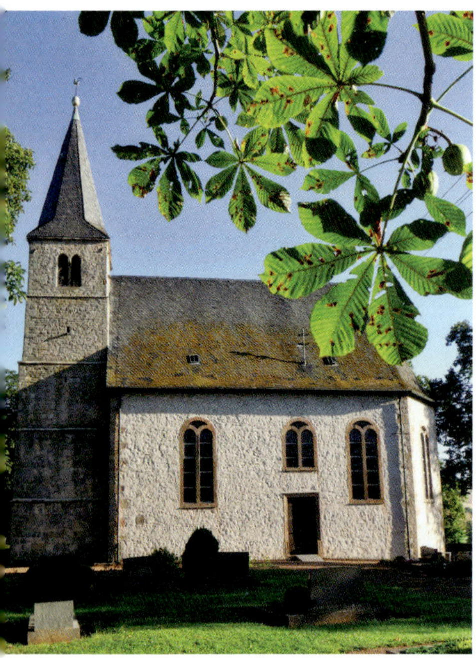

Hinkelstein genannt. Das 6,60 Meter hohe Gebilde wird auf 4000 Jahre geschätzt und gilt als eine der ältesten Kultstätten auf deutschem Boden. Das Römermuseum Schwarzenacker bietet die nächste Gelegenheit für einen Halt. Auf dem Freigelände rekonstruierten Fachleute Gebäude einer ehemaligen Siedlung. Man vermutet, dass auf dem 25 bis 30 Hektar großen Siedlungsgrund einst 2000 Menschen wohnten.

Von Homburg nach Ulmet – 43 km Ähnlich spannend ist der Besuch der Schlossberg-Höhlen in **Homburg**. Sie wird als größte Buntsandsteinhöhle Europas beworben. Kilometerlang ziehen sich die Gänge durch das gelb-rote Gestein. Es entstand vor etwa 250 Millionen Jahren. Zwölf Stockwerke führt das Höhlensystem in den Untergrund. Ab dem 17. Jahrhundert bauten hier Bergleute Quarz für die Herstellung von Glas ab. Im Zweiten Weltkrieg boten die Höhlen der Bevölkerung Schutz vor Luftangriffen. Bei der Führung tauchen Touristen in eine konstant 10 Grad Celsius kühle Unterwelt ein. Die Hohenburg verlieh der heutigen Universitätsstadt Homburg ihren Namen. Im 17. Jahrhundert fiel die Kurpfalz zeitweise an Frankreich. König Ludwig XIV. beauftragte seinen Baumeister Vauban mit dem Ausbau der Festung. Die Arbeiter schufteten zwischen 1679 und 1692. Bereits 20 Jahre später schleifte man die Anlagen. Die Ruinen bilden einen bedeutenden Stopp an der Barockstraße SaarPfalz. In gemütlicher Fahrt radeln wir dem höchsten Punkt des Glan-Blies-Radweges auf knapp 300 Metern entgegen. Hinter der Grenze zum Bundesland Rheinland-Pfalz senkt sich das Tal. Bei Elschbach erspähen Radler vor dem Lenker den 90 Kilometer langen Fluss **Glan**. Er entwässert 1200 Quadratkilometer – einen Großteil des Nordpfälzer Berglandes. Äcker, Seen und Bäume, mal einsam, mal in Gruppen stehend, bestimmen die Etappe durch die nächsten Dörfer. Ab Altenglan rollen wir bis Staudernheim über den zweiten Bahntrassenradweg der Reise. Die Nordpfalz lag einst nah an der Westgrenze des Deutschen Kaiserreiches. Aus strategischen Gründen legte man im Jahr 1897 die Glantalbahn an. Mit dem Élysée-Vertrag wuchs die Mitte Europas ab 1963 zusammen; die Zugverbindung verlor ihre Bedeutung. 1996 entfernte man ein Gleis und präparierte die Trasse mit einer Asphaltspur. Den benachbarten Schienenstrang erhielt man. Auf ihm strampeln heute Touristen. Doch nicht mit dem Fahrrad, sondern mit einer Draisine. Die Standard-Schienenfahrzeuge bieten Platz für vier Personen. Sie fahren 40 Kilometer durch die Landschaft, passieren verschlafene Siedlungen und einladende Rastplätze.

Von Ulmet nach Staudernheim – 38 km Nach einem reizvollen Wegstück fällt der Blick auf den Turm der steinernen Flurskapelle Ulmet. Sie gehört zu den ältesten Gotteshäusern im Tal. In Sankt Julian ist die Ölmühle sehenswert. Das Kleinod nahm seinen Arbeitsdienst 1730 auf und ist heute noch voll funktionsfähig. Wenige Pedalumdrehungen sind es bis in die Gemeinde Offenbach. Dort weckt die ehemalige Benediktiner-Propsteikirche St. Maria das Interesse. Rund 100 Jahre arbeitete man an der dreischiffigen Pfeiler-Basilika mit Querschiff; bis Anfang des 15. Jahrhunderts der erste Gottesdienst in dem vollendeten Bauwerk gefeiert wurde. Hinter Lauterecken rollen wir ins Naheland hinein. Voraus umschließt eine Schleife der Glan das schmucke **Meisenheim**. Den Aufstieg verdankte die Stadt den Grafen von Veldenz, die auf dem Schlossplatz eine Burg errichteten. Ein Spaziergang durch die ineinander verschachtelten Gassen versetzt einen spielend zurück ins Mittelalter. Ein Juwel sind die Fachwerkhäuser, zwischen denen man Blicke auf die alles überragende Schlosskirche bekommt. Vier Flussschleifen entfernt markiert die Klosterruine Disibodenberg das Reiseziel – die Mündung der Glan in die **Nahe**. Im 7. Jahrhundert ließ sich der Heilige Disibod am Fuß des Berges als Einsiedler nieder. Rund 400 Jahre später bauten Benediktiner die Niederlassung in eine imposante Anlage um. Die Reformation und der Dreißigjährige Krieg setzten dem Kloster zu. 1730 kam das endgültige Aus. Das Dach stürzte ein, die Bewohner der umliegenden Flecken missbrauchten die Relikte als Steinbruch. Was übrig blieb, verdankt seine heutige Anziehungskraft Hildegard von Bingen. Die Universalgelehrte zog 1112 in die Mauern ein, lebte und wirkte vor Ort bis 1151. Hier hatte sie ihre ersten Visionen. Hier wurde sie zur Leiterin der Frauenklause. Und hier begann sie mit der Aufzeichnung ihres theologischen Werkes, dem Liber Scivias. An dieser Stelle findet der Glan-Blies-Radweg nach 126 Kilometern ein würdiges Ende.

Zum Römermuseum Schwarzenacker gehört ein gepflegter Park.

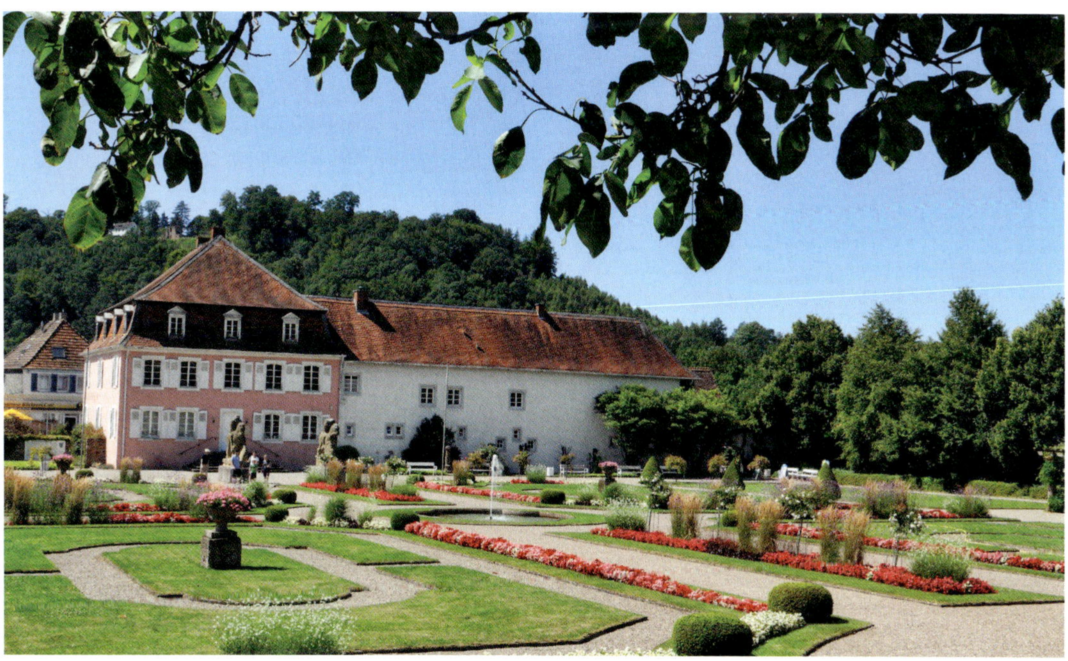

35 Radweg Liebliches Taubertal

Alles so romantisch hier!

leicht | 100 km | ca. 2 Tage

Charakter
Der Radweg ist komplett asphaltiert und bis auf die Ortsdurchfahrten autofrei.

Ausgangsort
Rothenburg ob der Tauber Bhf.

Endpunkt
Wertheim; zurück 3 Std. mit dem Zug

Wegmarkierung
Grün-weiße Schilder mit dem Schriftzug »Liebliches Taubertal Der Klassiker«

E-Bike
Das Taubertal ist eine E-Bike-Region, Infos über www.liebliches-taubertal.de.

Information
Touristikgemeinschaft »Liebliches Taubertal« e. V., Gartenstraße 1, 97941 Tauberbischofsheim, Tel. 09341/825706, www.liebliches-taubertal.de
Tourismus Marketing GmbH Baden-Württemberg, Esslinger Straße 8, 70182 Stuttgart, Tel. 0711/238580, www.tourismus-bw.de
Bayern Tourismus Marketing GmbH, Arabellastraße 17, 81925 München, Tel. 089/2123970, www.bayern.by mit Tourenkarte Radfahren, www.radroutenplaner-bayern.de

LIEBLICHES TAUBERTAL DER KLASSIKER

»Liebliches Taubertal«, das klingt verlockend! Und das Beste: Die knapp 100 Kilometer lange Route hält, was sie verspricht. Fachwerkbauten wechseln sich mit Weinbergen und Kulturperlen ab. In zwei entspannten Etappen rollen Radfahrer dem Main entgegen – und machen Station in reizvollen Kleinstädten.

Von Rothenburg ob der Tauber nach Bad Mergentheim – 51 km **Rothenburg ob der Tauber** steht weltweit für idyllische Gassen, Türme und Fachwerkzauber. In keiner anderen Kleinstadt Süddeutschlands blieb das historische Bild so gut erhalten. In keiner anderen spazieren so viele Japaner, Amerikaner, Chinesen und Europäer umher. Den 11 000 Einwohnern stehen bis zu 500 000 Übernachtungsgäste gegenüber. Jahr für Jahr schafft es Rothenburg damit in die Top 10 der beliebtesten Reiseziele Deutschlands. Als das Heilige Römische Reich die maximale Ausdehnung erreichte, lag Rothenburg im Herzen des Territoriums. Der Handel erblühte, man errichtete Mauern und Wehrtürme. Die Rothenburger behüten in der St.-Jakobs-Kirche einen wahren Schatz – den Heiligblutaltar. Er ist eine Schöpfung des Bildschnitzers Tilman Riemenschneider, der zwischen 1499 und 1505 an der Darstellung des Abendmahles arbeitete. Bereits zum Tourauftakt wird einem klar, warum das **Taubertal** den Beinamen »lieblich« trägt. Wie ein grüner Teppich hat sich der Laubwald über die Talhänge gelegt. Er reicht fast bis an den plätschernden Wasserlauf heran, lässt wenig Platz für die schmalen Uferwiesen. Der 130 Kilometer lange Fluss

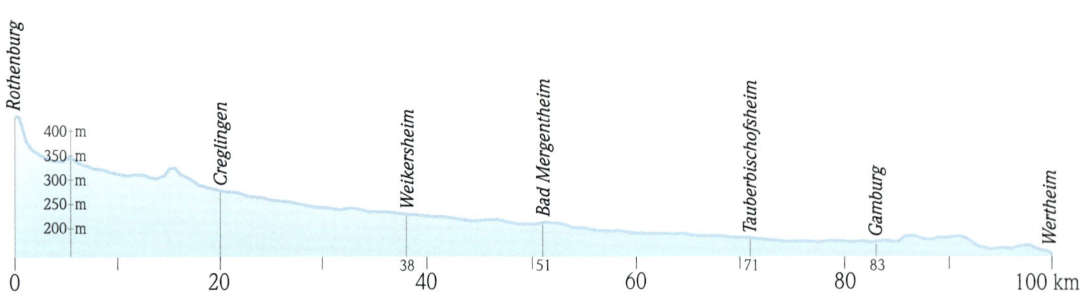

entspringt am westlichen Fuß der bis zu 554 Meter aufragenden Frankenhöhe. Wir kommen durch den gleichnamigen Naturpark; das Klima meint es gut mit der Region. An den sonnigen Südhängen wachsen Orchideen, Adonisröschen, Küchenschellen. Wir ziehen entlang der Tauber in nordwestlicher Richtung durch Bayern und Baden-Württemberg. **Creglingen** ist der erste Halt und bietet eine Parade entzückender Fachwerkhäuser. Drei Türme und eine teils erhaltene Mauer erinnern an eine bewegte Geschichte. In der Herrgottskirche kann man das Hauptwerk Tilman Riemenschneiders bestaunen – den detailreichen Marienaltar. Der Künstler schnitzte ihn Anfang des 16. Jahrhunderts aus Föhrenholz; für die Skulpturen nutzte er weiches Lindenholz. Zehn abwärtsverlaufende Kilometer trennen einen von **Röttingen**. Der Winzerort ist bekannt für seine Sonnenuhren. 1984 stellte man dort 33 Zeitmesser auf. Der Tourismusverein verband sie zu einem Zwei-Kilometer-Rundweg, der vor dem barocken Rathaus beginnt. Hinter der Tauberrettersheimer Brücke bietet das Schloss Weikersheim die nächste Gelegenheit, vom Fahrrad abzusteigen. Die Perle liegt eingebettet in einen gepflegten Garten. In ihm stehen Götterfiguren, zwischen denen man zur Orangerie flaniert. Auch der folgende Abschnitt ist Genuss pur: Er verläuft meist in Sichtweite des Flusses und führt uns mitten ins Weinland Taubertal. Den Weinanbau unterteilte man in die drei Gebiete Franken, Württemberg und Baden. Die

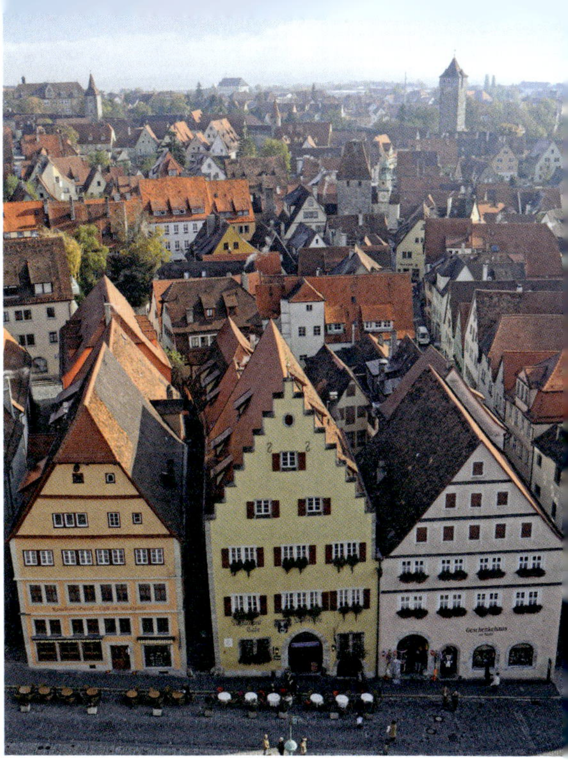

Das historische Stadtbild von Rothenburg gleicht einer Märchenwelt.

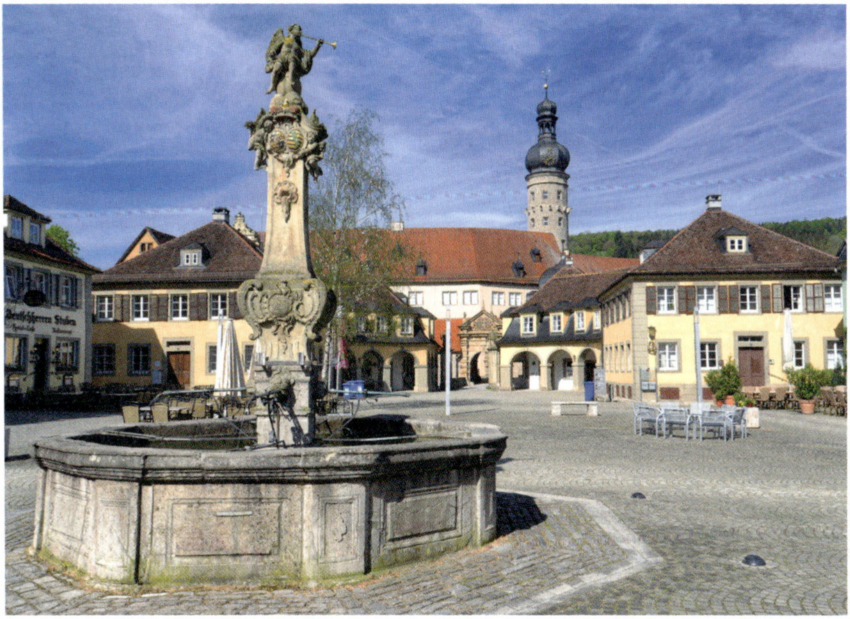

Das Schloss Weikersheim vom Marktplatz aus gesehen. Als Stammsitz der Herren von Hohenlohe gilt es als das schönste der hohenlohischen Schlösser.

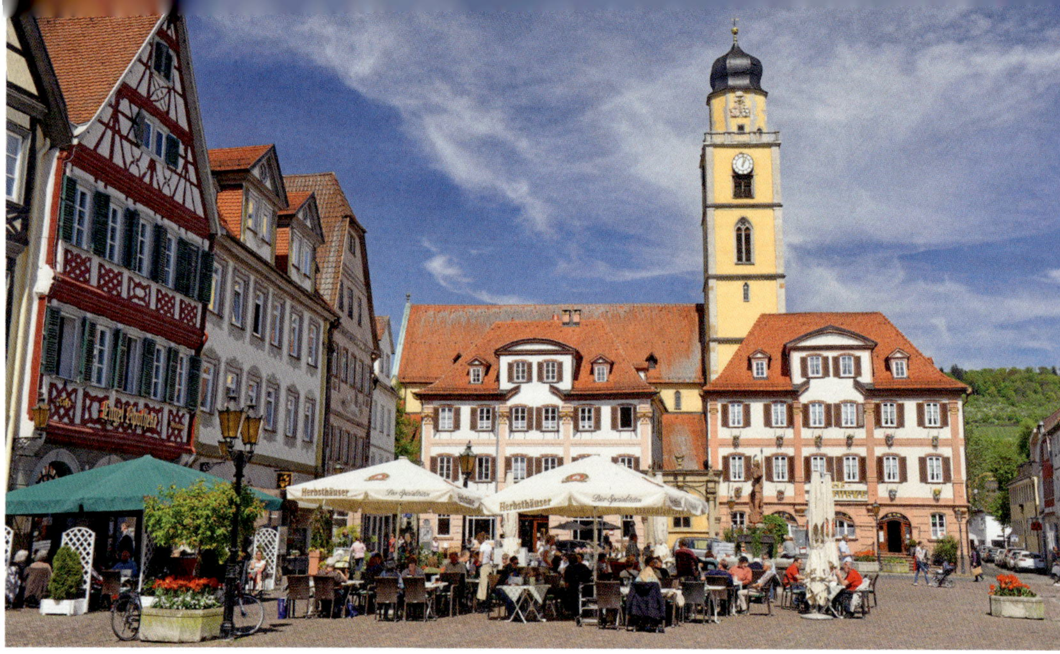

Der Marktplatz von Bad Mergentheim lädt zum Verweilen ein.

Weinstöcke profitieren vom milden, niederschlagsarmen Klima im Regenschatten des Odenwaldes. Primär steht das Weinland Taubertal bei den Weißweinen für hervorragende Müller-Thurgau- und Silvanerreben. Bei den Rotgewächsen sind der Schwarzriesling und der blaue Spätburgunder zu nennen. Ihnen folgen Dornfelder, Portugieser und Neuzüchtungen wie die Acolonrebe. Eine Besonderheit ist der Tauberschwarz. Es handelt sich um eine historische Lokalsorte, die Winzer ausschließlich an den Hängen der Tauber anbauen.

Von Bad Mergentheim nach Wertheim – 49 km »Hier ist Freude, hier ist Lust, wie sie nie empfunden«, schrieb der schwäbische Poet Eduard Mörike begeistert über **Bad Mergentheim**. Der Kurort verwöhnt Gäste mit einem der gemütlichsten Kurparks in Deutschland und der sprudelnden Kraft aus vier Heilquellen. Das 1058 erstmals urkundlich erwähnte Deutschordensschloss ist eines der Prunkstücke der Stadt. Es hält mit einem 3000 Quadratmeter großen Museum die Erinnerung des einflussreichen Ritterordens aufrecht, der vor allem im Baltikum Spuren und Bauwerke hinterließ. Barocke Madonnen, Bildstöcke und Heiligenfiguren begleiten uns auf dem Weg durch die reizende Kulturlandschaft. Nach einer Stunde auf dem Sattel taucht die Bischofsstadt **Tauberbischofsheim** auf. Ihre Entstehung verdankt die Hochburg des Fechtsports dem heiligen Bonifatius. Der Missionar gründete hier ein Frauenkloster und setzte seine Verwandte Lioba als Äbtissin ein. Aus den ansehnlichen Fachwerkbauten der Altstadt ragen das Kurmainzische Schloss, das Rathaus (1865) und der Türmersturm hervor. Anschließend folgt der Radweg, der mit einer ruhigen Streckenführung, vorbildlicher Wegweisung und guter Tourismusinfrastruktur punktet, der Tauber in ein tiefes Mäandertal, eingebettet in roten Buntsandstein. Radler schätzen das große Angebot an Bett-&-Bike-Unterkünften. Dazu gibt es mehr als 60 Ladestationen für E-Bikes. Die flotten Fahrer sind nicht nur im Tal unterwegs, sondern sprinten ebenfalls über die Variante, den Radweg »Liebliches Taubertal – Der Sportive«. Beliebte Ziele für Ausflüge sind die Ferienlandschaften »Liebliches

Rechte Seite: Wertheim ist die nördlichste Stadt des Bundeslandes Baden-Württemberg und liegt an der Taubermündung in den Main.

Taubertal«, »Romantisches Franken« und »Altmühltal«. Was lag da näher, als beide Täler miteinander zu verbinden? So entstand der rund 350 Kilometer lange Tauber-Altmühlradweg, auf dem man vom Main bis an die Donau bei Kelheim gelangt. Interessant ist zudem der Main-Tauber-Fränkische Rad-Achter. Der Doppelrundkurs bringt es auf 550 Kilometer. Neben den zwei Flüssen lernt man hier außerdem den Odenwald kennen. Hinter Tauberbischofsheim übernimmt der Wald die Regie. Vorbei an der Gamburg geht es zum Kloster Bronnbach. Die ehemalige Zisterzienserabtei trat im 12. Jahrhundert ins Licht der Geschichte. Nach der Überlieferung sprach der heilige Bernhard von Clairvaux bei einem Besuch in der Region: »Auch dort wird ein Kloster meines Ordens gegründet werden« – eine Weissagung, die zu Lebzeiten des berühmten Abtes in Erfüllung ging. Die Zeitspanne bis in die Gegenwart hat ein reiches Erbe hinterlassen: etwa die romanische Kirche mit ihren barocken Altären, das Chorgestühl und den gotischen Kreuzgang. Fünf Flussschleifen und zehn Kilometer entfernt stoppen die Räder in **Wertheim** – unser Reiseziel und zugleich die nördlichste Stadt Baden-Württembergs. Der Blick wandert auf die Ausläufer der Mittelgebirge Spessart und Odenwald und auf die Dächer der Altstadt. Darüber ragt die teils zerstörte Burg Wertheim auf. Sie ist das ehrwürdige Symbol der 800-jährigen Ortshistorie an der Mündung der Tauber in den Main. Man bummelt zum historischen Marktplatz und bewundert ein Stadtbild, das die Herrschaft der Grafen von Wertheim prägte. Da sind der Spitzer Turm, das Maintor und der Neuplatz – allesamt reizende Fotomotive. Hier stellt sich die Frage, ob man nun dem Mainradweg nachfährt – lohnend wäre es allemal.

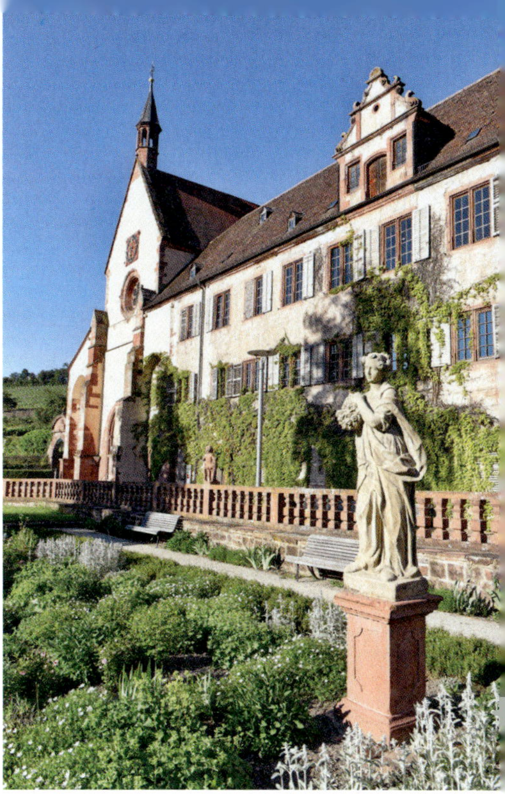

Das Kloster Bronnbach ist eine 1151 gegründete ehemalige Zisterzienser-Abtei im unteren Taubertal.

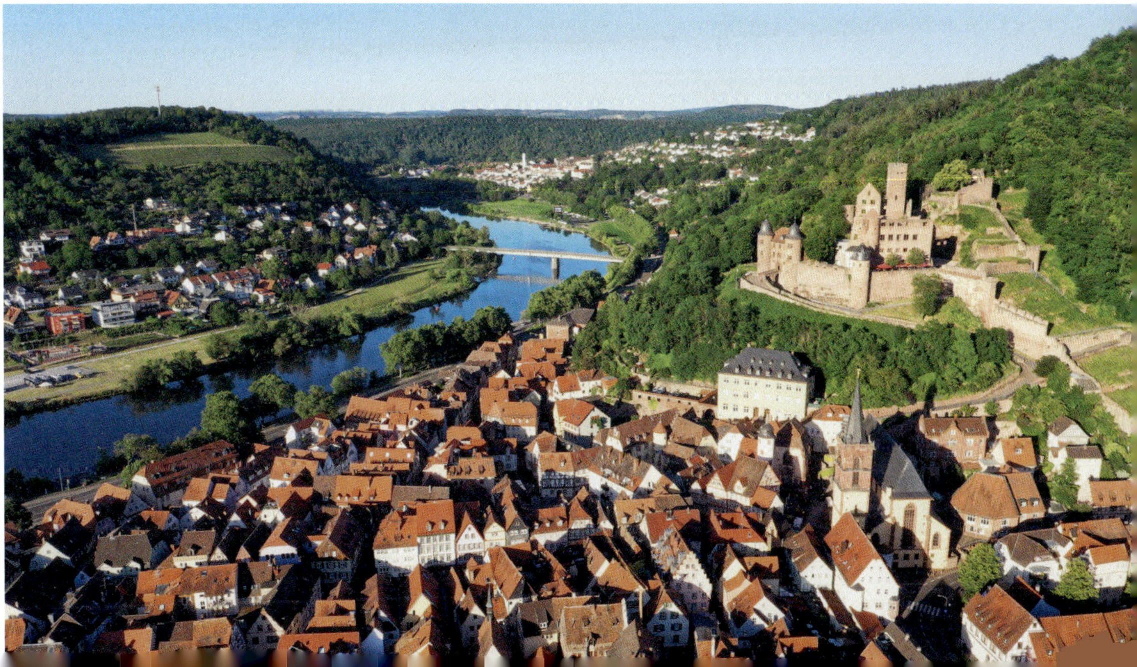

36

Neckartal-Radweg

Beschauliche Flussfahrt mit Burgblicken

leicht | 357 km | ca. 6 Tage

Charakter
Die Tour weist nur wenige Anstiege auf und verläuft auf gut ausgebauten Radwegen.

Ausgangsort
Villingen-Schwenningen Bhf.

Endpunkt
Mannheim; zurück 3 Std. mit dem Zug

Wegmarkierung
Ein blau-weißes Wegschild mit einem Radfahrer und dem Schriftzug »Neckartal-Weg«

E-Bike
Auf der Webseite www.neckartal-radweg-bw.de kann man sich eine Radkarte bestellen. Darin sind E-Bike-Ladestationen, Fahrradverleihe und Werkstätten aufgeführt. Siehe auch www.tourismus-bw.de.

Information
Geschäftsstelle Neckartal-Radweg, Reinsburgstraße 97, 70197 Stuttgart, Tel. 0711/50479416, www.neckartalradweg-bw.de; Tourismus Marketing GmbH Baden-Württemberg, Esslinger Straße 8, 70182 Stuttgart, Tel. 0711/2385 80, www.tourismus-bw.de

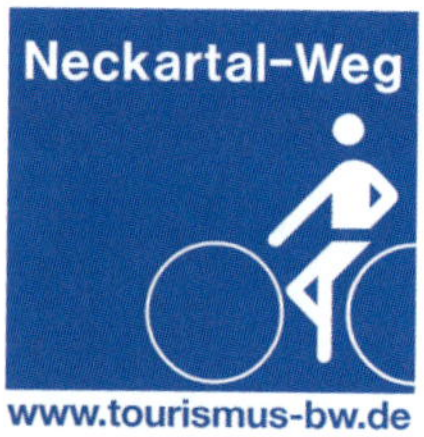

Wer dem Neckar von seiner Quelle im Schwenninger Moos bis zur Mündung in den Rhein folgt, begibt sich auf eine spannende Reise durch Baden-Württemberg. Unterwegs drängen sich auf engstem Raum so viele Burgen und Schlösser aneinander wie in kaum einer anderen Region Deutschlands.

Von Villingen-Schwenningen nach Tübingen – 106 km Das Schwenninger Moos (705 Meter Höhe) liegt auf der Wasserscheide zwischen der Nordsee und dem Schwarzen Meer. Während der südliche Abschnitt der Baar-Hochebene in Richtung Donau entwässert, bildet das nördliche Areal des Moorgebietes den Neckarursprung. Auf der Baar-Hochebene betrieb man bis zum Jahr 1948 einen intensiven Torfabbau. Die Moorfläche war lange durch die fortschreitende Entwässerung bedroht und steht heute unter Schutz. Wer möchte, kann einem Rundwanderweg folgen. **Villingen-Schwenningen** lädt zum ersten Halt der Radreise ein. Die 1972 zusammengelegte Doppelstadt hat zwei Gesichter und einige Besonderheiten. Grund ist, dass mittendurch die Grenze zwischen Baden und Württemberg verläuft. Villingen liegt im Westen, ist badisch. Hier breitet sich der von Türmen bewachte mittelalterliche Stadtkern aus. Östlich des

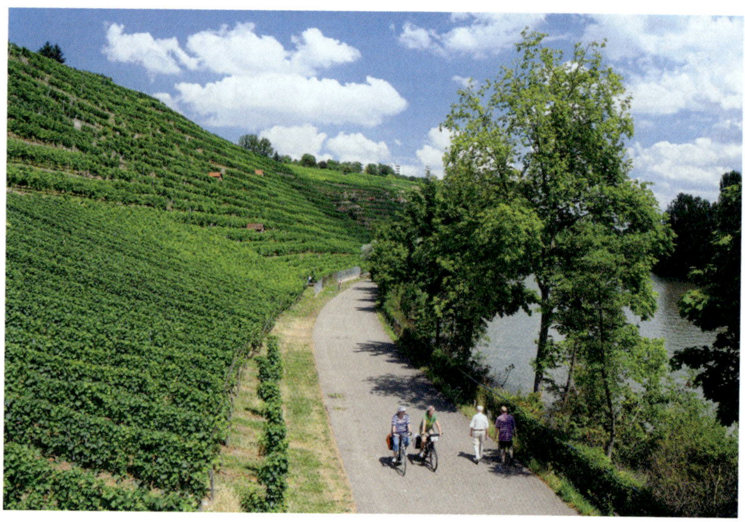

Nördlich von Bad Cannstatt begleiten mit Reben bepflanzte Hänge den Radweg.

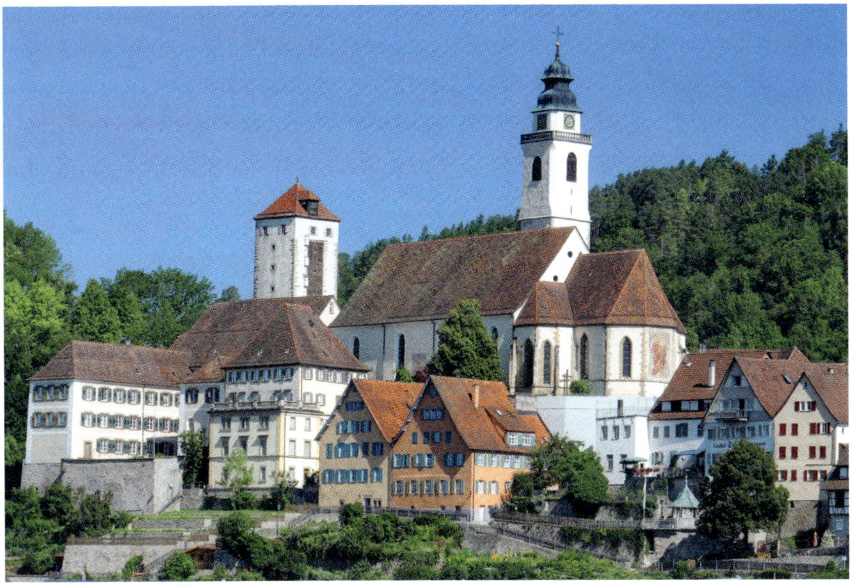

Horbs Geschichte reicht bis ins 11. Jahrhundert zurück.

Donauzuflusses Brigach beginnt Schwenningen. Dort steht ein zweites Rathaus. Die Telefonnummern sind andere, auch die Landeskirchen. Man spielt sogar gegen württembergische Sportvereine. Kein Wunder, dass die Touristiker Villingen-Schwenningen als Baden-Württemberg-Stadt umwerben. In **Schwenningen** entführt uns das Heimat- und Uhrenmuseum in die Welt der Zeitmesser. Die in einem Fachwerkbau aus dem 18. Jahrhundert untergebrachte Sammlung präsentiert im zweiten Obergeschoss handwerkliche Uhren aus Schwenningen und dem Schwarzwald. Unweit der einstmals »größten Uhrenstadt der Welt« rollen wir in tiefere Gefilde. Linker Hand ragt der Schwarzwald auf, rechts die Schwäbische Alb und voraus liegt **Rottweil** – die älteste Stadt Baden-Württembergs. Rottweil verdankt seine Entstehung den römischen Besatzern, die 73 n. Chr. das Municipium Arae Flaviae gründeten. Erkergeschmückte Bürgerhäuser und mehrere Kirchen beherrschen heute das gepflegte Zentrum. Bekannt ist die ehemalige Reichsstadt vor allem für den Rottweiler Narrensprung, dessen Wurzeln auf das Jahr 1310 zurückgehen. Der noch schmale Fluss zieht auf den folgenden 50 Kilometern mit sanften Schwüngen das Tal hinunter und passiert dabei im Mischwald ruhig gelegene Dörfer. Voraus sichten wir **Horb**, das auf einem Balkon über dem Neckar sitzt. Die Stadt bewahrte sich mit ihren Türmen den

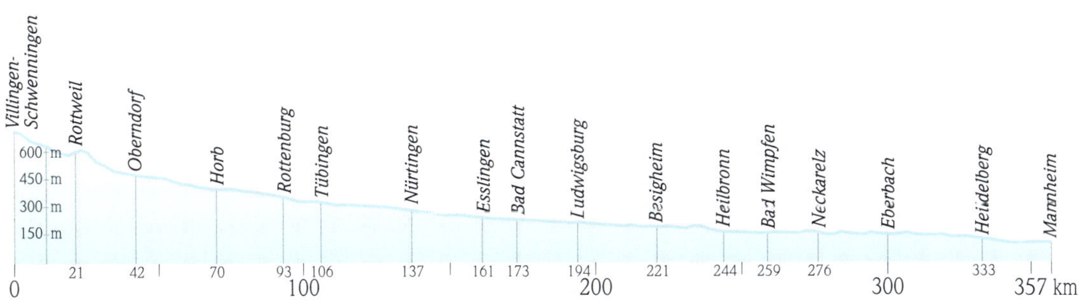

Burgenstraßen-Radweg

Der Burgenstraßen-Radweg schlummert in einem Dornröschenschlaf. Kaum einer kennt diese Route. Man fragt sich unweigerlich, wieso? Vereint sie doch alle Zutaten, die Radler auf den Sattel steigen lässt: Es gibt eine gute Infrastruktur, abwechselnde Landschaften und ständig etwas Neues zu sehen. Der Etappenplan sieht aus wie eine Topliste der romantischsten Städte in Süddeutschland: In Baden-Württemberg verzücken Mannheim, Heidelberg und Schwäbisch Hall. In Bayern spaziert man begeistert durch Rothenburg ob der Tauber, Nürnberg, Bamberg und Bayreuth. Dazwischen tankt die Seele in der Natur auf. Denn die Strecke folgt teils den Flüssen Neckar, Altmühl und Main (www.burgenstrasse.de).

Radtouren im Neckartal

Durch das Neckartal führen mehrere Radfernwege. So können Radler auf dem Neckartal-Radweg Schleifen einbauen oder am Reiseende nahtlos eine zweite Tour anhängen.
Alb-Neckar-Weg – 215 km
Burgenstraßen-Radweg – 960 km
Deutsche Fachwerkstraße – 249 km
Doppeltes Lottchen – 104 km
Enztalradweg – 104 km
Heidelberg-Schwarzwald-Bodensee-Weg – 301 km
Kocher-Jagst-Radweg – 340 km
Odenwald-Madonnen-Radweg – 174 km
Württemberger Weinradweg – 355 km
3-Länder-Radweg – 225 km
(www.neckartalradweg-bw.de)

Charme vergangener Tage. Radler durchqueren als Nächstes die Römer- und Bischofsstadt Rottenburg und erreichen die Tübinger Talweitung. Im Norden thront die weithin sichtbare St.-Remigius-Kapelle auf einem 475 Meter hohen Bergrücken. An dessen Flanke ziehen sich Rebstockreihen hinunter in die fruchtbare Niederung. Kurz darauf begrüßt uns Tübingen mit der viel fotografierten Häuserzeile – der Neckarfront. Die Stadt hält die Erinnerung an große Namen und historische Ereignisse aufrecht. So wird im Schloss Hohentübingen die wechselvolle Geschichte der Grafen von Tübingen und der Herzöge von Württemberg erlebbar. Hinter den Mauern verbirgt sich das älteste erhaltene Riesenweinfass der Welt. Es steht im Guinnessbuch der Rekorde, wurde 1540 erbaut und ist das größte je mit Wein befüllte Weinfass. Vier Meter hoch, rund vier Meter breit und rund sieben Meter lang. Sein Fassungsvermögen liegt bei 84 000 Litern. Wertvoll sind die Sammlungen alter Kulturen auf dem Schloss Hohentübingen. Zu ihren Glanzstücken zählen ein Mammut, ein Wildpferd, der Tübinger Waffenläufer und eine ägyptische Grabkammer. Die Sammlungen gehören zum Museum der Universität Tübingen und geben spannende Einblicke in die Geschichte der menschlichen Kultur. Auf 2000 Quadratmetern befinden sich rund 4600 Exponate, darunter einige der ältesten Kunstwerke der Menschheit. Sie stammen aus der Vogelherdhöhle in der Schwäbischen Alb und sind seit 2017 Teil des UNESCO-Weltkulturerbes Eiszeitkunst. Schaut man von der nahe gelegenen Aussichtsplattform auf das rote Dächermosaik, das sich bis zum Neckar hinunterzieht, fällt einem die spätgotische Stiftskirche auf. Auch hier zeugt die Grablege des württembergischen Herrscherhauses von der einstigen Bedeutung der Universitätsstadt **Tübingen**.

Von Tübingen nach Heilbronn – 138 km Die nächste Etappe führt vom reich bemalten Rathaus aus der schwäbischen Universitätsstadt hinaus. Wir steuern durch die Fachwerkorte Nürtingen und Plochingen in Richtung **Esslingen**. Dank der günstigen Lage an einem europäischen Fernhandelsweg blühte die Stadt zu einem bedeutenden Handelszentrum auf. Mehr als 1000 Denkmäler zieren den historischen Ortskern, darunter die im 13. Jahrhundert errichtete Stadtkirche St. Dionys mit ihren markanten Doppeltürmen. Besondere Anziehungskraft genießt das Alte Rathaus mit seinem prächtigen Glockenspiel und einer schmucken Renaissancefassade. Über all dem thront die 700 Jahre alte Esslinger Burg. Die Stadt liegt noch nicht lange hinter uns, da erblicken wir das Festgelände des Cannstatter Wasens. Neben dem Radweg lockt das Mercedes-Benz-Museum Interessierte aus dem Fahrradsattel. Besucher können auf einer Ausstellungsfläche von 17 000 Quadratmetern eine Zeitreise in die Automobilgeschichte unternehmen. Carl Benz reichte 1886 das Patent eines Motorwagens ein und ist einer der Pioniere des Autobaues. Wir verlassen den Ballungsraum von **Stuttgart**. Das Flusstal wird enger, die Hänge steiler. Voraus liegt das Naturschutzgebiet Hessigheimer Felsengärten. Hier hat sich der Neckar mit herrlichen Schleifen durch den Oberen Muschelkalk gegraben. Wo im Zeitalter der Trias ein Meer wogte, ziehen sich Weinzeilen bergan. Am Ende der im Volksmund Schwäbische Dolomiten genannten Felsen, liegt das Dorf Besigheim. Mit seinen charmanten Gassen und kleinen Plätzen bietet es sich als ruhiger Übernachtungsort an. Auf der Weiterfahrt sehen wir zu, wie der Neckar den Fluss Enz aufnimmt. Wir sind mittlerweile im nördlichen Teil des Neckarbeckens. Mit dem Fluss in der Mitte beschreibt es ein gleichschenkliges Dreieck. An seiner Spitze breitet sich **Heilbronn** aus.

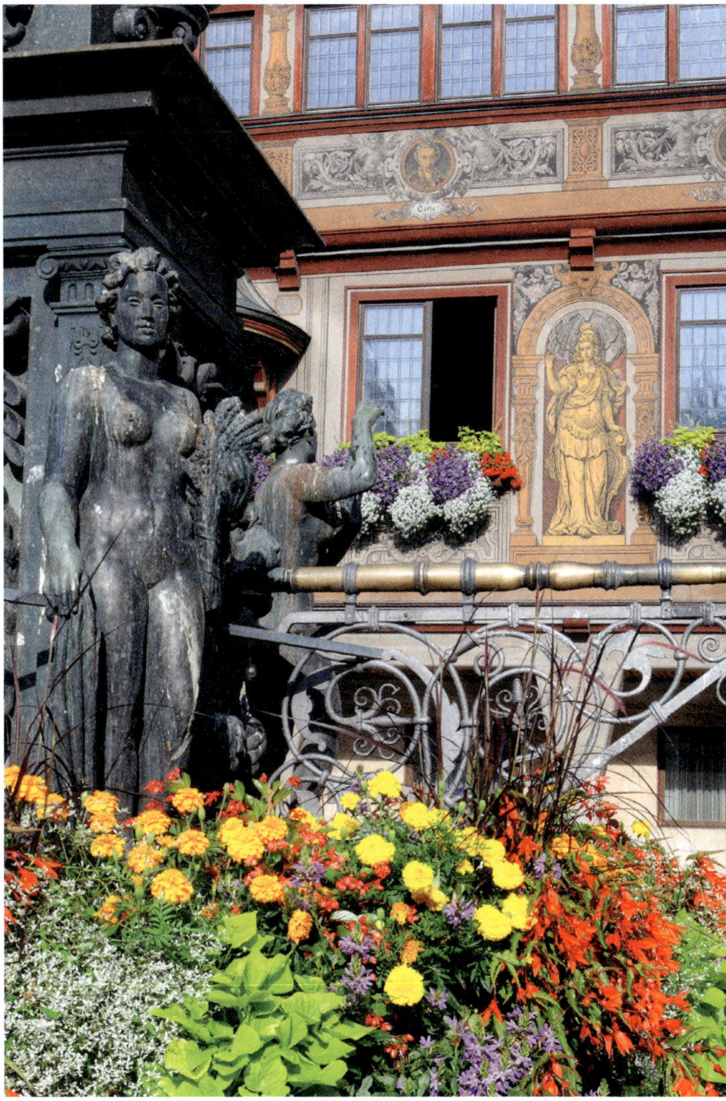

Von Heilbronn nach Mannheim – 113 km Untrennbar mit der Stadt verbunden ist die Tradition des Rebbaues, die hier bis in die Mitte des 12. Jahrhunderts zurückreicht. Die »Weinstadt am Neckar« verfügt über eine Anbaufläche von 500 Hektar, auf der erlesene Württemberger Weine reifen. Sowohl die Überschüsse aus dem Weinanbau sowie die Funktion als Warenumschlagsplatz am Neckar bildeten einen soliden Grundstein für den einstigen Wohlstand von Heilbronn. Sichtbar wird er bei einem Spaziergang durch die Altstadt. Zu den Besuchermagneten gehoren die Kilianskirche und das historische Rathaus mit seiner astronomischen Kunstuhr. Eine schöne Aussicht genießt man vom Wartberg. Radler sehen, wie der Neckar gen Norden zieht. Auf diesem

Das Tübinger Rathaus wurde ab 1435 erbaut und in mehreren Phasen erweitert und renoviert.

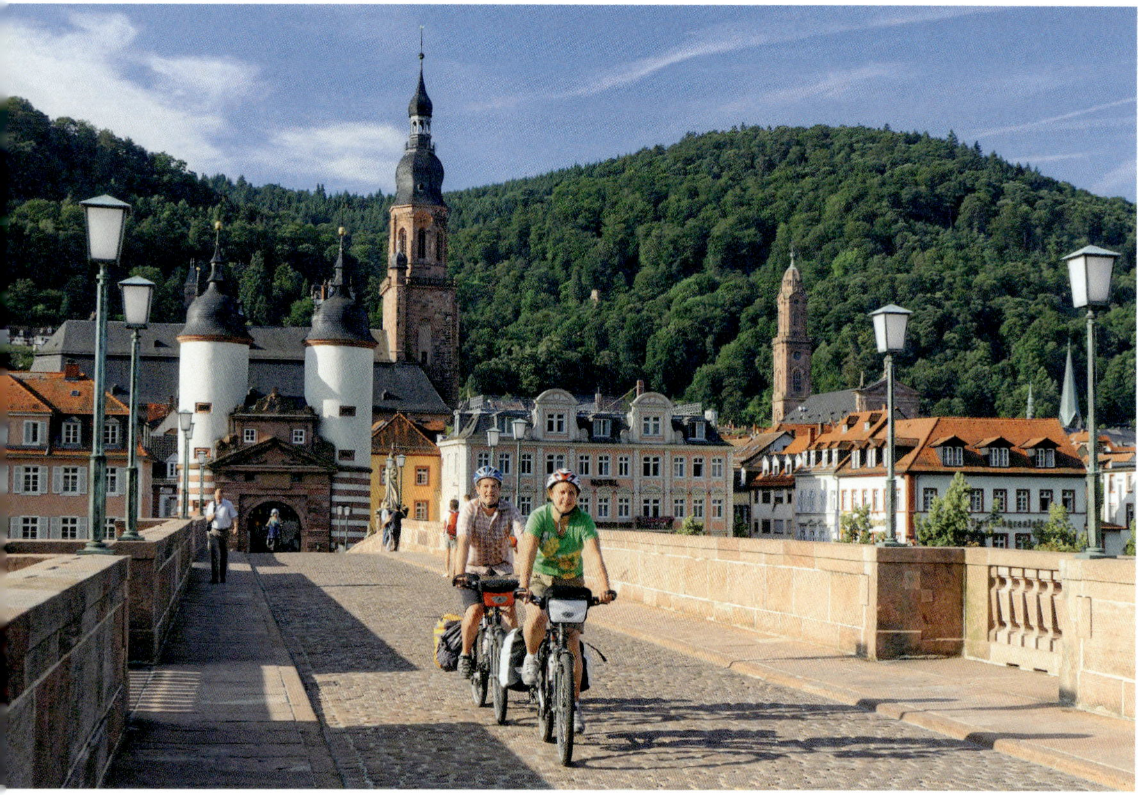

Die Altstadt von Heidelberg schmiegt sich eng an die Hänge des Odenwaldes.

Streckenabschnitt bilden Burgen und Schlösser einen romantischen Rahmen. Den Anfang macht **Bad Wimpfen**, das hoch über dem linken Ufer sitzt. Gegenüber münden die Flüsse Kocher und Jagst, denen Radler auf dem gleichnamigen Radweg folgen können. Als die Staufer auf dem Weg zur Großmacht waren, entstand an dieser strategischen Stelle um 1200 eine Kaiserpfalz. Damals galt sie als die größte ihrer Art nördlich der Alpen. Heute fügen sich hier und da ihre Überbleibsel in das Stadtbild ein. Anschließend rücken die südlichen Ausläufer des Odenwaldes dicht an das Neckarufer heran. Unterwegs reiht sich Blickfang an Blickfang: Zuerst erspäht man das lang gestreckte Schloss Horneck und die gut erhaltene Burg Guttenberg. Es folgen die Burg Hornberg – einst Sitz des berüchtigten Ritters Götz von Berlichingen – und schließlich die Burganlage Zwingenberg. Hinter einem kurzen Schwenk ins Hessische bei Hirschhorn kehrt der Fluss zurück nach Baden-Württemberg und nähert sich mit **Heidelberg** dem nächsten kulturellen Höhepunkt der Reise. »Die Stadt in ihrer Lage und mit ihrer ganzen Umgebung hat, man darf sagen, etwas Ideales«, schwärmte Goethe. Auch die Dichter der Romantik Joseph von Eichendorff, Clemens Brentano und Achim von Arnim sind dem Zauber der Stadt erlegen. Ebenso wie der Schriftsteller Mark Twain, der Komponist Robert Schumann oder der Maler William Turner. Seit jeher zieht der Zauber der ehemaligen kurpfälzischen Residenzstadt Touristen aus aller Welt in ihren Bann. Besuchermagnet Nummer eins ist das Heidelberger Schloss. Die berühmteste Ruine Deutschlands thront auf dem Nordhang des Heidelberger Königstuhles. Das Heidelberger Schloss war fast fünf

Jahrhunderte lang Residenz der Kurfürsten von der Pfalz. Im Pfälzischen Erbfolgekrieg sprengten französische Pioniere am 6. September 1693 den Bau. Er wurde nur teilweise restauriert. Mark Twain schrieb bei seinem Bummel durch Europa: »Um gut zu wirken, muss eine Ruine den richtigen Standort haben. Diese hier hätte nicht günstiger gelegen sein können. Sie steht auf einer die Umgebung beherrschenden Höhe, sie ist in grünen Wäldern verborgen, um sie herum gibt es keinen ebenen Grund, sondern im Gegenteil bewaldete Terrassen, man blickt durch glänzende Blätter in tiefe Klüfte und Abgründe hinab, wo Dämmer herrscht und die Sonne nicht eindringen kann. Die Natur versteht es, eine Ruine zu schmücken, um die beste Wirkung zu erzielen.« Nach einer Besichtigung stärkt man sich auf dem Marktplatz in einem der Cafés oder Restaurants für die letzten Kilometer. Mitten in der Altstadtpracht die älteste Universität Deutschlands (1386). Einen bezaubernden Blick auf das gesamte Ensemble von Natur, Altstadt und Schloss bietet der berühmte Philosophenweg vom gegenüberliegenden Neckarufer. Hinter Heidelberg weitet sich der Horizont. Vor uns liegt die Oberrheinische Tiefebene. In **Mannheim**, unserem Zielort, angekommen, lohnt ein Besuch des Mannheimer Schlosses (1720–1760). Kurfürst Carl III. Philipp von der Pfalz legte 1720 den Grundstein für den größten Schlossbau Deutschlands: 450 Meter misst die Fassade der spätbarocken Anlage des Residenzschlosses Mannheim, das aus den Trümmern des Zweiten Weltkrieges wiedererrichtet wurde. Heutige Besucher wandeln durch die Dauerausstellung »Kunst und Kultur am Mannheimer Hof«. Schließlich tauchen die Industrieareale des Mannheimer Hafens auf, bevor sich dahinter der Neckar mit dem Rhein vereint. Der Fluss an unserer Seite hat auf 362 Kilometern über 600 Höhenmeter verloren. Für Radler war die Reise ein Gewinn. Romantische Städte, liebliche Landschaften – eine tolle Route!

Die Alte Brücke in Heidelberg wurde zwischen 1786 und 1788 errichtet.

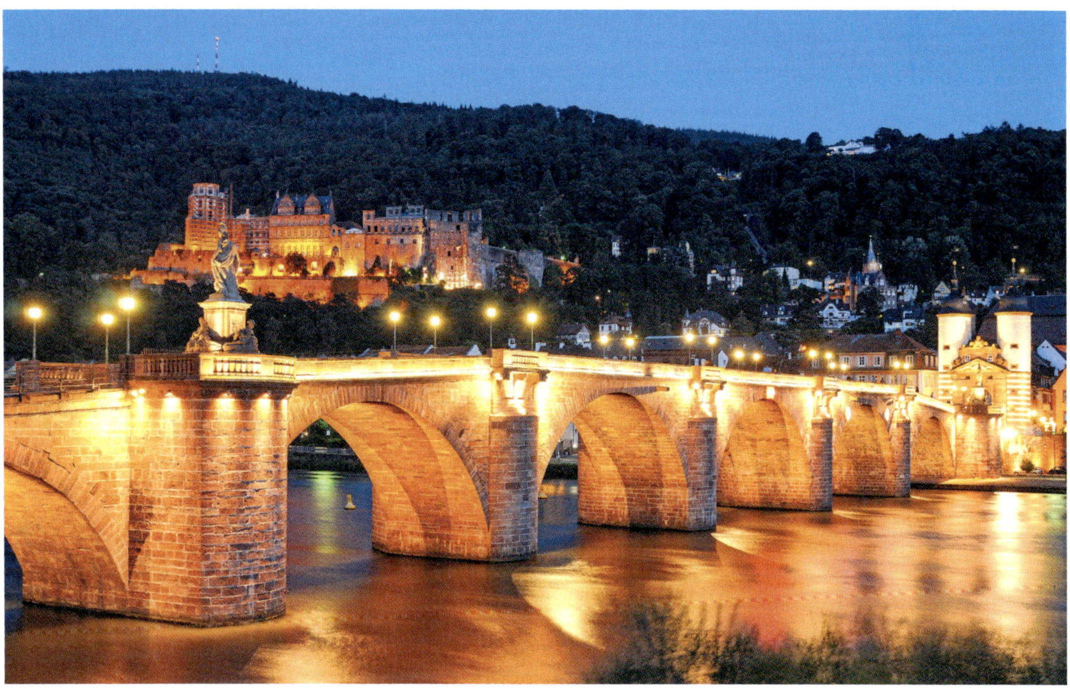

37 Kocher-Jagst-Radweg

Entlang der Zwillingsflüsse durch's »Ländle«

mittel | 340 km | ca. 6 Tage

Charakter
Der Radweg beinhaltet asphaltierte und geschotterte Abschnitte, Letztere sind selten. Zwischen den beiden Flüssen muss man einen langen Anstieg meistern. Ansonsten ist der Rundkurs familienfreundlich.

Ausgangsort
Aalen Bhf.

Endpunkt
Aalen; unterwegs gibt es in vielen Städten Haltestellen.

Wegmarkierung
Das mehrfarbige Streckenlogo trägt die Aufschrift »Kocher-Jagst-Radweg«.

E-Bike
Die Seite www.kocher-jagst.de zeigt auf einer Karte auch Radwerkstätten.

Information
www.kocher-jagst.de
Hohenlohe + Schwäbisch Hall Tourismus e. V., Karl-Kurz-Straße 44, 74523 Schwäbisch Hall, Tel. 0791/755 74 44, www.hohenlohe-schwaebischhall.de
Touristikgemeinschaft Erlebnisregion Schwäbische Ostalb e. V., Marktplatz 2, 73430 Aalen, Tel. 07361/52 23 63, www.schwaebische-ostalb.de
Touristikgemeinschaft Heilbronner Land e. V., Lerchenstraße 40, 74072 Heilbronn, Tel. 07131/994 13 90, www.heilbronner-land.de
Heilbronn Marketing GmbH, Marktplatz 11, 74072 Heilbronn, Tel. 07131/56 22 70, www.heilbronn-marketing.de
Touristikgemeinschaft Hohenlohe e. V., Allee 16, 74653 Künzelsau, Tel. 07940/182 06, www.hohenlohe.de
Tourismus Marketing GmbH Baden-Württemberg, Esslinger Straße 8, 70182 Stuttgart, Tel. 0711/23 85 80, m.tourismus-bw.de

Kocher und Jagst fließen dicht beieinander dem Neckar zu. Kann man beide Flüsse auf einer Tour kennenlernen? Man kann, denn sie ziehen wie Zwillinge durch die Lande! Findige Routenplaner verbanden sie zu einem 340 Kilometer langen Rundkurs. Radler steuern auf gepflegten Wegen durch die Regionen Ostalb, Hohenlohe und Heilbronner Land.

Von Aalen nach Schwäbisch Hall – 67 km Wo startet man am besten eine Rundtour? An der höchsten Stelle? An der tiefsten? Oder in der Mitte? Bei zwei Wasserläufen bietet es sich an, zunächst bergab zu rollen. Unsere Wahl fällt auf das westliche Gewässer – den **Kocher**. Auf einer Länge von 168 Kilometern wirft er seine Schleifen zwischen die Schwäbische Alb und die Hohenloher Ebene. Südöstlich von **Aalen** vereinigen sich der Schwarze Kocher und der Weiße Kocher zum Fluss, den wir im ersten Abschnitt begleiten möchten. Bevor man losstrampelt, lohnt es, die 68 000-Einwohner-Stadt anzuschauen. Radler werden sogleich zum Zeitreisenden und

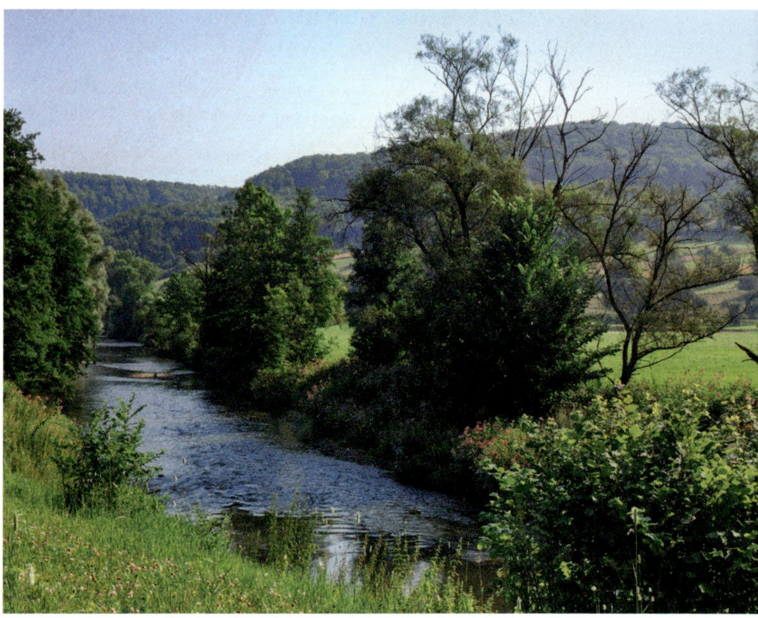

treffen dabei auf ein Weltkulturerbe. Um das Jahr 150 n. Chr. festigte der Kaiser Antoninus Pius seine Macht, indem er an diesem strategischen Punkt das größte Reiterkastell nördlich der Alpen erbaute. Massive Mauern aus Juragestein sicherten die sechs Hektar große Anlage. Darin fanden 1000 Reitersoldaten Platz. Heute erinnern das Limesmuseum und der Open Air Park mit den Überresten des Hauptquartiers an die Epoche der römischen Feldzüge. Die Ausstellung präsentiert Funde aus dem Leben der Legionäre und der Zivilisten. Zudem erfahren Besucher Details zum Obergermanisch-Raetischen Limes, den die UNESCO 2005 auszeichnete. Vorbei am historischen Rathaus, vor dem der Marktbrunnen plätschert, geht es aus der freien Reichsstadt Aalen hinaus in die liebliche Flusslandschaft des Kochertales. Betrachtet man den Osten von Baden-Württemberg auf einer Karte, so fällt einem auf, dass Kocher und Jagst nah beieinander in den Neckar münden. 1996 legte man den Fernradweg als erlebnisreichen Rundkurs an. Die Räder rollen mühelos den engen Talschleifen nach. Wahrzeichen des Hohenloher Landes sind die zahlreichen Herrensitze, die beiderseits des Weges aufragen. Marienburg, Schloss Hohenstadt, Schloss Untergröningen, Ruine Kansberg und Schloss Gaildorf: Allesamt bezeugen sie die wechselvolle Vergangenheit der hügeligen Gegend. Eine Perle ist die Comburg. Ihre Wurzeln gehen auf das Jahr 1078 zurück. Das Bollwerk besetzt einen weithin sichtbaren Logenplatz auf einer Anhöhe. Was aussieht wie eine Festung, war in Wirklichkeit ein Benediktinerkloster. Man sprach vom »Himmlischen Jerusalem«. Seit der Gründung im 11. Jahrhundert veränderte sich der Bau mehrfach. Prägend war der Propst Erasmus Neustetter. Er ließ rund um den Berggipfel die 420 Meter lange Ringmauer mit Wehrgang errichten. Im 18. Jahrhundert entstand die barocke Stiftskirche. Die größten Schätze von Kloster Großcomburg sind der berühmte Radleuchter und das Antependium in der Kirche; beide einzigartige Stücke der Goldschmiedekunst.

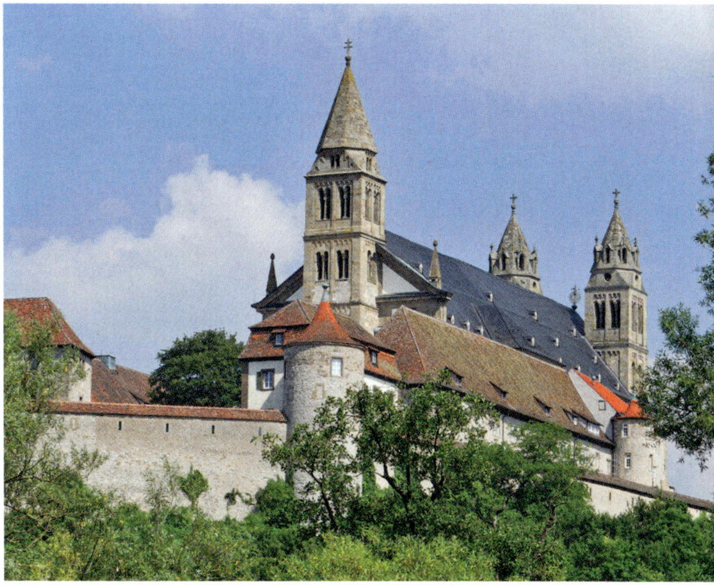

Die Comburg bei Schwäbisch Hall wurde einst als Kloster der Benediktiner genutzt.

Linke Seite: Blick auf den Fluss Kocher bei Braunsbach

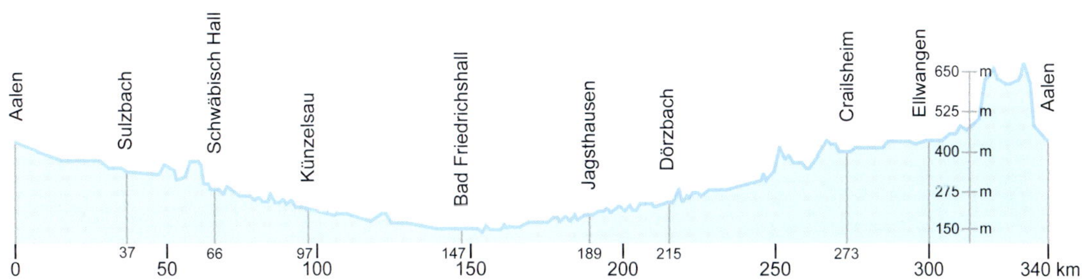

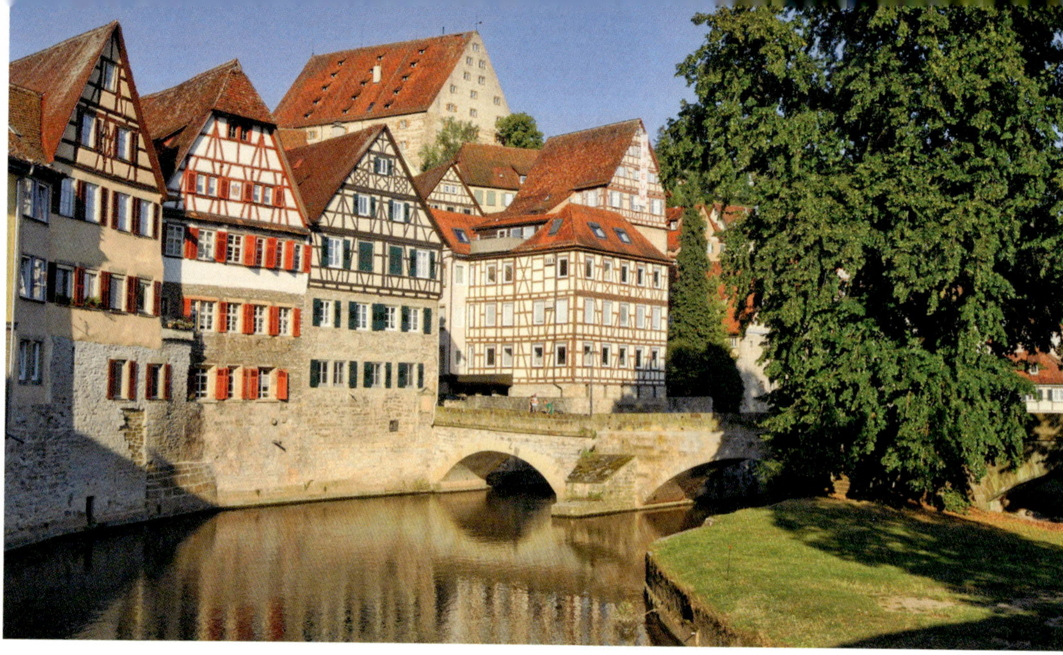

Schwäbisch Hall sitzt ansprechend auf einer Anhöhe über dem Tal des Flusses Kocher.

Von Schwäbisch Hall nach Jagstfeld – 84 km Nach zehn Minuten auf dem Sattel ragen die Fachwerkhäuser von **Schwäbisch Hall** beiderseits des Talbodens empor. Die durch das Sieden von Salz zu Wohlstand gekommene Stadt ist nicht nur ein geografischer, sondern auch geistiger und kultureller Mittelpunkt des malerischen Landstriches. Der Ortsname deutet auf die Salzquelle hin, denn einst stand »Hall« für die Bezeichnung Salz. Die Kelten betrieben hier vom 5. bis 1. Jahrhundert v. Chr. eine Saline. Mit der ersten urkundlichen Erwähnung 1204 erblühte der Flecken. Es folgte der Anschluss an den Schwäbischen Reichskreis; der Ort erhielt seinen heutigen Namen. In dem gut erhaltenen Kern kann man prächtige Gebäude aus einer Zeitspanne von über 300 Jahren bestaunen. Schwäbisch Halls Visitenkarte ist der großflächige Marktplatz. Er zählt zu den beeindruckendsten Deutschlands. Beherrscht wird die Szene vom barocken Rathaus. Gegenüber ragt die Michaelskirche auf. An ihrem Fuß führt eine Freitreppe mit 53 Stufen zum Eingangsportal. Die engen Flussschleifen geben wieder die Richtung des Radweges vor. In genussvoller Fahrt zieht es uns durch beschauliche Dörfer. Sie heißen Untermünkheim, Geislingen und Braunsbach. 30 Kilometer flussabwärts ist mit **Künzelsau** die nächste Stadt erreicht. Ein schönes Fotomotiv gibt das im fränkischen Fachwerkstil gehaltene Alte Rathaus ab. Eine Inschrift verrät: »IN DISEM 1522 JAR IST DIS RATHAUS VON NEUEM ERBAUET WORDEN.« Markant ist ebenfalls das roséfarben angestrichene Schloss Bartenau. Künzelsau schwang sich jüngst

Besenwirtschaften

In der Region Hohenlohe trifft man sich in Besenwirtschaften – jung wie alt, Einheimische wie Touristen. Aber wieso Besen? Den Namen bekamen die Gaststuben so: Stellte ein Wirt einen Reisigbesen vor das Haus, war die Stube geöffnet. Noch heute wird mehrmals in der Saison aufgetischt: Es gibt Wein, Traubenmost, Federweißer; Schlachtplatten, frisches Bauernbrot und Delikatessen aus der Hohenloher Küche. Feinschmecker schätzen Gerichte vom Limpurger Rind, vom Schwäbisch-Hällischen Landschwein. Auch Wildbret wird gerne bestellt. Der Autor Carlheinz Gräter beschrieb es treffend im Hohenloher Weinbrevier: »Der Wein im Hohenlohischen ist ein guter Dolmetscher der Landschaft, ihres Klimas und ihres Gesteins, ihrer Nahrhaftigkeit und ihres Temperaments.«

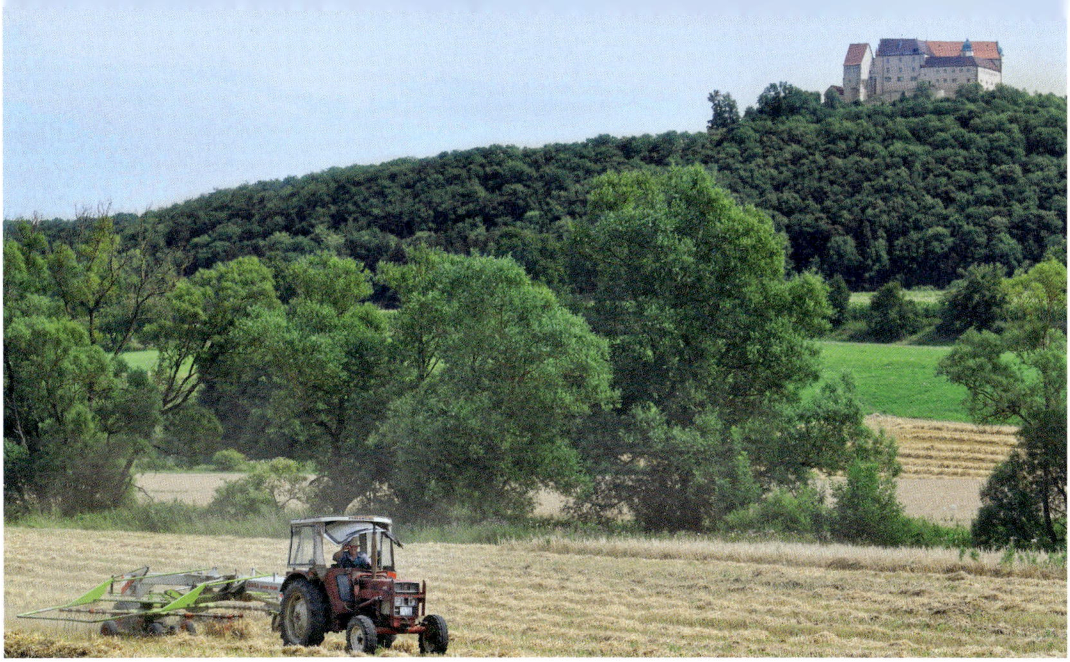

zu einem lohnenden Ziel für Kunstfreunde auf. Kenner lösen Tickets für das Museum Würth. Der Unternehmer Reinhold Würth trug seit den 1960er-Jahren 17000 Kunstwerke zusammen. Die Schwerpunkte der Sammlung liegen auf Skulpturen, Malerei und Grafiken. Ein Teil der Exponate residiert in der Hirschwirtsscheuer. Die dichten Wälder des ersten Abschnittes weichen zurück. Sie machen Platz für das Weinanbaugebiet Kocher-Jagst-Tauber & Hohenlohe. An seinem Unterlauf grub sich der Kocher durch die Muschelkalkschichten der Hohenloher Ebene, schuf so den Nährboden für erlesene Trauben. Die Klöster förderten bereits um das Jahr 800 den Weinanbau. Die Reben von Silvaner und Schwarzriesling lieben die skelettreichen Hanglagen. Zwischen den Rebzeilen sonnen sich die Städtchen Ingelfingen, Niedernhall und Forchtenberg. Bad Friedrichshall ist eine bedeutende Station an der Burgenstraße. Es unterstreicht mit dem Schloss Lehen und dem Greckenschloss die strategische Lage der Flussvereinigung von Kocher und Jagst mit dem Neckar. Im Ortsteil Kochendorf bildet das Salzbergwerk die nächste Attraktion. Der Förderkorb bringt Besucher in eine Tiefe von 180 Metern, wo sie bei konstant 18 Grad Celsius in 200 Millionen Jahre Erdgeschichte eintauchen. Auf einer Länge von 1,5 Kilometern zieht sich der Rundweg durch das Gestein. Effektvoll ausgeleuchtet und multimedial untermalt bekommt man eine Vorstellung über die Arbeitsweise der Salzgewinnung vergangener Tage.

Schloss Kapfenburg ist ein ehemaliges Schloss des Deutschen Ordens im Ostalbkreis in Baden-Württemberg.

Das Schloss Bartenau in Künzelsau steht direkt an der Fahrradroute.

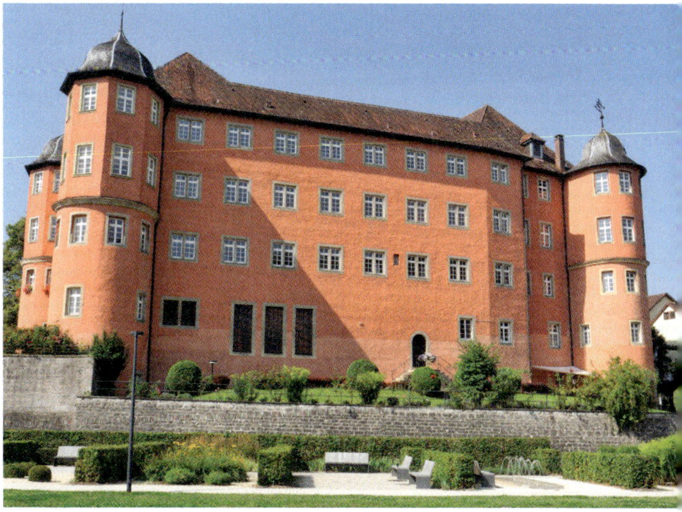

Von Jagstfeld nach Bächlingen – 91 km

Wir nehmen Abschied vom Fluss

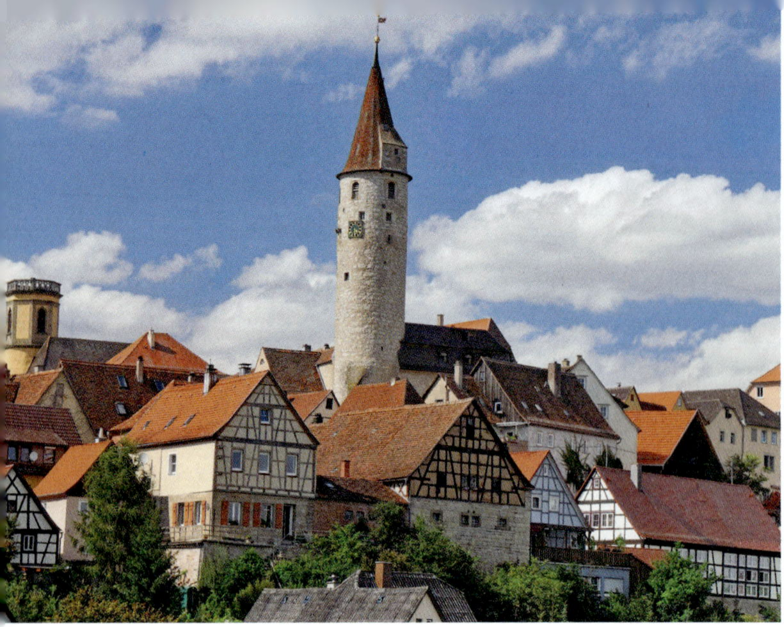

Der 45 Meter hohe Stadtturm ist das Wahrzeichen von Kirchberg an der Jagst.

Kocher, heften uns der 190 Kilometer langen **Jagst** an. Das Tal ist noch breit, die Steigung kaum spürbar. In Neudenau lohnt ein Stopp. Am kleinen Marktplatz verzaubern die fränkischen Fachwerkfassaden, unter denen sich das 1587 errichtete Rathaus mit dem hellen Gebälk deutlich abhebt. Fällt der Name **Jagsthausen**, denken viele an Götz von Berlichingen. Der weithin als »Ritter mit der eisernen Hand« bekannte Recke kam 1480 auf der Götzenburg zur Welt. Jahrzehnte später sorgte er für Angst und Schrecken im Lande. Bei einer der zahlreichen Fehden verlor er die rechte Hand. Ein Nürnberger Kunstschmied fertigte ihm eine Prothese an, die heute das Glanzstück des Burgmuseums ist. Seit dem Jahr 1950 erweist Jagsthausen der historischen Berühmtheit seine Reverenz und führt im Hof der Festung das Traditionsstück »Götz von Berlichingen« auf. Vier Flussschleifen östlich rücken die im Barockstil ausgeschmückten Doppeltürme des Klosters Schöntal ins Bild. Das architektonische Kleinod wurde 1157 von Maulbronner Mönchen als Zisterzienserabtei gegründet. Im Innenraum flutet das Licht durch die hohen Fensterportale, setzt die facettenreichen Stuckdecken blendend in Szene. Darunter kann man 300 Figurenbilder bewundern, die verschiedene Themen der Bibelgeschichte darstellen.

Landesradfernwege Baden-Württemberg

Alb-Neckar-Radweg – 214 Kilometer
Bodensee-Radweg – 142 Kilometer (im Bundesland)
Donau-Radweg – 204 Kilometer (im Bundesland)
Donau-Bodensee-Radweg – 154 Kilometer
Heidelberg-Schwarzwald-Bodensee-Radweg – 303 Kilometer
Hohenlohe-Ostalb-Radweg – 187 Kilometer
Kraichgau-Hohenlohe-Radweg – 186 Kilometer
Liebliches Taubertal – der Klassiker – 102 Kilometer
Neckartal-Radweg – 367 Kilometer
Oberschwaben-Allgäu-Radweg – 356 Kilometer
Odenwald-Madonnen-Radweg – 175 Kilometer
Rheintal-Radweg – 520 Kilometer (im Bundesland)
Schwäbische Alb-Radweg – 318 Kilometer
Schwarzwald Panorama-Radweg – 284 Kilometer
Südschwarzwald-Radweg – 238 Kilometer
Stromberg-Murrtal-Radweg – 150 Kilometer
(www.radroutenplaner-bw.de und m.tourismus-bw.de)

Von Bächlingen nach Aalen – 99 km Auf dem Weg von Kirchberg nach **Crailsheim** wird das Band der Jagst allmählich schmaler, die Fließgeschwindigkeit des Wassers nimmt zu. Die aktuell 33000 Einwohner zählende Stadt entwickelte sich im Mittelalter im Schutz einer massiven Wehrmauer, von der heute noch Reste zu sehen sind. Zu den Höhepunkten des Rundganges zählen die Liebfrauenkapelle, die Johanneskirche mit ihrem kostbaren Passionsaltar und das um 1400 errichtete Spital zum heiligen Geist. Der Kocher-Jagst-Radweg dreht gen Süden, läuft leicht ansteigend durch Dörfer und Wiesenstreifen. **Ellwangen** ist das nächste Kulturzentrum an der Strecke und verfügt mit seinem Schloss über einen Besuchermagneten. Den entscheidenden Einfluss auf die Entwicklung der Großen Kreisstadt übten lange Zeit die Äbte und Fürstpröpste aus. Ihre vierflügelige Residenz beherbergt heute das Schlossmuseum. In der Ausstellung lernen Besucher das Hausinventar kennen. Spannende Einblicke gewähren die Themen Industrie und Handwerk, eine Puppenstubensammlung sowie Musik und Malerei. Unten, in der Altstadt von Ellwangen, macht die spätromanische Basilika St. Veit mit drei Türmen auf sich aufmerksam. In der 1233 geweihten Kirche sind vor allem die Krypta, die barocke Stuckverkleidung und der komplett erhaltene gotische Kreuzgang bemerkenswert. Hinter dem Bucher Stausee sorgen die dicht bewaldeten Gipfel der **Schwäbischen Alb** für einen Kulissenwechsel. Das Mittelgebirge wird auch Schwäbischer Jura genannt. Es breitet sich über eine Länge von ca. 220 Kilometern zwischen dem Schweizer und dem Fränkischen Jura aus. Die Berge ragen mehr als 1000 Meter auf. Der Untergrund besteht aus wasserlöslichem Kalkstein. Wind und Wetter formten die sanft-herbe Alplandschaft seit Jahrmillionen um. 2005 wies die UNESCO den Höhenzug als Geopark aus. Hier gewähren Fossilfunde spannende Einblicke in die Erdgeschichte. Vulkankrater, Meteoriteneinschläge, Höhlen und Karstquellen prägten die Landschaft. Wir legen den kleinsten Gang ein und kriechen eine kräftezehrende Steigung hinauf. Der Fluss Kocher bleibt zurück. Die Radroute zieht weiter bergan und umschließt die Kapfenburg. In dem hochaufragenden Gemäuer spielt die Musik. Denn 1999 zog die Internationale Musikschulakademie in die ehemalige Deutschordensfeste ein. Musiker aus der ganzen Welt proben in den stilvollen Räumen. Besuchern steht das Schloss im Rahmen von Fortbildungen und Tagungen offen. Spannend wird es im Sommer, wenn man hier ein großes Festival austrägt. Die Klänge hallen dann über die Hochfläche. Auf 680 Metern Höhe kippt das Straßenband; die Räder rollen hinunter ins Zentrum von Aalen. Hier schließt sich nach 340 Kilometern der Kreis einer an Eindrücken reichen Fahrradreise.

Das historische Rathaus mitsamt Marktbrunnen in Aalen

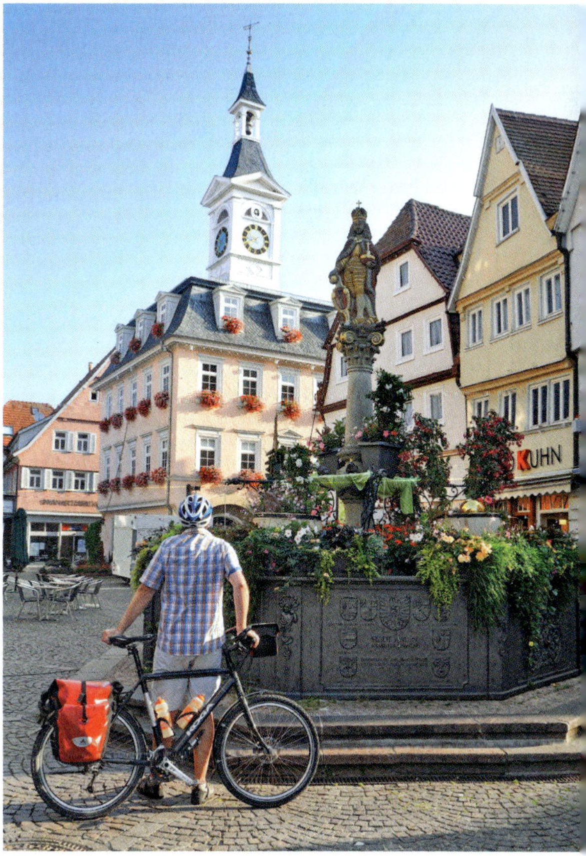

38

Iller-Radweg

Genussradeln zwischen Bergen und Auwald

leicht | 146 km | ca. 3 Tage

Charakter
Die Topografie fordert nur auf wenigen Abschnitten. Der ruhige Streckenverlauf nutzt meist geschotterte Wege.

Ausgangsort
Oberstdorf Bhf.

Endpunkt
Ulm; zurück 2 Std. mit dem Zug

Wegmarkierung
Die Radroute hat man mit quadratischen Plaketten ausgeschildert. Sie zeigen neben dem Schriftzug »Iller-Radweg« den Fluss beim Verlassen der Alpen.

E-Bike
Die Webseite www.illerradweg.de zeigt auf einer Karte die E-Bike-Ladestationen entlang der Strecke an.

Information
Allgäu GmbH Gesellschaft für Standort und Tourismus, Allgäuer Straße 1, 87435 Kempten, Tel. 0831/5753730, www.allgaeu.info und www.illerradweg.de
Landratsamt Unterallgäu, Bad Wörishofer Straße 33, 87719 Mindelheim, Tel. 08261/9950, www.tourismus-unterallgaeu.de

Die Allgäuer Alpen gehören zu den erhabensten Flecken Deutschlands. Hier beginnt die Iller ihre Reise gen Norden. Entspannt radelt man vorbei an Oberstdorf, Immenstadt und Kempten. Dann kündet das Ulmer Münster, die Kirche mit dem höchsten Kirchturm der Welt, das Reiseziel an.

Von Oberstdorf nach Kempten – 45 km Jedes Jahr am 30. Dezember richten sich die Fernsehkameras auf **Oberstdorf**. Dann begeistert die Vierschanzentournee Wintersportfans aus nah und fern. Und im Sommer? Wer im Sommer in die südlichste Gemeinde der Bundesrepublik reist, findet vor allem ein Idyll. Ringsum ragt ein Kranz von bis zu 2600 Meter hohen Bergen in den bayerischen Himmel. Wo sich das Gebirge Richtung Norden hin öffnet, rauschen die Sturzbäche Breitach, Stillach und Trettach zusammen und bilden die Iller. Ihr lohnt es nachzusteuern – 146 Kilometer Genussradeln. Voraus liegt eine genussvolle Flusspassage hinunter nach **Sonthofen**. Die »Alpenstadt des Jahres 2005« besticht durch ihre Lage am Fuß des 1738 Meter aufragenden Hausberges Grünten. Durch das Zentrum rauscht der Bach Starzlach. Wer ihm bergan folgt, trifft auf

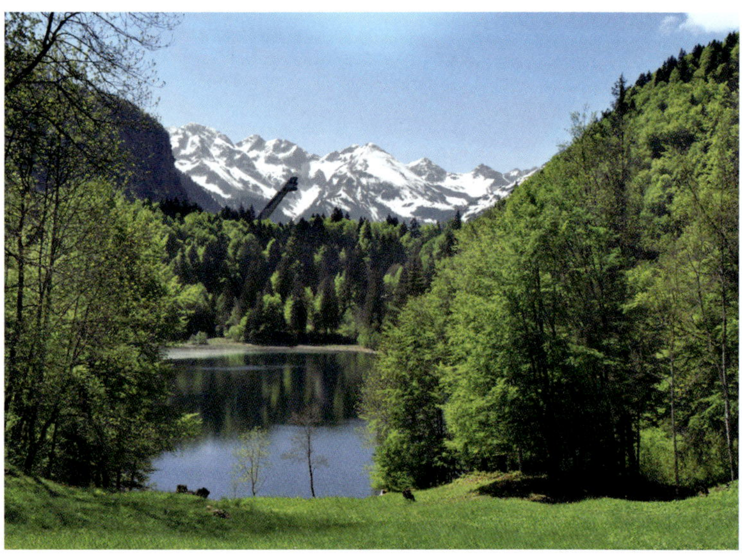

Vom Feibergersee hat man eine gute Sicht auf die Skiflugschanze von Oberstdorf.

die wildromantische Starzlachklamm – ein erstklassiges Ziel für Naturliebhaber. Westlich von Sonthofen fällt der Blick auf die Nagelfluhkette. Die höchste Erhebung der 24 Kilometer langen Berggruppe ist der Hochgrat mit 1834 Metern. Der »Nagelfluh« – ein witterungsbeständiges Gestein – gibt der Landschaft ihr markantes Aussehen. Die Allgäuer nennen das Sedimentgestein oft »Herrgottsbeton«. Im Januar 2008 gründete man den grenzüberschreitenden Naturpark Nagelfluhkette. Die Schutzzone umfasst eine Fläche von 410 Quadratkilometern. Von Sonthofen aus radelt man eine halbe Stunde längs der Iller nach Immenstadt. 1275 erfolgte die erste urkundliche Nennung von »Imendorf«. Der Marktflecken lag strategisch günstig an der Salzstraße von Hall in Tirol zum Bodensee. 1360 erhob ihn Kaiser Karl IV. zur Stadt. Bis heute ist das mittelalterliche Ortsbild intakt. Zu den Schmuckstücken gehören neben dem 1550 errichteten Stadtschloss die Mariensäule, die Pfarrkirche St. Nikolaus und die Gräfliche Hofmühle. Über fünf Jahrhunderte verrichtete der Zweckbau den Dienst als Sägemühle. Später funktionierte man sie in eine Papiermühle um, 1650 in eine Achsenschmiede.

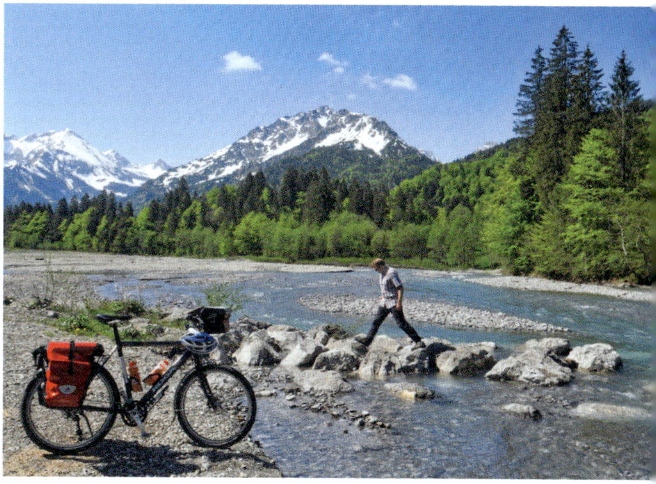

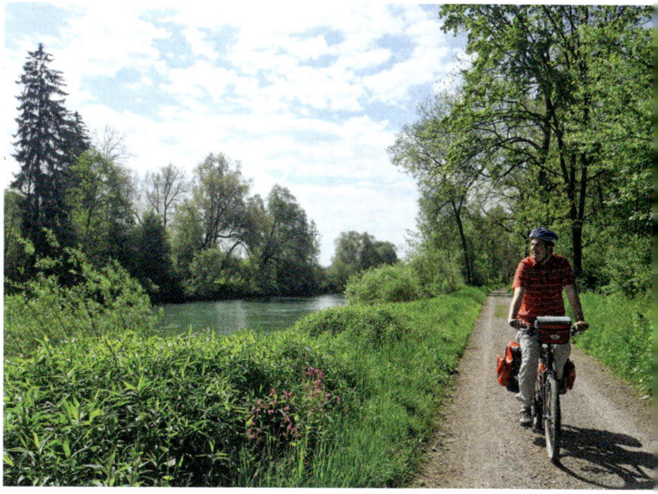

Ganz oben: Die Iller wird durch mehrere Bergbäche gespeist.

Oben: Am Unterlauf der Iller rollt man meist still durch die Auwälder dahin.

Von Kempten nach Buxheim – 50 km In Kempten angekommen atmet man jahrtausendealte Geschichte. Der griechische Philosoph Strabon spricht 18 n. Chr. in seinen Aufzeichnungen von der Keltenstadt »Kambodunon« (zu Deutsch: Burg an der Flussbiegung). Der Archäologische Park Cambodunum erzählt von den Anfängen des Ortes. Forscher nehmen an, dass hier in der frühen Kaiserzeit die erste

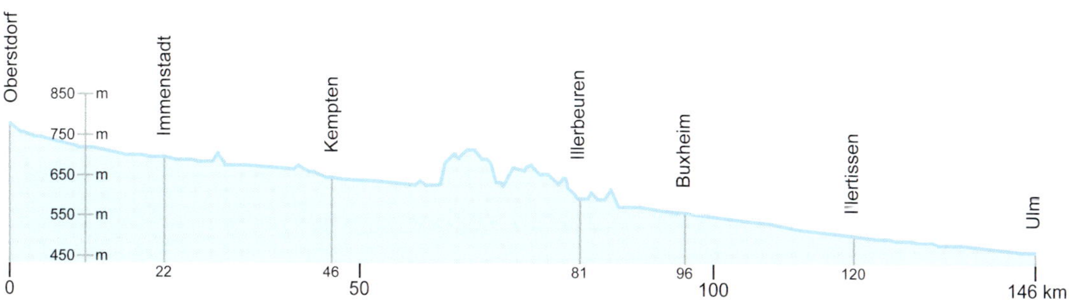

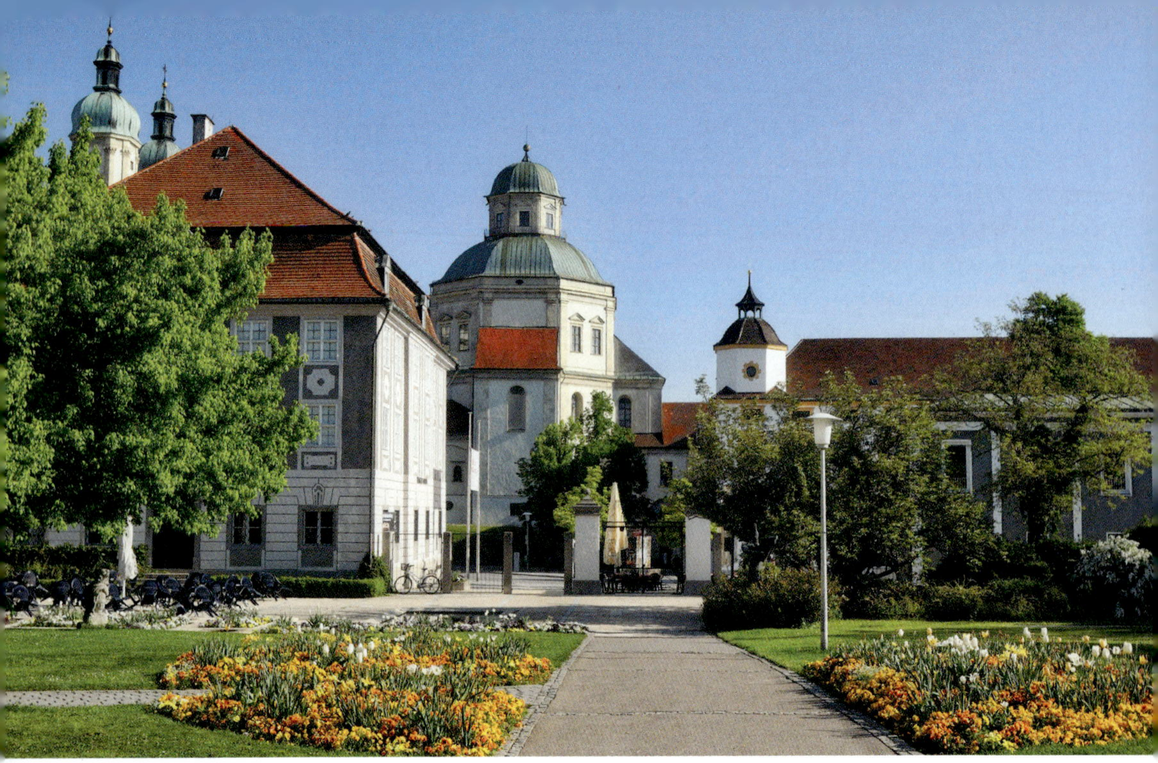

Vom blumengeschmückten Hofgarten in Kempten hat man einen schönen Blick auf die St.-Lorenz-Basilika.

Hauptstadt der Provinz Raetia lag. Auf den originalen Grundmauern installierte man eine rekonstruierte Tempelanlage. Die Funde werden im Römischen Museum gezeigt. Touristen spazieren in die Altstadt mit ihren Häuserensembles, Treppen und Plätzen. Anziehend sind die barocke St.-Lorenz-Basilika, die Fürstäbtliche Residenz mit ihren Prunkräumen und die gotische St.-Mang-Kirche. Auch die Kemptener Museen lohnen einen Besuch. Zur Auswahl stehen das Allgäu-Museum, das Kunst, Kultur und die Geschichte des Allgäus präsentiert, oder das Alpinmuseum. Hinter der 71 000-Einwohner-Stadt wirft die Iller mehrere Schleifen. Die genussvolle Uferfahrt geht zu Ende, die Fahrradroute schwenkt ins Hinterland, erklimmt die ersten Steigungen der Reise. Saftige Wiesen und schmale Waldstreifen säumen den Weg durch die sanft gewellten Hügelzüge des Unterallgäus. Dazwischen liegen verschlafene Dörfer. Sie heißen Altusried, Kaltbronn und Maria Steinbach. Die Anstiege zwicken in den Beinen. Wir erreichen das Schwäbische Bauernhofmuseum in Illerbeuren. Die Ausstellung veranschaulicht die ländliche Alltagskultur zwischen den Alpen und dem Ries; vom Bodensee bis ins Aichacher Land, von der Sölde bis zur prächtigen Hofanlage, vom Stall bis zur Weide. Über 30 Gebäude, dazu Gärten, Felder und alte Haustierrassen erzählen den Besuchern vom Bauen, Wohnen und Wirtschaften in den letzten 350 Jahren. Auf dem finalen Reiseabschnitt wirft der Iller-Radweg seine verbliebenen Trümpfe in den Ring. Den Anfang macht das Schloss Kronburg. Es gilt als eines der schönsten Renaissanceschlösser Bayerns. Bei den 1,5- bis 2-stündigen Führungen taucht man ein in die wechselvolle Geschichte des Prachtbaues.

Von Buxheim nach Ulm – 51 km Dahinter sorgt am Ostufer der Iller die ehemalige **Reichskartause Buxheim** (um 1100 gegründet) für eine weitere Überraschung. Sie wurde von den Brüdern Dominikus und Johann Baptist Zimmermann zu Beginn des 18. Jahrhunderts barockisiert und besticht zudem durch das fein ausgearbeitete Chorgestühl. Es ist das Meisterwerk des Tiroler Holzschnitzers Ignaz Waibl und eine Schöpfung von europäischem Rang. Im Auftrag des Priors Johann Bilstein fertigte der Künstler mit seinen Mitarbeitern 36 Sitze mit ausdrucksstarken Skulpturen, von denen heute 31 erhalten sind. Aus finanzieller Not wurde das Chorgestühl 1883 versteigert und kam über Umwege in ein englisches Frauenkloster. Nachdem dieses geschlossen wurde, holte man die Kostbarkeit im Dezember 1980 zurück in die Reichskartause Buxheim, wo sie Fachleute aufwendig restaurierten. Bis ins Zentrum von **Memmingen** sind es vier Kilometer. Was man in der Stadt macht? Etwa den 65 Meter hohen Turm der Stadtpfarrkirche Sankt Martin erklimmen, die Patrizierhäuser fotografieren oder durch die Gassen spazieren – und staunen. Beeindruckend ist das weiße Renaissancerathaus. Es schließt den Marktplatz an der Nordostseite ab. Davor plätschert seit dem Jahr 1566 ein steinerner Brunnen. Dreht man den Kopf nach links, rückt das 1495 erbaute Steuerhaus mit seinen Arkaden ins Bild. Abseits der Siedlungen führt uns ein guter Kiesweg durch einen grünen Auwald. Stunden später taucht das gewaltige Ulmer Münster auf. Wir sehen zu, wie die Iller in die Donau mündet und steuern ins Herz der Stadt. Das Ulmer Münster war noch nicht erdacht, da durchzogen mit der Donau-Nord-Straße und der Albstraße zwei mittelalterliche Handelswege den Ort. Vollendet wurde das spätgotische Bauwerk mit seinem 161 Meter hohen Kirchturm Ende des 19. Jahrhunderts. Turmbesteiger, die die 768 Stufen hinaufsteigen, genießen einen Panoramablick auf das Umland der Donau-Doppelstadt, die von dem blauen Flussband der Donau durchschnitten wird. In der Geburtsstadt von Albert Einstein bummelt man in der Fußgängerzone an interessanten Sammlungen vorüber. Es gibt das Ulmer Museum, das Museum der Brotkultur, das Museum im Konventbau. In den Cafés und Restaurants kann man eine Verschnaufpause einlegen. So gestärkt geht es zum Rathaus mit seinen üppig bemalten Fassaden. Die Bildergeschichten zeigen Darstellungen von Tugenden, Geboten und Lastern. Kostbar ist die 1520 angebrachte astronomische Uhr. Wenige Schritte sind es anschließend hinunter ins romantische Fischer- und Gerberviertel. Hier endet unsere beschauliche Reise auf dem Iller-Radweg. Das Fazit: Selten bekommt man auf knapp 150 Kilometern so viel geballte Kultur und Natur zu Gesicht!

Rund um den Marktplatz zeigt sich Memmingen von seiner schönsten Seite.

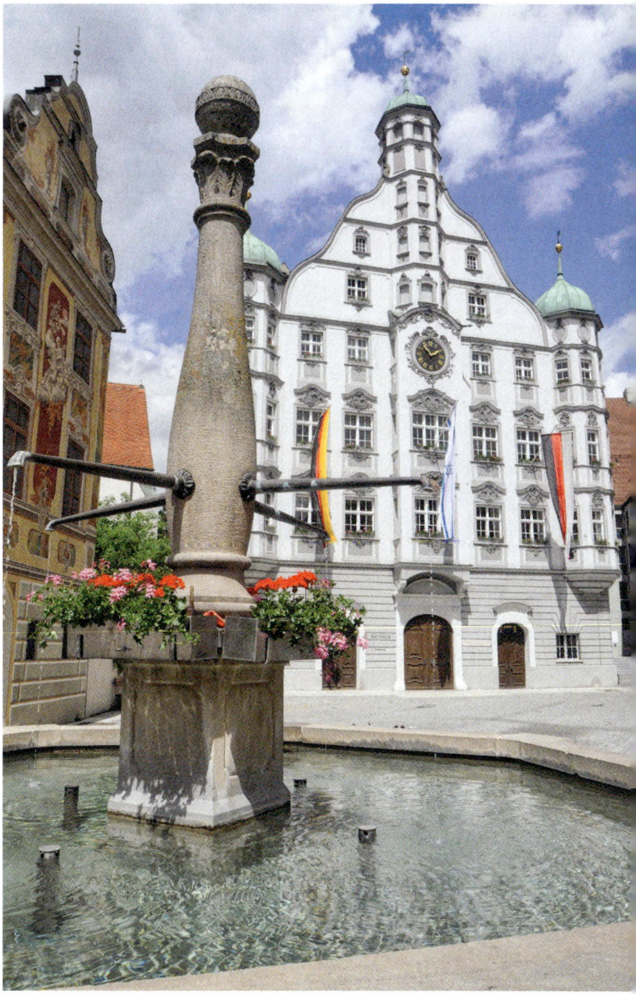

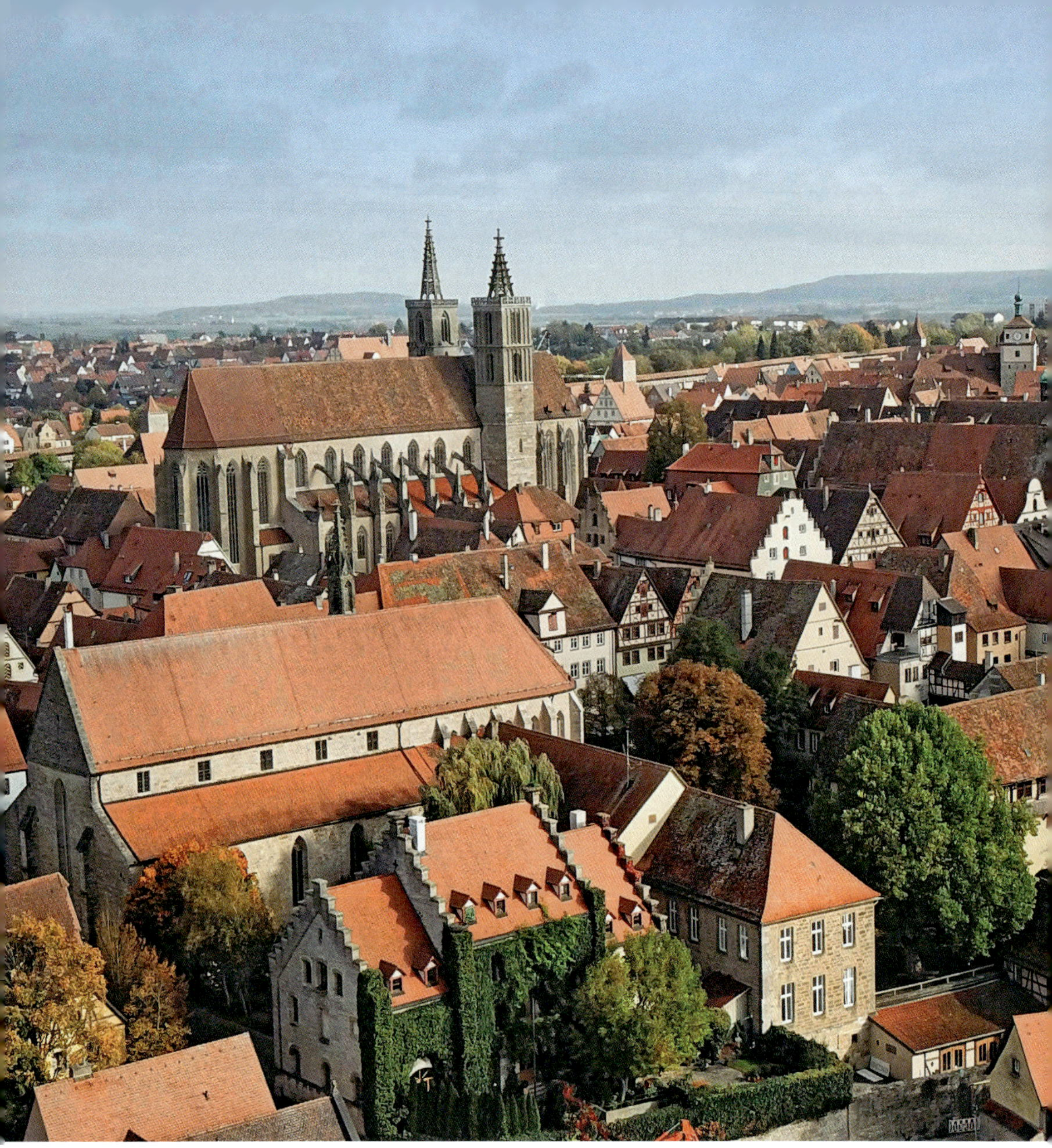

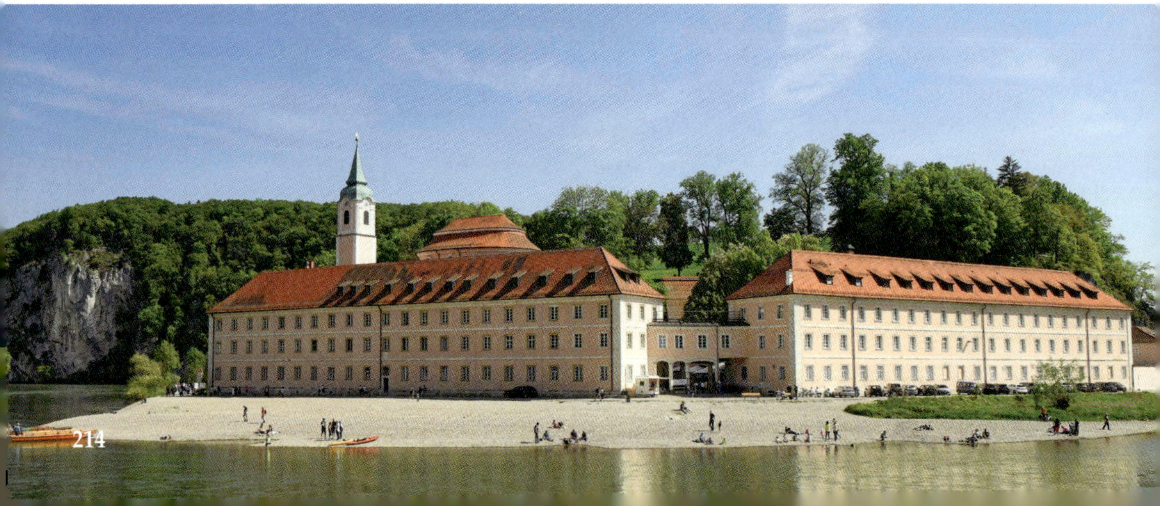

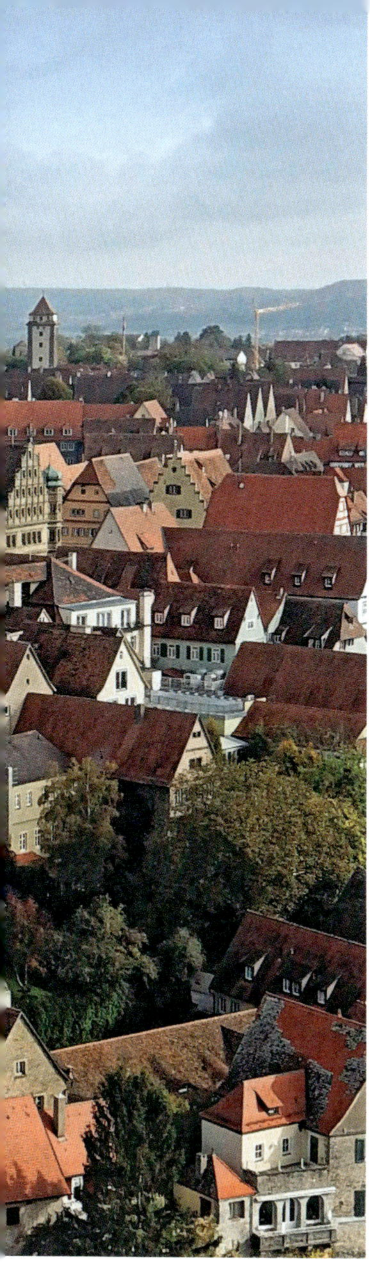

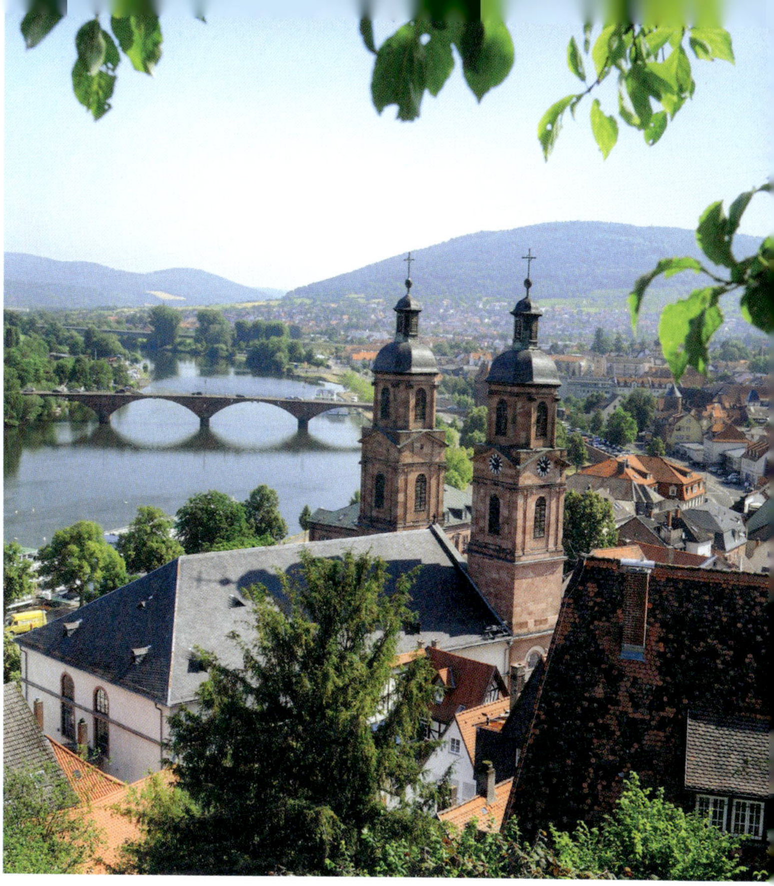

Südosten

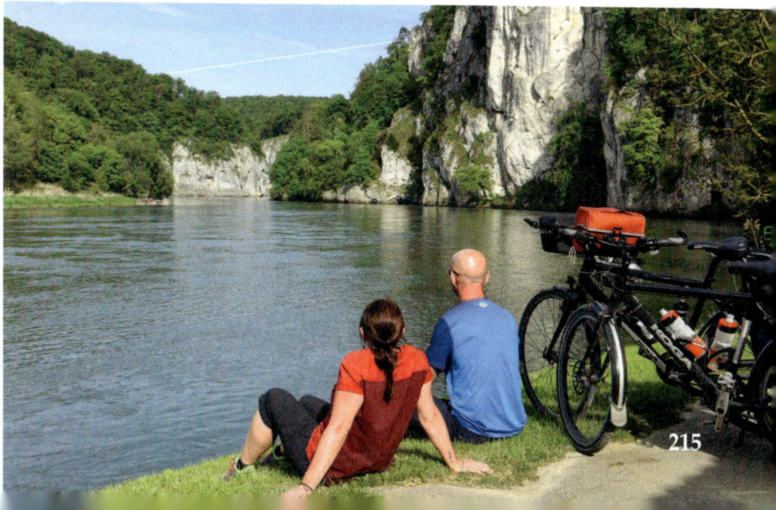

Oben links: Rothenburg ob der Tauber ist stolz auf seine mittelalterliche Altstadt (Tour 42). Oben rechts: Die St.-Jakobus-Kirche überragt die Stadt Miltenberg am Main (Tour 39). Unten rechts: Der Donaudurchbruch wird als Naturschutzgebiet bewahrt. (Tour 45). Unten links: Das Kloster Weltenburg wurde an einem der schönsten Punkte in Bayern erbaut (Tour 47).

39

Main-Radweg

Bier, Wein, Ebbelwoi

leicht

Roter Main: 564 km
Weißer Main: 553 km

ca. 10 Tage

Charakter
Die meist verkehrsberuhigte Strecke punktet durch vorzüglich ausgebaute Asphaltwege. Nach einer schönen Abfahrt zu Beginn gibt es nur wenige Anstiege.

Ausgangsort
Bischofsgrün oder Creußen; der nächste Bhf. am Weißen Main liegt in Trebgast.

Endpunkt
Mainz; zurück mindestens 5 Std. mit dem Zug

Wegmarkierung
Schilder mit dem Logo »mainRadweg« und einem blauen und grünen Quadrat. Er ist Teil der D-Route-5 (Saar–Mosel–Main).

E-Bike
Die Webseite www.mainradweg.com listet E-Bike-Verleihstationen, Reparaturstätten und Akku-Ladestationen auf.

Information
Tourismusverband Franken e. V., Wilhelminenstraße 6, 90461 Nürnberg, Tel. 0911/94 15 10, www.frankentourismus.de; kostenlose Mainradweg-App über www.mainradweg.com

Einer der am besten ausgebauten Radwege Deutschlands führt entlang des Mains durch Nordbayern und Hessen. Der Flusslauf sieht auf der Karte aus wie eine EKG-Kurve. Doch keine Sorge, hier steht kein Fitnesstraining, sondern Genuss im Mittelpunkt: Die Reise verläuft von Bierfranken über Weinfranken bis runter zum Rhein.

Von Creußen nach Bamberg – 141 km Radler, die dem Main folgen möchten, müssen sich zu Beginn der Fahrt entscheiden. Sowohl der »**Weiße Main**«, der im **Fichtelgebirge** entspringt, als auch der »Rote Main«, der seinen Lauf in der **Fränkischen Schweiz** beginnt, haben ihren Reiz. Die wasserreiche Quelle des Weißen Mains liegt auf einer Höhe von 887 Metern ü. NN und verspricht eine schöne Abfahrt. Bischofsgrün ist die erste Siedlung an der Strecke, die sich malerisch in einer Senke zwischen den Bergen Ochsenkopf (1024 Meter) und Schneeberg (1051 Meter) ausbreitet. Die nächsten Kilometer durchläuft der Mittelgebirgsfluss ein tief eingeschnittenes Längstal, das sich langsam öffnet und in eine Felderlandschaft übergeht. Im oberfränkischen **Kulmbach** haben wir knapp 50 Kilometer zurückgelegt und die meisten Höhenmeter aufgebraucht. Die alte Markgrafenstadt, die sich selbst den Titel »heimliche Hauptstadt des Bieres« verliehen hat, ist nicht nur für Bierfreunde ein lohnendes Ziel. Weithin sichtbares Wahrzeichen ist die Plassenburg, die hoch über dem Talbecken sitzt. Die ehemalige Hohenzollernresidenz wurde 1135 erstmals urkundlich erwähnt und im Laufe der Jahrhunderte zu einer Renaissancefestung ausgebaut. Hinter den hohen Mauern kann man vier Museen besichtigen: das Landschaftsmuseum Obermain, das Deutsche Zinnfigurenmuseum, das Museum Hohenzollern in Franken und das Armeemuseum Friedrich der Große. Wer

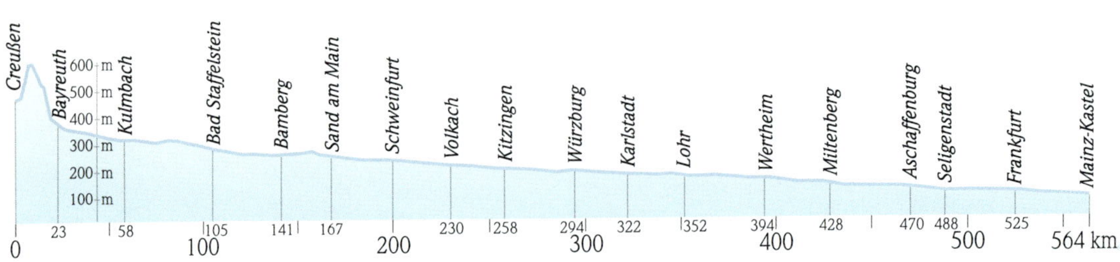

dem Roten Main folgen möchte, startet in der Fränkischen Schweiz. Höhepunkt dieser Streckenvariante ist die Festspielstadt **Bayreuth**. Sie verdankt ihren Ruf dem Markgräflichen Opernhaus. Im Jahr 2012 erhob die UNESCO den Prachtbau zum Welterbe. Mitte des 18. Jahrhunderts beauftragte die Markgräfin Wilhelmine den Theaterarchitekten Giuseppe Galli Bibiena mit der Gestaltung des Innenraumes. In ihrem Auftrag errichtete man auch das Neue Schloss und gestaltete 1735 die Eremitage um. Jüngeren Datums (1872 bis 1876) ist das Bayreuther Festspielhaus auf dem Grünen Hügel. Es wurde eigens zur Aufführung der Werke von Richard Wagner erbaut. Westlich von Kulmbach vereinen sich die beiden Flussläufe. Der Main vollzieht einen Bogen, streift dabei die Städte Lichtenfels und Bad Staffelstein und hält auf **Bamberg** zu. Weithin sichtbar ist die mittelalterliche Stadtsilhouette mit dem Bamberger Dom und der Altenburg. Bamberg besticht mit seinem komplett erhaltenen Altstadtkern, den die UNESCO 1993 in die Liste des Welterbes aufnahm. Die alte Kaiser- und Bischofsstadt wurde im Jahr 902 im Zusammenhang mit dem Castrum Babenberch erstmals erwähnt. Nach den Wirren des Dreißigjährigen Krieges, der Bamberg schwer zusetzte, kam es unter den Fürstbischöfen Lothar Franz und Friedrich Carl von Schönborn zu einer kulturellen Blüte: Bamberg erhielt sein heutiges Barockbild, das als Gesamtkunstwerk Besucher aus der ganzen Welt bezaubert. Das herausragende Baudenkmal ist der auf einem von sieben Stadthügeln errichtete viertürmige Kaiserdom St. Peter und St. Georg. Im Inneren des Bauwerkes befindet sich das von Tilman Riemenschneider geschaffene Hochgrab des heiliggesprochenen Kaiserpaares Heinrichs II. und Kunigunde und das einzige

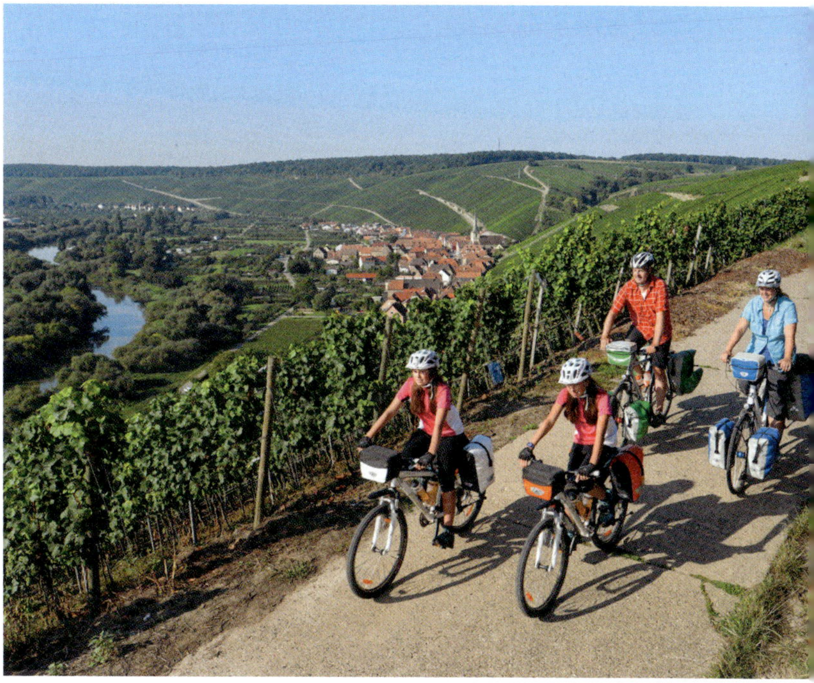

Fahrt über der Volkacher Mainschleife

Maa, Mee, Moa oder Mää?

Für den Main kursieren, je nach Region, die verschiedensten Aussprachen: Während die Einheimischen den Fluss am Oberlauf Maa aussprechen, gibt es stromabwärts noch Bezeichnungen wie Mee, Moa oder Mää! Kompliziert? Nein – die Namen spiegeln nur die verschiedenen Kulturräume im Herzen Deutschlands wider, die der über 520 Kilometer lange Fluss miteinander verbindet. Er ist mit einer mittleren Abflussmenge von 225 Kubikmetern pro Sekunde nach der Aare und Mosel der drittwasserreichste Nebenfluss des Rheins. Für den Schiffsverkehr bildet er zusammen mit dem Main-Donau-Kanal ein wichtiges Bindeglied zwischen der Nordsee und dem Schwarzen Meer (www.mainradweg.com).

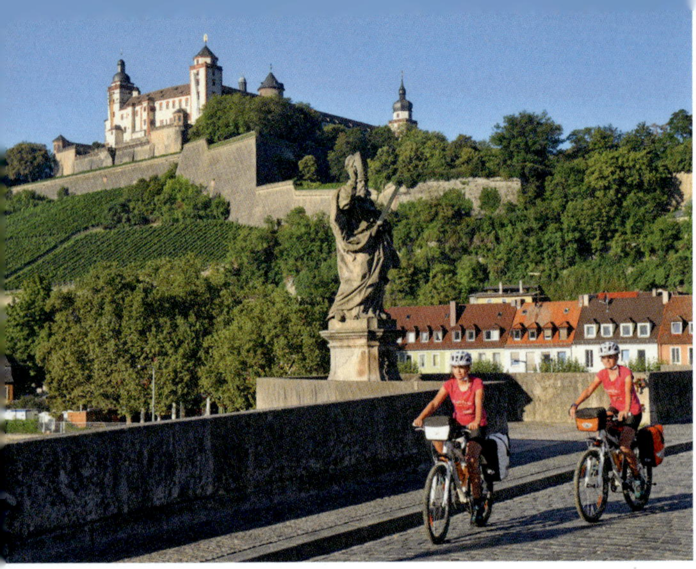

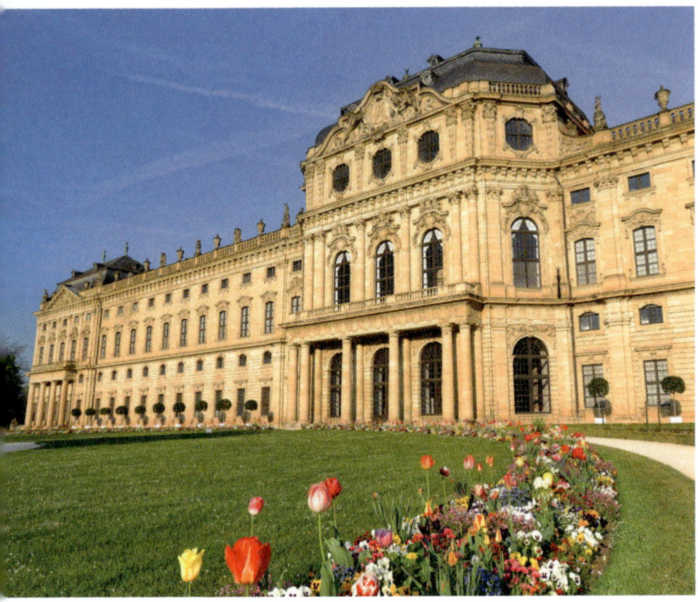

Die Würzburger Residenz

Der barocke Prachtbau wurde im Jahr 1981 als eines der ersten deutschen Denkmäler in die Liste des Weltkulturerbes aufgenommen. Die UNESCO adelte die Residenz als »das einheitlichste und außergewöhnlichste aller Barockschlösser«. Diese Anerkennung verdankt die im 18. Jahrhundert erbaute Schlossanlage vor allem dem imposanten Treppenhaus von Balthasar Neumann und dem gigantischen Freskogemälde von Giovanni Battista Tiepolo. Auf dem mit über 600 Quadratmetern größten Deckengemälde der Welt stellt der Maler die damals vier bekannten Erdteile Europa, Afrika, Asien und Amerika dar.

Papstgrab (Clemens II.) nördlich der Alpen. Zu den bedeutendsten der 2300 Einzelbaudenkmäler Bambergs zählen außerdem das auf einer Regnitzbrücke erbaute Alte Rathaus, die Neue Residenz und das Kloster Michelsberg.

Von Bamberg nach Würzburg – 153 km

Auf dem nächsten Teilstück schlängelt sich der Radweg am Naturpark Haßberge entlang und streift dabei die sehenswerten Städte Haßfurt und **Schweinfurt**. Wir überschreiten die imaginäre Grenze zwischen Bier- und Weinfranken und freuen uns auf den vielleicht malerischsten Abschnitt des Radfernweges. Die Räder rollen das Maindreieck hinunter, es bleibt genügend Zeit, den Blick über die Weinberge wandern zu lassen. Noch schöner wird es in der Mainschleife, wo sich verschlafene Winzerorte am Flussufer entlangziehen, in denen gemütliche Weinstuben Frankenweine anbieten. Voraus liegt **Kitzingen**, das sich als historische Weinhandelsstadt einen Namen gemacht hat. Reisenden auf dem Mainradweg fallen zuerst die zahlreichen Türme auf, die hier in den Himmel ragen. Bei Marktbreit knickt der Main ab und führt uns an bekannten Weinlagen vorüber, die sich vom schmalen Uferstreifen aus die umliegenden Sonnenhänge hinaufschwingen. Bald darauf kündet die hoch über dem Tal thronende Festung Marienberg mit **Würzburg** den nächsten Reisehöhepunkt an. Das auf einer Bergzunge errichtete Bollwerk ist ein Paradeexemplar für eine hochmittelalterliche Befestigungsanlage. Der vierflügelige Komplex, der immer wieder ausgebaut wurde, diente den Würzburger Fürstbischöfen zwischen 1253 und 1719 als Residenz. Heute befindet sich in der Festung das Mainfränkische Museum Würzburg sowie

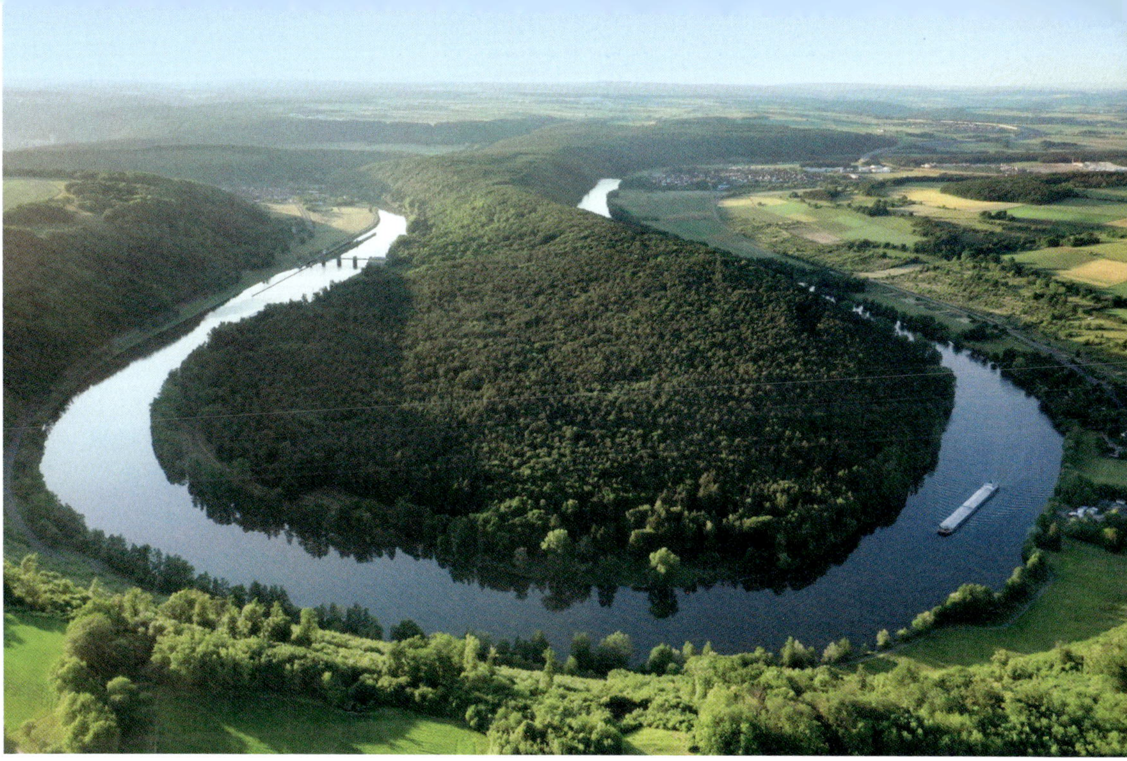

das Fürstenbaumuseum. Überschreitet man die Alte Mainbrücke mit ihren zwölf barocken Sandsteinfiguren, die Heilige und Herrscher symbolisieren, gelangt man ins Stadtzentrum. Wer der Straße nach Osten folgt, kommt zur hoch aufragenden Doppelturmfassade des St.-Kilians-Domes zu Würzburg, der zu den größten romanischen Kirchengebäuden Deutschlands zählt. Unumstrittener Glanzpunkt eines Würzburgbesuches ist die Besichtigung der Fürstbischöflichen Residenz.

Beim baden-württembergischen Urphar wirft der Main eine seiner schönsten Schleifen in das bewaldete Himmelreich.

Von Würzburg nach Aschaffenburg – 176 km Wenig später lohnt ein Abstecher zur rechten Mainseite nach **Veitshöchheim**, wo sich die Fürstbischöfe von Würzburg eine Sommerresidenz errichten ließen. Das schmucke Schloss wird von einem ansprechenden Rokokogarten umfasst. Dieser wurde zwischen 1703 und 1774 im französischen Stil gestaltet. Weiter geht es nach Karlstadt, das uns mit einer zum Main hin ummauerten Altstadt empfängt, die mit Türmen und Toren geschützt ist. Die Weinlandschaft wird allmählich durch dichte Wälder abgelöst, die bald das Landschaftsbild dominieren. In der Dreiflüssestadt **Gemünden** wird der Main von seinen Nebenflüssen Fränkische Saale und Sinn gespeist, denen man auf dem Rundradweg Main zur Rhön folgen kann. 15 genussvolle Radkilometer mainabwärts kommt der nächste Höhepunkt in Sicht: die Fachwerkstadt **Lohr am Main**, die sich selbst als das »Tor zum Spessart« bezeichnet. Beim Spaziergang durch die unterfränkische Altstadt mit ihren verwinkelten Gassen fühlt man sich in vergangene Zeiten zurückversetzt. Am Ende der gepflasterten Fußgängerzone gelangt man zum viertürmigen Schloss, in dem das Spessartmuseum residiert. Die Ausstellung präsentiert unter dem Motto »Mensch und Wald« neben alten Glasobjekten Wissenswertes aus dem Märchen- und Räuberwald Spessart. Nach der Besichtigungstour radeln wir durch das Mainviereck und erreichen **Wertheim**. Hier in der nördlichsten Stadt von Baden-Württemberg haben wir

Linke Seite oben: Erhaben steht die Festung Marienberg über Würzburg.

Linke Seite unten: Der Hofgarten der Würzburger Residenz wurde nach Abschluss des Gebäudekomplexes angelegt.

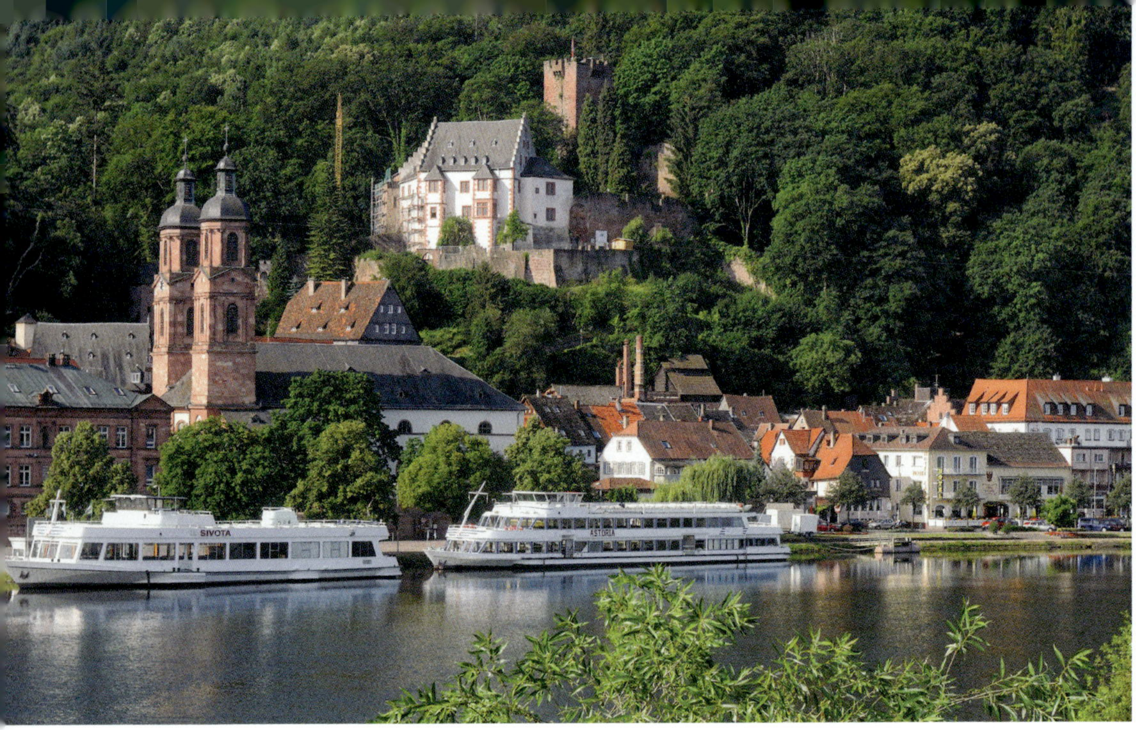

Anschluss an den Radweg Liebliches Taubertal, der von Rothenburg ob der Tauber bis zum Main 100 Kilometer zurücklegt. Dann wendet sich die Tour erst gen Westen und führt auf **Miltenberg** zu. Die Gründerväter haben sich eine reizvolle Stelle für die Siedlung ausgesucht: im linken Knie des Mainviereckes. Überall in der Altstadt trifft das Auge auf Fachwerkhäuser. Aus den Bauten ragt die doppeltürmige Stadtpfarrkirche St. Jakobus auf, darüber sitzt die Mildenburg. Um die strategische Lage wussten bereits die Römer, die zwischen Miltenberg und Kleinheubach zwei Kastelle betrieben. Im Norden erhebt sich der Spessart mit seinen großen Laubmischwäldern, im Süden der für seine Sandsteine bekannte Odenwald. Dazwischen zieht der Main träge dahin, wird er doch immer wieder zum Hochwasserschutz und zur Stromgewinnung aufgestaut und so ausgebremst. Das weithin sichtbare, aus Sandstein errichtete Schloss Johannisburg prägt das Gesicht **Aschaffenburgs**. Hinter den von vier Türmen bewachten Mauern residiert die Staatsgalerie Aschaffenburg. Besucher schreiten an Werken von Lucas Cranach dem Älteren vorbei zu Gemälden von Rubens und Rembrandt. Der bayerische König Ludwig I. schätzte die Stadt für das milde Klima und kürte sie zum »bayerischen Nizza«. Zwischen 1840 und 1848 ließ er eine Nachbildung eines römischen Wohnhauses errichten. Die Augen wandern hin und her. Überall neue Eindrücke. Da sind die zwei Innenhöfe, das Atrium, die Gästezimmer, die Küche und das Speisezimmer. Mosaikfußböden lenken die Aufmerksamkeit nach unten, original römische Kunstwerke versetzen einen in die verstrichene Epoche.

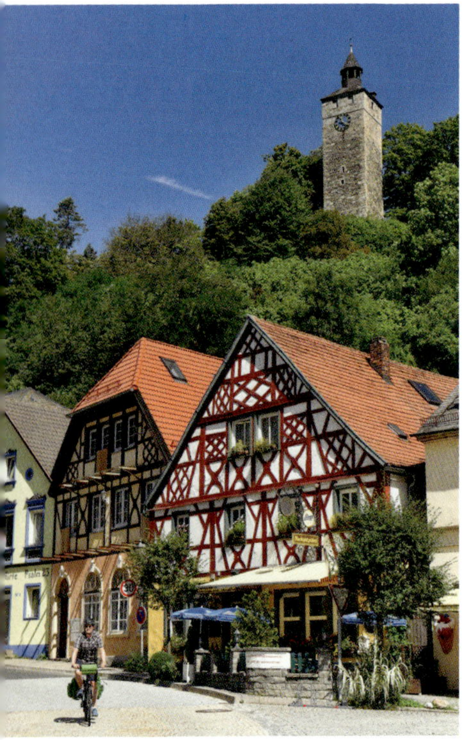

Von Aschaffenburg nach Mainz-Kastel – 94 km Langsam nimmt die Besiedelung zu und der Main ist zu einer stattlichen Breite angewachsen. Auch **Seligenstadt**, unser erstes Ziel auf hessischem Boden, glänzt mit sehenswerten Bauwerken. Bedeutend ist die Einhard-Basilika, in der die in Rom gestohlenen Reliquien der frühchristlichen Märtyrer Marcellinus und Petrus ruhen. Drei Flusswindungen später rollen wir auf die Brüder-Grimm-Stadt Hanau zu, die sich am gegenüberliegenden Mainufer an der Mündung der Kinzig ausbreitet. Am Geburtsort der weltberühmten Sprachwissenschaftler und Märchensammler wurde 1143 die Wasserburg **Hanau** errichtet, aus der das Stadtschloss hervorging, das dem Zweiten Weltkrieg zum Opfer fiel. Unversehrt blieb das westlich der Stadt gelegene Schloss Philippsruhe. Es lädt mit einer prunkvollen Innenarchitektur und dem englischen Landschaftspark zu einem Ausflug ein. Im Finale geht es parallel zum Hessischen Radfernweg R3 in Richtung **Frankfurt**, das bald mit seiner unverkennbaren Skyline grüßt. In der Finanz- und Messemetropole befindet sich ein Schmuckstück vergangener Zeit – der Römerberg. Der Rathausplatz ist von jeher das Zentrum der Altstadt. Im 16. Jahrhundert galt er als schönster Platz im Heiligen Römischen Reich deutscher Nation. Die Geburtsstadt Goethes beherbergt die größte Buchmesse der Welt. Diese blickt auf eine lange Geschichte zurück, die im 15. Jahrhundert ihren Anfang nahm. Anschließend sind es nur noch ein paar Pedaltritte bis ans Reiseziel, wo wir randvoll mit Eindrücken vom Rad steigen und am **Mainzer** Rheinstrand die Füße von uns strecken.

Linke Seite oben: Miltenberg breitet sich zwischen Odenwald und Spessart aus und überzeugt durch seine historische Altstadt.

Linke Seite unten: Bad Berneck ist seit 1857 ein Kurort.

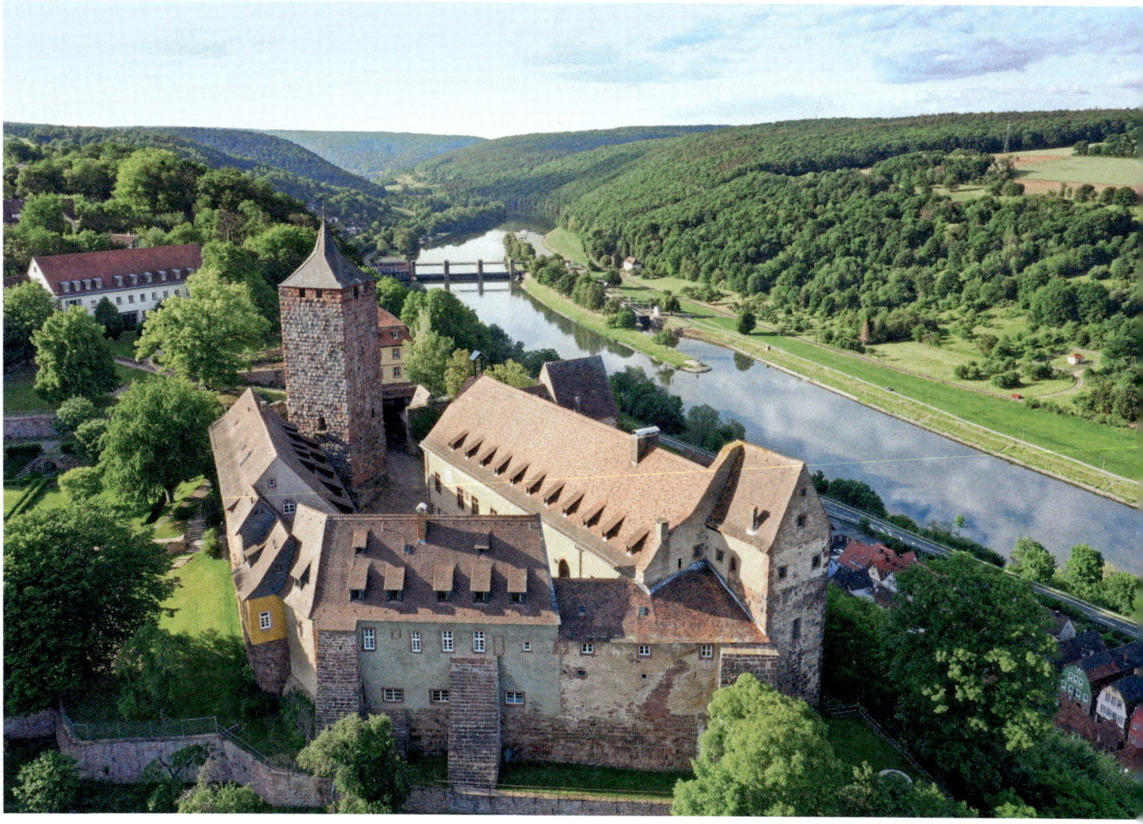

Die Burg Rothenfels sitzt über der gleichnamigen Stadt und bietet tolle Ausblicke auf den Spessart.

40 Saaleradweg

Naturidylle am blauen Band

mittel | 415 km | ca. 7 Tage

Charakter
Die Radtour auf Naturwegen mit Schotter und Asphalt ist im Thüringer Schiefergebirge anspruchsvoll, ab Saalfeld familienfreundlich.

Ausgangsort
Zell im Fichtelgebirge bzw. Schwarzenbach Bhf.

Endpunkt
Barby; zurück 5 Std. mit dem Zug ab Schönebeck (Elbe)

Wegmarkierung
Weißes Schild mit der Überschrift »Saale«, darunter der blaue Fluss und ein Radfahrer

E-Bike
Ein E-Bike ist sinnvoll, Infos über www.fahrradverleih-in-thueringen.de.

Information
Erlebnis Saaleradweg, Oberlauengasse 3, 07743 Jena, Tel. 03641/347 99 90, www.saaleradweg.de; Thüringer Tourismus GmbH, Willy-Brandt-Platz 1, 99084 Erfurt, Tel. 0361/374 20, www.thueringen-tourismus.de und www.radrouten planer.thueringen.de; IMG – Investitions- und Marketinggesellschaft Sachsen-Anhalt mbH, Am Alten Theater 6, 39104 Magdeburg, Tel. 0391/568 99 88, www.sachsen-anhalt-tourismus.de

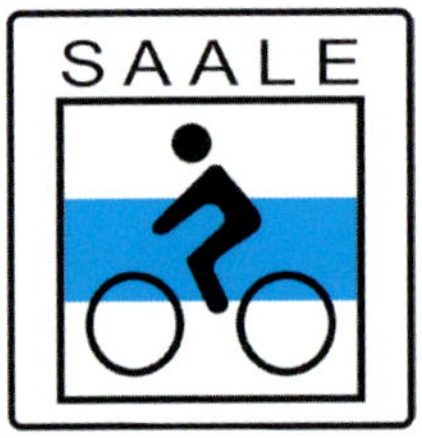

Deutsche Geschichte im Zeitraffer, Wälder und Weinberge: Das Saaletal ist ein Traum und es könnte Ihnen passieren, dass Sie am Reiseziel wehmütig werden. Wieso? Weil Sie die Landschaften lieb gewonnen haben. Weil Sie die herzhafte Küche vermissen. Vielleicht auch weil es unterwegs so ruhig war.

Von Zell im Fichtelgebirge nach Saalburg – 83 km Im **Fichtelgebirge** beginnen vier Flüsse ihren Lauf. Allen kann man mit dem Fahrrad folgen. Die Eger steuert ostwärts Richtung Tschechien. In die Gegenrichtung fließt der Main; die Haidenaab verschlägt es gen Süden, zur Donau hin. Und die **Saale** zieht zur Elbe. Am Nordwesthang des Waldsteines plätschert in 707 Metern Höhe ihre Quelle aus einem gefassten Granitsteinbecken. Den hier in Bayern geläufigen Flussnamen Sächsische Saale wählte man zur Unterscheidung mit der westlich fließenden Fränkischen Saale. Die Bezeichnung bedeutet so viel wie Salzfluss. Wir lassen die Räder genüsslich rollen, treten aus dem Wald ins Freie und fahren durch eine reizvolle Feld- und Wiesenlandschaft nach **Schwarzenbach**. Dort legen Junggebliebene im Erika-Fuchs-Haus – Museum für Comic und Sprachkunst – einen Stopp ein. Frau Erika Fuchs wohnte von 1933 bis 1984 in Schwarzenbach an der Saale und übersetzte von 1951 bis 1988 das deutsche Micky-Maus-Magazin. Um die Sprache der Zeit anzupassen, reiste sie häufig nach Schulschluss im Zug umher und verarbeitete den Slang der Jugendlichen. Im ersten Stock zeigt die Dauerausstellung Szenen aus dem Leben von Donald Duck. Beliebt ist der Stadtplan von Entenhausen nach dem amerikanischen Zeichner Carl Barks. Er sieht aus wie Holland,

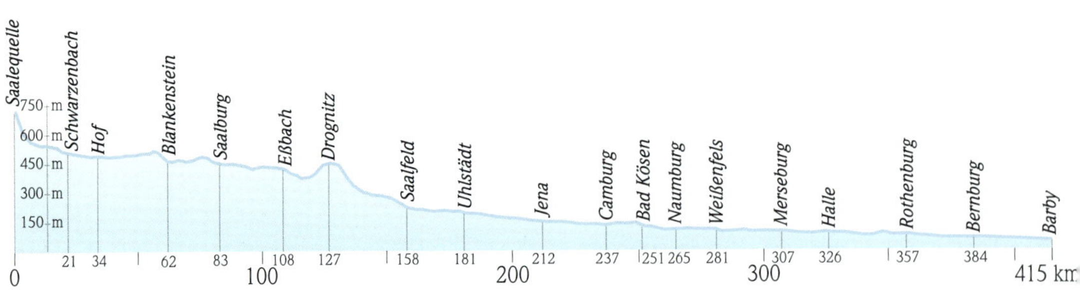

ist aber voller Bezeichnungen aus dem Fichtelgebirge. Da stechen einem Namen wie Schiefe Ebene und Waldstein ins Auge. Auch den Ochsenkopf, Schnarchenreuth und Oberkotzau gibt es auf der Karte wie in der Realität. Teilweise stimmt sogar die Lage in den umliegenden Landkreisen mit den Tälern überein. So radelt man durch das grüne Naturidyll und steuert mit Hof die erste große Stadt am Saaleradweg an. In der alten Textilstadt lohnen sowohl der Besuch des Museums Bayerisches Vogtland als auch ein Abstecher zum Untreusee, an dem sich gleich mehrere Badestrände aufreihen. Nördlich von Hof hat sich die Saale tief in die wellige Landschaft gegraben, sodass wir teilweise kräftig strampeln müssen. Ab Hirschberg markiert der Fluss den Grenzverlauf zwischen Bayern und Thüringen und geleitet uns nach **Blankenstein**, das gleichermaßen Ausgangspunkt bzw. Endpunkt des Rennsteiges bildet. Das nächste Teilstück ist das reizvollste, aber auch kräfteraubendste der ganzen Strecke und führt durch den bezaubernden Naturpark Thüringer Schiefergebirge/Obere Saale. In einem ermüdenden Auf und Ab winden sich verlassene Nebenstraßen und verschlungene Schotterwege durch das dicht bewaldete Mittelgebirge. Das Landschaftsbild mit seinen langstämmigen Fichtenwäldern, den hellen Birken und dem geheimnisvoll verästelten Bleilochstausee erinnert an Skandinavien. Hinter einem herrlichen Naturwegstück taucht der Ort **Saalburg** aus dem Uferwald auf, der sich auf einer vorgeschobenen Landzunge ausbreitet.

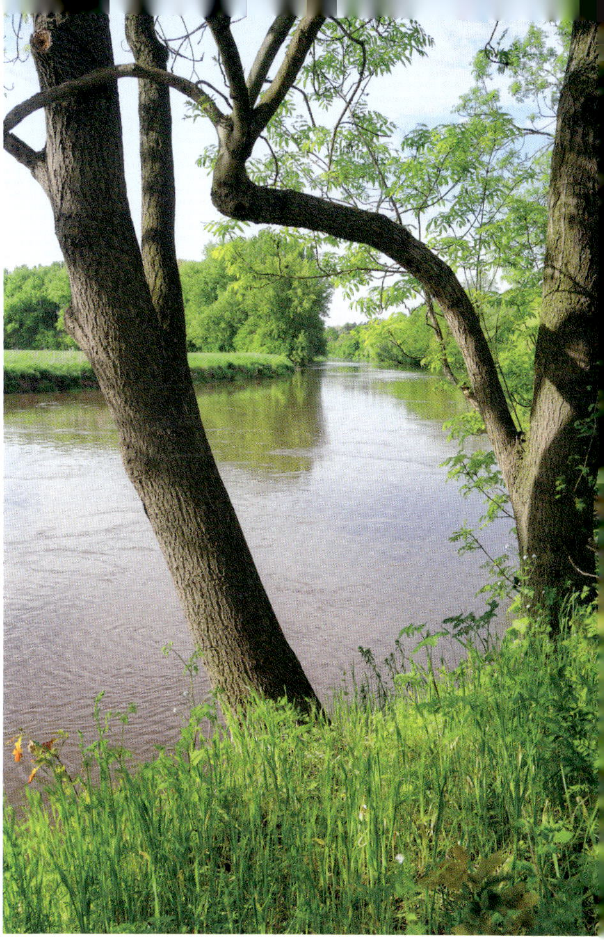

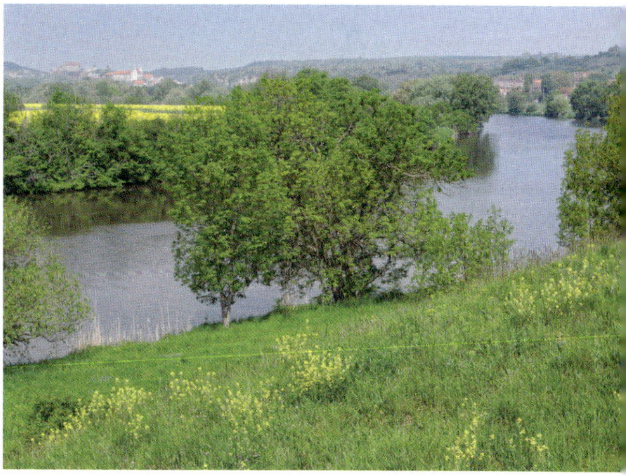

Von Saalburg nach Jena – 129 km Nachdem immer wieder verheerende Hochwasser das Saaletal heimsuchten, baute man zwischen 1926 und 1932 die Bleilochtalsperre, in deren Rücken heute Deutschlands größter Stausee mit einem Fassungsvolumen von 215 Millionen Kubikmetern liegt. Wir folgen dem gewundenen Lauf einer Bucht, durchschreiten ein langes Waldstück und brausen eine herrlich kurvige Abfahrt hinunter. Dort erblicken wir das auf einem Felssporn über dem Tal errichtete Schloss Burgk. Der wehrhafte Herrschaftssitz geht auf das 15. Jahrhundert zurück und bezaubert im Inneren mit einem großzügig angelegten Rittersaal, einer Schlosskapelle mitsamt der berühmten Silbermann-Orgel und barocken Sälen. Ein guter

Ganz oben: Die Saale ist mit 413 Kilometern nach der Moldau der zweitlängste Nebenfluss der Elbe.

Oben: Der Radweg führt meist durch ruhige Landschaften.

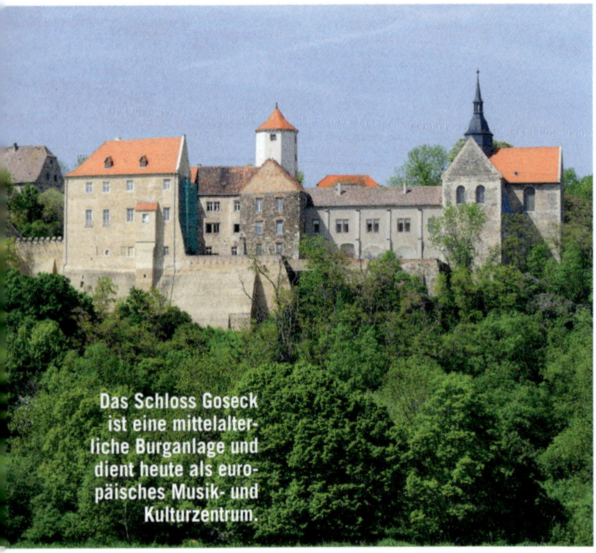

Das Schloss Goseck ist eine mittelalterliche Burganlage und dient heute als europäisches Musik- und Kulturzentrum.

wagenbreiter Forstweg führt uns längs des Flusslaufes durch das verwunschene Obere Saaletal, das hier an einen Märchenfilm erinnert. Anschließend windet sich der Saaleradweg über aussichtsreiche Hügel, hangelt sich am Ufer der Talsperre Hohenwarte entlang und erreicht schließlich Saalfeld. Der Weg durch das Mittlere Saaletal nach **Jena** läuft zunächst durch Rudolstadt, dessen Ortsbild vom alles überragenden Schloss Heidecksburg beherrscht wird. Zu Füßen des Barockschlosses liegt die historische Altstadt mit ihren verwinkelten Gassen, den Renaissancebürgerhäusern und dem 1741 fertiggestellten Schloss Ludwigsburg. »Stapelstadt des Wissens« nannte Goethe die zwischen Muschelkalkfelsen eingebettete Stadt Jena. Bereits im 16. Jahrhundert überreichte Kaiser Ferdinand I. das offizielle Universitätsprivileg. Noch heute wird am Ufer der Saale im großen Stil studiert, geforscht und ausprobiert. Die Vorbilder? Carl Zeiss, Ernst Abbe und Otto Schott – allesamt Pioniere der modernen Optik. Wo sich früher Handelsrouten kreuzten, treffen in unseren Tagen reizvolle Radrouten aufeinander. In Jena fallen uns die Schilder des Thüringer Mühlenradweges (80 km) und des Radfernweges Thüringer Städtekette (225 km) auf, der Teil der quer durch Deutschland verlaufenden D-Route 4 (Mittelland-Route) ist.

Rechte Seite: Der Naumburger Dom St. Peter und Paul entstand größtenteils im 13. Jahrhundert.

Von Jena nach Merseburg – 95 km Nach 15 entspannten Radkilometern erspähen wir die drei Dornburger Schlösser, die von einem Felsen herabgrüßen und zu einem Abstecher einladen. Wir passieren die Mündung des Flusses Ilm und erfreuen uns an den vorbeiziehenden Rebgärten der Weinregion Saale-Unstrut. Sie profitiert von den Höhenzügen des Harzes und des Thüringer Waldes, die das Wetter und die Kälte

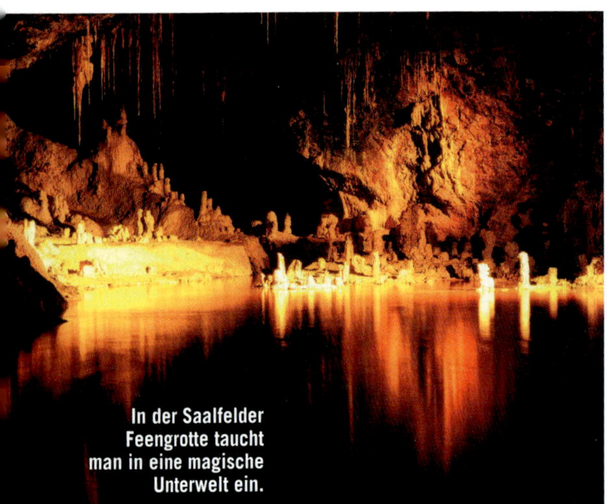

In der Saalfelder Feengrotte taucht man in eine magische Unterwelt ein.

Saalfelder Feengrotten

In Saalfeld kann man sich für gut eine Stunde der Oberwelt entziehen und in die Schaugrotten einfahren. Im Mittelalter baute man hier Alaunschiefer ab. Anschließend entwickelte sich eine faszinierende Tropfsteinwelt, die man seit dem Jahr 1914 bestaunen kann. Heutzutage geht es von Mai bis Oktober alle 20 bis 30 Minuten hinein auf die drei Sohlen der glänzenden Unterwelt. Diese stehen seit 1993 als »Die farbenreichsten Schaugrotten der Welt« im Guinnessbuch der Rekorde (Saalfelder Feengrotten, Feengrottenweg 2, 07318 Saalfeld, Tel. 03617/55040, www.feengrotten.de).

fernhalten. In der trockenen, 640 Hektar kleinen Anbaufläche reifen in den nördlichsten Weinbergen Europas vor allem Müller-Thurgau, Weißburgunder und Silvaner, aber auch Riesling, Kerner oder Bacchus. Diesen malerischen Flecken Erde schützt man als **Geo-Naturpark Saale-Unstrut-Triasland**. An manchen Stellen ragen die blanken Triasgesteine aus den Steilhängen. Die hier entdeckten Fossilien geben Einblick in 200 Millionen Jahre Erdgeschichte. Damals lag Mitteleuropa auf dem Grund eines Muschelkalkmeeres. Seither formten die Kontinentaldrift sowie Erosion durch Niederschläge, Gerinne und Wind die malerischen Talabschnitte von Saale und Unstrut. Im Herzen des Naturparkes sonnt sich **Naumburg**. Das unübersehbare Wahrzeichen der Altstadt ist der viertürmige Dom St. Peter und Paul. Jahrhundertelang arbeiteten Architekten, Künstler und Handwerker an dem Bau und erschufen eine Kulturperle von Weltrang. Kostbar sind die zwölf lebensgroßen Stifterfiguren im Westchor. Die älteste Steinskulptur der heiligen Elisabeth gibt es in der Elisabethkapelle zu bestaunen. Eine Treppe führt hinab in die romanische Krypta. Die nächsten interessanten Etappenziele auf dem Weg Richtung **Merseburg** sind Weißenfels mit dem Schloss Neu-Augustusburg und Bad Dürrenberg. Hier trifft man nahe dem Radweg auf den Kurpark mitsamt einem riesigen Gradierwerk.

Von Merseburg nach Barby – 108 km Saaleradler, die sich Merseburg vom Fluss her nähern, genießen eine spektakuläre Stadtansicht. Hoch über dem Wasserlauf ragen Dom und Schloss mächtig auf und bilden zusammen ein harmonisches Turmensemble. Das städtebaulich attraktive Merseburg ist bekannt für seine Zaubersprüche, die zu den ältesten erhaltenen Schriften Deutschlands zählen (10. Jh.). In der Südklausur des Domes kann man eine Kopie der kostbaren Handschrift bestaunen, die bereits Jacob Grimm würdigte. Voller Vorfreude steuern wir durch eine weitläufige Auenlandschaft unser nächstes Ziel an. Zeit nehmen und genau hinschauen lautet die Devise der Händelstadt **Halle**. Ihre Entstehung vor über 1200 Jahren verdankt die heutige Kultur- und Wissenschaftsstadt

Wein- und Sektstadt Freyburg

Fünf Kilometer stromaufwärts der Mündung der Unstrut in die Saale erreicht man Freyburg. Den Logenplatz über der Wein- und Sektstadt nimmt das imposante Schloss Neuenburg ein. Die Familie der Ludowinger und später das Haus Wettin regierten zeitweise von hier aus ihre Ländereien. Im Inneren bilden die Doppelkapelle, das Weinmuseum im Kellergewölbe und der beeindruckende Fürstensaal wertvolle Zeitzeugnisse. Eine Etage tiefer bildet die gemauerte Stadtbefestigung eine harmonische Einheit mit der Stadtkirche St. Marien und dem Gebäudeensemble der Rotkäppchen Sektkellerei. Die historischen Kelleranlagen laden zu einer Besichtigung ein.

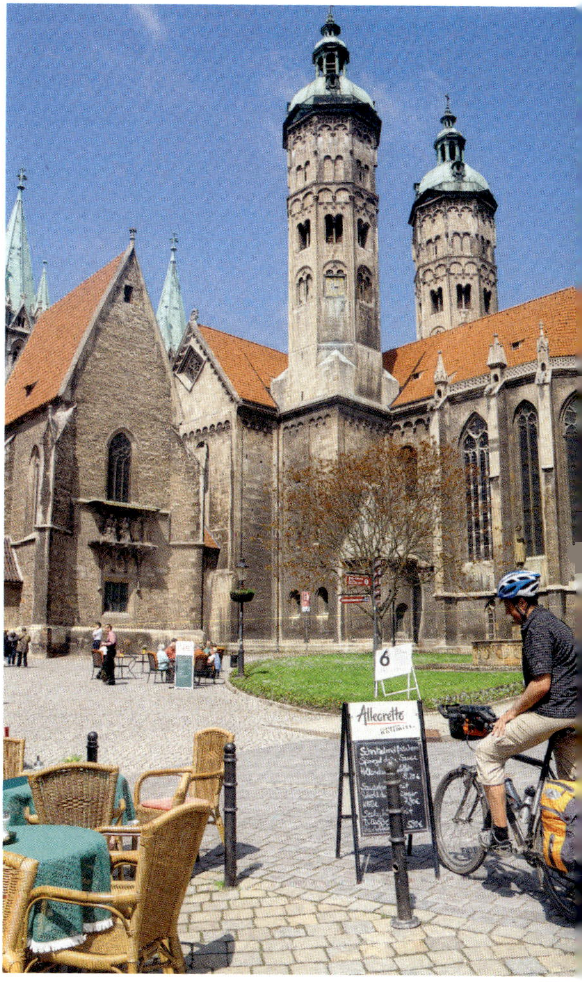

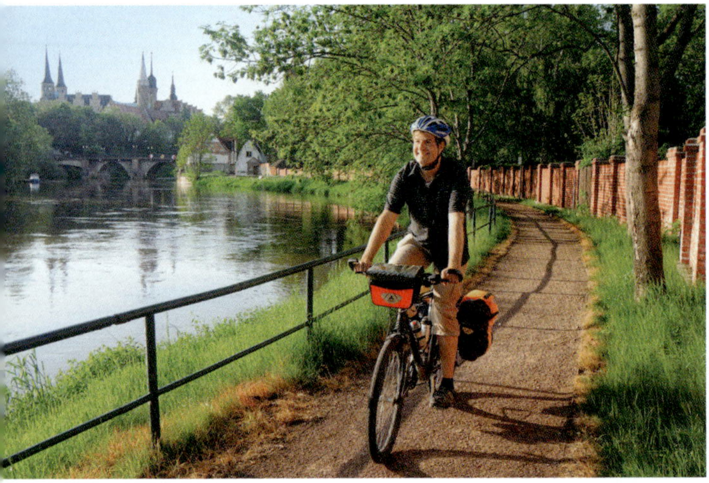

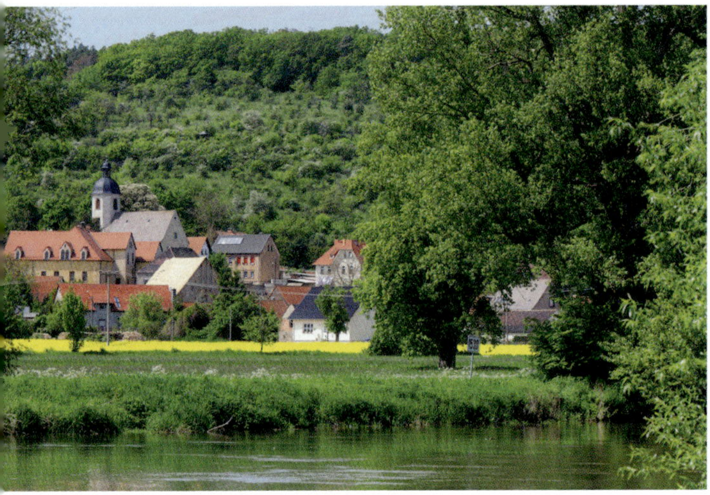

dem Salz, was sich an dem Namen »Hall« ablesen lässt, der so viel wie »Stätte der Salzbereitung« bedeutet. Am Ufer der Saale sind Musik und Schauspiel zu Hause. Alljährlich ziehen die Internationalen Händel-Festspiele, fünf Theater- und Opernbühnen, die Staatskapelle sowie mehr als 60 Kultureinrichtungen mit Galerien und Künstlertreffs Tausende Gäste in ihren Bann. Der Komponist Georg Friedrich Händel (1685–1759) war eine der bedeutendsten Persönlichkeiten der Stadt. Er schuf zahlreiche Opern, Orchestermusikstücke und Oratorien. Darunter sein bekanntestes Werk, der »Messias« mit dem berühmten Chorwerk »Halleluja«. Die Stadt beherbergt Hallenser, Halloren und Halunken. Halloren heißen die Salzarbeiter. Hallenser nennt man die in Halle geborenen Einwohner, und die Zugezogenen werden scherzhaft als Halunken denunziert. Den kostbarsten Schatz des Bundeslandes behütet das Landesmuseum für Vorgeschichte. Dort ist die weltberühmte, geschätzt 3600 Jahre alte Himmelsscheibe von Nebra ausgestellt. Hinter Halle bestimmt der Naturpark Unteres Saaletal den nächsten Reiseabschnitt. Hier hat sich der zur stattlichen Breite angewachsene Strom in jahrtausendelanger Arbeit durch die Halle-Hettstedter Gebirgsbrücke gegraben und eindrucksvolle Porphyrfelsbastionen hinterlassen. Die Region zählt zu den niederschlagsärmsten in Deutschland. So ist es nicht verwunderlich, dass in dem 408 Quadratkilometer großen Schutzgebiet zahlreiche Steppenpflanzen heimisch sind. Einige Flussschleifen entfernt rücken die Gebäude von **Bernburg** ins Bild. Die gute Lage an einer Saalefurt begünstigte eine frühe Stadtgründung. Bergauf ging es mit Bernburg, als die ansässigen Fürsten von Anhalt-Bernburg die Siedlung zur Residenz- und Garnisonsstadt ausbauten. Die Krone Anhalts – das Schloss Bernburg, das im Laufe der letzten Jahrhunderte mehrmals umgestaltet wurde – besitzt einen der größten Burghöfe Deutschlands. Zu den Attraktionen am Platz zählen der Eulenspiegelturm und das Schlossmuseum. Die finalen Kilometer führen durch üppiges Farmland und verschlafene Weiler in den Ort **Barby**, wo der Saaleradweg endet. Wer hier mit der Fähre über die Elbe setzt, kann auf dem Elberadweg ins nahe gelegene Magdeburg rollen und dort die Radtour ausklingen lassen.

Ganz oben: Die tief stehende Abendsonne taucht Merseburg in ein magisches Licht.

Oben: Die Saale passiert auf ihrem Weg in Richtung Elbe ruhige Dörfer wie Eulau.

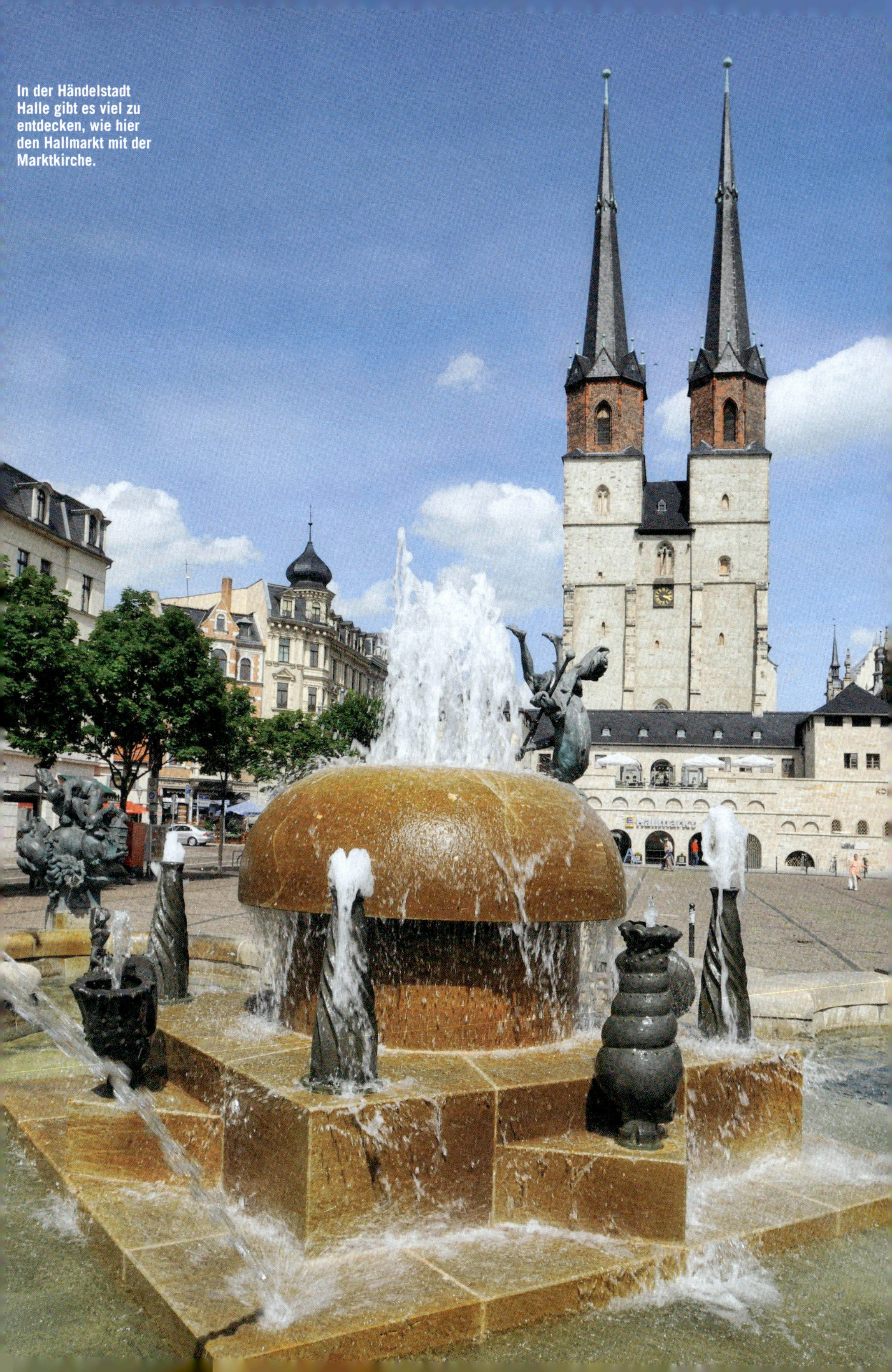

In der Händelstadt Halle gibt es viel zu entdecken, wie hier den Hallmarkt mit der Marktkirche.

41

Main zur Rhön

Ach, wie schön!

mittel | 266 km | ca. 5 Tage

Charakter
Entlang der Flüsse Fränkische Saale und Sinn radelt man genussvoll voran. Im mittleren Abschnitt verlangt die bergige Rhön einiges an Muskelkraft.

Ausgangsort
Gemünden am Main Bhf.

Endpunkt
Gemünden am Main Bhf. und viele Haltestellen an der Strecke

Wegmarkierung
Grün-weiße Radwegschilder mitsamt Ortsangaben in beiden Richtungen

E-Bike
Im Mittelteil der Strecke muss man eine lange Steigung bewältigen. Dort hilft eine Trittunterstützung; Infos über www.vom-main-zur-rhoen.de.

Information
Tourismus GmbH Bayerische Rhön, Spörleinstraße 11, 97616 Bad Neustadt a. d. Saale, Tel. 09771/94670, www.rhoen-grabfeld.de
Rhön GmbH – Gesellschaft für Tourismus und Markenmanagement, Rhönstraße 97, 97772 Wildflecken-Oberbach, Tel. 09749/930 0800, www.rhoen.de und www.vom-main-zur-rhoen.de
Bayern Tourismus Marketing GmbH, Arabellastraße 17, 81925 München, Tel. 089/2123970, www.bayern.by und www.radroutenplaner-bayern.de

Die Ruhe ist im Spessart und der Rhön allgegenwärtig. Beide Mittelgebirge stehen für sanft gewellte Kuppen, Wiesen und Wälder – ideal für eine Mehrtagestour mit dem Fahrrad. Reisende machen in Kurorten Station, freuen sich auf Burgen und Schlösser. Ein Rundkurs durch das ländliche Unterfranken.

Von Gemünden am Main nach Bad Neustadt – 86 km Gehören Sie auch zu den Radlern, die ruhige Landstriche schätzen? Gute Wege und flaches Dahingleiten? Der Radweg »Vom Main zur Rhön« gilt als Geheimtipp für Naturradler. Er folgt den Flussläufen der 140 Kilometer langen **Fränkischen Saale** und der halb so langen **Sinn**. Nur im Mittelteil der Rundschleife gibt es eine Steigung zu bezwingen. Ein guter Startpunkt ist **Gemünden am Main**. Die Dreiflüssestadt, in der die Fränkische Saale und die Sinn in den Main münden, lockt zu einem Spaziergang in die Fachwerkgassen. Besucher werfen einen Blick in die Pfarrkirche St. Peter und Paul, inspizieren das Huttenschloss und erklimmen den Hügel

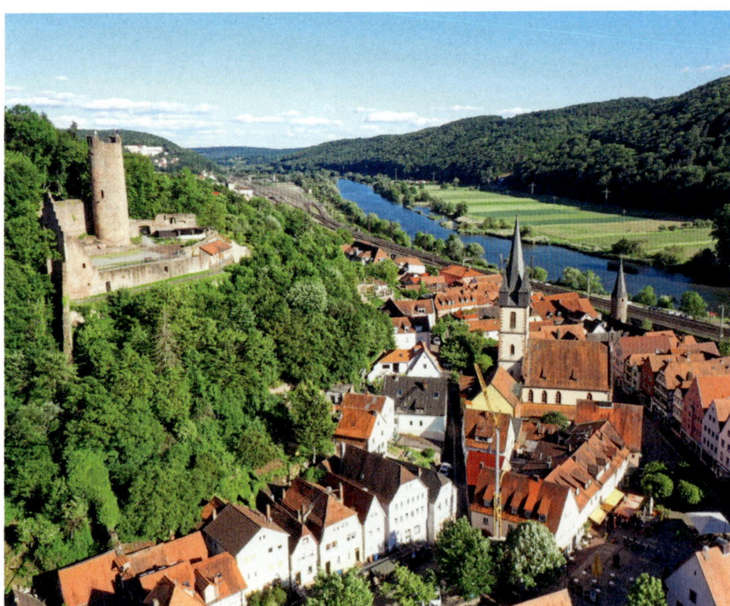

In Gemünden am Main strömen dem Fluss die Fränkische Saale und die Sinn zu.

hinauf zur Ruine Scherenburg. Die Mauerreste der im 13. Jahrhundert erbauten Befestigung dienen heute als stilvolle Kulisse für die Scherenburgfestspiele. Außerhalb der Aufführungen genießt man einen reizvollen Blick auf die Altstadt, den Main und zu den bewaldeten Hügelzügen des Spessarts. Dahinter beginnt die Rhön. In diese Richtung schwenken Radler den Lenker. Leicht ansteigend folgt der vorbildlich ausgebaute Radweg den Talschleifen der Fränkischen Saale. Zu beiden Seiten drängt der dunkelgrüne Wald an den Fluss heran. Dazwischen Streuobstwiesen. Wolfsmünster, Gräfendorf und Diebach sind die Stationen auf dem Weg nach **Hammelburg**. Im Januar 777 schenkte Karl der Große dem Kloster Fulda das Königsgut Hammelburg. In der Schenkungsurkunde findet man Hinweise auf die ersten Weinberge im Fränkischen. Somit nennt sich Hammelburg die älteste Weinstadt Frankens. Deutlich jünger ist das über dem Tal thronende Schloss Saaleck, in dem neben dem Weingut ein Hotel residiert. Die Route biegt in die Altstadt ab, überquert den kleinen Marktplatz, der vom historischen Rathaus dominiert wird. Felder, Dörfer, dazu von Burgen gekrönte Hügel bilden den Rahmen für die Fahrt ins Zentrum von **Bad Kissingen**. Seit dem Jahr 823 sprudeln hier sieben Heilquellen. Da ist es wenig verwunderlich, dass sich im ausgehenden Mittelalter der Ruf der Stadt als erstklassiger Kur- und Heilort festigte. Im 19. Jahrhundert ließ Ludwig I. von Bayern Kissingen gezielt zu einem mondänen Badeort ausbauen, den man heute unter dem Titel »Bayerisches Staatsbad« bewirbt. Nicht nur europäische Monarchen wie Alexander II. Zar von Russland, Elisabeth von Österreich, ihr Gemahl

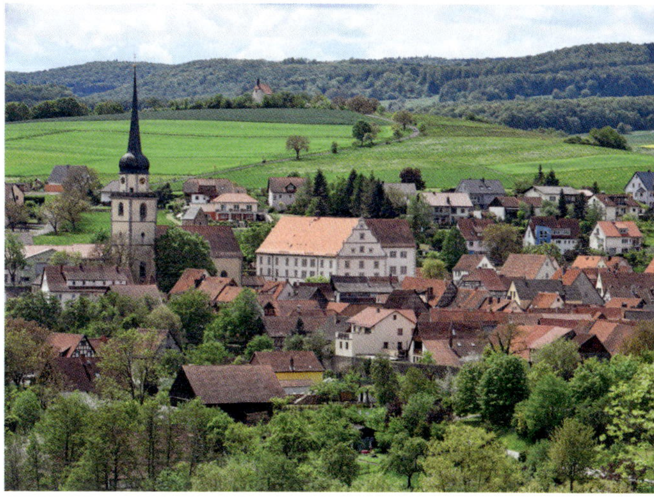

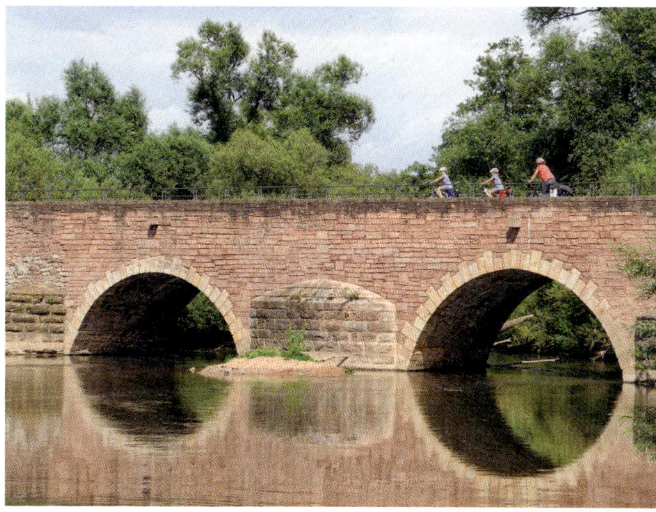

Ganz oben: Fladungen liegt im Tal der Streu.

Oben: Die Alte Saalebrücke in Euerdorf stammt teils aus dem 16. Jahrhundert.

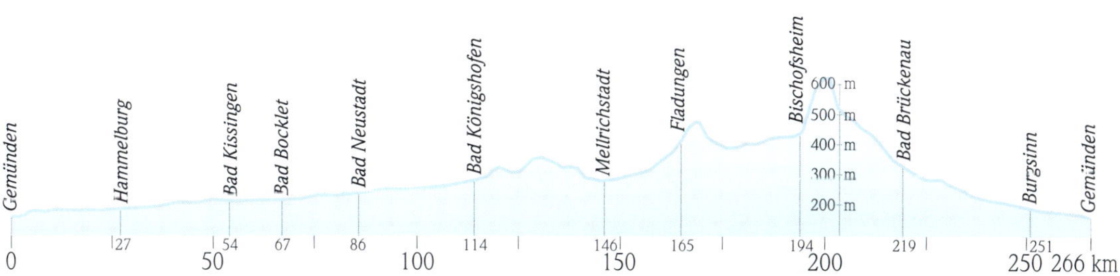

Rechte Seite oben: Ostheim vor der Rhön ist bekannt für seine Kirchenburg.

Rechte Seite unten: In der Rhön sieht man viele religiöse Statuen, Kapellen und Bildstöcke.

Franz Joseph I. Kaiser von Österreich oder Ludwig II. von Bayern entspannten am Südrand der Rhön. Auch Persönlichkeiten wie Leo Tolstoi, Theodor Fontane und Otto von Bismarck schätzten das Flair des »Weltbades«. Flussaufwärts geht es über Aschach mit seinem idyllisch gelegenen Schloss und den drei darin untergebrachten Museen nach Bad Bocklet hinein. Die Balthasar-Neumann-Quelle ist der Garant für den Kurbetrieb. Wegen des hohen Eisengehaltes nennt man sie »Stahlquelle«. Keine 20 Kilometer entfernt erreichen wir **Bad Neustadt** – die dritte Erholungsoase im Bunde. Auf einem Höhenrücken errichtet, bewacht die Burg Salzburg seit über 800 Jahren den Salzgau um Neustadt. Die etwa einen Hektar große mittelalterliche Burganlage ist eindrucksvoll: Ringsum ragt ein 450 Meter langer Mauerring auf. Es gibt einen quadratischen Tor-Bergfried, dazu viele Wohnbauten.

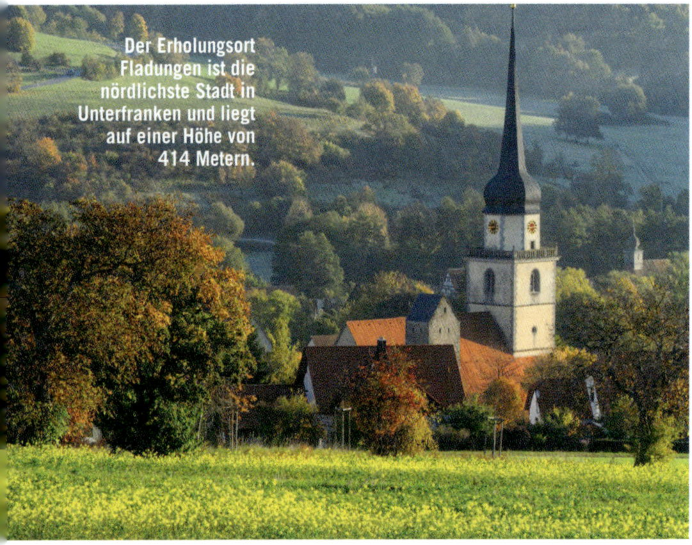

Der Erholungsort Fladungen ist die nördlichste Stadt in Unterfranken und liegt auf einer Höhe von 414 Metern.

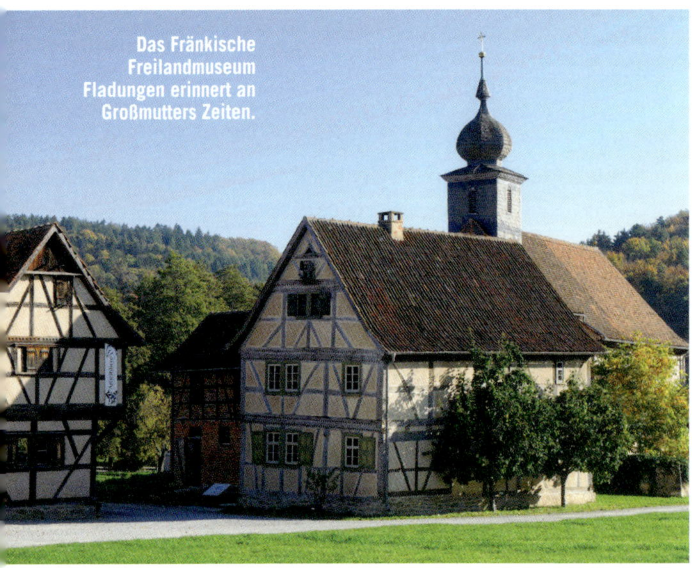

Das Fränkische Freilandmuseum Fladungen erinnert an Großmutters Zeiten.

Von Bad Neustadt nach Fladungen – 79 km Der Wald weicht zurück, macht Platz für Felder und Wiesen. Bad Königshofen kann bei Gästen mit dem ersten Heilwassersee Deutschlands punkten. Das naturbelassene, 30 Grad Celsius warme Quellwasser der Heilquellen Urbani und Regius gilt als außerordentlich gesund und ist ein Publikumsmagnet. Die Route wird welliger, führt nach einem kurzen Ausflug durch Thüringen ins 50 Kilometer entfernte **Fladungen**. Wer die nördlichste Stadt Bayerns erreicht, erkennt sofort, warum man die Rhön »Land der offenen Fernen« nennt. Rings um das Obere Streutal erstrecken sich blumenübersäte Matten und Weiden. Sie konkurrieren mit den sanft gerundeten Bergen und Kuppen um das schönste Fotomotiv. Das Freilandmuseum Fladungen vermittelt anschaulich, wie es in Franken zu früheren Zeiten aussah. Die Sammlung ist in die Landstriche Spessart-Rhön und Grabfeld-Haßberge unterteilt. Es beherbergt komplett erhaltene Hofstellen, Mühlen, eine Dorfschule, ein Brauhaus, eine Schäferei, ja sogar eine kleine Kirche. Neben dem 12 Hektar großen Museumsgelände liegt der Bahnhof des Rhön-Zügles. Mit dem nostalgischen Dampfzug kann man nach Mellrichstadt tuckern.

Von Fladungen nach Gemünden – 101 km Auch die Weiterfahrt lohnt. Der Weg steigt steiler an, entschädigt uns für die Mühen mit einer fantastischen Fernsicht. Haben Sie ein Stündchen Zeit? Dann nichts wie nach Oberelsbach in die Verwaltungsstelle des UNESCO-Biosphärenreservates Rhön. Wussten Sie, dass die Schutzfläche seit 2014 ein Sternenpark ist? Das dünn besiedelte Mittelgebirge erstreckt sich über die Länder Hessen, Thüringen und Bayern. Nicht eine Großstadt stört die natürliche Nachtlandschaft. Ein ermüdendes Auf und Ab führt uns ins Zentrum von **Bischofsheim**. Der von einer gut erhaltenen Stadtmauer eingefasste Ort ist gesegnet mit einer idyllischen Lage am Fuß des 938 Meter hohen Kreuzberges. Die in der Form des sogenannten fränkischen Rundlings angelegte Stadt wurde im 13. Jahrhundert erstmals urkundlich erwähnt. Aus jenen Tagen stammt das Wahrzeichen von Bischofsheim, der 26 Meter aufragende Zentturm. Anschließend klettert der Weg stetig bergan, überwindet auf sieben Kilometern 250 Höhenmeter. Nachdem bei 650 Metern der höchste Punkt der Reise bezwungen ist, brausen die Räder nach **Bad Brückenau** hinunter. In dem geschichtsreichen Staatsbad wandelt man auf den Spuren des Bayernkönigs Ludwig I. Zwischen 1818 und 1862 verweilte er 26-mal am Ufer des Flusses Sinn. Die historischen Gebäude und die ansehnliche Parkanlage laden noch heute zum Flanieren ein. Im Jugendstilgebäude, der Villa Füglein, ist das Deutsche Fahrradmuseum untergebracht. Die Ausstellung erzählt anhand von 230 Exemplaren die Geschichte des Gefährts von den Anfängen um 1817 bis in die Gegenwart. Das Gelände flacht nun langsam ab. Dennoch geht es flott durch das Sinntal, an dessen Flanken der dichte Mischwald des Spessarts emporklettert. Hier sagt man: »Kinzig, Sinn und Main schließen rings den Spessart ein.« Orte kommen und gehen. Sie tragen Namen wie Obersinn, Mittelsinn, Burgsinn. Eine halbe Stunde entfernt rückt über dem Talgrund eine Ritterburg ins Bild. **Rieneck** ist erreicht. Das in Fachwerkbauweise errichtete Rathaus bildet zusammen mit der Kirche St. Johannes den Kern der Altstadt. Anschließend genießt man die finalen Kilometer, bis sich der spannende Rundkurs in Gemünden schließt. Im Kopf nehmen wir die Eindrücke der Reise mit nach Hause: Wälder, Wiesen, Burgen, Kurorte, dazu die wohltuende Stille zwischen Main und Rhön. Eine tolle Tour!

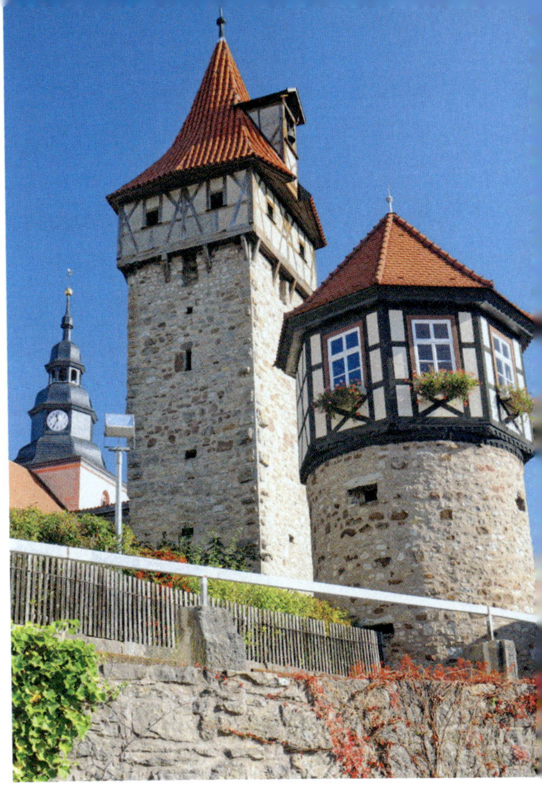

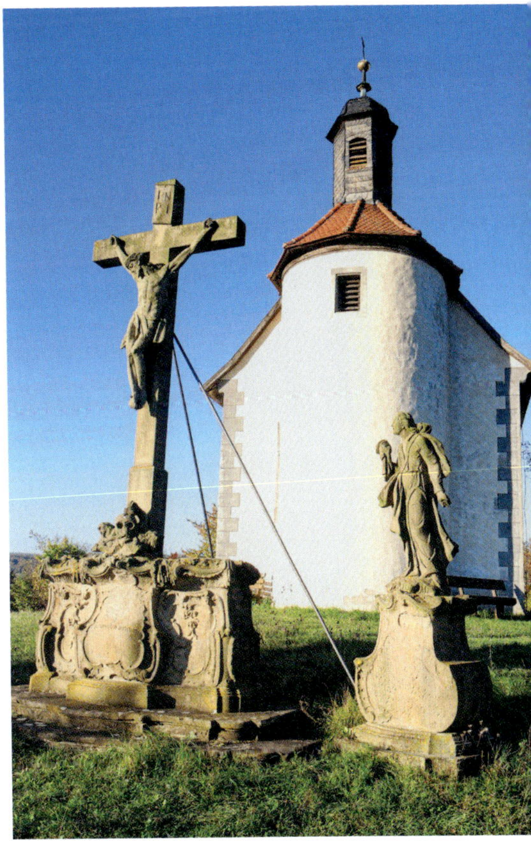

42

Aischtalradweg

Frankenwein und Bier

leicht | 122 km | ca. 2 Tage

Charakter
Den gut ausgebauten und bis auf wenige Steigungen leicht zu radelnden Weg kann man bequem an einem verlängerten Wochenende fahren. Die Tour zeichnet sich durch eine ruhige Streckenführung aus.

Ausgangsort
Rothenburg ob der Tauber Bhf.

Endpunkt
Bamberg; zurück gut 2 Std. mit dem Zug

Wegmarkierung
Ein Karpfen dient zusammen mit dem Routennamen »Aischtalradweg« als Streckenlogo.

E-Bike
Diese leichte Tour lässt sich auch gut ohne E-Bike fahren.

Information
Tourismusverband Steigerwald, Hauptstraße 1, 91443 Scheinfeld, Tel. 09162/921500, www.steigerwald-info.de

Rothenburg oder Bamberg? Wo ist es schöner? Wer es herausfinden möchte, der radelt den Aischtalradweg entlang. Er verbindet beide Perlen zu einem unbeschwerten Ausflug. Unterwegs gibt es weitere sehenswerte Städte und liebliche Panoramen. Die ruhige Landpartie ist ideal für eine Fahrt mit der ganzen Familie.

Von Rothenburg ob der Tauber nach Bad Windsheim – 40 km Wie in einer Kulisse aus einem Märchenfilm drängen sich die Fachwerkhäuschen

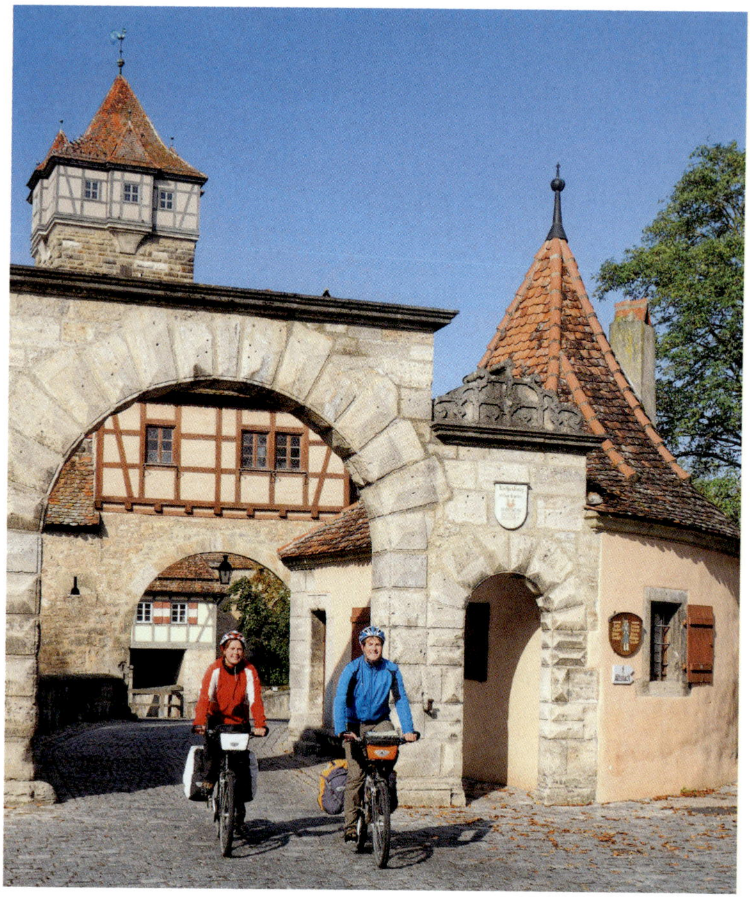

Rothenburg ob der Tauber ist bekannt für seine sehenswerten Stadttore.

aneinander und bilden eine Gasse. Sie ist gepflastert und führt zu einem Torturm. Er ist einer von 42 Tor- und Mauertürmen. Wir sind in **Rothenburg ob der Tauber**. Als das Heilige Römische Reich die maximale Ausdehnung erreichte, lag Rothenburg im Herzen des Territoriums. Der Handel erblühte. Zum Schutz errichtete man Mauern und Wehrtürme. Sie behüten in der St.-Jakobs-Kirche einen Schatz – den Heiligblutaltar. Er ist eine Schöpfung des Bildschnitzers Tilman Riemenschneider, der zwischen 1499 und 1505 an der Darstellung des Abendmahles arbeitete. Heute reist man voller Vorfreude an die Tauber und staunt. Das gilt für asiatische Touristen genauso wie für Radler. Denn hier kreuzen sich mehrere Routen. Eine Auswahl gefällig? Radweg Liebliches Taubertal, Altmühltal-Radweg, Burgenstraßen-Radweg, Radweg der Romantischen Straße. Der Aischtalradweg ist einer mit Geheimtippstatus. Er läuft nach Nordosten und geleitet uns in einem leichten Auf und Ab durch Felder und Streuobstwiesen. Auf einer Fläche von 1100 Quadratkilometern dehnt sich der **Naturpark Frankenhöhe** aus. Der bis zu 554 Meter aufragende Höhenrücken bildet eine Wasserscheide zwischen der Altmühl und der Tauber. In diesem Gebiet entspringt die **Aisch**. Nach gut 30 Kilometern treffen wir in der Windsheimer Bucht zum ersten Mal auf den Fluss. Reizvoll inmitten einer weit einzusehenden Senke gelegen versprüht die Altstadt von **Bad Windsheim** mit ihren Plätzen einen besonderen Charme. Direkt am Ufer befindet sich das Fränkische Freilandmuseum. Es lädt zu einer Zeitreise durch 700 Jahre Alltagsgeschichte ein. Über 100 Häuser zeigen, wie die ländliche Bevölkerung lebte und arbeitete. Fachmännisch eingerichtete Bauernhöfe, Scheunen, Mühlen, Brauereien, Gasthäuser, Schäfereien und Handwerkerhäuser erzählen von vergangenen Tagen. Windsheim wurde 1961 zum »Bad« erhoben. Das Herzstück der Gesundheitsoase ist der 30 Grad Celsius warme Salzsee der Franken-Therme. Die mit knapp

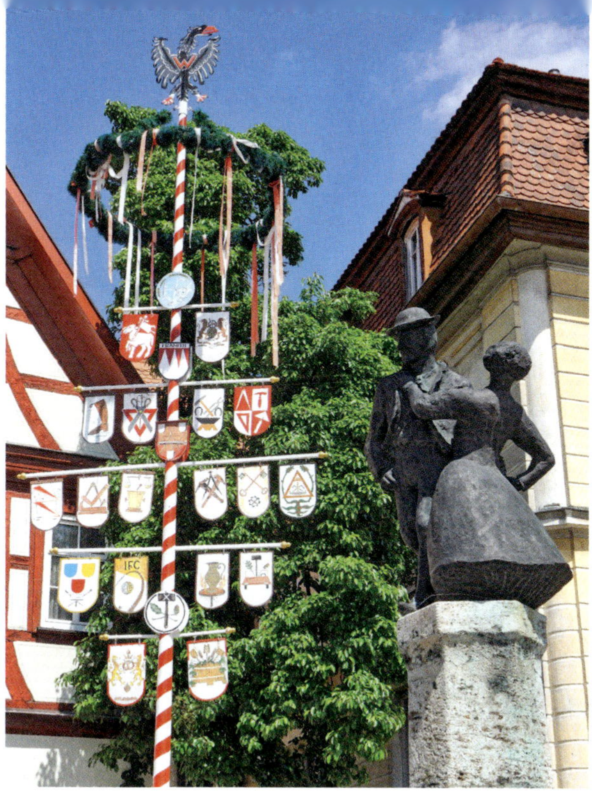

Der Zunftbaum von Bad Windsheim schmückt den Kornmarkt.

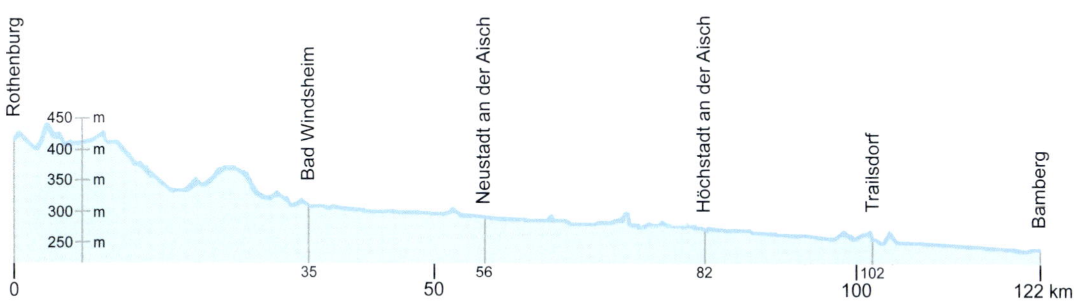

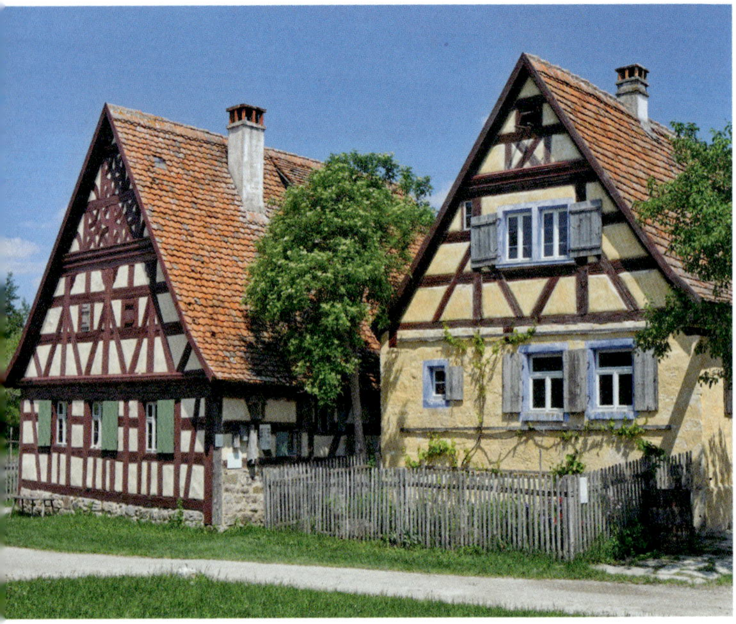

Das Fränkische Freilandmuseum Bad Windsheim ist ein 45 Hektar großes Museumsgelände am Südrand der Altstadt von Bad Windsheim.

27 Prozent Salzgehalt hochprozentige Sole wird aus einer Tiefe von rund 200 Metern gefördert. Sie ist die beste Voraussetzung für einen erholsamen Aufenthalt. Da werden müde Radlerbeine wieder munter.

Von Bad Windsheim nach Höchstadt an der Aisch – 42 km Gut erholt radeln wir durch den Aischgrund. Rechter Hand wird die Flussniederung von ansteigenden Weingärten begrenzt. Darüber die weithin sichtbare Burg Hoheneck. Es ist nicht verwunderlich, dass die Weinlagen Namen wie »Ipsheimer Burg Hoheneck« oder »Weimersheimer Roter Berg« tragen. Ein paar Richtungsschwenks, dann rollt man nach **Neustadt an der Aisch** hinein. Die Stadt liegt fast genau in der Mitte Frankens und ging aus einem Königshof hervor, der im Jahr 741 erstmals urkundlich erwähnt wurde. Später entwickelte sich Neustadt als Umschlagplatz an der Handelsstraße zwischen Würzburg und Nürnberg. Das auffälligste Gebäude des gut erhaltenen Zentrums ist das barocke Rathaus. Es ziert den einladenden Marktplatz, an dem sich ein Fachwerkgiebel an den nächsten reiht. Abgerundet wird der Spaziergang durch das Alte Schloss, in dem ein Heimatmuseum untergebracht ist. Bei Neustadt an der Aisch treffen zwei Naturparks aufeinander. Im Norden erhebt sich der Steigerwald, im Süden die Frankenhöhe. Hier wie dort sonnenbeschienene Hügel, Trockenbiotope, Mischwälder, Felder, Dörfer und Kleinstädte abseits des Massentourismus – ideal zum Radfahren. In den nächsten Stunden wechseln sich Wasserläufe mit Baumreihen und Äckern ab. Bekannt ist die Region für seine Tausende über das Land gestreuten Karpfenteiche. Spiegelkarpfen sind seit langer Zeit eine begehrte Fastenspeise. Heute findet man sie in vielen Gasthäusern als Spezialität auf der Speisekarte. Die Zucht der ursprünglich aus Asien stammenden Fische begann im Mittelalter, als Mönche die ersten Gewässer anlegten. Zusammen mit den umliegenden Nasswiesen bilden die Teichketten einen idealen Lebensraum für zahlreiche Vogelarten. So brüten am Südrand des Steigerwaldes Weißstörche, Große Brachvögel und Kiebitze. Das Ökosystem ist in mehrere Naturschutzgebiete gegliedert, in denen seltene Pflanzen beheimatet sind.

Von Höchstadt an der Aisch nach Bamberg – 40 km Der dritte Abschnitt beginnt in **Höchstadt an der Aisch**. Mit dem Kellerberg verfügt die Stadt über eine Attraktion. In den Sandsteinschichten lagern die Einheimischen seit 400 Jahren Bier, Wein und Most. Die Keller und Kellerhäuser sind ein bedeutendes Kulturgut des Aischgrundes. Für interessierte Gäste wurden in mehreren Ortschaften ganze Gangsysteme zugänglich gemacht, in denen man Geschichten zur Brautradition Frankens erzählt bekommt. Das Ortsbild über Tage wird durch das wehrhafte, direkt neben der steinernen Brücke gelegene Schloss beherrscht. Das verschlungene Flussband eskortiert uns von Mittelfranken hinüber nach Oberfranken. Hinter Trailsdorf vereint sich die Aisch mit der **Regnitz**. Hier schwenken wir den Lenker nach links und nutzen auf dem letzten Abschnitt den von Nürnberg kommenden Regnitz-Radweg. Sowohl die 85 Kilometer lange Talroute als auch die 75 Kilometer lange Kanalroute sind flach. Eine Wegstunde auf dem Sattel entfernt der finale Reisehöhepunkt – **Bamberg**. Die 1000-jährige Kaiser- und Bischofsstadt rühmt sich, den größten unversehrt erhaltenen historischen Stadtkern Deutschlands zu besitzen. Grund genug, um Bamberg 1993 in die Liste des UNESCO-Welterbes aufzunehmen. Damit schützt man den spätromanisch-frühgotischen Kaiserdom, das Alte Rathaus, die ehemalige Fischersiedlung »Klein-Venedig« und das Barockpalais Böttingerhaus. Bamberg ist für sein Rauchbier bekannt. Hier braut man zudem Pils, Lager, Helles, Märzen, Keller, Dunkles und Weizen. Wie wäre es zum Abschluss mit einer Bier-Schmecker-Tour? Dabei kann man das Fränkische Brauereimuseum besuchen und spaziert mit Biergutscheinen von Brauerei zu Brauerei. Na dann Prost auf den Aischtalradweg! Eine der schönsten Ecken Bambergs findet sich vor dem Alten Rathaus. Wie für Fotografen arrangiert sitzt es auf einer Insel in der Regnitz. Rechts und links spannen sich die Obere und die Untere Brücke malerisch über das Wasser. An sonnigen Abenden wird die Kulisse zur Flaniermeile. Müde Radler lehnen sich an das Gemäuer und lassen den Blick schweifen: vom Fachwerk des Rottmeisterhäuschens hinüber zum Hauptbau mit seiner freskenverzierten Schaufassade. Der Fluss trägt die Gedanken fort. Stromaufwärts geht es zur Aisch. Die Reise endet, wie sie begann – an einem bedeutenden Radwegeknotenpunkt. Wer weiterstrampeln möchte, findet nahtlos Anschluss. Eine Auswahl: Main-Radweg, Burgenstraßen-Radweg, Fürstbischöfliche Tour, Brauereien- und Bierkellertour.

Das Alte Rathaus in Bamberg ist auch bei Nacht ein schönes Fotomotiv.

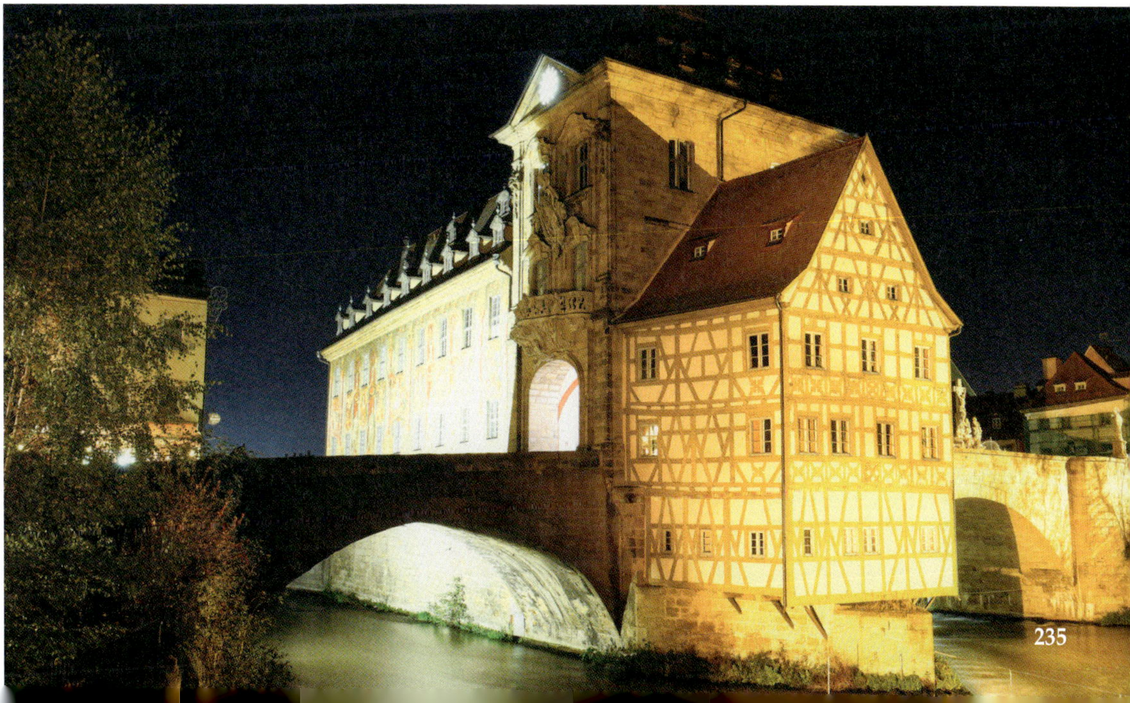

43 Altmühltal-Radweg

Reise in die Jurazeit

leicht | 243 km | ca. 4 Tage

Charakter
Die Route verläuft überwiegend auf Nebenstraßen und Radwegen. Meist führt die Strecke leicht bergab.

Ausgangsort
Rothenburg ob der Tauber Bhf.

Endpunkt
Kelheim; zurück 3 Std. mit dem Zug. In der Radsaison verkehren im Naturpark Altmühltal Busse mit Fahrradanhängern, Tel. 08421/98760, www.naturpark-altmuehltal.de/freizeitbus.

Wegmarkierung
Der Radweg ist beschildert. Man erkennt den Verlauf an den grün-gelb-blauen Schildern. Darauf sind ein Radler, ein Fluss und ein Ammonit zu sehen.

E-Bike
Den leichten Weg kann man gut mit einem normalen Fahrrad fahren. Wer dennoch auf eine Trittunterstützung setzt, findet auf www.tauber-altmuehl-radweg.de Verleihstationen.

Information
www.tauber-altmuehl-radweg.de
Informationszentrum Naturpark Altmühltal, Notre Dame 1, 85072 Eichstätt, Tel. 08421/98760, www.naturpark-altmuehltal.de
Bayern Tourismus Marketing GmbH, Arabellastraße 17, 81925 München, Tel. 089/2123970, www.bayern.by und www.radroutenplaner-bayern.de

Der familienfreundliche Altmühltal-Radweg ist eine spannende Erlebnisfahrt in die Welt der Fossilien und führt durch eine der sehenswertesten Flusslandschaften Deutschlands. Die knapp 250 Kilometer lange Reise ist zudem gespickt mit Burgen und Kleinstädten, die tiefe Einblicke in die Vergangenheit gewähren.

Von Rothenburg nach Gunzenhausen – 83 km Als wolle sie alle Höhepunkte der Region mitnehmen, fließt die **Altmühl** mal in diese Richtung, mal in jene. Könnte sie Geschichten erzählen, würden viele von den wechselnden Landschaften handeln, aber auch von Urzeitwesen. Die Altmühl würde von Feldern, Wäldern und Wiesen schwärmen und über sehenswerte Kleinstädte reden, um die sie ihre Arme legt. Da Routenplaner ebenfalls gerne Höhepunkte einbauen, beginnt diese Reise mit einem Paukenschlag – in **Rothenburg ob der Tauber**. Egal, wie oft man dieses Städtchen schon besucht hat und durch die Gassen geschlendert ist – diese Kulisse verzaubert. Wieder und wieder. Seit Jahrzehnten begeistern die Radwege an der Seite von Tauber und Altmühl. Wer beide Touren am Stück radeln möchte, folgt dem 350 Kilometer langen Tauber-Altmühl-Radweg von Wertheim am Main bis nach Kehlheim an die

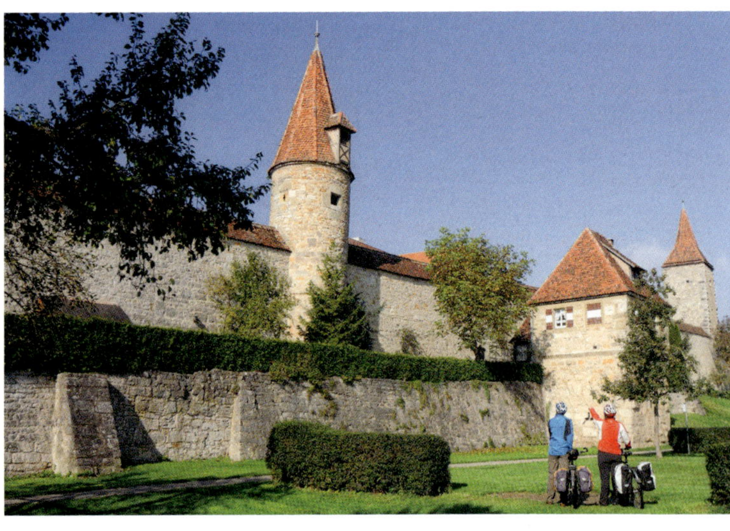

Das romantische Rothenburg ob der Tauber zählte im Mittelalter zu den mächtigsten Städten Süddeutschlands und zieht heute Besucher aus nah und fern an.

Donau. Einer der Höhepunkte markiert Rothenburg ob der Tauber, keine 20 Kilometer vom Ursprung der Altmühl entfernt. Besucher der fränkischen Reichsstadt werden augenblicklich zu Zeitreisenden: Sie flanieren über gepflasterte Gassen. Darüber ragen Fachwerk- und Bürgerhäuser aus drei Jahrhunderten auf. Stolz sind die 11 000 Einwohner auf den komplett erhaltenen Stadtkern, aus dem das 1578 erbaute Rathaus und die Stadtpfarrkirche St. Jakob herausragen. Radler schlüpfen durch die mit zahlreichen Türmen bewährte Stadtmauer und steuern gen Osten. Wir folgen der als »Altmühlweg« ausgeschilderten Route, überschreiten einen mit Wiesen und Wäldern überzogenen Hügelrücken. Unterwegs passiert man in 460 Metern Höhe den Hornauer Weiher – das Quellgebiet der Altmühl. Entspannte Kilometer führen durch den Naturpark Frankenhöhe. Der Fluss entwässert dazu südliche Teile der Fränkischen Alp. Unsere Fahrt geht über Colmberg und Leutershausen nach Herrieden. Das Städtchen mutet mit dem Storchenturm und der steinernen Altmühlbrücke mittelalterlich an. Interessante Bauten sind das ehemalige Schloss und die Stiftskirche St. Vitus und St. Deocar. Mitte des 18. Jahrhunderts schmückte der Baumeister Gabriel de Gabrieli das Gotteshaus im Stil des Barocks aus. Die beschauliche Etappe führt Radler durch eine offene Landschaft mit verstreut liegenden Dörfern, unter denen Ornbau mit einem ansehnlichen Ortsbild überrascht. Der vorzüglich ausgebaute Dammkronenradweg des Altmühlzuleiters lotst uns zum 4,5 Quadratkilometer großen **Altmühlsee**. Er dient als Hochwasserschutz und Zwischenspeicher. Während der westliche Teil mit seinen vom Radweg gut einzusehenden Inseln als Naturschutzgebiet ausgewiesen ist, bildet die

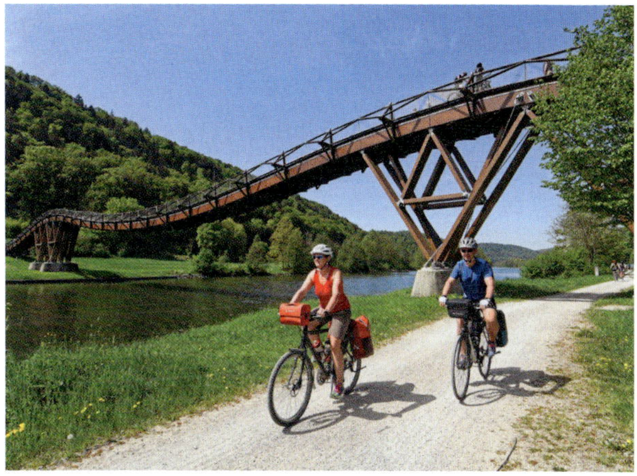

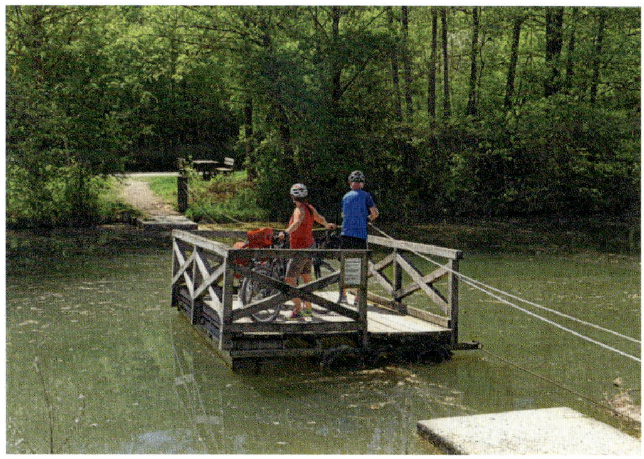

Ganz oben: Der Main-Donau-Kanal garantiert eine genussvolle Uferfahrt.

Oben: Fahrrad- und Fußgängerfähre über einen Seitenarm der Altmühl

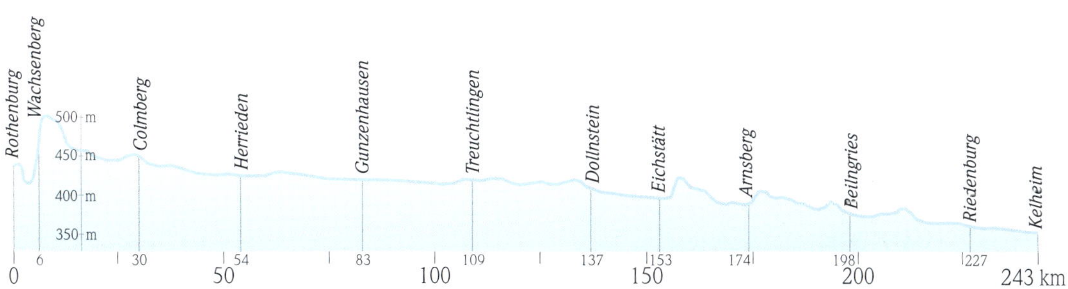

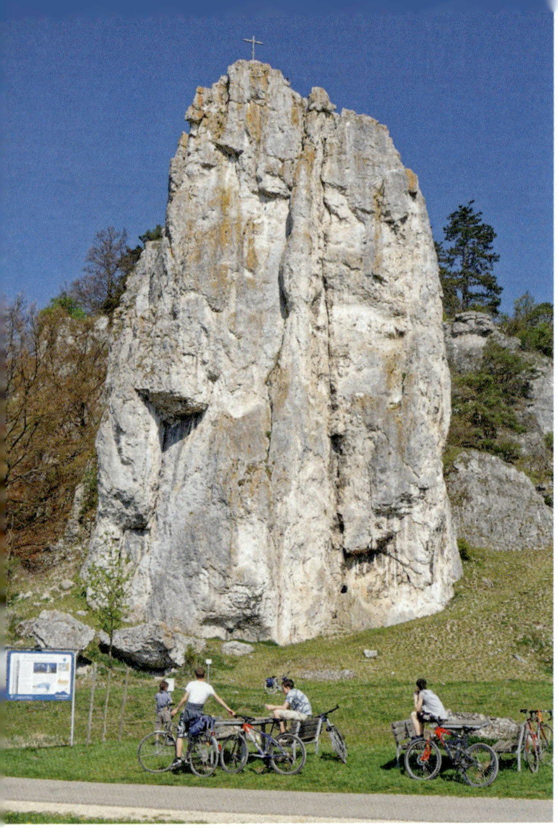

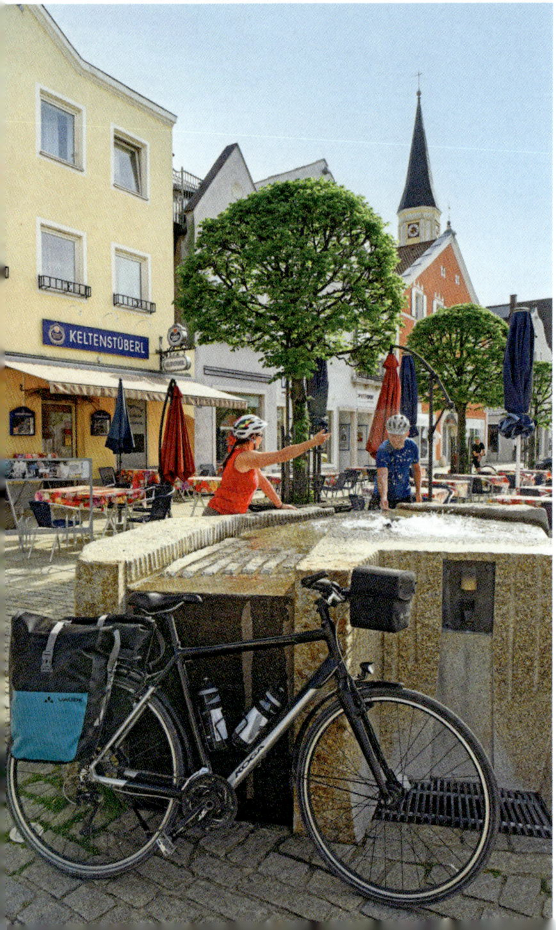

restliche Wasserlandschaft ein Naherholungsgebiet der Stadt **Gunzenhausen**.

Von Gunzenhausen nach Eichstätt – 70 km Vor 1900 Jahren trennte der Obergermanisch-Raetische Limes das Römische Reich von Magna Germania – dem »freien« Germanien. Das seit dem Juli 2005 zum UNESCO-Welterbe zählende Bodendenkmal verlief durch Gunzenhausen und wurde in diesem Abschnitt mit einem Kastell gesichert. Der Radweg erreicht die Grenze des Naturparkes Altmühltal. Hier erinnert der Karlsgraben an eines der kühnsten Bauvorhaben des frühen Mittelalters. Kaiser Karl der Große wollte im Jahre 793 die Flusssysteme von Donau und Rhein durch einen Verbindungskanal zwischen Rezat und Altmühl zusammenführen. Noch heute spielt in **Treuchtlingen** Wasser eine bedeutende Rolle: Das 28 Grad warme Thermalwasser bringt Schwung für Geist und Körper. Der Abschnitt bis Eichstätt ist die eindrucksvollste Passage auf unserer Reise. Hier grub sich die Altmühl durch das kalkhaltige Gestein des fränkischen Juras und hat bizarre Felsformationen entstehen lassen. Vor 140 Millionen Jahren herrschte in dieser Gegend subtropisches Klima. Wo sich heute der Naturpark Altmühltal ausbreitet, wogten die Wellen an urzeitliche Meereslagunen. Das Erbe jener Zeit kann man in Solnhofen bestaunen. Dort bilden zwei Originale des Urvogels Archäopteryx die Glanzpunkte des Bürgermeister-Müller-Museums. Funde aus aller Welt stellt das Fossilien- und Steindruck-Museum in Gunzenhausen aus. Interessierte zieht es zudem ins Jura-Museum Eichstätt auf der Willibaldsburg. Auch darin gibt es Versteinerungen sowie farbenprächtige Korallen und »lebende Fossilien« neben einem Original des Archäopteryx und dem Fossilienstar des Naturparkes, dem Raubsaurier Juravenator stark zu sehen. Seit mehr als 650 Jahren thront die Willibaldsburg – einst Sitz der Eichstätter Bischöfe – über dem Altmühltal. Die geistlichen Würdenträger sind für das barocke Stadtbild verantwortlich. Sie ließen **Eichstätt** nach dem Dreißigjährigen Krieg mit prachtvollen Bauten wie der Fürstbischöflichen Residenz neu errichten. Zu den historischen Schmuckstücken zählt der dreischiffige Dom zu Eichstätt. Sein Vorgängerbau geht

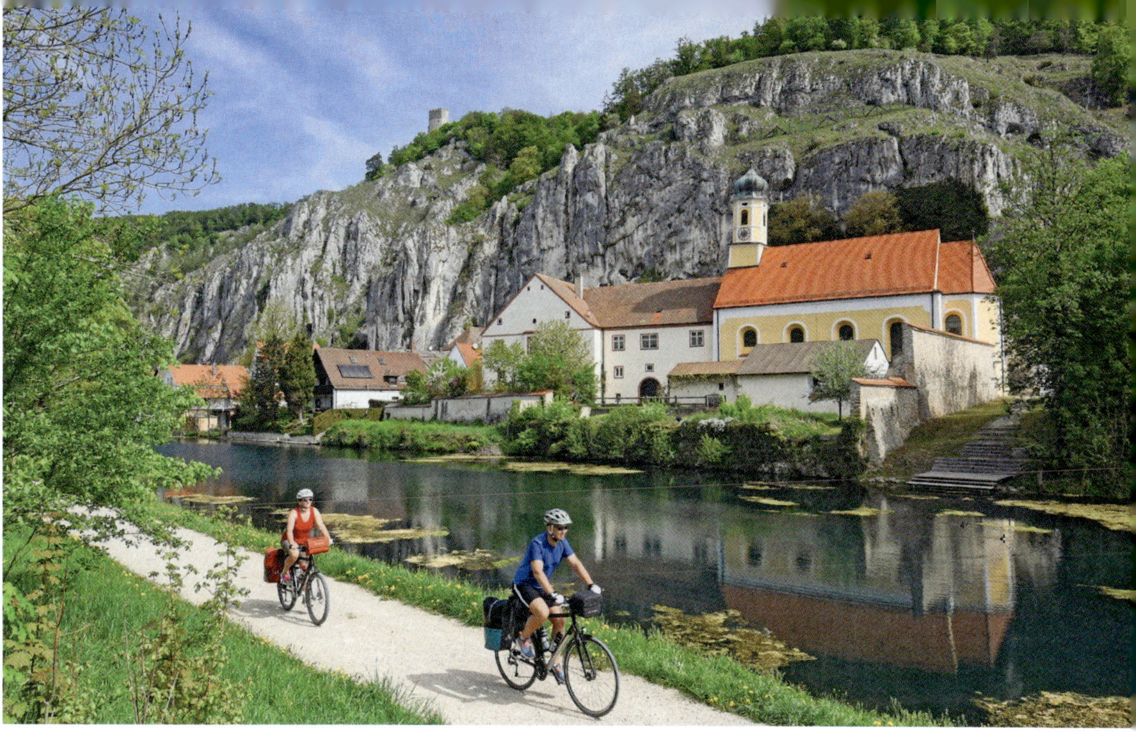

auf den heiligen Willibald zurück. Die stattliche Hallenkirche birgt im Inneren den elf Meter hohen »Pappenheimer Altar«. Er wurde 1489 vom Chorherrn Kaspar Marschall von Pappenheim aus Dankbarkeit für seine glückliche Rückkehr von einer Pilgerfahrt nach Palästina gestiftet.

Hinter Essing erhebt sich eine steil aufragende Felswand.

Von Eichstätt nach Kelheim – 90 km Flussabwärts verschwindet die Altmühl in einem Auwald, dessen Äste sich weit über das geruhsam fließende Wasser beugen. Entspannt steuern wir den Schleifen nach, bestaunen die vorbeiziehenden Steilhänge und Wacholderheiden. Auf einem dieser Felsbalkone sitzt die Ruine von Schloss Arnsberg. Radler, die sich von dem Anstieg mit 100 Höhenmetern nicht abschrecken lassen, werden für ihre Mühe mit einem atemberaubenden Ausblick auf den Altmühlbogen belohnt. Auch auf den nächsten 25 Kilometern zeigt sich das Durchbruchstal von seiner romantischen Seite. In Beilngries sollte man einen Stopp einlegen. Bereits beim Näherkommen lenkt das hoch über der Stadt gelegene Schloss Hirschberg die Blicke auf sich. Gebäude mit stufenförmigen Giebelfassaden und Fachwerkhäuser prägen den historischen Ortskern. Bei Dietfurt nimmt der 170 Kilometer lange Main-Donau-Kanal das Wasser der Altmühl auf und hält auf **Riedenburg** zu, das sich beiderseits der Bundeswasserstraße in die Länge zieht. Oberhalb des Ortskernes sticht Schloss Rosenburg ins Auge. Der einstige Sitz der Burggrafen von Riedenburg ist bekannt für seine fesselnden Greifvogelvorführungen, bei denen Falken, Adler und Geier ihre Flugkünste präsentieren. Auf der Reststrecke bis Kelheim verzaubert uns der Anblick von Schloss Prunn. Dann ist es geschafft – wir stehen am Ufer der **Donau**. Wer noch voller Tatendrang steckt, der kann ein Stück auf dem Donau-Radweg nach Westen radeln und die Reise im Biergarten der ältesten Klosterbrauerei der Welt – im Kloster Weltenburg – mit einer kühlen Radlermaß ausklingen lassen. Auch stromabwärts lockt mit **Regensburg** ein lohnendes Ziel.

Linke Seite oben: Der ca. 45 Meter hohe Burgstein gehört zum Naturschutzgebiet Trockenhänge Dollnstein.

Linke Seite unten: Immer wieder laden Kleinstädte zu einer Rast und zum Schauen ein.

44

Naabtal-Radweg

Wald, Wiesen und Weiden

mittel | mit Waldnaabtal-Radweg 172 km; mit Haidenaab-Radweg 182 km; mit Fichtelnaab-Radweg 169 km | ca. 3 Tage

Charakter
Die drei Routen beinhalten asphaltierte und geschotterte Wege. Im oberen Bereich der Naabzuflüsse gibt es mehrere Anstiege.

Ausgangsort
Zur Silberhütte und nach Fichtelberg muss man mit dem Fahrrad strampeln. Bayreuth hat einen Bahnhof.

Endpunkt
Regensburg Bhf. bzw. Windischeschenbach

Wegmarkierung
Die Strecke ist am Schriftzug »Naabtal-Radweg« und am Kürzel »Na« zu erkennen. Auch an den Nebenrouten trifft man auf eine Beschilderung.

E-Bike
Auf der Webseite www.ostbayern-tourismus.de bekommen E-Biker Infos zu Verleihstationen.

Information
Tourismusverband Ostbayern, Im Gewerbepark D 02/ D 04, 93059 Regensburg, Tel. 0800/121 21 11, www.ostbayern-tourismus.de, www.oberpfaelzerwald.de

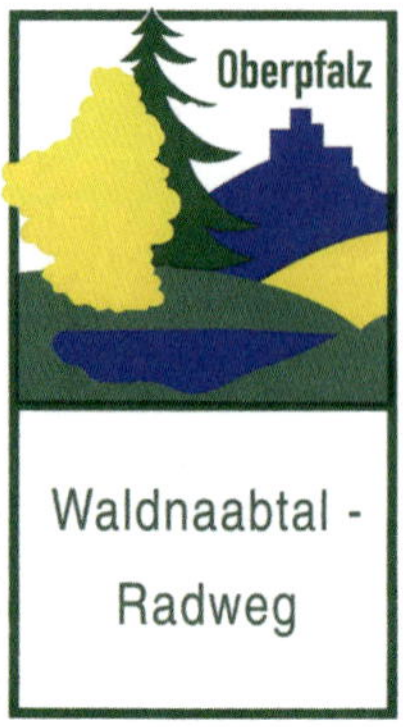

Radfahrer lieben den Fluss Naab. Die Reise an seiner Seite punktet durch eine ruhige Streckenführung und führt meist leicht bergab. Das Beste: Zwischen dem Oberpfälzer Wald und der Donau haben Entdecker gleich drei Flussradwege zur Auswahl. Doch welchem soll man folgen – Haidenaab, Fichtelnaab oder Waldnaab?

Von Silberhütte nach Weiden in der Oberpfalz – 103 km Wussten Sie, dass es eine Schweinenaab gibt? Oder eine Dürrschweinnaab? Ja, gibt es und noch andere malerische Quellflüsschen. An dreien kann man entlangradeln. Die Naab entwässert große Teile der Oberpfalz. Bis Wien trägt keiner der linksseitigen Donauzuflüsse dem europäischen Strom mehr Wasser zu. Die **Naab** sammelt ihres auf gut 5500 Quadratkilometern Fläche. Das Einzugsgebiet reicht vom Fichtelgebirge im Norden über den **Oberpfälzer Wald** im Osten und der Fränkischen Alb im Westen – eine

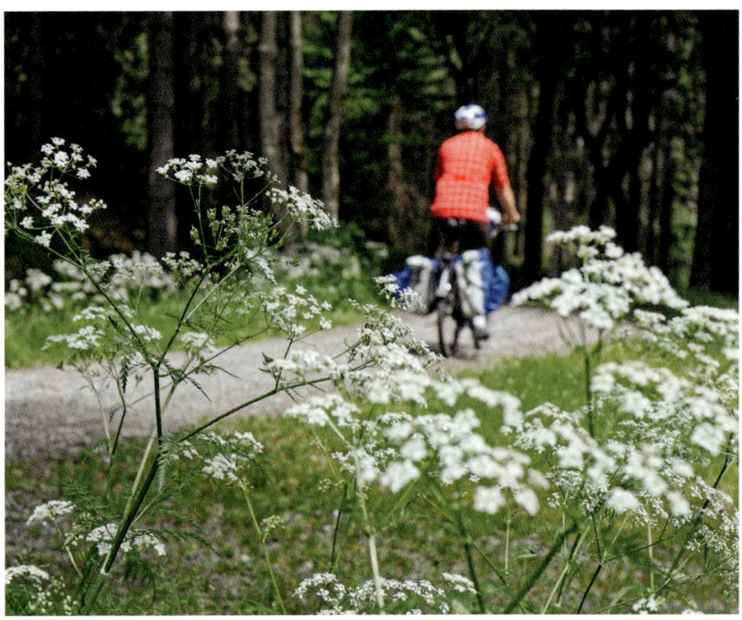

Der Waldnaabtal-Radweg ist ideales Terrain für Ruhe suchende Reisende.

Region, in der es viele Überraschungen gibt. Fällt die Wahl auf den längsten Quellfluss, so beginnt die Tour mit dem Waldnaabtal-Radweg. Sein Startpunkt liegt nahe der deutsch-tschechischen Grenze im Oberpfälzer Wald. Das Mittelgebirge ist eine Region der leisen Töne: rund 100 Kilometer lang und dünn besiedelt. Radwege erschließen selbst die abgelegensten Winkel. Sie folgen den Flüssen, nutzen einstige Bahntrassen und beschäftigen sich mit verschiedenen Lokalthemen. In 820 Metern Höhe versteckt sich die Silberhütte zwischen den Bäumen. Das erste Routenschild leitet uns auf einen Kiesweg. Nebenan springt die **Waldnaab** eilig über moosbewachsene Steine. Nach sechs Kilometern tritt der Nadelmischwald zurück, macht Platz für das von reizvollen Wiesen umschlossene Bärnau. Am südlichen Ortsrand fließt der Bach am Geschichtspark vorüber. Das Zwei-Länder-Projekt ist ein lebendiges Mitmachmuseum. Die 26 rekonstruierten Bauten erzählen aus dem Leben der Menschen des Frühmittelalters. Damals siedelten slawische Stämme am Oberlauf der Waldnaab. Seit 2011 spazieren Besucher durch die spärlich ausgeleuchteten Gebäude. Sie sind mit Holzschindeln oder Reet gedeckt; die Wände bestehen aus Flechtlehm. Auch die Zäune, die zu den Viehställen führen, sind geflochten. In einem beständigen Auf und Ab radelt man mit einem weitreichenden Ausblick durch den

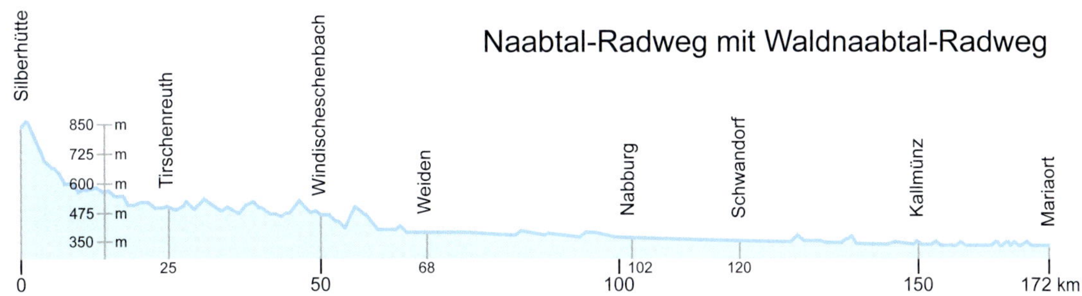

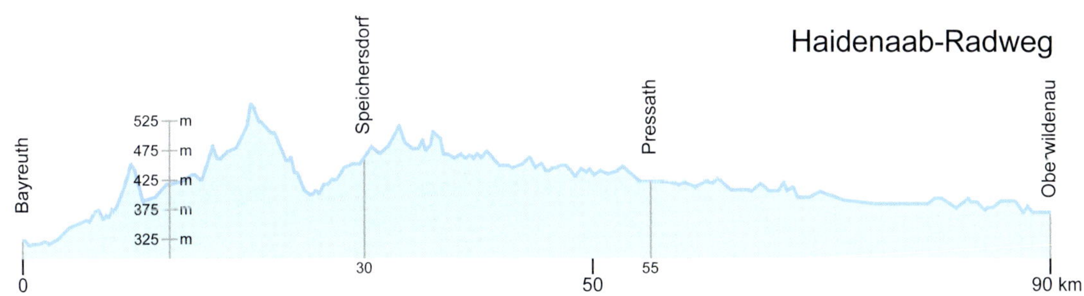

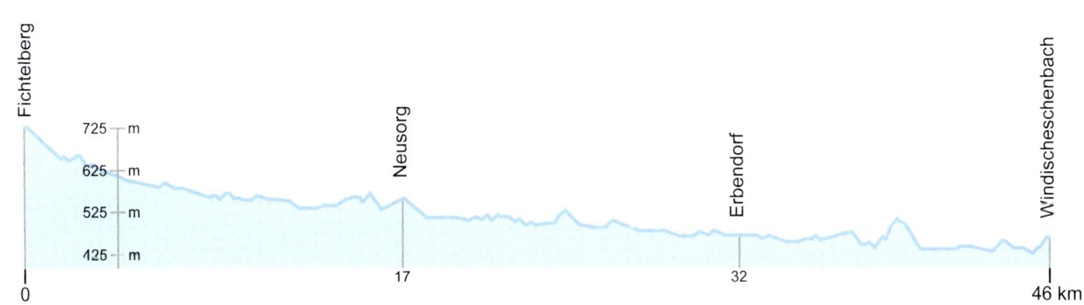

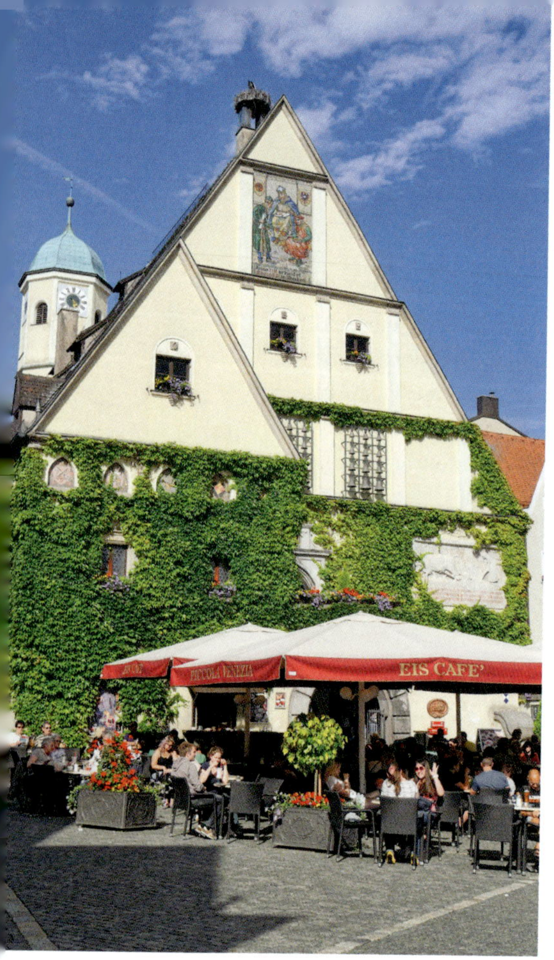

Der Marktplatz von Weiden in der Oberpfalz lädt zu einer Rast.

dünn besiedelten Landstrich. Die Strecke nutzt den 25 Kilometer langen Vizinalbahnradweg. Ab 1872 pendelten Züge durch die grüne Landschaft. 1989 legte man die Bahnstrecke still und entschied sich, einen Radweg anzulegen. Eine gute Stunde entfernt ist **Tirschenreuth** erreicht. Die Kreisstadt markiert das Zentrum im »Land der 1000 Teiche«. Die meisten schimmern nördlich des Ortskernes zwischen den Bäumen hindurch. In der Teichpfanne leben Schwarzstorch, Eisvogel und Moorfrösche. Wem nach einer Besichtigung ist, findet in Tirschenreuth zwei Sammlungen: das Oberpfälzer Fischereimuseum und das Museumsquartier. Letzteres wurde 2008 eröffnet und zeigt Porzellan- und Krippenexponate. Westlich der ehemaligen Tuchmacherstadt liegt Falkenberg mit seiner beeindruckenden Burg. Seit dem 12. Jahrhundert spiegelt sich die schlanke Wehranlage im Flusswasser. Das Mauerwerk scheint direkt aus dem Gestein zu wachsen. Die Felsburg trägt das Gütesiegel »Bayerns schönste Geotope«. Mit ihm ehrt man besonders wertvolle Plätze, die Einblick in die Erdgeschichte geben. Der Fluss übernimmt erneut die Regie. Er taucht in den wildromantischen Talabschnitt des Naturschutzgebietes Waldnaabtal ein. Immer wieder kreuzt die schmale Fahrspur das reißende Gewässer, aus dem bis zu 50 Meter hohe Granitfelsen wie Relikte einer längst vergangenen Epoche ragen. Sie tragen Namen wie Kammerwagen, Tischstein oder Butterfass. Moose, Flussschleifen und weit über das Wasser ragende Äste unterstreichen die romantischen Eindrücke. Wir legen in Windischeschenbach und Neustadt zwei Stopps ein, dann führt der Weg in die Altstadt von **Weiden in der Oberpfalz**.

Von Weiden in der Oberpfalz zur Donaumündung – 70 km Vom Unteren Tor bis zum Oberen Tor reiht sich auf dem breit angelegten Marktplatz Giebelhaus an Giebelhaus.

Radfahren im Oberpfälzer Wald

Ein Fahrrad oder E-Bike sind ideale Gefährten, um die Landstriche des Oberpfälzer Waldes kennenzulernen. Die Touristiker setzen auf sanften Tourismus und sind stolz auf das weitverzweigte Streckennetz. Das neueste Aushängeschild ist die Oberpfälzer Radl-Welt, eine 500 Kilometer lange Hauptroute mit sechs Erlebniswelten. Dazu hat man Radrouten am Wasser beschildert. Zum Genussradeln laden mehrere Bahntrassenradwege ein. Fernradler zieht es auf die internationalen Wege. Die Infrastruktur für E-Biker mit ihren Verleih- und Ladestationen kann sich sehen lassen, der Radlerbus sowieso. Diesen gibt es gleich zweimal am Bayerisch-Böhmischen Freundschaftsweg und am Bockl-Radweg (www.oberpfaelzerwald.de).

Unterbrochen wird das Ensemble durch den Prachtbau des Alten Rathauses (1539 bis 1545), das mit seinem Glockenspiel alle Blicke anzieht. Davor wirft eine Baumreihe angenehmen Schatten. Die Cafés und Eisdielen ziehen Radler magisch an. Gestärkt machen sie sich auf zu einer Besichtigungstour. In Weiden empfiehlt man Gästen einen Besuch des Internationalen Keramikmuseums. Es zeigt antike Exponate neben Werken aus dem Vorderen Orient. Interessant ist auch ein Spaziergang zum Kulturzentrum Hans Bauer. Dort sind die Ausstellungen des Stadtmuseums und des Tachauer Heimatmuseums untergebracht. Eine entspannte Wegstunde südlich strömt rechter Hand die Haidenaab herbei. Zusammen mit dem Wasser der Waldnaab fließt sie unter dem Flussnamen Naab der Donau entgegen. Spannend wird es in der hoch über dem Tal sitzenden Kleinstadt Nabburg. Eine fast komplett intakte Befestigungsmauer schließt die Altstadt ein. Aus ihr ragt der schlanke Glockenturm der gotischen Stadtpfarrkirche St. Johannes Baptist auf. Durch das Mähntor und das Obertor gelangt man ins Zentrum mit seinen bunt angemalten Häuserfassaden. Am östlichen Flussufer kommt das Oberpfälzer Freilandmuseum in Sicht. 50 Gebäude hat man originalgetreu aufgebaut. Sie veranschaulichen die Lebens- und Arbeitsweise der letzten 300 Jahre. Auf den Weiden bekommt man Kühe, Pferde, Schweine, Ziegen, Gänse und Hühner zu sehen. Eine Stunde entfernt taucht Schwandorf aus der Niederung auf. Hier bietet sich eine Gelegenheit, in die geheimnisvolle Unterwelt einzutauchen. Das ausgedehnte Felsenkeller-Labyrinth reicht mehrere Etagen tief in den Dogger-Sandstein. Vor Jahrhunderten schlug man 60 Hohlräume für die Gärung und Lagerung des Schwandorfer Bieres in das Gestein. Mittelalterlich wird es in Burglengenfeld. Wie der Name verrät, überragt eine Festung den Ort. Sie ist mit 2,4 Hektar die größte Festungsanlage der Oberpfalz. Wer zur Naab hinunterspaziert, kommt am Oberpfälzer Volkskundemuseum vorüber. Es ist in der ehemaligen »Großen Kanzlei«, einem herrschaftlichen Verwaltungsgebäude aus dem 16. Jahrhundert,

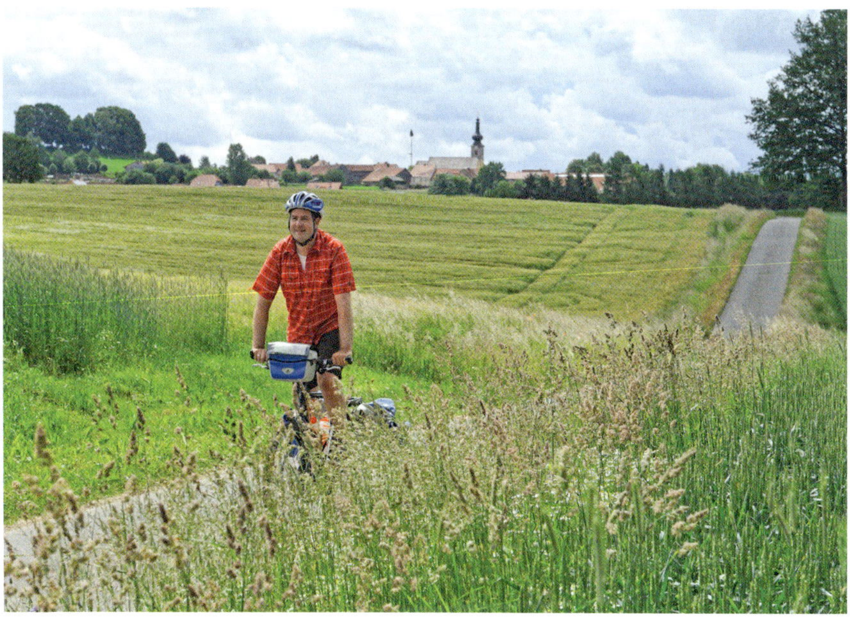

Der Waldnaabtal-Radweg führt sowohl durch Felder als auch durch Wälder.

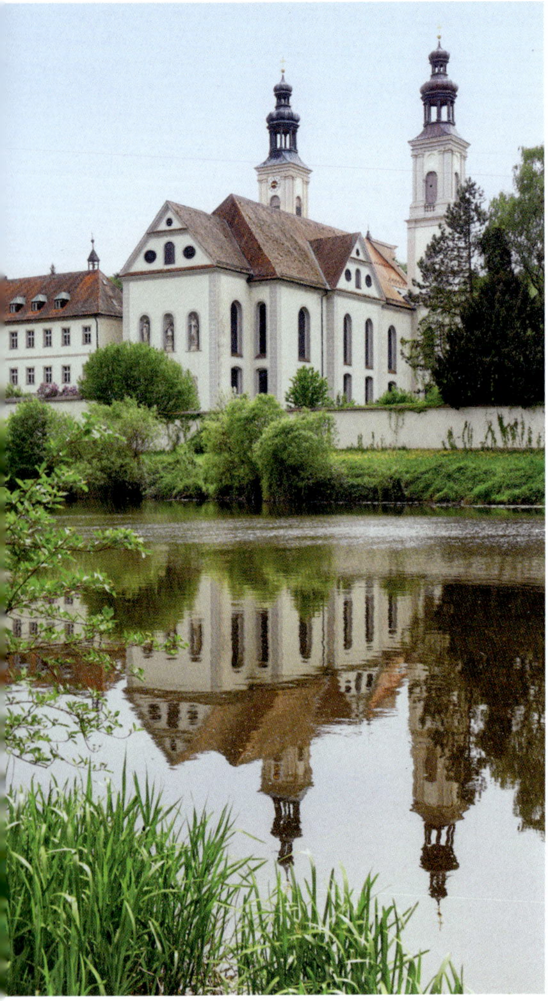

Stiller Osten

Der Landstrich längs der Grenze zu Tschechien ist einer der leisen Töne. Hügel und Täler reihen sich in grünen Wellen aneinander. Wer hier Urlaub macht, liebt die Stille in der Natur mit Radfahren, Wandern, Reiten, Wellness, Familie und Wassererlebnissen. Viele zieht es zur Naab und ihren Zuflüssen. Denn hier radelt es sich am leichtesten. Eine weitere Genusstour verspricht der Fluss Regen. Dazwischen Wald und Wiesen. Sie malen die Kulisse für das Mountainbike-Abenteuer Trans Bayerwald – 700 Kilometer rauf und runter, 700 Kilometer Stille (www.ostbayern-tourismus.de).

untergebracht. Die Sammlung umfasst 36 Abteilungen zur Volkskultur und Lebensweise der oberpfälzischen Bevölkerung vom 18. bis 20. Jahrhundert. Fünf Flussschleifen entfernt gibt **Kallmünz** ein erstklassiges Motiv ab. Die »Perle des Naabtales« bewacht mit ihrer Burg die Mündung der Vils. Bunte Häuschen ziehen sich malerisch zwischen dem Fluss und einer Felswand in die Länge. Vor der katholischen Pfarrkirche St. Michael schwingt sich die fünfbögige Steinbrücke mit Eisbrechern über das Wasser. Der idyllische Marktflecken zog seit Beginn des 20. Jahrhunderts Maler an. Professor Charles Johann Palmié »entdeckte« 1901 Kallmünz und gründete eine Künstlerkolonie. Bereits im ersten Jahr zog es 38 Maler in den Ort. 1903 verbrachten Wassily Kandinsky und Gabriele Münter einen Sommer in Kallmünz. Von hier aus sind es noch 22 Kilometer bis ans Ziel. Unterwegs spiegelt sich das Kloster Pielenhofen im Wasser. Eindrucksvoll gibt sich der Innenraum der Klosterkirche. Vorne der spätbarocke Hochaltar mit acht Säulen, an der Decke ein Gemälde mit dem Motiv der Dreifaltigkeit aus der Hand des Barockmalers Jacob Carl Stauder. Radler, die hinter der Mündung der Naab in die Donau stromabwärts fahren, können ihre Tour in **Regensburg** ausklingen lassen. Die Stadt ist alles in einem. UNESCO-Weltkulturerbe, Bischofssitz, Fürstenglanz, Geschichtsbuch, Gassenlabyrinth. Regensburg ist zudem elegant, traditionell, charmant.

Von Bayreuth nach Oberwildenau – 90 km Bayreuth verdankt seinen exzellenten Ruf dem Markgräflichen Opernhaus. 2012 erhob die UNESCO den Prachtbau zum Welterbe. Mitte des 18. Jahrhunderts beauftragte die Markgräfin Wilhelmine den berühmten Theaterarchitekten Giuseppe Galli Bibiena mit der Gestaltung des Innenraumes. Groß aufgetragen wird im Juli und August bei den Richard-Wagner-Festspielen auf dem grünen Hügel. Das Festspielhaus errichtete man zwischen 1872 und 1875 eigens für den in Leipzig geborenen Komponisten. Neben der Prominenz verschlägt es viele Radler nach Bayreuth; kreuzen sich hier doch Routen wie die am Main, entlang der Burgenstraße und der Pegnitz. Zugleich beginnt hier der Haidenaab-Radweg. Die Tour verlässt das Maintal, läuft mit weit ausholenden Kurven durch das

Oberpfälzische Hügelland. Der Blick schweift über sanfte Kuppen. Dazwischen liegen Siedlungen wie Weidenberg, Fenkensees oder Seybothenreuth. In der Nähe von Speichersdorf ist das Quellgebiet der Haidenaab erreicht. Der Streckenverlauf führt wieder bergab. Einen echten Augenschmaus bietet der rund um Kemnath angelegte Karpfenweg, der durch 19 bunt bemalte Karpfenskulpturen glänzt. Die lokale Spezialität wird in den Gasthöfen in den feinsten Kreationen angeboten. Zur Auswahl stehen: original Oberpfälzer Karpfen, Karpfen gebacken, Karpfen blau, geräuchertes Karpfenfilet. Oder wie wäre es mit einem Karpfencarpaccio?

Linke Seite: Das Maria Himmelfahrt geweihte Kloster Pielenhofen der Zisterzienserinnen geht auf die Gründung 1240 durch die Herren von Hohenfels und von Ehrenfels zurück.

Von Fichtelberg nach Windischeschenbach – 46 km Die dritte Streckenoption verläuft auf dem Fichtelnaab-Radweg in Richtung Süden. Dunkle Nadelwälder schließen **Fichtelberg** auf drei Seiten ein. Der Luftkurort markiert auf einer Höhe von 730 Metern den Startpunkt der Tour. Die Räder brausen zu Tal. Am Wegrand liegen die Geotope »Grünland« und »Föhrenbühl« mit ihren markant aus dem Boden ragenden Gesteinsformationen. Gepflegt ist der Abschnitt zwischen Erbendorf und Krummennaab. Er läuft über eine ehemalige Bahntrasse. Kurz vor Windischeschenbach weckt ein 83 Meter hoher Turm die Neugierde. Dieser Standort wurde für ein geowissenschaftliches Großforschungsprojekt ausgewählt. Dabei unternahm man eine der weltweit bedeutendsten Tiefbohrungen in die Erdkruste. 1468 Tage lang wurde gebohrt und vermessen. Die Arbeiten endeten bei einer Tiefe von 9101 Metern und einer Temperatur von 265 Grad Celsius. Radler mit Forscherdrang besuchen das Informationszentrum. Die Ausstellung erklärt Themen wie Vulkanismus, Gebirgsbildungen, Erdbeben, Magnetfelder und Kontinentaldrift. Von hier aus sind es nur noch ein paar Pedalumdrehungen zum Naab-Radweg.

In Kallmünz überspannt die spätmittelalterliche steinerne Brücke die Naab.

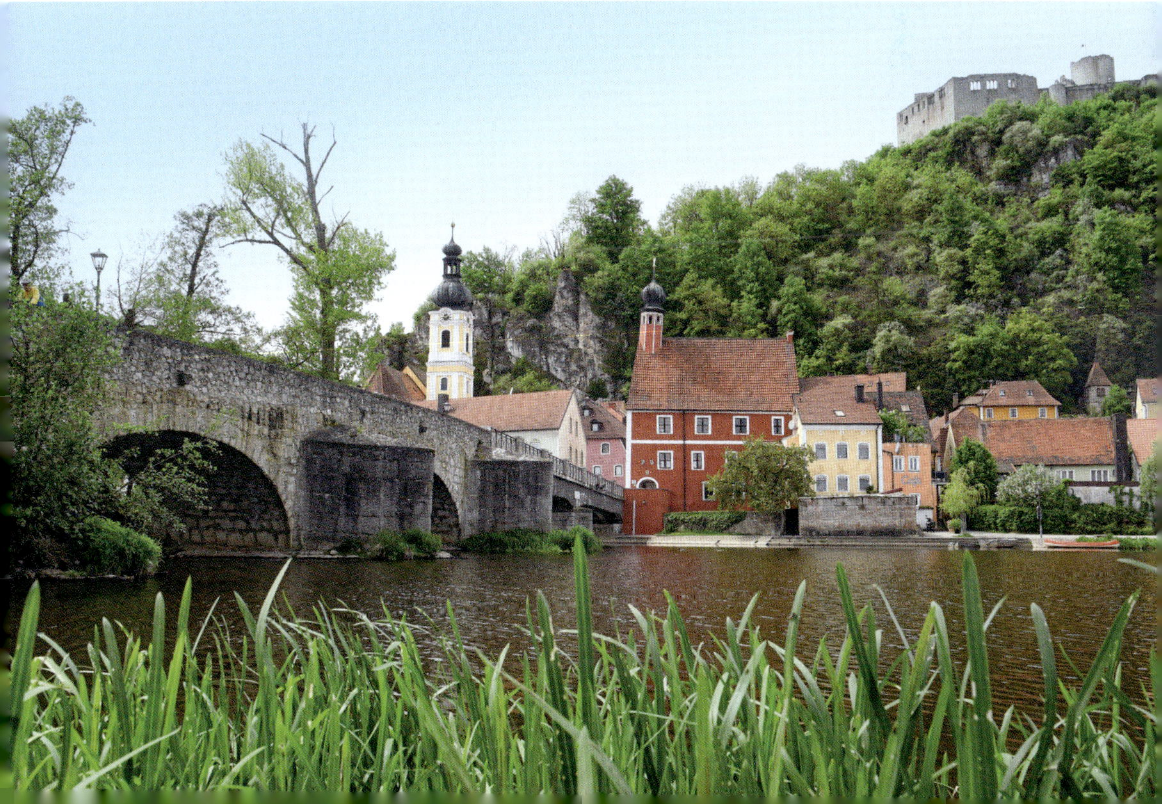

45

Fünf-Flüsse-Radweg

Eine runde Sache

mittel | 306 km | ca. 5 Tage

Charakter
Die ruhige Strecke verläuft meist auf Kies und asphaltierten Radwegen. Zudem fährt man über Nebenstraßen. Die Topografie fordert Radler nur auf wenigen Abschnitten.

Ausgangsort
Nürnberg Bhf.

Endpunkt
Nürnberg Bhf.

Wegmarkierung
Die Tour ist mit dem Schriftzug »Fünf Flüsse Radweg« und fünf Wellensymbolen markiert.

E-Bike
Auf der Webseite www.fuenf-fluesse-radweg.info und www.stromtreter.de sind die offiziellen Ladestationen für E-Bikes gelistet.

Information
Landkreis Amberg-Sulzbach, Schlossgraben 3, 92224 Amberg, Tel. 09621/39594, www.fuenf-fluesse-radweg.info
Tourismusverband Ostbayern e.V., Im Gewerbepark D 02/D 04, 93059 Regensburg, Tel. 0941/585390, www.ostbayern-tourismus.de
Bayern Tourismus Marketing GmbH, Arabellastraße 17, 81925 München, Tel. 089/2123970, www.bayern.by und www.radroutenplaner-bayern.de

An nur einem Fluss entlangzuradeln ist Ihnen zu langweilig? Hier gibt es gleich FÜNF! Wer dieser Runde nachsteuert, lernt die ruhige Gegend zwischen Nürnberg und Regensburg kennen. Vor der Tour fragt man sich, welcher Abschnitt wohl am schönsten ist: das Donautal mit der Weltenburger Enge? Oder die kleinen Flüsse Altmühl, Pegnitz, Vils und Naab?

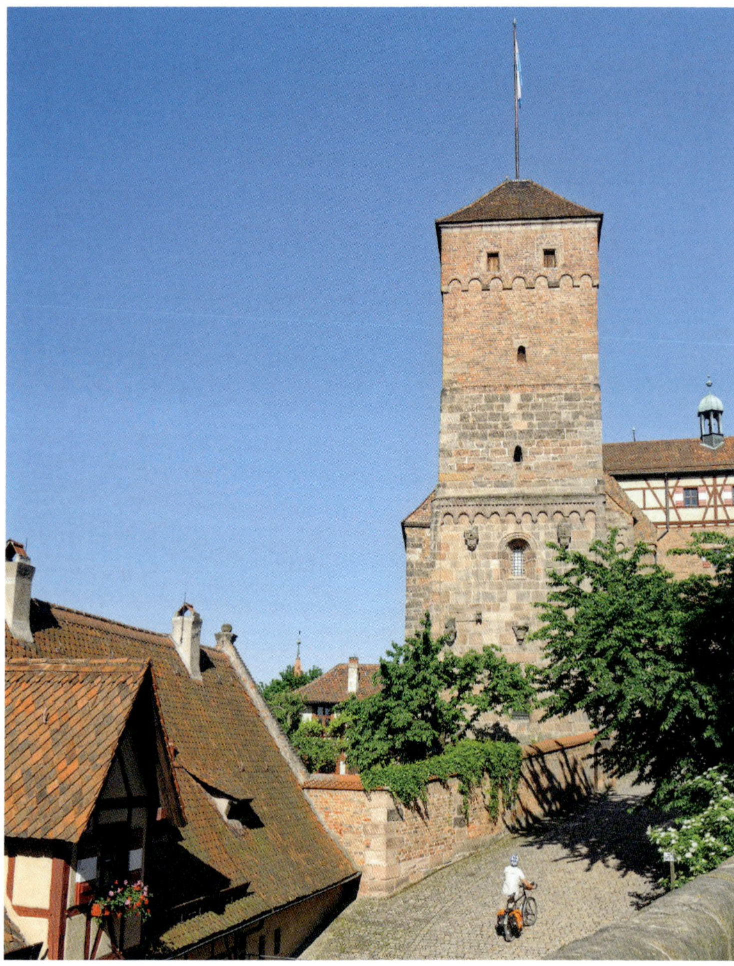

Die Nürnberger Burg gehört zu den bedeutendsten Wehranlagen Europas.

Von Nürnberg nach Regensburg – 138 km Als Einstieg zu dieser Rundtour bieten sich mehrere Städte an. Wer zuerst nach **Nürnberg** reist, darf sich auf viele Höhepunkte freuen. Bei dem Namen mag der eine an Bratwürstchen, Lebkuchen und den Christkindlmarkt denken. Anderen kommt die historische Altstadt in den Sinn, die von massiven Stadtmauern mit insgesamt 80 Türmen umgeben ist. Die lebendige Geschichte der Meistersingerstadt reicht bis ins Jahr 1050 zurück. Ihr spürt man am besten auf der prächtigen Kaiserburg nach. Stolz und mächtig wacht sie über die Stadt. Das Bollwerk wurde mehrfach belagert, niedergebrannt und aus den Trümmern neu errichtet. Hier schlug das Herz Nürnbergs. Hier lag eines der Machtzentren des Heiligen Römischen Reiches Deutscher Nation. Und hier versammelten sich zeitweise Kurfürsten, Könige und Kaiser zum Reichstag. An jene Epoche erinnert man im Germanischen Nationalmuseum. Die Sammlung umfasst über 1,3 Millionen Objekte. Die Exponate entführen den Besucher von der Vor- und Frühgeschichte bis zur Kunst und Kultur der Gegenwart. Fällt der Name Nürnberg, kommt vielen Albrecht Dürer in den Sinn. Er porträtierte die Größen jener Zeit wie Kaiser Maximilian I. und setzte sich auf mehreren Selbstbildnissen in Szene. Weniger bekannt ist, dass Dürer sogar Entwürfe für Festungen erstellte. Der Fünf-Flüsse-Radweg verlässt die Frankenmetropole entlang des Wöhrder Sees gen Osten und folgt der **Pegnitz**. Sanft ansteigend geht es im Zickzack durch Parks, durch Wiesen und Vororte. Erster Pflichtstopp nach 18 Kilometern ist in **Lauf an der Pegnitz**. Dort ragt mitten im Fluss das Wenzelschloss auf, eine ehemalige Kaiserresidenz. Im mittelalterlichen Stadtkern umfängt uns der Charme fränkischer Architektur. Es gibt viel zu entdecken: etwa das Alte Rathaus, die Stadtkirche und die Reste der Stadtbefestigung. Im Industriemuseum Lauf kann man den Betrieb einer Mahlmühle und eines Elektrizitätswerkes bestaunen. Die historische Anlage umfasst 14 denkmalgeschützte Gebäude. Bis heute treibt das Wasser der Pegnitz eine Mühle an. Mit jedem Kilometer in Richtung Fränkische Alb wird es ruhiger. Die Orte Ottensoos, Hersbruck und Pommelsbrunn liegen weit auseinander. Wir erklimmen hinter Neukirchen einen bewaldeten Hügel. Er ist mit 480 Metern der höchste Punkt der Tour und bildet die Europäische Hauptwasserscheide. Alles Wasser, das den Hang gen Nordwesten

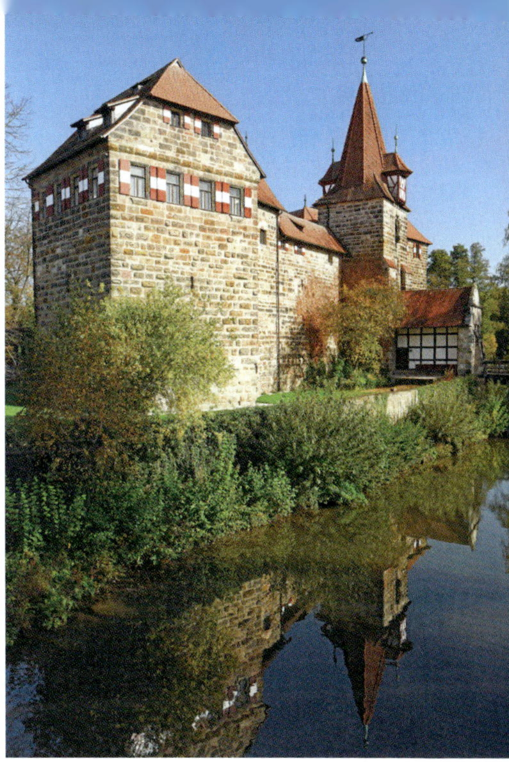

Das Wenzelschloss ist eine ehemalige Kaiserresidenz auf einer Insel in der Pegnitz in der fränkischen Stadt Lauf an der Pegnitz.

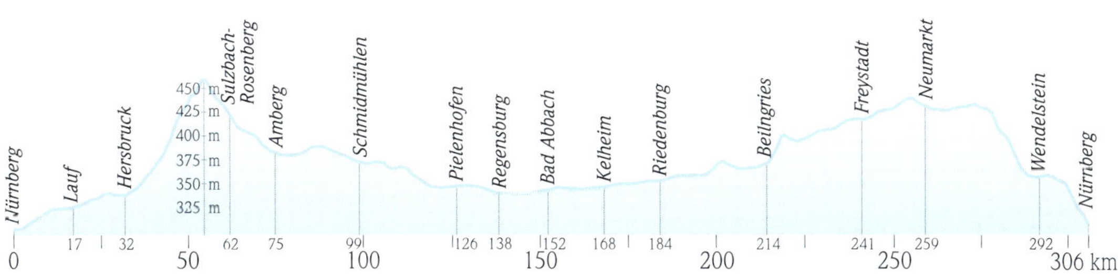

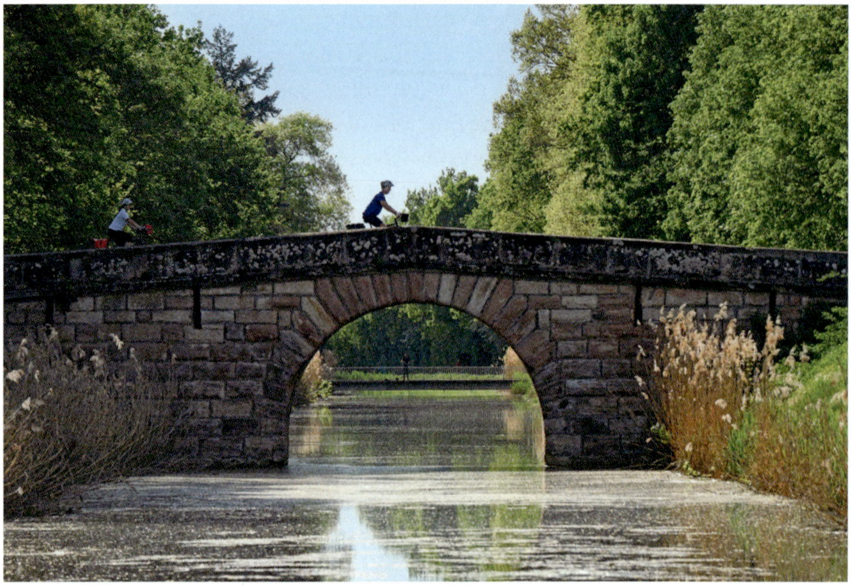

Die Fahrt entlang des Ludwig-Donau-Main-Kanals führt durch Wälder und Wiesen.

hinabfließt, strebt via Main und Rhein der Nordsee zu. Das Wasser gegenüber zieht durch Vils, Naab und Donau zum Schwarzen Meer. Das ist unsere Richtung. Die Belohnung für die Mühen des Anstieges erfolgt sogleich – eine tolle Abfahrt hinunter ins Zentrum von **Sulzbach-Rosenberg**. Das Städtchen sitzt auf einem Felsplateau. Sehenswert sind das blütenweiße Schloss und das gotische Rathaus mit einem verzierten Stufengiebel. Staunend rollen wir an der 2002 stillgelegten Maxhütte vorbei, strampeln über welliges Terrain nach Amberg. Der Fluss **Vils** trennt die Altstadt in zwei Hälften. Am Marktplatz präsentiert sich neben der 92 Meter hohen Hallenkirche St. Martin das mit Arkaden geschmückte Rathaus (1348). Wahrzeichen der Stadt ist jedoch der im Volksmund als »Stadtbrille« genannte doppelbogige Wassertorbau, der mit einer Länge von 46 Metern die Vils überspannt. Auf dem nächsten Abschnitt nutzen wir den Vilstalradweg, der uns entspannt zum Zusammenfluss mit der Naab nach **Kallmünz** führt. Die »Perle des Naabtales« war Anfang des 20. Jahrhunderts eine Künstlerkolonie. Hier wirkten Wassily Kandinsky, Gabriele Münter und Josef Georg Miller. Am dritten Fluss der Reise geht die gemächliche Abfahrt durch eine liebliche Wald- und Wiesenlandschaft weiter. Unterwegs erblicken wir am Ufer das Kloster Pielenhofen, das Zisterzienserinnen 1240 gründeten. Heute wohnen hier Schwestern des Ordens der Salesianerinnen. Sie übernehmen seit 1981 die Betreuung und Erziehung der jüngsten Regensburger Domspatzen, deren Chorgeschichte über ein Jahrtausend zurückreicht. Zwölf Kilometer entfernt kommt die Stadtsilhouette von **Regensburg** mit ihren Türmen und den Donaubrücken in Sicht.

Von Regensburg nach Beilngries – 76 km Die Hauptstadt der Oberpfalz bewahrte sich mit den teils erhaltenen Mauerresten der Porta Praetoria ein Stück der römischen Stadtepoche. Eine Inschrift verbrieft den Bau der Festung im Jahre 179 n. Chr. unter Kaiser Marc Aurel. Rund 1000 Jahre später baute man die Steinerne Brücke. Sie war Garant für den Aufstieg Regensburgs und galt damals als »Weltwunder«.

Wer hinüber zum Südufer der Donau spaziert, steht vor dem Dom St. Peter. Er ist das bedeutendste gotische Bauwerk Süddeutschlands und berühmt für seine kostbaren Glasfenster. Aus jener Blütezeit Regensburgs stammen die Patrizierburgen und -türme. Dazwischen führen verwinkelte Gassen zu Hinterhöfen, münden in ansprechende Plätze. Das historische Stadtbild gefiel auch der UNESCO; sie verlieh Regensburg 2006 den Titel Welterbe. Ab Regensburg folgt die Tour dem Donau-Radweg bis Kelheim. Dort steht eine Entscheidung an. Weiterradeln? Oder ein Ticket für ein Ausflugsschiff lösen? Wer weiterradelt, vertraut sich dem Altmühltal-Radweg an. Zuvor empfiehlt sich ein Ausflug auf der **Donau**. Nachdem das Sonnendeck des Ausflugsschiffes geentert ist, frohlockt das Herz. 80 Meter hohe Wände aus Jurafels rechts, 80 Meter hohe Wände links. Eigentlich ist der Name Donaudurchbruch irreführend. Denn die Urdonau grub sich vor Millionen Jahren durch die Hügel der Fränkischen Alb. Es gibt im Herzen Bayerns einen Ort, an dem man dem weiß-blauen Himmel ein Stück näher ist. Ein Ort voller landschaftlicher Schönheit. Ein Ort urbayerischer Natur. Der Ort heißt Weltenburg. Bereits vor rund 1400 Jahren wählten Mönche den Eingang zur Weltenburger Enge als Refugium einer Niederlassung. Dann kam das

Fränkischer WasserRadweg

Wenn Radler eines lieben, dann am Wasser entlangzurollen. Wenn die Wege obendrein so gepflegt sind wie in Mittelfranken, kann nicht mehr viel schiefgehen. Der Fränkische WasserRadweg lädt zu einer großen Runde ein. Sie unterteilt sich in drei Schleifen. Die Flüsschen Rezart, Altmühl, Wörnitz und Tauber bilden die Leitlinie. So geht es vom Altmühlsee zum Brombachsee und weiter zum Rothsee. Wie es sich für einen neuen Routentipp gehört, hier die Geheimtipps der Tour: Machen Sie in den Städtchen Wolframs-Eschenbach und Berching Station! Beide haben sich ihr historisches Bild samt den Türmen und Plätzen bewahrt, für Radler ideale Übernachtungsorte. Genauso wie Ansbach, Roth, Neumarkt in der Oberpfalz, Dinkelsbühl und Rothenburg ob der Tauber (www.fraenkischer-wasserradweg.de).

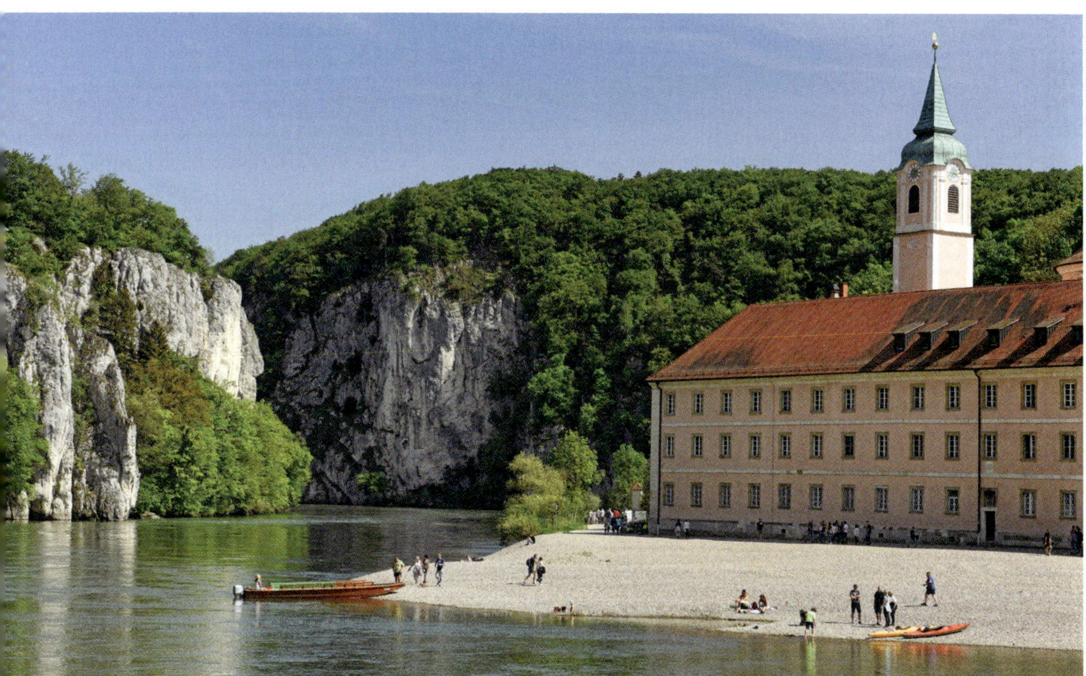

Das Kloster Weltenburg wird von hohen Felswänden umrahmt.

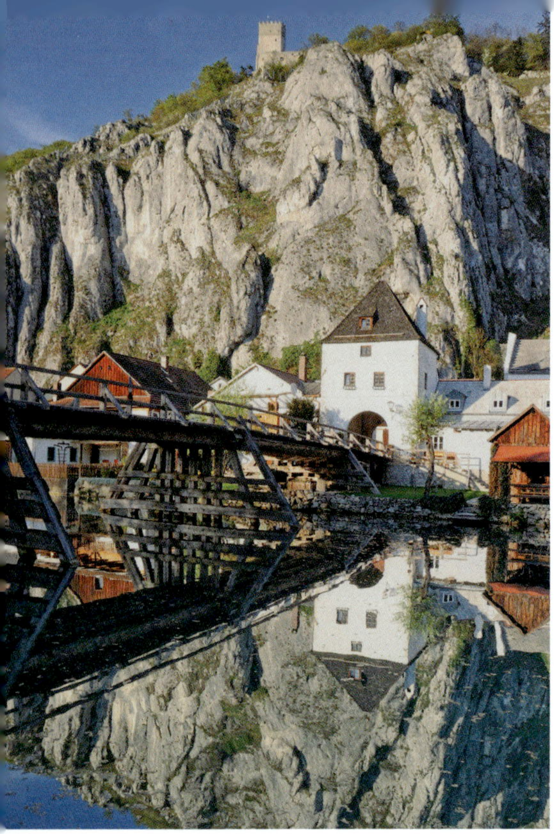

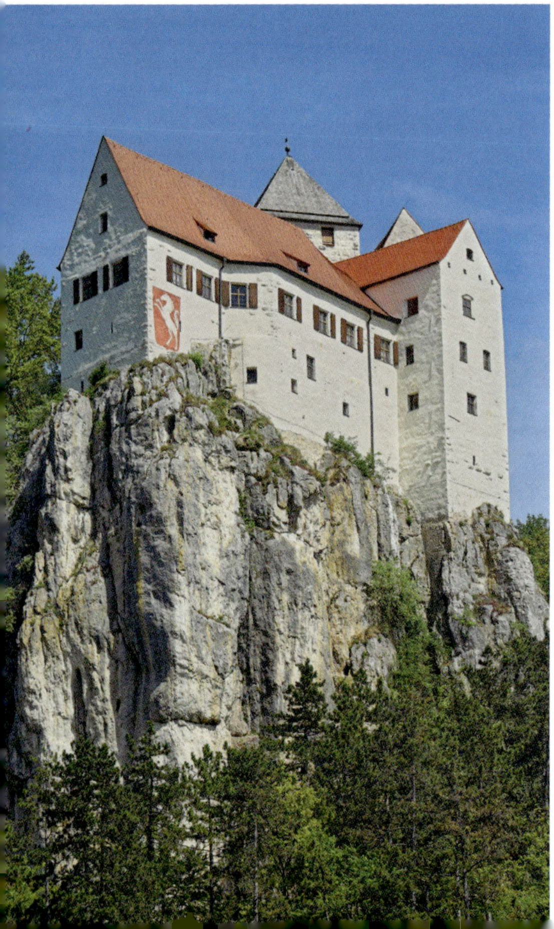

Bier und das Bier blieb. In der ersten Hälfte des 11. Jahrhunderts begannen die Benediktiner mit dem Brauen. Immer wieder zogen am Himmel Bedrohungen auf: Mal Regenfronten, die Hochwasser im Schlepptau hatten, dann Kriege und später die Säkularisation. Doch das Bier floss und floss. Um zurück nach Kelheim zu kommen, radelt man durch die Hügel oder tuckert mit dem Schiff ein zweites Mal durch die markanten Felswände. Anschließend schwenken wir auf die ebenfalls landschaftlich reizvolle Strecke des Altmühltal-Radweges. Diesen nutzen wir bis ins 46 Kilometer entfernte **Beilngries**. Das Teilstück ist gespickt mit Höhepunkten. Den Anfang macht die Befreiungshalle, ein massiger Bau, der an die Befreiungskriege in den Jahren von 1813 bis 1815 gegen Napoleon erinnert. Es folgen die Postkartenbilder von Essing: Ein Holzbrücklein, das sich über einen Seitenarm der Altmühl spannt und als Übergang für Fußgänger und Radler dient. Dahinter kommen putzige Häuschen und eine steile Felswand, auf der die Burg Randeck sitzt. Es ist eine Wonne, den Windungen der Altmühl nachzusteuern und zu warten, was als Nächstes ins Bild rückt. Dann grüßt von einem Felssporn die Burg Prunn herab. Der Prachtbau ist bekannt für den Prunner Codex, eine Pergamenthandschrift des Nibelungenliedes.

Von Beilngries nach Nürnberg – 92 km Auf dem nächsten Abschnitt begleitet der Main-Donau-Kanal die Fahrt. Die Idee, eine Verbindung von der Nordsee bis ans Schwarze Meer herzustellen, geht auf Karl den Großen zurück. Er wünschte bereits anno 793 einen Durchstich zur Altmühl und scheiterte an den Möglichkeiten jener Tage. Am heutigen 171 Kilometer langen Main-Donau-Kanal baute man 32 Jahre, bis er 1992 feierlich eingeweiht wurde. 16 Kanalstufen überwinden einen Höhenunterschied von mehr als 240 Metern. Die Erwartungen an das Frachtaufkommen erfüllte die Wasserstraße nicht. Sie zieht vor allem Personenschiffe, Radfahrer und Wanderer an. Wir folgen ihnen in das 1100 Jahre alte **Berching**. Die 9000-Einwohner-Stadt wird seit dem Mittelalter von einer Wehrmauer mit 13 Türmen und vier Toren geschützt. Sie umrahmen charmante Straßenzüge. Aus der Luft betrachtet hat die Altstadt die Form einer Raute, ähnlich derer auf der weiß-blauen Fahne Bayerns. Die Raute füllt sich beim

Nähertreten mit Gassen, Brunnen, Cafés und Gasthöfen. Der Fünf-Flüsse-Radweg verlässt den Main-Donau-Kanal und strebt Freystadt entgegen. Reisende stoppen vor der Maria-Hilf-Wallfahrtskirche. Der hochbarocke Kuppelbau entstand zwischen 1700 und 1710 nach den Plänen von Giovanni Antonio Viscardi. Die Fresken im Inneren schuf Hans Georg Asam. Der Staufer Berg (512 Meter) zwingt die Radroute in die Höhe. Auf der Fahrt entschädigt uns das Panorama mit Feldern und Wäldern – die Fränkische Alb ist erreicht. Die nächste größere Stadt am Wegesrand ist **Neumarkt in der Oberpfalz**, die uns mit einer prächtigen Altstadt wieder vom Sattel lockt. Das Thema Bier und Braukunst spielt in Neumarkt in der Oberpfalz eine wichtige Rolle: Hier gibt es drei Privatbrauereien. Die Geschichte des Bierbrauens erleben Gäste im Rahmen der Neumarkter »Stadt(ver)führungen«. Wir radeln weiter. Nun führt uns der schmale, teils zugewucherte Ludwig-Donau-Main-Kanal Richtung Nordwesten. Arbeiter stellten den »Alten Kanal«, wie man hier sagt, 1846 nach einer Bauzeit von zehn Jahren fertig. Er ist der Vorgängerbau des Main-Donau-Kanals. Viele der 100 Schleusen, der Häfen und Brücken sind bis heute intakt. Über dem gekiesten Weg greifen die Kronen der Bäume ineinander. Wir haben den 25 000 Hektar großen Nürnberger Reichswald erreicht, in dem Nadelhölzer wie Kiefer und Fichte das Bild bestimmen. Das heutige Natura-2000-Gebiet war einst ein königlicher Bannforst und überdauerte die Landgier der Siedlungen. Zurück in der Dürerstadt zeigt der Fahrradtacho mehr als 300 Kilometer an. Jeder ein Erlebnis für sich.

Der Regnitz-Radweg

Warum nicht aus der Fünf-Flüsse-Tour eine mit sechs Flüssen machen? Das klappt wunderbar: Sie brauchen nur ein oder zwei Tage Zeit dazu, um dem Regnitz-Radweg nachzusteuern. Die 70-Kilometer-Fahrt verläuft nach Norden. An der Strecke liegen die Urlaubsregionen Fränkische Schweiz, Steigerwald und Haßberge. Wer die kulturellen Höhepunkte mehrerer Städte kennenlernen möchte, darf sich auf Fürth, Erlangen, Forchheim und das Reiseziel Bamberg freuen. Sie müssen sich nur entscheiden, für welchen Weg. Wieder an der Seite des Main-Donau-Kanals dahinziehen und Schiffe schauen? Oder auf der zehn Kilometer längeren Talroute in Auwälder und Sandflure eintauchen? Beides lohnt (www.regnitzradweg.de)!

Linke Seite oben: Altmühlbrücke, Markttor und Burg Randeck – Essing gibt ein malerisches Bild ab.

Linke Seite unten: Die Burg Prunn sitzt auf einem steil abfallenden Kalkfelsen über dem Altmühltal.

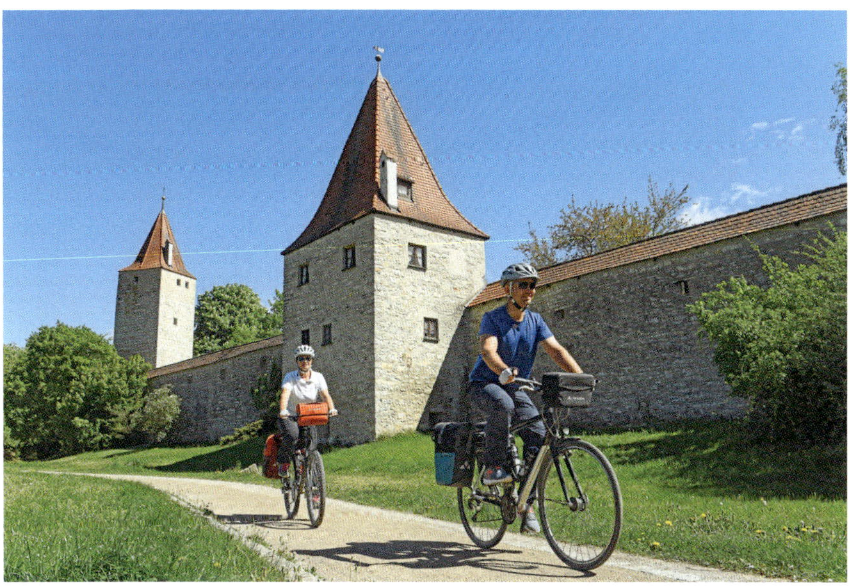

Die Stadt Berching ist ein beliebtes Ziel für Radler.

46

Regental-Radweg

Der schönste Regenbogen der Welt

mittel | 167 km | ca. 3 Tage

Charakter
Auf dem stillen Radweg fordern mehrere Anstiege die Kondition heraus. Die Strecke führt über naturbelassene sowie asphaltierte Wege und beinhaltet auch Passagen auf Nebenstraßen.

Ausgangsort
Bayerisch Eisenstein Bhf.

Endpunkt
Regensburg; zurück 2 Std. mit dem Zug

Wegmarkierung
Das weiße Logo trägt den Schriftzug »R Regental-Radweg«.

E-Bike
Da es zu Beginn ordentlich bergauf und bergab geht, bietet ein E-Bike eine willkommene Unterstützung. Infos und Verleihstationen auf www.ostbayern-tourismus.de

Information
Tourismusverband Ostbayern e. V., Im Gewerbepark D 02/D 04, 93059 Regensburg, Tel. 0941/585390, www.ostbayern-tourismus.de

REGENTAL RADWEG

Mehrere Anstiege, die sich aussichtsreich durch Ostbayern ziehen, machen eine Reise auf dem Regental-Radweg zur Herausforderung. Wer sie annimmt, wird mit ruhigen Wäldern und ansprechenden Orten belohnt. Im Finale rollt man über die Steinerne Brücke von Regensburg und lässt in der Altstadt die Tour ausklingen.

Von Bayerisch Eisenstein nach Viechtach – 57 km Der Osten Bayerns, in dem eines der größten Waldgebiete Mitteleuropas klare Luft ausatmet, ist ein Flecken Erde, den einige Radler links liegen lassen. Warum eigentlich? Gibt es dort doch lohnende Touren wie den Regental-Radweg. Der **Böhmerwald** ist eine wichtige Wasserscheide und bildet die Trennlinie zwischen der Donau und der Moldau. Nahe der Siedlung Zadni Pancir entspringt der **Große Regen** in einer Höhe von 1214 Metern. Das 190 Kilometer lange Flusssystem entwässert fast 3000 Quadratkilometer und damit weite Teile des **Bayerischen Waldes**. Die Einheimischen nennen den Wasserlauf Řezná. Jung und ungestüm springt der Bach über moosbepackte Steine hinweg. Das Wasser murmelt und strebt der tschechisch-deutschen Grenze zu. Im Freistaat angekommen fügt sich **Bayerisch Eisenstein** malerisch in die Berge ein. Sie tragen Namen wie Zwercheck, Spitzberg und

Rechte Seite oben: Bad Kötzting liegt am Ufer des Schwarzen Regens.

Rechte Seite unten: Der Fluss Regen führt nahe der tschechischen Grenze durch den Bayerischen Wald.

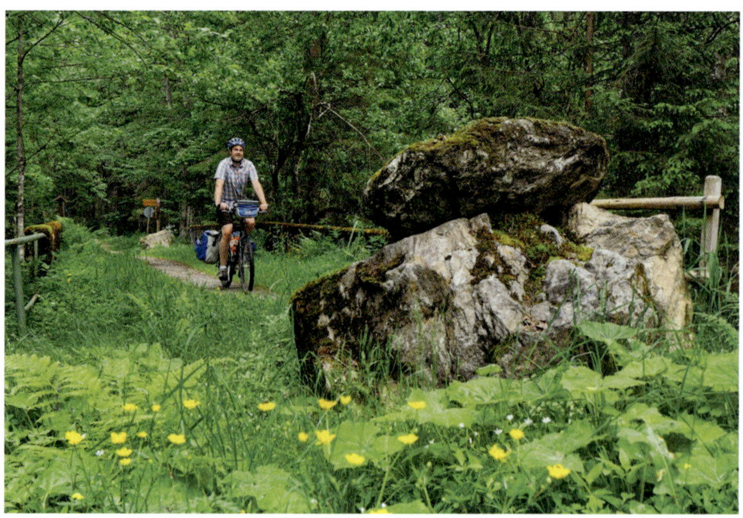

Im Bayerischen Wald dominiert üppiges Grün.

Falkenstein. Ihr König ist der Große Arber mit 1455 Metern. Östlich des Tales des Großen Regens dehnt sich der **Nationalpark Bayerischer Wald/Sumava** aus. In der Schutzzone gibt es ein rund 200 Kilometer umfassendes Routennetz. Als Mehrtagesfahrt bietet sich eine Tour auf dem Nationalpark-Radweg an, die ebenfalls in Bayerisch Eisenstein beginnt. Vor allem Eisenbahnfans ist die 1000-Einwohner-Gemeinde ein Begriff. Im Localbahnmuseum kann man 20 historische Fahrzeuge aus verschiedenen Epochen der bayerischen Lokalbahnen bestaunen. Von der bis heute guten Bahnanbindung profitieren natürlich auch die Radfahrer, die sich den Regental-Radweg vorgenommen haben. Hinter Bayerisch Eisenstein taucht der Große Regen in einen dunklen Nadelwald ein. Mit dem Wasserrauschen im Ohr geht die Fahrt über kleine, blumenübersäte Wiesen und vorbei an einsam gelegenen Bauernhöfen talwärts. Wie viele Siedlungen des Bayerischen Waldes verdankt **Zwiesel** seinen Wohlstand der Glasbläserei. Seit Jahrhunderten stellen die Bewohner in Handarbeit erlesene Produkte aus Glas her. Edle Kunstwerke lieferte man einst bis an den russischen Zarenhof. Nirgendwo in Europa ist die Dichte von Glashütten, Glasgalerien und Glasbläsereien so groß wie hier. Garant für das alte Handwerk ist neben den Quarzbrüchen der Holzreichtum des Mittelgebirges. Die Ausstellungshäuser von Zwiesel stehen in der Tradition Ostbayerns und befassen sich mit den klassischen Erwerbszweigen der Einwohner. So präsentiert das Glasmuseum Theresienthal anhand einer umfangreichen Sammlung von Gläsern den Geschmack der jeweiligen Zeit von 1836 bis in die 30er-Jahre des 20. Jahrhunderts. Ein Stück weiter in Richtung Ortszentrum befindet sich das neu gestaltete Waldmuseum Zwiesel. Der Besucher durchwandert verschiedene Themen, die der Tierwelt, der Heimat, dem religiösen Brauchtum und der Glasherstellung gewidmet sind. Wir sehen zu, wie sich der Große Regen mit dem **Kleinen Regen** zusammentut. Mit vereinter Kraft geht es zwischen dem Vorderen Bayerischen Wald und

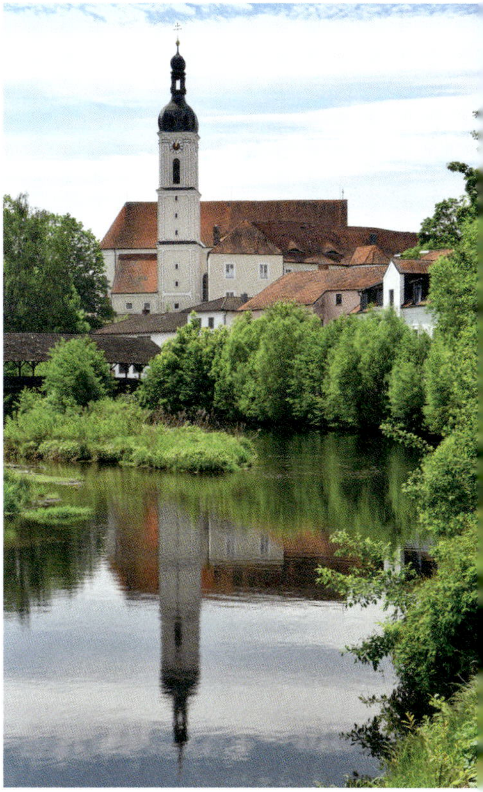

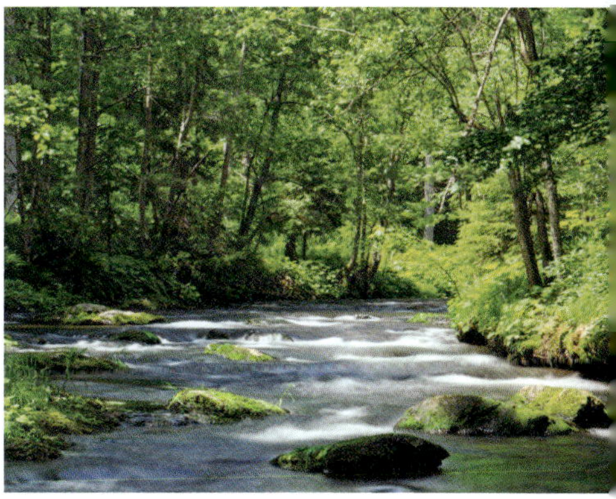

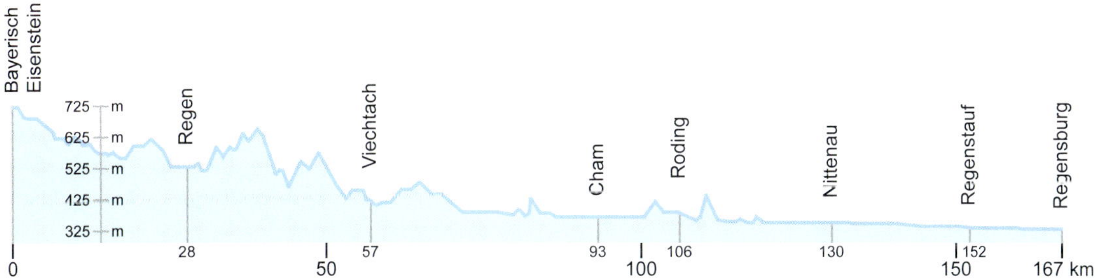

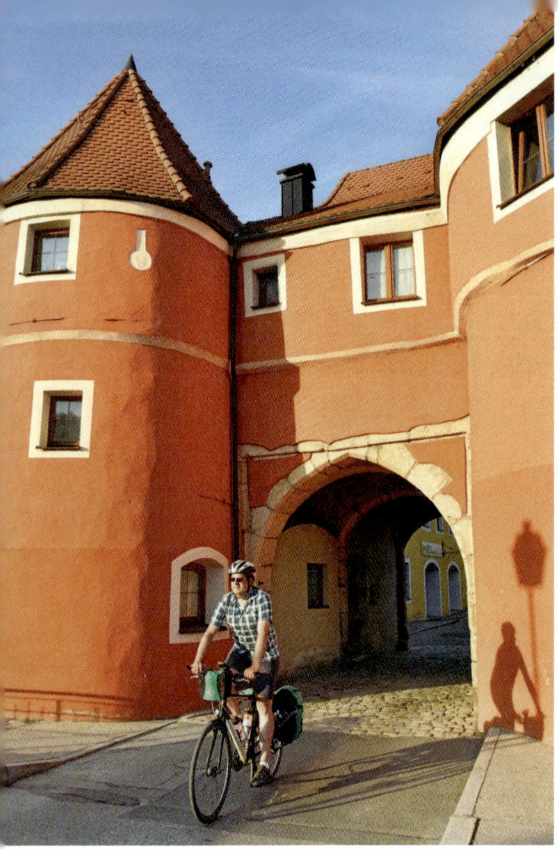

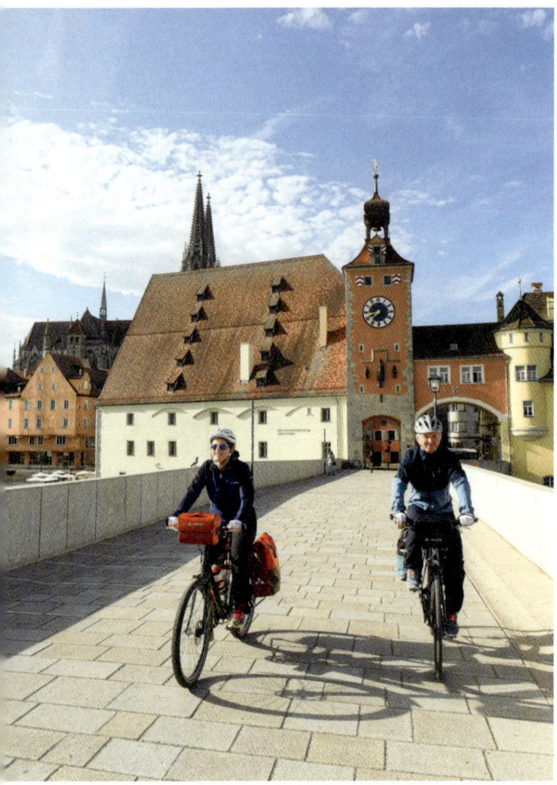

dem Hinteren Bayerischen Wald in nordwestliche Richtung. Die Fahrt zwickt in den Beinen, denn der Reiseweg springt ordentlich auf und ab. In einer Talbiegung zieht sich die Stadt **Regen** in die Länge. Hoch auf dem weißen Quarzfelsen des Pfahls wacht die Burgruine Weißenstein über dem heutigen Luftkurort. Das ab 1100 errichtete Bollwerk wurde 1742 im Österreichischen Erbfolgekrieg zum größten Teil zerstört. Erhalten ist der massive Burgturm, von dem man einen Panoramablick auf die umliegenden Waldgipfel genießt. Im stetigen Auf und Ab geht es durch bewirtschaftetes Bauernland, das die Landschaft über Jahrhunderte geprägt hat. Ein Anstieg hinauf nach Altenmais, einer nach Fernsdorf. Weite Blicke, rasante Abfahrten.

Von Viechtach nach Roding – 50 km Eine Abfahrt führt ins Zentrum von Viechtach, das von der Stadtpfarrkirche St. Augustinus dominiert wird. Wegen ihrer üppigen Ausstattung bezeichnet man sie als den Dom des Bayerischen Waldes. Hinter den alten Mauern überraschen reich dekorierte Rokokofassaden und ein beachtenswertes Chorgestühl den Betrachter. Glanzstück der Stadt und ihr ganzer Stolz ist die etwas außerhalb des Zentrums gelegene Gläserne Scheune. In ihr hat sich der Künstler Rudolf Schmid verwirklicht und auf mehr als 200 Quadratmetern ein farbenfrohes Gesamtkunstwerk geschaffen. Auf erzählerische Weise werden in verschiedenen Themenräumen große Glaswände als Projektionsfläche für alte Geschichten von berühmten Bayerwaldlegenden verwendet. In Viechtach schwenken wir auf einen perfekt ausgebauten Bahntrassenweg. Er nutzt die Strecke der einstigen Regentalbahn. Sie verrichtete von 1928 bis 1991 ihren Dienst. Man fährt über hohe Brücken, zwischen engen Felswänden hindurch und in sanften Kurven in Richtung **Cham**. Vor den Toren der Kreisstadt nimmt der Regen mit dem Chamb seinen größten Nebenfluss auf. »Die Stadt am Regenbogen« blickt auf eine 1000-jährige Historie zurück und entwickelte sich zu einem bedeutenden Handelsplatz. Vom Fluss auf zwei Seiten in die Zange genommen, begeistert die Altstadt mit prächtigen Baudenkmälern – darunter dem rot bemalten Biertor aus dem 14. Jahrhundert. Wer von hier aus ins Zentrum spaziert, erreicht den Marktplatz. Auffällig ist, dass sämtliche Gebäude am Platz miteinander verbunden sind, so auch die himmelstrebende Pfarrkirche St. Jakob und das Rathaus. Wir treten wieder in die Pedale, fahren vorbei an mehreren Weihern, bis der Ort **Roding** das zweite Drittel des Regental-Radweges beschließt.

Von Roding nach Regensburg – 60 km Bei Altstadt ist die letzte Steigung gemeistert. Die Räder rollen durch die malerische Hügellandschaft, wie man sie von vielen Fotos kennt: schmale Wiesen und dunkle Waldstücke, die hier und da Platz für ein verschlafenes Dorf machen. Mittendrin der Fluss, der zielstrebig voraneilt und das Kloster Reichenbach und Nittenau passiert. Am »Regenknie« knickt der Wasserlauf nach Südwesten ab und kommt dabei seinem Nachbarfluss der Naab sehr nahe. Regenstauf und Lappersdorf sind die letzten Stationen, bevor der Regen bei Reinhausen in die Donau strömt. Voraus das Reiseziel **Regensburg**. Seit 2006 gehört die Altstadt zum UNESCO-Welterbe. Das Ensemble verzaubert uns mit gut erhaltenen Bauwerken aus dem Mittelalter wie der Steinernen Brücke, dem Dom St. Peter und den charakteristischen Patrizierburgen. Touristen kommen ins Schwärmen: Sie bummeln durch enge Gassen, biegen in die kleinen Läden ab und bevölkern die lauschigen Plätze mit ihren Cafés. Man stellt das Rad ab, setzt sich an einen der Tische und lässt die Reise Revue passieren: Es war eine ruhige Fahrt an der Seite des langsam anwachsenden Flusses abseits der Tourismuspfade. Wer eine ähnlich schöne Tour fahren möchte, wendet sich als Nächstes dem Naab-Radweg zu.

Linke Seite oben: Hinter dem Biertor erwartet Radler die Altstadt von Cham.

Linke Seite unten: Die Altstadt von Regensburg gehört seit 2006 zum UNESCO-Welterbe und verzaubert mit gut erhaltenen Bauwerken aus dem Mittelalter wie der Steinernen Brücke sowie dem Dom St. Peter.

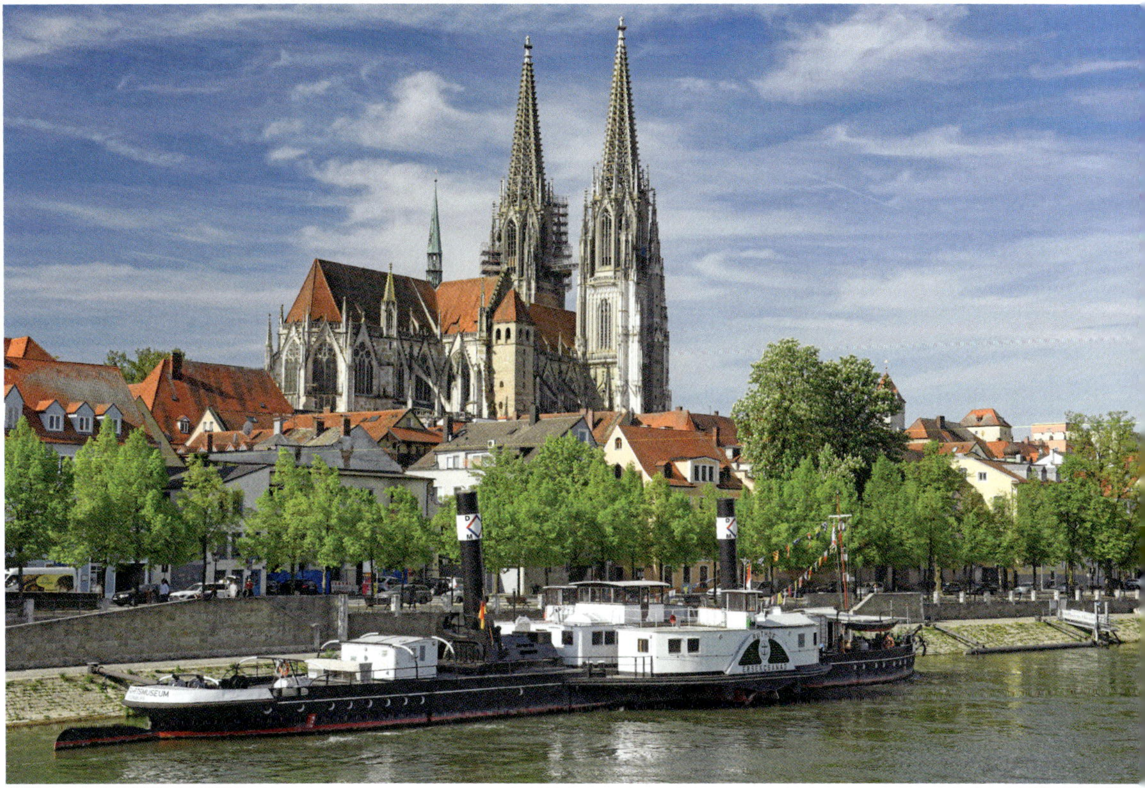

Der Regensburger Dom gehört zu den bedeutendsten gotischen Kathedralen in Deutschland.

47

Donau-Radweg

Mitteleuropas großer Strom

leicht | 587 km | ca. 10 Tage

Charakter
Der familienfreundliche Donauradweg führt stetig bergab und weist nur wenige Kurzanstiege auf. Die Fernroute verläuft meist auf eigenständigen, asphaltierten Radwegen.

Ausgangsort
Donaueschingen Bhf.

Endpunkt
Passau; zurück 6 Std. mit dem Zug

Wegmarkierung
Schilder mit dem Schriftzug »Deutsche Donau« über »Donau-Radwanderweg«

E-Bike
Auf www.deutsche-donau.de und www.stromtreter.de sind neben Radverleihen auch E-Bike-Ladestellen verzeichnet.

Information
ARGE Deutsche Donau, Neue Straße 45, 89073 Ulm, Tel. 0731/1612814, www.deutsche-donau.de
Tourismus Marketing GmbH Baden-Württemberg, Esslinger Straße 8, 70182 Stuttgart, Tel. 0711/238580, www.tourismus-bw.de
Bayern Tourismus Marketing GmbH, Arabellastraße 17, 81925 München, Tel. 089/2123970, www.bayern.by und www.radroutenplaner-bayern.de

DEUTSCHE DONAU

Der Donau-Radweg zählt vollkommen zu Recht zu den bekanntesten und beliebtesten Radwanderwegen Europas. Erleben Sie auf den ersten knapp 600 Kilometern, wie die junge Donau zum blauen Strom anwächst und traditionsreiche Kulturlandschaften und geschichtsträchtige Städte durchfließt. Als Schmankerl gibt es schattige Biergärten und kulinarische Spezialitäten dazu.

Von Donaueschingen nach Riedlingen – 125 km Kann ein Fluss, der soeben noch munter vor sich hingezogen ist, plötzlich verschwinden? Ja, Europas zweitlängster Strom kann das! Die Stelle, an der das Wasser verschwindet, nennt man **Donauversickerung**. Sie liegt bei Flusskilometer 2755 – die zweite Besonderheit des Weges. Denn man zählt bei der Donau vom Schwarzen Meer rückwärts. Radler erleben so einen Countdown. Die Donau ist anfangs ein Fließgewässer wie viele andere in Deutschland: Sie entspringt in einem Mittelgebirge und passiert auf ihrem Lauf sehenswerte Städte. Der Fluss entsteht offiziell durch die Vereinigung von Brigach und Breg. Im Donaueschinger Schlosspark blicken zwei Marmorstatuen auf die Donauquelle. Aufmerksame Beobachter sehen, wie die »Mutter Baar« dem jungen Fluss den Weg weist. Gen Osten senkt sich die Hochfläche der Baar ab und gibt die Reiserichtung vor. Die anfangs freudig dahinströmende Donau scheint sich nicht ganz sicher zu sein, welchem Meer sie zufließen möchte, und verliert bei Immendingen plötzlich an Fahrt. Das Wasser versickert ungefähr sechs Monate im Jahr in durchlässigen Gesteinsschichten und fließt unterirdisch zum zwölf Kilometer entfernten Aachtopf – der stärksten Quelle Deutschlands, die ihr Wasser

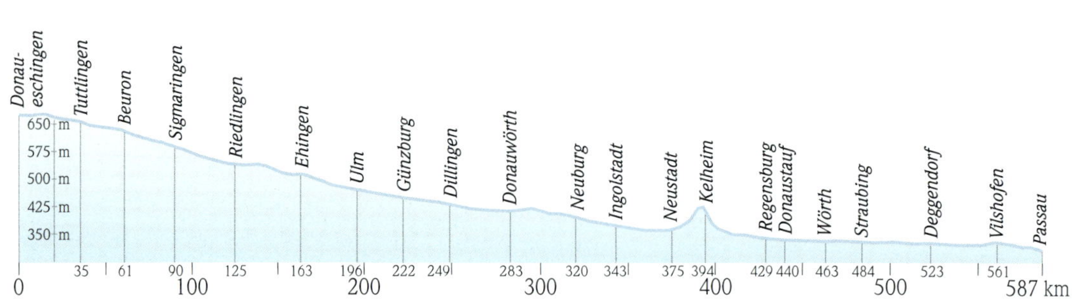

dem Bodensee zuträgt. Sanft geschwungene Hügel, mit einem üppigen Mischwald überzogen, prägen das idyllische Landschaftsbild der ersten Stunden vorbei an Tuttlingen ins reizende Mühlheim. Die Geschichte des mittelalterlichen Fachwerkstädtchens, das sich auf einem Bergsporn ausbreitet, reicht bis in die Römerzeit zurück. Eindrucksvoll sind die Kirchenruine Maria Hilf auf dem Welschenberg und das Schloss der Herren von Enzberg. Wir rollen durch das letzte von einstmals vier Stadttoren. Dahinter geht es staunend ins Herz des wildromantischen Naturparkes Obere Donau hinein. Hier grub sich der urzeitliche Fluss durch die Schichtstufenlandschaft der Schwäbischen Alb. Zu beiden Seiten erheben sich steile Jurafelsen 150 Meter aus dem Tal. Hoch oben nehmen, wie von einem Maler in Szene gesetzt, Burgen die Logenplätze ein. Der Radweg passiert das Kloster Beuron und erreicht **Sigmaringen**. Bereits beim Näherkommen zieht das über der Stadt errichtete Schloss Sigmaringen die Blicke auf sich. Die Prunkanlage befindet sich seit 1535 in Familienbesitz. Im Inneren lebt die Geschichte von Hohenzollern-Sigmaringen auf. Es beherbergt neben Kunstschätzen aus neun Jahrhunderten eine der größten privaten Waffensammlungen Europas.

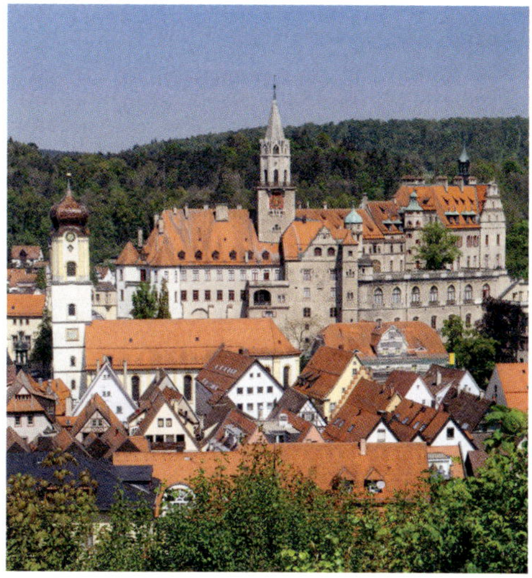

Das Schloss Sigmaringen blickt von einem markanten Felssporn auf die gleichnamige Stadt und die Donau.

Von Riedlingen nach Donauwörth – 158 km Das beschauliche Riedlingen erstreckt sich am nördlichen Ufer der Donau und verwöhnt seine Besucher mit einer

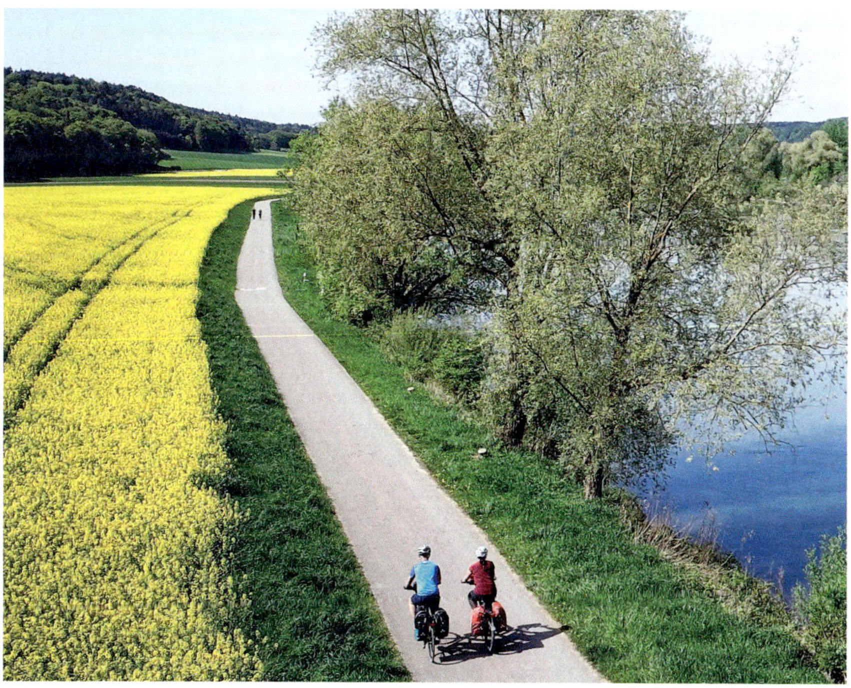

An der Donau kann man oft an beiden Ufern entlangfahren.

EuroVelo 6 – Fluss-Route

Die Eurovelo-Route Nr. 6 wurde als eine der ersten beschildert. Sie verbindet den Atlantik mit dem Schwarzen Meer und bringt es auf eine Länge von 3650 Kilometern. In Frankreich steuern Radler den Flüssen Loire, Saône und Doubs nach. Im Mittelteil geht es rheinaufwärts zum Bodensee. Dort schwenkt man den Lenker gen Norden und steuert die Donau an. Auf Baden-Württemberg und Bayern folgt die Genießerfahrt durch Österreich. Abenteuerlich wird die Route hinter Wien. Viele haben schon Bratislava und Budapest besucht. Aber was der Radweg in Kroatien und Serbien bietet, wissen die wenigsten. Auf durch das Eiserne Tor und weiter nach Rumänien, wo am Reiseziel als Krönung das Donaudelta wartet (de.eurovelo.com/ev6).

historischen Häuserzeile aus dem 17. und 18. Jahrhundert, die sich um den Marktplatz gruppiert. Der familienfreundliche Radweg folgt den Flussschleifen durch eine liebliche Landschaft aus Auwiesen und Feldern. Kurz hinter Munderkingen mit seinen drei Renaissancebrunnen und mehreren Profanbauwerken zieht es uns nach Ehingen. Ihre Blütezeit erlebte die türme- und giebelreiche Stadt, als sie zwischen 1346 und 1805 zu Vorderösterreich gehörte. In jenen Tagen entstanden viele der prächtigen Bauwerke, unter denen das Ständehaus am Marktplatz hervorsticht. In den nächsten Stunden fallen die Hügel ab. Sie machen Platz für die Stadt **Ulm**. Das Ulmer Münster war noch nicht erdacht, da durchzogen mit der Donau-Nord-Straße und der Albstraße zwei mittelalterliche Handelswege die heutige Universitätsstadt. Ende des 19. Jahrhunderts vollendete man das spätgotische Bauwerk mit seinem 161 Meter hohen Kirchturm, dem höchsten der Welt. Turmbesteiger, die sich von den 768 Stufen nicht abschrecken lassen, genießen einen Panoramablick auf das Umland der Donau-Doppelstadt. Romantiker laufen hinab zum Fischer- und Gerberviertel. Tropfende Mühlräder, Fachwerkhäuser, Fußgängerbrücken. Dahinter die Stadtmauer und die Donau. Das blaue Band taucht am Stadtrand in die Donau-Auen ein. Die nächsten Sehenswürdigkeiten? Das Schloss Leipheim, die Altstadt von Günzburg, das Legoland Deutschland. Wasserkraftwerke stauen die Donau zu kleinen Seen auf. Daneben rollt man entspannt voran. Abseits des Flusses radeln wir mitten in das Ferienland Donau-Ries. Bei Höchstädt lohnt es sich, das Naturschutzgebiet Apfelwörth anzusteuern. Es gehört zu den wichtigsten Schutzgebieten Schwabens und wurde einst von der wildfließenden Donau geprägt. Heute sind durch Flussbegradigungen Altwässer und Flussarme abgetrennt. In dem Feuchtgebiet leben mehr als 70 Vogelarten, darunter Zwergdommel, Knäkente und der Teichrohrsänger.

Das Ulmer Münster wurde 1890 vollendet.

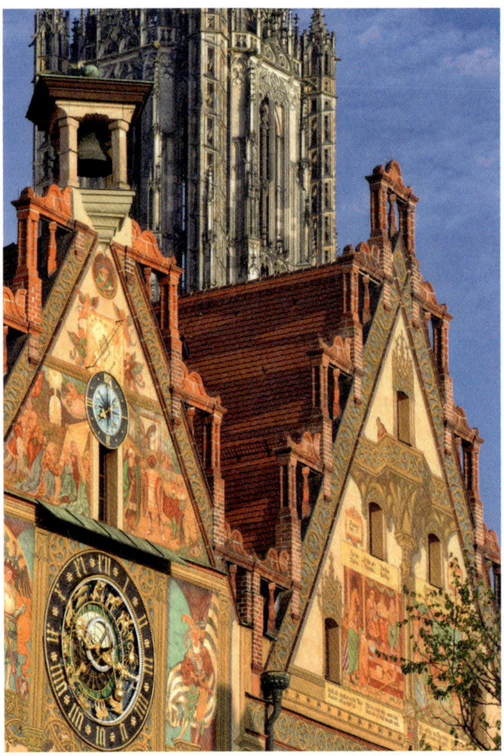

Von Donauwörth nach Regensburg – 146 km **Donauwörth** ist einer der charmanten Orte, in die man am Radweg immer wieder gerne eintaucht. Malerisch gibt sich die Reichsstraße. Sie verband einst die Reichsstädte Nürnberg und Augsburg. Die Gebäude auf beiden Seiten sind bunt bemalt: von

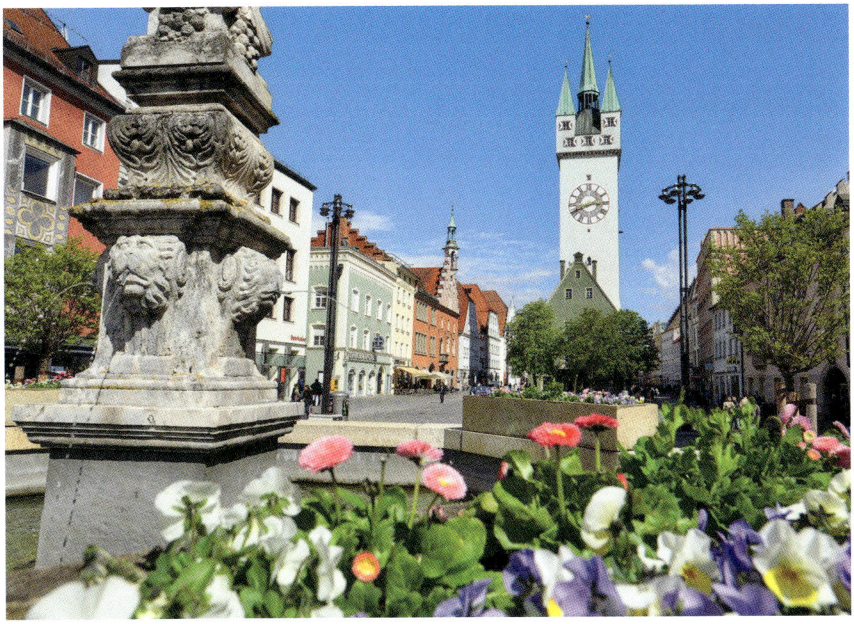

Straubing empfängt Reisende mit einem weitläufigen Stadtplatz.

Radweg im Naturpark Obere Donau

backsteinrot über maisgelb, mintgrün bis hin zu lavendelblau. Wer umherspaziert, entdeckt weitere Perlen, so das Liebfrauenmünster, das Kloster Heilig Kreuz und kurz vor der Mündung der Wörnitz das Rieder Tor. Die »bayerisch-schwäbische Donauperle an der Romantischen Straße« bleibt zurück. Wir machen uns auf, wie immer in Richtung Osten, und wechseln bei **Neuburg** zum Südufer der Donau. Anmutig spiegelt sich dort das von Arkaden gesäumte Neuburger Schloss seit fünf Jahrhunderten im Wasser. Der Pfalzgraf Ottheinrich ließ den Renaissancebau als Residenz des Fürstentums Pfalz-Neuburg errichten. Es ging 1505 aus den Erbstreitigkeiten zwischen den pfälzischen und bayerischen Wittelsbachern hervor. Hinter den dicken Mauern residiert die Staatsgalerie Flämische Barockmalerei. Kunstfreunde können sich auf rund 150 Werke der bedeutendsten flämischen Meister wie Peter Paul Rubens, van Dyck, Teniers und Brueghel freuen. Wenig später schließen sich die Bäume des größten Auwaldgebietes Mitteleuropas über uns. Es reicht auf einer Länge von 20 Kilometern bis an die Grenze von Ingolstadt heran. Unter den Reifen knirscht der Kies. Im Hintergrund erklingt ein vielstimmiges Vogelkonzert. Abseits des Weges breiten sich Altwässer, Stauseen und Reste von Niedermooren aus. Eisvögel lauern auf Beute, Flussregenpfeifer hüpfen über die Kiesbänke, Uferschwalben graben ihre Bruthöhlen in die Lehmschichten. Im

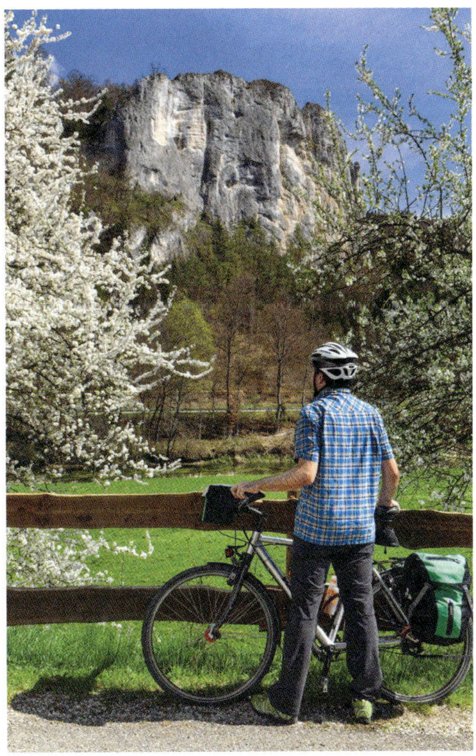

Passau–Wien

Leicht dahinrollen, abends ein Gläschen Wein oder zwei und natürlich die herzhafte Küche Österreichs – wenn es ums Genießen geht, ist die Tour von Passau nach Wien für viele die erste Wahl. In Oberösterreich besichtigt man eines der Klöster, spaziert hinauf zum Aussichtspunkt Schlögener Schlinge und bummelt durch die Gassen der Landeshauptstadt Linz. Es ist anschließend eine Wonne, durch die Wachau zu reisen: Weinreben hier, Kultur dort und dazwischen die Donau. Sie nimmt uns mit Richtung Wien. Ach, Wien! An kaum einem anderen Ort in Mitteleuropa prallt die Geschichte alter Adelshäuser so wuchtig auf die Moderne. Und jetzt mit einem Flusskreuzfahrtschiff zurück nach Passau schippern!

Schloss Grünau ist das Auenzentrum untergebracht. Die Ausstellung thematisiert das Ökosystem Aue, befasst sich mit Hochwasser und der Renaturierung. Wo das Grün zurückweicht, liegt Ingolstadt, die Wiege des Bayerischen Reinheitsgebotes von 1516. Es geht auf den bayerischen Herzog Wilhelm zurück. Dieser lies nach dem Landshuter Erbfolgekrieg und der Wiedervereinigung der bayerischen Teilherzogtümer die Regeln für das Bierbrauen festlegen. Die Vorschriften waren eine Reaktion auf die teils schlechte Bierqualität im Lande. Mehr als 500 Baudenkmäler prägen das Bild der Altstadt. Besucher haben die Qual der Wahl: Das romantische Kreuztor fotografieren? Zum Liebfrauenmünster laufen? Das Neue Schloss besichtigen oder die Festungsanlage Reduit Tilly inspizieren? Lohnend sind sie alle. Radler ziehen wieder los und strampeln via Großmehring, Vohburg an der Donau und Bad Gögging dem nächsten landschaftlichen Höhepunkt entgegen – dem Naturschutzgebiet Weltenburger Enge. Vor 150 Millionen Jahren wogte an dieser Stelle ein flaches subtropisches Meer. Die Korallen und Schwämme schufen aus Kalk mächtige Riffe. Ihre Relikte bilden die heutigen Felswände. Die Feinarbeit lieferte vor rund 200 000 Jahren ein Nebenarm der Urdonau, als er sich durch die Schichten grub. An der Stelle, wo die Donau einen Bogen vollzieht und sich auf einer Länge von fünf Kilometern zwischen senkrechten Felswänden hindurchzwängt, schmiegt sich das **Kloster Weltenburg** malerisch an einen bewaldeten Hang. Die Benediktinerabtei ist die älteste klösterliche Niederlassung Bayerns und besitzt mit der Asamkirche eine barocke Schöpfung von europäischem Rang. Auf der Weiterfahrt gibt es zwei Alternativen, eine schöner als die andere. Radler können über den Höhenzug des fränkischen Juras strampeln und auf der Rückseite nach **Kelheim** hinuntersausen. Oder man schiebt sein Rad auf eines der Ausflugsschiffe und bestaunt von unten die 70 Meter aufragenden Kalkfelswände. Die Donau bekommt wieder Platz. Ab Kelheim wird sie zu einer Bundeswasserstraße. **Regensburg** markiert unser nächstes Ziel.

Am Reiseziel Passau sollte man am besten nochmals eine Nacht bleiben, denn es gibt viel zu sehen.

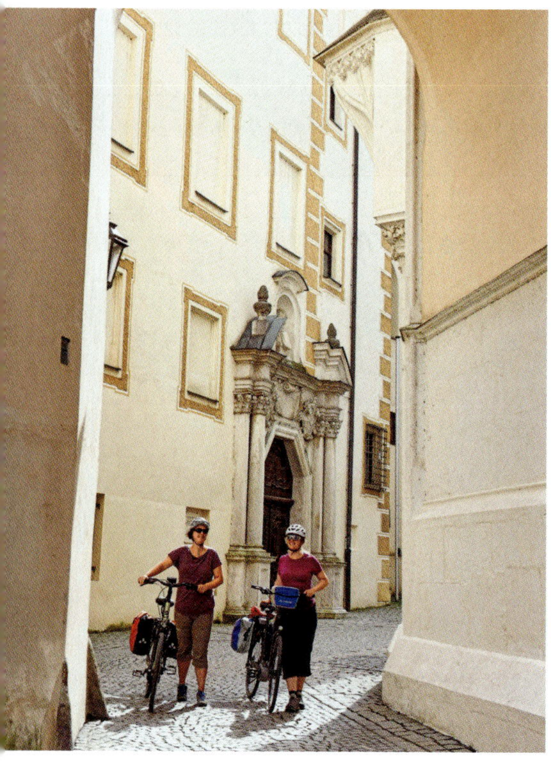

Von Regensburg nach Passau – 158 km Als römische Gründung tritt die am nördlichsten Punkt der Donau gelegene Stadt in das Licht der Geschichte. Die Steinerne Brücke schwingt sich mit 16 Segmentbögen hinüber zum mittelalterlichen Zentrum. Dort ist jeder

Stein historisch, ob an den Patriziertürmen oder am Dom St. Peter. Stromabwärts bauen sich linker Hand die Ausläufer des Bayerischen Waldes auf. Auf einem der Hügel thront mit der griechischen Säulenhalle der Walhalla eine weitere Kunstschöpfung des bayerischen Königs Ludwig I. Die Donau durchzieht die weitläufige »Kornkammer Bayerns« – den Gäuboden – und nimmt uns mit nach **Straubing**. Vom Theresienplatz über die breite Marktstraße mit ihrem 68 Meter hohen Stadtturm bis zum Passauer Tor reiht sich eine farbenprächtige Hausfassade an die andere. Bedeutend ist das Gäubodenmuseum. Es präsentiert neben dem weltberühmten Straubinger Römerschatz Schmuck- und Waffenstücke der Bajuwaren. Jetzt setzt die Reise zum Finale an. Das Terrain ist nun vollkommen eben. Es rollt. Man wird eins mit der Umgebung, den Feldern, dem Wald, der Donau. Dann taucht am Horizont das Ziel auf – **Passau**. Noch einmal entfaltet sich städtebaulicher Glanz. Barocke Elemente schmeicheln dem Auge, Kirchen und Festungen ragen in den Himmel. Ob ein Besuch im St.-Stephans-Dom mit der größten Domorgel der Welt, im Domschatz- und Diözesanmuseum, in der neuen Bischöflichen Residenz oder ein Spaziergang zur Burganlage Veste Oberhaus – die Liste der Sehenswürdigkeiten lässt sich beliebig erweitern. In den verstrichenen Tagen haben Radler das deutsche Teilstück des Donau-Radweges schätzen gelernt. Hier in Passau beginnt der nächste Abschnitt. Ein andermal heißt es wieder Taschen ans Fahrrad, Lenker gen Osten. Weiter der Donau nach via Wien und Budapest bis zum Schwarzen Meer!

Passau liegt am Zusammenfluss von Donau, Inn und Ilz.

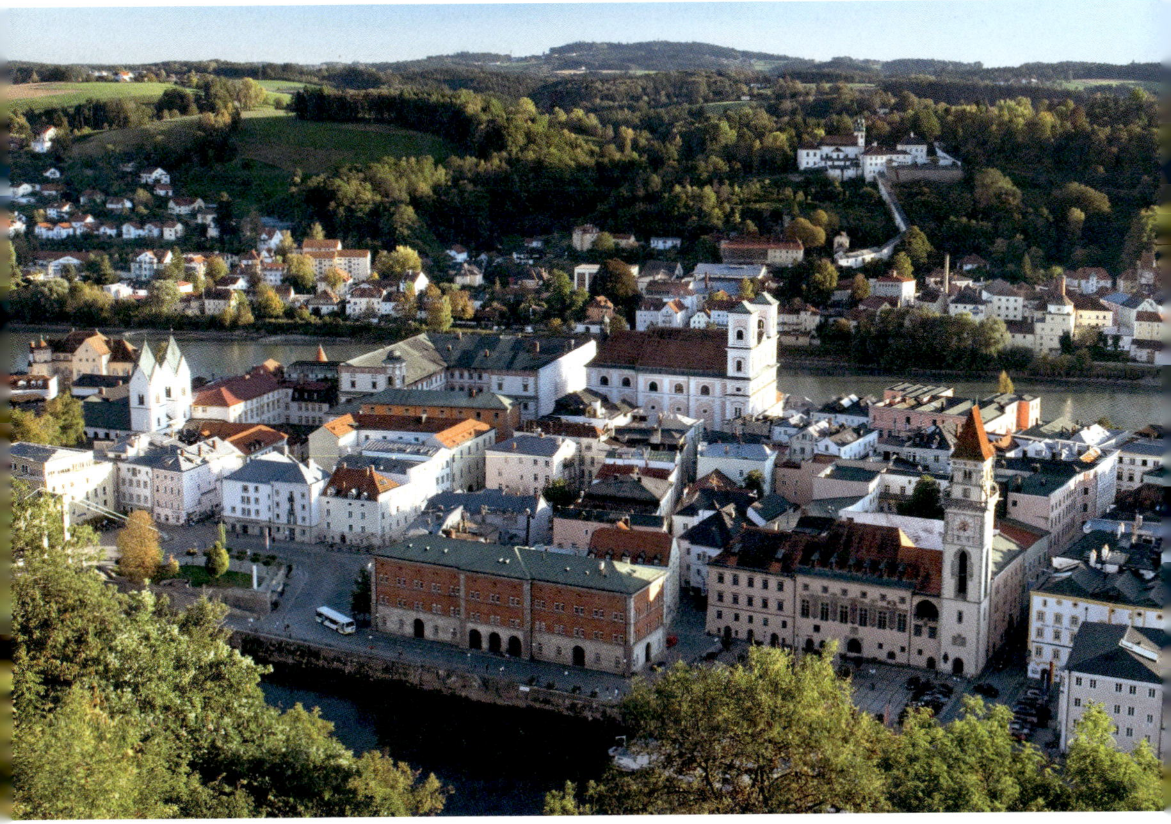

48

Ammer-Amper-Radweg

Naturroute zum Bummeln

mittel | 203 km | ca. 4 Tage

Charakter
Die teils geschotterte Route verläuft überwiegend auf verkehrsarmen Nebenstraßen und Radwegen. Im hügeligen Alpenvorland gibt es mehrere Steigungen.

Ausgangsort
Oberammergau Bhf.

Endpunkt
Moosburg; zurück 3:30 Std. mit dem Zug

Wegmarkierung
Die grün-weißen Schilder zeigen die Aufschrift »Ammer-Amper-Radweg«.

E-Bike
Für die wellige Fahrt im Südteil der Route empfiehlt sich ein E-Bike.

Information
www.ammer-amper-radweg.com
Ammergauer Alpen, Eugen-Papst-Straße 9a, 82487 Oberammergau, Tel. 08822/922740, www.ammergauer-alpen.de
Tourismusverband Pfaffenwinkel, Bauerngasse 5, 86956 Schongau, Tel. 08861/2113200, www.pfaffen-winkel.de
Tourismusverband Ammersee-Lech e.V, Hauptplatz 152, 86899 Landsberg am Lech, Tel. 08191/128247, www.ammersee-lech.de
Stadt Fürstenfeldbruck, Hauptstraße 31, 82256 Fürstenfeldbruck, Tel. 08141/2810, www.fuerstenfeldbruck.de
www.tourismus-dachauer-land.de
Tourismus Oberbayern München e.V., Prinzregentenstraße 89, 81675 München, Tel. 089/638958790, www.oberbayern.de

Wer dem Ammer-Amper-Radweg folgt, erlebt Oberbayern von seiner malerischen Seite: Berge, Seen und Auen. Dazwischen liegen einladende Orte, in denen die Bewohner altes Brauchtum lebhaft pflegen. Unterwegs auf einer wenig bekannten Mehrtagestour, bei der man nur eine Frage stellt: Warum hat der Fluss zwei Namen?

Von Oberammergau nach Weilheim – 61 km An der Stelle, wo sich das **Graswangtal** nach Osten weitet, tritt aus mehreren Quelltöpfen Wasser ans Tageslicht und bildet den Ursprung der **Ammer**. Auf dem 168-Kilometer-Weg hinunter zur Mündung in die Isar bei Moosburg verändert das Gewässer mehrmals das Aussehen. Zu Beginn eilt es als Wiesenbach. Später wächst es zum See heran, um auf dem letzten Abschnitt als ein beschaulicher Flachlandfluss an Geschwindigkeit zu verlieren. Die Benennungen findet man auf Landkarten: Ammergauer Alpen, Ammer, Ammersee und Amper. Bis ins 14. Jahrhundert nannte man den kompletten Fluss Amper. Jetzt spricht man am Oberlauf von Ammer. Ab dem Ausfluss des Ammersees heißt der Wasserlauf Amper. Bevor wir dem Bergbach nachrollen, lohnt ein Abstecher zum nahe gelegenen Schloss Linderhof. Es ist

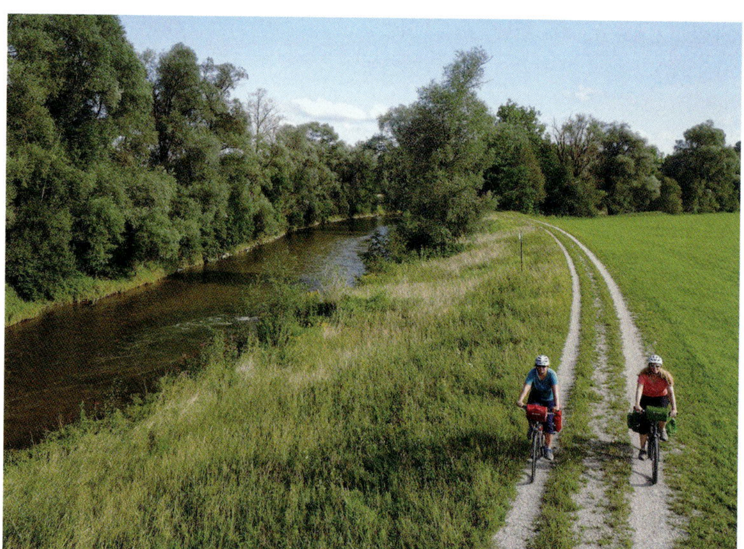

Der Ammer-Amper-Radweg ist meist eine ruhige Naturroute.

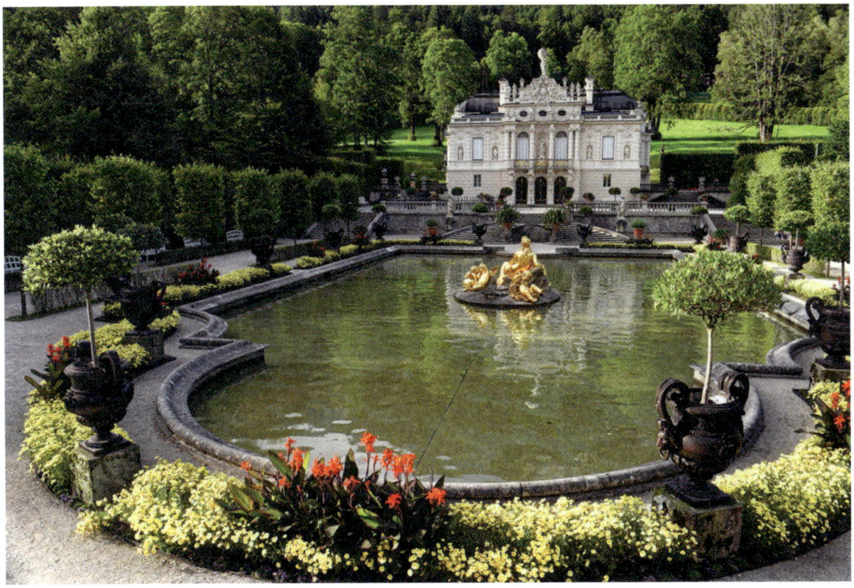

Schloss Linderhof in den Ammergauer Alpen ist das kleinste der drei Schlösser Ludwigs II. und das einzige, das noch zu seinen Lebzeiten vollendet wurde.

eine Schöpfung des bayerischen Märchenkönigs Ludwig II. Dieser beauftragte Georg Dollmann mit der Errichtung eines »Königshäuschens«. Der Architekt funktionierte ab 1869 ein Försterhäuschen dazu um und staffierte es aus. Linderhof ist die einzige Schlossschöpfung, die Ludwig zu Lebzeiten in seiner Vollendung sah. Heute steht der Park für Besucher offen. Sie fotografieren das große Wasserbassin, spazieren die ausladenden Treppen hinauf und inspizieren im Inneren die königlichen Gemächer. Ansehnlich ist ebenso das 14 Kilometer entfernte **Oberammergau**. Im historischen Ortskern kann man an vielen Hausfassaden Lüftlmalereien bewundern. Sie zeigen neben christlichen Motiven Darstellungen aus dem Alltagsleben der Landbevölkerung. Alle zehn Jahre rückt das unverfälscht gebliebene Bergidyll als Passionsspielort ins Rampenlicht. Die Aufführung der Leiden und das Sterben Christi geht auf das Jahr 1632 zurück. Damals fegte die Pest durch Oberammergau. In jenen Tagen gelobten die Einwohner ein Passionsspiel zu zeigen. Die Tradition des Holzschnitzens bewahrt das Oberammergau Museum. Die Böden in 840 Metern Höhe geben kaum Erträge für die Landwirtschaft her. So entwickelte sich ab dem 16. Jahrhundert die Kunst der filigranen Holzbearbeitung. Herrgottsschnitzer nannte man die Männer, die mit sperrigen Kraxen durch die Lande zogen und ihre

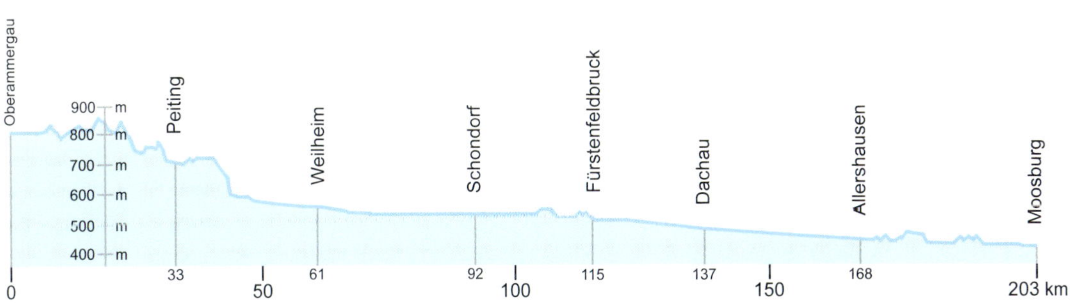

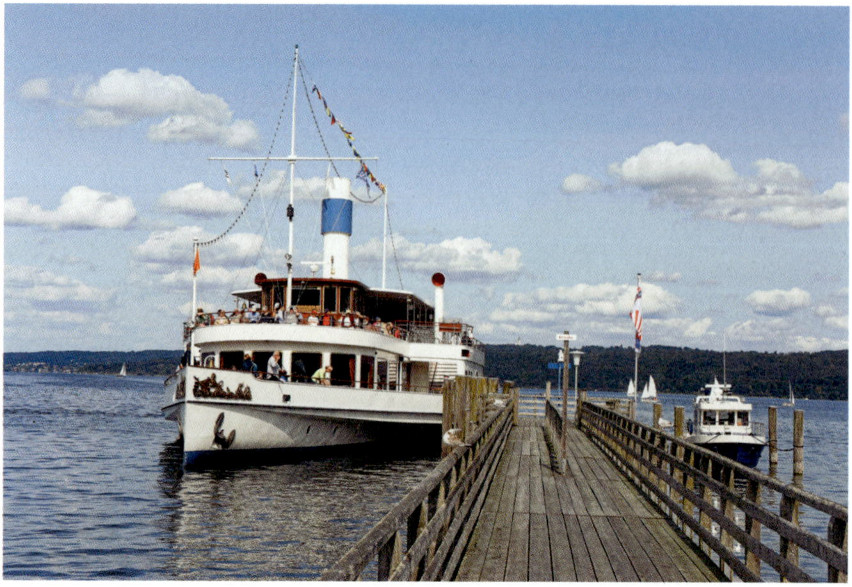

Am Ammersee kann man tolle Ausflüge auf das Wasser unternehmen.

Schöpfungen europaweit verkauften. Derzeit werkeln, schaben und schnitzen noch 60 aktive Holzbildhauer in Oberammergau. Vor der Kulisse des 1548 Meter hohen Berges Hörnle rollen wir durch den flachen Talboden. Er mündet hinter Altenau in ein tief eingeschnittenes Waldtal – die Ammerschlucht. Der Fluss verliert unterwegs insgesamt 430 Höhenmeter, die Hälfte davon in diesem 20-Kilometer-Abschnitt. Dahinter liegt der Pfaffenwinkel. Auf dem Weg gen Norden leiten uns die Zwiebeltürme der Gemeinden Peiting, Peißenberg und Polling durch die beschauliche Wald- und Wiesenlandschaft. In **Weilheim** zeigt das GPS-Gerät gut 60 Tageskilometer an.

Von Weilheim nach Dachau – 76 km Rund um den kopfsteingepflasterten Marienplatz kann man die Kirche Mariä Himmelfahrt und das Stadtmuseum mit Werken der »Weilheimer Schule« besichtigen. Warm ums Herz wird einem, wenn man anschließend am **Ammersee** steht und über die auf Pfählen errichteten Bootshäuser in Richtung Alpenkette schaut. Hier zieht sich Dießen in die Länge, dessen Juwel das Marienmünster ist. Es trägt die Handschrift des Barockmeisters Johann Michael Fischer. Der Radweg kurvt am Westufer entlang. Unterwegs wechseln Badebuchten mit Anlegestellen für die nostalgisch anmutende Schiffsflotte ab. Dörfer wie Riederau, Utting und Schondorf klettern zur Linken die Anhöhe empor. Der drittgrößte See Bayerns bringt es auf eine Fläche von 47 Quadratkilometern und ist bis zu 80 Meter tief. Das Becken formte der Isar-Loisach-Gletscher, der vor etwa 16000 Jahren das bayerische Alpenvorland bedeckte. Er begrub das Terrain, modellierte die Hügel, hobelte die Talsenken aus. Heute liegen dort die Gewässer des Fünfseenlandes. Ringsum entstand ein einzigartiges Mosaik aus Weihern, Niedermooren, Wiesen und Wäldern. In der Mitte des Seeufers bildete der Kittenbach mit seinen Sedimenten eine Halbinsel. Darauf versteckt sich das Künstlerhaus Gasteiger hinter den Kronen der großen Laubbäume. Das weiß-gelb angestrichene Kleinod mit dem roten Ziegeldach war Anfang des 20. Jahrhunderts das Domizil des Künstlerpaares Gasteiger. Im

Inneren des Jugendstilhauses können Besucher den Salon, das Jagdzimmer und die Bauernstube bestaunen. Nördlich des Badesees schickt uns die Beschilderung in das 528 Hektar große Naturschutzgebiet Ampermoos. In den dichten Schilfröhrichten und angrenzenden Streuwiesen brüten bedrohte Vogelarten wie Kiebitz, Bekassine und Kornweihe. Bei Grafrath durchbricht die Amper die Endmoräne, fließt mit mehreren Schleifen nach **Fürstenfeldbruck**. Umschlossen von einem Waldstück sticht am Ufer der Turm der Klosterkirche in den Himmel. Die Ausstattung des 80 Meter langen und 30 Meter hohen Innenraumes ist ein Vermächtnis der Gebrüder Asam. Die Künstler schmückten das pompöse Meisterwerk mit Fresken und Altären. 22 Kilometer östlich haben wir **Dachau** erreicht.

Von Dachau nach Moosburg – 66 km Der Name hat sich tief ins Gedächtnis gebrannt und erinnert schmerzlich an das erste Konzentrationslager auf bayerischem Boden. Hier und in den Außenlagern waren zwischen 1933 und 1945 rund 200 000 Menschen inhaftiert, 40 000 starben. Um die Schrecken der Zeit anzumahnen, richtete man 1965 die KZ-Gedenkstätte ein. Jedes Jahr laufen an die 600 000 Besucher aus aller Welt fassungslos über das Areal mit den Baracken, Zäunen und Wachtürmen. Abseits des Lagers spaziert man bedrückt durch die Kleinstadt, zerstreut die Gedanken bei einem Gang durch den Hofgarten des Schlosses Dachau. Es thront auf einem Höhenrücken. Von hier geht der Blick weit über das Land, bis hin zu dem Gipfelmeer der Alpen. Herzog Albrecht V. ließ hier ab 1578 einen geometrischen Renaissancegarten mit Blumen- und Kräuterbeeten errichten. Im Nordosten gräbt die Amper ihre Schleifen in die Lössschichten des Donau-Isar-Hügellandes. Leicht abschüssig führt der Reiseweg durch landwirtschaftlich genutztes Ackerland. Die Dörfer Hebertshausen, Fahrenzhausen und Allershausen kommen und gehen. **Moosburgs** historisches Zentrum sitzt auf einer Anhöhe zwischen der Isar und der Amper. Die heutige 20 000-Einwohner-Stadt verzeichnet ihre Anfänge um das Jahr 769. In jenen Tagen gründeten Benediktiner hier eine Abtei. Das älteste Bauwerk Moosburgs ist das in zwei Bauphasen errichtete Münster St. Kastulus, in dem man einen kostbaren Hochaltar zu sehen bekommt. Ein kleiner Tipp: Wer sich von dem Anstieg nicht abschrecken lässt und den Ammer-Amper-Radweg von Nord nach Süd entlangsteuert, hat die Berge stets im Blick.

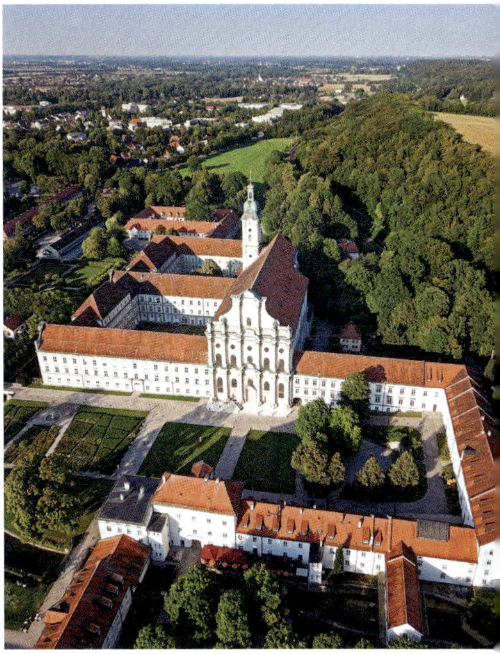

Blick auf das Kloster Fürstenfeld am Rande der Stadt Fürstenfeldbruck

Das Dachauer Schloss auf dem Schlossberg von Dachau war lange Zeit bevorzugte Sommerresidenz der Wittelsbacher.

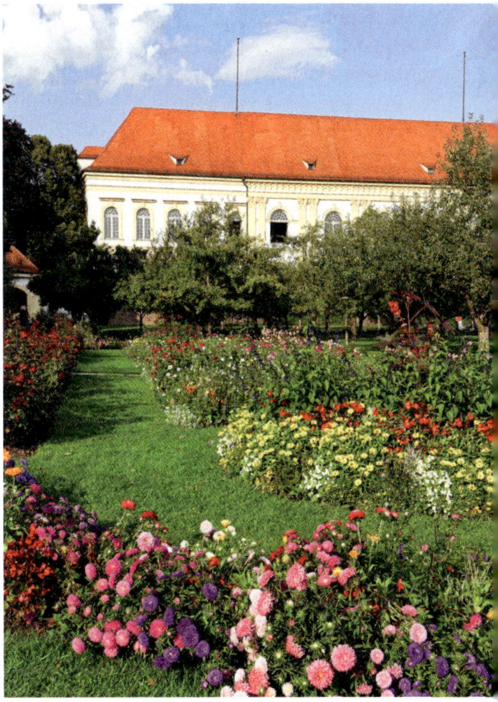

49

Isar-Radweg

Unterm weiß-blauen Himmel

leicht 290 km ca. 5 Tage

Charakter
Der Isarradweg führt auf langen Asphaltbahnen oder festen Schotterwegen meist bergab und hat nur kurze Gegenanstiege.

Ausgangsort
Hallerangeralm (Österreich/Tirol); die nächsten Bahnhöfe in Scharnitz und Mittenwald

Endpunkt
Deggendorf; von der Isarmündung radelt man zurück nach Plattling Bhf. und in 4:30 Std. nach Mittenwald mit dem Zug, oder weiter bis Deggendorf.

Wegmarkierung
Schilder mit dem grünen Schriftzug »Isarradweg«

E-Bike
Infos zu E-Bikes über www.alpenwelt-karwendel.de

Information
Arbeitskreis Isarradweg, c/o Alpin Consult, Siedlerstraße 10, 83714 Miesbach, Tel. 08025/9244952, www.isarradweg.de
Tourismus Oberbayern München e. V., Prinzregentenstraße 89, 81675 München, Tel. 089/638958790, www.oberbayern.de
Bayern Tourismus Marketing GmbH, Arabellastraße 17, 81925 München, Tel. 089/2123970, www.bayern.by und www.radroutenplaner-bayern.de

Die Münchner lieben ihre Isar: Sie ist Lebensader und zugleich Freizeitmeile. Abseits der Metropole strömt der Fluss türkisgrün durch stille Auwälder. Radler steuern ihm vom Karwendelgebirge bis zur Donau nach. Dazwischen laden sehenswerte Städte wie Bad Tölz, Freising und Landshut zu Entdeckungstouren ein.

Von der Hallerangeralm nach München – 135 km Wenn Münchner der Isar folgen, dann so gut wie immer Richtung Berge. Jedes Sommerwochenende schwärmen Tausende gen Süden aus. In die Gegenrichtung

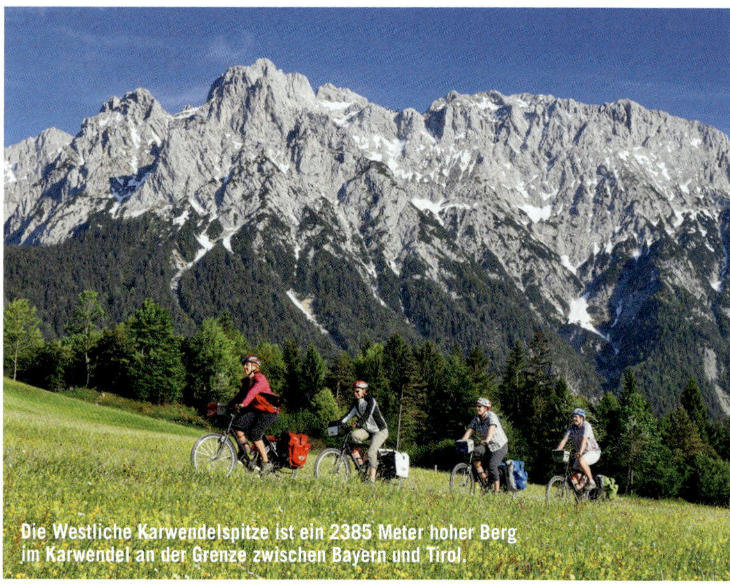

Die Westliche Karwendelspitze ist ein 2385 Meter hoher Berg im Karwendel an der Grenze zwischen Bayern und Tirol.

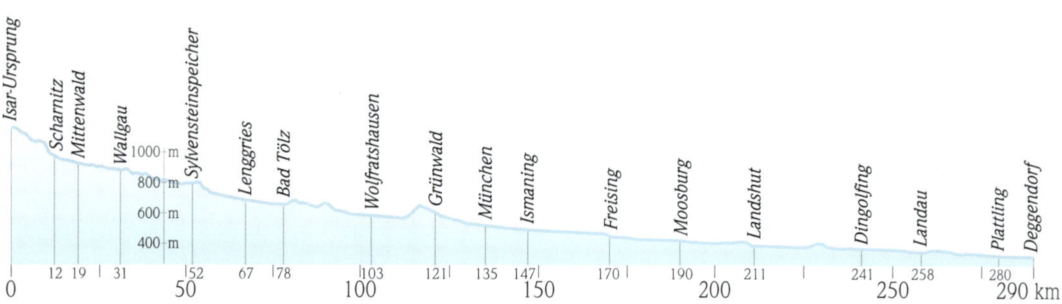

fährt kaum einer. Warum eigentlich? Isarradler lernen beide Seiten kennen. Aber da alle am liebsten bergab rollen, fahren wir mit der Bahn zunächst auch in die Berge. Die Isar entspringt im **Karwendelgebirge** in 1160 Metern Höhe. Sie hat ein Einzugsgebiet von knapp 9000 Quadratkilometern und entwässert große Teile der Bayerischen Alpen. Der junge Fluss jagt durch sein flaches Bett, zerrt am Ufer, springt über Steininseln hinweg, die in der Sonne wie Schnee leuchten. An der Seite des Baches holpern wir über eine für den öffentlichen Verkehr gesperrten Schotterpiste, drehen den Kopf mal hierhin, mal dorthin. Ein dichter Nadelwald hat seine Wurzeln in die Flanken der Berge gekrallt. 20 Kilometer entfernt fügt sich **Mittenwald** idyllisch in die Kulisse ein. Der Marktflecken ist bekannt als Wiege des bayerischen Geigenbaues. Dem Erwerbszweig ist nahe der Pfarrkirche St. Peter und Paul ein Museum gewidmet. Treppauf, treppab bewundert man dort rund 200 der Geigen, die seit 1685 in Mittenwald gefertigt wurden. Die Ausstellung setzt sie mit Hör- und Riechproben und historischen Filmen in Szene. Mit dem neu gewonnenen Wissen schnaufen wir den steilen Anstieg auf die Mittenwalder Buckelwiesen hinauf. Oben angekommen beruhigt sich der Puls zwar schnell, dafür wirbeln die Sinne wild durcheinander. Umweht von einem süßlichen Blumenduft drehen wir den Kopf von einer Seite zur anderen. Voraus stehen sie aufgereiht: Rechts das schroffe Karwendel, vor uns das Estergebirge und zur Linken die markante 2628 Meter hohe Alpspitze. Einen weiteren Tag hier im Werdenfelser Land bleiben? Warum nicht? Radwege gibt es genug. Sie führen zum Barmsee, zum Geroldsee und Grubsee. Gut 50 Kilometer entfernt erwartet uns **Bad Tölz**. Auf der Tour hinunter in den heilklimatischen Kurort reiht sich Höhepunkt an Höhepunkt: Den Anfang macht der von Bergen umrahmte Ferienort Wallgau. Während dem Fluss teils sein Wasser abgezwackt und zum Walchenseekraftwerk geleitet wird, bestaunen Radler den engen Taleinschnitt der Oberen

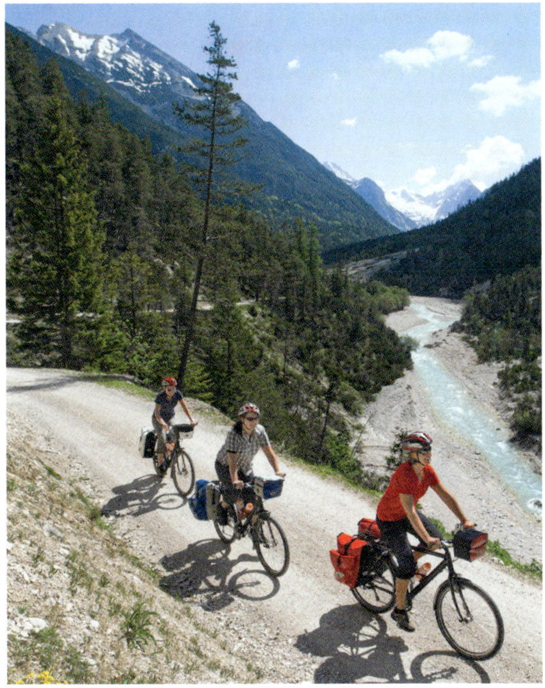

Im österreichischen Hinterautal rauscht die Isar mit ungezügelter Kraft zu Tal.

Der Sylvensteinspeicher wird von bewaldeten Bergen flankiert.

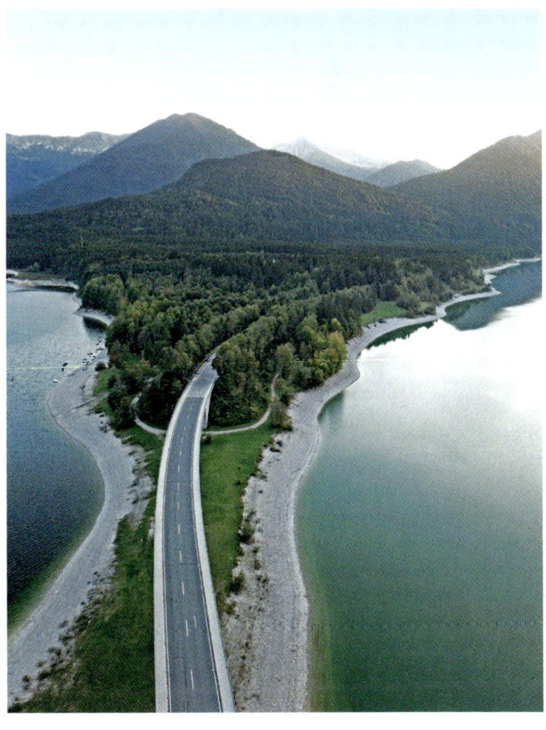

Bierschwemme in Bad Tölz

Der Reichtum geht auf die Zeit als blühende Handelsstadt zurück. Strategisch günstig am Schnittpunkt von zwei Handelsrouten gelegen, profitierte der Marktplatz lange vom Warenstrom. Zum einen verlief der Salzhandelsweg durch Tölz. Der zweite Handelsweg nutzte die Isar. Die zeitweise immense Nachfrage nach Bauholz ließ im Isarwinkel das Flößergewerbe florieren. Neben dem Rohstofftransport bereicherte sich die Stadt am großen Durst der Münchner. Da sich die Landeshauptstadt auf einer Schotterebene ohne natürliche Kühlmöglichkeiten ausbreitet, sorgten die 22 Tölzer Brauereien für stetigen Nachschub. Auch Radler bleiben auf der Reise entlang der Isar nie durstig, folgt unterwegs doch Biergarten auf Biergarten.

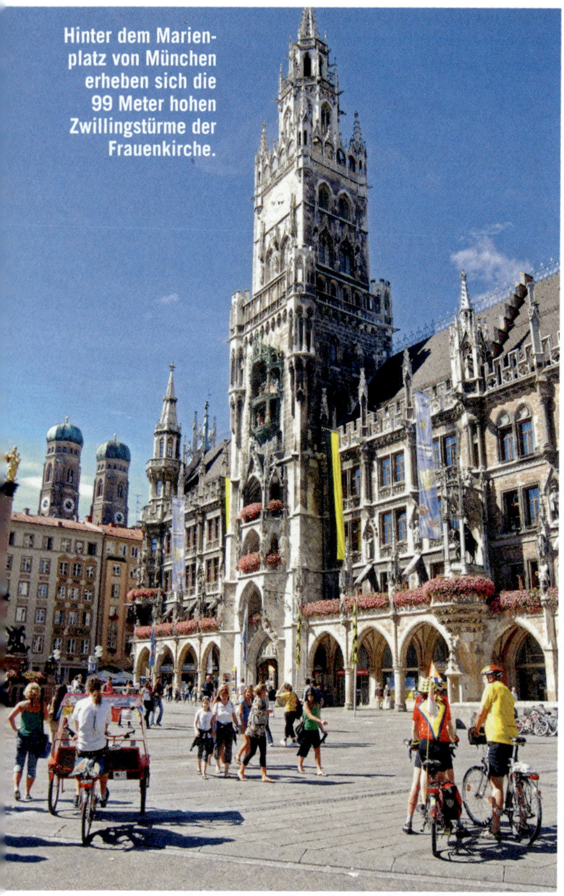

Hinter dem Marienplatz von München erheben sich die 99 Meter hohen Zwillingstürme der Frauenkirche.

Isar. Auf diesen folgt der fjordartige Stausee Sylvensteinspeicher und schließlich eine herrliche Schussfahrt hinunter nach Lenggries. Die Jachen mündet in die Isar und diese wirft ihre Schleifen in den sich gen Norden hin verbreiternden Talboden. Der Kiesweg schmiegt sich dicht an den Fluss. Immer wieder führen Pfade zum Wasser. Man schiebt das Rad ans Ufer und bestaunt die Landschaft. Das Staunen setzt sich in Bad Tölz fort. Den Reiz der Kurstadt macht der Mix aus Kultur und Natur aus, den man bereits am Isarufer erkennt. Wie in den anderen oberbayerischen Orten fallen beim Spazieren durch die historische Altstadt die farbenprächtigen Lüftlmalereien an den Häuserfassaden ins Auge. Die Marktstraße von Bad Tölz ist wohl einer der schönsten Straßenzüge Bayerns.

Von München nach Landshut – 78 km Das Zackenband der Berge wird im Rücken immer kleiner. Nun lotst uns die grün-weiße Beschilderung durch die Hügelzüge des Alpenvorlandes. Hinter dem Isarstausee kommt ein Anstieg, ein weiterer ab Rothmühle. Vorbei an Geretsried und Wolfratshausen geht es durch das Naherholungsgebiet Pupplinger Au. Hier darf sich die Isar frei entfalten. Immerzu verlagert sie ihr Bett, bildet neue Kanäle, Wasserrinnen, Schotterbänke und kleine Inseln. Die Route trifft nun auf den Isarwerkkanal. Nach sieben entspannten Kilometern baut sich die mit 100 Höhenmetern am Stück längste Steigung der Tour auf. In Grünwald sausen die Räder wieder zum Fluss hinunter. An dessen Seite führt ein sich immer mehr füllender Radweg ins Herz von **München**. Rechts der Tierpark Hellabrunn, links der Flaucher, die Auen mitten in der Stadt. Der Viktualienmarkt, die Residenz, die Pinakotheken, das Oktoberfest, der Nymphenburger Schlosspark und die Allianz Arena – das alles zusammen macht den Zauber der Metropole aus. Umschlungen von zwei Isararmen erreichen wir die Museumsinsel. Dort spazieren Besucher zum Deutschen Museum, das bedeutendste und größte seiner Art. Es präsentiert rund 30 000 Objekte aus 50 Bereichen der Naturwissenschaften und der Technik. Die Landeshauptstadt zeigt sich am Marienplatz von ihrer Schokoladenseite.

Hier bildet das neugotische Rathaus zusammen mit den markanten Doppeltürmen der Frauenkirche ein harmonisches Bild, das jeder Tourist in der Kamera gespeichert mit nach Hause trägt. Uns zieht es in den Englischen Garten, in dem der Central Park von New York bequem Platz hätte. Wir stoppen am Chinesischen Turm, um den sich Dutzende Bierbänke gruppieren. Unter den Kastanienbäumen schmecken das Bier und die Brezen besonders gut. Nördlich von München ist die halbe Wegstrecke geschafft und so radelt man durch die Auwälder der Stadt **Freising** entgegen. Bei der Einfahrt gibt es eine schöne Sicht auf die weißen Gebäude mit ihren roten Ziegeldächern. Auf einer Anhöhe steht das Wahrzeichen von Freising, der doppeltürmige Mariendom. An seiner Stelle stand bereits im Jahre 715 eine Marienkirche. Der heutige Bau stammt aus dem 15. Jahrhundert und wurde mehrfach umgestaltet. Beeindruckend sind die Krypta, das gotische Chorgestühl von 1488 und die von den Brüdern Asam reich mit Rokokoelementen ausgeschmückte Decke. Peter Paul Rubens malte das Hochaltarbild »Das apokalyptische Weib«. Sein Original kann man in der Münchner Pinakothek bestaunen. Romantiker spazieren durch die Altstadt und Radler mit Durst pilgern zum Bräustüberl Weihenstephan. Es empfängt mit einem Biergarten, einer Maß Bier, Brez'n und einem Obazda. In den 1920er-Jahren servierte die Wirtin Katharina Eisenreich ihren Gästen das erste Mal diese Zwischenmahlzeit. Ihr Koch kam auf die Idee, Camembert-Laibchen mit Gewürzen zu mischen, Zwiebeln dazugeben und das Ganze mit einem Schuss Weihenstephaner Bier zu verfeinern. Seitdem ist seine Kreation in den bayerischen Biergärten nicht mehr wegzudenken. Gen Norden baut sich das Unterbayerische Hügelland auf und zwingt die Isar zu einem Richtungswechsel. Sie schwenkt nach Nordosten und nimmt 20 Kilometer stromabwärts die Amper auf. Über der Mündung sitzt das historische Zentrum von **Moosburg** auf einer Anhöhe. Die heutige 18000-Einwohner-Stadt verzeichnet ihre Anfänge um das Jahr 769. In jenen Tagen gründeten Benediktiner hier eine Abtei. Das älteste Bauwerk Moosburgs ist das in zwei Bauphasen errichtete Münster St. Kastulus, in dem man einen kostbaren Hochaltar zu sehen bekommt. Auf der Weiterfahrt drängen zu beiden Seiten uralte

Die Weißwursthauptstadt

München bietet einen spannenden Mix, der die bayerische Hauptstadt so reizvoll für Besucher macht. Hier namhafte Ausstellungshäuser wie die Pinakotheken. Dort die Residenz und das Schloss Nymphenburg. Viele zieht es ins Hofbräuhaus und in den Englischen Garten. Beliebt ist zudem das 1925 eröffnete Deutsche Museum. Es stellt mit 50 Themengebieten und 30000 Exponaten die größte naturwissenschaftlich-technische Sammlung der Welt zur Schau. Die Olympiastadt hat noch mehr zu bieten, ein stetig wachsendes Radwegenetz. München ist nahezu flach. So wird das Sightseeing per »Radl«, wie man hier sagt, leicht gemacht. Karten und Streckeninfos gibt es auf www.muenchen.de.

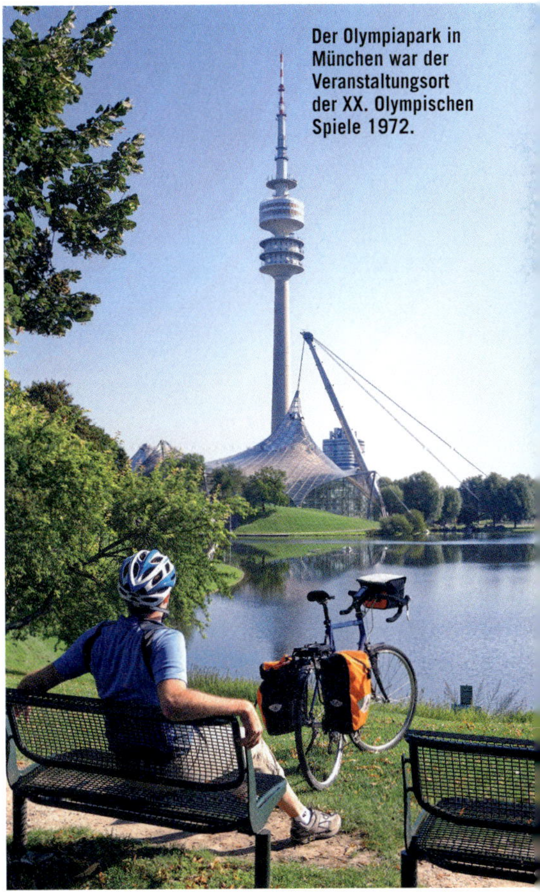

Der Olympiapark in München war der Veranstaltungsort der XX. Olympischen Spiele 1972.

Bäume dicht ans Ufer heran und neigen sich tief über das Wasser. Wir durchqueren das Naturschutzgebiet Vogelfreistätte Mittlere Isarstauseen. Hier brüten mehr als 90 Vogelarten. Darunter Teichrohrsänger, Pirole, Halsbandschnäpper und seltene Specht- und Greifvogelarten. Auch als Rastgebiet für Wasservögel sind der Moosburger Stausee und der Echinger Stausee von großer Bedeutung. Von hier aus sind es noch zehn Kilometer auf dem Sattel bis **Landshut**.

Von Landshut nach Deggendorf – 77 km Im Jahr 1475 wurden die Prinzessin Hedwig von Polen und der Herzog Georg der Reiche von Bayern in Landshut vermählt. Sechs Tage trank und speiste man bei der glanzvollsten Hochzeitsfeier des Hochmittelalters, was die Lager hergaben. Sogar der Kaiser Friedrich III. war anwesend. Die Stadt feiert alle vier Jahre Hochzeit. Dann wirft sich Landshut in Schale und macht einen Zeitsprung ins Mittelalter. Die Altstadt lädt zu einem ausgedehnten Spaziergang ein. Vom Ufer der Isar aus gehen zwei Prachtstraßen ab. Die Liste der Sehenswürdigkeiten ist lang. Im wahrsten Sinne des Wortes herausragend ist die Stiftsbasilika St. Martin, das Wahrzeichen Landshuts mit dem höchsten Backsteinturm (130,6 Meter) der Welt. Hier der Rathausprunksaal, da die Stadtresidenz Landshut und hoch oben über den roten Dächern die Burg Trausnitz. Anno 1204 begann der Herzog Ludwig der Kelheimer auf der heute Hofberg genannten Anhöhe mit dem Bau der Anlage. Ringsum sichert ein Ring aus Mauern und Türmen die Hauptburg. Diese kann man im Rahmen einer Führung besichtigen. Von der Altstadt aus radeln

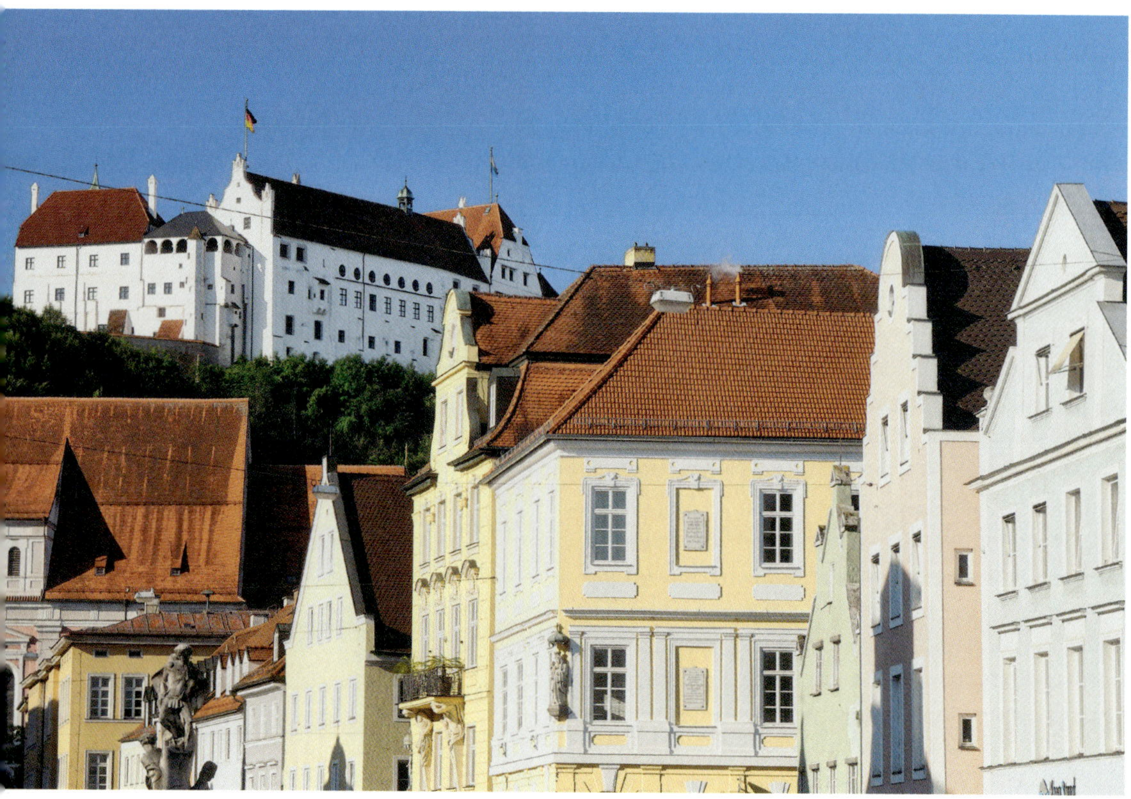

Die Burg Trausnitz thront hoch über Landshut.

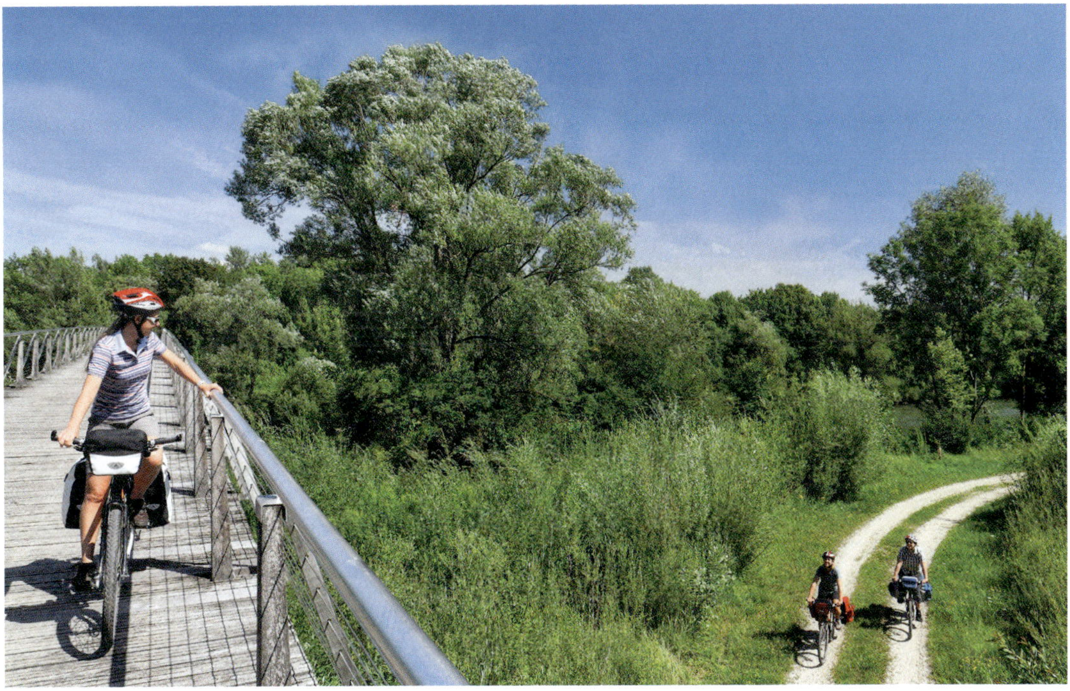

Der Isar-Radweg nutzt häufig gekieste Fahrspuren.

wir weiter durch die Auwälder. Die Wege an ihrer Seite sind so verschlungen wie eine Brezel. Immer wieder lohnt es, die stille Fahrt zu unterbrechen, etwa Dingolfing oder **Landau an der Isar** zu besuchen. Hier wie dort lädt ein kleines Zentrum mit bunt angemalten Hausfassaden zu einer Rast ein. Mit dem **Gäuboden** erreicht die Radroute die nächste Region. Sie erstreckt sich beiderseits der Donau von Regensburg im Westen bis nach Osterhofen im Osten. Während der Würmeiszeit trugen Winde kalkhaltige Partikel in den tiefer gelegenen Landstrich nördlich der Alpen. So bildete sich eine bis zu sechs Metern mächtige Lössschicht. Dies zog ab 5500 v. Chr. Siedler an, die Ackerbau betrieben. Isarradler erreichen die Stadt **Plattling**. Berühmtheit erlangte der Ort durch die Plattlinger Walze, an der man die Freestyle-Weltmeisterschaft 2011 ausgetragen hat. Von hier aus sind es nur wenige Pedalumdrehungen bis zur Donau. Eine finale Überraschung wartet noch auf uns – das Naturschutzgebiet Isarmündung. Über den Köpfen schließen sich die Kronen der Bäume. Unsere nächste Station ist das Infohaus. Es vermittelt Wissenswertes über den verwunschenen Auenwald. So erfahren wir, dass in den Feuchtwiesen, Teichen und großflächigen Röhrichten 100 gefährdete Pflanzen heimisch sind. Anschließend geht alles viel zu schnell: Wir sehen zu, wie die Isar geruhsam an zwei Inseln vorbeizieht und von der **Donau** lautlos geschluckt wird. Bis zum Schwarzen Meer hat das Isarwasser eine Reise von 2280 Kilometern vor sich. Die Gedanken wandern nochmals stromaufwärts. Herrliche Stadtkerne, spannende Geschichte, dazu der allgegenwärtige Auwald. Wie hat die Reise nochmals begonnen? Mit dem Rinnsal im Karwendel, der guten Bergluft und den bayerischen Schmankerln. Jetzt ein Biergarten. Vom Naturschutzgebiet Isarmündung aus gibt es zwei Optionen. Zurück nach Plattling strampeln? Oder die Donau queren und **Deggendorf** ansteuern?

50 Innradweg

Der grüne Alpenfluss

leicht | 308 km | ca. 5 Tage

Charakter
Der Innradweg ist eine lohnende Familientour und verläuft meist über eigenständige Radwege mit teils langen Kiespassagen.

Ausgangsort
Innsbruck Bhf.

Endpunkt
Passau; zurück mindestens 4:30 Std. mit dem Zug

Wegmarkierung
Grün-weiße Routenschilder

E-Bike
Der Abschnitt zwischen Griesstätt und Mühldorf ist wellig. Dort sind E-Bikes sinnvoll; Infos dazu über www.innregionen.com.

Information
Marketinggruppe Innradweg, Bahnhofplatz 2, A-9020 Klagenfurt am Wörthersee, www.innradweg.com

Innradweg

Sie lieben die Alpen? Haben aber keine Lust auf Kraxeln? Wie wäre es mit einer Fahrt auf dem Innradweg? Wer ihn befährt, ist begeistert! Wieso? Weil er überwiegend bergab führt. Und weil ständig eine andere Stadt darauf wartet, entdeckt zu werden: Innsbruck, Rosenheim, Schärding und Passau.

Von Innsbruck nach Rosenheim – 120 km Bevor Radler in Passau den Bahnhof ansteuern, blicken sie dem Inn wehmütig nach. Warum hat einen die Reise an seiner Seite so sehr bewegt? So sehr, dass man jeden Tag Abstecher unternommen hat, um möglichst viele Eindrücke zu sammeln. Aus Radlersicht steht der **Inn** im Schatten der Donau. Doch weshalb eigentlich? Auf seinen 517 Kilometern verändert der Fluss ständig das Aussehen. Er ist mal unbändig, dann wieder lieblich wie in einem Heimatfilm. Mit einem Einzugsgebiet von 26 000 Quadratkilometern, etwa so groß wie der Balkanstaat Mazedonien, gehört er zu den mächtigsten Alpenflüssen. Der Inn startet den Lauf am Schweizer **Lunghinsee** auf einer Höhe von 2484 Metern. Das Wasser stürzt hinab Richtung Österreich, verlangsamt dort das Tempo. Voraus liegen die Städte Pfunds, Prutz, Landeck und Imst. Radler bestaunen unterwegs die Architektur-Filetstücke des Tiroler Oberlandes: die Mariä-Himmelfahrt-Kirche in Fließ, das Schloss Landeck, das Stift Stams. **Innsbruck** liegt eingebettet in die Berge der nördlichen Kalk- und der Zentralalpen. Hier kreuzen sich bedeutende Verkehrsachsen zwischen Nord und Süd, Ost und West. Vor allem der Habsburger-Kaiser Maximilian I. (1459–1519) formte das Bild Innsbrucks. Er machte die heutige Landeshauptstadt Tirols zum Zentrum

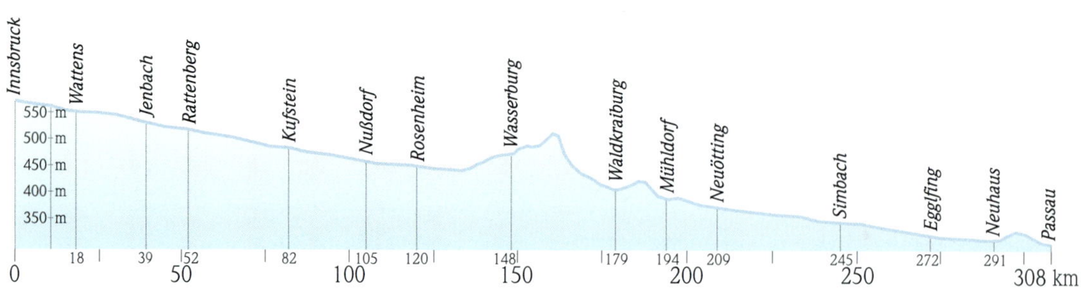

Silber, Münzen, Schlösserpracht

Das Museum der Münze Hall fasziniert Besucher. Höhepunkt ist der Nachbau der ersten Münzprägemaschine. Sie galt im Mittelalter als technische Sensation und prägte täglich rund 4000 Münzen. Das in Hall verarbeitete Edelmetall stammte aus dem Silberbergwerk in Schwaz. Dort lohnt es sich, den Fahrradhelm mit dem Grubenhelm zu tauschen und bei einer 90-minütigen Führung in den Berg einzufahren. Um 1500 kamen 85 Prozent des in der Alten Welt produzierten Silbers aus Schwaz. Neben dem begehrten Edelmetall förderten die Bergleute die 70-fache Menge an Kupfer – ein gewaltiger Reichtum, den die vielen Burgen und Herrensitze des Inntales widerspiegeln (www.muenze-hall.at).

des Heiligen Römischen Reiches. Unter seiner Regentschaft entstand das Goldene Dachl. Es trägt 2657 feuervergoldete Kupferschindeln; seit Jahrhunderten ein vielfach gemaltes und fotografiertes Wahrzeichen. Reisende schauen in Innsbruck gerne das Tirol Panorama mitsamt dem Kaiserjägermuseum an. Sie bestaunen die Bergisel-Skisprungschanze und das Schloss Ambras. Sie schweben in der Hungerburgbahn hinauf zum Alpenzoo, schlemmen in den Restaurants der 131 000-Einwohner-Stadt. Innsbruck verschwindet im Rücken. Flankiert von den steil abfallenden Kalkwänden des Karwendels führt uns der leicht abschüssige Radweg vorbei an Hall in Tirol zum Schloss Tratzberg. Der einstündige Ausflug ist als lebendiges Hörspiel konzipiert, gleicht einer Reise in die Vergangenheit. Eindrucksvolle Attraktionen der Schlossführung sind die gotische Fuggerstube, das Königinzimmer samt der reichen Renaissancearbeiten aus edelsten Hölzern, die Rüstkammer und die Hauskapelle. Das Wasser des Inns begleitet uns via Jenbach und Wörgl ins Zentrum von **Kufstein**. Die Festung liegt strategisch günstig am Ausgang des alpinen Inntales, dazu nimmt sie den Logenplatz auf einem Felsrücken über der Stadt ein. Die Rundtour durch die dicken Befestigungsanlagen führt an 21 Stationen vorüber: Man sieht u. a. Kanonen, den rund 60 Meter tiefen Brunnen und am Ende die Exponate des Festungsmuseums. Krönender Abschluss der Besichtigungstour ist die Heldenorgel Kufstein. Sie ist mit 4948 Pfeifen die größte Freiorgel der Welt. Ihre Klänge begleiten Radler aus der Alpenrepublik hinüber in Richtung Deutschland. Unsere Räder rollen zügig über den feinkörnigen Dammweg. Wo die Bayerischen Voralpen auf die Chiemgauer Alpen treffen, weitet sich gen Norden der Himmel. Oberaudorf, Flintsbach und Brannenburg zur

Das Schloss Tratzberg kann im Rahmen einer interessanten Führung besichtigt werden.

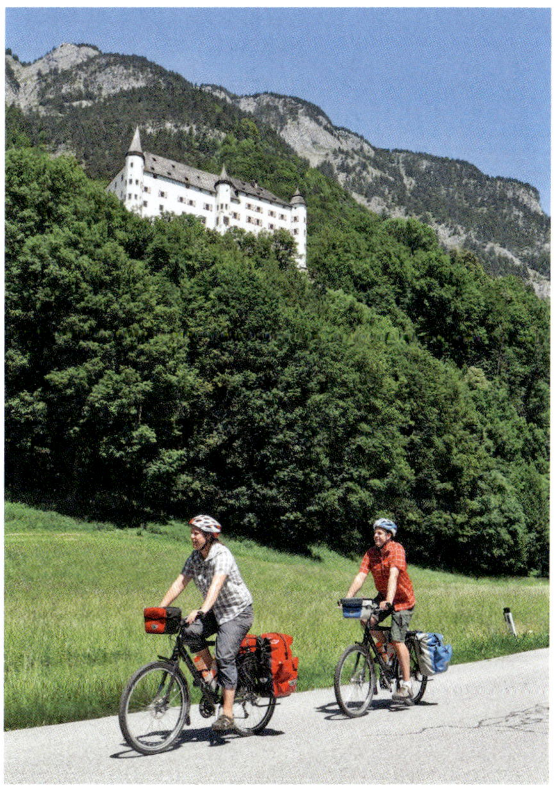

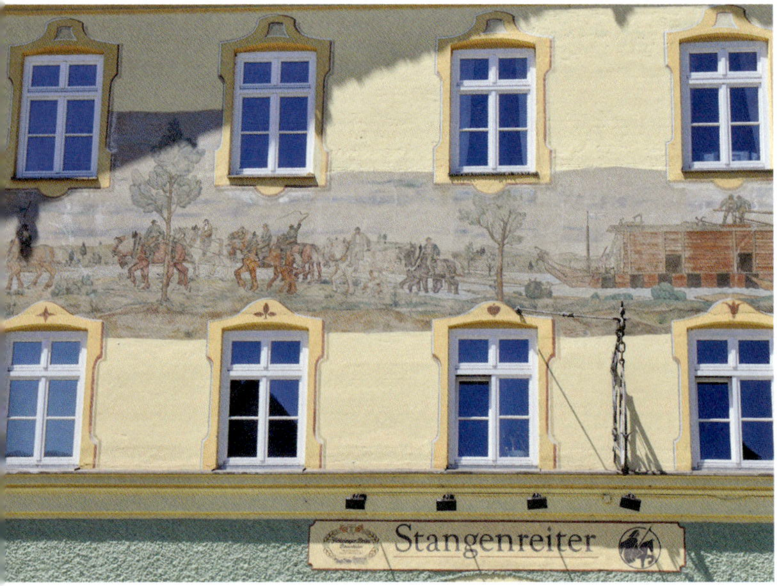

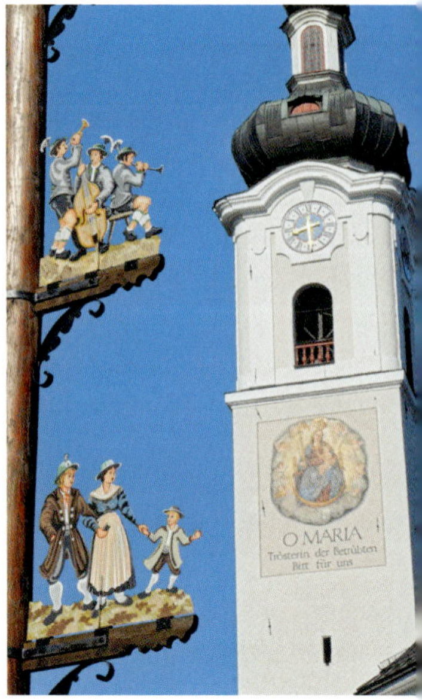

Fassadenmalerei in Neubeuern

Linken. Rechts Niederndorf, Erl und Nußdorf. Hier die Sommerrodelbahn Oberaudorf, dort der Fohlenhof Ebbs, da das charmante **Neubeuern**. Wir betreten durch das Salzburger Tor den denkmalgeschützten Marktplatz, der mit seinen ansehnlichen Gebäuden ein harmonisches Bild abgibt. Wer die Szene betrachtet, dem fallen Details aus der Ortsgeschichte auf. Zum Beispiel am Gasthof »Zum Stangenreiter«, dessen Fassade einen Schiffszug zeigt. Der Wohlstand der Stadt, der sich in den Bauwerken widerspiegelt, geht auf die Innschifffahrt zurück. Der Handelsplatz erhielt vor über 600 Jahren das Marktrecht. Hier gingen Schiffsleute, Schiffbauer, Händler, Handwerker und Wirtsleute ein und aus. An jene Epoche erinnert man im Obergeschoss des Verkehrsamtes. Dort sind im Inn-Schifffahrtsmuseum Nachbauten und Modelle ausgestellt.

Von Rosenheim nach Neuötting – 89 km Auf dem nächsten Abschnitt stimmt alles: Die Sicht reicht von dem schnurgeraden Dammkronenradweg weit ins Land hinaus. Dazu liegen sehenswerte Städte am Weg. Den Anfang macht **Rosenheim**. Das wirtschaftliche Zentrum Südostbayerns bietet eine Fülle an kulturellen Einrichtungen. Darunter der im Auftrag König Maximilians II. von Bayern errichtete Lokschuppen, in dem wechselnde Ausstellungen präsentiert werden. Wer den halbrunden Besuchermagneten verlässt, erreicht nach wenigen Minuten zu Fuß den prächtigen Max-Josefs-Platz. Er bildet den Mittelpunkt der Rosenheimer Altstadt und wird komplett von Bürgerhäusern im Inn-Salzach-Stil umrahmt. Prägend für die Bauart sind die Arkaden und Laubengänge. Wir schieben die Fahrräder durch das Mittertor, rollen hinunter zur Mangfall und an dieser entlang zum Inn. Zwei Stunden entfernt kommt **Wasserburg** in Sicht. Am Ufer erinnern herrschaftliche Gebäude an jene Zeit, als die Innschifffahrt erblühte. Die Wand der Steinfassaden gleicht einer Festung. Aus den ineinander verschachtelten Dächern ragt der massive Viereckturm der Pfarrkirche St. Jakob auf. Die strategisch günstige Lage auf einer Halbinsel bewog den Hallgrafen Engelbert III. im Jahr 1137 seinen Stammsitz in die Wasserburg zu verlegen. Unter den Wittelsbachern und durch den Handelsweg auf dem Inn erlebte die Stadt in der Mitte des 13. Jahrhunderts eine Blüte. Das historische Zentrum bildet noch heute eine geschlossene Einheit mit markanten Bauwerken wie dem Kernhaus, dem Ganserhaus und dem Rathaus. »Stärkebringer und Sorgenzwinger« nannte man das Bier Anfang des 19. Jahrhunderts in Wasserburg. Dort stellten zu dieser Zeit sage und schreibe 15 Brauereien den Gerstensaft her – bei wohlgemerkt 2500 Einwohnern. Nach dem Ende der Innschifffahrt und des Salzhandels gerieten die Wasserburger in eine Depression. Das Bier stärkte und half, die »Sorgen zu bezwingen« – so wird ein Chronist zitiert. In Wasserburg gibt es heute keine Brauerei mehr. Die kühlen Bierkatakomben, die einst als Bierlager dienten, stehen im Rahmen von Führungen für Besichtigungen offen. Der Radweg steigt steil bergan und erreicht den Rastplatz »Schöne Aussicht«. Hier genießen wir das Panorama auf den Inn, der malerisch die Altstadt umfasst. Anschließend biegt der Fluss vor den Hügelzügen des Alpenvorlandes kapitulierend gen Osten ab. Mit eindrucksvollen Schleifen sucht sich das Wasser einen Weg durch das von eiszeitlichen Gletschern modellierte Terrain. Die Höhenrücken zwingen bis Mühldorf am Inn mehrmals aus dem Sattel. Das Auf und Ab zieht in den Beinen, beschert uns aber eine beschauliche Landpartie mit Weiden, Waldstreifen und stattlichen Bauernhöfen. Die Orte unterwegs heißen am rechten Ufer Haiden und Jettenbach, gegenüber Gars und Waldkraiburg. 50 Kilometer später ist die Bergetappe gemeistert. Wir schalten wieder in den Genussmodus. Beiderseits des Flusses prägen im Inn-Salzach-Stil errichtete Gebäude die Altstädte, so auch in **Mühldorf**. Typisch für die Bauweise sind die nach oben gezogenen Vorschussmauern mit den kunstvoll verzierten Häuserfronten und den Grabendächern. Seit dem 16. Jahrhundert gibt es in Mühldorf diese Architektur. Bei Bränden sollten die hohen Mauern ein Übergreifen auf das Nachbardach

Vom Innufer aus genießt man einen schönen Blick auf Wasserburg.

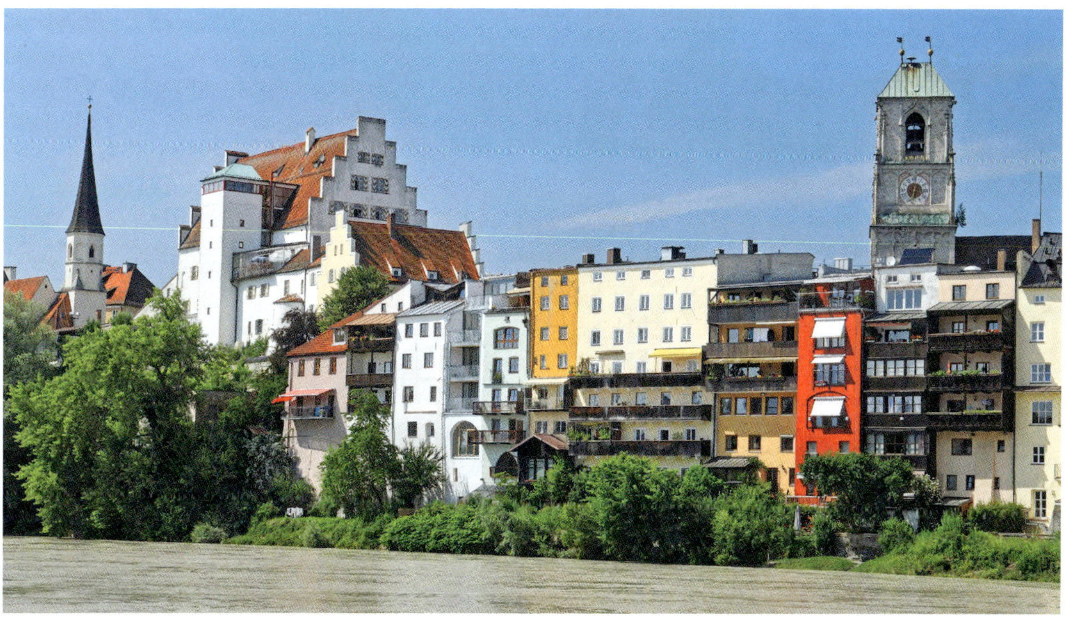

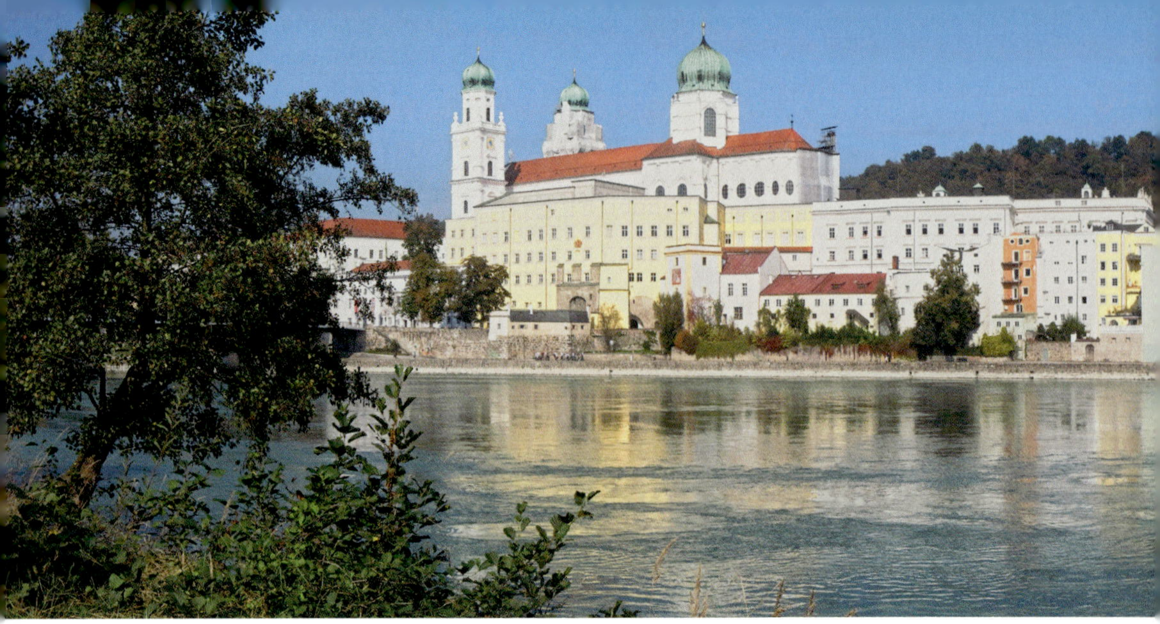

verhindern. Die schattigen Laubengänge runden zusammen mit den einladenden Plätzen das mediterrane Stadtbild ab.

Der weitläufige Kapellplatz von Altötting ist ein bedeutendes Wallfahrtsziel.

Von Neuötting nach Passau – 99 km Der Kapellplatz in Altötting markiert unsere nächste Station. Um ihn gruppieren sich gepflegte Rasenflächen. Seit über 1250 Jahren ist die Stadt geistliches Zentrum Bayerns und annähernd 500 Jahre lang der bedeutendste Marienwallfahrtsort Deutschlands. Ziel der jährlich mehr als 1000000 Pilger ist die Schwarze Muttergottes im Oktogon der Gnadenkapelle. Im Inneren birgt sie neben dem Gnadenbild die silbernen Herzurnen bayerischer Könige und Kurfürsten, dazu wertvolle Weihegaben. Eine Radstunde entfernt stoppen wir in **Marktl** am ehemaligen Mauthaus, das auf das Jahr 1701 zurückgeht. In dem weiß-gelben Gebäude kam im April 1927 Joseph Alois Ratzinger zur Welt. Er wurde 2005 zum Papst gewählt und nahm den Namen Benedikt XVI. an. Wir steuern durch das **Europareservat Unterer Inn** und nähern uns einem weiteren Schmuckstück. Flussabwärts spiegeln sich die dicht gedrängten Häuser von **Schärding** im Wasser des Inns. Beherrscht wird das Bild von der Stadtpfarrkirche St. Georg, die den barocken Ortskern erhaben überragt. Vor der Silberzeile erstreckt sich der Obere Stadtplatz. Die Bürgerhäuser errichtete man im Inn-Salzach-Baustil. Sie sind so bunt, als hätte man den Malkasten eines Kindes geplündert: Adriablau, Aprikosenfarben, Mintgrün, Flamingorot. Hier setzt der Radweg zum Finale an. Auf den letzten 16 Kilometern fließt der zu einer stattlichen Größe angewachsene Inn durch ein

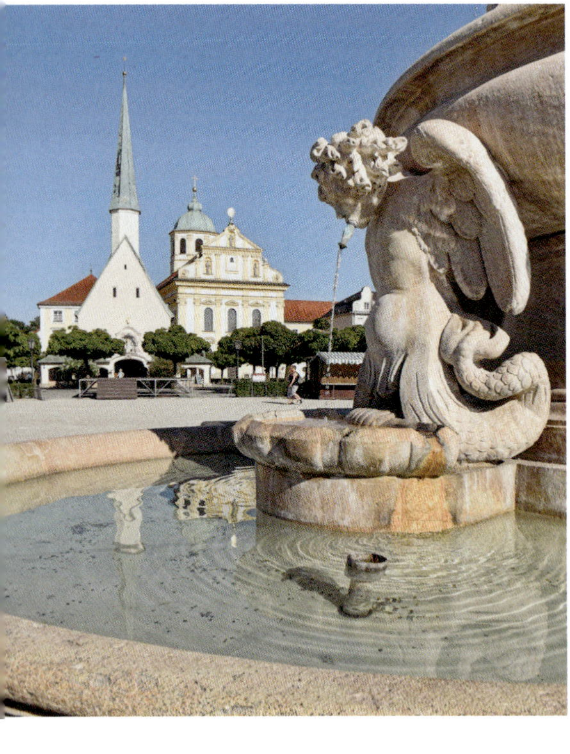

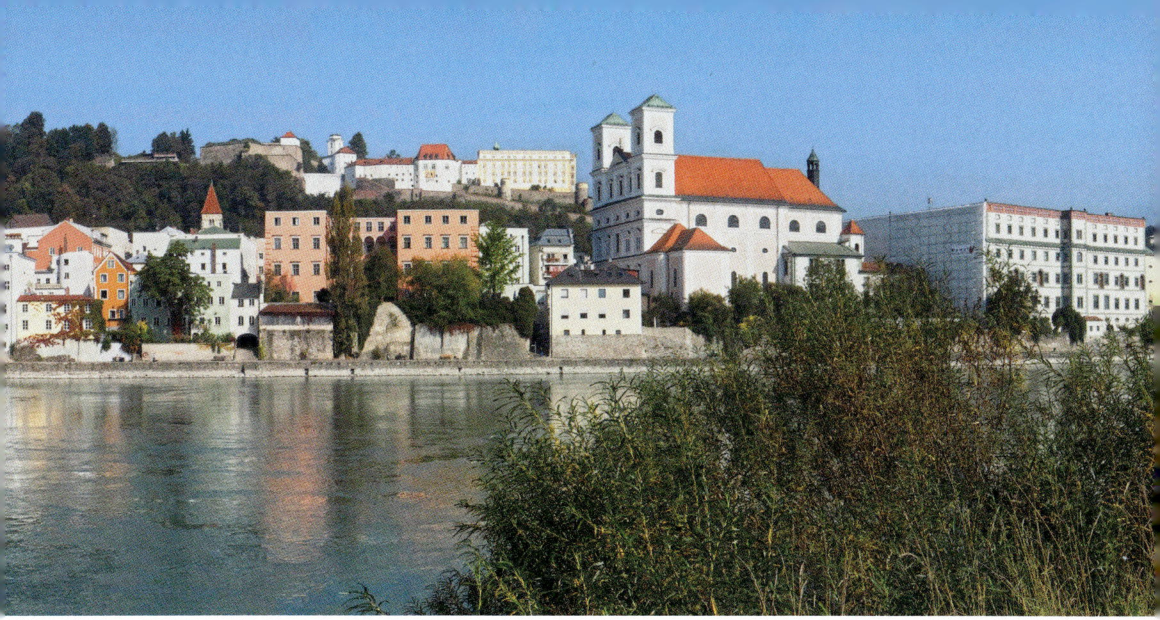

Passau zieht sich malerisch am Innufer entlang.

breites, mit Felsen durchsetztes Waldtal. Wo die Bäume zurückweichen, liegt **Passau** – unser Reiseziel. Dort zieht der Fluss gemächlich zwischen den prächtigen Bauten und Kirchen hindurch. Die Lage an Donau, Inn und Ilz macht Passau zu einem Radlerparadies. In der Dreiflüssestadt kreuzen sich sieben Radfernwege. Besonders der berühmte Donau-Radweg lockt Reisende an. Beschaulicher geht es auf Moldau-Radweg, Römerradweg, Tauernradweg, Tour de Baroque und Via Danubia zu, die abwechslungsreiche Reisetage versprechen. Wir klettern hier nicht auf den Sattel – wir steigen ab. Und staunen: Ein Juwel ist der Dom St. Stephan. Die Bauarbeiten der Bischofskirche begannen um das Jahr 720. Prägend für das dreischiffige Langhaus sind kostbare Stuckarbeiten, die den Blick himmelwärts lenken, wo das Auge auf herrlichen Fresken verweilt. In dem barocken Kircheninnenraum kann man weitere Schätze bestaunen, darunter die mit 17974 Pfeifen und 233 Registern größte Domorgel der Welt. Wieder im Freien folgt man erneut dem Ufer des Inns. Sein Tal weitet sich, von links strömt ein anderes Gewässer herbei – die Donau. Interessant ist, dass der milchig-grüne Inn zur Zeit der Schneeschmelze bedeutend mehr Wasser mitführt als die blaue Donau. Jedoch ist sie es, die ihren Namen bis zum Schwarzen Meer behält. Name hin oder her, der Inn-Radweg ist auf jeden Fall eine Reise wert.

Lachmöwen, Seeadler und Biber

Nachdem ab 1939 am Unteren Inn fünf Stauwehre zur Stromgewinnung errichtet wurden, entstand auf einer Länge von 55 Flusskilometern eine faszinierende Landschaft. Sie reicht von der Mündung der Salzach bis zur Mündung der Rott und ist heute als Europareservat Unterer Inn geschützt. Das Geflecht aus Flachwasserzonen, Schlickbänken, Seebecken und Inseln umfasst 5500 Hektar. Hier zählten Ornithologen mehr als 300 Vogelarten. Besonders beeindruckend ist der Vogeldurchzug im Frühjahr und im Herbst. Wer Glück hat, erspaht Seeadler, Schwarzmilane, Rohrweihe oder Fischadler. Unter ihren wachen Augen baut der Europäische Biber seine imposanten Burgen (www.europareservat.de).

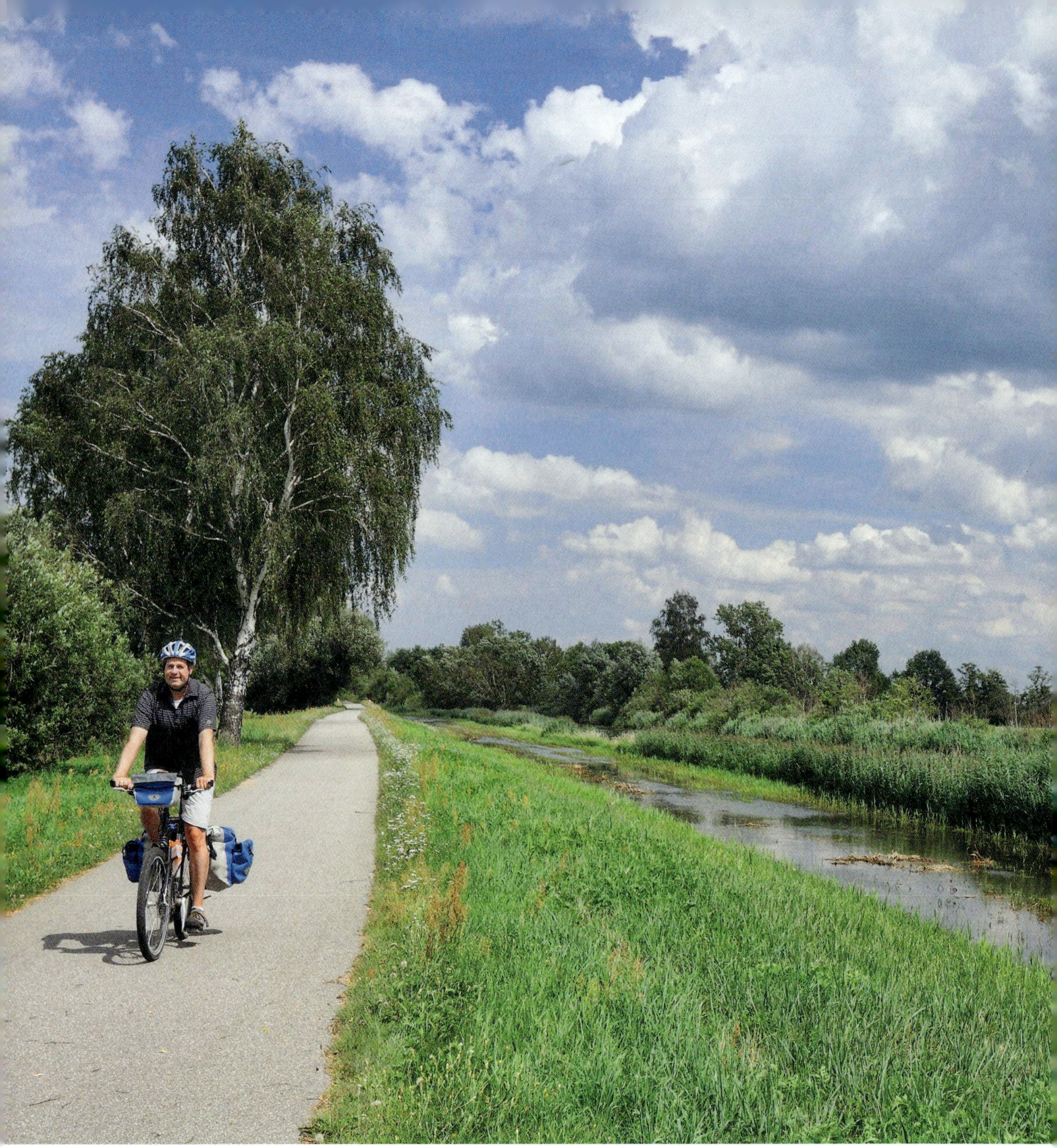

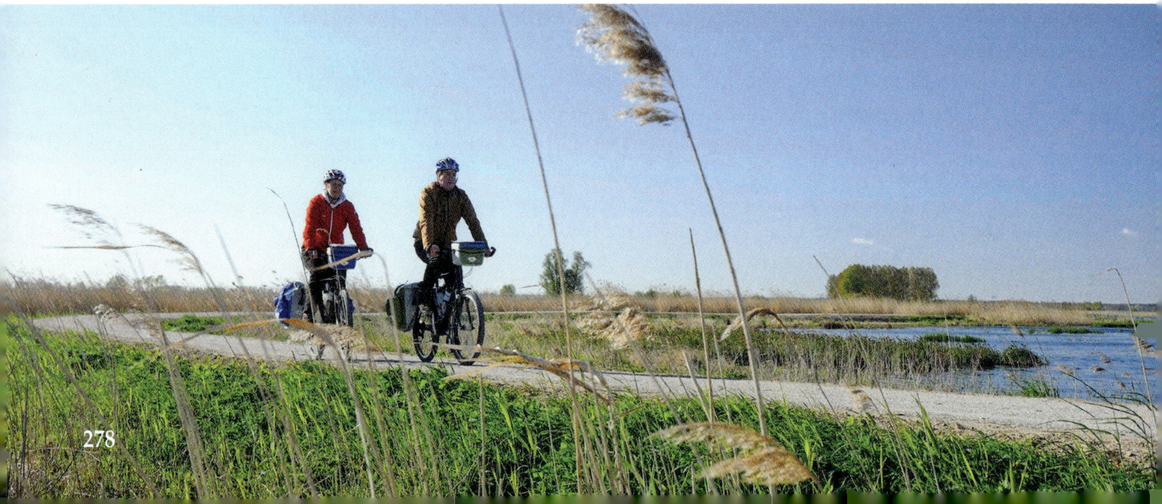

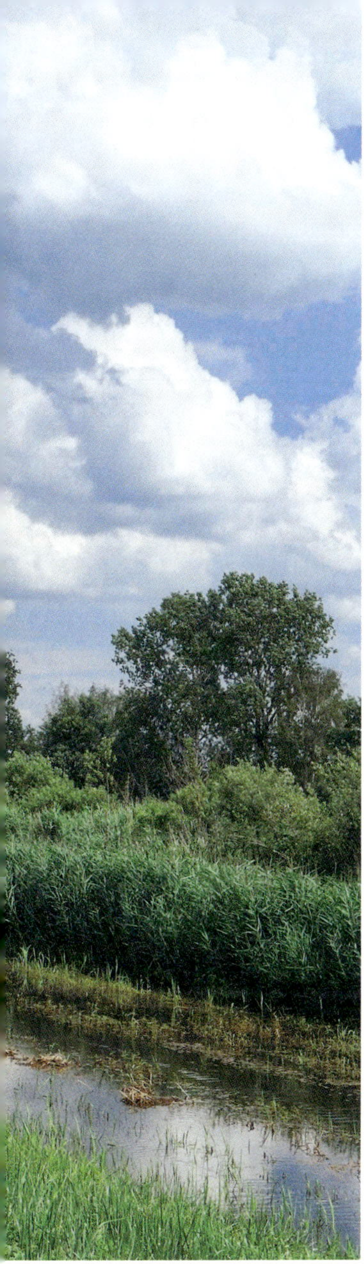

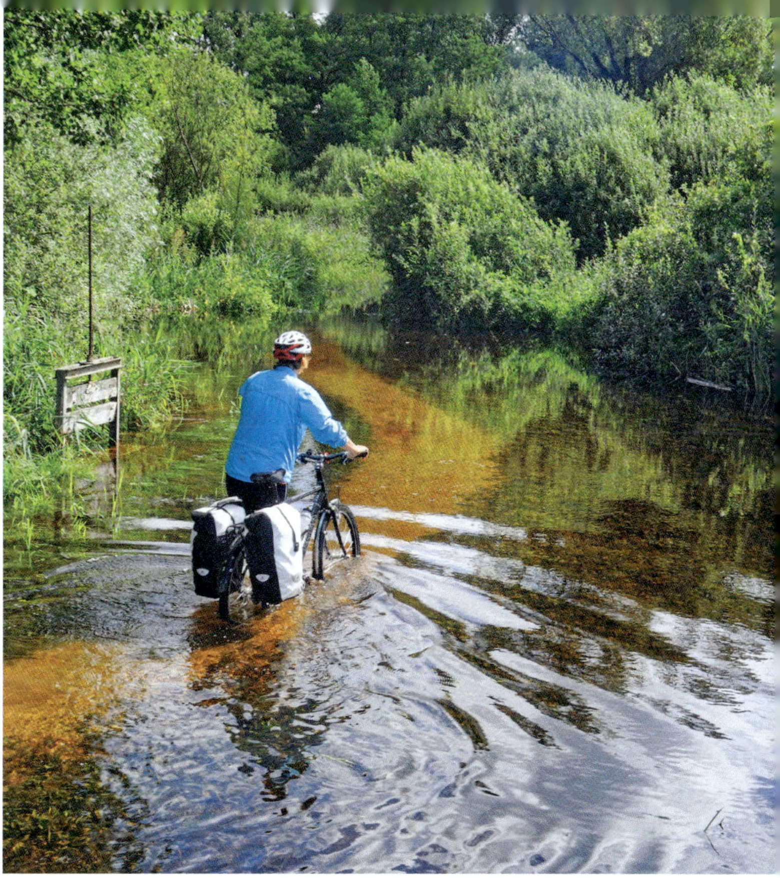

Weitere Flussradwege

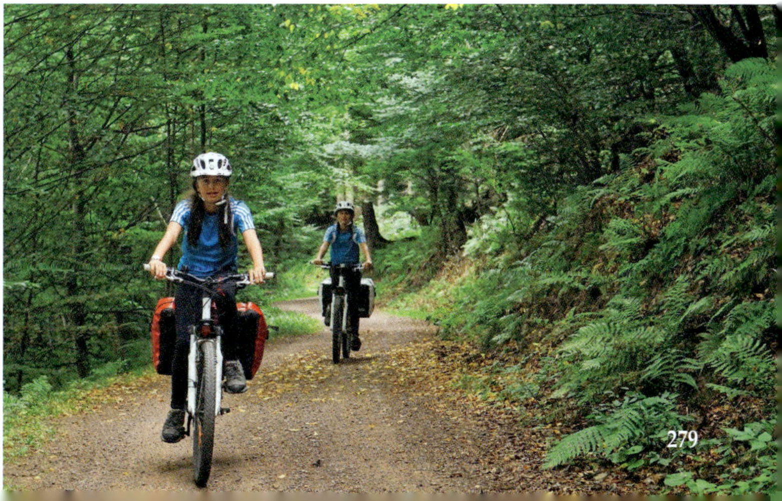

Oben links: Der Schwarze-Elster-Radweg sorgt für entspannte Natureindrücke. Oben rechts: Hochwasser am Fluss Spree. Unten rechts: Die Fahrt auf dem Eder-Radweg führt durch mehrere Wälder. Unten links: Das weitläufige Naturschutzgebiet Anklamer Stadtbruch ist ein Highlight des Oder-Neiße-Radweges.

Tourenliste

Die folgende Liste präsentiert alle weiteren Flussradfernwege in Deutschland. Alle Bundesländer sowie alle Nachbarnationen sind durch das jeweilige Länderkürzel gekennzeichnet.

Name	Kilometer	Bundesland	Startort	Zielort	Internetseite
Drei-Flüsse-Route	161	NW	Wesel	Wesel	www.3-flüsse-route.de
Aartal-Radweg	45	HE, RP	Taunusstein	Diez	www.lahn-taunus.de
Abens-Radweg	66	BY	Bad Gögging	Marzling	www.bayerninfo.de/rad
Alme-Radweg	65	NW	Brilon	Paderborn	www.alme-radweg.de
Bode-Radweg	50	ST	Hadmersleben	Nienburg	www.boderadweg.de
Brendtal-Radweg	25	BY	Bischofsheim a.d. Rhön	Bad Neustadt a.d. Saale	www.rhoen.de
Brenz-Radweg	55	BW, BY	Königsbronn	Lauingen	www.tourismus-bw.de
Chambtal-Radweg	44	CZ, BY	Vseruby (CZ)	Cham	www.bayrischer-wald-radfahren.de
Dilltalradweg	42	HE	Offdilln	Wetzlar	www.radroutenplaner.hessen.de
Else-Werre-Radweg	55	NI, NW	Gesmold	Bad Oeynhausen	www.else-werre-radweg.de
Enz-Radweg	44	RP	Pronsfeld	Peffingen	www.radwanderland.de
Enztalradweg	100	BW	Enzklösterle	Walheim	www.enztalradweg.de
Gera-Radweg	75	TH	Schmücke	Gehlberg	www.geraradweg.de
Günztal-Radweg	92	BY	Günzach	Günzburg	www.freizeit-unterallgaeu.de
Hunteradweg	137	NI	Lembruch	Elsfleth	www.hunte-natur.de
Ilmenauradweg	120	NI	Bad Bodenteich	Hoopte	www.ilmenauradweg.de
Ilmtaltour	40	BY	Jetzendorf	Vohburg a.d. Donau	www.landkreis-pfaffenhofen.de
Isentalweg	41	BY	Schwindegg	Neuötting	www.bay-rad.de
Kammeltal-Radweg	71	BY	Mindelheim	Günzburg-Offingen	www.freizeit-unterallgaeu.de
Labertal-Radweg	38	BY	Neufahrn i. NB	Straubing	www.bay-rad.de
Lauterachtal-Radweg	24	BY	Kastl	Schmidmühlen	www.amberg-sulzbacher-land.de
Lauter-Radweg	34	RP	Kaiserslautern	Lauterecken	www.radwanderland.de
Lenneroute	142	NW	Winterberg	Hagen	www.lenneroute.de
Lossetal-Radweg	28	HE	Hessisch Lichtenau	Kassel	www.radroutenplaner.hessen.de
Mangfall-Radweg	66	BY	München	Rosenheim	www.bayerninfo.de/rad
Mindeltal-Radweg	89	BY	Mindelberg	Gundremmingen	www.tourismus-unterallgaeu.de
Nagoldtalradweg	90	BW	Seewald-Erzgrube	Pforzheim	www.nagoldtalradweg.de
Niers-Radwanderweg	117	NW	Wanlo	Hommersum	www.niederrhein-tourismus.de
Nimstalradweg	62	RP	Weinsheim	Irreler Mühle	www.eifel.info
Ohmtal-Tour	40	HE	Hoherodskopf	Homberg	www.radroutenplaner.hessen.de
Paartaltour	115	BY	Eching am Ammersee	Großmehring	www.bayerninfo.de/rad
Pegnitztalradweg	23	BY	Neuhaus	Hohenstadt	www.frankenalb.de
Pfreimdtal-Radweg	56	BY	Tillyschanz	Pfreimd	www.oberpfaelzerwald.de
Prümtalradweg	98	RP	Stadtkyll	Minden	www.eifel.info
Rad-Route Dortmund-Ems-Kanal	340	NW, NI	Dortmund	Norddeich	www.emsland.com

Name	Kilometer	Bundesland	Startort	Zielort	Internetseite
Radrundtour Ems- und Wörsbachtal	41	HE	Bad Camberg	Bad Camberg	www.radroutenplaner.hessen.de
RegnitzRadweg	75	BY	Nürnberg	Bamberg	www.regnitzradweg.de
Röderradroute	102	SN, BB	Röderbrunn	Elsterwerda	www.region-westlausitz.de
Rot-Radweg	54	BW	Bad Wurzach	Erbach	www.oberschwaben-tourismus.de
Rottal-Radweg	113	BY	Velden	Neuhaus am Inn	www.bayerninfo.de/rad
Salzböderadweg	29	HE	Hartenrod	Odenhausen	www.radroutenplaner.hessen.de
Sauer-Radweg	62	RP	Ettelbrück	Wasserbilligerbrück	www.eifel.info
Schwalm-Radweg	100	HE	Feldatal-Meiches	Felsberg	www.rotkaeppchenland.nordhessen.de
Schwarzachtal-Radweg	67	BY	Schwarzenfeld	Kritzenast	www.oberpfaelzerwald.de
Siegtal-Radweg	140	NW, RP	Netphen	Troisdorf	www.radroutenplaner.nrw.de
Ulstertalradweg	53	HE, TH	Wüstensachsen	Philippsthal	www.ulstertal.de
Vilstal-Radweg	116	BY	Taufkirchen	Vilshofen	www.tourismus-landshut.de
Wern-Radweg	78	BY	Pfersdorf	Wernfeld	www.wernradweg.de
Werseradweg	123	NW	Rheda-Wiedenbrück	Münster	www.werseradweg.de
Wondreb-Radweg	30	BY	Landesgrenze	Falkenberg	www.bayerninfo.de/rad
Zellertal-Radweg	26	RP	Marnheim	Worms	www.zellertal-aktiv.de
Zenntalradweg	50	BY	Marktbergel	Fürth/Flexdorf	www.zenntal.de
Zschopautalradweg	133	SN	Fichtelberg	Döbeln	www.erzgebirge-tourismus.de
Zusam-Radweg	135	BY	Kaufbeuren	Monheim	www.tourismus-unterallgaeu.de

Bundesländerkürzel	
Brandenburg	BB
Berlin	BE
Baden-Württemberg	BW
Bayern	BY
Bremen	HB
Hessen	HE
Hamburg	HH
Mecklenburg-Vorpommern	MV
Niedersachsen	NI
Nordrhein-Westfalen	NW
Rheinland-Pfalz	RP
Schleswig-Holstein	SH
Saarland	SL
Sachsen	SN
Sachsen-Anhalt	ST
Thüringen	TH

Länderkürzel	
Österreich	A
Belgien	B
Dänemark	DK
Frankreich	F
Luxemburg	L
Niederlande	NL
Schweiz	CH
Tschechien	CZ

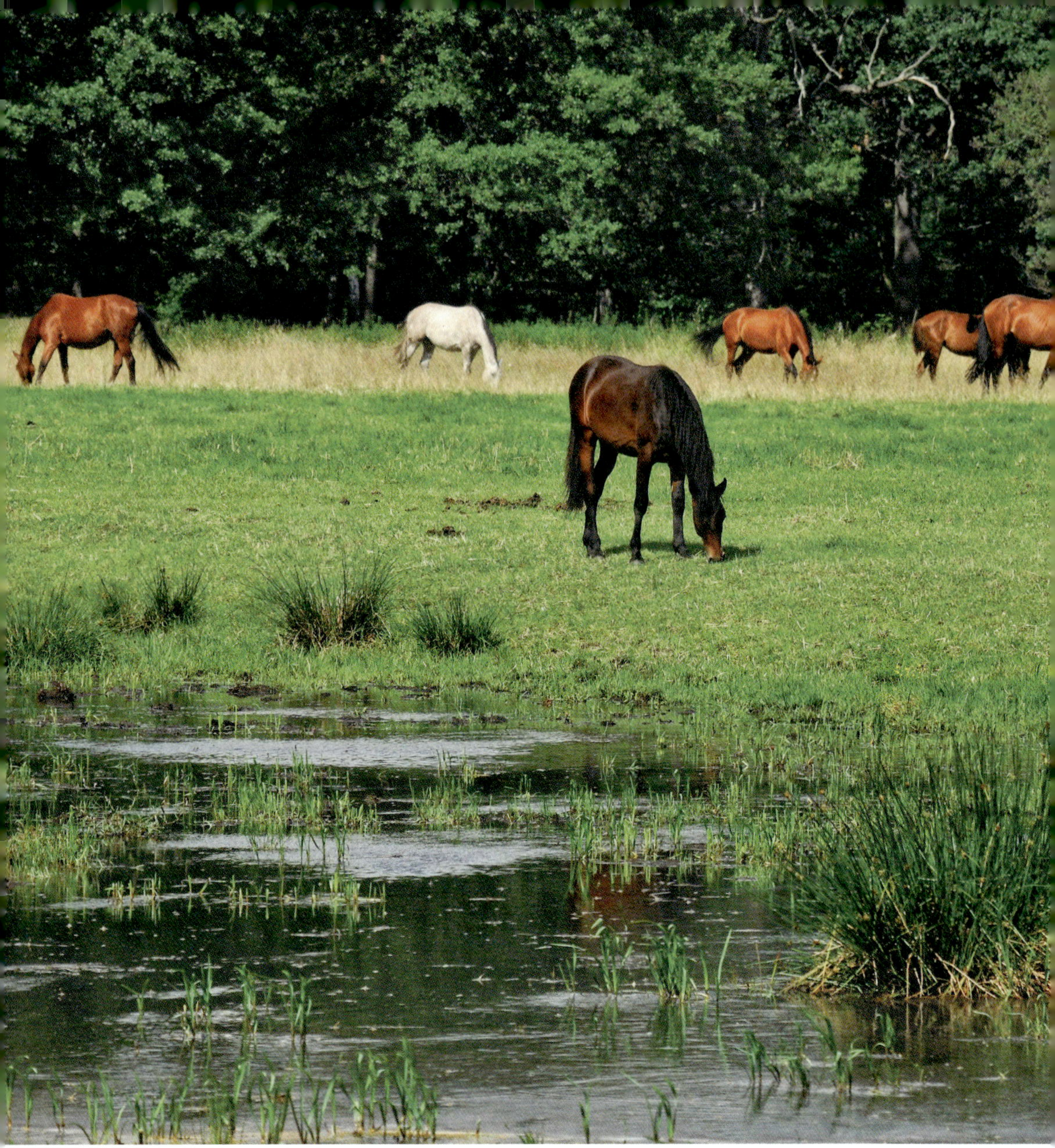

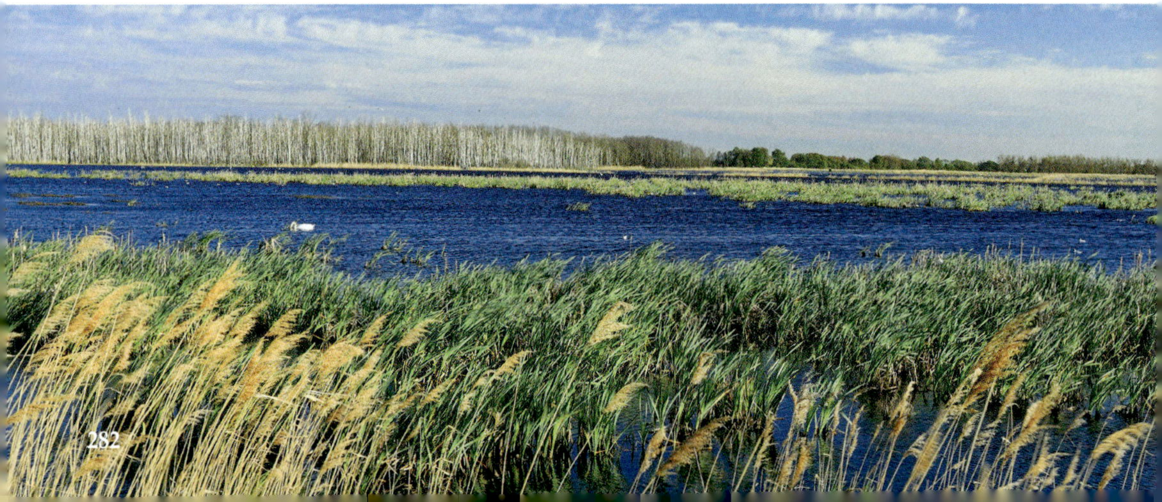

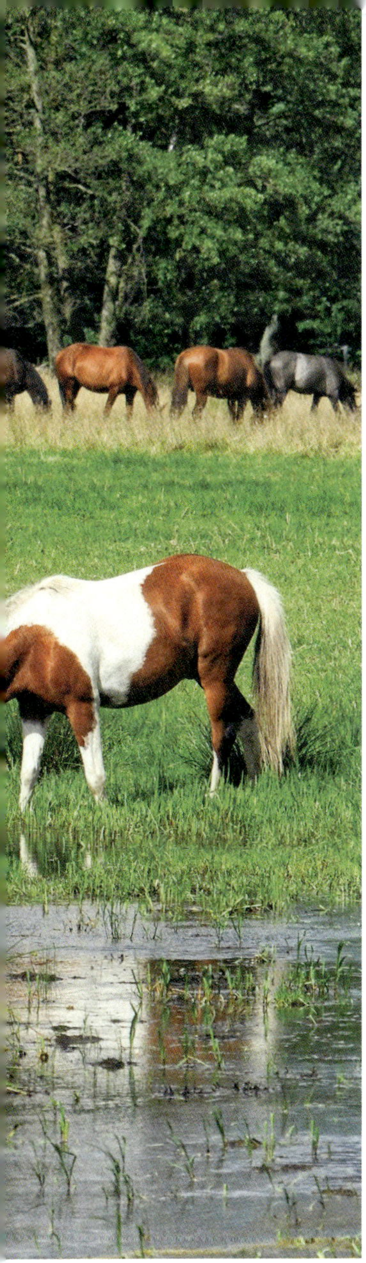

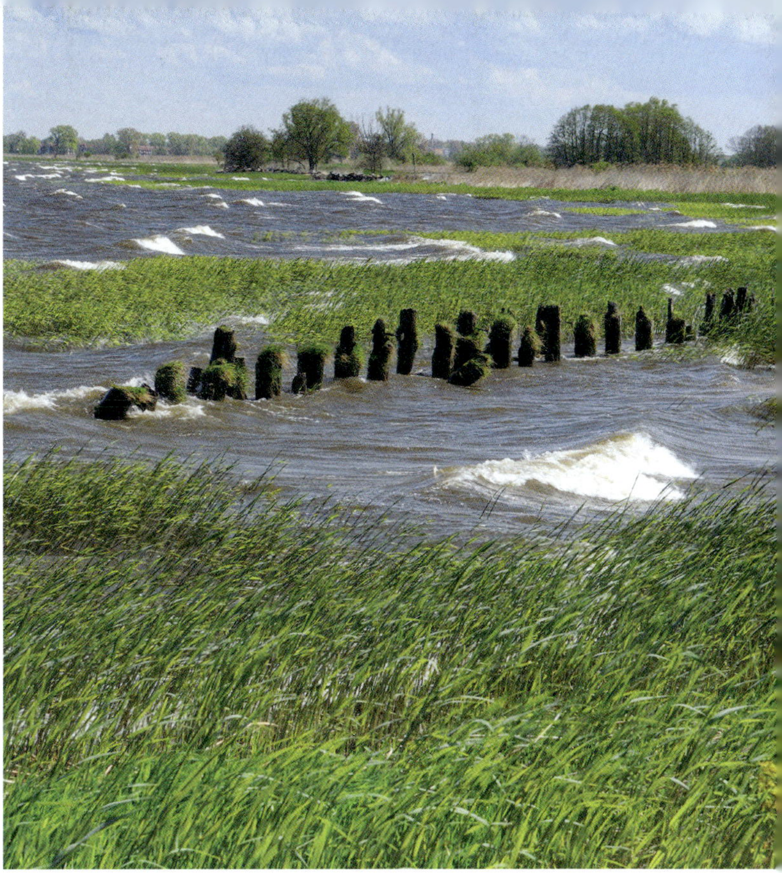

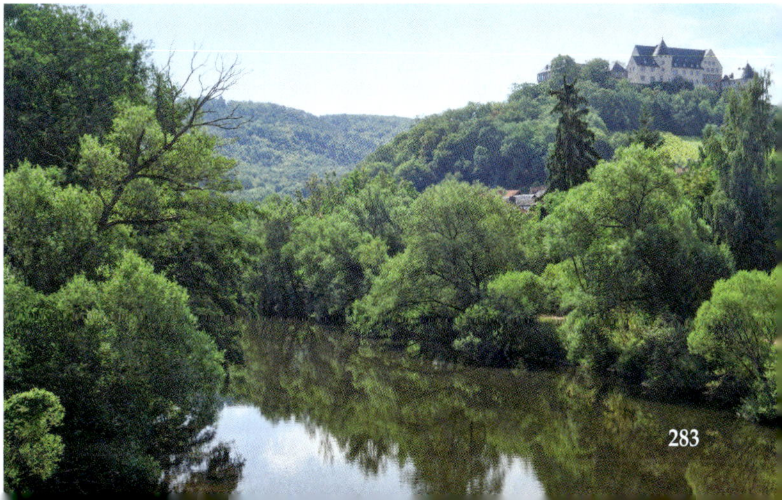

Oben links: Überflutungswiesen am Fluss Schwarze Elster. Oben rechts: Landschaft am Stettiner Haff. Unten rechts: Landschaft am Fluss Nahe. Unten links: Im Naturschutzgebiet Anklamer Stadtbruch sieht man viele Wasservögel.

Register

Register

Impressum

Verantwortlich: Dr. Johannes Abdullahi
Redaktion, Lektorat und Satz: mcp concept GmbH
Layout: Comtex Büro für Medien- und Printdesign; Rudi Stix
Repro: Cromika
Kartografie: Astrid-Fischer-Leitl; Kartographie Huber, Heike Block
Herstellung: Alexander Knoll
Printed in Slovenia by Florjancic

★★★★★

Sind Sie mit diesem Titel zufrieden? Dann würden wir uns über Ihre Weiterempfehlung freuen.
Erzählen Sie es im Freundeskreis, berichten Sie Ihrem Buchhändler, oder bewerten Sie beim Onlinekauf.
Und wenn Sie Kritik, Korrekturen, Aktualisierungen haben, freuen wir uns über Ihre Nachricht an Bruckmann Verlag, Postfach 40 02 09, D-80702 München oder per E-Mail an lektorat@verlagshaus.de.

Unser komplettes Programm finden Sie unter www.bruckmann.de

In diesem Buch wird aus Gründen der besseren Lesbarkeit das generische Maskulinum verwendet. Weibliche und anderweitige Geschlechteridentitäten werden dabei ausdrücklich mitgemeint, soweit es für die Aussage erforderlich ist.

Empfehlung der Redaktion
Sie sind auf der Suche nach weiterführender Literatur? Dann empfehlen wir Ihnen den Titel »# *what a trip*« von Maximilian Semsch. Oder Sie werfen einen Blick in die Zeitschrift BERGSTEIGER. Hier werden Sie bestimmt fündig.

Bildnachweis:
Alle Bilder im Innenteil und auf dem Umschlag stammen vom Autor.
Umschlagvorderseite: Von den Alpen bis hin zu den Küsten ziehen sich Deutschlands Flussradwege ansprechend durch die Lande. Hier an der Seite der Berchtesgadener Ache.
Umschlagrückseite: Auf dem Altmühltal-Radweg (Tour 43)

Die Deutsche Nationalbibliothek verzeichnet diese Publikation in der Deutschen Nationalbibliografie; detaillierte bibliografische Daten sind im Internet über http://dnb.d-nb.de abrufbar.

3. Auflage

ISBN 978-3-7343-1858-0

Originalausgabe mit dem Titel »Deutschlands schönste Flussradwege«,
ISBN 978-3-7654-5107-2 © 2014, 2013